André Pichot
Die Geburt der Wissenschaft

André Pichot

Die Geburt der Wissenschaft

Von den Babyloniern zu den frühen Griechen

Aus dem Französischen von
Siglinde Summerer und Gerda Kurz

Wissenschaftliche Buchgesellschaft
Darmstadt

Die Originalausgabe »La naissance de la science« erschien 1991
bei Éditions Gallimard, Paris

Redaktion: Peter Wanner, Wiesenbach

Dieses Buch erscheint im Rahmen eines 1985 getroffenen Abkommens zwischen der Wissenschaftsstiftung Maison des Sciences de l'Homme und dem Campus Verlag. Das Abkommen beinhaltet die Übersetzung und gemeinsame Publikation deutscher und französischer geistes- und sozialwissenschaftlicher Werke, die in enger Zusammenarbeit mit Forschungseinrichtungen beider Länder ausgewählt werden.

Cet ouvrage est publié dans le cadre d'un accord passé en 1985 entre la Fondation Maison des Sciences de l'Homme et le Campus Verlag. Cet accord comprend la traduction et la publication en commun d'ouvrages allemands et français dans le domaine des sciences sociales et humaines. Ils seront choisis en collaboration avec des institutions de recherche des deux pays.

Die Deutsche Bibliothek – CIP-Einheitsaufnahme

Pichot, André:
Die Geburt der Wissenschaft : von den Babyloniern zu den frühen Griechen / André Pichot. Aus dem Franz. von Siglinde Summerer und Gerda Kurz. – Frankfurt/Main : New York : Campus Verlag : Paris : Ed. de la Fondation Maison des Sciences de l'Homme, 1995
Einheitssacht.: La naissance de la science <dt.>
Sonderausgabe 2000 Parkland Verlag, Köln
ISBN 3-88059-978-5

Umschlaggestaltung: Atelier Warminski, Büdingen
Satz: Typo Forum Gröger, Singhofen
Druck und Bindung: WS Bookwell
Printed in Finland

Inhalt

TEIL II
DIE WISSENSCHAFT IM VORSOKRATISCHEN GRIECHENLAND

Einführung

Wer die Geburt der Wissenschaft untersuchen will, muß zunächst den Begriff der Wissenschaft definieren – es sei denn, man hofft, daß sich im Verlauf der historischen Untersuchung ihre Merkmale Schritt für Schritt (oder auf einmal) herausbilden, auf daß man am Ende vor einem fertigen Ganzen steht.

Vermutlich ist es sogar utopisch, Wissenschaft *a priori* definieren zu wollen. Doch wie sonst kann man ihre historischen Wurzeln erkennen? Wie von ihrer Geburt sprechen?

Vielleicht ganz pragmatisch, indem man auch ohne klare Vorstellung oder erschöpfende Definition aus den Archiven der Menschheit zusammensucht, was auf die eine oder andere Weise ein Vorläufer dessen sein könnte, was wir heute Wissenschaft nennen.

Dabei werden wir zwei Wege gleichzeitig beschreiten: den der Gegenstände der Wissenschaft und den des wissenschaftlichen Denkens. Im ersten Fall beobachten wir, wie dieser oder jener Gegenstand in den Mittelpunkt des Interesses rückt, welcher Art es auch sei – ob wissenschaftlich oder nicht. So werden beispielsweise die Sterne zum Gegenstand einer Art von Untersuchung, die man später »Astronomie« nannte, obwohl sich über den wissenschaftlichen Charakter dieser »Astronomie« streiten läßt, oder die Zahlen zum Gegenstand der zukünftigen »Arithmetik« und so fort. Denn wie sich zeigen wird, gehen die meisten heutigen Wissenschaftsdisziplinen ursprünglich auf nichtwissenschaftliche Untersuchungen der gleichen Gegenstände zurück – die Ausdifferenzierung der Disziplinen geht ihrem wissenschaftlichen Charakter voraus. Die »Verwissenschaftlichung« mag zwar eine immer differenziertere Wahl der Untersuchungsgegenstände und eine fortschreitende Verzweigung der Disziplinen herbeigeführt haben, grundlegend in Frage gestellt hat sie die alten Disziplinen jedoch nicht. Ihr Stoff sind die bereits bestehenden, gelegentlich auch schon von Spezialisten durchgeführten Untersuchungen. Der Weg der Gegenstände führt uns also zu den Urformen der Disziplinen, die uns heute als Wissenschaften vertraut sind.

Der zweite Weg betrifft die »Verwissenschaftlichung« dieser Urdisziplinen und verfolgt die Spuren des wissenschaftlichen Denkens, das solchen Untersuchungen keineswegs vorausgehen muß. Um uns nicht unnötig mit Schwierigkeiten zu belasten, die jedem Definitionsversuch innewohnen, wollen wir die Charakterisierung des wissenschaftlichen Denkens auf ein Minimum beschränken und darunter die rationale Organisation von Denken verstehen, unter Umständen gestützt auf Beobachtung und Erfahrung. Die Betonung liegt jedoch auf der Rationalität, denn Beobachtungen und Erfahrungen haben die Menschen zu allen Zeiten gemacht. In die wissenschaftliche Methode aber haben Beobachtung und Erfahrung erst dann Eingang gefunden, als sie rational analysiert – bzw. begrifflich angeeignet – wurden, denn nun wurde Rationalität als Kriterium der Wahrheit gesetzt. Im übrigen hat sich die Rationalität der Mathematik, die von Beobachtung und Erfahrung unabhängig ist, als erste entwickelt und unabhängig organisiert, wenngleich die Anstöße dazu oft aus dem Bereich der Mystik kamen. Die Frage nach dem wissenschaftlichen Denken – die die Frage nach den Gegenständen ergänzt – führt also nicht zu den Ursprüngen des rationalen Denkens überhaupt (was uns viel zu weit führen würde), sondern zu den Ursprüngen eines Denkens, das rational sein will und sich als solches als wahr erkennt (mehr oder weniger bewußt, da die Vorstellung von Rationalität zunächst noch undifferenziert ist und sich erst nach und nach zu einem festumrissenen Begriff verdichtet). Und weiter suchen wir auf diesem Weg nach einer Annäherung zwischen dieser fortschreitenden Ausdifferenzierung der Rationalität und den vorwissenschaftlichen Disziplinen, also nach den Punkten, an denen diese wissenschaftlich werden.

Wenn wir hier von *dem Weg der Gegenstände* und *dem Weg des wissenschaftlichen Denkens* wie von zwei unterschiedlichen Vorgehensweisen sprechen, so weil, wie wir in der Folge zeigen werden, zwischen den beiden in der Tat eine gewisse Unabhängigkeit besteht. Die wissenschaftlichen Disziplinen stammen von nichtwissenschaftlichen Disziplinen ab, die bereits um dieselben Gegenstände kreisen, woraus jedoch mitnichten folgt, daß die »Verwissenschaftlichung« einer Disziplin einfach mit ihrer fortschreitenden Entwicklung gleichzusetzen ist. Manchmal werden solch nichtwissenschaftliche Disziplinen sogar über Jahrtausende hinweg betrieben, ohne je zu Wissenschaften im eigentlichen Sinn zu werden; sie häufen Beobachtungen, Messungen und andere Resultate an, vervollkommnen ihre Methoden, um immer genauere Näherungswerte zu erhalten, kümmern sich aber weder um Beweise noch um Rationalität. Und wie der wissenschaftliche Charakter nicht notwendig eine Folge der Weiterentwicklung einer Disziplin ist, so ist er umgekehrt auch keine notwendige Voraussetzung dafür; eine solche nichtwissenschaftliche Entwicklung stützt sich nicht wie die wissenschaftliche auf die schöpferische Kraft logischen Folgerns, sondern entwickelt sich durch Anhäufen von Material und durch systematische Untersuchung und Verfeinerung der Näherungswerte fort (ohne eine Methode, die nachweislich zur richtigen Lösung führt, zu suchen oder überhaupt nur in Betracht zu ziehen). Die schöpferische Kraft gehört zweifelsohne zu den fundamentalen Kriterien für die Wissenschaftlichkeit einer Disziplin (die heutigen Disziplinen nicht ausgenommen – auch wenn man hier nicht allzu strikt sein darf). Man denke dabei nur an den Zusammenhang zwischen der Wissenschaftlichkeit einer Disziplin und der Stufe ihrer mathematischen Durchdringung.

Umgekehrt ist die Entwicklung der Rationalität – zumindest ihr Erscheinen als definierter Begriff und ihre Anerkennung als Wahrheitskriterium – nicht notwendig an die eine oder andere dieser vorwissenschaftlichen Disziplinen geknüpft. Zwar hat die Mathematik für sich eine eigenständige Rationalität entwickelt, aber doch auf eine ganz besondere (auf andere Disziplinen schwer übertragbare) Art und darüber hinaus weitgehend im Rahmen der Mystik. Zwar finden sich in dem oder jenem Zweig der Naturforschung Ansätze zu mehr oder weniger Rationalität – letztlich aber bleibt diese doch stets sehr partiell und wird nicht in den Rang eines Wahrheitskriteriums erhoben. Erst die Erkenntnistheorie hat die Forderung nach Rationalität wirklich aufgestellt, und zwar gegen die damaligen »vorwissenschaftlichen« Disziplinen, also vor allem gegen die Mathematik (anläßlich der Entdeckung der irrationalen Zahlen).

Gewiß haben sich die beiden Wege – der Gegenstände und des wissenschaftlichen Denkens – einander immer wieder angenähert; ihre Vereinigung aber war keine einfache Sache. Mit Ausnahme der Mathematik (die aufgrund der Natur ihres Gegenstands einen Sonderfall darstellt) finden wir in dem von uns untersuchten Zeitraum kein einziges Beispiel einer solchen geglückten Vereinigung. In dieser Epoche bilden sich erst die vorwissenschaftlichen Disziplinen heraus, differenziert sich das rationale Denken, das sich auch als solches versteht, zeichnen sich Annäherungen ab. Mit Ausnahme der Mathematik (mit den ersten *Elementen* des Hippokrates von Chios) aber entstehen noch keine wissenschaftlichen Disziplinen, wie das dann in den folgenden Jahrhunderten der Fall ist.

Das vorliegende Werk trägt den Titel *Die Geburt der Wissenschaft*. Eigentlich jedoch handelt es eher von ihrer embryonalen Entwicklung. Erst am Schluß unserer Untersuchung, also am Ende des 5. vorchristlichen Jahrhunderts, finden wir grundlegende Elemente eines wissenschaftlichen Denkens vor, die sich allmählich zusammenzuschließen beginnen; der Geburtsprozeß der Wissenschaft – oder vielmehr der Wissenschaften – ist eingeleitet und bis heute noch nicht zum Abschluß gekommen.

Wissenschaft und Technik, Mythos und Magie

Ohne auf das Problem einer Definition der Wissenschaft zurückkommen zu wollen, kann man sie als Modus der Erkenntnis einstufen und ihr die doppelte Funktion von Erklärung und praktischer Anwendung zuordnen. Die Wissenschaft will die Welt (einschließlich des Menschen, dem ein Platz in ihr zugewiesen werden muß) erklären, aber auch auf sie einwirken; der Wert ihrer Erklärungen wird sogar weitgehend an der Effizienz ihrer Anwendungen gemessen. Auch hier nimmt die Mathematik eine Sonderstellung ein, insofern sie ihre Rechtfertigung in sich selbst, durch ihre eigenen Prinzipien findet und damit – außer in ihren angewandten Formen – nicht von der Effizienz einer Aktion abhängt.

Diese Doppelfunktion von Erklärung und praktischer Anwendung findet sich in unterschiedlichen Graden schon bei den Vorgängern der Wissenschaft, vornehmlich bei Technik, Mythos und Magie. Darüber hinaus bestehen zwischen diesen Wissensgebieten und den Wissenschaften komplexe Beziehungen – Analogien und Rivalitäten, aber auch mehr oder weniger direkte Verwandtschaftsbeziehungen. So wird die Technik manchmal als »aktive« Kehrseite der Wissenschaft bezeichnet; Beziehungen zum Mythos ergeben sich aus der erklärenden Funktion und zur Magie aus dem Einwirken auf die Welt und der Theoretisierung dieses Einwirkens.

Am einfachsten von allen dreien mag die Beziehung zwischen Wissenschaft und Technik erscheinen, und zwar gleichgültig, ob man nun von der Gegenwart ausgeht, in der die Technik oft als Anwendung wissenschaftlicher Theorien zur Einwirkung auf die Welt dargestellt wird, oder von der Geschichte, in deren Verlauf sich die Wissenschaft der landläufigen, allzu oberflächlichen Vorstellung zufolge schlicht und einfach durch die Theoretisierung praktischen Sach- oder Erfahrungswissens herausgebildet hat. Das gegenwärtige Verhältnis zwischen Wissenschaft und Technik soll uns hier nicht weiter beschäftigen. Uns geht es lediglich um die historische Beziehung, die wir mit ein paar Worten umreißen wollen.

Eine direkte Abstammungslinie zwischen Technik und Wissenschaft konstruieren und letztere als Abstraktion, als durch Nachdenken gewonnene Theorie aus jener ableiten zu wollen, scheint mehr als abwegig. Ein Beispiel macht es deutlicher als alle Worte: Die Töpferei und die Metallurgie, beide sehr alte Menschheitstechniken, waren allen von uns behandelten Kulturen vertraut; dennoch folgt daraus weder, daß sie sich im Lauf der Zeit zu einer Materialwissenschaft entwickelt, noch auch nur, daß sie das Denken in diese Richtung gelenkt hätten. Am unmittelbarsten ausgewirkt haben sie sich im Gegenteil auf Mythologie und Magie: die Mythologie wurde um Töpfergötter bereichert (so die sumerische Mythologie beispielsweise um Götter, die den Menschen aus Ton und Wasser bildeten, und die griechische um den Schmiedegott Hephaistos) und die Magie um einige alchimistische Praktiken. Die Beziehung zwischen Chemie und Alchimie, eine unbestreitbar direkte Verwandtschaftsbeziehung, entstand erst in wesentlich jüngerer Zeit (rund 5000 Jahre später), als sich Metallurgie und Töpferei längst von ihren ursprünglichen magischen Formen gelöst und einem rein empirischen Sachwissen Platz gemacht hatten, das weder durch Magie noch durch einen wissenschaftlichen Materiebegriff begründet war.

Dasselbe ließe sich von den meisten antiken Techniken sagen, wobei jedoch anzumerken ist, daß solche mit chemischen Umwandlungen (vornehmlich durch Feuer) einer magischen Deutung weit mehr entgegenkommen als überwiegend handwerkliche (wie die Weberei, die Bearbeitung von Stein, Holz etc.). Das soll jedoch nicht heißen, daß die letztgenannten eine Wissenschaft leichter hervorbringen (es gibt auch Wolle spinnende Göttinnen, und noch heute ist bei gewissen primitiven Gesellschaften die Bearbeitung von Holz und Stein zur Herstellung von Waffen von einem Gespinst magischer Regeln, Riten und Tabus umgeben, die ihre Wirksamkeit garantieren sollen), sondern lediglich, daß sie sich leichter von magisch-mystischen Deutungen lösen (wie sich ja auch die Chirurgie schneller davon befreite als die Medizin, weil die Auswirkung der chirurgischen Tätigkeit den Sinnen unmittelbarer zugänglich ist als die geheimnisvolle Wirkung der Drogen).

Die Technik des Altertums (wie die der heutigen primitiven Gesellschaften) ist nicht einfach »neutrales«, angewendetes Sachwissen; sie entstammt meist der Magie oder wird von bestimmten Riten begleitet und dadurch in die Ordnung des Universums eingebunden. Diese magischen Techniken werden vielfach durch oft analogistische Prinzipien theoretisch untermauert und expliziert, die ihrerseits in eine umfassendere Weltsicht mit Göttern, Geistern und Dämonen, also in eine ihrem Wesen nach mythische Sicht eingegliedert werden. Die Magie weist demnach eine gewisse Ähnlichkeit mit der Wissenschaft auf: Auch sie hat erklärende Prinzipien, die als Leitlinien des Handelns dienen, und auch sie verbindet diese Prinzipien mit einer umfassenden Weltsicht, wodurch das Handeln des Menschen auf die Welt bezogen und von ihr her erklärt wird. Der einzige Unterschied ist das Fehlen der Rationalität.

Zweifelsohne erfährt die Praxis der Magie im Lauf der Zeit eine gewisse empirische Abklärung, in manchen Fällen sogar eine regelrechte Läuterung zu einer Technik, die auf einem rein »neutralen« Sachwissen beruht. Durch Wiederholung läßt sich herausfinden, was wirkt und was nicht und eine entsprechende Auslese treffen; dies bleibt jedoch rein empirisch und wirkt nicht notwendig auf die von der Magie vorgebrachten erklärenden Prinzipien zurück, die variabel genug sind, um sich einer so modifizierten Praxis anzupassen. Bestenfalls werden diese Prinzipien fallengelassen, mitnichten aber durch eine wissenschaftliche Erklärung ersetzt. So entsteht mit der Zeit ein reines Sachwissen, eine reine Technik, deren einzige Rechtfertigung in ihrer Wirkung liegt; es ist jedoch kaum zu erwarten, daß aus einem solchen Empirismus eine wissenschaftliche Konzeption hervorgeht.

Im allgemeinen waren Mesopotamier und Ägypter, wie wir feststellen werden, den Griechen technisch weit überlegen. Dennoch besaßen diese Länder keine Wissenschaften im eigentlichen Sinn. Gelegentlich wurde die Entwicklung der Wissenschaft sicherlich auch durch technische Erfordernisse beeinflußt, vornehmlich in Griechenland, aber erst zu einer Zeit, als der erste Elan der Entdekkung der Rationalität mit dazu beitragen konnte. Die Technik konnte über ihre empirische Vervollkommnung hinaus kein wissenschaftliches Denken hervorbringen, hat aber zweifelsohne zur Öffnung des »Wegs der Gegenstände« beigetragen. Viele vorwissenschaftliche Untersuchungen wurden durch eine mehr oder minder direkte Praxisbezogenheit gefördert, wodurch sie auch in eine gewisse Abhängigkeit von der Technik gerieten. Die außerordentliche Entwicklung der mesopotamischen Arithmetik und Astronomie (außerordentlich im Vergleich zur Entwicklung derselben Disziplinen in Ägypten) aber geht weit über praktische Bedürfnisse hinaus, ohne daß sie wissenschaftlich genannt werden können. Letztlich wird ihre Entwicklung nur durch die Zahlenmystik und die Astrologie verständlich, die den Anstoß zur Erforschung dieser Bereiche gegeben haben: das Interesse, das den vorwissenschaftlichen Weg der Zahlen und Sterne öffnet, ist eher mythisch und magisch als technisch (wohingegen die Ägypter, die eine solche Beschäftigung mit Zahlen und Astrologie nicht kannten und sich ausschließlich von praktischen Bedürfnissen leiten ließen, weit hinter den mesopotamischen Ergebnissen zurückblieben).

Nun mag unter einem philosophischen Gesichtspunkt vielleicht zutreffen, daß sich das Denken auf das Handeln gründet, oder unter einem psychologischen Blickwinkel, daß ein Kind verschiedene intellektuelle Funktionen durch die Koordinierung seines Handelns erwirbt, doch daraus folgt nicht, daß die Wissenschaften, historisch betrachtet, aus der Technik hervorgegangen wären. Wenn die Technik bei der Geburt der Wissenschaft dennoch eine gewisse Rolle gespielt hat, so gewiß nicht durch direkte Ableitungen, sondern indirekt beispielsweise über Veränderungen, die sie im Gesellschaftsaufbau oder in der Vorstellung vom Platz des Menschen in der Gesellschaft und in der Welt etc. bewirkt hat – also durch Prozesse, bei denen sie nur einen Faktor unter anderen darstellte.

Der Mythos ist, auf den allgemeinsten Nenner gebracht, eine Welterklärung, in die der Mensch und die soziale Gruppe harmonisch eingegliedert sind, eine Erklärung, die als Rahmen für magische Praktiken dienen kann, aber weit über sie hinausreicht. So hat der religiöse Ritus nichts mit magischer Praxis zu tun, sondern mit aktiver Beteiligung des Menschen an der vom Mythos aufgebauten und erklärten Welt. Die erklärenden Prinzipien des Mythos sind – wie die der Magie – äußerst unterschiedlich; am häufigsten bedient er sich der Analogie und der pseudohistorischen Erklärung. Vielfach ist ein Mythos eine Sage, die auf ein archetypisches Ereignis in einer nicht näher definierten Vergangenheit zurückgeht. Das beschriebene Ereignis wird – und darin liegt die historische Erklärung – als Gründungsereignis dargestellt, wird aber auch als stets wirksames archetypisches Ereignis endlos wiederholt – als analoge Erklärung. Der Ritus ist also die Wiedervergegenwärtigung, aber auch die Reaktivierung des mythischen Ereignisses. Beides ist nötig, damit es seiner Doppelfunktion als Erklärung (durch die Wiedervergegenwärtigung wird es dem Individuum vor Augen gestellt) und als wirkende Kraft (die Vergegenwärtigung reproduziert das mythische Ereignis und erneuert es so samt seiner Wirkung) gerecht werden kann. Der Ritus ist also aktive Teilnahme des Individuums am mythischen Ereignis und damit zugleich auch an der Welt, zu deren Erklärung es beiträgt (wofern es nicht sogar die Welt selbst trägt). All das aber ist offensichtlich weit von Wissenschaft entfernt.

Daß auch in den ersten physikalischen Weltbildern vielfach noch mythische Darstellungen auftauchen, soll uns hier nicht weiter beschäftigen, da sie von den Autoren höchstwahrscheinlich nicht mehr besonders ernst genommen wurden – oder sollte Thales, als er seine auf das Wasser gegründete Physik entwickelte, noch an den alten Mythos von Okeanos geglaubt haben? Unter historischer Perspektive geht die Beziehung zwischen Mythos und Wissenschaft jedenfalls weit über diesen eher anekdotischen Aspekt hinaus.

Solange Disziplinen wie die Mathematik, die Astronomie, die Physik und die Medizin »vorwissenschaftlich« blieben (zum Beispiel in Mesopotamien und in Ägypten), vertrugen sie sich recht gut mit dem Mythos; in Mesopotamien arbeiteten sie in der Astrologie und der Zahlenmystik sogar mit ihm zusammen. Der Mythos griff sie in gewisser Weise seinerseits auf, um sie in sein Weltbild einzubeziehen; im günstigsten Fall ignorierte er sie, und sie wurden zum »neutralen« Anwendungswissen wie die Mathematik in Ägypten, die die Zahlenmystik ignorierte und eher den praktischen Bedürfnissen der Güterverwaltung diente.

Anders in Griechenland, wo die von den verschiedenen Philosophen vorgetragenen Weltanschauungen oft in Widerspruch zur mythologischen Tradition gerieten – manchmal zugunsten einer eigenen Mystik, wie im Fall der pythagoreischen Schule, die die Mathematik im eigentlichen Sinn, losgelöst von praktischen Zwecken, mit Beweisen und einem rationalen Lehrgebäude schuf, umgekehrt aber aus der Welt der Zahlen auch eine mystische Welt der Vollkommenheit und der »Reinheit-Wahrheit« aufbaute. Der Widerstreit zwischen Mythos und Philosophie führte gelegentlich sogar zu Prozessen wegen Gottlosigkeit. Dagegen stellten die »vorwissenschaftlichen« Disziplinen in Mesopotamien und Ägypten die umfassende Weltanschauung und das Menschenbild des Mythos in Mesopotamien und Ägypten nie in Frage. Die griechischen Vorstöße aber hatten, ob sie sich nun auf einzelne Bereiche oder auf eher allgemeine Philosophien richteten, stets etwas mit dem Ort des Menschen in der Welt zu tun. Und das zweifelsohne, weil sich die Stellung, die der Mensch in der Gesellschaft in Griechenland einnahm, nicht mit der in Mesopotamien oder Ägypten vergleichen läßt.

Der Platz, den Demokratie und verfassunggebende Gesetze dem Menschen in der Gesellschaft einräumten (also Gesetze, die die Macht beherrschten, während Mesopotamien und Ägypten nur Gesetze kannten, durch die die Macht herrschte

– falls sie nicht einfach willkürlich herrschte), blieb nicht ohne Einfluß auf seine Vorstellung von seinem Platz in der Natur und damit natürlich auch auf seine allgemeine Weltanschauung. In einer demokratischen Gesellschaft, die sich ihre Gesetze selber gibt (also weder natürliche noch göttliche Gesetze hat), wird der Mensch geneigt sein, auch in der Natur nach einer ihr eigenen Ordnung suchen, nach einer natürlichen, dem Menschen zugänglichen, nichtgöttlichen Ordnung. Deshalb muß bei der Untersuchung der Entstehung des wissenschaftlichen Denkens neben Mythos, Magie und Technik zweifellos auch das Rechts- und Gesellschaftssystem berücksichtigt werden. Denn im Gegensatz zur reinen Technik ist die Wissenschaft – ähnlich wie der Mythos – nicht unabhängig von dem Bild, das sich der Mensch von der Welt macht (das seinerseits wiederum oft von dem Bild abhängt, das er sich von der Gesellschaft macht).

Die Quellen

Am aufschlußreichsten für das Studium der Wissenschaft im Altertum sind die schriftlichen Zeugnisse; die Wissenschaft in einer der Schrift unkundigen Gesellschaft zu untersuchen wäre sinnlos. Gewiß darf man auch die überkommenen Objekte (wie Bauwerke, Waffen, Werkzeuge) nicht außer acht lassen; eine auf sie beschränkte Untersuchung aber ließe kaum Rückschlüsse auf den Anlaß ihrer Herstellung zu: darauf, ob hinter ihrer Fabrikation eine magische Konzeption, einfach Erfahrung oder eine wissenschaftliche Theorie stand. Denn mag ihr technischer Zweck auch auf der Hand liegen, so folgt daraus doch nicht notwendig, daß nicht eine viel umfassendere magisch-religiöse Konzeption den Anstoß zu ihrer Anfertigung gegeben hat, als ihr praktischer Zweck vermuten läßt. Ebenso können die Umstände der Herstellung (durch den Benutzer selbst, durch einen Handwerker, durch eine Manufaktur), sofern man sie kennt, in manchen Fällen ganz interessant sein; die schriftlichen Zeugnisse aber können sie nicht ersetzen, wobei es gleichgültig ist, ob es sich um Originaltexte handelt, die Wissen bewahren und tradieren wollen, oder um Kommentare von Zeitgenossen oder späteren Autoren, die der betreffenden Kultur fernstanden, aber noch einen direkten Zugang zu mittlerweile untergegangenen Dokumenten hatten. Aus diesem Grund haben wir in das vorliegende Werk auch eine Untersuchung der Schrift bei den betreffenden Kulturen aufgenommen.

Eine solche Untersuchung der Schrift ist – über die Bedeutung schriftlicher Dokumente für unser Thema hinaus – allein schon aufgrund der zwischen der Art der Schrift und der Form der Erkenntnis bestehenden Wechselwirkung gerechtfertigt. Man schreibt in Keilschrift, in Hieroglyphen oder in einer alphabetischen Schrift nicht das gleiche. Der mehr oder weniger ausgeprägte ideographische beziehungsweise phonographische Charakter dieser Schriften (im erstgenannten Fall drücken die Symbole Ideen oder Objekte, im zweiten Laute aus) spiegelt das unterschiedliche Verhältnis der jeweiligen Gesellschaft zum Wissen. Umgekehrt wird aber auch die schriftliche Wissensübermittlung wiederum von der Art der Schrift beeinflußt. Eine alphabetische Schrift eignet sich zur Aufzeichnung und Mitteilung abstrakter oder auch präziser, subtiler Betrachtungen offensichtlich besser als eine ideographische (selbst wenn diese teilweise phonographisch ist). Allein schon die Natur der Ideogramme erschwert die Wiedergabe grammatikalischer Verknüpfungen und damit auch die Verknüpfung von Ideen. Dementsprechend unterscheidet sich auch unsere Kenntnis der Wissenschaft (ihres »positiven« und epistemologischen Gehalts) der hier untersuchten Kulturen je nach der Art der jeweils überlieferten schriftlichen Dokumente in Keilschrift, Hieroglyphen oder in alphabetischer Schrift, zumal wir ja keinen Zugang zur mündlichen Unterweisung dieser Zeit mehr haben. Keilschrift und Hieroglyphen mögen für die Frage nach den Gegenständen von Wissenschaft ganz ergiebig sein; für die Untersuchung des wissenschaftlichen Denkens dagegen ist die alphabetische Schrift weit aufschlußreicher. Dies hat zusätzlich zu unserer Unkenntnis der mündlichen Unterweisung zu unserer Unterscheidung zwischen dem Weg der Gegenstände in Mesopotamien und Ägypten und dem Weg des wissenschaftlichen Denkens in Griechenland geführt.

Aus Mesopotamien und Ägypten besitzen wir außer Inschriften auf Objekten und Monumenten an schriftlichen Zeugnissen noch Tontäfelchen (Mesopotamien) und Papyri (Ägypten), in beiden Fällen Dokumente, die dank ihrer relativen Haltbarkeit (Steinmonumente, Gegenstände aus Metall oder Stein, gebrannte Tontäfelchen) oder durch die Gunst des Klimas (der Trockenheit Ägyptens, die die Papyri vor der Auflösung bewahrte) erhalten geblieben sind. Aus dem vorsokratischen Griechenland besitzen wir dagegen aus der fraglichen Zeit selbst praktisch keine schriftlichen Dokumente (von den kretischen Tafeln einmal abgesehen, die über die Wissenschaft jedoch kaum Aufschluß geben) – ihre Beschaffenheit und das Klima haben sie nicht konserviert. So können wir das Denken der Griechen dieser Epoche nur aus der Überlieferung kennenlernen, aus den Zeugnissen vielfach etwas jüngerer Autoren, deren Schriften über Generationen hinweg immer wieder kopiert und uns auf diese Weise überliefert wurden.

Zu den unterschiedlichen Schriften (der alphabetischen Schrift Griechenlands, der zugleich ideo- und phonographischen Schreibweise Mesopotamiens und Ägyptens) kommt also im Fall Griechenlands noch der indirekte Charakter der Zeugnisse: Dies erklärt die Unterschiedlichkeit unserer Kenntnisse, was das Denken dieser Völker betrifft. Bei Mesopotamien und Ägypten kennen wir den »positiven« Gehalt des Wissens und müssen daraus auf das zugrundeliegende Denken schließen. Beim vorsokratischen Griechenland verfügen wir über wesentlich weniger Fakten, was diesen »positiven« Wissensgehalt angeht, dafür aber über mehr Hinweise auf das zugrundeliegende Denken (ein weiterer Punkt, der uns in der Unterscheidung zwischen dem Weg der Gegenstände und dem des wissenschaftlichen Denkens bestärkt hat). Und schließlich kommt dazu natürlich noch, daß uns die griechische Kultur viel näher steht, und zwar nicht nur zeitlich, sondern auch – aus historischen Gründen – geistig, weshalb wir die zugrundeliegende Philosophie zwar nicht vollkommen, aber doch besser begreifen als die der Mesopotamier und Ägypter. Hier sind wir trotz unserer viel konkreteren Kenntnisse ihres »positiven« Wissens in einem ganz anderen Ausmaß auf Interpretation angewiesen.

Indien und China

Vielleicht wundert sich der Leser, in einem Werk über die Geburt der Wissenschaft weder Indien noch China erwähnt zu finden. Der Grund ist einfach: In beiden Fällen sind uns praktisch keine wissenschaftlichen Texte überliefert, die mit Sicherheit bis in die hier behandelte Zeit zurückreichen – sei es, daß diese Texte nicht überlebt haben, sei es, daß die Tradierung des Wissens vornehmlich mündlich erfolgte oder sei es, daß es noch keine Wissenschaften gab. Die Chronologie des Altertums in diesen Regionen ist noch nicht vollkommen; entgegen einer zählebigen Legende hat es jedoch ganz den Anschein, als reichten die wissenschaftlichen Ansätze in China und Indien in keinem Fall so weit zurück wie in Mesopotamien und Ägypten, sondern bestenfalls bis in die Zeit der griechischen Antike.

Andererseits ist es reichlich schwierig, für die Antike eine Parallele zwischen den indischen und chinesischen Wissenschaften auf der einen und den mesopotamischen, ägyptischen und griechischen auf der anderen Seite zu ziehen. Die drei letztgenannten bilden ein mehr oder minder zusammenhängendes Ganzes: Die von Mesopotamiern und Ägyptern zusammengetragenen Kenntnisse wurden (in ihrer ganzen für die konservative und partikularistische Einstellung dieser Gesellschaften typischen Eigenart) von den Griechen wieder aufgegriffen – wenn auch in einem ganz anderen Geist. Waren die größten wissenschaftlichen Errungenschaften Mesopotamiens mit der Zahlenmystik und der mystischen Astrologie verknüpft, und hatte Ägypten vor allem den praktischen Geist gepflegt (und mit einer tiefen Religiosität versöhnt), so ging es der nachfolgenden griechischen Wissenschaft weniger um eine Anhäufung »positiver« Resultate als um die Herausbildung allgemeiner Prinzipien und einer rationalen (oder doch zumindest zur Rationalität tendierenden) Erklärung. Und diese zusammengehörige Gruppe (Mesopotamien, Ägypten, Griechenland) bildet die Hauptquelle der abendländischen Wissenschaft; zwar gibt es auch darüber hinaus noch andere Einflüsse (indische, chinesische, arabische etc.), aber sie werden erst später in einen Korpus aufgenommen, dessen Prinzipien und dessen Orientierung schon feststehen.

Allgemeine Chronologie des Altertums

Diese allgemeine (und approximative) Zeittafel kann zum leichteren Verständnis der historischen Überblicksdarstellungen der im vorliegenden Werk untersuchten Regionen (Seite 25, 147 und 243) »vertikal« oder zum Vergleich der historischen Entwicklung in den verschiedenen Regionen »horizontal« benutzt werden. Die Spalte rechts außen gibt einige Anhaltspunkte aus der europäischen, chinesischen und indischen Geschichte sowie aus der Welt der Bibel.

Zeit	Mesopotamien	Ägypten	Ägäische Welt	Übrige Welt
10000				
9000	*Neolithikum* *Beginn der Landwirtschaft*			*Neolithikum und Beginn der Landwirtschaft in der Levante*
8000				
7000				
6000			*Neolithikum* *Beginn der Landwirtschaft*	
5000	*Beginn des Chalkolithikums (Kupfersteinzeit)* *Erste Töpferwaren*	*Neolithikum* *Beginn der Landwirtschaft*		*Beginn des europäischen Neolithikums (Balkan)*
4000	Obed-Zeit (4000–3500)		*Beginn des Chalkolithikums*	
3500	Uruk-Zeit (3500–2700)	*Beginn des Chalkolithikums*		*Beginn der Bronzezeit in Anatolien*
3400				
3300	*Erste schriftliche Zeugnisse*	Vorthinitenzeit (3300–3100)		
3200				
3100		Früh- oder Thinitenzeit (3100–2700) *Erfindung der Hieroglyphenschrift (3100)*		
3000			Troja I (3000–2600?)	*Beginn des Neolithikums in China*
2900				Industalkulturen: Mohendscho-Daro, Harappa (2900–2300)
2800			*Beginn der Bronzezeit (Kykladen)*	
2700	Frühdynastische Zeit (2700–2325) (kleine unabhängige Königreiche)	Altes Reich (2700–2150) 3. bis 6. Dynastie Pyramiden von Gise	Beginn der kretischen Kultur (Metall, bemalte Keramik)	
2600				

Zeit	Mesopotamien	Ägypten	Ägäische Welt	Übrige Welt
2500			Troja II (2500–2250)	*Megalithkulturen in Europa*
2400	Lugalzaggesi (2325) Erstes sumerisches Reich			
2300	Sargon der Ältere (2399) Erstes akkadisches Reich			
2200	Invasion der Gutäer (um 2150)			
2100	Dritte Dynastie von Ur (Ur III: 2100–2000) Gudea, König von Lagasch (2100)	Erste Zwischenzeit (2150–2050) 7. bis 10. Dynastie	Einfall der Indoeuropäer in der Ägäis (2100)	*Beginn der Bronzezeit in Mitteleuropa*
2000		Mittleres Reich (2050–1785) 11. und 12. Dynastie	Zeit der ›älteren‹ kretischen Paläste *Kretische Hieroglyphen*	China: (legendäre?) Hsia-Dynastie (2000–1520) Einfall der Indoeuropäer im Nahen Osten
1900	Sumu-abum Erste Dynastie von Babylon			
1800	Hammurapi (1792–1750) Babylonisches Reich	Zweite Zwischenzeit (1785–1570) 13. bis 17. Dynastie	Zerstörung der ›älteren‹ Paläste auf Kreta Bau der ›jüngeren‹ Paläste (1750) *Kretische Linear-A-Schrift*	Abraham verläßt Ur (?) Jhukar-Kultur im Industal
1700				
1600	Errichtung der kassitischen Dynastie in Babylon	Neues Reich (1570–1075) 18. bis 20. Dynastie		
1500	Gründung des Mitanni-Reichs und des Hethiterreichs		Zerstörung der ›jüngeren‹ Paläste. Herrschaft der Mykener *Kretische Linear-B-Schrift*	China: Shang-Dynastie (Yin) (1520–1030) *Erste chinesische Ideogramme (1500)*
1400	Aufstieg der assyrischen Macht (Assuruballit I.)	Religionsreform Echnatons		
1300			Trojanischer Krieg (?)	Die Indoeuropäer (Arier) erreichen den Indus.
1200	Zerstörung des Hethiterreichs durch die Seevölker	Ramses III. wehrt die Seevölker an den Pforten Ägyptens ab (1190)	Zerstörung der kretisch-mykenischen Kultur (›dorische‹ Invasion)	Einfall der Seevölker (Philister) in Kleinasien und Kanaan. Moses
1100	Schutruk-Nahhunte I., König von Elam, erobert Babylon (1156)			Niederlassung der Hebräer in Kanaan.
1000	Eindringen aramäischer Nomadenstämme in Babylonien und Assyrien	Spätzeit (1075–664) 21. bis 25. Dynastie		Saul, König der Juden (1020–1000); David (1000–962), Salomon (962–931).

Zeit	Mesopotamien	Ägypten	Ägäische Welt	Übrige Welt
				Trennung der Reiche von Israel und Juda (931).
900				Arier besiedeln das Gangestal (1000–800)
800	Ausdehnung Assyriens: Tiglatpileser III. annektiert Babylonien (729), verschiedene Eroberungen durch		Einführung der Olympischen Spiele (776)	China: Chou-Dynastie (1030–722) Gründung Roms (753)
700	Sargon II., Asarhaddon und Assurbanipal (668–626) Zerstörung Ninives (612),	Residenz in Sais (664–525) 26. Dynastie	*Griechisches Alphabet* Unabhängige Stadtstaaten Kolonienbildung	China: Feudalzeit (722–480) Jimmu-Tenno: 1. Kaiser von Japan (660)
600	Aufteilung Assyriens unter Meder und Babylonier. Neubabylonisches Reich (Nebukadnezar).		Solons Reformen in Athen (594)	Nebukadnezar II. führt die Hebräer in die Babylonische Gefangenschaft (586).
500	Kyros gründet das Perserreich (555), Kambyses dehnt es auf Ägypten, Dareios auf Indien und den Mittleren Osten aus (Perserkriege)	Ägypten wird Satrapie des Perserreichs (525–404) 27. Dynastie	Perserkriege. Die Griechen schlagen Dareios bei Marathon (490), Xerxes bei Salamis (480)	Die Propheten Daniel, Hesekiel und Zacharias. Buddha (563–483?) China: Zeit der streitenden Reiche (480–221)
400	Eroberung durch Alexander den Großen	28. bis 30. Dynastie einheimischer Herrscher (404–341) Fortsetzung der Perserherrschaft (341–322) 31. Dynastie	Attisch-Delischer Seebund. Vorherrschaft Athens. Peloponnesischer Krieg zwischen Athen und Sparta (431–404). Aufstieg der makedonischen Macht: Philipp II. und Alexander der Große	
300	Seleukidische Ära	Griechische Zeit (Ptolemäer) (322–30) 32. und 33. Dynastie		
200	Parthische Herrscher		Zeit der Wirren, fortschreitende Eroberung durch die Römer	China: Erste Einigung des Reichs; Kaiser Ts'in Che Huang Ti (221–207); westliche Han-Dynastie (207 v.Chr. – 9. n.Chr.)
100		Römische Zeit (30 v. –324 n.Chr.)		

TEIL I

Die Wissenschaft im Nahen Osten im Altertum

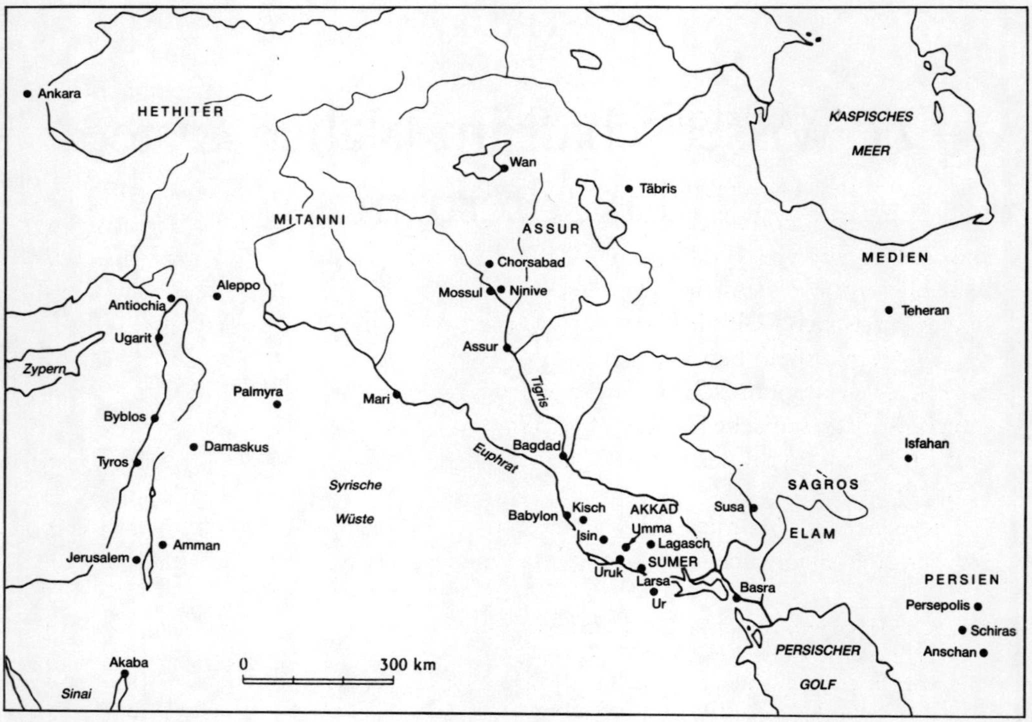
Ankara
HETHITER
KASPISCHES
MEER
Wan
Täbris
MITANNI
ASSUR
MEDIEN
Chorsabad
Aleppo
Mossul
Ninive
Antiochia
Teheran
Ugarit
Assur
Zypern
Tigris
Palmyra
Mari
Byblos
Damaskus
Bagdad
Isfahan
Tyros
Euphrat
Syrische
Wüste
SAGROS
Kisch
AKKAD
Susa
Babylon
Umma
Isin
Lagasch
ELAM
Amman
Jerusalem
SUMER
Uruk
Larsa
Basra
PERSIEN
Ur
Persepolis
Schiras
Akaba
0
300 km
PERSISCHER
Anschan
Sinai
GOLF

1. KAPITEL

Mesopotamien

Historische Voraussetzungen*

Mesopotamien (vom Griechischen *mesos* und *potamos*, zwischen den Flüssen, Zwischenstromland) deckt sich geographisch im wesentlichen mit dem heutigen Irak. Es ist eine von Euphrat und Tigris bewässerte Ebene, die im Süden durch die Ablagerung des von den Flüssen mitgeführten Schuttmaterials ständig weiter in den Persischen Golf hinauswächst. Daraus folgt eine Verschiebung der Küste, die im Altertum ein beträchtliches Stück weiter landeinwärts verlief. Im Osten wird der Mesopotamische Trog vom Kettengebirge des Sagrosmassivs eingerahmt, das das iranische Hochland begrenzt, im Westen von der Syrischen Wüste, und im Norden von den armenischen Bergen, in denen die beiden Flüsse entspringen.

Diese beiden Ströme, deren Lauf sich nach und nach verlangsamt, überschwemmen alljährlich Südmesopotamien – ähnlich wie der Nil Ägypten, nur

* Eine so lange und komplexe Geschichte wie die mesopotamische auf einigen wenigen Seiten zusammenfassen zu wollen, ist ein gewagtes Unterfangen. Natürlich kann ein solcher Überblick bestenfalls einige Richtlinien geben. Zur Erleichterung der Lektüre bediene sich der Leser der Karte (Seite 24), der Zeittafel (Seite 19) und des Kastens »Völker und Orte« (Seite 31).

Die neben den im Text zitierten mesopotamischen Tontäfelchen angegebenen Signaturen bezeichnen jeweils die Sammlung (siehe unten), in der die Täfelchen aufbewahrt werden, und die Ordnungsnummer des Täfelchens in dieser Sammlung.

AO: Antiquités Orientales, Musée du Louvre, Paris
BM: British Museum, London
MLC: Morgan Library Collection, Yale University, New Haven
Plimpton: Plimpton Library, Columbia University, New York
STR: Collection de Strasbourg
VAT: Vorderasiatische Abteilung, Tontafeln, Staatliche Museen, Berlin
YBC: Yale Babylonian Collection, New Haven

weniger regelmäßig. Gewöhnlich setzen die Überflutungen im März ein, erreichen im Mai ihren Höhepunkt, und nehmen dann bis zum September wieder ab. Dank der dabei abgelagerten Schlammassen ist der Boden hier fruchtbar, auch wenn das heiße Klima eine künstliche Bewässerung erforderlich macht. Dagegen profitiert der Norden weniger von den Überschwemmungen, hat aber dank seines gemäßigteren Klimas trotzdem eine abwechslungsreichere Vegetation.

Offensichtlich war Mesopotamien trotz des damals noch unwirtlicheren Klimas (die letzte Eiszeit war erst zu Beginn des 10. Jahrtausends zu Ende gegangen) bereits im Paläolithikum, in der Altsteinzeit, von Menschen besiedelt. Spuren menschlicher Siedlungen aus dieser Zeit finden sich allerdings nur noch in den Tälern des Sagrosgebirges; im eigentlichen Mesopotamien wurden sie von den beiden Flüssen restlos abgetragen. In Obermesopotamien reichen die ältesten Überreste von Dörfern bis ins 7., im südlichen Teil des Landes bis ins 6. Jahrtausend zurück. Aber obwohl sie uns allerlei Hinweise auf das Leben in dieser Zeit liefern (Steinwerkzeuge, Keramik, dörfliche Kultur etc.), erlauben sie doch nicht, eine geschichtliche Entwicklung im engeren Sinn zu verfolgen, gehören also noch der Prähistorie an. Die historische Zeit beginnt für Sumer und Elam um 3500.* In dieser Epoche tauchen hier technische Neuerungen auf – vor allem die Schrift –, die sich nach und nach im übrigen Mesopotamien ausbreiten. Die phonetischen Elemente dieser Schrift deuten auf eine Sprache des Vorderen Orients hin, die nicht der semitischen Sprachfamilie angehört (siehe Kasten »Völker und Sprachen«, Seite 47), woraus man den Schluß ableitet, daß das Volk, das diese Kultur geschaffen hat, die Sumerer, zwar im Vorderen Orient angesiedelt war, aber nicht, wie die übrigen Einwohner der Region, zu den Semiten zählte. Unter Fachgelehrten ist allerdings umstritten, ob die Sumerer aus dieser Gegend stammten oder erst später eindrangen.

Um 3500 beginnt eine neue Ära in Mesopotamien, die sogenannte Uruk-Zeit. Wie es scheint, war die Bevölkerung in Sumer und Elam zu dieser Zeit in kleinen, zugleich städtischen und bäuerlichen, voneinander unabhängigen Gemeinwesen organisiert. Diese wurden von Königen regiert, die als Stellvertreter der jeweiligen Schutzgottheit auftraten. Mit der Zeit nahmen die Zahl und die technischen Fähigkeiten dieser Gemeinschaften zu, zunächst im Süden, dann auch in Obermesopotamien, das in dieser Hinsicht von den Stadtstaaten des Südens abhängig gewesen zu sein scheint.

Die Thronfolge dieser Dynastien war erblich geregelt. Wir besitzen eine Reihe mehr oder weniger mythischer Königslisten, die bis in fernste Zeiten zurückreichen (die erste Dynastie von Kisch rühmt sich eines Alters von 25 000 Jahren, und die von Uruk zählt Gilgamesch, den Helden des berühmten Epos, zu ihren Vorfahren). Weit bescheidener, dafür aber historisch belegt, ist die Dynastie von Ur,

* Da sich das vorliegende Werk auf das Altertum beschränkt, beziehen sich alle Zeitangaben, es sei denn, es wird anders vermerkt, auf die vorchristliche Zeit.

die sich nur bis zu ihrer Gründung durch Mesanepada um 2500 zurückverfolgen läßt. Ähnliche Dynastien finden sich in Lagasch, Kisch, Uruk etc. Vielfach rivalisieren sie miteinander und bekämpfen sich gegenseitig; oft bringen die bedeutendsten Stadtstaaten die kleineren unter ihre Herrschaft. Um 2325 dehnt Lugalzaggesi, König von Umma, seine Herrschaft auf ganz Mesopotamien aus und gründet das erste sumerische »Reich«.

Dieses kurzlebige Reich wird von Sargon (oder Scharru-ken, was auf akkadisch so viel wie »legitimer König« bedeutet) schon nach 25 Jahren gestürzt: Sargon begründet die semitische Dynastie von Akkad und dehnt sein Reich auf Kleinasien, Elam und bis nach Ostarabien aus. (Der Name Akkad bezeichnet den Norden Niedermesopotamiens; die Stadt Akkad ist bis heute noch nicht genau lokalisiert, befand sich aber in der Umgebung von Kisch.)

Doch dieses akkadische Reich ist für die damaligen Mittel zu groß und deshalb einer ständigen Bedrohung ausgesetzt, teils durch innere Revolten der Stadtstaaten, die ihre Autonomie zurückgewinnen wollen, teils von Nachbarvölkern, die begehrlich auf das reiche mesopotamische Tiefland blicken, wie die Gutäer aus dem Sagrosmassiv oder die Amoriter, Hirten am Ostrand der Syrischen Wüste. Trotzdem gelingt es Sargon und seinen Nachfolgern, der ganzen Region 150 Jahre lang die akkadische Kultur – Sprache, Religion und Technik – aufzuzwingen, oft mit brutalen Mitteln. Um 2125 schließlich bricht das Reich zusammen, wird die Stadt Akkad zerstört.

Nun richten sich die Gutäer (das Volk vom Sagros) in Mesopotamien ein. Einige Städte leisten ihnen allerdings erfolgreich Widerstand; vor allem Lagasch, wo die sumerische Kultur unter der Herrschaft Gudeas eine Renaissance erlebt, und Ur, wo Urnammu um 2100 die dritte Dynastie dieser Stadt gründet. Lagasch erlebt nach Gudeas Tod wieder einen Niedergang, aber Urnammus Nachfolger, Schulgi, gründet ein neues sumerisches Reich. Dieses neusumerische Reich wird von drei Herrschern weitergeführt, bis es um 2000 unter den Angriffen von benachbarten Völkern und durch die Revolte der nach Unabhängigkeit strebenden Städte zusammenbricht.

Die zwei bedeutendsten von ihnen, Isin und Larsa, rivalisieren miteinander, bis sich die Könige von Larsa 1794 als Sieger durchsetzen. Gleichzeitig machen sich die Amoriter den Untergang des sumerischen Reichs der dritten Dynastie von Ur zunutze und dringen auf friedlichem Weg in das Land ein. Um 1900 läßt sich der Amoriter Sumu-abum zum König der kleinen Stadt Babylon ausrufen, die mit der Zeit immer mächtiger wird. Und im Norden bilden sich die Königreiche von Mari und Assur, die von Schamschi-Adad (1813–1783), dem König von Assur, für kurze Zeit zu einem einzigen assyrischen Reich verschmolzen werden.

Der sechste König der ersten Dynastie von Babylon (die sich von 1894 bis 1595 behaupten konnte), Hammurapi (1792–1750), erobert die Königreiche Larsa (das seinerseits das Königreich Isin besiegt hatte) und Mari und fällt in Assyrien ein.

So entsteht ein neues Reich, dessen Hauptstadt, Babylon, zu einem bedeutenden politischen, religiösen, kulturellen und kommerziellen Zentrum aufsteigt. Unter Hammurapis Herrschaft ist übrigens zweifellos auch der von der Bibel erwähnte Aufbruch Abrahams aus der Stadt Ur nach Kanaan anzusetzen; möglicherweise hat sogar die babylonische Herrschaft über Ur den Anstoß dazu gegeben.

Von diesem Augenblick an wird das sumerisch-kleinasiatische Element vom semitischen völlig dominiert; gleichwohl bleibt die sumerische Kultur als eine Art Humus lebendig – nicht nur die Schrift, die nach wie vor in der Region vorherrscht und der akkadischen Sprache angepaßt wird, sondern auch die unter der dritten Dynastie zu neuen Ehren gelangte sumerische Sprache, die noch lange, nachdem sie im Alltag von der akkadischen Umgangssprache verdrängt worden war, die Sprache von Religion und Kultur bleiben sollte (vgl. den Kasten »Völker und Sprachen«, Seite 47).

Ende des 3., Anfang des 2. Jahrtausends setzen die indoeuropäischen Wanderungen ein, die neue kulturelle Anstöße bringen. Indoeuropäer (möglicherweise aus Mitteleuropa oder Südrußland) lassen sich im Land Hatti nieder und gründen das Hethiterreich. Andere siedeln sich in Churri oder unter den Kassiten im Zagrosgebirge an. In ihren weitesten Ausläufern erfaßt diese Bewegung noch das Industal, und auch die Eroberung Ägyptens durch die Hyksos sowie die Besiedlung der Küsten und Inseln der Ägäis durch die Achäer gehören hierher (vgl. die Kapitel über Ägypten und Griechenland).

Nach Hammurapi erfährt das babylonische Reich eine solche politisch-wirtschaftliche Schwächung, daß es unter den Schlägen der Randvölker (der Kassiten und der Indoeuropäer) und der Revolte der nach Unabhängigkeit strebenden Städte wie Urukagina schon bald auf ein einziges Land, Akkad, zusammenschrumpft. Im Jahr 1595 fallen die Hethiter vorübergehend in Babylon ein. Schließlich aber sind es die 1741 schon einmal zurückgeschlagenen Kassiten, die sich hier niederlassen und die dritte Dynastie von Babylon gründen (die sogenannte kassitische Dynastie), die sich bis ins 12. vorchristliche Jahrhundert behauptet.

Während die Hethiter ihr Reich in Kappadokien aufbauen, gründen die Hurriter das Mitanni-Reich, unterwerfen Assyrien und bedrohen die ägyptischen Besitzungen in Asien. Diese fortwährende Verschiebung des Mächtegleichgewichts erschüttert die ganze Region im Verein mit der Bündnispolitik der regionalen Mächte aufs heftigste (zumal nach der Befreiung von den Hyksos auch Ägypten seinerseits Kanaan zur Schutzbastion seiner Grenzen gegen weitere Invasionen ausbaut).

Die Hurriter verschwinden als erste von der Bildfläche, verdrängt vor allem durch die zusehends erstarkenden Hethiter (unter Suppiluliuma) und Assyrer (unter Assuruballit I., 1366–1330). Im 12. Jahrhundert bricht dann das Hethiterreich unter den Schlägen der Seevölker zusammen, die aus Phrygien herandrängen und auf ihren Wanderungen auch die kretisch-mykenische Kultur und die kanaanäischen Staaten zerstören. Auch Babylonien erlebt eine unruhige, dunkle Zeit und bekommt die Macht der verschiedenen Völker (Hethiter, Assyrer, Elamer, aber auch der aramäischen Nomaden) auf die unterschiedlichste Weise zu spüren. Letztlich jedoch ist es der König von Elam, Schutruk-Nahhunte, der im Bund mit dem Assyrerkönig Assur-dan 1156 die kassitische Dynastie stürzt.

Assyrien seinerseits erlebt einen Machtzuwachs. Bereits um 1365 hatte der assyrische König Assuruballit I. die Herrschaftsansprüche von Mitanni zurückgewiesen und seine Tochter mit dem kassitischen König von Babylon verheiratet, um sich in dessen Angelegenheiten einmischen zu können. Unter seinen Nachfolgern kann das assyrische Reich allerlei Wechselfällen zum Trotz sein Gebiet und seine Macht weiter ausdehnen. Das führt vor allem zu Zusammenstößen mit Babylonien, wo die Dynastie von Isin die Elamer vertreibt – die ihrerseits 1156 die kassitische Dynastie gestürzt hatten – und die Macht ergreift.

Um diese Zeit werden beide Reiche von Völkern an ihrer Peripherie, vornehmlich Aramäern, heimgesucht. Besonders schwer betroffen ist Babylonien, wo Einwanderer durch ihre Ansiedlung die staatliche Ordnung zerrütten; die Aramäer integrieren sich mehr oder weniger, hauptsächlich am Rand des Persischen Golfs, wo sie sich Chaldu nennen (daher der Name Chaldäa). Die Assyrer zeigen sich dagegen weitaus widerstandsfähiger und dehnen ihr Reich sogar in Richtung des heutigen Syrien aus. Trotz verschiedener äußerer und innerer Wechselfälle (unter anderem einer Revolution) erobern sie zahlreiche Territorien in Syrien und Kanaan, unterwerfen die Meder im Nordiran und annektieren unter Tukulti-apal-escharra III. (oder Tiglatpileser III.) das damals von Chaldäern geführte Babylonien. Sein Sohn Sargon II. (722–705) verleibt dem assyrischen Reich ungeachtet einer Revolte in Babylonien und der Einmischung Ägyptens, dem es im Grunde nur um die Schwächung der assyrischen Macht geht, den gesamten Nahen Osten ein. Assur-aha-iddina (Asarhaddon; 680–669) fällt sogar seinerseits in Ägypten ein, wird jedoch schnell wieder vertrieben. Sein Nachfolger Assur-bâni-apli (Assurbanipal; 668–626) aber erobert es erneut, zerstört 664 Theben, greift anschließend Elam an, das sich an einer Verschwörung gegen ihn beteiligt hatte, und macht 646 Susa dem Erdboden gleich. Der von ihm in Ninive angelegten Bibliothek verdanken die Archäologen eine beträchtliche Anzahl höchst aufschlußreicher Dokumente über das Wissen der Zeit. Alles in allem stellt Assurbanipals Herrschaft, sowohl was die Ausdehnung des Reichs als auch das kulturelle Niveau angeht, den Höhepunkt der assyrischen Kultur dar.

Doch Assyriens Glanzzeit war nicht von langer Dauer. Babylonier (unter König Nabupolassar) und Meder (unter König Kyaxares) bemächtigen sich des Landes und zerstören im Jahr 612 Ninive.

Durch die Aufteilung des assyrischen Reichs unter Meder und Babylonier entsteht ein neubabylonisches Reich, das mehr oder weniger dem assyrischen Reich entspricht, denn die Meder verleiben sich vor allem im Iran und in Kleinasien nicht zu Assyrien gehörige Territorien ein. Die überragende Gestalt dieses neuen

Reichs ist Nebukadnezar (Nabu-kudurri-usur II.; 605–562), der die Ägypter aus Syrien vertreibt, Jerusalem zerstört und die Hebräer in die Babylonische Gefangenschaft führt (587).

Aber auch diesem Reich war keine Dauer beschieden. Unter der Herrschaft Nabonids (Nabu-na'id; 556–539) lehnt sich Kyros, der König von Anzan (Anschan), 555 mit Unterstützung Babylons gegen die medische Oberhoheit auf; 539 jedoch wendet er sich gegen seinen früheren Verbündeten und fällt in Babylonien ein. Mit dieser Eroberung ist der Grundstein zum Perserreich, dem bis dahin größten aller Reiche, gelegt, nachdem auch der Mederkönig Astyages und der Lyderkönig Kroisos unterworfen wurden.

Kambyses (529–522), der Sohn von Kyros, gliedert dem Reich noch Ägypten bis Elephantine ein, läßt sich zum Pharao ausrufen und begründet so die 27. Dynastie in Ägypten, die sogenannte persische Dynastie. Nach Niederwerfung einer Verschwörung stellt Dareios (521–485) die Herrschaft der Achämeniden in Persien wieder her, läßt sich in Ägypten zum Pharao krönen, dringt bis nach Indien vor und fällt in Griechenland ein (Perserkriege), wird aber 490 bei Marathon geschlagen. Sein Nachfolger Xerxes I. (488–464) wird bei Salamis (480) ebenfalls von den Griechen geschlagen. 449 kommt es dann unter Artaxerxes (464–424) endlich zum Friedensschluß mit den Griechen.

Schließlich wird das Perserreich vom König von Makedonien, Alexander dem Großen, zerstört, der 331 Babylon einnimmt. Als er nach der Eroberung der halben Welt 323 stirbt und sein Reich aufgeteilt wird, fällt der asiatische Teil (einschließlich Mesopotamien) an einen seiner Generäle, Seleukos. Die von ihm begründete Dynastie der Seleukiden kann sich bis 64 v.Chr. behaupten, bis sie von den römischen Legionen des Pompeius vertrieben wird. Die Kontrolle über Mesopotamien hatte die seleukidische Dynastie (die Antiochia zu ihrer Hauptstadt gemacht hatte) allerdings schon lange vorher an die parthischen Herrscher der Arsakiden verloren, die bis 224 n.Chr. über das Land herrschen – schon 139 war ein erster Teil an Mithridates I., König der Parther, und 129 nahezu der ganze Rest an Phraates II. gefallen. Nach 224 n.Chr. geht das Land bis zum Vorstoß der Araber im Jahr 637 n.Chr. an die Sassaniden, die damaligen Herrscher in Persien, über.

Wie diese kurze Zusammenfassung zeigt, sind im Laufe der mesopotamischen Geschichte immer neue Völker und Kulturen miteinander verschmolzen – kleinasiatische, semitische, indoeuropäische. So präsentiert sich uns die mesopotamische Geschichte im Vergleich zur ägyptischen als ein viel mannigfaltigeres Geschehen, dafür aber auch als eine Geschichte mit einer weniger stark ausgeprägten nationalen Einheit, was zweifelsohne mit der weniger deutlichen geographischen Abgrenzung zusammenhängt, und mit einer beträchtlichen Neigung zur Aufsplitterung in unabhängige Staatsgebilde.

Diese multikulturelle, bewegte Geschichte müßte auch in dem von uns als wissenschaftlich eingestuften Wissen der Zeit und seiner Entwicklung ihren Niederschlag gefunden haben. Die Grundlagen dieser »wissenschaftlichen« Kultur aber sind alt. Sie sind zum größten Teil sumerisch und akkadisch, denn primitive Gesellschaften zeigen vor allem bei kulturellen und mythologischen Traditionen ein starkes Bewahrungsstreben (das sich auch in Ägypten wiederfindet). Natürlich hat sich dieses Wissen mit der Zeit weiterentwickelt, aber nur seinem Gehalt nach, und nicht in seinem intellektuellen Rang – soweit sich das anhand der überlieferten Dokumente überhaupt sagen läßt. Insofern sind die sumerischen und akkadischen Elemente ausschlaggebend geblieben und wurden trotz der späteren Eroberungen und Invasionen bewahrt und immer wieder aufgegriffen.

1. VÖLKER UND ORTE

Akkad: Nördliche Region Niedermesopotamiens (Städte: Akkad, Kisch, Babylon), von semitischen Volksstämmen (*Akkadern*) besiedelt. Sitz des ersten semitischen Großreichs (Sargon), das die Sumerer ablöste.

Amurru: Siedlungsgebiet semitischer Volksstämme, der *Amoriter* (oder *Amurru*), westlich von Mesopotamien (*Amurru* bedeutet westlich), im mittleren Syrien. Die Amoriter stellten auch die erste Dynastie von Babylon.

Anschan (oder *Anzan*): Stadt und Landschaft östlich von Mesopotamien, in Elam (in der Gegend des heutigen Schiras). Hier begann Kyros, der Begründer des Perserreichs (539), als König von Anzan seine Laufbahn.

Aramäer: Semitische Nomadenstämme aus Syrien, die wiederholt in Mesopotamien eindrangen, vor allem in Niedermesopotamien, wo sie im 10. Jahrhundert v. Chr. einen Bund (Chaldu: Chaldäer) gründeten, der eine wichtige Rolle spielte und bis 729 die Macht in Babylon behaupten konnte.

Assur: Stadt in Obermesopotamien, am Mittellauf des Tigris. Ausgangspunkt des assyrischen Reichs (Assyrien bedeutet Assurland).

Assyrien: Königreich von Assur, das zu Beginn des 20. Jahrhunderts und dann wieder im 16. Jahrhundert unter König Assuruballit I., der das Reich aus der Abhängigkeit von Mitanni löste, immer mehr an Bedeutung gewann und nach und nach die ganze Region unter seine Kontrolle brachte. Seinen Höhepunkt erlebte es unter Assurbanipal (668–626) und wurde schließlich im Jahr 612 v. Chr. (Zerstörung von Ninive) von Medern und Babyloniern vernichtet.

Babylon: Stadt an einem Arm des Euphrat in Mittelmesopotamien, reicht bis ins 3. Jahrtausend v. Chr. zurück, erlangte jedoch erst mit der Gründung der ersten Dynastie durch den Amurriter Sumu-abum um 1900 wirklich Bedeutung, die es im Lauf einer bewegten Geschichte als wichtiger Handelsknotenpunkt und bedeutendes kulturelles Zentrum, aber auch immer wieder als Hauptstadt zu behaupten verstand – mindestens bis zu Alexander dem Großen, der Babylon zur Hauptstadt seines Reiches erhob und 323 v. Chr. hier starb.

Chaldäa: Region in Niedermesopotamien am Persischen Golf, zu Beginn des 1. vorchristlichen Jahrtausends Heimat aramäischer Nomaden (Chaldu). Entspricht in etwa dem Sumer des 3. Jahrtausends.

Elam: Gebiet im Osten des Unterlaufs des Tigris, zusammen mit Sumer Wiege der mesopotamischen Kultur (wichtigste Stadt: Susa; Einwohner: *Elamer*).

Euphrat: Einer der beiden großen mesopotamischen Flüsse. Entspringt im armenischen Hochland und vereinigt sich nach einem Lauf von über 2000 km mit dem Tigris zum Schatt-el-Arab (im Altertum mündete der Euphrat wesentlich weiter nördlich direkt in den Persischen Golf, ohne mit dem Tigris zusammenzufließen; die aktuelle Lage erklärt sich durch das von den Schlammassen der beiden Flüsse weit in den Golf hinaus vorgeschobene Schwemmland).

Gutäer: Volksstamm aus dem Sagrosmassiv, der sich gegen Ende des 3. Jahrtausends in Mesopotamien ansiedelte und dem von Sargon I. gegründeten akkadischen Reich ein Ende bereitete.

Hatti, Hethiter: Das Land Hatti, eine Region in der heutigen Türkei (in der Umgebung von Ankara), wurde zu Beginn des 2. Jahrtausends von Indoeuropäern besiedelt, die hier das mächtige Hethiterreich gründeten, das im 13. Jahrhundert unter dem Ansturm der »Seevölker« zusammenbrach.

Hurriter: Indoeuropäer, die sich zu Beginn des 3. Jahrtausends in der Gegend von Mardin, nördlich von Mesopotamien und südöstlich des Vansees niederließen und dort das Reich der Mitanni gründeten, das im 14. Jahrhundert unter den Schlägen des Hethiter- und des Assyrerreichs zusammenbrach.

Indoeuropäer: Völker (aus Mitteleuropa, Südrußland, Skandinavien?), die im Zuge ihrer Wanderungen Ende des 3. Jahrtausends bis in den Nahen Osten und nach Indien gelangten. Auf diese Völkerwanderungen werden zahlreiche bedeutende Ereignisse zurückgeführt – so die Reiche der Hethiter und der Mitanni, die Invasion der Hyksos in Ägypten, die Besiedlung der Küsten und Inseln der Ägäis durch die Griechen etc.

Isin: Stadt im nördlichen Teil des Landes Sumer, die gegen Ende des sumerischen Reichs unter der dritten Dynastie von Ur mit Larsa um die Vorherrschaft rivalisierte. Die Stadt wurde im Jahr 1794 von Larsa besiegt, das bald darauf seinerseits unter Hammurapi unter babylonische Herrschaft kam, und spielte erst im 12. Jahrhundert wieder eine Rolle, als sie nach der Vertreibung der Elamer (die 1156 ihrerseits die kassitische Dynastie von Babylon gestürzt hatten), als die zweite Dynastie von Isin die Macht in Babylon errang.

Kanaan: Region zwischen dem Mittelmeer und dem Jordan.

Kassiten: Volk im Sagrosgebirge, wo sich im Zuge der Völkerwanderung Anfang des 2. Jahrtausends auch Indoeuropäer niederließen. Nach und nach unterwanderten die Kassiten Babylonien, wo sie zu Beginn des 16. Jahrhunderts die Macht übernahmen und die kassitische Dynastie gründeten, die vier Jahrhunderte lang die Herrschaft ausübte, bis sie im 12. Jahrhundert von Elamern und Assyrern vertrieben wurde.

Kisch: Stadt im Norden von Sumer, eine der ältesten Ausgrabungsstätten der sumerischen Kultur.

Lagasch: Sumerische Stadt, eines jener Zentren, von denen nach der Zerstörung des akkadischen Reichs zur Zeit Sargons durch die Gutäer die Erneuerung der sumerischen Kultur ausging. Ihren Höhepunkt erreicht diese Erneuerung unter König Gudea (22. Jahrhundert).

Larsa: Sumerische Stadt, die nach dem Sturz der dritten Dynastie von Ur mit Isin um die Vorherrschaft in Sumer wetteiferte, im Jahr 1794 ihre Rivalin schlug, im Jahr 1762 aber ihrerseits unter Hammurabi an Babylonien fiel.

Mari: Stadt am mittleren Euphrat; um das 25. Jahrhundert von großer Bedeutung, geriet unter die Herrschaft der Könige von Assur und Akkad, wurde 1758 von Hammurapi zerstört.

Medien, Meder: Region nördlich des Iran (das heutige Aserbaidschan und Kurdistan), wurde im Zuge der Völkerwandung von indoeuropäischen Völkern (*Medern*) besiedelt, im 8. Jahrhundert von den Assyrern (vor allem von Tukulti-apal-escharra III.) unterworfen. König Kyaxares, der sich Assyriens bemächtigte und Ninive (612 v.Chr.) zerstörte, machte Medien zu einem unabhängigen Reich. Im Jahr 555 v.Chr. wurde das Land von Kyros, dem König von Anzan, unterworfen und dem entstehenden Perserreich einverleibt.

Mesopotamien: Vom griechischen *mesos* und *potamos*, Land zwischen den Flüssen – von Tigris und Euphrat bewässerte Region, die in etwa dem heutigen Irak entspricht.

Mitanni: siehe Hurriter.

Ninive: Siedlung am Oberlauf des Tigris, eine der Hauptstädte des Assyrischen Reichs; im Jahr 612 v.Chr. von Babyloniern und Medern zerstört. Die hier von König Assurbanipal (668–626) geschaffene Bibliothek (mehrere Zehntausende von Tafeln) hat den Archäologen wertvolle Dienste geleistet.

Persien: Region des Iran im Südosten von Mesopotamien, im Zuge der Völkerwanderung von indoeuropäischen Völkern besiedelt. Den Schauplatz der Geschichte betrat das Land mit Kyros im Jahr 555 v.Chr.

Sagros: Gebirgsmassiv, begrenzt das iranische Hochland nach Westen und Mesopotamien nach Osten.

Seevölker (oder *Barbaren des Nordens*): Sammelbezeichnung für Völker, die im 13. Jahrhundert von einem nicht genau bekannten Ausgangspunkt (dem Balkan, der westlichen Ägäis, von Anatolien, den Inseln des zentralen Mittelmeers?) bis vor die Tore Ägyptens vorstießen, wo sie im Jahr 1190 v.Chr. von Ramses III. zurückgeschlagen wurden. Zahlreiche bedeutende Ereignisse (Zerstörung der kretisch-mykenischen Kultur, der Staaten von Kanaan, des Hethiterreichs) werden auf diese Wanderungen zurückgeführt.

Sumer: Der südliche Teil Niedermesopotamiens am Persischen Golf (von akkadisch *Schumêru*, was so viel bedeutet wie »das schilfbeherrschende Land«). Seit 3500 v.Chr. von einem vorderasiatischen Volk, den *Sumerern*, besiedelt, dessen Ursprünge (ob Ureinwohner oder Eindringlinge) nicht bekannt sind.

Susa: Stadt in Elam, seit frühester Zeit (Neolithikum) bedeutendes kulturelles und politisches Zentrum. Wurde im Jahr 646 v.Chr. von Assurbanipal zerstört, und stieg unter der 521 von Dareios gegründeten achämenidischen Dynastie zu einer der Hauptstädte des Perserreichs auf.

Tigris: Einer der beiden großen Flüsse Mesopotamiens. Entspringt im armenischen Hochland und vereinigt sich heute – anders als im Altertum, als er noch direkt in den Persischen Golf mündete – nach 2000 km mit dem Euphrat zum Schatt-el-Arab.

Ur: Stadt im Süden von Sumer (im Altertum direkt am Persischen Golf gelegen, durch dessen allmähliche Verlandung durch die Flußablagerungen aber mit der Zeit ins Landesinnere verlagert). Ihre erste historisch belegte Dynastie reicht bis in die Jahre um 2500 zurück; am berühmtesten jedoch wurde die um 2100 gegründete dritte Dynastie (Ur III), die nach der Zerstörung des akkadischen Reichs durch die Gutäer (zusammen mit Lagasch unter König Gudea) die sumerische Renaissance einleitete. Abraham, der biblische Patriarch, soll einem in Ur ansässigen aramäischen Stamm angehört und die Stadt zur Zeit Hammurapis verlassen haben.

Uruk: Sumerische Stadt, eine der Geburtsstätten der sumerischen Kultur (nach ihr wurde auch eine der ersten Perioden dieser Kultur benannt); Vaterstadt des legendären Gilgamesch. Ende des 22. Jahrhunderts erlangte sie mit der sumerischen Renaissance neue Bedeutung, jedoch mehr als kulturelles, weniger als politisches Zentrum.

Technische Voraussetzungen

Die alte mesopotamische Kultur ist im wesentlichen eine bäuerliche Kultur. Regelmäßige Überschwemmungen sorgen in Niedermesopotamien für einen fruchtbaren Boden, der sich gut für den Getreideanbau eignet, auch wenn das warme Klima eine zusätzliche Bewässerung erforderlich macht. Außer Gerste, der zweifellos am häufigsten angebauten Feldfrucht, sind Emmer und Hirse bekannt, als Gemüse Zwiebeln, Knoblauch, Lauch, Kohl, Fenchel, Mangold, Rüben, Rettich, Kopfsalat, Gurken und Bohnen. Daneben gibt es verschiedene Gewürze wie Minze, Safran, Basilikum, Thymian, Koreander und Pistazien, als Früchte vor allem Datteln, aber auch Wassermelonen, Trauben, Granatäpfel, Feigen, Aprikosen, Mispeln. Die Früchte kommen aber fast nur in Obermesopotamien vor, denn in Niedermesopotamien gedeihen kaum Bäume – außer Dattelbäumen, von denen vom minderwertigen Holz über die Blätter, Fasern bis zu den Früchten alles verwendet wird. Öl wird zunächst nur aus Sesam und erst seit dem 1. Jahrtausend auch aus Oliven gewonnen.

Als Haustiere werden Rind, Büffel, Esel und Onager gehalten, die seit dem 4. Jahrtausend auch als Zugtiere dienen. Das Pferd taucht in Babylon frühestens um 1500 v. Chr. auf. Von Nachbarvölkern übernommen, bei denen es schon länger bekannt war, wird es geritten oder (mit Kummet) vor Prunkwagen gespannt. Das Kamel erscheint erst im 1. Jahrtausend. Außerdem werden Ziegen, Schafe, Schweine, Hunde und Geflügel wie Gänse, Enten, Tauben und später auch Hühner gehalten, allesamt für den Kochtopf. Ziege und Schaf liefern außerdem noch Häute für die Kleidung und Haare und Wolle zur Herstellung von Geweben, die die Verwendung von Leinen und Baumwolle ergänzen.

Die Ernährung stützt sich weitgehend auf die Landwirtschaft (deren Erzeugnisse meist weiterverarbeitet werden – zu Käse, Butter, Wein, Gerstenbier etc.), wird aber durch die Jagd (mit Fallen, Bogen, Schleudern auf Wildschweine, Hirsche, Büffel, Onager, Löwen, Rebhühner und andere Vögel) und den Fischfang (mit Netz und mit Reuse) ergänzt.

Für den Ackerbau sind Geräte und Werkzeuge erforderlich: Hacke, Schaufel, Pflug, Sätuch, Axt, Körbe, Gefäße verschiedener Art etc., die aus Holz, Stein, Knochen, zumindest seit dem 5. Jahrtausend auch aus gebranntem Ton, aus Flechtwerk und später auch aus Metall angefertigt werden.

Holz ist in Niedermesopotamien Mangelware; der einzige weit verbreitete Baum ist die Dattel, deren minderwertiges Holz nur sehr begrenzt verwertbar ist. Wie das Holz ist auch der Stein knapp; dafür gibt es Schilf und Ton in Hülle und Fülle – die ersten Behausungen waren mit Lehm abgedichtete Schilfhütten. In der Folge werden dann – zunächst nur für Tempel und Paläste – Ziegel verwendet, die, aus Lehm und zerkleinertem Stroh hergestellt, meist lediglich an der Sonne getrocknet und mit Mörtel oder im Tagbau gewonnenem Erdpech zusammengefügt werden. Selbst in Assyrien, wo an Steinen gewiß kein Mangel herrscht, werden die Behausungen aus Ziegeln gebaut (die in der großen Epoche allerdings vielfach gebrannt werden). Der Stein bleibt Basreliefs zur Ausschmükkung vorbehalten. Deshalb haben die mesopotamischen Häuser dicke, bröckelige Mauern ohne viele Öffnungen. Die Größe der Zimmer ist durch die Länge der Balken begrenzt, die das Dach tragen. Das Mobiliar besteht aus Truhen, niedrigen Tischen, niedrigen Betten mit Flechtmatratzen und Teppichen.

Außer zu den primitiven Behausungen dient das Schilf noch zur Herstellung verschiedener Geräte und Gefäße, vor allem von Booten (Ruder- und Segelschiffen oder Booten zum Treideln), die mit Erdpech abgedichtet und auf den Flußläufen häufig als Transportmittel eingesetzt werden.

Im Gegensatz zu Keramik, Korbflechterei und sogar zur Weberei, drei alten Künsten, ist die Metallurgie weitaus jünger. Da Niedermesopotamien selbst keine Erzvorkommen besitzt, muß es die Mineralien einführen. Auch Assyrien besitzt nur wenig Silber, Kupfer, Blei und Eisen, dazu kommen Antimon und Zinn aus Persien und Gold aus Kleinasien.

Im 3. Jahrtausend ist Metall rar; danach kommt es mehr in Gebrauch, bleibt aber gleichwohl knapp und äußerst kostbar. Es wird für Waffen und Werkzeuge (Dolch- und Axtklingen, Lanzen- und Pfeilspitzen, Teile des Pferdegeschirrs) verwendet, aber auch – vor allem Silber und Gold, daneben jedoch auch Kupfer, Bronze und Eisen – für Schmuck und Kleinodien.

2. METALLURGIE UND ALCHIMIE

(Nach Rey 1930, Eisler 1926)

Tontafel aus der Bibliothek des Assurbanipal
(7. Jahrhundert v. Chr.; Kopie eines älteren Dokuments?)

Wenn du den Grund zu einem Stein-[= *Erz*-] Ofen legen willst, wähle einen geeigneten Tag in einem günstigen Monat und lege den Grund zum Ofen. Sobald man die Lage des Ofens bestimmt hat und du dich ans Werk machst, stell die göttlichen Keimlinge [= *die Ingredienzien des Gußmetalls*] in die Haube des Ofens – kein Schmelztiegel darf hineinkommen, keine unreine (Sache) darf davor gestellt werden – breite vor ihnen das gewohnte Opfer aus. Wenn du den Stein in den Ofen legen willst, bringe ein Opfer vor den göttlichen Keimlingen dar, stelle eine Räucherpfanne mit Zypresse auf, verspritze einen vergorenen Trank (kurunnu), entzünde unter dem Ofen Feuer und schiebe dann den Stein in den Ofen. Die Leute, die du in die Nähe des Ofens läßt, müssen sich vorher reinigen, und erst dann darfst du zulassen, daß sie sich dem Ofen nähern. Das Holz, das du im Ofen verbrennst, soll ein großer sarbatû [*Maulbeerbaum*] ? sein, ein entrindeter Stamm (quru), der noch nicht zu einem Floß [*Reihe von Baumstämmen, von Riemen zusammengehalten*] verwendet wurde und der im Monat ab gefällt wurde; ein solches Holz sollst du in deinem Ofen verwenden.

3. ZWEI REZEPTE ZUR HERSTELLUNG VON BLAUEM EMAIL

(Nach Rey 1930, Eisler 1926)

Tontafel aus der Bibliothek des Assurbanipal (7. Jahrhundert v. Chr.)

Wenn du hellblaues Email zubereiten willst, zerstoße getrennt und mische danach 10 Minen Stein immanaku, 15 Minen Soda, 1 und 2/3 Mine weißes Kraut (?); gib das Gemisch in den Ofen mit vier Augen [*Öffnungen*] und schiebe es danach zwischen die Augen, entzünde ein sanftes Feuer, das nicht raucht; sobald die Masse weißglühend ist, nimm sie heraus, lasse sie erkalten, zermahle sie erneut, häufe sie auf reinem Salz auf, bringe sie in den kalten Haubenofen, entzünde ein sanftes Feuer ohne Rauch; sobald die Masse orangerot ist ..., lasse sie über den gebrannten Ziegel laufen. Dann ist ihr Name hellblaues Email. [*Man beachte, daß hier nicht nur die Zubereitung von Email, sondern auch die Emaillierung von Ziegeln beschrieben wird.*]

Zu 1 Mine schönem Email nimm 1/3 Mine zerstoßenen Stein busu, 1/3 Mine amnaku, 5 Halbschekel Perlmutt, zermahle das Ganze erneut, häufe es in eine Form, stelle sie zwischen die Augen des Ofens; es wird ein blaues Emailpulver entstehen.

[*1 Mine = 505 Gramm; 1 Schekel = 1/60 Mine*]

Als erstes Metall taucht zu Beginn des 3. Jahrtausends das Kupfer auf, das zunächst gehämmert, dann gegossen wird. Ihm folgt Ende des 3. Jahrtausends die Bronze (eine Kupfer-Zinn- oder Kupfer-Antimon-Legierung). Und um die Mitte des 2. Jahrtausends scheint bei den Hethitern die Eisenindustrie aufgekommen und von dort aus, vornehmlich durch die Invasionen und Wanderungen der Seevölker, über ganz Westasien verbreitet worden zu sein. Doch selbst jetzt bleibt die Bronze ein vielverwendetes Metall, und für Pfeilspitzen wird sogar noch in den Perserkriegen Stein (Feuerstein) benutzt.

Das Studium der Metallgegenstände und der Herstellungsverfahren, das wertvolle Aufschlüsse über die Technik der Zeit ermöglicht, sagt jedoch nichts darüber aus, was die Metallurgie für die Menschen damals bedeutete: bloße Technik oder eine magische Praktik, vielleicht integriert in eine umfassendere mythische Konzeption? Kasten 2 enthält den Text eines Tontäfelchens aus der Bibliothek des Assurbanipal, auf dem das Herstellungsverfahren von Metall beschrieben wird. Dieser Text bezeugt nur allzu deutlich, daß sich die Metallurgie einen magischen Anstrich gibt, daß die Einwirkung des Feuers auf das Mineral als geheimnisumwobener alchimistischer Prozeß empfunden wird, der von Opfern, Reinigungsriten etc. begleitet werden muß. Daneben fehlen auch nicht die eigentlich technischen Details über die Bestimmung der Lage des Ofens (falls sie nicht gleichfalls magischen Charakter hat) und die Beschaffenheit des zu verwendenden Holzes (das nicht zum Bau eines Floßes verwendet, also nicht durch die Berührung mit Wasser in seiner Beschaffenheit verändert worden sein darf und vor allem gut durchgetrocknet sein muß). Natürlich kann man aus diesem Text nicht den Schluß ziehen, daß die ganze mesopotamische Metallurgie pure Alchimie war, wohl aber, daß sie im frühen Altertum diesen Aspekt haben konnte (das vorgelegte Dokument könnte auch die Kopie eines älteren Textes sein).

Über die Metallurgie hinaus kannten die Mesopotamier in Ansätzen eine chemische Industrie; seit 2000 v.Chr. produzierten sie nicht nur gewöhnliches und farbiges Glas, sondern auch Email (siehe Kasten 3 – die Herstellungsanweisung ist hier wesentlich sachbezogener als bei der Metallproduktion, vielleicht aufgrund der Entstehungszeit des Originaltextes, der im 7. Jahrhundert kopiert wurde, oder auch aufgrund seiner Bestimmung);außerdem stellten sie Tinkturen und Farben (Gelb: Safran, Bleiantimonat; Rot: Kermesschildläuse, Stachelschnecken, Eisenoxyd; Blau: Lapislazuli; Blaugrün: Kupfersulfat; Weiß: Zinnoxyd) und sogar Seife her.

Die Schrift

Die Schrift entstand um 3300 in Sumer und Elam aufgrund von Anforderungen von Handel und Verwaltung. Die Verwaltung von Viehbeständen, Kornkammern und Ländereien sowie An- und Verkäufe machten eine Art Buchhaltung und Verträge erforderlich, deren Zahl und Umfang auf schriftliche Fixierung angewiesen war. So bildete sich nach und nach ein System von Symbolen heraus, die Art und Zahl der getauschten oder verwalteten Produkte angaben und dem Siegel der Handelspartner hinzugefügt wurden.

Als Beschreibmaterial bot sich, da am leichtesten zu beschaffen, der in dieser Region im Überfluß vorhandene Ton an. Mit einem zugespitzten Schilfrohr konnten die gewünschten Vermerke in feuchte Tonklumpen oder –tafeln eingeritzt werden, die man dann nur noch an der Sonne zu trocknen brauchte, um einen dauerhaften Beleg zu haben. Solche Tontäfelchen sind uns in großer Zahl überliefert, je nach Bedeutung getrocknet oder gebrannt. Ohne sie wüßten wir nur sehr wenig über die mesopotamische Kultur überhaupt und buchstäblich gar nichts über die Wissenschaften dieser Zeit (oder zumindest das, was wir als Vorläufer der heutigen Wissenschaften betrachten).

Die Zahlenschreibweise wollen wir im folgenden Unterkapitel darstellen und uns hier auf die Darstellung von Gegenständen, Begriffen und Lauten beschränken. Anfangs besteht die Schrift aus der bildhaften Darstellung von Gegenständen, sei es, daß das Objekt ganz abgebildet, sei es, daß ein besonders charakteristischer Teil herausgegriffen wird – beispielsweise steht eine Ähre für Gerste oder Korn, ein Ochsenkopf für Ochsen oder Rinder etc. (siehe Kasten 4). Diese Piktographie entwickelt sich unter dem Einfluß verschiedener Faktoren weiter, die teils mit dem Beschreibmaterial, teils mit dem Darstellungsprinzip und dem Darzustellenden selbst zusammenhängen.

Der Einfluß des Beschreibmaterials manifestiert sich in einer allmählichen Stilisierung der Piktogramme, denn der feuchte Ton eignet sich schlecht für lineare Umrißzeichnungen mit einem Griffel (vornehmlich bei gekrümmten Linien, die leicht unsauber werden), zumal die Bilder ja oft in kleinstem Maßstab darzustellen sind. So kommt es zu einer Auflösung der Zeichnungen oder Piktogramme in eine Abfolge kleiner gerader Linien, die mit der Spitze des zugespitzten Rohrs in den Ton mehr eingedrückt als gezogen werden. Durch die Form des Griffels und seine Schrägstellung aber ergibt sich ein nagel- oder keilförmiger Eindruck, woraus die Bezeichnung dieser Schrift als Keilschrift entstand.

Andererseits sprechen auch praktische Gründe (leichteres und schnelleres Schreiben) für eine Vereinfachung der Piktogramme: Mit der Zeit werden mehr und mehr Einzelheiten zugunsten der für das darzustellende Objekt charakteristischen großen Linien übergangen, was zusammen mit dem gerade erwähnten Übergang zur Keilform zu einem solchen Grad der Stilisierung führt, daß sich in dem neuen Symbol das ursprüngliche Piktogramm oft nur schwer wiedererkennen läßt (Kasten 4).

Eine solche Stilisierung aber schließt notwendig eine Systematisierung und Normierung der Schrift ein. Gestattet das Prinzip des Piktogramms bei der Darstellung der Objekte (solange sie erkennbar bleiben) eine gewisse Freiheit, so geht diese verloren, sobald die verwendeten Zeichen jede Ähnlichkeit mit den Gegenständen verloren haben: Nun muß für ein und dasselbe Objekt (oder dieselbe Idee) von allen stets das gleiche (oder doch fast gleiche) Zeichen verwendet werden.

Parallel zu dieser Entwicklung wandelt sich die Anordnung der Symbole. Galten auch für sie zunächst keine strikten Regeln, so bildet sich mit der Zeit eine gewisse Ordnung heraus. Zunächst werden vertikale Reihen von rechts nach links geschrieben. Dann, um 2600, vollzieht die Schrift eine Vierteldrehung. Nun verläuft die Leserichtung horizontal von links nach rechts und von oben nach unten, allerdings nur bei der Kurrentschrift auf Ton. Die Monumentalschrift auf Stein und Edelmetallen behält noch ein Jahrtausend lang die vertikale Anordnung bei, was nahelegt, daß die Änderung der Schreibrichtung auf den Tontafeln den Schreibfluß und die fortlaufende Lektüre erleichtern sollte.

Im Zuge der formalen Weiterentwicklung der sumerischen Schrift und ihrer Ausbreitung in ganz Mesopotamien und über dessen Grenzen hinaus entstanden auch ortsbedingte Varianten. So bewahren die Symbole in Babylonien durch die

4. ENTWICKLUNG DER KEILSCHRIFT

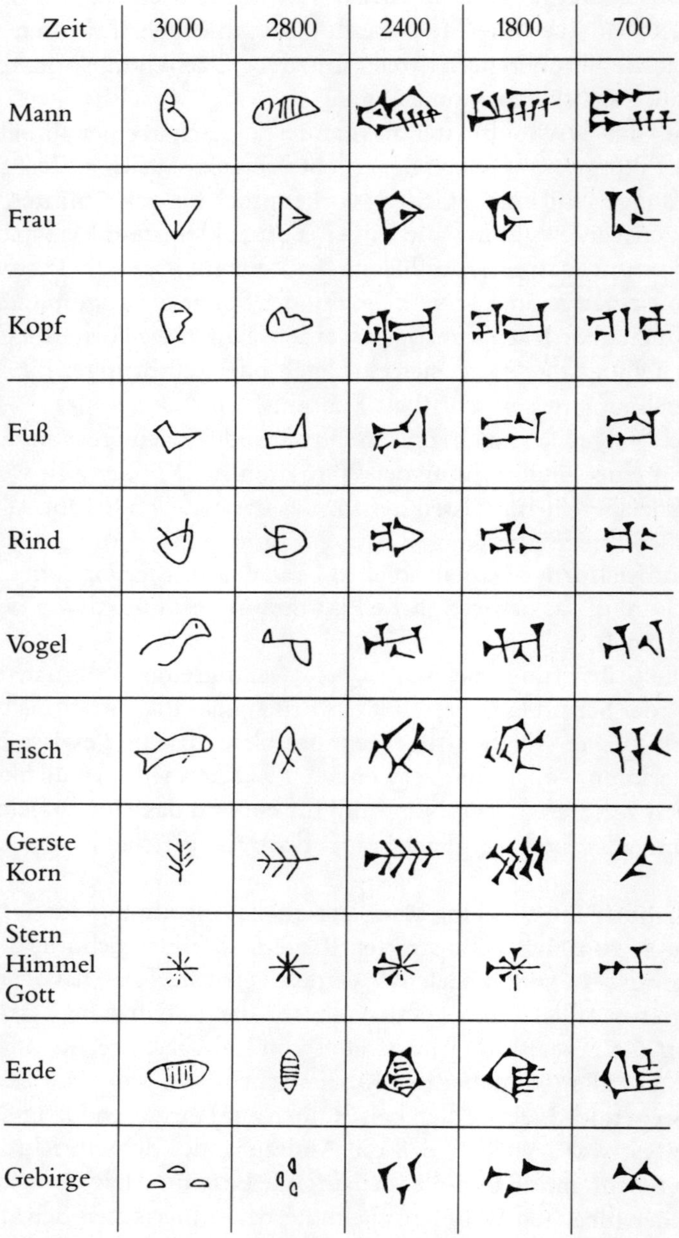

Verwendung horizontaler, vertikaler und schräger Keile eine gewisse Geschmeidigkeit in der Linienführung und kommen damit dem ursprünglichen Zeichen näher als die in Assyrien verwendeten starreren, eher rechteckigen Symbole, die keine schrägen Keile kennen.

Eine weitere Entwicklung der Schrift geht auf die mangelhafte Präzision und die Grenzen der piktographischen Darstellungsweise selbst zurück. Solange es sich nämlich nur darum handelt, Rinder, Schafe oder Kornsäcke zu zählen und darüber Buch zu führen, genügen einfache Piktogramme. Das ändert sich jedoch, sobald man versucht, abstraktere Vorstellungen und die Beziehungen zwischen ihnen auszudrücken oder ein Individuum durch seinen Eigennamen zu bezeichnen (und nicht einfach durch sein Siegel – falls es eines besitzt).

5. MEHRDEUTIGKEIT UND UNTERSCHIEDLICHE AUSSPRACHE DER KEILSCHRIFTSYMBOLE

SYMBOL für »Kopf«, dessen Mund durch zusätzliche Striche gekennzeichnet ist

Aussprache	*Bedeutung*
KA	Mund
KIR	Nase
INIM	Wort
ZU	Zahn

Diese mangelnde Präzision der Schrift kann durch das Beispiel in Kasten 5 erläutert werden: das Symbol für Kopf, bei dem durch ein paar Striche die Mundpartie betont ist, kann Mund (ausgesprochen KA), Nase (KIR), Wort (INIM) und Zahn (ZU) bedeuten, darüber hinaus aber auch mit der Mundpartie zusammenhängende Tätigkeiten wie sprechen, schreien, essen etc. Ein solches Zeichen steht also für mehrere Bedeutungen (Mund, Nase, Zahn) und mehrere Laute (KA, KIR, INIM, ZU). Diese mangelnde Präzision kann teilweise durch Zusammensetzung verschiedener Symbole korrigiert werden. Dem Zeichen, das die allgemeine Bedeutung angibt, werden bedeutungseinschränkende, determinierende Symbole hinzugefügt, die präzisieren, mit welcher Kategorie von Objekten man es in diesem Fall zu tun hat. Kasten 6 bringt ein paar Beispiele: Das Symbol für »Pflug« bedeutet in Kombination mit dem Zeichen für »Holz« Pflug, kombiniert mit »Mann« jedoch Arbeiter. Die Zeichen für »Holz« und »Mann« haben in diesem Fall also die Funktion, die Bedeutung einzuschränken; sie präzisieren die allgemeine Bedeutung des Symbols für »Pflug«, indem sie angeben, welcher Kategorie das bezeichnete Objekt angehört. Es gibt noch verschiedene weitere semantische Determinative, beispielsweise die Zeichen für Mann, Frau, Gott, Stadt etc.

Die Präzisierung kann aber auch durch Zusammensetzung vergleichbarer Symbole erfolgen; in diesem Fall handelt es sich jedoch weniger um Determinative, die die allgemeine Bedeutung eines Zeichens einschränken, als vielmehr um kombinierte Symbole, die komplexere Gegenstände oder Begriffe darstellen sollen. So bedeuten das Symbol für »groß« (Zepter, Fliegenwedel?) und das Zeichen für »Mann« das Kompositum König, das Zeichen für »Mund« zusammen mit dem für »Brot« essen etc. (vgl. Kasten 6).

6. KEILSCHRIFTZEICHEN UND IHRE KOMBINATION

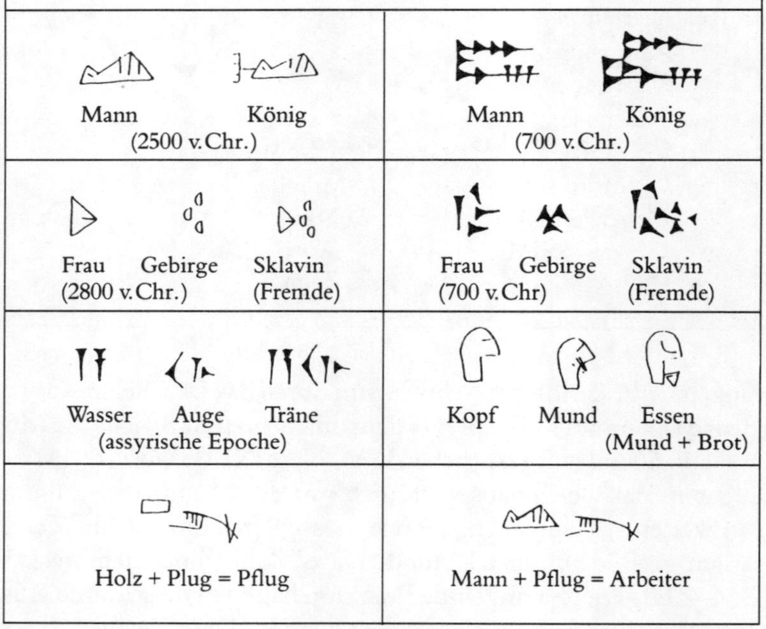

Bleibt schließlich noch die Darstellung der Eigennamen und grammatikalischen Elemente, die in der gesprochenen Sprache die Beziehung zwischen den Wörtern klären, die Gegenstände oder Begriffe bezeichnen. Dazu aber muß sich die

Schrift in Richtung Lautschrift entwickeln und eher die Laute (Phonogramme) als die Objekte oder Ideen (Piktogramme und Ideogramme)* darstellen.

Der Übergang zur phonetischen Lautschrift setzt bereits ziemlich früh ein, etwa um 3000 v. Chr., bleibt in Mesopotamien jedoch Stückwerk, da neben den Phonogrammen weiterhin Ideogramme verwendet werden. Dieses System mit seiner Kombination von Begriffs- und Lautzeichen ist nie zu einer festen Form erstarrt; es variiert mit den Epochen (beziehungsweise den vergänglichen Modeströmungen) und mit der Art der Texte (die religiösen Texte wie Prophezeiungen konservieren häufig Archaismen).

Dieser Übergang zur Lautschrift vollzieht sich auf verschiedene Weisen. Die sumerische Sprache ist reich an einsilbigen und mithin an homophonen Wörtern (denn die Anzahl an Einsilbern ist notwendig begrenzt). Diese gleichlautenden Wörter werden durch verschiedene Zeichen dargestellt (im Französischen könnte man beispielsweise *verre* (Glas) durch  und *ver* (Wurm) durch  ausdrücken); der Übergang zur Lautschrift besteht also darin, eines dieser Symbole auszuwählen, das alle gleichlautenden Zeichen darstellen soll (so könnte man sich beispielsweise bei den homophonen Wörtern *verre* (Glas), *ver* (Wurm), *vert* (grün), *vers* (auf zu) etc. für  entscheiden). Damit verliert das ideographische (oder piktographische) Symbol seine Bedeutung und steht nur noch für einen Laut. So können nun auch abstrakte Vorstellungen dargestellt werden, die sich ideographisch schlecht erfassen ließen (wie in unserem Beispiel das Wörtchen *vers* – in Richtung auf, zu – durch  wiedergegeben würde, ebenso wie *vert* (grün) statt durch einen Farbfleck). »Leben« heißt auf sumerisch *ti* und wird durch das gleichfalls *ti* ausgesprochene Zeichen für Pfeil dargestellt; »in« heißt *a* und wird durch das ebenfalls *a* ausgesprochene Symbol für »Wasser« geschrieben, »fest, beständig sein« durch das analog ausgesprochene Zeichen für »Schilfrohr« etc.

Außerdem kann das Sumerische Symbole für einsilbige Wörter in einer Art Bilderrätsel zu mehrsilbigen Wörtern zusammensetzen. Wie man im Französischen beispielsweise *chapeau* (Hut) durch  (*chat-pot*, Katze und Krug) schreiben könnte, so wird zum Beispiel »Hausierer« (*dam-qar*) durch das Zeichen für »Frau + Kleidung« (Gattin, *dam*) und »Flußdamm« (*qar*) aufgezeichnet. Und schließlich kann das Sumerische für ein einsilbiges Lautzeichen gelegentlich auch ein Ideogramm für ein mehrsilbiges Wort verwenden, von dem dann aber nur die erste Silbe zählt – so kann das Zeichen für Stern und Himmel, *anu*, den Lautwert *an* annehmen).

* Zur Unterscheidung von Piktogrammen und Ideogrammen kann man sich an folgende Konvention halten: Solange das ein Objekt oder eine Idee darstellende Symbol diesem Objekt bzw. dieser Idee ähnelt, handelt es sich um ein Piktogramm; hat sich das Symbol jedoch bis zur Unkenntlichkeit von dem darzustellenden Objekt bzw. von der angesprochenen Idee entfernt, spricht man von einem Ideogramm. Das Verstehen eines Ideogrammes beschränkt sich nicht auf das einfache Wiedererkennen, sondern erfordert eine Schulung, da die Beziehung zwischen Symbol und Bedeutung aufgrund der formalen Weiterentwicklung des Symbols nur noch willkürlich erscheint.

Durch den Übergang zur phonetischen Lautschrift reduziert sich, auch wenn er nur teilweise vollzogen wird, die Zahl der Zeichen erheblich (hauptsächlich weil gleichlautende Wörter nun nur mit einem Zeichen geschrieben werden). Waren ursprünglich 1 000 Symbole in Gebrauch, so sind es um 2400 v. Chr. noch 300; diese Verringerung der Zeichen erleichtert Schreiben und Lesen. Da das System jedoch nie regelhaft ausgearbeitet wurde und weiterhin eine Kombination aus Ideogrammen und Phonogrammen in Gebrauch bleibt, wird dieser Vorteil durch die schwierige Deutung der Zeichen beeinträchtigt – man muß bei jedem Zeichen herausfinden, ob es sich um ein Phonogramm, ein Ideogramm oder um ein semantisches Determinativ handelt. Diese Mehrdeutigkeit versucht das Sumerische durch phonetische Ergänzungen einzuschränken, die ähnlich wie die semantischen Determinativen das Lesen der ideographischen Schrift erleichtern. Die phonetische Ergänzung besteht in einem nicht mitzulesenden Lautzeichen, das das Grundzeichen, dem es beigegeben wird, präzisieren soll. So würde man im Deutschen beispielsweise Nɔ oder ɔE schreiben, um festzulegen, daß das Grundzeichen ɔ auch tatsächlich »*Nase*« zu lesen ist, wobei das N oder das E nicht mitgelesen werden; dagegen würde das Zeichen Rɔ oder ɔN als »*r*ieche*n*« gelesen. Dementsprechend wird das Symbol eines Tierkopfs zusammen mit dem phonetischen Zeichen *za* als *aza* (Bär), zusammen mit dem Zeichen ug_5 aber als *ug* (Löwe) gelesen. Eine rein phonetische Lesung wäre aufgrund der Vielzahl der Homophone unmöglich, während umgekehrt die Ungenauigkeit des Bildes beispielsweise eines Tierkopfs die Identifizierung der Art nicht erlaubt; deshalb ist eine Kombination beider notwendig (die Ziffer 5 bei dem Lautzeichen *ug* besagt, daß es sich aus der Vielzahl der Homophone um das fünfte so gelesene Zeichen handelt).

Diese phonetischen Ergänzungen dienen auch als grammatikalische Affixe (zum Beispiel bei der Konjugation der Verben).

Nach der Verdrängung durch das Akkadische kommt das Sumerische rasch außer Gebrauch – außer als Gelehrten- und Kultsprache, weshalb Texte dieser Art häufig in archaisierender Schrift aufgezeichnet wurden. Manchmal wird die Vielseitigkeit des Schriftsystems anscheinend aus purem Vergnügen buchstäblich auf die Spitze getrieben, gerade so, als wollten die Schreiber ihre Texte mit etymologischen Spielereien und Anspielungen ausschmücken. Sie schöpfen die Möglichkeit, dieselbe Sache durch die Kombination von Ideogrammen und Phonogrammen auf unterschiedliche Weise schreiben zu können, voll aus und wählen jeweils die suggestivste Schreibweise – was durchaus Ähnlichkeiten mit der Sprache der Lyrik späterer Epochen mit alphabetischer Schrift aufweist.

So schnell die akkadische die sumerische Sprache verdrängt, so hartnäckig behauptet sich die Schrift, die die Sumerer für ihre Sprache erfunden hatten. Wiewohl eine semitische Sprache, muß sich das Akkadische also einer für eine kleinasiatische Sprache konzipierten Schrift bedienen (siehe Kasten 10 »Völker und Sprachen«). Beide Sprachen haben jedoch unterschiedliche Strukturen und

7. DIE UNTERSCHIEDLICHEN BEDEUTUNGEN DER KEILSCHRIFTSYMBOLE

(Nach Février 1959)

Die Symbole der sumero-akkadischen Schrift lassen sich in 5 Kategorien einteilen, wobei ein- und dasselbe Zeichen mehreren Kategorien angehören kann.

1 – Zeichen zur Wiedergabe von Vokalen (a, e, i...) und Diphthongen (ai...)
2 – Zeichen zur Wiedergabe einfacher Silben (ba, bi..., ar, ir...)
3 – Zeichen zur Wiedergabe komplexer Silben (bar, kur...)
4 – Ideographische Zeichen
5 – Determinative

Beispiel:

1 – i
2 – ni, il
3 – niš, zal, tik
4 – šamnu (Fett), barû (reichlich)
5 – keine determinative Bedeutung

gebrauchen unterschiedliche Phoneme (die kleinsten sprachlichen Einheiten zur Unterscheidung der Bedeutung), was die Entwicklung der Schrift in Mesopotamien kompliziert, vornehmlich den Übergang zur phonetischen Lautschrift.

Bei der Übernahme der sumerischen Schrift für ihre Sprache behalten die Akkader eine gewisse Anzahl Ideogramme in ihrer ursprünglichen Bedeutung bei, nicht aber in ihrer ursprünglichen Aussprache; zum Beispiel bewahrt das Symbol für »König« seine Bedeutung, wird aber im Akkadischen *sharru* gelesen und nicht *lugal* wie im Sumerischen. Und das Zeichen  – die weiterentwikkelte Keilschriftform des Sternzeichens  – mit der Bedeutung Himmel und Gott wird im Sumerischen *anu* und *dingir* und im Akkadischen *samu* und *ilu* ausgesprochen. Daneben übernehmen die Akkader auch sumerische Phonogramme völlig unverändert (so dient das eben erwähnte Zeichen  im Akkadischen genau wie im Sumerischen als Zeichen für den Laut *an*) oder sie ändern die Aussprache, um im Sumerischen nicht vorhandene akkadische Laute wiederzugeben.

Die sumerische Schrift war während des ganzen Altertums weit verbreitet – der letzte Keilschrifttext stammt aus dem Jahr 75 n. Chr. Da sich eine ganze Reihe verschiedenartiger Sprachen ihrer bedienten, erfuhr sie naturgemäß eine Reihe von Abwandlungen: Unter der Dynastie der Achämeniden (520–330) entwikkelte sie beispielsweise ausgeprägte phonetische Merkmale, um das Altpersische, eine indoeuropäische Sprache, in Form einer Silbenschrift wiederzugeben, wenngleich einige Ideogramme beibehalten wurden (Kasten 8). In Ugarit (am Vorgebirge Ras Shamra) existierte um 1400 v. Chr. sogar ein Ur-Alphabet in Keilschrift, das nach Art der semitischen Sprachen vornehmlich die Konsonanten notierte (Kasten 9).

8. SILBEN DES ALTPERSISCHEN

a	𐎠	h(a)	𐏃	m(i)	𐎷	t(a)	𐎫
b(a)	𐎲	ḫ(a)	𐎧	m(u)	𐎸	t(u)	𐎬
č(a)	𐎨	i	𐎡	n(a)	𐎴	t̲(a)	𐎰
d(a)	𐎭	j(a)	𐎩	n(u)	𐎵	u	𐎢
d(i)	𐎮	j(i)	𐎪	p(a)	𐎱	v(a)	𐎺
d(u)	𐎯	k(a)	𐎣	r(a)	𐎼	v(i)	𐎻
f(a)	𐎳	k(u)	𐎤	r(u)	𐎽	y(a)	𐎹
g(a)	𐎥	l(a)	𐎾	s(a)	𐎿	z(a)	𐏀
g(u)	𐎦	m(a)	𐎶	š(a)	𐏁	tr(a)	𐏂

ḫšāyat̲iya (König)	𐏋	Auramazdā	𐏈	dahyu	𐏌
bumi (Erde)	𐏏	Worttrennung	𐏐 ,	(Land)	𐏍

9. KEILSCHRIFTALPHABET AUS UGARIT

ɔa	𐎀	ḥ	𐎈	n	𐎐	t̲	𐎘
b	𐎁	ṭ	𐎉	ẓ	𐎑	g	𐎙
g	𐎂	y	𐎊	s	𐎒	t	𐎚
ḫ	𐎃	k	𐎋	ɔ	𐎓	ɔi	𐎛
d	𐎄	ś	𐎌	p	𐎔	ɔu	𐎜
h	𐎅	l	𐎍	ṣ	𐎕	s̀	𐎝
w	𐎆	m	𐎎	q	𐎖		
z	𐎇	d̲	𐎏	r	𐎗		

10. VÖLKER UND SPRACHEN

Im Gegensatz zum Begriff der Art (die sich auf der einfachsten Stufe als Gruppe untereinander paarungsfähiger Lebewesen definieren läßt) ist der Begriff der Rasse in der Biologie weniger fest umrissen. Die verschiedenen menschlichen Gruppierungen werden eher anhand kultureller als anhand biologischer Kriterien unterschieden, wobei unter diesen kulturellen Kriterien wiederum der Sprache eine grundlegende Bedeutung zukommt. In Mesopotamien nun sind mindestens drei Gruppen von Menschen zusammengetroffen, von denen jede eine (oder mehrere) Sprache(n) spricht, die verschiedenen Sprachfamilien angehören: kleinasiatische Sprachen (Sumerisch, Elamitisch, Hurritisch, Ur-Hethitisch), semitische Sprachen (Akkadisch, Assyrisch, Aramäisch) und indoeuropäische Sprachen (Hethitisch, Medisch, Persisch).

Die kleinasiatischen Sprachen gehören zum Typus der agglutinierenden Sprachen – die Rolle der Wörter im Satz wird durch Anfügung eines oder mehrerer Affixe an die Wortwurzel (vorne, hinten oder im Wort selbst) bezeichnet. Jedes dieser Affixe hat, wie die Wurzel, für sich genommen einen Sinn und kann dadurch die Bedeutung der Wurzel entsprechend erweitern.

Beispiel:	Sumerisch	DÙ	: machen
		MU-DÙ	: er macht
		MU-NA-DÙ	: er macht für sich
		MU-NA-NI-DÙ	: er macht hier für sich

Die semitischen Sprachen setzen die Wortwurzeln aus einer Gruppe von Konsonanten (meist 2 oder 3) zusammen, die unverändert bleiben, aber je nach der Rolle des Wortes im Satzgefüge durch unterschiedliche Vokale ergänzt werden.

Beispiel:	Akkadisch	KŠD	: Idee des Erlangens
		KaŠaDum	: erlangen (Infinitiv)
		iKŠuDu	: er hatte erlangt

Die indoeuropäischen Sprachen (darunter auch das Französische und das Deutsche) gehören der Gruppe der flektierenden Sprachen an: hier bezeichnet die Form des Wortes zugleich Bedeutung und Funktion im Satz. Die der Wurzel hinzugefügten Affixe können nicht aneinandergereiht (agglutiniert) werden; sie erfüllen gleichzeitig mehrere Funktionen, haben aber, von der Wurzel getrennt, keine Eigenbedeutung.

Beispiel:	Deutsch	lieb-en	: *en* Infinitiv
		lieb-te	: *te* 1. oder 3. Person Singular, Imperfekt

Die Zahlschrift

Bedingt durch die Erfordernisse von Güterverwaltung und Buchführung haben sich wie schon erwähnt Zahlschrift und Symbole für die Gegenstände gleichzeitig entwickelt. Ehe wir uns jedoch im folgenden der Zahlenschreibweise zuwenden, noch ein Wort zu den sumerischen Zahlennamen und zu dem so weit wie möglich rekonstruierten gesprochenen Zahlensystem (Kasten 11).

11. DAS GESPROCHENE ZAHLENSYSTEM DER SUMERER

(Nach Guitel 1975)

1	gesch	*gesch* ist dasselbe Wort wie für *Mann, männlich*
2	min	*min* ist dasselbe Wort wie für *Frau*
3	esch	Pluralaffix, *esch* bezeichnet die Mehrzahl
4	limmu	
5	ia	
6	asch	
7	imin	*imin* setzt sich aus *i(a)* + *min*, 5+2, zusammen
8	issu	
9	illimu	*illimu* setzt sich aus *i(a)* + *limmu*, 5+4, zusammen
10	u	*u* könnte *Finger* bedeuten (10 Finger?)
20	nisch	
30	uschu	*uschu* für *esch-u*, 3×10
40	nimin, nin	*nimin* für *nisch-min*, 2×20
50	ninnu, nin-u	40+10
60	gesch, geschta	
120	gesch-min	60×2 *gesch* wird als neue
180	gesch-esch	60×3 Einheit betrachtet
...		
600	gesch-u	60×10
1 200	gesch-u-min	600×2 *gesch-u* wird als neue
1 800	gesch-u-esch	600×3 Einheit betrachtet
...		
3 600	schar	*schar* bedeutet *Kreis, Ganzes, Gesamtheit*
7 200	schar-min	3 600×2
...		
36 000	schar-u	3 600×10
72 000	schar-u-min	36 000×2
...		
216 000	schar-gal	*»Groß-schar«*

Es gibt uns nicht nur Aufschluß über den Aufbau des verwendeten Zahlensystems, sondern durch die Etymologie der Zahlennamen auch einige Hinweise auf seine Entwicklung. Die Basis des sumerischen Zahlensystems ist, wie ein Blick auf Kasten 11 zeigt, die Zahl 60: sie wird mit demselben Wort bezeichnet wie 1 (*gesch*; *geschta* wird zur Unterscheidung von *gesch* benutzt). Mit großer Regelmäßigkeit wechseln die Zahlennamen bei den Potenzen von 60 (60 × 60 *schar*, 60 × 60 × 60 *schar-gal*), so als ob die Zahlen selbst als Vielfaches von 60 oder seinen Potenzen betrachtet werden würden. Allerdings spielen neben den Potenzen von 60 auch die Vielfachen von 60 wie 600, 36000 etc. eine Rolle und dienen als neue Einheiten bei der Zusammensetzung der Zahlennamen – der Zahl 10 fällt die Rolle einer Hilfsbasis zu (zweifellos aufgrund der mit der Größe der Hauptbasis 60 verbundenen Schwierigkeiten). Auf die Rolle der 10 werden wir im übrigen beim akkadischen Zahlensystem noch einmal zurückkommen.

Im gesprochenen Zahlensystem haben die Zahlennamen für 7 (*imin*) und 9 (*illimu*) die Spur eines Zahlensystems auf der Basis 5 (*ia*) bewahrt; die für 40 (*nimin*) und 50 (*ninnu*) die eines Systems auf der Basis 20 (*nisch*). Bemerkenswert ist auch, daß die Zahl 3600 von den Sumerern mit einem kleinen Kreis geschrieben wird, was sicher mit ihrem Namen *schar*, dem Wort für »Kreis, Ganzes, Gesamtheit«, zusammenhängt; und daß das Wort *u* (10) »Finger« bedeuten kann, was offensichtlich im Zusammenhang mit der Zahl der Finger zu sehen ist (bei den ägyptischen Hieroglyphen steht der Finger für 10 000 und wird als Zahl ebenso wie das Wort »Finger« *dbc* ausgesprochen). Die Bildung einiger Zahlennamen aber bereitet bei der Rekonstruktion des gesprochenen Zahlensystems unlösbare Schwierigkeiten, zum Beispiel die Zahl 70: Heißt sie *gesch-u* (60+10), was jedoch 600 (60×10) bedeuten würde, oder *u-gesch* – aber wie heißt dann 72, zumal wenn *gesch-min* 120 bedeutet?

Vor der Erörterung der Zahlschrift sollten zunächst noch einige Grundprinzipien des Zahlensystems überhaupt in Erinnerung gerufen werden (siehe Kasten 12).

12. EINIGE PRINZIPIEN DES ZAHLENSYSTEMS

Eine »natürliche« Zählweise verfährt nach dem Prinzip der Wiederholung: 1, 1+1, (1+1)+1 etc. Jedem Schritt entspricht eine neue Zahl, die einen neuen Namen erhält (eins, zwei, drei...). Offensichtlich aber wäre es recht unbequem, wollte man jeder Zahl einen eigenen Namen geben: man bräuchte unendlich viele. Deshalb empfiehlt es sich, die Zahlenfolge so zu strukturieren, daß man sie durch Kombination einiger weniger Namen aus einer begrenzten Anzahl bilden kann: die Zahlennamen sieben und zehn ergeben so die Zahl siebzehn, so daß für 17 keine eigene Bezeichnung notwendig ist. Eine solche minimale Strukturierung der Zahlenfolgen setzt aber eine sogenannte Basis oder Grundzahl des Zahlensystems voraus.

Wir benutzen heute das Dezimalsystem, das heißt ein Zahlensystem mit der Basis 10, das auf 10 und seinen Potenzen (10×10=100, 10×10×10=1000 etc.) aufbaut. Die Basis liefert uns also ein Mittel, eine Struktur einzuführen, die uns erlaubt, bei der Bezeichnung der Zahlen mit einer beschränkten Anzahl von Wörtern und Symbolen auszukommen.

Theoretisch kann man jede Zahl als Basis eines Zahlensystems wählen. In der Geschichte der verschiedenen Kulturen stoßen wir allerdings nur auf einige wenige Grundzahlen: 5, 10, 12, 20 und 60. Die gängigste Basis ist 10, zweifelsohne weil wir zehn Finger haben, die beim Zählen gute Dienste leisten.

Damit eine Basis leicht zu handhaben ist, darf sie nicht zu groß sein. Dementsprechend umständlich ist die Basis 60 des sumerischen Zahlensystems, weshalb die Sumerer auch 10 als Hilfsbasis eingeführt haben. Andererseits darf eine Basis aber auch nicht zu klein sein, da sie dann zwar mit wenigen Symbolen oder Namen auskommt, diese aber in sehr langen Folgen kombinieren muß. Ein System mit der Grundzahl 2 beispielsweise braucht zwar nur zwei Symbole, 0 und 1, dafür aber schon eine Kombination aus fünf Zeichen, um die Zahl 19 zu schreiben: 10011. Darüber hinaus spielen aber auch noch andere Faktoren eine Rolle: Zum Beispiel erleichtert die Zahl der Divisoren einer Basis das Rechnen. So gesehen, wäre die Basis 12 bequemer als die Basis 10 (Divisoren von 12: 1, 2, 3, 4, 6, 12; Divisoren von 10: 1, 2, 5, 10).

Dieser Begriff der Basis betrifft das gesprochene wie das geschriebene Zahlensystem. Die Schreibung der Zahlen kann über die phonetische Wiedergabe der Namen wie EINS, ZWEI, DREI etc. hinaus nach verschiedenen Prinzipien erfolgen und entweder Symbole mit festem Wert oder Symbole mit je nach Stellung wechselndem Wert addieren.

Ein Beispiel für eine Zahlschrift nach einem rein additiven (beziehungsweise gelegentlich auch subtrahierenden) Prinzip liefert die Schreibung der römischen Ziffern, etwa für 3 oder 20 oder 33: III, XX, XXXIII. Das römische System kennt ein Symbol für EINS und ein Symbol für ZEHN, setzt die Symbole nebeneinander und addiert sie (beziehungsweise subtrahiert sie in einigen Fällen: NEUN beispielsweise wird IX, also ZEHN minus EINS, geschrieben).

Bei der Stellenwertschrift dagegen variiert der Wert eines Symbols mit seiner »Stellung« innerhalb der Zahlendarstellung: Zum Beispiel zählt bei 111 (einhundertelf) die erste 1 HUNDERT, die zweite ZEHN und die dritte EINS; der Wert der Symbole wird addiert. Das Positionssystem überträgt also direkt die durch die Basis geschaffene Struktur der Zahlenfolge in die Schrift.

Das Stellenwertsystem mit der Grundzahl 10 zum Beispiel gibt die zu addierende Zahl der Einer, Zehner, Hunderter etc. an, wobei natürlich die Anzahl dieser Einer, Zehner etc. jeweils unter 10 sein muß. Es bedient sich einer Konvention, die beispielsweise festlegt, daß die Ziffer am weitesten rechts außen die Einer bezeichnet, die voraufgehende die Zehner etc. Begreiflicherweise braucht sie unter diesen Umständen ein Zeichen, das andeutet, daß eine bestimmte Stelle auch leer sein kann. Dieses Zeichen ist die Null. Man kann dabei die Null in Endstellung (beispielsweise bei 130), die angibt, daß die Stelle der »Einer« leer ist, und die Null in Mittelstellung (zum Beispiel 1 032), die angibt, daß eine andere Stelle als die der Einer leer ist (in unserem Beispiel die Stelle der Hunderter), unterscheiden. Hinzu kommt noch die Null am Anfang, die zur Aufzeichnung von Brüchen dient (zum Beispiel 0,3). Diese Unterscheidung der Arten der Null ergibt sich daraus, daß ihr Hinzufügen oder Weglassen unterschiedliche Auswirkungen auf eine Rechnung hat (das Weglassen der Null in Endstellung entspricht einer Division der Zahl durch die Basis, ihr Hinzufügen einer entsprechenden Multiplikation).

Ein Positionssystem braucht also die Null als Ziffer (und nicht nur als sprachlichen Ausdruck für »leer« oder »Lücke«). Ein Zahlensystem, das die Symbole lediglich nebeneinanderstellt und addiert, kommt dagegen auch ohne die Null aus.

Das deutsche Wort »Ziffer« geht übrigens auf das arabische Wort *sifr* zurück, ebenso wie das französische Wort *zéro* (über das italienische *zéfiro*) für Null; unsere Ziffern leiten sich zudem von den arabischen Ziffern ab, die ihrerseits auf die indischen Ziffern zurückgehen.

Bei der Frage der Schreibweise des sumerischen Zahlensystems ist zunächst zu klären, um welche Form von Zahlschrift es sich handelt. Unser europäisches System kennt zwei verschiedene Arten: Die eine macht sich den Umstand zunutze, daß wir mit unserer phonetischen Schrift die Zahlennamen in Buchstaben schreiben können – also *eins, zwei, drei* etc. Die andere Form dagegen schreibt jede Zahl mit einem Symbol oder einer Kombination von Symbolen, deren Gebrauch ausschließlich auf die Zahlschrift beschränkt ist und die wir aus dem Arabischen übernommen haben: *1, 2, 3* ... *10, 11, 12* ... Im Falle Mesopotamiens nun interessiert uns die Schreibweise, die spezielle Symbole für die Zahlen benutzt, da die Schrift im Altertum nicht durchgehend phonetisch war, weswegen Gegenstände und Begriffe, genau wie Zahlen, eher durch Symbole als durch eine phonetische Umschreibung ihrer Namen aufgezeichnet wurden. Im Gegensatz zur Schrift haben die Zahlen den Übergang zur phonetischen Schrift im Lauf der Geschichte nicht mitgemacht, was zweifellos mit dem Stellenwertsystem zusammenhängt, das eine begrenzte Anzahl von Zahlzeichen in einer bestimmten Ordnung kombiniert – genau wie die phonetische Schrift eine begrenzte Anzahl von Buchstaben. Möglicherweise spielte hier auch der gemeinsame Ursprung der schriftlichen Darstellung von Zahlen und Gegenständen in der primitiven Buchführung eine Rolle, die zwei parallele Reihen unabhängiger Symbole – eine für die Zahlen, die andere für die zu zählenden Gegenstände – einander gegenüberstellt, wobei auch die Bedeutung dieser Symbole und ihre Stellung für das Rechnen nicht vergessen werden sollten.

Die Entwicklung der Zahlschrift verlief in Mesopotamien wie die Entwicklung der Schrift (siehe oben). Zunächst wurden die Zahlen durch senkrechtes oder schräges Aufsetzen eines Schilfrohrs auf das Tontäfelchen als runder bezie-

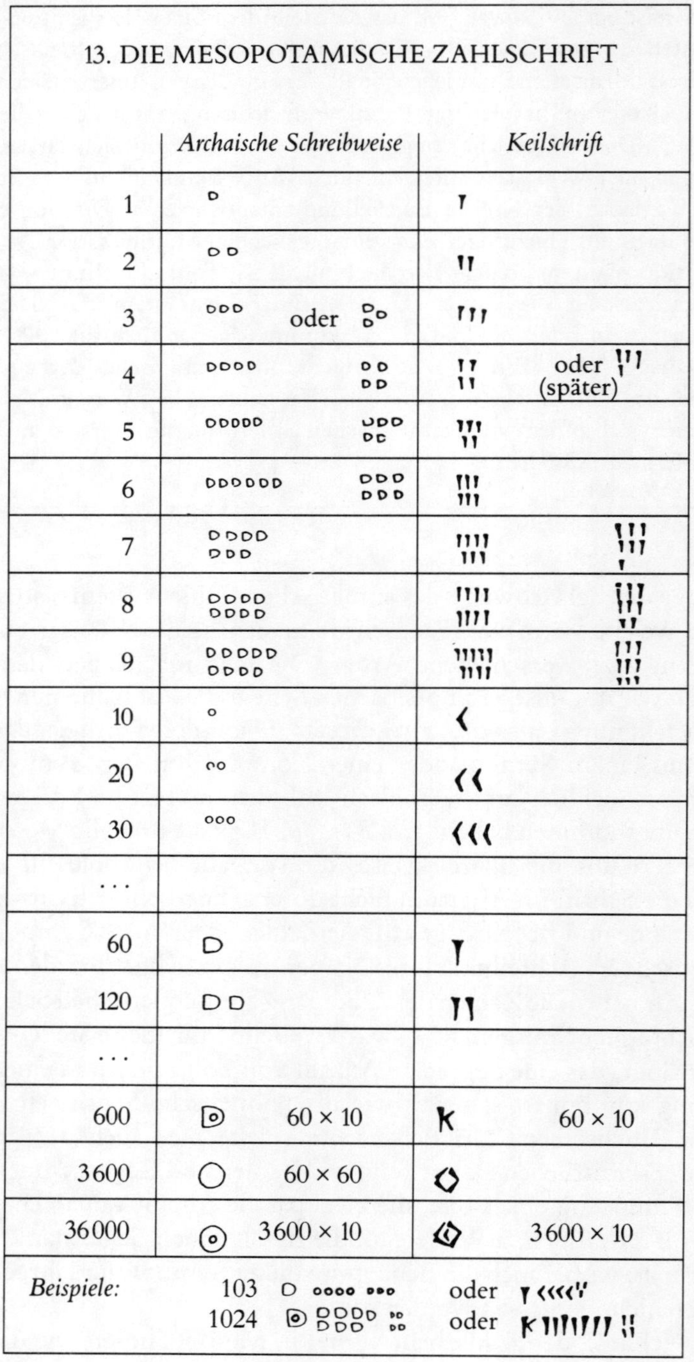
13. DIE MESOPOTAMISCHE ZAHLSCHRIFT
Archaische Schreibweise
Keilschrift
1
2
3
oder
4
oder
(später)
5
6
7
8
9
10
20
30
...
60
120
...
600
60 × 10
60 × 10
3600
60 × 60
36000
3600 × 10
3600 × 10
Beispiele:
103
oder
1024
oder

hungsweise grob halbkreisförmiger Eindruck dargestellt; mit Hilfe zwei verschieden starker Rohrgriffel konnten alle Zahlen erfaßt werden (Kasten 13). Diese Schreibweise stellte allerdings bereits eine etwas fortgeschrittenere Entwicklungsstufe dar, da man sich ganz am Anfang zweifelsohne damit begnügte, ebenso viele Kerben in den Ton zu ritzen wie man Einheiten zu zählen hatte; die Notwendigkeit eines ausgefeilteren Systems ergab sich erst bei größeren Zahlen.

Später wurden die Zahlen dann mit Keilzeichen wiedergegeben, das Prinzip des additiven Nebeneinanderstellens der Symbole aber wurde beibehalten; die Zahlschrift kannte kein Positionssystem, die Symbole behielten ihren festen Wert. Ein Vergleich dieser Zahlschrift mit dem oben dargelegten gesprochenen Zahlensystem (Kasten 11) zeigt eine weitgehende Übereinstimmung in der Zusammensetzung der Zahlensymbole und der Kombination der Zahlennamen sowie vor allem in der Bedeutung der Grundzahlen 60 und 10 in beiden Systemen.

So wird die Funktion der 60 als Basis allein aus dem Umstand deutlich, daß 1 und 60 mit demselben Zeichen geschrieben werden, wobei das Zeichen für 60 größer ist als das für 1: Ebenso kennt die Sprache nur ein Wort für 1 und 60. Ohne weiteres ist auch die 10 als Hilfsbasis zu erkennen, wird ihr doch ein eigenes Symbol zugeordnet, das nach dem selben Prinzip wie bei den Einern, also durch Wiederholung, zu den Symbolen von 20, 30 etc. zusammengesetzt wird. Erforder-

14. URSPRUNG DES SEXAGESIMALSYSTEMS

Man hat die verblüffende Wahl der 60 als Grundzahl eines Zahlensystems auf vielfältige Weise zu erklären versucht. Hier eine Deutung, die zudem den Vorteil besitzt, gleichzeitig die Existenz der 10 als Hilfsbasis erklären zu können.
Man zählt die Finger einer Hand, ausgehend vom Daumen, 1, 2, 3, 4, 5; und zum Ausgangsfinger zurück 6, 7, 8, 9; der kleine Finger wird nur einmal gezählt – ein ganz natürlicher Bewegungsablauf, wenn man mit den Fingern beim Zählen zum Beispiel auf den Tischrand klopft.

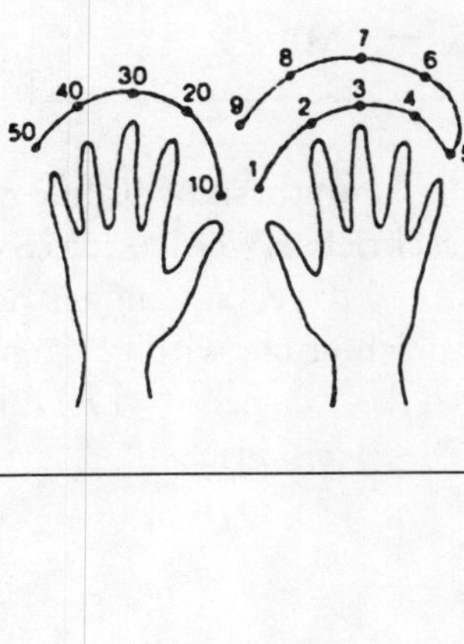

10 wird mit dem Daumen der anderen Hand gezählt; dann beginnt man wieder mit der rechten Hand mit 11, 12...19 und so fort bis 59. Bei 60 würde eine neue Runde beginnen – dies erklärt die Basis 60 und die Zählung der Zehner mit der linken Hand die Hilfsbasis 10.

15. DAS SUMERISCHE SEXAGESIMALSYSTEM UND DAS AKKADISCHE DEZIMALSYSTEM

	sumerisch	*akkadisch*
1		
10		
60		
70	60 10	
80	60 20	
90	60 30	
100	60 40	1 ME
120	60 60	1 ME 20
600		6 ME
1000	600 360 40	1 LIM
3600		3 LIM 6 ME
phonetische Schreibweise:	LIM	ME

lich wird diese Hilfsbasis aufgrund der Größe der Hauptbasis 60: Ohne eine solche Hilfsbasis müßte die Zahl 59 mit 59 Zeichen geschrieben werden (das Symbol für »Einer« 59 mal wiederholt); dank der Hilfsbasis 10 dagegen genügen 14 Zeichen (fünf *10-* und neun *1*-Symbole). Zur weiteren Erleichterung wird gelegentlich auch das subtrahierende Prinzip angewandt und durch das Zeichen (LA) für »minus« ausgedrückt. So wird 18 manchmal (also 20–2) geschrieben.

In Kasten 14 findet sich eine von vielen möglichen Erklärungen für die Erfindung des Sexagesimalsystems. Wir werden in der Folge die Sexagesimalzahlen nach folgendem Muster schreiben: 3792 (im Dezimalsystem = (3×1000) + (7×100) + (9×10) + 2) als (1×3600) + (3×60) + 12 = 1.3.12 im Sexagesimalsystem.

Vom Ende des 3. Jahrtausends an werden die sumerischen Zeichen nach und nach durch akkadische ersetzt. Und wie das Akkadische das Sumerische als Umgangssprache verdrängt (gleichwohl sich dieses als Sprache der Gelehrsamkeit und Religion noch lange behauptet), so muß das sumerische Zahlensystem im Alltag mit der Zeit dem akkadischen weichen, auch wenn das alte weiterhin als »gelehrtes« System erhalten bleibt. Anders als das sumerische, ist das akkadische kein Sexagesimal-, sondern ein Dezimalsystem, was sicher zur Betonung der 10 als Hilfsbasis beigetragen hat. Kasten 15 zeigt, wie sich die Zahlschrift dadurch verändert hat. Der Hauptunterschied zur sumerischen besteht in der Einführung der Symbole (und Namen) für 100 (ME) und 1000 (LIM), aus denen die Symbole (und Namen) für Zahlen über 100 und 1000 zusammengesetzt werden.

Diese Schreibweise ist direkt von der phonetischen Schreibung der Zahlennamen 100 und 1000 abgeleitet; 100 wird auf akkadisch ME-AT gesprochen und  geschrieben; das Zeichen  und das Wort ME entsprechen also der ersten Silbe des Wortes ME-AT, hundert; 1000 wird LIM gesprochen und zunächst LI-IM beziehungsweise 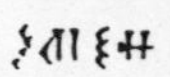 oder 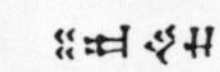 und später LIM  geschrieben, das heißt, nun werden offensichtlich die Zeichen ME 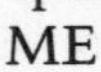 (100) und 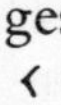 (10), also 10×100 = 1000, kombiniert.

Die Schreibweise der Brüche im ursprünglichen Zahlensystem ist aus Kasten 16 zu ersehen. Später taucht dann eine andere Schreibweise auf, die unserer mit der vorangehenden Null und einem Komma entspricht.

16. BRÜCHE

(Nach Taton 1946, André-Leicknam/Ziegler 1982)

	5/6	2/3	1/2	1/3
sumerisch				
akkadisch				

17. ÜBERGANG ZUM POSITIONSSYSTEM

(Nach Guitel 1975, Ifrah 1981)

Beispiel

1967 = (32 × 60) + 47 = 32.47 im Sexagesimalsystem

Additives System 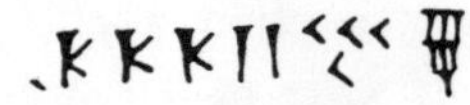 600 + 600 + 600 + 60 + 60 + 10 + 10 + 10 + 10 + 7

Positions-system 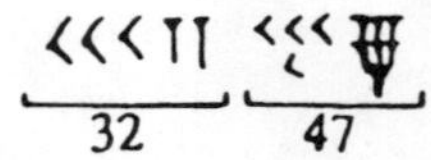

((10 + 10 + 10 + 2) × 60) + ((10 + 10 + 10 + 10 + 7) × 1)

Für die Vielfachen von 36 000 findet sich auch die Schreibweise:

72 000  statt 

108 000  statt  etc.

Aber ob sumerisch oder akkadisch, sexagesimal oder dezimal, noch arbeitet die mesopotamische Zahlschrift mit dem additiven und nicht mit dem Stellenwert-Prinzip: verschiedene Symbole mit festem Wert werden einfach nebeneinander gestellt. Um 2000 v. Chr. jedoch erscheint ein Positionssystem. Wie bereits angemerkt, wird für 1 und 60 (abgesehen von der Größe) das gleiche Symbol verwendet. Diese Ähnlichkeit begünstigt den Übergang zum Stellenwertsystem, da sie die Verwendung gleicher Symbole für die Darstellung von Einern und Potenzen der Basis (1, 60, 3 600 ...) nahelegt. Für die Zahlen 1 bis 59 wird die alte Schreibweise beibehalten, bei den Zahlen über der Basis 60 aber ändert sich das Kombinationsprinzip. Das Beispiel in Kasten 17 hilft, das Gesagte leichter erfassen.

Dieses Stellenwertsystem benutzt also nur die Symbole für Zahlen kleiner als die Basis 60, stuft aber ihren Wert nach ihrer Stellung in der Zahl ein (so wie 1967 lediglich Zahlzeichen kleiner als die Basis 10 enthält, die nach ihrem Stellenwert eingestuft werden: So hat die 1 in diesem Fall den Wert 1 000, die 9 den Wert 900 etc.). Für Zahlen unter 60 können natürlich nicht 59 verschiedene Zeichen erfunden werden, weshalb hier das additive Prinzip mit der Hilfsbasis 10 beibehalten wird. Man beachte außerdem die spezielle Schreibweise der Vielfachen von 36 000, die dem Positionssystem bereits nahekommt.

Das ist das älteste erhaltene Positionssystem der Welt. Allerdings ist es noch nicht ganz vollkommen. So kennt es lange Zeit die Null nicht, die im Stellenwertsystem eine wichtige Rolle spielt (Kasten 12). Anfangs wird für sie einfach eine Lücke gelassen (als schriebe man 1 34 für 1034), aber eine solche Schreibweise kann leicht zu Verwechslungen führen und versagt außerdem bei der Null am Zahlenende. Unter den Seleukiden (nach Alexander dem Großen und mithin in einem Zeitabschnitt, der über den Rahmen unserer Untersuchung hinausgeht) wird dann für die Null in Mittelstellung das bei Wörtern übliche Trennzeichen 𒑲 oder 𒑲 und für die Null in Endstellung die Zeichen 𒑲 oder 𒌋 eingeführt. Schließlich wird das Zeichen 𒑲 benutzt, um die Null in Anfangsposition darzustellen, mit deren Hilfe – gefolgt von einem Komma – wir einen Bruch ausdrükken. So könnte 1/2 (beziehungsweise 0,5 in der Dezimalschreibweise) 𒑲𒌋𒌋𒌋, das heißt 0.30 oder 0 Einser und 30 Sechzigstel, geschrieben werden.

Vom Auftauchen des Positionsprinzips bis zur Einführung der Null in Anfangs- oder Endstellung (in Mittelstellung wurde eine Leerstelle gelassen) verstrich viel Zeit. Das Fehlen der Null und eines unserem Komma entsprechenden Zeichens warf natürlich allerlei Probleme auf, da ohne sie nicht angezeigt werden konnte, welcher Potenz der Basis die letzte Ziffer entsprach (den Einern, den 60ern, den 3600ern etc. oder dem 60sten, 3600sten Teil). So mußte man oft die Wahrscheinlichkeit und den Zusammenhang heranziehen, um herauszufinden, um welche Zahlen es sich jeweils handelte; bei der Untersuchung mathematischer Probleme werden wir auf verschiedene Beispiele dieser Art stoßen. Einen Vorteil aber hatte dieser Mangel doch: Ein- und dieselbe Rechnung hatte Gültigkeit für sämtliche Potenzen der Basis; Rechentabellen galten für die Einer ebenso wie für die 60er, die 3600er etc., den 60sten oder den 3600sten Teil: man multiplizierte und dividierte damals also schon in ganz ähnlicher Weise wie wir heute durch eine Verschiebung des Kommas oder durch Hinzufügen oder Weglassen der Null in Endstellung.

Demnach hat die mesopotamische Zahlschrift eine ganz beträchtliche Entwicklung durchlaufen und ein erstaunliches Niveau erreicht – weder Griechen noch Römer kannten die Null und das Positionssystem –, ein praktisches mathematisches Werkzeug aber konnte sie aufgrund der Größe ihrer Basis (60) nicht werden. Daß diese Basis trotz des akkadischen Beitrags des Dezimalsystems von der Tradition mit solchem Nachdruck durchgesetzt werden konnte, hat zweifellos mit ihrem Ursprung in der mystischen Zahlenauffassung der Mesopotamier zu tun (siehe Kasten 40, Seite 92).

Maße und Gewichte

Das System der mesopotamischen Maße und Gewichte im Altertum (vgl. Kasten 18) beruht auf dem sexagesimalen Zahlensystem (die Vielfachen und Teile 6, 12, 30, 60 spielen, manchmal unter Zuhilfenahme der Hilfsbasis 10, eine große

18. MASSE UND GEWICHTE IN MESOPOTAMIEN*

(Nach Caveing 1982)

Längenmaße

1 Elle (kús-U, *ammatu*) = 2 empans (SU-BAD)
= 3 Fuß (kús, *ammatu*)
= 30 Finger (SU-SI, *ubanu*)
= 0,495 Meter in Babylon
(0,395 m in Khorsabad)
1 Schritt (kús-gal, *ammatu-ara*) = 1,5 Ellen
1 Rohr (GI, *qanû*) = 6 Ellen
1 Grenze (GARDU, NINDA) = 12 Ellen
1 Seil (SU, *aslu*) = 2 Halbseile (SUB-BAN) = 120 Ellen
1 Stadion (US) = 6 Seile
1 Meile (danna, *berû*) = 180 Seile = 21 600 Ellen
= 10,692 km in Babylon (= 2 Wegstunden)

Flächenmaße

1 Beet (SAR, *musanu*) = 1 Grenze^2 = 35,28 m^2 in Babylon
= 60 gìn
= 180 Körner (še, *šeu*)
1 Joch (iku, *gan*) = 100 Beete
= 2 Halbjoch (ubu, *ubû*)
= 4 Vierteljoch (uzalag)
1 eše (*ebel*) = 6 Joch = 600 Beete
1 Acker (bur, *bûru*) = 18 Joch
1 săr (*šaru*) = 60 Acker

Hohlmaße

Hohlmaße werden durch Multiplikation mit einer Höhe von 1 Elle aus den Flächenmaßen abgeleitet. So ist:
1 Kubik-SAR = 1 Flächen-SAR × 1 Elle
= 1 Grenze^2 × 1 Elle
= (12 Ellen)^2 × 1 Elle = 144 Ellen^3
= 17,465 m^3 in Babylon
(also nicht 1 Kubik-SAR = 1 Grenze^3 = 1 728 Ellen^3)

Maße für Flüssigkeiten und Getreide:
1 sila (*qâ*) = 1/144 Elle^3 = 0,842 Liter in Babylon
1 gìn (*šiqlu*) = 1/60 sila

1 bán (*sûtu*) = 10 sila
1 bán-es (*simdu*) = 30 sila
1 gur = 144 sila = 1 Elle^3 = 121,25 l in Babylon
1 gur-lugal (*gur-sarri*) = 300 sila

Außerdem gibt es verschiedene Varianten mit den Vielfachen und Dezimal- oder Sexagesimalteilen des sila.

Hohlmaße für Ziegel:
1 gìn = 12 Ziegel
1 šar = 12.0 Ziegel = 720 Ziegel = 60 gin
1 ubu = 10.0.0 Ziegel = 36 000 Ziegel
1 iku = 20.0.0 Ziegel = 72 000 Ziegel

Gewichte

1 Mine (mana, *manû*) = 1/240 Elle^3 in Wasser
= 505 Gramm (pro Elle zu 0,495 m)
1 Schekel (gìn, *šiqlu*) = 2 Halbschekel (TAR-gin)
= 1/60 Mine
1 Korn (še, *šeu*) = 1/180 Schekel
1 kleines Schekel (gìn-tur, *šiqlu-sḫarru*) = 3 Körner
1 kleine Mine (ma-na-tur, *mana-sḫarru*) = 60 Körner
1 Talent (gun, *biltu*) = 60 Minen (Gewicht des Wassers, das in 24 Stunden = 12 *berû* aus einer Klepsydra ausläuft)

Zeitmaße

12 *berû* in einem Tag von 24 Stunden, also 1 *berû* = 2 Stunden
1 *berû* = 30 *gesch* (also 360 *gesch* = 24 Stunden, ein Umlauf auf der Sonnenuhr also 360°; 1 *gesch* = 1°)

1 Meile = 1 *berû* = 2 Stunden Fußmarsch (10,692 km)
1 Talent = 12 *berû*, also 1 *berû* = der Auslauf von 5 Minen Wasser aus der Klepsydra

* Sumerische bzw. (kursiv) akkadische Bezeichnungen.

Rolle) – ebenso wie unser metrisches System konsequent auf das Dezimalsystem aufbaut. Das mesopotamische System ist in seiner Struktur außerordentlich einheitlich, und zwar nicht nur in der Unterteilung der Längen-, Flächen- und Körpermaße, sondern auch in der Unterteilung der Gewichte und der Zeit. Man beachte, daß Gewichts- und Volumeneinheiten zueinander in Beziehung gesetzt werden, indem erstere als das Gewicht von Wasser in letzteren definiert werden –

wie unser Kilogramm dem Gewicht von einem Liter Wasser entspricht. Ebenso wird eine Verbindung zwischen Zeit und Länge durch die während einer bestimmten Zeit zurückgelegte Entfernung hergestellt und eine Verbindung zwischen Zeit und Gewicht durch die aus einer Klepsydra, einer Wasseruhr, in einer bestimmten Zeit auslaufende Wassermenge. Beachtenswert ist außerdem die Beziehung der Zeitmessung (ein Tag hat 360 *gesch*) zur Unterteilung des Kreises (in 360°): Hier hat auch unsere sexagesimale Zeit- und Winkeleinteilung ihren Ursprung, ebenso wie unsere 7-Tage-Woche auf eine mesopotamische Praxis zurückgeht, auf die wir später noch eingehen werden.

Das Maß- und Gewichtssystem war damit durch die einfache, rechnerisch bequeme Relation zwischen Längen-, Flächen-, Körper- und anderen Maßen sowohl auf die Praxis zugeschnitten als auch durch die Verwendung des sexagesimalen Zahlensystems leicht zu berechnen. Eine vergleichbare Leistung wurde erst viel später mit der Erfindung des metrischen Systems vollbracht.

Die Mathematik

Am Beginn unserer Betrachtung sollen die Grundrechenarten stehen, bevor wir uns anhand einiger arithmetischer Aufgaben veranschaulichen, welche Probleme die Mesopotamier lösen konnten; anschließend wollen wir einige Fälle untersuchen, die eine algebraische Behandlung zu erfordern scheinen. Abschließend folgt eine Untersuchung der geometrischen Kenntnisse – vor allem der Lehrsätze des Pythagoras und des Thales – sowie der Aufgaben, die damit gelöst werden konnten.

Die Arithmetik

In einem Sexagesimalsystem sind aufgrund der Bedeutung der Basis bereits die verschiedenen Grundrechenarten reichlich schwierig, zumal wenn die benutzte Zahlschrift kein Positionssystem ist. Addition und Subtraktion werfen allerdings noch keine unüberwindlichen Probleme auf, und außerdem könnten in Mesopotamien auch Hilfsmittel wie das Rechenbrett (siehe Kasten 19) in Gebrauch gewesen sein, sofern man sich nicht einfach (wie in vielen anderen Kulturen) der Finger oder anderer Körperteile bediente.

Ernstliche Schwierigkeiten dagegen bereiten in einem Zahlensystem mit so großer Basis Multiplikation und Division – Operationen, die auch mit dem Rechenbrett nicht leicht auszuführen sind. Nach der Einführung des Stellenwertsystems waren wenigstens Multiplikationen oder Divisionen mit der Basis oder einer ihrer Potenzen (60, 3600 etc.) einfacher; das Verfahren war vergleichbar mit einer Verschiebung des Kommas oder dem Hinzufügen oder Weglassen der Null

19. DAS RECHENBRETT

Die einfachste Rechenhilfe bieten die Finger, danach folgt das Rechenbrett. Zwar finden sich in der Fachliteratur keine Hinweise auf die Existenz solcher Instrumente im alten Mesopotamien; da es aber in verschiedenen Formen – von einer einfachen, in den Staub gezeichneten Tabelle über diverse Knotenschnüre bis hin zum Rechenbrett – weltweit verbreitet ist, wollen wir dennoch seine Funktion kurz darlegen und zeigen, welche Rolle es bei der Erfindung des Positionssystems gespielt haben könnte.

Die einfachste Form einer Rechentafel besteht aus einer Tabelle, die in den Staub der Erde gezeichnet wird (wir wählen das Dezimalsystem):

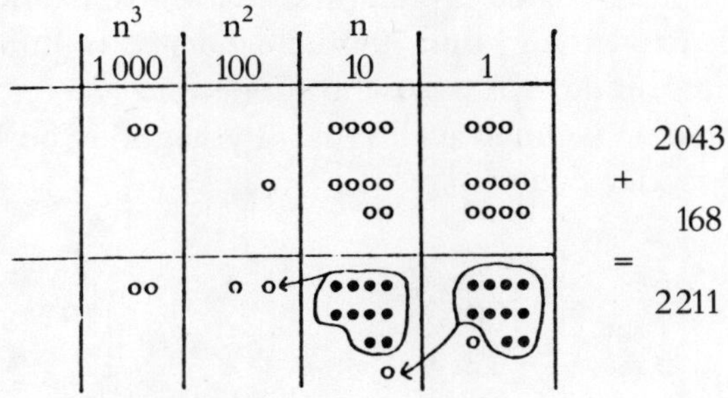

Die Spalten entsprechen den verschiedenen Potenzen der Basis n des Zahlensystems (in unserem Fall n = 10). Die einzelnen Zahlen werden durch eine entsprechende Anzahl von Rechenmarken in den verschiedenen Spalten ausgedrückt – z.B. durch kleine Kieselsteine, die lateinisch *calculi* heißen, woraus sich das Wort *kalkulieren* ableitet. Die Zahl wird so in Potenzen der Basis aufgeteilt; für die Zahl 168 werden 1 Kiesel in die Spalte für Hunderter, 6 in die Spalte für Zehner und 8 in die Spalte für die Einer gelegt. Will man zwei Zahlen zusammenzählen, braucht man lediglich in den einzelnen Spalten die Zahlmarken zu addieren und jedesmal, wenn man bei n (in unserem Fall 10) anlangt, n (10) Kiesel herauszunehmen und dafür einen in die Spalte der nächst höheren Potenz der Basis zu schieben. Bei der Subtraktion verfährt man genau umgekehrt. Multiplikation und Division sind etwas komplizierter und müssen in eine Reihe von Additionen beziehungsweise Subtraktionen aufgelöst werden. Nun kann man das System noch perfektionieren, indem man für die verschiedenen Potenzen der Basis verschiedenartige Zahlmarken verwendet; oder man kann die Spalten durch Stäbe ersetzen, auf die man die Zahlmarken (Kugeln) steckt etc.

Dabei wird deutlich, daß das Positionssystem lediglich die schriftliche Darstellung einer solchen Rechentafel ist, und daß für eine leere Spalte auf der Tafel an der entsprechenden Stelle in der Zahl eine Null gesetzt werden muß (eine Null in mittlerer Position wie im obigen Beispiel 2043, und wenn die Einerspalte leer ist eine Null in Endstellung).

in Endstellung – also Multiplikationen und Divisionen mit 10, 100 etc. Ebenfalls nicht sehr schwierig war offensichtlich das Rechnen mit bestimmten Divisoren der Basis wie 3, 6, 10, 12 etc.: Um eine Zahl durch 6 zu teilen, multiplizierte man sie mit 10 und teilte sie durch 60, ähnlich wie wir bei der Teilung durch 5 mit 2 multiplizieren und durch 10 teilen.

Für andere Zahlen verfügten die Mesopotamier über Multiplikationstafeln und Reziprokentabellen. Vermutlich waren diese Tabellen durch Zählen oder Probieren erstellt und die Ergebnisse dann festgehalten worden, damit die Rechnungen nicht jedesmal erneut durchgeführt werden mußten. Auch hier ist die Basis wiederum die Ursache der Schwierigkeiten – während in unserem Dezimalsystem dank des Positionsprinzips eine solche Multiplikationstabelle im Handumdrehen errechnet ist. Die Behinderung durch eine so hohe Basis zeigt sich darin, daß bei der Basis 60 insgesamt 3481 Multiplikationen erforderlich sind, um alle Zahlen zwischen 1 und 59 miteinander zu multiplizieren (59 × 59) beziehungsweise aufgrund der Austauschbarkeit von a × b und b × a insgesamt 1740. Die Mesopotamier kannten auch keine »Pythagoreische Tafel« zur Ermittlung des Produkts zweier Zahlen:

1	2	3	4	....	59	60
2	4	6	8		118	120
3	6	9	12		177	180
.						
.						
.						
59	118	177	236		3481	3540
60	120	180	240	....	3540	3600

Etwas ausgeglichen wurde der Nachteil der hohen Basis durch die Benutzung der Hilfsbasis 10 und durch die Tatsache, daß 60 sehr viele Teiler hat. So reichte letztlich doch eine relativ begrenzte Anzahl von Tabellen aus – Multiplikationen mit den Divisoren von 60 stellen in einem Sexagesimalsystem kein großes Problem dar und lassen sich wie oben gezeigt kombinieren. Außerdem können die mit den Einern erarbeiteten Tabellen natürlich auch für die entsprechenden höheren Zahlen dienen (wie beispielsweise eine Multiplikationstabelle mit 7 für Multiplikationen mit 70 oder 700), sei es (beim additiven Zahlensystem) durch eine Verschiebung der Zahlensymbole, sei es (beim Stellenwertsystem) unmittelbar.

In Kasten 20 findet sich eine Multiplikationstabelle mit 25, die vermutlich aus der ersten Hälfte des 2. Jahrtausends v.Chr. aus Susa stammt; sie benutzt das Positionssystem und enthält einen Fehler.

Für Divisionen benutzten die Mesopotamier Reziprokentabellen; um *a* durch *b* zu teilen, suchten sie in der Tabelle den reziproken Wert von *b* (also *1/b*) und mul-

20. MULTIPLIKATIONSTAFEL MIT 25

(Nach Ifrah 1981)

Tafel aus Susa, vermutlich 1. Hälfte des 2. Jahrtausends v. Chr.

Vorderseite

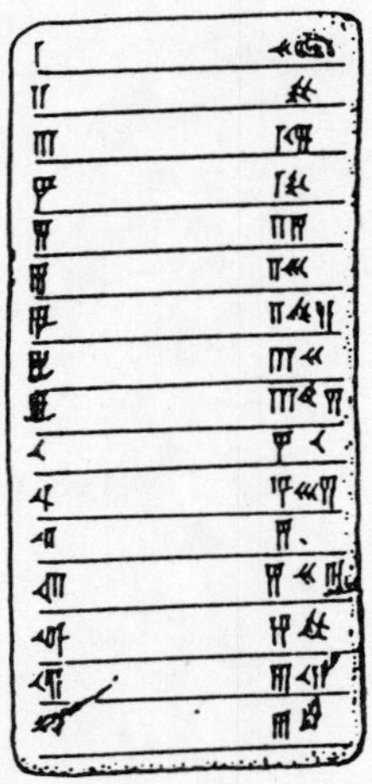

Rückseite

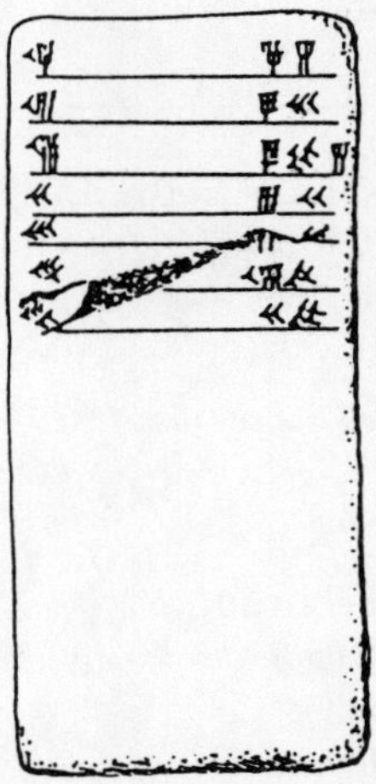

	Transkription		Übersetzung ins Dezimalsystem	
Vorderseite	1	25	1	25
		50	1	50
	3	1.15	3	75
	4	1.40	4	100
	5	2.05	5	125
	6	2.30	6	150
	7	2.55	7	175
	8	3.20	8	200
	9	3.45	9	225
	10	4.10	10	250
	11	4.35	11	275
	12	5	12	300
	13	5.25	13	325
	14	5.50	14	350
	15	6.15	15	375
	16	6.40	16	400
Rückseite	17	7.05	17	425
	18	7.30	18	450
	19	7.45*	19	465*
	20	8.20	20	500
	30	12.30	30	750
	40	16.40	40	1 000
	50	20.50	50	1 250

* Fehler: 19 × 25 = 475 und nicht 465 (7.55 und nicht 7.45)

tiplizierten dann *a* mit diesem Wert *1/b*, wobei sie sich bei der letztgenannten Operation der oben erwähnten Multiplikationstabellen bedienten. Die Division erfolgte also in zwei Schritten.

Kasten 21 enthält die älteste Reziprokentabelle, die bisher entdeckt wurde. Aufgenommen sind lediglich diejenigen reziproken Werte, die mit endlich vielen Sexagesimalstellen geschrieben werden können; so ist der reziproke Wert von 2 im Sexagesimalsystem 30 (eigentlich müßte es 0.30 sein, aber Null und Komma waren noch nicht bekannt). Soll eine Zahl durch 2 geteilt werden, wird sie also zunächst mit 30 multipliziert und das Ergebnis dann durch entsprechende Reduktion des Exponenten der von der letzten Ziffer repräsentierten Potenz berichtigt – also wird im Grunde »das Komma verschoben«, so daß die Zahl de facto mit 0.30 multipliziert worden ist. Und dieses Verfahren wird bei allen regulären Zahlen angewandt, das heißt bei allen reziproken Werten, die sich als endliche Sexagesimalzahlen darstellen lassen.

21. REZIPROKENTABELLE

(Nach Guitel 1975)

Fundort der Tafel: Tello; Zeit: um 2000 v.Chr.

Text	*Übersetzung*
2 igi 30	Der 2. Teil ist 30 [*1/2 = 30 im Sexagesimalsystem*]
3 igi 20	Der 3. Teil ist 20
4 igi 15	Der 4. Teil ist 15
5 igi 12	Der 5. Teil ist 12
6 igi 10	Der 6. Teil ist 10
7 igi nu	Der 7. Teil ist nicht (konvertierbar)
8 igi 7.30	Der 8. Teil ist 7.30
9 igi 6.40	Der 9. Teil ist 6.40
10 igi 6	Der 10. Teil ist 6
11 igi nu	Der 11. Teil ist nicht (konvertierbar)
....	
59 igi nu	Der 59. Teil ist nicht (konvertierbar)
60 igi 1	Der 60. Teil ist 1

Sollte mit Hilfe dieser Tabelle eine Division mit der Zahl 7 (deren reziproker Wert nicht mit endlich vielen Sexagesimalstellen geschrieben werden kann) durchgeführt werden, so mußte überschlagen werden, welche Zahl mit 7 multipliziert der zu teilenden Zahl am nächsten kam. Allerdings existiert aus der ersten Dynastie von Babylon (also etwa aus der Zeit zwischen 1900 und 1600) ein Täfelchen (YBC 10529), das recht brauchbare Näherungswerte für die reziproken Werte solcher Zahlen liefert. Mit Hilfe dieser Tabelle (die also nicht ganz so alt ist wie die in Kasten 21) konnten Divisionen auch mit Zahlen wie 7, 11 etc. nach demselben Schema durchgeführt werden wie mit anderen rationalen Zahlen (2, 3, 4 etc.).

22. QUADRATWURZELTABELLE

(Nach Ifrah 1981)

Täfelchen aus Nippur, um 1800 v. Chr.

Transkription und Rekonstitution

01 e 1 ib-si$_8$ 13.04 e 28 ib-si$_8$
04 e 2 ib-si$_8$ 14.01 e 29 ib-si$_8$
09 e 3 ib-si$_8$ ....
16 e 4 ib-si$_8$
....

Übersetzung

1 ist die Wurzel aus 1
2 ist die Wurzel aus 4
3 ist die Wurzel aus 9
4 ist die Wurzel aus 16
...
28 ist die Wurzel aus 13.04 [=*784*]
29 ist die Wurzel aus 14.01 [=*841*]

[*Die in dem Term* 01 e 1 íb-si$_8$ *der Silbe* si *als Index beigefügte Ziffer 8 bedeutet, daß das Keilschriftzeichen in diesem Fall dem 8. Homophon von* si *entspricht.*]

Außer den vier Grundrechenarten kannten die Mesopotamier auch das Potenzieren und das Ziehen von Quadrat- und Kubikwurzeln. Es gibt Täfelchen mit den Quadrat- und Kubikzahlen aller Zahlen von 1 bis 60 – und damit umgekehrt auch der Quadrat- und Kubikwurzeln dieser Quadrat- und Kubikzahlen. Kasten 22 enthält die Reproduktion, Transkription und Übersetzung ins Dezimalsystem einer Quadrat- (oder Quadratwurzel-) Tabelle aus der Zeit um 1800 v. Chr.

Ein vermutlich auf die erste Dynastie von Babylon zurückgehendes Täfelchen (YBC 7289) bestimmt den Wert der Quadratwurzel von 2 bereits sehr genau (vgl. Kasten 34, Seite 82). Im Zusammenhang mit dem Satz des Pythagoras werden wir später noch einmal darauf zurückkommen; der im Sexagesimalsystem mit 1.24.51.10 angegebene Wert entspricht im Dezimalsystem der Zahl 1,4142128, was dem exakten, auf 7 Stellen nach dem Komma ausgerechneten Wert von 1,4142135 sehr nahekommt. Offensichtlich konnten die Mesopotamier also die Quadratwurzel von 2 (und sicher auch von anderen Zahlen) mit einer sehr guten Nähe-

23. ZIEHEN EINER QUADRATWURZEL

(Nach Neugebauer/Sachs 1945)

Zur Ziehung der Quadratwurzel einer Nichtquadratzahl A könnten sich die Mesopotamier folgender Methode bedient haben:

- Wahl einer Zahl a_1, deren Quadrat etwas über A liegt (mithin ist also auch a_1 etwas größer als die Quadratwurzel aus A).
- Berechnung der Zahl $b_1 = A/a_1$ (mithin ist b_1 etwas kleiner als die Quadratwurzel aus A).
- Berechnung der Zahlen $a_2 = (a_1 + b_1)/2$ und $b_2 = A/a_2$ (also $a_{n+1} = (a_n + b_n)/2$ und $b_{n+1} = A/a_n$).
- Und so fort über a_3 und b_3, a_4 und b_4..., bis a_n und b_n fast ganz gleich sind.
- Damit ist $a_n \simeq b_n \simeq \sqrt{A}$

Daneben könnten die Mesopotamier die Quadratwurzel einer Nichtquadratzahl A auch noch nach folgender Näherungsformel gezogen haben:

$A = a^2 + b \qquad \sqrt{A} = a + b/2a$

Anhand dieser Formel lassen sich brauchbare Näherungswerte berechnen insofern, als b im Verhältnis zu a klein ist; für kleine Zahlen läßt sie sich allerdings nicht verwenden (z. B. liefert sie als Wurzel von 2 den Wert 1,5, als Wurzel von 3 den Wert 3).

rung ziehen. Nach O. Neugebauer und A. Sachs bedienten sie sich dabei des in Kasten 23 angegebenen Verfahrens – was natürlich nur eine Hypothese ist. Dennoch können wir immer wieder die außergewöhnlichen Fähigkeiten der Mesopotamier feststellen, auf alle möglichen Weisen mit Zahlen umzugehen.

Das Täfelchen YBC 6295 (erste Dynastie von Babylon) enthält ein Beispiel für das Ziehen einer Kubikwurzel aus einer nicht in einer Kubikzahlen- oder Kubikwurzeltabelle aufgeführten Zahl; in Kasten 24 wird der Text des Täfelchens samt einer Erklärung der angewandten Methode wiedergegeben. Höchstwahrscheinlich hat sich der Schreiber für die gewählte Zahl entschieden, weil sie endlich darstellbare reziproke Werte besitzt. Gleichwohl bleibt die Methode korrekt, auch wenn sie nicht ausdrücklich formuliert, sondern lediglich anhand des Beispiels illustriert wird.

Schließlich ist noch anzumerken, daß sogar Täfelchen mit Exponentialtabellen existieren, auf die man schon den späteren Begriff der Logarithmentafeln anwenden könnte. In Kasten 25 findet sich die Transkription der Tafel MLC 2078 aus der ersten Dynastie von Babylon (1900–1600) samt einer Übersetzung ins Dezimal-

24. ZIEHEN EINER KUBIKWURZEL

(Nach Neugebauer/Sachs 1945)

Tafel YBC 6295 (erste Dynastie von Babylon)

Übersetzung	*Moderne Interpretation*
Beispiel einer Kubikwurzel. Was ist die Kubikwurzel aus 3.22.30?	a = 3.22.30 = 729000 im Dezimalsystem, wenn man die Zahl rechts (30) als Anzahl der Sechziger nimmt.
Da sie in der Tabelle nicht aufgeführt ist, setze 7.30.0, deren Kubikwurzel angegeben ist, nämlich 30.	$b = 7.30.0 = 27000 \quad \sqrt[3]{b} = 30$
Nimm den reziproken Wert von 7.30.0, das ist 0,0.0.8.	$1/b = 0{,}0.0.8 = 1/27000$
Multipliziere 0,0.0.8 mit 3.22.30, das Ergebnis ist 27.	$1/b \times a = a/b = 27$
Was ist die Kubikwurzel von 27? Es ist 3.	$\sqrt[3]{a/b} = \sqrt[3]{27} = 3$
Multipliziere 3, die Kubikwurzel, mit 30, der anderen Kubikwurzel, das Ergebnis ist 1.30.	$\sqrt[3]{a/b} \times \sqrt[3]{b} = 3 \times 30 = 1.30 = 90$
Die Kubikwurzel aus 3.22.30 ist 1.30.	$\sqrt[3]{a} = \sqrt[3]{a/b} \times \sqrt[3]{b}$

Kommentar

Die Methode besteht also darin, eine Hilfszahl einzuführen, deren Kubikwurzel bekannt ist, und die Formel $\sqrt[3]{a} = \sqrt[3]{a/b} \times \sqrt[3]{b}$ anzuwenden. Genau das macht der Schreiber; allerdings hat er eine Zahl gewählt, deren reziproker Wert mit endlich vielen Sexagesimalstellen geschrieben werden kann. Man beachte auch, daß er die Division als Multiplikation mit dem reziproken Wert durchführt.

25. EXPONENTIALTABELLE

(Nach Neugebauer/Sachs 1945)

Tafel MLC 2078 (erste Dynastie von Babylon)

Text auf der Vorderseite		*Übersetzung ins Dezimalsystem*	
15 e	2 íb-si	2 ist die Wurzel aus	0,25 [*0.15 im Sexagesimalsystem*]
30 e	4 íb-si	4	0,5 [*0.30 im Sexagesimalsystem*]
45 e	8 íb-si	8	0,75 [*0.45 im Sexagesimalsystem*]
1 e	16 íb-si	16	1
1.16 e	32 íb-si	32	1,25 [*1.15 und nicht 1.16*]
1.30 e	1.4 íb-si	64	1,5 [*1.30 im Sexagesimalsystem*]

Text auf der Rückseite

2 e 1 íb-si	1 ist die Wurzel aus	2 [$2^1 = 2$]
4 e 2 íb-si	2	4 [$2^2 = 4$]
8 e 3 íb-si	3	8 [$2^3 = 8$]
16 e 4 íb-si	4	16
32 e 5 íb-si	5	32
1.4 e 6 íb-si	6	64 [*1.4 im Sexagesimalsystem*]

system. Die Rückseite des Täfelchens ist auf Anhieb verständlich: Es handelt sich um die sukzessiven ganzzahligen Potenzen von 2 ($2^1 = 2$, $2^2 = 4 \ldots 2^6 = 64$), auch wenn die Tafel von »Wurzeln« spricht. Weniger schnell zu begreifen ist die Vorderseite (die auch einen Fehler enthält: 1.16 statt 1.15). Hier handelt es sich um die Potenzen von 16, beginnend bei der Hochzahl 1/4 (0.15 im Sexagesimalsystem, 0,25 im Dezimalsystem) bis zur Hochzahl 3/2 (1.30 im Sexagesimalsystem, 1,5 im Dezimalsystem). Auch hier wird die Potenz wieder als »Wurzel« bezeichnet. Das Ganze läßt sich als Logarithmentafel der Basis 16 auffassen:

$16^{1/4} = 2$ oder $2^4 = 16$ oder $\log_{16} 2 = 1/4$

$16^{1/2} = 4$ oder $4^2 = 16$ oder $\log_{16} 4 = 1/2$

. . . .

$16^{3/2} = 64$ oder $64^{2/3} = 16$ oder $\log_{16} 64 = 3/2$

Etwas unklar ist die Bedeutung des Ausdrucks *X e Y íb-si₈*, in dem *Y* bald für den Exponenten, bald für die Potenz, bald für die Wurzel steht; anscheinend bezeichnet ein und derselbe Begriff (wie übrigens auch der Begriff »Potenz«) verwandte Bedeutungen. Immerhin bestehen zwischen den Zahlenreihen des Täfelchens die oben dargelegten Relationen, was auf ein doch schon sehr fortgeschrittenes mathematisches Verständnis hindeutet.

Darüber hinaus wurden alle möglichen Tabellen mit Zahlenreihen gefunden – arithmetische, geometrische oder astronomische; manche sind leicht zu interpretieren, manche schwer. In bezug auf die arithmetischen Tafeln wollen wir uns auf die angeführten Beispiele beschränken, weil es die einfachsten und die am wenigsten umstrittenen sind: vor allem aber zeigen sie die Grundlagen der mesopotamischen Mathematik.

Arithmetische und algebraische Aufgaben

Mit den beschriebenen Rechenmethoden haben die Mesopotamier verschiedene arithmetische, geometrische und sogar algebraische Probleme gelöst.

Die arithmetischen Aufgaben sind im allgemeinen einfach und vielfach von praktischem Interesse. So geht es beispielsweise darum, eine bestimmte Ware

26. BERECHNUNG EINER AUFTEILUNG VON GETREIDE

(Nach Guitel 1975)

Sumerisches Täfelchen (Schuruppak, um 2650 v.Chr.)

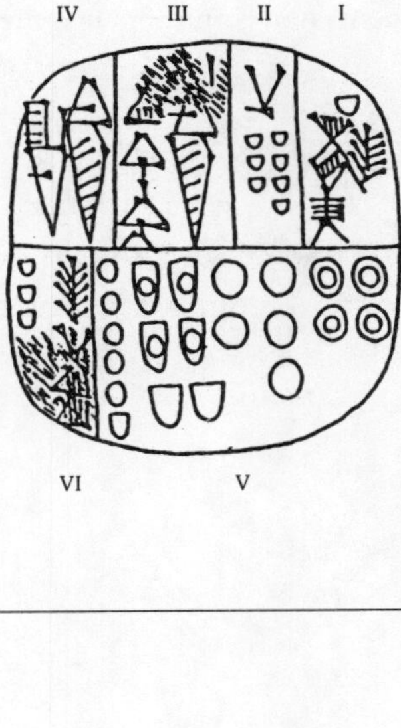

Übersetzung

I – [*gegeben ist*] 1 Speicher Gerste
II – 7 [*Maß genannt*] sila
III – jede Person erhält
IV – diese Personen sind
V – 164 571 [*im Dezimalsystem*]
VI – es bleiben 3 sila Gerste
[*1 Speicher = 1 152 000 sila*]

Deutung

Gegeben ist 1 Speicher Gerste.
Jede Person erhält 7 sila.
Wieviele Personen sind es?
Lösung: 164 571, und 3 sila Gerste bleiben übrig.

27. AUFTEILUNG AUF DER GRUNDLAGE EINER ARITHMETISCHEN REIHE

(Nach Caveing 1982)

Tafel STR 362 (erste Dynastie von Babylon, Ursprung: Uruk?)

Übersetzung (Dezimalsystem)	*Deutung in moderner mathematischer Sprache*
10 Brüder sollen eine Mine und 2/3 Minen Silber teilen. Ein Bruder ist über den anderen erhoben, um wieviel, weiß ich nicht. Der Anteil des achten ist 6 Schekel. Um wieviel hat ein Bruder über den anderen sich erhoben?	Es handelt sich um eine arithmetische Reihe mit n Gliedern (n = 10); zu berechnen ist die unbekannte Differenz a, wenn die Summe der Glieder S=1+2/3 Minen = 100 Schekel ist. Das achte Glied a_8=6 Schekel. Nun notiert man die verschiedenen Glieder, beginnend bei a_1, a_2 . .
Das ist dein Verfahren: Bilde den reziproken Wert von 10, den Personen; das ergibt 0,1.	$1/n = 0{,}1$
Du multiplizierst 0,1 mit 1 2/3 Minen Silber; das ergibt 10.	$S \times 1/n = S/n = 100/10 = 10$
Verdopple 10 und du erhältst 20.	$2\,S/n = 20$
Verdopple 6, den Anteil des achten, und es ergibt 12.	$2a_8 = 12$
Ziehe 12 von 20 ab und du erhältst 8. Behalte 8 in deinem Kopf.	$2\,S/n - 2a_8 = 20 - 12 = 8$
Addiere 1 und 1, dies ergibt 2, verdopple 2 und du erhältst 4. Füge 1 zu 4 hinzu und du erhältst 5. Subtrahiere 5 von 10, den Personen, dies ergibt 5.	Zur Berechnung der Zahl 5 siehe Schema und Kommentar weiter unten.
Bilde den reziproken Wert von 5 und du erhältst 0,2.	$n/2 = 5$ $\quad 2/n = 0{,}2$
Multipliziere 0,2 mit 8 und du erhältst 1,6. 1,6 ist es, worum sich Bruder über Bruder erhoben hat.	$(2S/n - 2a_8) \times 2/n = 1{,}6$

Kommentar

Die Methode beruht auf der Anwendung der Formel

$$d = (2S/n - 2a_8) \times 2/n$$

Wenn S/n dem Durchschnitt der 10 Teile entspricht, entspricht ($S/n - a_8$) der Differenz zwischen dem Durchschnittswert und dem 8. Teil; dieser muß kleiner sein als der Durchschnitt, wohingegen die ersten Teile größer sind als der Durchschnitt. Der Durchschnitt der 10 Teile ist auch der Durchschnitt der Teile a_5 und a_6, der »mittleren« Teile (siehe nebenstehendes Schema). Die Differenz zwischen dem Durchschnitt und a_8 beträgt das 2,5fache der Differenz d zwischen zwei aufeinanderfolgenden Teilen; also:

$d = (S/n - a_8)/2{,}5$

oder mit Zähler und Nenner multipliziert, um den Dezimalbruch zu beseitigen:

$d = (2S/n - 2a_8)/5$.

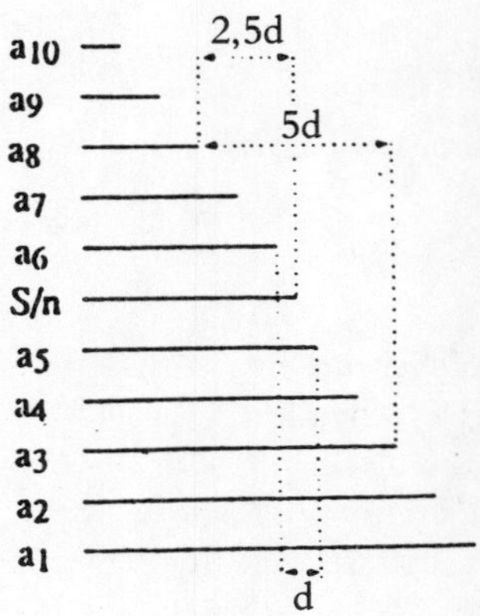

Nicht ganz klar ist, wie der Schreiber zu der Zahl 5 kommt. Vielleicht liegt folgender Gedankengang zugrunde: Wenn $S/n - a_8$ gleich der Differenz zwischen a_8 und dem Durchschnitt von a_5 und a_6 ist, ist $2(S/n - a_8)$ – also ($2S/n - 2a_8$) – gleich der Differenz zwischen a_3 und a_8, da a_3 und a_8 symmetrisch zum Durchschnittswert sind. Demnach wäre dieser Wert 5 die Anzahl der Intervalle zwischen a_3 und a_8: 1 zwischen jedem Glied, daher auch die Rechnung (1 + 1) für die Intervalle zwischen a_3 und a_4 und zwischen a_4 und a_5; aufgrund der Symmetrie mit 2 multipliziert (a_6 und a_7, a_7 und a_8), wozu noch 1 für das Intervall zwischen a_5 und a_6 addiert wird (siehe Schema).

(Getreide, Brot, Bier, Grund und Boden etc.) unter mehrere Personen aufzuteilen, sei es zu gleichen Teilen (wie in dem Beispiel aus der Zeit um 1650 v.Chr. in Kasten 26), sei es zu unterschiedlichen Teilen – Kasten 27 enthält ein Beispiel aus der ersten Dynastie von Babylon, in dem eine bestimmte Menge Silber unter 10 Brüdern nach einer arithmetischen Reihe aufgeteilt werden soll. Das letztgenannte Beispiel beweist, daß die Babylonier das Prinzip der arithmetischen Reihe kannten; aus anderen Tafeln geht hervor, daß ihnen auch geometrische Reihen bekannt waren und daß ihnen das Rechnen mit verschiedenen Gliedern, deren Summe, der Differenz beziehungsweise dem Quotienten zweier benachbarter Glieder etc. keine Schwierigkeiten bereitete.

Eine andere Aufgabe, deren Anwendung auf der Hand liegt, ist die Berechnung der Zinsen für ein Darlehen in einer bestimmten Höhe (im allgemeinen betrug der Zinssatz 0.12, bei einer Laufzeit von einem Jahr zu 6.0 beziehungsweise 360 Tagen entspricht das 20 %). Das Beispiel aus Kasten 28 stammt von einer Tafel aus der Zeit der ersten Dynastie von Babylon (VAT 8528). Solche Aufgaben erfordern die Anwendung von Logarithmen, was der Schreiber durchaus bewältigt – ein weiterer Beweis für die große Geschicklichkeit der Mesopotamier im Umgang mit den Zahlen.

28. ZINSRECHNUNG

(Nach Caveing 1982)

Tafel VAT 8528 aus der Zeit der ersten Dynastie von Babylon

Übersetzung (Dezimalsystem)	*Deutung*
Eine Mine Silber zum Zinssatz von 12 Schekel für eine Mine (*20 %*) habe ich verliehen; erhalten habe ich, Kapital und Zins, ein Talent vier Minen; wieviele Tage haben sich angesammelt?	1 Mine = 60 Schekel 1 Talent = 60 Minen
Nimm 1, das Silber. Nimm 1, eine Mine. Nimm 0,20, den Zins. Nimm 360 (Tage), das Jahr.	$K_0 = 1$ $Z = 0{,}20$
Schließlich nimm 64 Minen (1 Talent und 4 Minen) Kapital und Zins.	$K_n = 64$
Dann multipliziere 0,20, den Zins, mit 1, dem Anfangskapital; 0,20 Minen ist der Zins.	Berechnung des Zinses am Ende des ersten Jahres: $Z = K_0 \times 0{,}20 = 1 \times 0{,}20 = 0{,}20$
Multipliziere 0,20 mit 5 Jahren: 1. In 5 Jahren werden das Kapital und sein Zins gleich groß.	Verdoppelung des Kapitals in 5 Jahren durch einfache Zinsen: $5Z = K_0$
Addiere 1, den Zins der 5 Jahre, zu 1, dem Anfangskapital: 2. Bilde den reziproken Wert von 2: 0,5.	Kapitalisierung der Zinsen nach 5 Jahren, das Kapital beträgt dann $5Z + K_0 = 2K_0 = 2$ $1/(5Z + K_0) = 0{,}5$
Multipliziere 0,5 mit 64, der Summe von Kapital und Zins: 32.	$K_n/(5Z + K_0) = K_n/2K_0 = 64 \times 0{,}5 = 32$ Wenn x die Zahl der Jahre zwischen der ersten Verdoppelung des Kapitals (die alle 5 Jahre erfolgt) und dem Zeitpunkt der Kapitalrückgabe ist, dann gilt: $x = 5n$, wobei $2^n = 32$ d.h. $2^n = K_n / 2K_0$ oder auch $n = \log_2 (K_n/2K_0)$
Dies ist der *ba-si* aus 2: 1.	$\log_2 2 = 1$
Bilde den reziproken Wert von 2: 0,5.	$1/2 = 0{,}5$
Multipliziere 0,5 mit 30: 15	$30 \times 0{,}5 = 15$, also $2^n - 2 = (K_n/2K_0) - 2 = 30$ $(2^n - 2)/2 = 2^{n-1} - 1 = 15$

Addiere 15 zu 1: 16.	$2^{n-1} = 15 + 1 = 16$
Dies ist der *ib-sa* von 16: 4.	Wurzel aus 16 = 4, aber auch $\log_2 16 = 4$ (in diesem Fall, in dem beide gleich sind, wird die Quadratwurzel genommen).
Addiere 4 und 1, die *ib-sa*: 5.	$\log_2 32 = \log_2 16 + \log_2 2 = 4 + 1 = 5 = n$
Multipliziere 5 mit 5 Jahren: 25.	$x = 5n = 5 \times 5 = 25$
Addiere 5 Jahre zu 25: 30. Das sind die 30 Jahre von 1 Talent 4 Minen, dem Kapital und seinem Zins.	Nun werden noch die 5 Jahre vor der ersten Verdoppelung hinzugefügt.

Kommentar

Dem Text folgt ein »Beweis«, wobei die Höhe des Endkapitals nach 30 Jahren durch eine umgekehrte Rechnung ermittelt wird.

Man beachte die zwischen »Quadratwurzel« und »Logarithmus« schwankende Terminologie – eine Ungenauigkeit, auf die wir schon bei den Potenzen hingewiesen haben.

Die angewandte Methode ist korrekt, wenn sich die Zinsen nur alle 5 Jahre in Kapital umwandeln. Der Schreiber arbeitet mit der Formel:

$x = 5\log_2(K_n/2K_o)$ anstatt $x = 5\log_2 (K_n/K_o)$

weil er die Rechnung nach der ersten Kapitalisierung der Zinsen beginnt.

Die Aufgaben sind nicht immer von so offenkundigem praktischem Interesse wie die bisher angeführten; bei manchen scheint es sich um rein mathematische Spekulationen zu handeln, aber selbst sie bewahren einen äußerst konkreten Aspekt. So zum Beispiel die in Kasten 29 wiedergegebene Aufgabe, bei der es darum geht, das Gewicht eines Steines herauszufinden: Die vorgenommenen Operationen sind offensichtlich unmöglich durchzuführen – und damit auch für die Praxis ohne Interesse –, halten sich aber gleichwohl in einem sehr konkreten Rahmen: Herauszufinden ist das Gewicht eines Steins und nicht irgendeine abstrakte Größe. Die recht einfache Aufgabe entspricht nach modernen Begriffen einer Gleichung 1. Grades mit einer Unbekannten. Die angewandte Methode wird nicht aufgezeigt, das Resultat statt dessen direkt mitgeteilt. Die Tafel, der die Aufgabe entnommen ist, stammt aus der Zeit der ersten Dynastie von Babylon und enthält – bezeichnenderweise – weitere 22 Probleme derselben Art. In der Tat werden wir im folgenden noch öfters auf Tafeln mit einer ganzen Reihe von Aufgaben stoßen, die um dasselbe Thema kreisen und zum Teil so zusammengestellt sind, daß alle Aspekte des Problems erfaßt werden (siehe zum Beispiel Kasten 31 und 39 auf den Seiten 76 und 91). Man gewinnt den Eindruck, daß solche Tafeln das Fehlen explizit formulierter mathematischer Gesetze kompen-

29. GLEICHUNG 1. GRADES MIT EINER UNBEKANNTEN

(Nach Neugebauer/Sachs 1945)

Aufgabe 8 der Tafel YBC 4652 (erste Dynastie von Babylon)
(Die Tafel enthält 22 Aufgaben derselben Art.)

Ich habe einen Stein gefunden, aber ich habe ihn nicht gewogen; dann habe ich ein Siebtel hinzugefügt und ich habe ein Elftel hinzugefügt [*1/7 und 1/11 des Steines*] Ich habe gewogen: eine Mine. Welches war das ursprüngliche Gewicht des Steins? Das Gewicht des Steins war 2/3 Minen 8 Schekel 22,5 Korn.
[*1 Mine = 60 Schekel = 60 × 180 Korn*]

Moderne Lösung

$$x + \frac{x}{7} + \frac{1}{11}\left(x + \frac{x}{7}\right) = 1 \text{ Mine}$$

also $\frac{96x}{77} = 1$ Mine, also $x = \frac{77}{96}$ Minen

oder $\frac{2}{3}$ Mine 8 Schekel 22,5 Korn

Es fällt auf, daß die Tafel keinen Lösungsweg angibt, aber zum richtigen Resultat gelangt.

sierten: Die aufgeführten Aufgaben dienten als Muster zur Lösung von Aufgaben derselben Art mit anderen Zahlenangaben.

Diese »algebraische« Aufgabe unterscheidet sich nicht grundlegend von der Getreideverteilungsaufgabe (Kasten 26). Die Rechnung von Kasten 30 ist dagegen etwas komplizierter, da es sich um eine Gleichung mit 2 Unbekannten handelt. Obwohl die Aufgabe geometrischer Art ist (das Volumen eines Quaders soll berechnet werden), ist ihr wirkliches Interesse doch offensichtlich anderer Art: Es ist eine rein mathematische Spekulation, denn Volumen und Fläche zu addieren macht weder in der Praxis noch aus geometrischer Sicht viel Sinn; es ist einzig aus »algebraischer« Sicht interessant. Kasten 30 vergleicht die vom Schreiber angewandte Methode mit dem heutigen algebraischen Vorgehen und stellt weitgehende Ähnlichkeiten fest, auch wenn der Schreiber offensichtlich Gleichungen mit Buchstaben (oder anderen Zeichen) für Unbekannte nicht kannte.

Aber auch wenn der konkrete Aspekt gewahrt bleibt (schließlich handelt es sich um die Aushebung eines Schachts), geht es letztlich doch um eine rein mathematische Spekulation, wie auch im folgenden Beispiel, das wir heute als

30. SYSTEM VON GLEICHUNGEN 1. GRADES MIT ZWEI UNBEKANNTEN

(Nach Taton 1946)

Tafel BM 85200

Übersetzung (Dezimalsystem)	*Deutung mit Begriffen der modernen Mathematik*
Länge, Breite. Was die Länge ist, die Höhe ist es auch [*mit dem Koeffizienten 12, siehe die Lösung*]. Ein Schacht wird ausgehoben. Addiere Volumen und Fläche, ergibt 1,1666. Die Länge mißt 0,5. Welches ist die Breite ?	x = Länge = 0,5 y = Breite z = Höhe = $12x$ $F = xy$ = Fläche $V = xyz$ = Volumen $V + F = xyz + xy = 1{,}1666$
Multipliziere die Länge 0,5 mit 12. Du erhältst 6 für die Höhe.	$z = 12x = 0{,}5 \times 12 = 6$
Addiere 1 zu 6, du erhältst 7.	$V + F = xyz + xy$ $z = 12x$ $V + F = 12x \times xy + xy$ $= xy(12x + 1)$ $12x = 6$ also $12x + 1 = 7$ also $V + F = 7xy = 1{,}1666$
Der reziproke Wert von 7 kann nicht berechnet werden. Womit muß man 7 multiplizieren, um 1,1666 zu haben? Mit 0,1666.	also $xy = 1{,}1666/7 = 0{,}1666$
Der reziproke Wert von 0,5 ist 2, du siehst es (in den Tabellen).	$x = 0{,}5 \quad 1/x = 2$
Multipliziere 0,1666 mit 2, du erhältst 0,3333. Das ist die Breite.	$xy \times 1/x = y = 0{,}1666 \times 2 = 0{,}3333$

[*Die Division erfolgt stets durch Multiplikation des reziproken Werts.*]

Gleichung 2. Grades einstufen würden. In Kasten 31 wird die Aufgabe dargestellt und die Lösung mit unserem heutigen algebraischen Verfahren verglichen – ähnliche Aufgaben finden sich auch auf anderen Tafeln. Der Schreiber hat eine Lösung vergessen oder, wie man vermuten könnte, weggelassen, weil sie negativ ist und ein Quadrat mit einer negativen Seite für ihn keinen Sinn machen konnte. Aber ein solches Versäumnis ist durchaus gewöhnlich, selbst in Fällen, in denen beide Lösungen positiv sind – als ob der Schreiber die Aufgabe gelöst zu haben glaubt, sobald er einen passenden Wert für die Unbekannte gefunden hat, ohne nach weiteren passenden Lösungen zu suchen. Trotz des weitgehend parallelen Lösungswegs scheint es im Grunde für Gleichungen 2. Grades keine wirkliche Lösungsmethode gegeben zu haben, sondern nur durch Probieren gewonnene »Rezepte«. Die Tafel BM 13901, aus der dieses Beispiel stammt, ist eine Art Handbuch, das anhand von 24 Aufgaben die verschiedenen Möglichkeiten untersucht, Gleichungen 2. Grades darzustellen, aber nie die angewandte Methode zu beweisen versucht, was den Eindruck einer Sammlung anzuwendender Rezepte vertieft. Allerdings findet sich auf einigen anderen Tafeln (zum Beispiel AO 8862) eine Verifizierung des Ergebnisses, was als Ansatz einer Rechtfertigung der Methode gelten kann (aber offensichtlich nicht gestattet, die zweite Lösung zu entdecken).

Schließlich finden sich gelegentlich sogar Aufgaben höherer Grade (des 3., ja selbst des 8. Grades), die im allgemeinen durch die Einführung von Hilfs-Unbekannten gelöst werden. Aber auch hier läßt sich nur schwerlich sagen, daß die Mesopotamier solche Aufgaben zu lösen »wußten«, da eine logisch aufgebaute mathematische Methode fehlt und nur anzuwendende Rezepte existieren. Es gibt keine explizit formulierten mathematischen Gesetze, sondern nur Beispielssammlungen.

31. GLEICHUNG 2. GRADES MIT EINER UNBEKANNTEN

(Nach Taton 1946)

Tafel BM 13901 – Aufgabe 7

Diese Tafel enthält 24 Aufgaben, mit den verschiedenen Möglichkeiten für Gleichungen 2. Grades.

Übersetzung (Dezimalsystem)	*Deutung in Begriffen der modernen Mathematik*
Ich habe 7 mal die Seite meines Quadrats und 11 mal die Fläche addiert. Das macht 6,25. [*Zu berechnen ist die Seite.*]	x = Seite x^2 = Fläche $11x^2 + 7x = 6{,}25$ $11x^2 + 7x - 6{,}25 = 0$ Gleichung 2. Grades der Art $ax^2 + bx + c = 0$ $a = 11$, $b = 7$, $c = -6{,}25$ Lösungsformel: $x_{1/2} = \frac{-b \pm \sqrt{b^2 - 4ac}}{2a}$
Nimm 7 und 11.	
Multipliziere 11 mit 6,25 = 68,75.	Berechnung von $-ac = 68{,}75$

Nimm die Hälfte von 7,	
macht 3,5.	Berechnung von b/2
Multipliziere 3,5 mit sich selbst,	
macht 12,25.	Berechnung von $(b/2)^2$ oder $b^2/4 = 12{,}25$
Addiere 12,25 zu 68,75, macht 81.	Berechnung von $b^2/4 - ac$ $= \frac{b^2 - 4ac}{4} = 81$
Die Wurzel aus 81 ist 9.	Berechnung von $\sqrt{\frac{b^2 - 4ac}{4}} = \frac{\sqrt{b^2 - 4ac}}{2} = 9$
Zieh die 3,5, die du multipliziert hast, von 9 ab, macht 5,5.	Berechnung von $\frac{\sqrt{b^2 - 4ac}}{2} - \frac{b}{2} = 5{,}5$ $= \frac{-b + \sqrt{b^2 - 4ac}}{2}$
Der reziproke Wert von 11 ist nicht in den Tabellen. Womit muß man 11 multiplizieren, um 5,5 zu haben ? Mit 0,5. 0,5 ist meine Seite.	Berechnung von $\frac{1}{a} \times \frac{-b + \sqrt{b^2 - 4ac}}{2}$ ergibt eine der Lösungen der Gleichung: $\frac{-b + \sqrt{b^2 - 4ac}}{2a}$

[*Die Methode entspricht zwar der Lösung einer Gleichung 2. Grades, ergibt aber nur eine der zwei möglichen Wurzeln dieser Gleichung.*]

Die Geometrie

In derselben Art, wie die Mesopotamier arithmetische und/oder algebraische Aufgaben, nach Klassen geordnet, in Tabellen und Listen zusammenfaßten, gibt es auch Tabellen und Listen mit geometrischen Aufgaben.

Es existieren Tabellen vom Anfang des 2. Jahrtausends (erste Dynastie von Babylon) mit Quadrat- und Rechteckflächen, die aus der Seitenlänge beziehungsweise aus Länge und Breite errechnet wurden. Vermutlich waren sie aus praktischen Gründen zusammengestellt worden, war es doch zweifelsohne einfacher, beispielsweise bei der Berechnung der Fläche eines Feldes hier nachzuschauen – auch wenn man nur den Näherungswert erhielt –, als die Rechnung mit der beschwerlichen Basis 60 durchzuführen (zumal man sich dann immer noch einer Multiplikationstabelle hätte bedienen müssen).

Außerdem haben sich Tabellen mit Kreisflächen (und entsprechende Aufgaben samt Lösung) gefunden, die aus dem Kreisumfang nach der Formel $F = U^2/12$ errechnet wurden, wobei F die Fläche und U der Umfang ist. Die korrekte Formel lautet dagegen $F = \pi r^2$ (r = Radius) oder $F = U^2/4\pi$, wobei $U = 2\pi r$. Die mesopotamische Formel setzt also $\pi = 3$, ein reichlich schlechter Näherungswert, verglichen mit dem für die Quadratwurzel von 2 angegebenen Wert (vgl. Kasten 23 und 34, Seite 66 und 82): Offensichtlich waren die Mesopotamier in der Arithmetik besser als in der Geometrie (vgl. auch den Näherungswert der Ägypter für π, Kasten 86, Seite 189). Der Wert für $\pi = 3$ findet sich auf verschiedenen Täfelchen wieder, auf denen der Umfang als das Sechsfache des Radius angegeben wird. Dahinter steckt zweifelsohne die Gleichsetzung des Umfangs eines Kreises (mit dem Radius r) mit dem Umfang eines eingeschriebenen Sechsecks (mit der Seite r), die auch die Unterteilung des Kreises in 360° erklärt. Außerdem existiert mindestens eine Tafel mit Werten für verschiedene Kreisbogen, Sehnen, Sekanten, Pfeile etc., die allerdings nur schwer zu deuten ist.

32. TRAPEZFLÄCHE

(Nach Neugebauer/Sachs 1945)

Tafel YBC 7290 (erste Dynastie von Babylon)

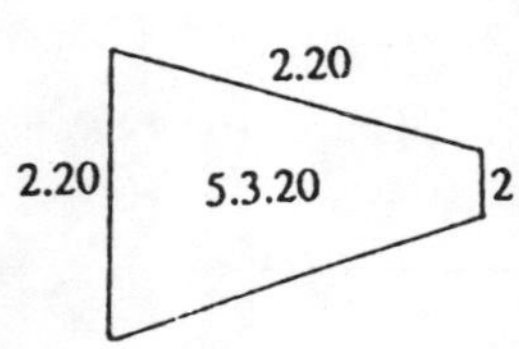

Auf der Tafel sind nur diese Figur und die Zahlen angegeben. Die Fläche wurde offenbar nach der Formel berechnet:

$$5.3.20 = 2.20 \times \frac{2.20 + 2}{2}$$

oder im Dezimalsystem:

$$5{,}055 = 2{,}333 \times \frac{2{,}333 + 2}{2}$$

Da 2.20 sowohl die Höhe des Trapezes als auch die Länge der gleichlangen schrägen Seiten sein könnte, läßt sich anhand der Figur schwer sagen, welche Formel angewandt wurde – die richtige wäre h (a + b)/2, wobei h die Höhe und a und b die beiden parallelen Seiten sind, oder die Näherungsformel zur Berechnung der Fläche von Vierecken (das Produkt aus den halben Seiten der gegenüberliegenden Seiten).

33. VOLUMEN EINES QUADRATISCHEN PYRAMIDENSTUMPFES

(Nach Neugebauer/Sachs 1945)

Tafel YBC 5037 (erste Dynastie von Babylon): Abbildung der Tafel siehe Kasten 39, Seite 91).

Übersetzung der Aufgabe Nr. 35

Ein Aushub. Jede Seite des oberen Quadrats ist 1/2 gar. Jede Seite des unteren Quadrats ist 4 Ellen. Die Tiefe ist 1/2 gar. Was ist das Volumen? 1 sar 5 gin ist sein Volumen.

Kommentar

Setzt man 1 gar = 12 Ellen, 1 sar = 60 gin = 144 Kubikellen, a = 6 Ellen, b = 4 Ellen, h = 6 Ellen, entspricht das angegebene Resultat (die eingeschlagene Methode ist auf der Tafel nicht aufgeführt) der Anwendung der Formel $V = (a^2 + b^2)h/2$. Diese kann als Näherungsformel aufgefaßt werden, die das Volumen des quadratischen Pyramidenstumpfs gleichsetzt mit den Volumina zweier übereinander gestellter Quader, $a \times a \times h/2$ und $b \times b \times h/2$ (siehe Schema).

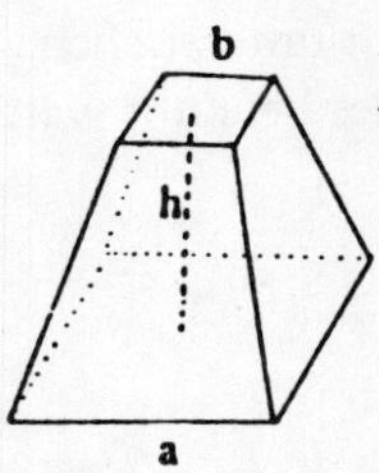

$$V = \frac{1}{3}h\,(a^2+ab+b^2)$$

$$V = \frac{h}{2}\,(a^2+b^2)$$

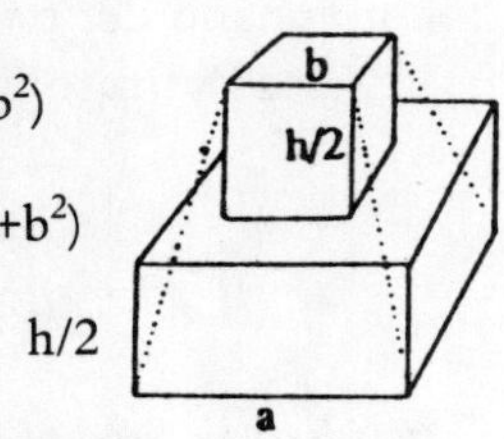

Allem Anschein nach konnten die Mesopotamier auch schon sehr früh Dreiecksflächen berechnen (mindestens von rechtwinkligen Dreiecken als Hälfte der entsprechenden Rechtecke) und darüber hinaus auch Trapezflächen. Nicht immer aber lassen sich die entsprechenden Kenntnisse mit Sicherheit nachweisen – beispielsweise bei einem Täfelchen aus der Zeit der ersten Dynastie von Babylon (Kasten 32). Um aber den für die Trapezfläche angegebenen Wert und das mutmaßlich angewandte Verfahren als korrekt bezeichnen zu können, müßte man wissen, ob die sogenannte Feldmesserformel angewandt wurde, nach der die Fläche eines Vierecks aus dem Produkt der halben Summen der gegenüberliegenden

Seiten berechnet wird, oder ob der Wert 2.20 an der Figur der Höhe des Trapezes und nicht seiner Seite entspricht – in diesem Fall würde es sich um die korrekte Formel h (a + b)/2 handeln.

Der Rauminhalt von Würfeln, Quadern, dreieckigen Prismen (sofern man die Dreiecksfläche berechnen konnte) und womöglich das Volumen eines Zylinders (mit $\pi = 3$) konnte schon im frühen Altertum berechnet werden. Komplizierter war die Berechnung eines quadratischen Pyramidenstumpfes wie auf Tafel YBC 5037 (Kasten 33) aus der ersten Dynastie von Babylon. Diese Tafel (Abbildung siehe Kasten 39, Seite 91) enthält 44 Aufgaben, die allesamt um Ausschachtungsarbeiten von verschiedenen Formen kreisen und dabei Würfel, Quader und quadratische Pyramidenstümpfe behandeln.

Die bei Aufgabe 35 (Kasten 33) angewandte Methode ist nicht angegeben; festgehalten ist lediglich das Resultat, das ziemlich genau stimmt und durch Approximation gewonnen worden sein dürfte, das heißt durch Gleichsetzung des Pyramidenstumpfes mit zwei übereinander gestellten Quadern von der Höhe h/2 auf der Basis der Unterseite a beziehungsweise der Oberseite b. Auf der Tafel BM 85194 (kassitische Dynastie) könnte sich die exakte Berechnung eines quadratischen Pyramidenstumpfes finden, was jedoch, da die Deutung nicht ganz einfach ist, umstritten ist.

Aber hier soll keine umfassende Bestandsaufnahme der geometrischen Kenntnisse der Mesopotamier vorgenommen werden – dies wäre ohnehin unmöglich, allein schon aufgrund der Zahl: Es existieren Zehntausende von Täfelchen, die bei weitem nicht alle entziffert sind, und selbst wenn sie es wären, nur eine mehr oder weniger repräsentative Probe des Wissensstands der Zeit liefern würden. Wir wollen vielmehr anhand der entzifferten Tafeln untersuchen, ob die beiden berühmten Lehrsätze des Pythagoras und des Thales bekannt waren.

Der Satz des Pythagoras

Im rechtwinkligen Dreieck ist die Summe der Flächeninhalte der Kathetenquadrate gleich dem Flächeninhalt des Hypotenusenquadrates.

Soweit wir bis jetzt feststellen konnten, haben sich die Mesopotamier weder in der Arithmetik noch in der Geometrie die Mühe gemacht, mathematische Gesetze zu beweisen, sondern sich mit der Darlegung gelöster Aufgaben als Muster, als Beispiele, begnügt. Um so verwunderlicher erscheint die Frage, ob der Satz des Pythagoras im alten Mesopotamien bekannt war. Gleichwohl wird sie in den Untersuchungen über die antike Wissenschaft häufig gestellt – spielt dieser Satz für die Geschichte der Mathematik doch eine ähnlich Rolle wie die Schädelöffnung für die Geschichte der Chirurgie. Nehmen wir es gleich vorweg: Eine ausdrückliche Formulierung dieses Theorems findet sich auf keinem der bekannten Täfelchen. Man kann bestenfalls nach Beispielen suchen, bei denen er angewendet wurde. Schicken wir des weiteren vorweg, daß die Feldmesser im Altertum nach überlieferter Meinung in verschiedenen Weltgegenden die Eigenschaften eines Dreiecks mit dem Seitenverhältnis 3 : 4 : 5 kannten und dieses Wissen zur Ziehung rechter Winkel benutzten. Dennoch besitzen wir keine eindeutigen Hinweise auf eine solche Verwendung in Mesopotamien, obgleich es gerade in dieser Hinsicht bewundert wird (und die Wahrscheinlichkeit dafür spricht).

Im folgenden wollen wir einige Beispiele anführen, die auf dem Satz des Pythagoras aufgebaut worden sein könnten, und sie Schritt für Schritt kommentieren.

Die Tafel Plimpton 322 (erste Dynastie von Babylon) führt 4 Zahlenkolumnen auf, zwischen denen bestimmte Relationen bestehen: in den Spalten II und III finden sich die Zahlen c und b, wobei $(c^2 - b^2)$ gleich einer Quadratzahl a^2 ist, die auch in Kolumne I in der Form des Verhältnisses a^2/c^2 aufgeführt ist. Die vierte Spalte numeriert die Zeilen 1 bis 15 durch, der abgebrochene linke Teil des Täfelchens dürfte wohl in einer weiteren Kolumne die Zahlen a enthalten haben. Fest steht jedenfalls, daß es sich um Zahlen handelt, deren Quadrate addiert eine Quadratzahl ergeben; von einem Dreieck aber ist nirgends die Rede (und was c^2/a^2 mit einem Dreieck zu tun haben sollte, ist nicht recht einzusehen). Deshalb läßt sich aus diesem Täfelchen wohl kaum auf die Kenntnis des Pythagoreischen Satzes schließen (was gelegentlich geschieht); es handelt sich viel eher um eine Tabelle mit numerischen Eigenschaften, also eine jener Übungen, auf die die Mesopotamier offensichtlich versessen waren.

Ein zweites Beispiel liefert das Täfelchen YBC 7289 (Kasten 34) aus der Zeit der ersten Dynastie von Babylon, das im Zusammenhang mit der Quadratwurzel aus 2 schon erwähnt wurde. Sein Schreiber wußte zweifellos, daß die Diagonale d eines Quadrats mit der Seite a gleich $a\sqrt{2}$ ist. Das ist ein Spezialfall des Satzes des Pythagoras: $d^2 = a^2 + a^2 = 2a^2$ oder $d = a\sqrt{2}$. Diese Eigenschaft ist – wie die Figur zeigt – in einem Quadrat offensichtlich: die Fläche F eines über der Diagonale eines Quadrats konstruierten zweiten Quadrats ist gleich der doppelten Fläche f des ersten Quadrats: $F = 2f = d^2 = 2a^2$. Auch diese Tafel beweist also nicht unzweifelhaft, daß der Satz des Pythagoras wirklich als allgemeine Formel bekannt war.

Darüber hinaus wird das schwierigere Problem der Diagonale im Rechteck auf den Tafeln um 2000 v. Chr. (also aus derselben Zeit wie die Tafel YBC 7289 oder bestenfalls etwas früher) nicht korrekt gelöst. Wie Kasten 35 deutlich zeigt, sind die beiden vorgeschlagenen Methoden Näherungen für unterschiedlich langgestreckte Rechtecke. Freilich lassen sich Tafeln unterschiedlichen Ursprungs auch schlecht miteinander vergleichen – der Schreiber von YBC 7289 könnte gelehrter gewesen sein als der andere oder es könnte sich um verschiedenartige Dokumente handeln, wobei die zweite Tafel Näherungswerte für die praktische Anwendung liefert.

34. DIE DIAGONALE DES QUADRATS

(Nach Neugebauer/Sachs 1945)

Tafel YBC 7289 (erste Dynastie von Babylon)

Die vermutlich bei der Ziehung der Quadratwurzel aus 2 angewandte Methode findet sich in Kasten 23, Seite 66.

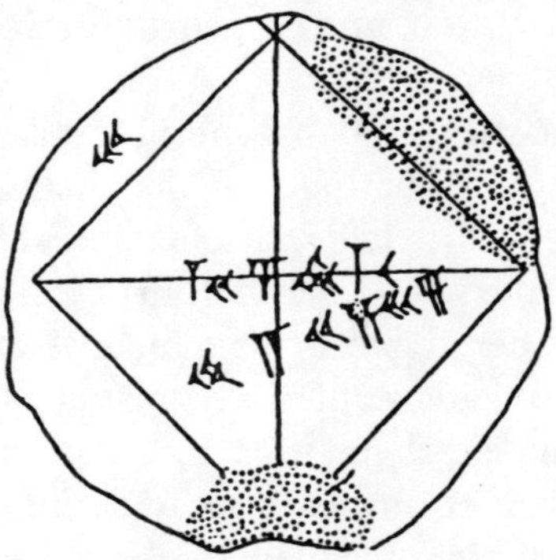

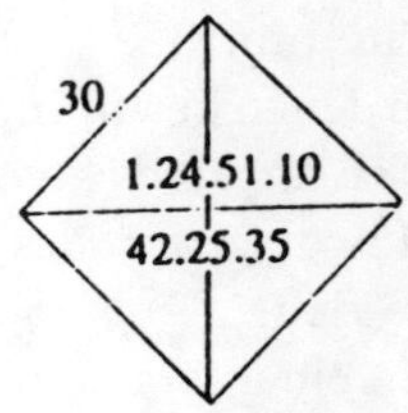

Seite des Quadrats = 30 (im Sexagesimal- wie im Dezimalsystem)

Die beiden Zahlen im Quadrat sind:
1.24.51.10 = 1,4142128 (wenn man die Zahl links außen als Einer nimmt)
42.25.35 = 42,426388

Nun ist aber 42,426388 = 30 × 1,4142129 und andererseits $\sqrt{2}$ = 1,4142135. Daraus schließt man, daß die beiden Zahlen im Quadrat $\sqrt{2}$ und der richtig berechneten Länge der Diagonale entsprechen.

Allerdings darf man daraus nicht notwendig auf die Kenntnis des Satzes des Pythagoras als allgemeine Formel schließen. Die Berechnung der Diagonale des Quadrats (durch Multiplikation der Seite mit $\sqrt{2}$) ergibt sich unmittelbar aus untenstehender Figur, auf der man deutlich sieht, daß die Fläche eines über der Diagonale eines Quadrats konstruierten zweiten Quadrats gleich der doppelten Fläche des ersten Quadrats ist.

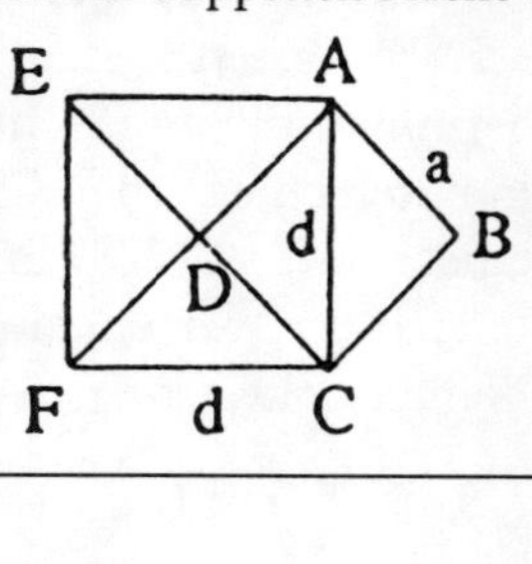

Fläche ACEF = 2 Flächen ABCD (4 Dreiecke im einen Fall, 2 im anderen), daher $d^2 = 2a^2$, also $d = a\sqrt{2}$.

35. DIE DIAGONALE DES RECHTECKS

(Nach Rey 1930)

Tafel VAT 6598 aus der Zeit um 2000 v.Chr.

Ein Rechteck von der Länge 40 und der Breite 10. Es wird von einer Diagonale geteilt. Berechne die Länge der Diagonale (was der Berechnung der Hypotenuse d eines rechtwinkligen Dreiecks mit den Katheten a = 40 und b = 10 entspricht).

Die moderne Methode setzt (mit dem Satz des Pythagoras)
$c^2 = a^2 + b^2 = (10 \times 10) + (40 \times 40) = 1\,700$ oder $c = 41{,}231$.

Das Täfelchen bietet zwei verschiedene Methoden an.

Erste Methode

Man nimmt die längste Seite, 40, und addiert dazu einen Wert, der noch zu bestimmen ist: Die Summe wird gleich der Diagonale sein.

Um den Wert zu bestimmen, der zur längsten Seite zu addieren ist, die kleinste Seite quadrieren, 10 × 10 = 100 (oder 1.40 im Sexagesimalsystem), dies mit der größten Seite multiplizieren, 100 × 40 = 4000 (oder 1.6.40 im Sexagesimalsystem). Diese Zahl multipliziert man mit 2, ergibt 8000 (2.13.20 im Sexagesimalsystem). Man dividiert sie durch 3600 (was im Sexagesimalsystem einer Verschiebung des »Kommas« um zwei Stellen nach rechts entspricht und zählt 40, die längste Seite, dazu: das macht 42,22 (oder 40 + 2.13.20 = 42.13.20, wenn 2 nun die Einer bezeichnet statt der vorigen 3600tel).

Anstatt $c = \sqrt{a^2 + b^2}$, wendet diese Methode die Formel an:

$$c = a + \frac{2ab^2}{3600} \quad \text{wobei a größer ist als b}$$

Zweite Methode

Man bildet das Quadrat der kleinsten Seite, ergibt 100; dies durch das Doppelte der größten Seite dividieren (also 80), 100/80 = 1,25. Diese Zahl zur größten Seite addieren, also 40 + 1,25 = 41,25.

Hier wird folgende Formel angewandt:

$$c = a + \frac{b^2}{2a} \quad \text{wobei a größer ist als b}$$

Die erste Methode liefert eine bessere Näherung, wenn das Verhältnis der Seiten rund 1:3 beträgt (für die Seiten 10 und 30 ergibt das 31,66 anstatt 31,62). In den anderen Fällen eignet sich die zweite Methode besser (vor allem für sehr spitzwinklige Dreiecke mit einem Seitenverhältnis unter 1:7, für die sie nahezu exakte, für Kataster- oder architektonische Zwecke durchaus ausreichende Ergebnisse erbringt: für die Seiten 10 und 70 ergibt sie eine Hypotenuse von 70,714 statt 70,710). Vermutlich wurde je nach Fall die eine oder die andere Methode gewählt, je nachdem, welche den besten Näherungswert brachte. Dazu ist anzumerken, daß entgegen dem Augenschein die erste Methode die einfachere ist, weil sie – abgesehen von der Teilung durch 3 600, bei der es sich aber nur um eine einfache »Verschiebung des Kommas« handelt – keine Division erfordert (und Divisionen für den Schreiber eine schwierige Operation darstellten, sofern er die Zahlen nicht als Vielfache den Multiplikationstabellen entnehmen konnte). Bemerkenswert ist außerdem, daß die zweite Methode der Approximation der Quadratwurzel entspricht (Kasten 23, Seite 66): $\sqrt{A} = a + b/2a$, mit $A = a^2 + b$, hier $A = c^2 = a^2 + b^2$, daher $\sqrt{A} = c = a + b^2/2a$; dies könnte als Anwendung des Satzes des Pythagoras mit einem Näherungswert bei der Berechnung der Quadratwurzel aufgefaßt werden.

Auf einem Täfelchen aus Susa, vermutlich aus der Ära nach der ersten Dynastie von Babylon (also aus der Zeit um 1300 v.Chr.) und damit aus einer etwas späteren Ära als die oben besprochenen Tafeln, ist dieses Problem der Diagonale des Rechtecks korrekt gelöst (siehe Kasten 36): Hier wird unzweifelhaft der Satz des Pythagoras angewendet (wenn auch nicht ausdrücklich formuliert). Bemerkenswert auch der algebraische Charakter der Lösung des Problems, bei der eine der gesuchten Größen nicht wie bei modernen algebraischen Gleichungen gleich x, sondern willkürlich gleich 1 gesetzt und der Wert der bekannten Größen für diesen Wert 1 der Unbekannten gesucht wird; danach wird mit Hilfe der Verhältnisrechnung zwischen der Unbekannten und dem willkürlich gesetzten Wert 1 einerseits und den bekannten Größen und ihrer Umrechnung auf den willkürlichen Wert 1 andererseits die Lösung gefunden.

36. ANWENDUNG DES SATZES DES PYTHAGORAS AUF DIE BERECHNUNG DER DIAGONALE EINES RECHTECKS

(Nach Bruins/Rutten 1961)

Tafel aus Susa, vermutlich aus der Zeit nach der ersten Dynastie von Babylon (um 1300 v.Chr.)

Übersetzung (Dezimalsystem)	*Deutung*
Nehmen wir an, daß die Breite (des Rechtecks) im Verhältnis zur Länge ein Viertel weniger mißt. 0,6666 die Dimension der Diagonale. Welches sind die Länge und die Breite ?	*L* gesuchte Länge *l* gesuchte Breite $l = L - L/4$ Diagonale d = 0,6666
Setze 1, die Länge, setze 1 die Verlängerung.	willkürliche Wahl von K = 1

0,25, das Viertel, ziehe von 1 ab, du findest 0,75.	die entsprechende Breite ist $k = K - K/4 = 0{,}75$
Setze 1 als Länge, setze 0,75 als Breite, quadriere 1, die Länge, du findest 1.	$K^2 = 1^2 = 1$
Quadriere 0,75, die Breite, du findest 0,5625.	$k^2 = 0{,}75^2 = 0{,}5625$
(Bilde) von 1 und 0,5625 die Summe: 1,5625.	$K^2 + k^2 = 1 + 0{,}5625 = 1{,}5625$
Welches ist die Quadratwurzel? 1,25 ist die Quadratwurzel.	$\sqrt{K^2 + k^2} = \sqrt{1{,}5625} = 1{,}25$
Weil 0,6666 die Diagonale ist, die dir angegeben worden ist, suche den reziproken Wert von 1,25, der Diagonalen, (du findest) 0,8. Multipliziere 0,8 mit 0,6666, der Diagonalen, die dir gegeben worden ist, du findest 0,5333.	Die Diagonale des Rechtecks mit den willkürlich gesetzten Werten 1 und 0,75 für K und k ist also nach dem Satz des Pythagoras 1,25. Diese wird zum Wert der gegebenen Diagonale von 0,6666 in Beziehung gesetzt: $0{,}6666/1{,}25 = 0{,}5333$.
Multipliziere 0,5333 mit 1, der Länge, die du angenommen hast: du findest 0,5333. 0,5333 ist die Länge. Multipliziere 0,5333 mit 0,75, der Breite, die du angenommen hast, du findest 0,4. (Das ist die Breite.)	Nun wird dieses Verhältnis unter Anwendung der Proportionalität zu den willkürlich gesetzten Werten der Breite und Länge in Beziehung gesetzt, um die gesuchten Größen zu errechnen. $L = K \times 0{,}5333 = 1 \times 0{,}5333 = 0{,}5333$ $l = k \times 0{,}5333 = 0{,}75 \times 0{,}5333 = 0{,}4$

Eine ganz eindeutige Anwendung des Satzes des Pythagoras findet sich schließlich auf Tafeln wie VAT 7848 (Kasten 37) aus der Seleukidenzeit – aus der Zeit nach der Eroberung Mesopotamiens durch Alexander den Großen, der zugleich für eine Verbreitung der griechischen Wissenschaft sorgte. Offensichtlich aber lassen diese Tafeln keine Rückschlüsse auf den früheren Stand der mesopotamischen Wissenschaft zu.

Mit Sicherheit läßt sich lediglich festhalten, daß dieser Lehrsatz am Ende der ersten Dynastie von Babylon als allgemein gültige Formel angewandt wurde, auch ohne explizit ausformuliert zu werden.

37. DER SATZ DES PYTHAGORAS

(Nach Neugebauer/Sachs 1945)

Tafel VAT 7848 (Fundort: Uruk-Warka, vermutlich aus der Seleukidenzeit)

Übersetzung des Problems Nr. 2

Ein Dreieck, 1.0 [*60 im Dezimalsystem*] ist die Länge, 45 die Breite. 1.0 mal 1.0 ist 1.0.0 [*3 600 im Dezimalsystem*], 45 mal 45 ist 33.45 [*2 025 im Dezimalsystem*]. Addiere sie, das Ergebnis ist 1.33.45 [*5 625 im Dezimalsystem*]. Womit muß ich das Ergebnis multiplizieren, um 1.33.45 [*5 625*] zu erhalten? 1.15 mal 1.15 [*75 im Dezimalsystem*], das ist die Hypotenuse.

Kommentar

Hier handelt es sich unbestreitbar um die Anwendung des Satzes des Pythagoras. Allerdings stammt das Täfelchen höchstwahrscheinlich aus der Seleukidenzeit, also aus der Zeit nach der Eroberung Mesopotamiens durch Alexander den Großen (zwei Jahrhunderte nach Pythagoras). Allein aber kann es weder als Beweis dafür gelten, daß die Mesopotamier das Prinzip des Theorems selbst entdeckten – ob explizit ausformuliert oder nicht –, noch dafür, daß es aus Griechenland importiert wurde.

Der Satz des Thales

Eine zu einer der Seiten eines Dreiecks parallel verlaufende Gerade schneidet die beiden anderen Seiten dieses Dreiecks proportional.

Zusammen mit dem Satz des Pythagoras wird dieser Satz häufig als Prüfstein der antiken Wissenschaft betrachtet. In Kasten 38 findet sich eine einschlägige Aufgabe auf Täfelchen MLC 1950 (erste Dynastie von Babylon) samt Erläuterung der angewandten Methode. Hat sich der Schreiber des Satzes des Thales bedient oder nicht? Die Methode ist offensichtlich korrekt, und man kann schwerlich annehmen, daß das exakte Resultat durch Probieren erzielt wurde, da es keine Möglichkeit gibt, die so gewonnenen Ergebnisse zu verifizieren.

Dieser Satz von ähnlichen Dreiecken scheint auch auf anderen Tafeln (wie BM

85210, etwa aus der Zeit der kassitischen Dynastie) angewandt worden zu sein. Man darf also wohl vermuten, daß die Proportionalität bewußt angewandt wurde, auch ohne explizite Ausformulierung des Satzes des Thales und seinen Beweis als mathematisches Gesetz.

38. DER SATZ DES THALES

(Nach Neugebauer/Sachs 1945)

Tafel MLC 1950 (erste Dynastie von Babylon)

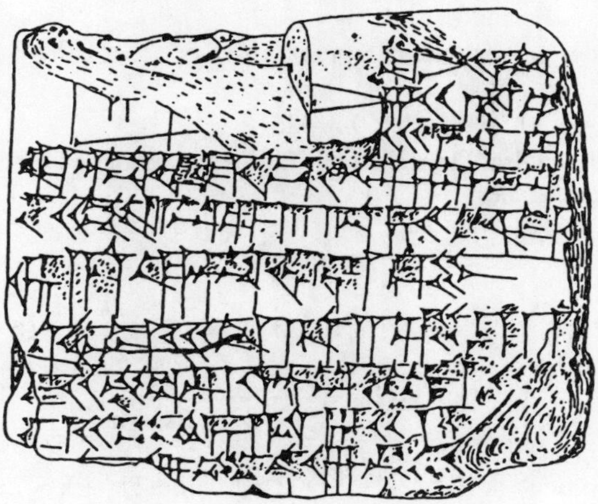

[*Man beachte die Überreste einer Dreieckszeichnung oben am linken Rand des Täfelchens.*]

Übersetzung

Ein Dreieck, 20 gar ist die Länge
5.20 seine Fläche
30 gar die . . .
Welches sind die obere Breite und die untere Breite?
Nimm den reziproken Wert von 20, das ist 0.3
Multipliziere 0.3 mit 5.20, (das Ergebnis ist) 16.
16 zu der oberen Breite und . . .
. . .30, die Länge, mit 2 multiplizieren (macht 1.0).
Addiere (das Resultat) 1.0 und 20, die obere Senkrechte (das Ergebnis ist) 1.20.
Nimm den reziproken Wert von 1.20. Multipliziere das Ergebnis 0.0.45 mit 5.20, der Fläche, das Ergebnis ist 4.
Addiere 4 zu 16, subtrahiere von 16.
Die obere Breite ist 20, die untere Breite ist 12 (16 + 4 und 16 – 4).

Deutung

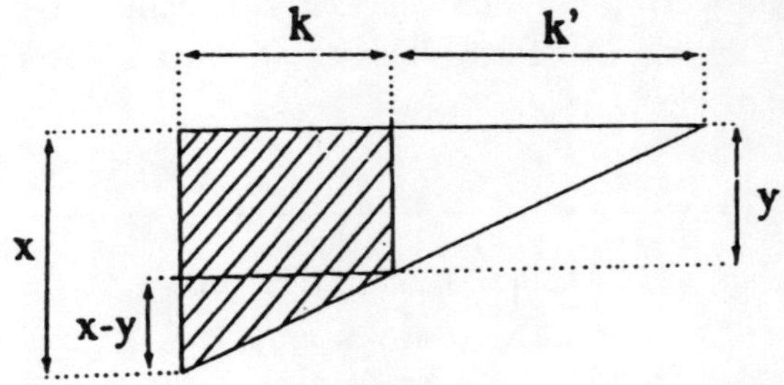

Gesucht sind x (die obere Breite) und y (die untere Breite),
gegeben ist k, k' und F.
$k = 20 \quad k' = 30 \quad F = 5.20$
F ist die Fläche des gestrichelten Trapezes, also
$F = (x + y)k/2$
$F/k = (x + y)/2 = 5.20/20 = 5.20 \times 0.3 = 16$

Da es sich bei den drei Dreiecken der Figur um ähnliche Dreiecke handelt, gilt nach dem Satz des Thales:

$$\frac{x}{k+k'} = \frac{y}{k'} = \frac{x-y}{k} \quad \text{also}$$

$$x = \frac{k+k'}{k}(x-y) \quad y = \frac{k'}{k}(x-y) \quad x+y = \frac{2k'+k}{k}(x-y)$$

$$(x-y)/2 = \frac{(x+y)k}{2(2k'+k)} = \frac{F}{2k'+k}$$

Der Schreiber rechnet 2k' + k (2k'= 30 × 2 = 1.0 und 2 k' + k = 1.0 + 20 = 1.20).
Er nimmt den reziproken Wert, 0.0.45, und multipliziert ihn mit F,
0.45 × 5.20 = 4
Damit hat er (x – y)/2 berechnet.
Vorher hatte er (x + y)/2 durch die Teilung von F durch k berechnet:
5.20 × 0.3 = 16 (die Division wird durch Multiplikation mit dem reziproken Wert ausgeführt).
Nun kennt er also (x – y)/2 und (x + y)/2 bzw. 4 und 16.
Er addiert sie: (x – y)/2 + (x + y)/2 = x = 16 + 4 = 20
Er subtrahiert sie: (x + y)/2 – (x – y)/2 = y = 16 – 4 = 12

Der Schreiber löst das Problem also völlig korrekt (falls unsere Interpretation zutrifft). Er benutzt dazu den Satz des Thales. Fragt sich nur, ob er ihn kannte, oder ob er das Resultat durch Probieren fand. Eine endgültige Gewißheit läßt sich nicht gewinnen. Da eine ausdrückliche Formulierung und ein Beweis jedoch fehlen, ist es vielleicht wahrscheinlicher, daß er die dem Theorem zugrundeliegende Proportionalität intuitiv erfaßte.

Zusammenfassend läßt sich zur mesopotamischen Geometrie feststellen, daß wir auf die verschiedenartigsten Aufgaben stoßen, von denen sich viele mit der geometrischen Aufteilung von Feldern unterschiedlicher Form in gleich oder unterschiedlich große Teile befassen, andere mit der Frage, wieviel Erde für eine Böschung oder mehr oder weniger dicke Mauern gebraucht wird, und wieder andere mit Kreisbogen, den zugehörigen Sehnen und Pfeilen etc. Und erinnern wir noch einmal daran, daß die Geometrie darüber hinaus auch für zahlreiche algebraische Aufgaben ein »konkretes Substrat« liefert (siehe oben).

Bilanz der mesopotamischen Mathematik

Welche Schlüsse können wir nun aus alledem ziehen? Zunächst ist klarzustellen, daß sich unser Vorgehen am Wesen der mesopotamischen Mathematik selbst orientiert hat. Wir haben weniger nach allgemeinen Prinzipien gesucht als Beispiele zusammengetragen, weil die Mathematik im Zweistromland aus einer Sammlung von Tontafeln und gelösten Aufgaben zu bestehen scheint, die als Musterbeispiele dienen. Explizit ausformulierte allgemeine Prinzipien finden sich nicht. Das bedeutet mit Sicherheit nicht, daß die Schreiber der Zeit diese Prinzipien nicht kannten, aber sie haben nichts hinterlassen, was diese Kenntnisse zweifelsfrei beweisen könnte. Allerdings ist von den Zehntausenden von Täfelchen, die erhalten sind und die sich zum Teil mit Mathematik beschäftigen, bis jetzt nur ein Bruchteil entziffert, so daß eine solche Darstellung von vornherein keinen Anspruch auf eine erschöpfende Vollständigkeit erheben kann.

Anstatt also nach den damals bekannten mathematischen Prinzipien und Gesetzen zu forschen, sollte man besser nach der Bedeutung der Mathematik für die Mesopotamier fragen, denn darin scheinen sich die verschiedenen Dokumente ziemlich einig zu sein. Was dabei als erstes ins Auge springt ist die Vorherrschaft der Arithmetik und die große Geschicklichkeit im Umgang mit Zahlen – man denke nur an die Verwendung von Logarithmen oder den ausgezeichneten Näherungswert der Quadratwurzel aus 2 im Gegensatz zur schlechten geometrischen Approximation für $\pi = 3$. Aber diese Zahlen werden selten als Mittel betrachtet, etwas abstrakt zu erfassen (geschweige denn logisch-abstrakt aufzubauen), sondern lediglich als Mittel, etwas zu berechnen. Nie, weder in der Arithmetik noch in der Geometrie, wird ein Beweis für die angewandte Methode gesucht und nie die Möglichkeit angestrebt, ein mathematisches Gebäude zu errichten, das solche Beweise zu einem vernünftigen Ganzen ineinanderfügt. Damit geht Hand in Hand, daß die behandelten Probleme stets konkret oder sogar direkt auf die praktische Anwendung bezogen sind. Diese Mathematik behandelt keine abstrakten Gegenstände, die ihr angemessen wären, sondern die sinnenhafte Realität; so beschäftigt sich die Geometrie beispielsweise nicht mit den Eigenschaften des Quadrats als einer mathematischen Abstraktion, sondern begnügt sich damit, die Fläche eines quadratischen Feldes zu berechnen (oder die Länge seiner Diagonale oder im Falle einer Aufteilung unter Brüdern verschieden große Teile etc.). Deshalb gibt sich der Mesopotamier auch relativ schnell mit Näherungswerten zufrieden wie bei $\pi = 3$, bei der Berechnung eines quadratischen Pyramidenstumpfes oder bei der Länge der Diagonale eines Rechtecks, freilich ohne deshalb exakte Methoden zurückzuweisen, wenn er auf sie stößt. Und deshalb genügt es auch, bei manchen Aufgaben das Resultat für gültig zu erklären, soweit die gefundenen Ergebnisse mit den Angaben der Aufgabe übereinstimmen, womit die Gültigkeit der angewandten Methode belegt ist, auch ohne rationale Begründung – vom praktischen Aspekt her zählen schließlich nur die Resultate. Daraus folgt außerdem, daß sich der Mesopotamier bei einer Aufgabe mit verschiedenen Lösungen mit der ersten, die er findet, zufrieden gibt, ohne die Unzulänglichkeit seiner »empirischen« Lösungsmethode zu erkennen.

Aufgewogen wird diese Hinwendung zum Konkreten allerdings durch die Gewohnheit der Schreiber dieser Zeit, sich Zahlenspielereien aller Art hinzugeben und deren Resultate festzuhalten, durch ihre Freude an einer mehr oder weniger zufälligen, mehr oder weniger systematischen Erkundung der Welt der Zahlen. Es besteht kein Zweifel, daß auf diese Art und Weise eine ganze Reihe arithmetischer Eigenschaften und bestimmte »algebraische« Methoden entdeckt wurden – zumindest läßt die Lösung von Gleichungen zweiten Grades eine Anwendung rationaler Methoden nicht erkennen und dürfte deshalb wohl eher auf eine Zufallsentdeckung oder auf eine systematische Erkundung zurückgehen.

Anstelle von Beweisen haben die Mesopotamier Aufgaben desselben Typs mit geringfügigen Abweichungen gesammelt, um ein Problem von verschiedenen Seiten zu beleuchten. So sind Tafeln überliefert, die eine Vielzahl (zum Teil mehrere Dutzend) von Aufgaben derselben Art zusammenfassen. Einige solche Fälle haben wir bereits kennengelernt – so die Tafel YBC 4652, die sich in 22 Aufgaben mit der Berechnung von Zahlen beschäftigt, von denen ein bestimmter Teil gegeben ist, oder die Tafel BM 13901, die in 24 Aufgaben die verschiedenen Möglichkeiten von »Gleichungen zweiten Grades« erkundet. Die in Kasten 39 abgebildete Tafel YBC 5037 enthält 44 Musterbeispiele für die Berechnung verschiedener Rauminhalte (vgl. Kasten 33, Seite 79, mit der Aufgabe Nr. 35 dieser Tafel zum Volumen eines quadratischen Pyramidenstumpfes).

Eine solche Zusammenfassung der Aufgaben nach bestimmten Typen entspringt nicht nur einer mesopotamischen Eigenart; die Aufstellung von Tabellen aller Art (um Ordnung in der Welt zu schaffen) ist offensichtlich auch ein erster Schritt zur Entwicklung einer echten Mathematik, indem sie einen ersten Schritt zur Klassifizierung von Problemen darstellt. Über kurz oder lang kann eine solche Gegenüberstellung zahlreicher konkreter Beispiele zur Herausbildung abstrakter mathematischer Erkenntnisse führen, was der mesopotamischen Geschichte freilich nicht mehr beschieden war. Diese Rolle sollte Griechenland zufallen, das allerdings auf den im Zweistromland – und in Ägypten – gesammelten Kenntnissen aufbauen konnte.

39. ZUSAMMENSTELLUNG GLEICHARTIGER AUFGABEN

(Nach Neugebauer/Sachs 1945)

Tafel YBC 5037 (erste Dynastie von Babylon) ist ein Beispiel für die Zusammenfassung ganzer Aufgabenreihen desselben Typs. Im vorliegenden Fall handelt es sich um den Rauminhalt verschiedenartiger (kubischer, quaderförmiger etc.) Ausschachtungen. Das Täfelchen enthält 44 Aufgaben, jeweils durch einen horizontalen Doppelstrich voneinander getrennt (25 auf der Vorder- und 19 auf der Rückseite). Hier ist lediglich die Vorderseite abgebildet.

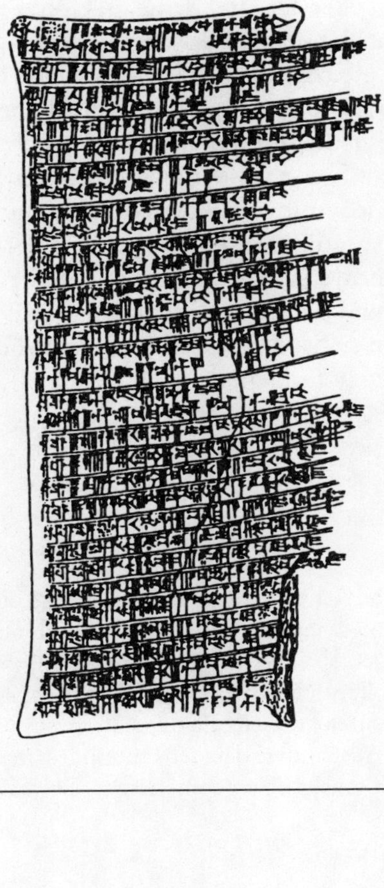

Einer der Gründe (wenn auch nicht der einzige), warum es nicht zur Entwicklung einer abstrakten, rational begründeten Mathematik kam, liegt zweifelsohne in der Zahlenmystik, die in Mesopotamien zusammen mit der Astrologie hoch entwickelt war. Diese Mystik (siehe Kasten 40) könnte unserer früheren Behauptung widersprechen, die Zahlen seien nur als Mittel zur Durchführung von Berechnungen – also als äußerst konkrete, erdnahe Technik – betrachtet worden. In Wirklichkeit aber besteht hier kein Widerspruch: Ebenso wie die Einführung der Metallverarbeitung die Chemie nicht rationaler gemacht hat, sondern die Magie um ein paar Begriffe und die Mythologie um verschiedene Schmiedegötter bereichert hat, so hat der Umgang mit Zahlen keinen einheitlichen Korpus rational begründeter Gesetze (die Mathematik) hervorgebracht, sondern ist eine Rechentechnik mit mystischem Hintergrund geblieben. Von einem solchen Umgang mit Zahlen ist allerdings auch keine rationale Erklärung zu erwarten; was sie zur Erklärung beizusteuern hat, liegt auf derselben Ebene wie der Beitrag der alchimistischen Magie oder der Schmiedegötter. Bezeichnend für diese Nichtrationalität der Zahlen und Zahlenbeziehungen ist überdies auch, daß jede Zahl mit einem Gott verknüpft wird und ihren Wert und ihre Stellung im Zahlensystem von dessen Position in der Mythologie herleitet. Der Aufbau der Zahlenwelt entspricht also weit eher der Hierarchie im Götterhimmel als einem System auf der Grundlage rationaler mathematischer Gesetze.

Unbestreitbar bleibt gleichwohl, daß selbst ein solcher Umgang mit Zahlen für die Entwicklung der Mathematik keine unerhebliche Rolle gespielt hat, wie ja eben auch das von der metallurgischen Technik und der Alchimie angehäufte Wissen letztlich (wenn auch erst wesentlich später) einem rationalen Chemieverständnis zugute kam. Wie wir im Teil über Griechenland sehen werden, hat auch Pythagoras seine Mathematik und sogar Ansätze einer mathematischen Physik auf einer solchen Zahlenmystik begründet, nur daß diese nun um den rationalen Beweis ergänzt wurde und die Zahlen nicht länger mit dem Götterhimmel verknüpft blieben, sondern selbst zu idealen Wesen aufrückten und auf Harmonie gegründete Beziehungen unterhielten.

40. DIE ZAHLENMYSTIK

Wie die mesopotamische Astronomie nicht von der Astrologie, so ist die mesopotamische Mathematik nicht von der Zahlenmystik zu trennen. Selbst in den pythagoreischen Vorstellungen spielte eine solche Zahlenmystik, wie wir noch sehen werden, eine große Rolle. Ebenso war sie im alten China anzutreffen sowie vermutlich in vielen Kulturen, die ein Zahlensystem entwickelt hatten (Ägypten scheint allerdings eine Ausnahme zu bilden, zumindest in der Zeit vor der 3. Zwischenzeit). Umgekehrt taucht eine geometrische Gottheit erst im Griechenland des 4. vorchristlichen Jahrhunderts nach Entdeckung der irrationalen Zahlen und der dadurch aufgeworfenen Probleme auf, weil die Geometrie eine allzu konkrete und allzu natürliche Mathematik ist, um viel Spielraum für Mystik zu lassen: Geometrie ist Geographie oder Landvermessung. Ihre Figuren haben nichts Mysteriöses an sich; sie sind in der Realität des Alltags verwurzelt und nötigen kaum zu irgendwelchen Abstraktionen. Sie sind noch in der unbedeutendsten unserer Gesten, der geringsten unserer Bewegungen enthalten, die wir nach den Gesetzen der Geometrie koordinieren.

Anders die Zahl, deren Status weniger unmittelbar, weniger mit der Natur verbunden ist: Wenn ich drei Bäume sehe, so sind die Bäume, drei an der Zahl, Teil der Natur, nicht aber die Zahl drei – geschweige denn die Zahl 10 523, die man nicht einmal mehr auf einen Blick erfassen kann. Die Zahlen präsentieren sich den Sinnen nicht in einer ebenso eindeutigen Weise wie die geometrischen Figuren; sie sind weitaus abstrakter und auch nicht Teil unserer gewohnten Geographie. Und dennoch existieren diese Abstraktionen und weisen darüber hinaus noch bestimmte regelmäßige Eigenschaften auf. Die Zahlen können sich nicht wie die Geometrie mit dem Konkreten verbinden und gleiten so leicht ins Übernatürliche ab – Zahlen sind nicht in der Natur, prägen aber gleichwohl durch bestimmte Verhältnisse ihre Erscheinungsformen, stehen demnach also über dieser Natur.

Nun könnte man darin einen Widerspruch dazu sehen, daß Zahlen und Zahlenverhältnisse für die Mesopotamier eher Techniken waren als ein Mittel, die Dinge rational zu erfassen; aber schließlich sind diese »über-natürlichen«, die Naturerscheinungen beherrschenden Zahlen in gewisser Hinsicht auch ein Mittel, diese Natur zu verstehen. So liegt hier in Wirklichkeit kein Widerspruch vor, da im Grunde weder mathematische Regeln noch Beweise, sondern technische Rezepte und eventuell noch gewisse Zahlenverhältnisse ohne direkte Anwendung gesucht werden; eine solche Suche und ein solches Wissen sind eher Sache des Magiers als des Wissenschaftlers. So finden sich neben den mathematischen rein mythische, vom Gebrauch der Zahlen aber ebensowenig wegzudenkende Aspekte.

Jedem Gott wird eine Zahl zugeordnet: Anu, dem Himmelsgott und Vater aller Götter, die Zahl 60; Enlil, dem Gott der Erde, die Zahl 50; Ea, dem Gott des Wassers, 40; Sin, dem Mondgott, 30; Schamasch, dem Sonnengott, 20; Adad 6 oder 10; Marduk 10; Ischtar, dem Planeten Venus, 15; Ninurta, dem Sohn des Enlil, 50; Nergal 14; Gibil und Nusk jeweils 10 (nach einer Tafel aus der Bibliothek Assurbanipals in Ninive, 7. Jahrhundert v. Chr.; vgl. Ifrah 1981). Diese Zuordnung erfolgt nach verschiedenen Gesichtspunkten: Die Stellung des Gottes in der mythischen Hierarchie bestimmt die Höhe der ihm zugeordneten Zahl – die einfachen kleinen Dämonen haben nur Anspruch auf Bruchzahlen; außerdem spielen eine Rolle der Grad der Vollendung der Zahl (so steht 60, die Basis des Zahlensystems, dem Vater aller Götter zu), aber auch der Verwandtschaftsgrad beziehungsweise die Beziehungen der verschiedenen Götter untereinander (so hat Ninurta dieselbe Zahl wie sein Vater Enlil, Schamasch die Zahl 20 und Gibil und Nusk als seine Gefährten jeweils 10, denn 10 + 10 = 20); vielleicht spielen auch etymologische Fragen eine Rolle.

Diese Zahlenmystik primärer Art ist zu unterscheiden von einer anderen Art von Mystik: In griechischen und hebräischen Schriften werden die Zahlen durch Buchstaben und nicht durch eigene Symbole wiedergegeben, wodurch jedem Wort, vornehmlich jedem Eigennamen, eine Zahl zugeordnet werden kann – beispielsweise indem der Zahlenwert der einzelnen Buchstaben addiert wird. Mit Hilfe dieser Zahlen lassen sich alle möglichen Beziehungen zwischen den Wörtern herstellen. Auch Schriften wie die Bibel lassen sich auf diese esoterische Weise unterschiedlich auslegen. Eine solche Zahlenmystik aber ist lediglich das Ergebnis der in der Schreibung der Zahlen benutzten Symbole und unterscheidet sich grundlegend von der Mystik, in der die Zahlen übernatürliche, die Naturerscheinungen beherrschende Wesen darstellen; letztere kann im übrigen als Vorläufer der mathematischen Physik und sogar des mathematischen Rationalismus im weitesten Sinn des Wortes gelten.

Kosmologie, Astronomie und Kalender

Von einer Kosmologie in der wissenschaftlichen Bedeutung des Wortes kann in Mesopotamien eigentlich noch nicht die Rede sein, geschweige denn von einer »wissenschaftlichen« Physik. Die Erklärung der Welt in ihrer Totalität durch die Kosmologie, oder in ihren verschiedenen Aspekten durch die Physik, die Chemie, die Meteorologie, die Astronomie etc. bleibt ihrem Wesen nach mythisch. Nun hat aber eine mythische Erklärung nicht die Geschlossenheit (wenn sie auch durchaus eine ihr eigene Logik besitzt) und die Einheitlichkeit einer rationalen Erklärung. Dazu kommt, daß Mesopotamien, wie die kurze historische Einleitung gezeigt hat, ein Schmelztiegel äußerst verschiedenartiger Völker und Kulturen war, so daß die kosmologisch-mythologischen Vorstellungen je nach Epoche, Region und Volk variierten. Diese beiden Faktoren sind auch der Grund, weshalb sich eine mesopotamische Kosmologie kaum als einheitliches, geschlossenes Ganzes darstellen läßt.

Dennoch hat S. Kramer den Versuch unternommen, die sumerische Kosmologie anhand der mythologischen Keilschrifttäfelchen zu einem Schema zusammenzufassen (Kasten 41), das uns insofern beachtenswert erscheint, als sich die darin abzeichnenden großen Linien nicht nur in den zeitgenössischen ägyptischen Konzeptionen wiederfinden, sondern, viel später, auch in der Kosmologie des Thales von Milet (vergleiche das Kapitel über die Schule von Milet). Außerdem steht diese Sicht auch der Auffassung der Bibel sehr nah. Eine wichtige Rolle spielt in diesem Schema das Wasser, das die als eine Art Kugel vorgestellte Welt als Urmeer einschließt.

Einer anderen Konzeption zufolge sind die Sterne wie Lampen am Himmel befestigt, einer Art fester Kuppel, von der von Zeit zu Zeit metallische oder stei-

41. DAS SUMERISCHE WELTBILD

(Nach Kramer 1957)

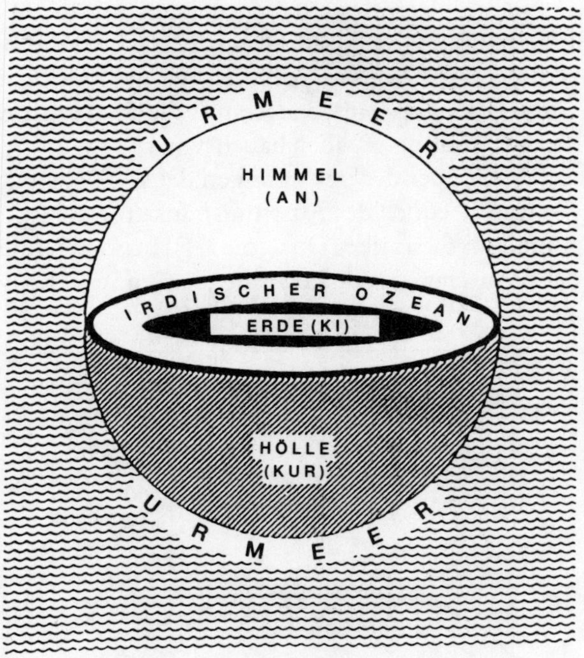

nerne Meteoriten auf die Erde herunterfallen. Eine ähnliche Beziehung dürfte vermutlich zwischen dem Himmel als »oberem Meer« und dem Regen bestehen – und damit auch zu dem in Mesopotamien entstandenen Sintflut-Mythos. Von der Vorstellung einer festen, ja sogar metallischen Kuppel zeugt auch die sumerische (und ägyptische) Bezeichnung des Eisens als »Himmelsmetall«. Diese Kuppel dreht sich, was die Himmelsbewegung erklärt, um die Erde (und den himmlischen Nordpol). Dabei werden verschiedene Sterne vom Randgebirge der Erde – die wie in der oben erwähnten Konzeption auf allen Seiten von Meer umschlossen ist – verdeckt, so daß sie vorübergehend nicht zu sehen sind. Entfernt klingen hier bestimmte Themen der frühen griechischen Astronomie an, ob sie von dieser nun übernommen oder parallel dazu entwickelt worden sind. Aber halten wir uns nicht weiter mit diesen ohnehin weitgehend mythischen Kosmologien auf, deren Rekonstitution überdies reichlich hypothetisch ist.

Die Astronomie

Wenden wir uns nun der mesopotamischen Astronomie oder richtiger Astrologie zu. Rufen wir uns aber vorher noch einmal kurz die Grundlagen dieser Wissenschaft ins Gedächtnis: Wie heute jedermann weiß, dreht sich die Erde um sich selbst und um die Sonne. Allerdings stellen wir uns mit dieser Konzeption als Beobachter außerhalb des Sonnensystems; wir betrachten die Bewegungen der Erde gewissermaßen von außen. Nun befinden wir uns jedoch auf der Erde und sehen nicht etwa ihre Bewegungen, sondern nur die des Himmels und all seiner Sterne. Genau diese Bewegungen aber haben wir oder zumindest die meisten von uns, so gut wir auch über die Bewegungen der Erde abstrakt Bescheid wissen, vergessen. Sie waren jedoch der Ausgangspunkt für die Rekonstruktion der Erdbewegungen, und um die antike Astronomie zu begreifen müssen wir wieder mit den Augen der Menschen dieser Zeit sehen lernen (vgl. Kasten 42).

42. DIE BEWEGUNG DER STERNE

Beginnen wir mit den drei Hauptbewegungen der Erde.

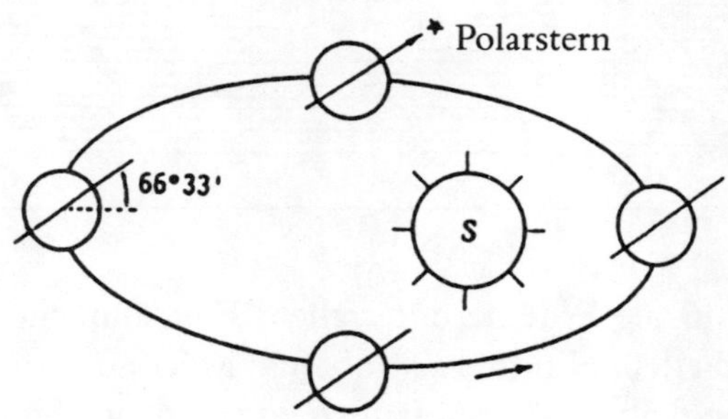

Figur A

Im Laufe eines Jahres (rund 365,25 Tagen) läuft die Erde einmal um die Sonne, und zwar auf einer Ellipsenbahn, deren einen Brennpunkt die Sonne einnimmt (Figur A; in Wirklichkeit ist die Ellipse weniger länglich als auf der Abbildung und entspricht fast einem Kreis). Die Ebene der Erdumlaufbahn bildet mit der Polachse einen Winkel von 66°33' (mit der Äquatorebene einen Winkel von 23°27'). Die Umlaufgeschwindigkeit der Erde variiert und zwar so, daß eine von der Erde zur Sonne gedachte Linie in gleicher Zeit gleiche Flächen überstreicht (siehe Figur B: obwohl die Entfernungen AB, CD und EF nicht gleich groß sind, durchläuft die Erde diese Strecken in der gleichen Zeit, weil die gestrichelten Flächen gleich sind). Das ist eine Folge der Schwerkraft und der exzentrischen Position der Sonne: Die Geschwindigkeit der Erde nimmt also mit der Annäherung unseres Planeten an die Sonne zu (die größte Nähe wird gegenwärtig ungefähr im Dezember erreicht).

Figur B

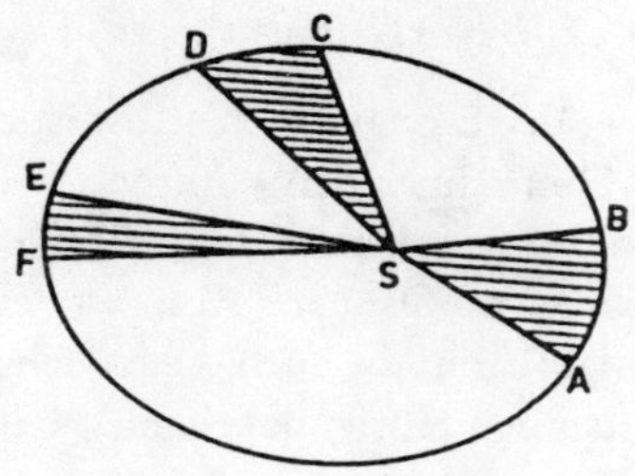

Die Polachse verändert ihre Lage im Lauf der Erdbewegung nicht. Sie zeigt stets annähernd in Richtung des Polarsterns. Aufgrund der großen Entfernung dieses Sterns ändert sich an dieser Richtung auch durch den Lauf der Erde um die Sonne nichts merklich.

Figur C

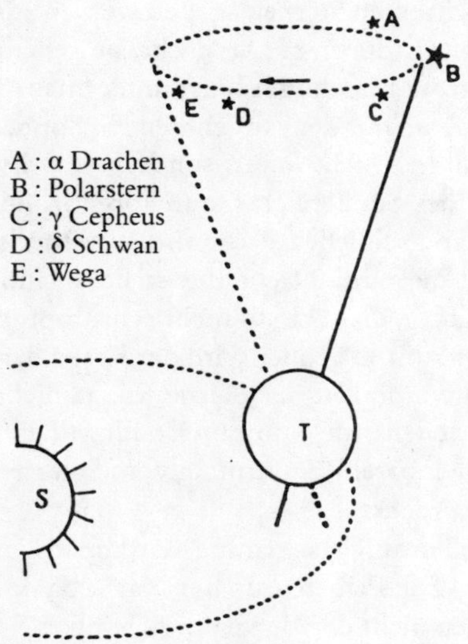

In Wirklichkeit jedoch beschreibt die Polachse im Verlauf von 25 800 Jahren einen Kegel (ohne daß sich indessen etwas am Winkel zur Ebene der Erdumlaufbahn änderte; vgl. Figur C). Diese Bewegung macht sich also kaum bemerkbar (zur Zeit der Erbauung der Pyramiden deutete die Erdachse auf den α-Stern des Drachens anstatt, wie heute, auf den Polarstern (α des Kleinen Bären).

Die Erde ist nur einer von den 9 Planeten des Sonnensystems (nach zunehmendem Abstand von der Sonne: Merkur, Venus, Erde, Mars, Jupiter, Saturn, Uranus, Neptun, Pluto). Diese Planeten durchlaufen alle eine mehr oder weniger abgeflachte Ellipsenbahn und zwar jeder mit einer ihm eigenen, nach dem bereits erwähnten Gesetz schwankenden Geschwindigkeit. Die Umlaufbahnen liegen alle ungefähr in derselben Ebene wie die Erdbahn.

Folgen der Erdrotation

Die erste Folge der Drehung der Erde um sich selbst ist der Wechsel von Tag und Nacht; tagsüber zieht die Sonne über den Himmel, nachts beobachten wir die Bewegung der »Fix«-Sterne am Firmament.

Tagsüber wandert die Sonne von Ost nach West, wobei sie sich je nach der Position der Erde auf ihrer Umlaufbahn (die auch die jeweilige Tageslänge bestimmt) mehr oder weniger hoch über den Horizont erhebt.

Nachts dreht sich der Himmel mitsamt allen Sternen um den himmlischen Nordpol (die Projektion des irdischen Nordpols auf das Himmelsgewölbe), der mehr oder weniger mit dem Polarstern zusammenfällt – zumindest für den Beobachter auf der Nordhalbkugel (Figur D). Die Sterne in der unmittelbaren Umgebung des Polarsterns (der arktischen Region, vom griechischen *arctos*, »Bär«, dem Sternbild, zu dem der Polarstern gehört) sind die ganze Nacht über zu sehen. Die weiter entfernten sichtbaren Sterne dagegen werden zum einen oder anderen Zeitpunkt der Nacht vom Erdhorizont verdeckt; sie gehen also zu einem bestimmten Zeitpunkt der Nacht auf beziehungsweise unter (manche gehen genau genommen nicht auf, sondern treten mit dem abnehmenden Sonnenlicht in Erscheinung; und umgekehrt gehen andere nicht unter, sondern verschwinden hoch am Horizont mit dem Erstarken des Sonnenlichts am Morgen). Diese nicht die ganze Nacht über sichtbaren Sterne schließen den um den himmlischen Nordpol zentrierten Kreis der Sterne, die die ganze Nacht über sichtbar sind, kranzförmig ein. Je mehr man sich dem Äquator nähert, desto mehr schrumpft der Kreis der Immer-Sichtbaren zusammen und um so größer wird der Kranz der Nicht-immer-Sichtbaren. Da die Winkelgeschwindigkeit der Sterne (die ja nichts anderes ist als die Rotationsgeschwindigkeit der Erde) konstant ist, nimmt die Dauer der Sichtbarkeit der Sterne mit ihrer (scheinbaren) Entfernung vom Polarstern ab, ist ein immer größerer Teil ihrer Bahn verdeckt.

Diese allgemeine Himmelsbewegung wird noch von der Eigenbewegung der Planeten überlagert. Die Planeten, in der Nacht dank der Reflexion des Sonnenlichts sichtbar, folgen nicht der Bewegung der Sterne, die sich in einem kohärenten Block bewegen, sondern »wandeln« unter diesen – daher auch der Name Planeten, Wandelsterne (vom griechischen *plános*, wandelnd). Die Verbindung der Eigenbewegung der Erde (um sich selbst und um die Sonne) mit der Bewegung

Figur D

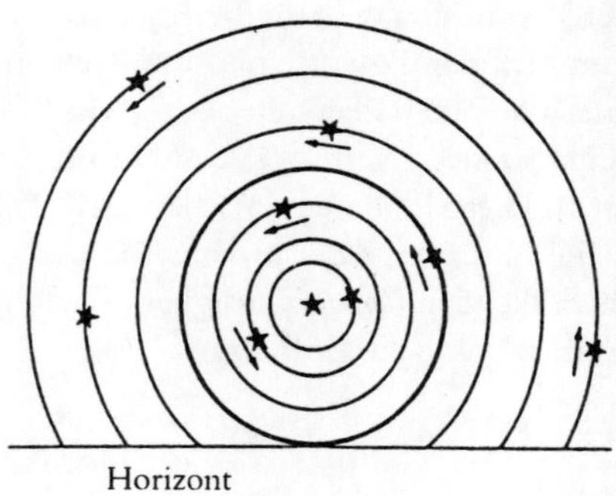

der Planeten ergibt für letztere eine äußerst komplizierte, zum Teil sogar scheinbar »rückläufige« Bewegung am Himmel, die die Astronomie lange Zeit vor ein unlösbares Problem stellte.

Auswirkungen des Umlaufs der Erde um die Sonne

Da die Erdachse ihre Richtung nicht verändert – abgesehen von dem oben erwähnten Zyklus von 25 800 Jahren, den wir im Augenblick nicht weiter berücksichtigen wollen –, bewirkt die Bewegung der Erde um die Sonne die Jahreszeiten samt allem, was hinsichtlich Temperatur, Stand der Sonne am Himmel, Tageslänge etc. dazu gehört (vgl. zur Erläuterung Figur A – die Position der Erde im Wechsel der Jahreszeiten – und Figur E – die Erde zur Zeit der Wintersonnenwende auf der Nordhalbkugel).

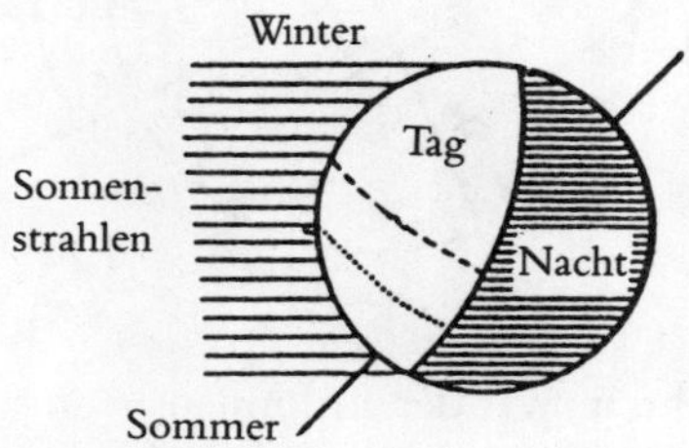

Figur E

Bei Figur E fällt als erstes auf, daß dem Winter auf der Nordhalbkugel der Sommer auf der Südhalbkugel entspricht. Außerdem leuchtet auf einen Blick ein, warum die Tage im Sommer länger sind als im Winter: durch die Neigung der Erdachse zu den Sonnenstrahlen ist im Sommer ein größerer Teil der Halbkugel erhellt; am Pol geht die Sonne in dieser Jahreszeit überhaupt nicht unter. Dasselbe gilt für die Temperatur: Der Einfallwinkel der Sonnenstrahlen ist im Sommer sehr viel größer und beträgt auf der Höhe der Wendekreise, also zur Zeit der Sonnenwenden, 90° (Figur E illustriert die Wintersonnenwende beziehungsweise den Wendekreis des Steinbocks – also ist auf der Südhalbkugel Sommer). Zum Zeitpunkt der Sonnenwenden sind die Tage am längsten (Sommersonnenwende) beziehungsweise am kürzesten (Wintersonnenwende); an den Äquinoktien (im Frühjahr und im Herbst) sind Tag und Nacht gleich lang.

Von der Wintersonnenwende an steigt die Sonne am Himmel immer höher, bis sie zur Zeit der Sommersonnenwende am Mittag den höchsten Stand erreicht hat; danach kehrt sich die Bewegung um. Der höchste und der niedrigste Stand entsprechen der Projektion der oben erwähnten Wendekreise auf das Himmelsgewölbe, die beide (und zwar die irdischen wie die himmlischen) 23°27' vom irdischen oder himmlischen Äquator entfernt sind, was dem Winkel zwischen Äquator und der Ebene der Erdumlaufbahn entspricht. (Siehe Figur F; die 66°33' vom Äquator entfernten Polarkreise, die die Regionen, in denen die Sonne zum Zeitpunkt der Sommersonnenwende nicht untergeht, umschreiben, sind hier nicht eingetragen.)

Die Position der Sterne am Himmelsgewölbe wird ähnlich wie ein Punkt auf der

Erdoberfläche durch Winkelkoordinaten bestimmt; der Winkel zwischen Gestirn und Himmelsäquator (also die Entsprechung zur geographischen Breite) wird dabei als Deklination, der zwischen dem Frühlingsäquinoktialpunkt (der die Rolle des Meridians von Greenwich spielt) bis zum Deklinationskreis des Sterns als Rektaszension bezeichnet. Die Wendekreise markieren den höchsten beziehungsweise den niedrigsten Stand der Sonne am Himmel (die Sommer- und Wintersonnenwende), also die Kreise, die die Sonne nicht überschreitet, an denen sie umkehrt, »wendet«.

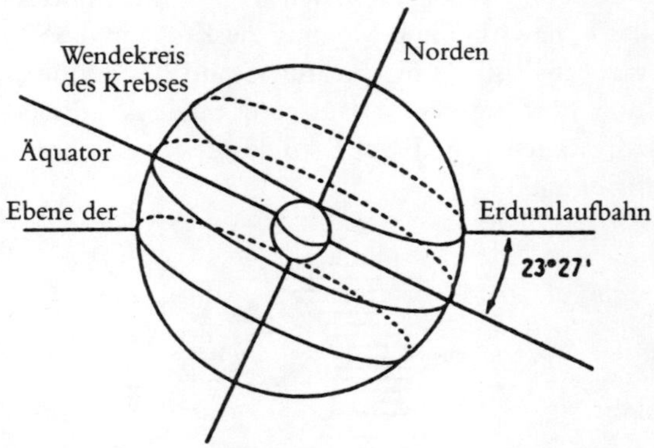

Figur F

Da die Sonne nicht im Mittelpunkt der Erdumlaufbahn steht und die Erde ihre Bahn nicht mit gleichbleibender Geschwindigkeit durchläuft, sind die (durch die Wendekreise und die Äquinoktien begrenzten) Jahreszeiten nicht gleich lang; gegenwärtig sind Herbst und Winter (mit 89,7 und 89 Tagen) etwas kürzer als Frühling und Sommer (mit 92,9 und 93,6 Tagen).

Ein Blick auf Figur A zeigt, daß der nächtliche Sternenhimmel im Lauf des Jahres variiert. Tagsüber entziehen sich die Sterne unserer Beobachtung, da sie durch das Licht der Sonne »verdeckt« werden. Sehr wohl beobachten können wir dagegen, welche Sterne sich gleich nach Sonnenuntergang am Ort des Sonnenuntergangs und unmittelbar vor Sonnenaufgang am Ort des Sonnenaufgangs befinden. So können wir die Position der Sonne auf dem »Sternengrund« bestimmen (obwohl sie ihn tagsüber durch ihr Licht unsichtbar macht). Anhand von Figur A sehen wir, daß auch dieser »Sternengrund« mit der Position der Erde auf ihrer Umlaufbahn wechselt, da er gewissermaßen von Sternen gebildet wird, die den von der Erde aus bei Nacht sichtbaren Sternen »gegenüber« liegen. Durch tägliche Beobachtung bei Sonnenauf- und –untergang können wir verfolgen, welchen Weg die Sonne im Laufe eines Jahres am Himmel zurücklegt; da sie am Jahresende wieder vor denselben Sternen anlangt, brauchen wir nur festzuhalten, vor welchen Sternen sie sich an den verschiedenen Tagen des Jahres befindet. Diesen Weg der Sonne nennen wir Ekliptik. Da die Ekliptik oder scheinbare Bewegung der Sonne der wirklichen Bewegung der Erde auf ihrer Umlaufbahn entspricht, ist die Ebene der Erdumlaufbahn dieselbe wie die der Ekliptik und bildet mit der Äquatorebene einen Winkel von 23°27'. Figur G erläutert den Weg, den die Sonne im Laufe eines Jahres auf dem Himmel vor den Sternen zurücklegt (nicht ihre tägliche Bahn am irdischen Horizont).

Ein Band entlang der Ekliptik, begrenzt durch zwei Kreise im Abstand von

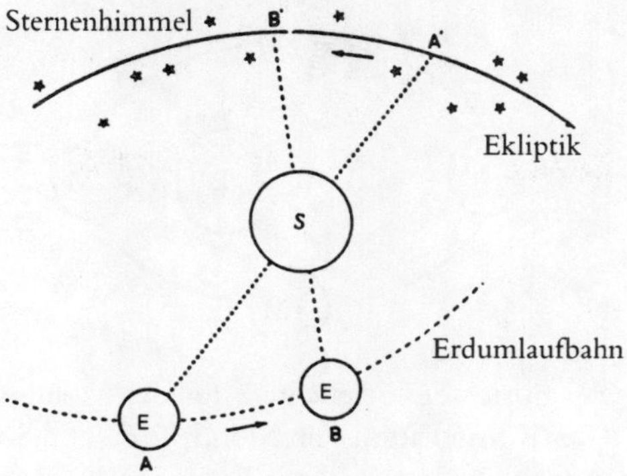

Figur G

jeweils 8°5' beiderseits der Ekliptik, wird Tierkreis oder Zodiak genannt und in zwölf gleiche, jeweils nach ihrem Sternbild bezeichnete Teile (von jeweils 30°) unterteilt. So wandert die Sonne im Lauf eines Jahres von einem »Zeichen« zum anderen.

Da die Umlaufbahnen der Planeten in derselben Ebene liegen wie die der Erde und mithin auch in derselben Ebene wie die Ekliptik, vollziehen sich auch die scheinbaren Planetenbewegungen innerhalb eines Gürtels entlang der Ekliptik vor dem Sternenhintergrund des Tierkreises.

Auswirkungen der Bewegung der Erdachse

Im Verlauf von 25 800 Jahren beschreibt die Erdachse infolge der Erdumdrehung bei gleichbleibendem Winkel zur Umlaufebene einen Kegel. Da aber die Position der Äquinoktien und der Wendekreise – also die Abfolge der Jahreszeiten – von der Richtung der Achse abhängen, hat diese Richtungsänderung eine zunehmende Verschiebung der Jahreszeiten zur Folge, so daß sich die Erde erst nach 25 800 Jahren beispielsweise zum Zeitpunkt des Frühlingsbeginns wieder an derselben Stelle ihrer Umlaufbahn befindet. Das ist die sogenannte Präzession (das Vorrücken) der Äquinoktien: Jahr für Jahr rückt die Frühlings-Tagundnachtgleiche um 1/25 800 oder 50 Bogensekunden bzw. rund 20 Minuten vor.

Die Bewegungen des Mondes

Der Mond umkreist die Erde in 27,32 Tagen von West nach Ost auf einer elliptischen Bahn, deren einen Brennpunkt die Erde bildet. Für seine Geschwindigkeit gilt also, wie für die der Erde und die der Planeten, das sogenannte Keplersche Gesetz. Seine Umlaufbahn ist zur Ebene der Ekliptik in einem Winkel geneigt, der innerhalb von 173 Tagen zwischen 5°0'11" und 5°17'35" schwankt.

Da er sein Licht von der Sonne erhält, erscheint er uns in vier Phasen – im ersten Viertel als Vollmond, im letzten Viertel als Neumond; die Gesamtdauer der vier Phasen beträgt rund 29,5 Tage und entspricht einem synodischen Umlauf, das heißt dem Zeitraum, der verstreicht, bis Sonne, Erde und Mond wieder dieselbe Konstellation bilden beziehungsweise bis der Beobachter auf der Erde den Mond wieder in der gleichen Weise beleuchtet sieht wie ausgangs (vgl. Figur H).

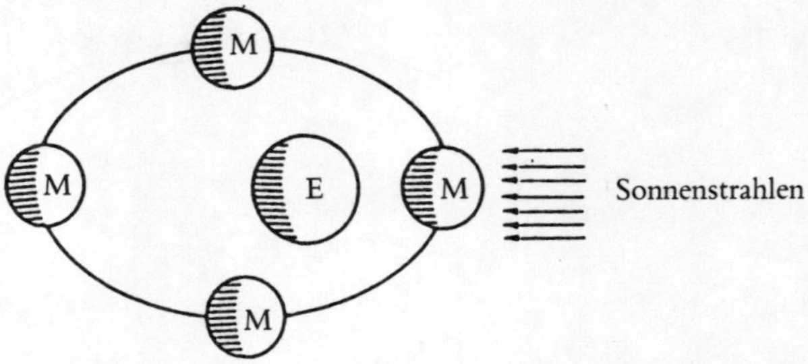

Figur H

Figur H erläutert, warum sich der beleuchtete Teil des Mondes für den Beobachter auf der Erde je nach der Konstellation von Mond, Erde und Sonne verändert. Vollmond entsteht bei Opposition, wenn sich die Erde zwischen Mond und Sonne befindet, Neumond bei Konjunktion, wenn sich der Mond zwischen Erde und Sonne befindet, und das erste und das letzte Viertel bei Quadratur; die Längen von Sonne und Mond bilden dann einen Winkel von 90°. Dabei muß berücksichtigt werden, daß die Bewegung des Mondes im Laufe einer Nacht bezogen auf Erde und Sonne im Grund nicht ins Gewicht fällt – die Beleuchtung des Mondes verändert sich im Laufe einer Nacht praktisch nicht –, und daß die scheinbare Bewegung des Mondes am Himmel genau wie die Rotation der Sterne um den Polarstern oder der Lauf der Sonne am Tag auf die Drehung der Erde um die eigene Achse zurückgeht.

Da die Bahnebene des Mondes gegen die Ekliptik leicht geneigt ist, scheint sich der Mond vor dem Tierkreis innerhalb eines Gürtels von etwas über 5° beiderseits der Ekliptik zu bewegen. In Wirklichkeit ist diese Bewegung jedoch das Ergebnis nicht nur des Umlaufs des Mondes um die Erde, sondern auch des Umlaufs der Erde um die Sonne im Laufe des Jahres. Rufen wir uns schließlich ins Gedächtnis, daß sich der Mond im Verlauf von 27,32 Tagen auch um die eigene Achse dreht und deshalb der Erde stets dieselbe Seite zukehrt.

Bei Sonnenfinsternissen schiebt sich der Mond zwischen Sonne und Erde, bei Mondfinsternissen die Erde zwischen Mond und Sonne. Erstere sind also nur bei Neumond möglich, letztere nur bei Vollmond. Da jedoch die Bahnebene des Mondes gegen die Ekliptik geneigt ist, genügt es nicht, daß diese Bedingung erfüllt ist. Darüber hinaus müssen die drei Gestirne in einer Linie liegen, denn aufgrund dieser Neigung kann der Mond zwischen Erde und Sonne treten, aber ober- oder unterhalb der Ekliptik stehen, so daß er die Sonne nicht verdeckt – dasselbe gilt für Mondfinsternisse. Damit es zu einer Sonnen- oder Mondfinsternis kommen kann, muß die Mondbahn also bei Vollmond beziehungsweise Neumond die Ekliptik schneiden – daher auch der Name Ekliptik für den scheinbaren Jahreslauf der Sonne, der auf das griechische Wort für »Ausbleiben« des Sonnen- und Mondlichts zurückgeht. Für eine partielle Finsternis genügt es, daß der Mond in die Nähe eines solchen Schnittpunkts kommt. Aufgrund der Dimension der betroffenen Gestirne, ihrer Entfernung und deren (durch die elliptische Bahn bedingte) Veränderung sind Finsternisse aufgrund der entstehenden Parallaxe nicht von allen Punkten der Erde aus in gleicher Weise zu sehen; wie alle diese astronomischen Erscheinungen treten auch Finsternisse zyklisch auf.

Die Mesopotamier sahen am Himmel also nicht die Erde und die übrigen Planeten ihre Bahn um die Sonne ziehen oder den Mond die Erde umkreisen, sondern Sterne, die sich um den himmlischen Nordpol drehten (der sich zur Zeit Sargons von Akkad in der Nähe des α-Sterns des Drachens und in der seleukidischen Epoche zwischem diesem und unserem heutigen Polarstern befand). Sie sahen die Sonne, die auf ihrem Lauf um die Erde je nach Jahreszeit höher oder weniger hoch stieg, um Jahr für Jahr ihrer Bahn zwischen den Fixsternen (der Ekliptik) zu folgen. Sie sahen die Planeten über den Himmel wandern – von denen sie nur Merkur, Venus, Mars, Jupiter und Saturn kannten; Uranus, Neptun und Pluton sind ohne Fernrohr nicht zu erkennen. Und schließlich beobachteten sie den Mond, seinen Lauf am Himmel und seine verschiedenen Phasen. Und in all das galt es eine Ordnung zu bringen.

Das aber erforderte genaue Beobachtungen und Messungen und somit Beobachtungs- und Meßinstrumente. Drei davon, die im Zwischenstromland mit Sicherheit schon sehr früh bekannt waren, wollen wir in Kasten 43 beschreiben und in ihrer Funktionsweise erklären.

43. ASTRONOMISCHE INSTRUMENTE MESOPOTAMIENS

Der Gnomon

Der Gnomon, in gewisser Hinsicht der Vorläufer der Sonnenuhr, besteht aus einer horizontalen Platte mit einer Skaleneinteilung und einem senkrecht eingesetzten Stab (Stilett), während der Stab der Sonnenuhr in Richtung des himmlischen Nordpols geneigt ist.

Am Mittag, wenn der Schatten am kürzesten ist und den von den Schatten bei Sonnenauf- und –untergang gebildeten Winkel in zwei gleiche Teile teilt, zeigt der Gnomon den Meridian (den Längenkreis durch Nord- und Südpol) an.

Außerdem dient der Gnomon zur Bestimmung der Sonnenwenden, da sein Schatten an diesen Tagen am kürzesten (Sommersonnenwende) beziehungsweise am längsten (Wintersonnenwende) ist. Darüber hinaus eignet er sich zur Bestimmung der Tagundnachtgleichen, da an diesen Tagen das Ende des vom Stab geworfenen, wandernden Schattens eine Gerade beschreibt.

Und schließlich läßt sich durch Aufteilung des vom Schatten im Laufe des Tages beschriebenen Kreisbogens eine Skala, ein Zifferblatt, gewinnen, auf dem man die jeweilige Stunde ablesen kann. Da Länge und Position der von einem vertikal eingesetzten Stab geworfenen Schatten jedoch auf komplexe Weise variieren, läßt die Genauigkeit des Gnomon zu wünschen übrig. Eine Verbesserung bringt dann die Umwandlung in eine Sonnenuhr, also die Ausrichtung des Stabs in Richtung des himmlischen Nordpols (Polarsterns). Da der Stab nun parallel zur Erdachse steht (sich die Sonne also gewissermaßen regelmäßig um ihn dreht), verhält sich auch sein Schatten regelmäßig.

Die Klepsydra

Die Klepsydra ist eine Wasseruhr: ein Gefäß mit einer Skala und einem kleinen Loch, aus dem das Wasser ausfließt. Das Sinken des Wasserspiegels im Gefäß (beziehungsweise das Steigen des Spiegels im Auffangbecken, in das das Wasser fließt) zeigt die verrinnende Zeit an.

Die Ausflußgeschwindigkeit des Wassers ist eine Funktion des Drucks auf das Niveau des Ausflußlochs und damit der Höhe des Wasserstands im Gefäß. Demnach aber nimmt die Abflußgeschwindigkeit im selben Maße ab, in dem sich das Gefäß entleert; je weniger voll das Gefäß ist, desto weniger Wasser fließt in derselben Zeiteinheit ab. Zum Ausgleich kann man die Einteilung des Gefäßes anpassen (also die Markierungsabstände mit dem sich senkenden Wasserspiegel zunehmend verringern) oder aber die regelmäßige Skala beibehalten und statt dessen dem Gefäß die Form eines Kegelstumpfes geben, damit sich der Pegel nach wie vor im selben Rhythmus senkt (theoretisch erfordert ein exakter Ausgleich des Druckabfalls eine paraboloide Form).

Das Hemicyclum

Während Gnomon und Klepsydra ziemlich weit verbreitet waren, handelt es sich beim Hemicyclum um eine mesopotamische Besonderheit. Es besteht aus einer aus einem Steinblock ausgehöhlten Halbkugelschale, deren Mitte durch einen im Pol aufgestellten Stab von gleicher Höhe mit dem Schalenrand oder durch eine kleine, an einem Faden aufgehängte Kugel gekennzeichnet ist. Der Schatten, den dieser Mittelpunkt im Lauf des Tages auf die Innenwandung der Halbkugel wirft, gibt den Gang der Sonne am Himmelsgewölbe (das als eine uns überwölbende Halbkugel erscheint) spiegelbildlich genau wieder. Am Rand der Schale ist eine Skala angebracht.

An den Tagundnachtgleichen beschreibt der Schatten einen vollendeten Halbkreis. Die Sonnenwenden entsprechen den äußersten Kreisen, zwischen denen sich die Sonne bewegt. Der Meridian (die Mittagslinie) wird durch die kürzesten Schatten (am Mittag) angezeigt, die alle auf denselben Halbkreis fallen. Die regelmäßige Einteilung des Meridians gibt die Stunden an. Und schließlich ist auch noch die Neigung der Ekliptik direkt abzulesen.

Zusätzlich zu Gnomon, Klepsydra und Hemicyclum dürften die Astronomen der Zeit auch über einfache Instrumente wie Lot und Wasserwaage zur Bestimmung der Senkrechten und Waagrechten verfügt haben (als Wasserwaage könnte schon ein Gefäß mit einer ziemlich großen Wasserfläche gedient haben) sowie über Visiergeräte. Das Prinzip solcher Anlagen besteht darin, einen festen Punkt (den, an dem sich der Beobachter befindet), den anvisierten Stern und einen in der Nähe des Beobachters postierten beweglichen Punkt in eine Linie zu bringen: Mit Hilfe solcher Linien läßt sich beispielsweise der Winkel zwischen zwei Gestirnen bestimmen, also der Winkel zwischen den beiden Linien vom Beobachter über den beweglichen Punkt zum einen beziehungsweise zum anderen Stern. Handelt es sich dabei um »bewegliche« Sterne wie Sonne, Mond oder Planeten, kann man ihre relative Bewegung (relativ zu einem festen Punkt) bestimmen, indem man diese Winkel in regelmäßigen Zeitabständen mit Hilfe der Klepsydra mißt. Solche Messungen konnten die mesopotamischen Astronomen nachweislich durchführen; vermutlich zunächst mit einfachen Visiergeräten, die dann mit der Zeit weiter entwickelt wurden. Die Beispiele hierzu in den folgenden Kästen stammen zwar erst aus der Seleukidenzeit, in der sich in Mesopotamien bereits der griechische Einfluß bemerkbar machte, offensichtlich aber stützen sie sich auf eine rein mesopotamische Tradition, die nur aufgrund zeitlich weit zurückreichender Beobachtungen und Messungen denkbar ist.

Die moderne Astronomie bezieht die zu messenden relativen Gestirnpositionen und -bewegungen unter Ausklammerung des Vorrückens der Äquinoktien bzw. mit den erforderlichen Korrekturen auf ein und denselben festen Punkt: auf den Nullpunkt eines Koordinatensystems, gebildet aus Himmelsäquator (der Deklination, die der Breite entspricht) und Meridiankreis durch den Frühlingspunkt (der Rektaszension, die der Länge entspricht). Dies bedeutet letztlich, daß der Winkel zwischen diesem oder jenem Stern und dem Schnittpunkt von Himmelsäquator und dem Meridian, in dem sich die Sonne zur Zeit der Tagundnachtgleiche im Frühjahr befindet, mit Hilfe von zwei Winkelkoordinaten gemessen wird.

Die mesopotamischen Astronomen bedienten sich spätestens seit der Seleukidenzeit eines ähnlichen Systems, das sich jedoch auf eine alte Tradition stützte. Anstelle des Äquators nahmen sie zur Bestimmung der Breite die Ekliptik, und anstatt die Länge mit einem festen Punkt (wie dem oben erwähnten Schnittpunkt) zu bestimmen, teilten sie die Ekliptik in 12 Bogen à 30° ein und bezeichneten diese Bogen jeweils nach der darin dominierenden Sternenkonstellation: also nach einem der 12 Tierkreiszeichen. Um den Ort eines Sterns auszudrücken, gaben sie seine Breite demnach in Grad als Winkelabstand von der Ekliptik an (und zwar positiv oder negativ, je nachdem ob der Stern über oder unter der Ekliptik stand) und seine Länge in Grad eines Tierkreiszeichens (beispielsweise 12° des Widders). Dies beweist, daß in Mesopotamien die Ekliptik, die Jahresbahn der Sonne am Himmel, bereits bekannt war.

So entstand der Tierkreis, der sich bis in unsere Zeit behauptet hat. Höchstwahrscheinlich geht diese »Erfindung« auf das 3. vorchristliche Jahrtausend zurück. Von Anfang an hat sie als Hilfsmittel zur Bestimmung der Position beweglicher Gestirne gedient, und zwar nicht nur der Sonne, die den Tierkreis jährlich durchläuft, sondern auch des Mondes und der Planeten, die sich in einem Gürtel entlang der Ekliptik bewegen. Die Unterteilung in Grade und die dazu erforderliche präzise Beobachtung sind allerdings erst später anzusetzen; anfangs hat man sich wohl mit der Feststellung begnügen müssen, daß sich ein bestimmter beweglicher Stern zu der und der Zeit in dem und dem Zeichen befand. Später wurden dann die Winkelkoordinaten entwickelt, während die Ekliptik als Bezugspunkt beibehalten worden ist.

Nun mag die Wahl dieser Bezugslinie erstaunen, da die Mesopotamier ja auch den Himmelsäquator und die beiden Wendekreise gekannt haben dürften. Doch das sind relativ »abstrakte« Kreise im Gegensatz zur Ekliptik, die als Sonnenbahn gewissermaßen »konkret« ist, zumal verschiedene astronomische Phänomene vom Stand der Sonne auf dieser Bahn abhängen und sich auch Mond und Planeten in der Nachbarschaft bewegen. Diesem konkreten Aspekt und der Kraft der Überlieferung hat die Ekliptik zu verdanken, daß sie als Bezugslinie beibehalten wurde, obwohl sie gegenüber dem Äquator einen gravierenden Nachteil aufweist: Da sich die Erde mit gleichbleibender Geschwindigkeit um die eigene Achse dreht, hat der tägliche Lauf der Gestirne und der Sonne nur in bezug auf den Äquator, nicht aber in bezug auf die demgegenüber geneigte Ekliptik, eine konstante Geschwindigkeit.

Die in der Seleukidenzeit gebräuchlichen astronomischen Maßeinheiten für Winkel und Zeit bieten die Möglichkeit, von der Länge eines Gestirns mit Hilfe einer »einfachen« Formel zum Zeitpunkt überzugehen, an dem es diese Länge erreicht (vgl. Kasten 44).

Wie bei der Mathematik, streben wir auch im Fall der Astronomie keine erschöpfende Aufzählung aller positiven mesopotamischen Kenntnisse an. Abgesehen davon, daß ein solches Unterfangen die Entzifferung und Kenntnis aller bis heute entdeckten Tontafeln voraussetzen würde (die wiederum – von der mündlichen Unterweisung noch ganz zu schweigen – nur einen mehr oder weniger repräsentativen Ausschnitt aller geschriebenen Tafeln darstellen), wäre dies für ein Werk wie das vorliegende nicht von großem Interesse. Deshalb begnügen wir uns damit, die astronomischen Kenntnisse der Zeit, die grundlegenden allgemeinen Prinzipien und die dahinter stehende Geisteshaltung (Mythos, Wissenschaft, Technik, Magie etc.) in groben Zügen zu umreißen. Dabei werden wir zunächst die allgemeinen Kenntnisse über Sonne, Mond und Planeten (samt den angewandten Methoden und allgemeinen Prinzipien) untersuchen und abschließend die allgemeine Geisteshaltung hinter dieser Astronomie erkunden.

Beginnen wir also mit den Kenntnissen der Mesopotamier über die Sonne. Über einfache Beobachtungen wie den täglichen Lauf der Sonne von Ost nach West oder den unterschiedlich hohen Sonnenstand im Lauf der Jahreszeiten hinaus war ihnen auch die Bahn der Sonne im Lauf des Jahres bekannt. Von der Entdeckung der Ekliptik aber war nur ein Schritt zu der Entdeckung, daß die Sonne ihre Jahresbahn nicht mit konstanter Geschwindigkeit durchmißt – was in Wirklichkeit natürlich auf die unterschiedliche Umlaufgeschwindigkeit der Erde um die Sonne und die mit dem wechselnden Abstand von Erde und Sonne verbundenen Parallaxe-Phänomene zurückgeht. Um dieser Tatsache Rechnung zu tragen, unterteilten sie die Ekliptik in mehrere Bögen, in denen sie der Sonne jeweils eine

44. DIE ASTRONOMISCHEN MASSEINHEITEN

(Nach Neugebauer 1955)

1 še (Korn)
1 gar = 1,2 Korn
1 šu-si (Finger) = 6 Korn
1 uš (Grad) = 72 Korn
1 kùš (Elle) = 180 Korn = 2,5 Grad
1 Stunde = 15 Grad
1 donna (berû) = 30 Grad (= 2 Stunden)
1 Großstunde = 2 berû = 60 Grad (= 4 Stunden)
1 Tag = 12 berû = 360 Grad

Die in den Ephemeriden der Planeten verwendete Zeiteinheit (für die die mesopotamische Astronomie im Gegensatz zur Astronomie der Hindus, die hier von »thiti« spricht, keine eigene Bezeichnung kennt) beträgt 1/30 des Mondmonats mit 29,5 Tagen, also ist im Sexagesimalsystem 1 thiti = 0.59.3.40.16.40 Tage oder 1 Tag = 1.0.57.13.26.41 thiti.

andere, aber konstante Geschwindigkeit zuschrieben; daneben gab es noch ein anderes System, in dem die Geschwindigkeit innerhalb der einzelnen Bögen linear variierte, sich diese Variation aber beim Übergang von einem Bogen zum anderen ebenfalls veränderte. In dem in Kasten 45 wiedergegebenen Text aus der Seleukidenzeit durchläuft die Sonne jedes Tierkreiszeichen mit einer anderen Geschwindigkeit, wobei die Geschwindigkeiten nach dem Prinzip einer arithmetischen Reihe berechnet werden. Trotz der späten Abfassung wirkt der Text typisch mesopotamisch und weist auch nach der vorausgegangenen Eroberung Mesopotamiens durch Alexander den Großen keine Spuren eines griechischen Einflusses auf; auch andere Texte aus der Seleukidenzeit stützen sich auf dasselbe Prinzip, was kontinuierliche Beobachtungen über einen sehr langen Zeitraum voraussetzt und beweist, daß es sich um eine alte mesopotamische Tradition handeln muß.

Anhand der Position der Sonne auf der Ekliptik konnten die Mesopotamier auch verschiedene andere Erscheinungen berechnen wie zum Beispiel die Länge eines Tages, die Position der Äquinoktien und die Jahreszeiten. In Kasten 46 wird die Berechnung der Tageslänge als Funktion des Sonnenstandes auf der Ekliptik erläutert. Auch dieser Text stammt aus der Seleukidenzeit, aber auch hier ist die Methode wieder typisch mesopotamisch und setzt eine weit zurückreichende Tradition voraus. Das Verfahren – bezeichnenderweise sehr konkret – besteht

45. UMLAUFGESCHWINDIGKEIT DER SONNE AUF DER EKLIPTIK

(Nach Neugebauer 1955)

Rekonstruktion nach Abschnitt 8 der Tafel BM 32651 (Babylon, Seleukidenzeit)

Die Umlaufgeschwindigkeit der Sonne ist in Grad pro Tag angegeben.

Im Zeichen der Zwillinge	:	0.55.32 [*also 0°55'32"pro Tag*]
Stier und Krebs	:	0.56.44
Widder und Löwe	:	0.57.56
Fisch und Jungfrau	:	0.59.8
Wassermann und Waage	:	1.0.20
Steinbock und Skorpion	:	1.1.32
Schütze	:	1.3.44

Man beachte, daß die beiderseits der Zwillinge-Schütze-Linie symmetrisch angeordneten Tierkreiszeichen (Stier und Krebs etc.) nach dieser Darstellung von der Sonne jeweils mit derselben Geschwindigkeit durchlaufen werden.

Die Rekonstruktion dieser Geschwindigkeiten basiert auf den Angaben einer einzigen zum Teil erhaltenen Linie: der Geschwindigkeit in den Zeichen Schütze und Zwillinge und dem Wert 0.1.12, der nach dem Prinzip der arithemtischen Reihe dazu gezählt (oder davon abgezogen) die Geschwindigkeiten in den anderen Tierkreiszeichen ergibt.

darin, zur bekannten Länge eines bestimmten Tages bestimmte angegebene Werte zu addieren. Bei diesen zu addierenden Werten handelt es sich um Koeffizienten, die den einzelnen Tierkreiszeichen zugeordnet sind bzw. exakter vom 10. Grad des einen Zeichens bis zum 10. Grad des folgenden gelten. Errechnet wurden diese Koeffizienten zweifellos durch den Vergleich jahrelanger Beobachtungen. Dafür bot ein solcher Text dann die Möglichkeit, die Tageslängen vorauszuberechnen und Ephemeriden aufzustellen. Zu diesem Zweck dürften auch die Texte der Kästen 45 und 46 sowie der anschließenden zusammengestellt worden sein.

In der Tat existieren zahlreiche mit diesen oder ähnlichen Methoden errechnete Ephemeriden-Tafeln aus derselben Zeit mit verschiedenen Angaben von astronomischem Interesse. Auch hier stoßen wir wieder auf die mesopotamische Gepflogenheit, Listen aufzustellen: Listen von Beobachtungen, die aber darüber hinaus die Vorhersage der beobachteten Phänomene (Ephemeriden) gestatten. Voraussetzung für die Möglichkeit einer solchen Vorhersage ist offensichtlich der zyklische Charakter der astronomischen Phänomene; nun folgen aber die meisten dieser Phänomene äußerst komplizierten Zyklen, Kombinationen elementarer Zyklen: um diese mit arithmetischen Methoden erfassen zu können, bedurfte es zweifelsohne vieler Beobachtungen und Schätzungen seitens der mesopotamischen Astronomen. Aber auch wenn diese arithmetischen Methoden nur Näherungswerte liefern, bringen sie doch eine erste Klärung der Probleme – und bestünde diese nur in der Aufdeckung bestimmter, den komplexen Zyklen zugrundeliegender elementarerer Zyklen wie beispielsweise der unterschiedlichen Geschwindigkeiten des Sonnenumlaufs auf der Ekliptik oder der unterschiedlichen Tageslänge als Funktion des Standes der Sonne auf der Ekliptik: Kennt man die Geschwindigkeit der Sonne auf der Ekliptik und ihre gegenwärtige Position, kann man nach den Angaben von Kasten 46 über verschiedene auf diesen elementaren Lauf der Sonne bezogene Phänomene ihren Stand für jeden beliebigen Zeitpunkt berechnen.

Auf dieselbe Frage stößt man beim Mond. Kasten 47 zeigt, wie Länge und Breite des Mondes berechnet werden. Von diesem elementaren (gleichwohl aber doch schon recht komplizierten) Zyklus läßt sich dann der komplexere Zyklus der Finsternisse ableiten.

Zur Positionsbestimmung des Mondes wird bei Vollmond – also in dem Zeitabschnitt, in dem es auch zu einer Mondfinsternis kommen kann – die Länge des Mondes in bezug auf die Ekliptik berechnet. Ist diese Länge bekannt, wird zur Berechnung der folgenden Längenangaben – (Mond-)Monat um (Mond-) Monat – ein bestimmter Bogen dazu addiert. Die zu addierende Bogenlänge hängt von der jeweiligen Länge des Mondes ab: Die Ekliptik ist in zwei Hälften unterteilt (vom 13. Grad der Fische zum 27. Grad der Jungfrau und vom 27. Grad der Jungfrau bis zum 13. Grad der Fische), und je nachdem, in welchem Teil sich der Mond befindet, wird ein Bogen von 28°7'30" oder von 30° hinzugefügt (mit einem ganzen System von Korrekturen, wenn er im Laufe eines Monats bei 13° der Fische oder 27° der Jungfrau von einem Teil der Ekliptik in den anderen überwechselt). Die Methode ist also im Prinzip analog zur Berechnung von Geschwindigkeit und Ort der Sonne oder auch der Länge eines Tages. Auch hier haben wir es wieder mit einer arithmetischen Reihe zu tun, deren Differenz mit der Länge des Gestirns variiert – mit dem Unterschied allerdings, daß die Ekliptik hier anders als bei der Berechnung der Geschwindigkeit der Sonne nicht in 12, sondern in zwei komplementäre Bogen unterteilt ist (vgl. Kasten 45).

Auf demselben Prinzip beruht auch die Berechnung der Breite des Mondes (Mondmonat um Mondmonat – das heißt alle 29,5 Tage von der Ausgangsposition aus), auch wenn hier noch einige Komplikationen dazukommen. Zur bekannten Breite wird zur Berechnung der Breite im folgenden Monat ein Bogen addiert (dessen Länge für den 2., den 3. Monat etc. in einer arithmetischen

46. BERECHNUNG DER TAGESLÄNGE

(Nach Neugebauer 1955)

Abschnitt 2 der Tafel BM 33631 (Babylon, Seleukidenzeit)

Ausgangspunkt der Berechnung ist der Tag, an dem die Sonne bei 10° im Zeichen des Widders steht, das heißt im damaligen Frühlingspunkt. Die Länge dieses Tages ist mit 3 angegeben, was wohl 3 babylonische Großstunden oder 3 x 4 = 12 Stunden (Äquinoktium) bedeutet.

Übersetzung

Bei 10° des Widders ist 3 die Länge des Tages; die Größe, die über 10° des Widders hinausgeht, multipliziere mit 0.40 und addiere sie zu 3 (der Länge des Tages bei 10°) des Widders. [*Mit dieser Methode kann beispielsweise die Länge eines Tages beim Stand der Sonne bei 15° im Zeichen des Widders berechnet werden: Da die Sonne mittlerweile um 5° über die 10° des Widders hinaus vorgerückt ist, lautet die Rechnung 5 × 0.40 = 3.20; addiert man dieses Resultat zu 3, ergibt sich 3 + 3.20 = 3.3.20 (also 3 Großstunden plus 3/60 plus 20/3600 Großstunden); damit beträgt die Länge des Tages, wenn die Sonne den 15. Grad des Widders erreicht hat, 3.3.20. Dieselbe Methode wird bis zu 10° im Zeichen des Stiers angewandt – also 30° lang – was eine Tageslänge von 3.20 ergibt, und eben das besagt die folgende Zeile:*] Bei 10° des Stiers ist 3.20 die Länge des Tages; die Größe, die über 10° des Stiers hinausgeht, multipliziere mit 0.24 und addiere das Ergebnis zu 3.20 (der Länge des Tages am 10. Grad) des Stiers. [*Und so fort, aber mit dem Koeffizienten 0.24; das gleiche Verfahren wird auch für die anderen Zeichen mit anderen Koeffizienten angewandt, danach wird der errechnete Wert je nachdem, ob der Tag wächst oder abnimmt – das heißt je nachdem, ob der Wendekreis des Sommers beziehungsweise des Winters überschritten ist oder nicht – zur jeweils ursprünglichen Länge des Tages dazugezählt oder davon abgezogen.*]

Kommentar

Die Methode führt zu folgenden Ergebnissen:

10° der Zwillinge	Länge des Tages 3.32	Koeffizient 0.08 +
10° des Krebses	3.36	0.08 –
10° des Löwen	3.32	0.24 –
10° der Jungfrau	3.20	0.40 –
10° der Waage	3	0.40 –
10° des Skorpions	2.40	0.24 –
10° des Schützen	2.28	0.08 –
10° des Steinbocks	2.24	0.08 +
10° des Wassermanns	2.28	0.24 +
10° der Fische	2.40	0.40 +

Reihe wächst). Die zu addierende Bogenlänge hängt einesteils von der Länge des Mondes bezogen auf die Ekliptik ab (die, wie oben, in 2 Teile unterteilt ist, nur daß die Grenzen diesmal beim 27. Grad der Fische und beim 13. Grad der Jungfrau liegen statt bei 13° der Fische und 27° der Jungfrau – möglicherweise ein Schreibfehler?), sie hängt aber auch in reichlich komplizierter Weise von der Breite des Mondes ab. Dazu muß man wissen, daß die Breite des Mondes, wiederum bezogen auf die Ekliptik, aufgrund der Neigung der Mondumlaufbahn gegen die Ekliptik zwischen zwei Werten schwankt, die ungefähr bei +5°17' und –5°17' liegen – der mesopotamische Schreiber verwendet Werte von +6° und –6°. Diesen obersten und untersten Werten muß natürlich Rechnung getragen werden: Deshalb muß zur bekannten Breite manchmal ein Bogen addiert, manchmal aber auch ein Bogen davon subtrahiert werden, je nachdem, ob sich der Mond gerade von der Ekliptik entfernt oder ob er sich ihr nähert; manchmal – wenn der Mondmonat teils ins Minimum, teils ins Maximum fällt – muß sogar ein Teil dieses Bogens addiert und der andere subtrahiert werden. Außerdem berücksichtigt der Schreiber in seiner Berechnung, daß sich die Breite des Mondes zwischen +2° und –2° schneller verändert – wenn eine dieser Grenzen überschritten ist, muß er ein Korrektursystem einbauen. Die Berechnung ist damit zwar reichlich komplex, beruht im Prinzip aber ebenfalls auf einer arithmetischen Reihe. Kompliziert ist nur die Art und Weise, wie die Differenz der Reihe aufgrund der vielen verschiedenen Bögen variiert, in die der Lauf des Mondes zerfällt (siehe die Abbildung in Kasten 47).

47. BERECHNUNG VON LÄNGE UND BREITE DES MONDES

(Nach Neugebauer 1955)

Tafel BM 32651 (Babylon, Seleukidenzeit)

Berechnung der Länge bei Vollmond (BM 32651 – Abschnitt 3)

Ist die Länge eines Vollmonds bekannt, kann man mit dieser Methode die Längen folgender (oder voraufgegangener) Vollmonde berechnen, indem man zur bekannten Länge einen bestimmten (mit der Länge variierenden) Bogen addiert (oder davon subtrahiert). Diese Länge wird auf die Ekliptik bezogen und in Grad der verschiedenen Tierkreiszeichen angegeben (wobei jedes Zeichen einen Bogen von 30° der Ekliptik einnimmt).

Übersetzung

Von 13 (Grad) der Fische bis zu 27 (Grad) der Jungfrau, (addierst du) Monat um Monat 28.7.30 (Grad).

Was über 13 (Grad) der Fische hinausgeht, multiplizierst du mit 1.4 (und) addierst du zu 13 (Grad) der Fische.

Von 27 (Grad) der Jungfrau bis zu 13 (Grad) der Fische addierst du 30.

Was über 27 (Grad) der Jungfrau hinausgeht, multiplizierst du mit 56.15 (und) addierst du zu 27 (Grad) der Jungfrau.

Kommentar

Um die Länge des Vollmonds in bezug auf die Ekliptik, nicht auf den Himmelsäquator, zu errechnen, addiert man, wenn seine Länge zwischen 13° im Zeichen der Fische und 27° im Zeichen der Jungfrau ist, zur Stellung des Mondes im vorangegangenen Monat pro Mondmonat 28°7'30'', wenn sie zwischen 27° der Jungfrau und 13° der Fische ist, 30°.

Aufgabe zwei und vier des Textes betreffen den Fall, in dem der Mond diese Längen von 13° der Fische und 27° der Jungfrau überschreitet und Korrekturen erforderlich werden.

Fällt der Vollmond beispielsweise auf 7° der Fische, gelangt man nach Addition von 28°7'30'' zu 5°7'30'' im Zeichen des Widders, hat also die Grenze von 13° der Fische um 22°7'30'' überschritten. Diese Größe multipliziert man nun mit 1.4 und addiert das Resultat, 23°36', zu den 13° der Fische. So erhält man die Länge des nächsten Vollmonds nach dem Vollmond bei 7° der Fische mit 6°36' im Zeichen des Widders. Durch diese Korrektur wird also berücksichtigt, daß die Länge des Vollmonds in einem Monat zwischen 27° der Jungfrau und dem 13. Grad der Fische schneller variiert als im komplementären Bogen zwischen dem 13. Grad der Fische und dem 27. Grad der Jungfrau: Sobald der Mond diese Bogengrenzen überschreitet, muß sein Lauf entsprechend des »langsameren« beziehungsweise des »schnelleren« Bogens korrigiert werden (man beachte das Verhältnis zwischen den Korrekturkoeffizienten und den zu addierenden Bogenwerten: 30 × 56.15 = 28.7.30 und 28.7.30 × 1.4 = 30).

Während der Mond im obigen Beispiel vom »langsameren« Bogen zum »schnelleren« wechselte, geht es beim folgenden Beispiel um den umgekehrten Fall: Haben wir bei 6°36' der Jungfrau Vollmond und addieren wir dazu 30°, um den nächsten Vollmond herauszufinden, nämlich bei 6°36' der Waage, so haben wir bei 27° der Jungfrau die Grenze um 9°36' überschritten. Diesen Bogen multiplizieren wir mit 0.56.15 und erhalten 9°, die wir zu 27° der Jungfrau addieren. Das ergibt die Länge des Vollmonds, der auf den von 6°36' der Jungfrau folgt: 6° der Waage.

Berechnung der Breite des Mondes (BM 32651 – Abschnitt 6)

Die Breite des Mondes wird in bezug auf die Ekliptik berechnet. Mit folgender Methode läßt sie sich, ausgehend von einer bekannten Breite, Monat um Monat angeben, indem man einen mit Länge und Breite des Mondes veränderlichen Bogen addiert oder subtrahiert. Die Methode berücksichtigt, daß die Breite des Mondes in Ekliptiknähe – in der Knotenlänge – schneller variiert. Die Breite des

Mondes bezogen auf die Ekliptik schwankt zwischen etwas mehr als –5° und etwas mehr als +5°.

Übersetzung

Verfahren zur (Berechnung der) positiven und negativen Breite des Mondes (Monat um Monat). 12 (Grad ist) die Breite der Mondbahn [*also jeweils 6° beiderseits der Ekliptik*]. 2.24 Korn [*also 2°*] (von der Mitte) (ist) der Bereich des Wechsels [*d.h. die Knotenlinie*]. Von 27 (Grad) der Fische bis zu 13 (Grad) der Jungfrau (mußt du) Monat um Monat 1.58.45.42 (Korn) [*also 1°38'58"5*] addieren oder subtrahieren, bis du die Knotenlinie erreichst [*für die Länge des Mondes zwischen 27° der Fische und 13° der Jungfrau werden zu der bekannten Breite des Mondes für jeden Monat 1°38'58"5 addiert oder davon subtrahiert, je nachdem, ob sich der Mond von der Ekliptik entfernt oder ob er sich ihr nähert – und das bis die Breite die Knotenlinie, also + oder –2°, erreicht*].

[*Nun folgt im Text ein Beispiel, was zu tun ist, wenn der Mond durch Addition des Bogens von 1°38'58"5 die Knotenlinie überschreitet, also eine Breite zwischen –2° und +2° erreicht*]: Wenn 3.52.11.39 (+) (in Korn)(gegeben ist), subtrahiere 1.58.45.42 (Korn) (*also 1°38'58"5*) davon und es bleiben 1.53.25.57 (Korn) (+) [*der Mond hat eine positive Breite, von der der gewünschte Bogen abgezogen wird: das heißt, der Mond nähert sich der Ekliptik*]. Da nun (das Resultat) weniger ist als 2.24 (Korn) [*also 2°, der Mond also die Knotenlinie erreicht hat*], das heißt, daß er unter 30.34.3 (Korn) ist, subtrahiere 30.34.3 von 1.53.25.57 [*hier enthält der Text einen Fehler und sagt 1.52.25.57*] und du setzt 1.22.51.54 (+) (das Resultat) du setzt nach 3.52.11.39 (+) [*das heißt, einen Monat nachdem der Mond eine Breite von 3.52.11.39 gehabt hat, ist seine Breite 1.22.51.54 Korn*]. Addiere 30.34.3 zu 1.58.45.42, und 2.29.19.45 (–) [*das Resultat*] setzt du [*Berechnung der Breite einen Monat später?*].

[*Nun wird im Text der Fall behandelt, daß der Mond die Länge von 13° der Jungfrau überschreitet:*] Bis du 13 (Grad) der Jungfrau erreichst. Für jeden Grad Länge nach 13 (Grad) der Jungfrau multipliziere mit 15.0 und addiere (das Resultat) zu 1.58.45.42; für die positiven wie auch für die negativen Werte mußt du das setzen.

[*Es folgt ein Beispiel:*] Angenommen (die Position im) Tierkreis ist 13 (Grad) der Waage. Von 13 (Grad der Jungfrau) bis 13 (Grad) der Waage (sind) 30 (Grad oder) 1 donna. Multipliziere 30 mit 15.0; (das Ergebnis ist) 7.30.0. Addiere 7.30.0 zu 1.58.45.42 und (du erhältst) 2.6.15.42 [*das ist die Größe, die zur Breite des Mondes addiert werden muß, wenn er die Länge von 13° der Jungfrau zu 13° der Waage überschreitet – die Passage entspricht einem Monat und gestattet dem Schreiber, den Wert anzugeben, der für alle Monate zur Breite zu addieren ist, solange sich der Mond zwischen dem 13° der Jungfrau und dem 27° der Fische befindet, und gleichzeitig zu illustrieren, wie zu verfahren ist, wenn die Länge von 13° der Jungfrau um eine bestimmte Anzahl von Graden überschritten wird.*]

[*Danach erklärt der Text, was zu tun ist, wenn die maximale oder minimale Breite des Mondes erreicht wird, für den Schreiber heißt das, die Werte +6° beziehungsweise –6°:*] Bis (?) 7.12 (+) (Korn) [*also 6°*] steigt es; bis (?) 7.12 (–) fällt es. Was über 7.12 hinausgeht, mußt du (für die positiven wie auch für die negativen Werte) von 7.12 subtrahieren, du mußt das setzen ...

[Hier ist das Täfelchen beschädigt, aber anhand anderer, vergleichbarer Quellen lassen sich die der Berechnung zugrundeliegenden Prinzipien rekonstruieren.]

Kommentar

Fassen wir die komplexe Berechnung der Breite des Mondes zusammen, so scheint, daß jeden Monat 1.58.45.42 Korn (1°38'58"5) addiert oder subtrahiert werden müssen, solange der Mond eine Länge zwischen 27° der Fische und 13° der Jungfrau hat und 2.6.15.42 Korn (1°43'33"), wenn seine Länge zwischen 13° der Jungfrau und 27° der Fische beträgt – diese Größen werden zur bzw. von der bekannten Breite addiert bzw. subtrahiert, je nachdem, ob sich der Mond der Ekliptik nähert oder ob er sich von ihr entfernt, also je nachdem, ob er seine maximale Breite von +6° oder seine minimale Breite von –6° bereits erreicht hat. Dazu kommt ein ganzes System von Korrekturen: Eine, wenn er von einem dieser Bogen der Länge zum anderen übergeht (der Mondmonat also gewissermaßen »rittlings« über 13° der Jungfrau oder 27° der Fische hinausreicht); eine andere, wenn er eine Breite zwischen –2° und +2° hat oder in diese Zone eintritt, da hier die Beschleunigung seiner Bewegung berücksichtigt werden muß. Schließlich ist eine weitere Korrektur erforderlich, wenn die Maximalbreite von +6° oder die Minimalbreite von –6° erreicht wird, da nun der Rückwendung des Mondes zur Ekliptik Rechnung getragen werden muß.

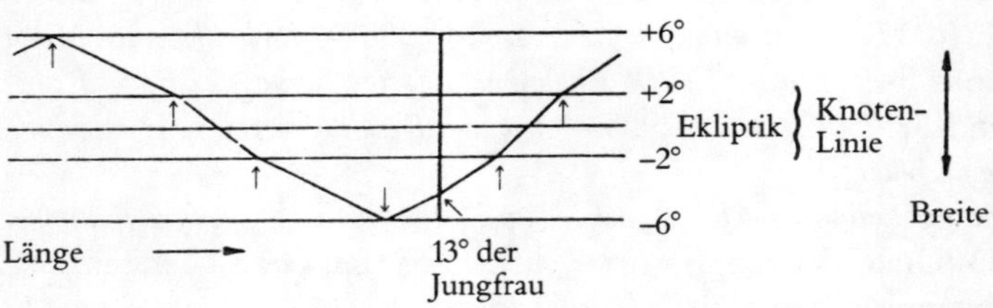

Dieses Schema illustriert die Variationen der Breite als Funktion der Länge (ohne Berücksichtigung des Maßstabs). Die kleinen Pfeile zeigen die verschiedenen Neigungsänderungen an, denen durch oben erwähnte Korrekturen Rechnung getragen werden muß (Änderungen bei 27° im Zeichen der Fische sind nicht eingetragen: sie sind zu denen bei 13° im Zeichen der Jungfrau symmetrisch).

Wie im Fall der Sonne konnten solche Berechnungen, so approximativ sie auch sein mögen, nur nach langen, in Tabellen festgehaltenen Beobachtungen angestellt werden. Dafür gestatten sie, den Ort des Mondes (Länge und Breite) für verschiedene Daten vorherzusagen und somit entsprechende astronomische Jahrbücher aufzustellen. In der Tat existieren aus dieser Epoche zahlreiche Ephemeriden für verschiedene Eigenschaften des Mondes wie Position der verschiedenen Phasen, Geschwindigkeit des Mondes etc. als Funktion des Datums. Eine

Tafel weist sogar einen Weg zur Berechnung der beleuchteten Oberfläche des Mondes: Ihre Zunahme folgt zunächst einer geometrischen, dann einer arithmetischen Reihe. Auf diese Weise stoßen wir bei den astronomischen Berechnungen wieder auf die mathematische Tradition des Zwischenstromlands.

Da eine Sonnen- beziehungsweise Mondfinsternis eintreten kann, wenn der Mond zur Zeit des Voll- oder Neumonds in einem seiner Bahnknoten (also in einem der beiden Schnittpunkte der Mondbahn mit der Ekliptik oder in hinreichender Nähe) steht, ist es außerordentlich wichtig, die Breite des (Voll- oder Neu-) Mondes in bezug auf die Ekliptik zu kennen, da sie eine Vorhersage der Finsternisse gestattet. In Wirklichkeit läßt sich allerdings schwer vorhersehen, ob die angekündigte Finsternis von dem Ort auf der Erde aus, an dem sich der Beobachter befindet, zu sehen oder aufgrund von Parallaxephänomenen nicht zu sehen sein wird. Die Voraussage einer Finsternis anhand der Breite des Mondes kann also lediglich die Voraussage der Möglichkeit für einen bestimmten Zeitpunkt sein. Da ein solches Ereignis jedoch nur für die Astrologie von Interesse war, genügte eine solche Vorhersage: wichtig war, daß keine Finsternis eintrat, ohne vorher angekündigt worden zu sein. Blieb umgekehrt eine prophezeite aus oder war von dem bestimmten Ort aus nicht zu sehen, so konnte dies als gutes Omen gedeutet werden, wohingegen eine nicht vorhergesehene Finsternis nur ein schlechtes Zeichen sein konnte (mit Konsequenzen für den säumigen Astrologen).

Die Kenntnis der elementaren Zyklen der Mondphasen und der Schwankungen der ekliptalen Breiten des Mondes ermöglicht also, den komplexen Zyklus der Finsternisse vorherzusagen. Indessen haben wir keinen Beweis dafür, daß die Mesopotamier diese Rückschlüsse zu ziehen verstanden. Die oben angeführten Texte stammen aus der Seleukidenzeit; die Beschäftigung mit den Finsternissen aber reicht viel weiter zurück: Laut Simplicius soll Kallisthenes, der Alexander den Großen auf seinen Feldzügen begleitete, seinem Onkel Aristoteles eine Liste der Finsternisse der letzten 1903 Jahre zugesandt haben (was den Beginn einschlägiger Beobachtungen ungefähr auf die Zeit um 2200 v.Chr. ansetzt). Höchstwahrscheinlich gehen die Vorhersagen von Finsternissen in Mesopotamien also bis in eine frühe Zeit zurück, in der sie bestimmt noch nicht auf einer Berechnung der Breite des Mondes beruhten – falls das in Mesopotamien überhaupt je der Fall war. Möglicherweise entdeckte man anhand von Beobachtungstabellen, daß sich nach einer Periode von 223 Mondumläufen (18 Jahren und 11 Tagen) die Sonnen- und Mondfinsternisse fast in derselben Reihenfolge wiederholten. Die Anwendung eines solchen Zyklus ist einfacher als die Berechnung der Breite des Mondes und zweifelsohne auch älter. Mit seiner Hilfe konnten die Mesopotamier die Verfinsterung von Sonne und Mond mehr oder weniger genau vorhersagen. Im 3. vorchristlichen Jahrhundert kannten die Assyrer einen noch präziseren Zyklus von 669 Mondumläufen. Doch zu diesem Zeitpunkt besaßen die Griechen bereits die korrekte Erklärung der Finsternisse und hatten eine geometrische Astronomie entwickelt.

Die scheinbare Bewegung der Planeten ist äußerst kompliziert und bildete lange Zeit ein Kernproblem der Astronomie. Dabei ist zu unterscheiden zwischen den unteren Planeten (Merkur und Venus), die näher an der Sonne sind als die Erde, und den oberen Planeten, die der Sonne ferner sind als die Erde (also Mars, Jupiter und Saturn – Uranus, Neptun und Pluto waren den Mesopotamiern noch nicht bekannt).

Die unteren, sonnennahen Planeten sind nur abends und morgens (kurz nach Sonnenuntergang beziehungsweise kurz vor Sonnenaufgang) zu sehen; die übrige Nacht befinden sie sich (mit der Sonne) auf der beleuchteten Seite der Erde, und tagsüber sind sie im Licht der Sonne unsichtbar beziehungsweise präsentieren sich beim Durchgang zwischen Sonne und Erde als kleine, schwarze, mit bloßem Auge nicht erfaßbare Flecken. Die entscheidenden Punkte ihrer scheinbaren Bewegung sind: der Punkt ihres ersten Sichtbarwerdens im Osten (der Planet erscheint als »Morgenstern«); der Punkt, an dem die scheinbare Bewegung im Osten zum Stillstand kommt und in eine rückläufige übergeht; der Punkt ihres letzten Sichtbarwerdens im Osten (der Planet geht als »Morgenstern« unter); der Punkt ihres ersten Wiedererscheinens im Westen (der Planet geht als »Abendstern« auf); der Punkt, an dem die Bewegung im Westen zum Stillstand kommt und an dem, wie am entsprechenden Punkt im Osten, die rückläufige Bewegung einsetzt, die sich bis zum Haltepunkt im Osten fortsetzt; der Punkt ihres letzten Sichtbarwerdens im Westen (der Planet verschwindet als »Abendstern«).

Die oberen Planeten sind in den Perioden, in denen die Sonne zwischen ihnen und der Erde steht, nicht zu sehen. Während ihrer Sichtbarkeit sind die entscheidenden Punkte ihrer scheinbaren Bewegung: der Punkt ihres ersten Sichtbarwerdens im Osten; der erste Haltepunkt (die scheinbare Bewegung kommt zum Stillstand, der Planet schlägt die andere Richtung ein: die rückläufige Bewegung beginnt); der zweite Haltepunkt (die rückläufige Bewegung kommt zum Stillstand, der Planet folgt wieder seiner ersten Richtung); und schließlich der Punkt ihres letzten Sichtbarwerdens im Westen (danach ist er nicht mehr zu sehen, bis der Zyklus von neuem einsetzt). Alle diese Bewegungen sind in bezug auf die »Fix«-Sterne, vornehmlich die der Ekliptik, zu verstehen, in deren Nachbarschaft sie vor dem Hintergrund des Tierkreises ablaufen.

Die Mesopotamier kannten nur die fünf erdnächsten Planeten. Sie wußten, daß die Venus – wie auch der Merkur – am Morgen- und am Abendhimmel als ein und derselbe Stern zu sehen ist. Sie besaßen Methoden zur Berechnung der Länge dieser fünf Planeten in bezug auf die Ekliptik, zur Berechnung der wichtigsten Punkte ihrer scheinbaren Bewegung sowie ihrer Bahngeschwindigkeit – indem sie die Bahnen – ähnlich wie bei Sonne oder Mond – in Bogen zerschnitten, für die jeweils eine gleichbleibende Geschwindigkeit angenommen wurde.

Kasten 48 enthält die Anleitung zur Berechnung der Länge des Planeten Merkur bei seinem ersten Sichtbarwerden im Osten (also zur Berechnung seiner

Position im Tierkreis bei seinem ersten Wiedererscheinen als »Morgenstern« nach einer Phase der Unsichtbarkeit) und bei seinem ersten Sichtbarwerden im Westen (also zur Berechnung seiner Position im Tierkreis bei seinem ersten Wiedererscheinen als »Abendstern« nach einer Phase der Unsichtbarkeit). Außerdem wird in Kasten 48 eine Methode zur Berechnung der Daten dieses ersten Sichtbarwerdens dargestellt, die im Prinzip der oben für Sonne und Mond explizierten ähnlich ist: Man geht von der bekannten Länge eines ersten Sichtbarwerdens aus, addiert dazu, je nach dem Abschnitt der Ekliptik, in dem sich der Planet befindet, einen Bogen von veränderlicher Länge und erhält so die Länge des Planeten bei seinem nächsten ersten Wiedererscheinen (mit einem Korrektursystem für den Übergang von einem Abschnitt der Ekliptik zum anderen). Nach demselben Prinzip wird unter Berücksichtigung der Längendifferenz das Datum berechnet.

Die Bewegung eines oberen Planeten, des Mars, wird in Kasten 49 beschrieben; für jede Phase seiner Bewegung ist die Geschwindigkeit angegeben sowie die Zahl der Tage, während derer er diese Geschwindigkeit beibehält. Die Rechenmethode ist im Prinzip analog zu den oben angewandten.

48. MERKUR – ABENDSTERN UND MORGENSTERN

(Nach Neugebauer 1955)

Tafel AO 6477 (Uruk, Seleukidenzeit)

Der erste Abschnitt der Tafel weist den Weg zur Berechnung der Länge des Merkur auf der Ekliptik bei seinem ersten Sichtbarwerden als Morgenstern: zur bekannten Länge einer seiner ersten Aufgänge im Osten wird je nach dem Teil der Ekliptik, in dem er sich gerade befindet, eine bestimmte Bogenlänge addiert (die Ekliptik ist hier in 3 Teile geteilt: von 1° im Zeichen des Löwen bis zu 16° im Steinbock, von 16° im Steinbock bis zu 30° im Stier, von 30. Grad im Stier bis zu 1° im Löwen – mit entsprechenden Korrekturen beim Übergang von einem Teil zum anderen). Anschließend wird gezeigt, wie sich das Datum des ersten Wiedererscheinens des Merkur auf einer bestimmten Länge als Morgenstern errechnet. Und die letzten Zeilen dieses Abschnitts sollen vermutlich darauf hinweisen, daß die Längen bei seinem ersten und letzten Sichtbarwerden als Morgenstern bei 10° im Zeichen des Widders und 20° im Stier sehr nahe beieinander liegen, so daß die Positionen zu diesen Zeitpunkten schwer auseinanderzuhalten sind.

Der zweite Abschnitt der Tafel ist entsprechend zum ersten aufgebaut, berechnet aber das erste Sichtbarwerden des Merkur als Abendstern (also sein erstes Wiedererscheinen im Westen).

Bei einem Vergleich der auf der Tafel angegebenen Werte mit unseren heutigen Kenntnissen über die Bewegungen des Merkur ist bei den zur bekannten Länge zu addierenden Bogenmaßen zu berücksichtigen, daß die erste Zahl links mit 60 zu multiplizieren ist (beispielsweise: 1.46 = (1 × 60) + 46 = 106°).

Übersetzung der Abschnitte 1 und 2

Betrifft Merkur; von einem Erscheinen am Morgen [*vom ersten Sichtbarwerden als Morgenstern im Osten*] bis zum (folgenden) Erscheinen am Morgen. Von 1° des Löwen bis 16° des Steinbocks addierst du 1.46. (Wenn) 16° des Steinbocks überschritten ist, multiplizierst du mit 0.20 und addierst du [*Korrektur nach demselben Prinzip wie bei Sonne und Mond*]. Von 16° des Steinbocks bis 30° des Stiers addierst du 2.21.20 [*2.21.20 ist gleich 1.46 + (1.46 × 0.20); was mit der voraufgehenden Korrektur übereinstimmt, bei der das, was über 16° des Steinbocks hinausging, mit 0.20 multipliziert werden sollte*]. (Wenn) 30° des Stiers überschritten ist, multiplizierst du mit 0.20 und subtrahierst [*Korrektur*]. Von 30° des Stiers bis 1° des Löwen addierst du 1.34.13.20 [*1.34.13.20 = 2.21.20 – (2.21.20 × 0.20); so erklärt sich die voraufgehende Korrektur*]. Wenn 1° des Löwen überschritten ist, multiplizierst du mit 0.7.30 und addierst [*Korrektur nach demselben Prinzip: 1.34.13.20 + (1.34.13.20 × 0.7.30) = 1.46, also der Bogen, der zwischen 1° des Löwen und 16° des Steinbocks dazu addiert werden muß*]. Die Entfernung (von einem) [*ersten sichtbaren*] Erscheinen [*im Osten*] bis zum (folgenden) Erscheinen berechnest du (?) und du addierst 3.30.39.4.20 und du sagst den Zeitpunkt vorher [*ist der Zeitpunkt eines ersten Sichtbarwerdens im Osten und seine Länge bekannt, wird zur Berechnung des Zeitpunkts des nächsten Wiedererscheinens zunächst nach dem soeben dargelegten Prinzip dessen Länge berechnet und dann zur Entfernung, die das zweite von der Länge des vorausgehenden ersten Sichtbarwerdens trennt, die Zahl 3.30.39.4.20 addiert (wobei die 3 die Einer bezeichnet): So erhält man die Zahl der Tage oder vielmehr die Zahl der »thitis« (1/30 von 29,5 Tagen), die der Planet braucht, um diese Entfernung zu durchmessen. Damit hat man auch den Zeitpunkt berechnet*]. Merkur, in seinen Morgenaufgängen, von 10° des Widders bis 20° des Stiers, verfließt in seinen morgendlichen Untergängen [*Nähe der Länge des ersten und letzten Sichtbarwerdens als Morgenstern, wenn sich Merkur zwischen 10° des Widders und 20° des Stiers befindet*].

Betrifft Merkur: von einem Erscheinen am Abend bis zum (nächsten) Erscheinen am Abend [*dem ersten Sichtbarwerden als Abendstern im Westen*]. Von 6° des Krebses bis 26° der Waage addierst du 2.40. (Wenn) 26° der Waage überschritten ist, multiplizierst du mit 0.20 (und) subtrahierst. Von 26° der Waage bis 10° der Fische addierst du 1.46.40. (Wenn) 10° der Fische überschritten ist, multiplizierst du mit 0.6 (und) subtrahierst. Von 10° der Fische bis 6° des Krebses addierst du 1.36. Wenn 6° des Krebses überschritten ist, multiplizierst du mit 0.40 (und) addierst. Den Abstand (von einem) Erscheinen bis zum (nächsten) Erscheinen berechnest du (?) und addierst 3.30.39.4.20, und du sagst das Datum vorher. Merkur in seinen Aufgängen am Abend, von 30° der Jungfrau bis 5° des Skorpions, in seinen abendlichen Untergängen, verfließt.

49. DIE BEWEGUNG DES PLANETEN MARS

(Nach Neugebauer 1955)

Tafel BM 34676 (Babylon, Seleukidenzeit)

Abschnitt 10 dieser Tafel gibt zunächst die Geschwindigkeit des Planeten Mars bei seinem Erscheinen (ersten Sichtbarwerden) in den verschiedenen Tierkreiszeichen an und zwar in Grad pro Tag (wobei ein Tag hier als 1/30 eines Mondmonats, also als 1/30 von 29,5 Tagen anzusetzen ist).

Dann folgt eine Beschreibung seiner Bewegung von seinem ersten bis zu seinem letzten Wiedererscheinen, wobei während der 190 Tage nach seinem ersten Sichtbarwerden eine mittlere Geschwindigkeit von 0.40 (Grad pro Tag) angenommen wird; danach nimmt diese Geschwindigkeit 90 Tage (also 3 mal 30 Tage) lang ab, bis der erste Wendepunkt erreicht ist; die Geschwindigkeit der rückläufigen Bewegung wird angegeben (aber nicht ihre Dauer); nach Erreichen des zweiten Wendepunkts wächst die Geschwindigkeit erneut 93.53 Tage (3 mal 30, plus 3.53), danach verschwindet der Planet.

Übersetzung von Abschnitt 10

Geschwindigkeit des Mars während eines ganzen Jahres [= *Periode*], wo du ihn sehen kannst. Wenn der Mars im Krebs zum erstenmal (?) erscheint, ist die Geschwindigkeit 0.30, im Löwen ist die Geschwindigkeit 0.33.20. In der Jungfrau ist die Geschwindigkeit 0.36.40, in der Waage ist die Geschwindigkeit 0.40, im Skorpion ist die Geschwindigkeit 0.43.20, im Schützen ist die Geschwindigkeit 0.46.40, im Steinbock ist die Geschwindigkeit 0.50, im Wassermann ist die Geschwindigkeit 0.46.40, in den Fischen ist die Geschwindigkeit 0.43.20, im Widder ist die Geschwindigkeit 0.40, im Stier ist die Geschwindigkeit 0.36.40, in den Zwillingen ist die Geschwindigkeit 0.33.20, im Krebs ist die Geschwindigkeit 0.30.

Bei 1 Grad beträgt der Unterschied 6.40... [*Bei einem Zeichen von 30° verändert sich die Geschwindigkeit um 0.0.6.40 × 30 = 0.3.20 Grad/Tag. Die auf der Tafel angegebenen Geschwindigkeiten gelten für das erste Sichtbarwerden eines Planeten in einem bestimmten Tierkreiszeichen – nicht für seine Bewegung durch die Zeichen, die im folgenden in den Fällen beschrieben wird, in denen sie beim ersten Aufgang 0.40 beträgt.*]

Während 190 Tagen ist die Geschwindigkeit 0.40 pro Tag vor dem ersten Wendepunkt; 30 Tage 0.36 pro Tag; 30 Tage 0.24 pro Tag; 30 Tage ist die Geschwindigkeit 0.12 pro Tag und der (erste) Wendepunkt (ist erreicht). Vom ersten Wendepunkt zum (zweiten) Wendepunkt läuft der Mars 0.12 pro Tag zurück und der (zweite) Wendepunkt (ist erreicht). Vom zweiten Wendepunkt an addierst du die tägliche Geschwindigkeit (?) 0.12 pro Tag 30 Tage lang; 30 Tage ist die Geschwindigkeit 0.24 pro Tag; 30 Tage lang 0.36 pro Tag; 3.53 Tage lang ist die Geschwindigkeit 0.40 pro Tag (und) die Unsichtbarkeit (ist erreicht). Wenn (im) Krebs, ist die Geschwindigkeit 0.30; wenn (in) der Waage, ist die Geschwindigkeit 0.40; wenn (im) Steinbock, ist die Geschwindigkeit 0.50; wenn (im) Widder, ist die Geschwindigkeit 0.40 und die Unsichtbarkeit (ist erreicht). [*Es handelt sich hier um die Geschwindigkeit des Planeten vor seinem Unsichtbarwerden in den jeweiligen Tierkreiszeichen. Es sind dieselben Werte wie bei seinem Wiedererscheinen.*]

Vom Unsichtbarwerden bis zum Wiedererscheinen verfährst du wie zuvor bei den (einfachen) Tierkreiszeichen. [*Methode zur Berechnung des Wiedererscheinens nach der Unsichtbarkeit?*]

Für die anderen Planeten existieren ähnliche Texte und Ephemeriden, die die verschiedenen, auf diese Weise berechneten Werte zusammenfassen. Mit ihrer Hilfe kann der Astronom unter Zuziehung von Sonnen- und Mondtabellen das vergangene und das zukünftige Aussehen des Himmels – die Stellung von Sonne, Mond und Planeten relativ zur Ekliptik und den sie unterteilenden Tierkreiszeichen – beschreiben.

Die Berechnungen sind ziemlich kompliziert, und lange bevor sie erarbeitet waren, haben sich die Mesopotamier aus astrologischen Gründen für die Planeten interessiert. Lange ehe sie die Bewegung der Gestirne berechnen konnten, haben sie Beobachtungen zusammengetragen und Tabellen geführt und so entdeckt, daß die gleichen Phänomene periodisch wiederkehren. Beispielsweise wußten sie, daß der Planet Venus nach 8 Jahren an denselben Ort relativ zu Sternen und Sonne zurückkehrt – daß er also alle 8 Jahre dieselben Bewegungen mit Sichtbar- und Unsichtbarwerden wiederholt –, und daß Merkur 46 Jahre, Mars (mit fortschreitend präziseren Berechnungen) 32, 47, 79 Jahre, Jupiter 77 oder genauer 83 Jahre und Saturn 59 Jahre dazu braucht. Auch hier beruhen die Texte der Kästen 48 und 49, auch wenn sie aus der Seleukidenzeit stammen, auf einer weit zurückreichenden Tradition und auf seit langem geführten astronomischen Tabellen.

Außer diesen recht technischen Texten aus später Zeit existieren zahlreiche ältere Zeugnisse von Sternbeobachtungen (mit oder ohne Vorhersagen); einige Beispiele aus dem 7. und 6. Jahrhundert v.Chr. finden sich in Kasten 50. Diese Beobachtungen sind sehr grob, ohne Angabe von Maßen oder bestenfalls mit Näherungswerten, was zweifelsohne auch mit der Natur der zitierten Texte zusammenhängt: es handelt sich weniger um Arbeitspapiere als um Briefe oder bruchstückhafte Beobachtungen. Darin werden unter anderem angekündigte Verfinsterungen erwähnt, die nicht eingetreten sind oder zumindest vom Beobachtungsort aus nicht zu sehen waren. Diese Texte gewähren einen Einblick in den Alltag des Astronomen (oder vielmehr des Astrologen), die Organisation seiner Arbeit – es gibt einen Leiter des Observatoriums –, die Beziehungen zwischen den Observatorien der verschiedenen Städte, die an den König geschickten Berichte (die Anlässe werden wir in der Folge kennenlernen) etc. Damit bilden sie eine gute Ergänzung der oben zitierten technischen Texte.

50. ASTRONOMISCHE BEOBACHTUNGEN

(Nach Couderc 1974, Rey 1930, Rutten 1970)

Der Monat Adaru [*Name eines Monats*] wird dreißig Tage haben. In der Nacht vom 13. zum 14. habe ich sorgfältig beobachtet, aber es hat keine Mondfinsternis gegeben; siebenmal habe ich mich erhoben, aber es hat keine Verfinsterung gegeben. Ich werde dem König einen abschließenden Bericht schicken.

Am 15. des Monats Ulûlu war der Mond zur selben Zeit zu sehen wie die Sonne: die Finsternis ist nicht eingetreten.

Was die Mondfinsternis betrifft, deretwegen der König, mein Herr, Gesandte in die Städte Borsippa, Akkad und Nippur geschickt hat, sie ist eingetreten, ich habe sie in Akkad beobachtet und melde es meinem Herrn. Was die Sonnenfinsternis betrifft, habe ich auch Beobachtungen angestellt; sie ist nicht eingetreten. Ich berichte meinem Herrn, was ich mit meinen Augen gesehen habe. Abil-Istar, Diener des Königs [*Unterschrift des Astronomen*].

An den König, meinen Herrn, dein Diener, Leiter des Observatoriums der Astrologen der Stadt Arba Ilu (Erbil). Sei gegrüßt! Der König, mein Herr, mögen (ihn) Nabu [*Gott der Schrift*], Marduk [*oberster Gott von Babylon, zweifellos ein Sonnengott*] und Ischtar [*mit dem Planeten Venus identifizierte Göttin*] segnen. Am 29. Tag haben wir eine Beobachtung gemacht, das Observatorium war in den Wolken, wir haben den Mond nicht gesehen.

Am 8. des Monats Nisannu befand sich der Mond eine Elle vor dem Stern des Hinterfußes des Löwen. Am 18. des Monats Airu befand sich Venus eine Elle und vier Finger über dem Regulus.

Auf dem Höhepunkt seiner Kraft begann Mars zu glänzen und blieb so mehrere Wochen lang, wurde rückläufig, um danach wieder seine gewohnte Bahn aufzunehmen, durchlief so zwei- und dreimal denselben Weg. Die Größe des dergestalt dreimal durchlaufenen Weges war 20 Grad.

Die Mesopotamier haben also den Himmel der Fixsterne strukturiert durch die Bahn der Sonne, die in 12 gleiche Bögen, die Tierkreiszeichen, eingeteilt wurde. Hauptaufgabe der Astronomie war, den Stand von Sonne, Mond und Planeten – also der beweglichen Sterne vor dem Hintergrund der Fixsterne – zu verschiedenen Tagen und Stunden anzugeben und mithin auch ihre Bewegungen zu bestimmen. Zu diesem Zweck wurden die Beobachtungen über teilweise sehr lange Perioden sorgfältig aufgezeichnet: aufgrund dieser Aufzeichnungen wurden einfache und komplexe Zyklen erkannt. Schließlich haben die Mesopotamier versucht, auf der Grundlage dieser Beobachtungen und der entdeckten Zyklen Methoden zur Berechnung der Sternpositionen, –bewegungen und –geschwindigkeiten auszuarbeiten. Die oben zitierten technischen Texte illustrieren die

Schlußphase dieser Entwicklung der mesopotamischen Astronomie; ihre Weiterentwicklung übernehmen von nun an die Griechen.

Nun möchte man meinen, daß ein solches Vorgehen der wissenschaftlichen Untersuchung von Naturerscheinungen entspricht. Dennoch hindert uns irgend etwas, diese Astronomie eine Wissenschaft zu nennen. Die in den vorgestellten Beispielen zur Berechnung der Bewegungen der Gestirne benutzten Methoden sind lediglich arithmetische (auf das Prinzip fortschreitender Reihen gegründete) Beschreibungen, die sich mit Näherungswerten zufrieden geben und auch zufrieden geben können. Ein geometrisches Modell von der Bewegung der Gestirne (wie es dann die griechische Astronomie bietet) steht nicht hinter diesen Berechnungen.

Diese fehlende Geometrisierung der Astronomie hat, abgesehen davon, daß die Mesopotamier eher Zahlenjongleure als Geometer waren, ihren Grund darin, daß es ihnen nicht um eine Erklärung der Bewegung (oder der Natur) der Gestirne ging. Astronomie war für sie reine Positions-Astronomie; sie suchten lediglich nach Mitteln und Wegen, die Position der Sterne und damit auch den Eintritt bestimmter Erscheinungen wie Sonnen- oder Mondfinsternisse zu einem bestimmten Zeitpunkt in Erfahrung zu bringen. Und dieses Bestreben, die Stellung der Gestirne oder den Eintritt astronomischer Ereignisse (Verfinsterungen, Mondphasen, Äquinoktien etc.) vorherzusagen, erwuchs teils aus der Notwendigkeit, einen Kalender aufzustellen, teils aus astrologischem Aberglauben.

Der Anstoß zu den genannten astronomischen Arbeiten kam also von der Astrologie. Das damit angestrebte Ziel war die Weissagung: die Weissagung des individuellen Schicksals und die Weissagung der Zukunft des Königs und des Reichs. Warum die Mesopotamier – auf die die meisten der heute noch üblichen astrologischen Praktiken zurückgehen – wie andere Völker auch glaubten, die Zukunft vom Himmel ablesen zu können, ist nicht einfach zu erklären. Abgesehen von mythischen Gründen (die Sterne waren Götter) spielten zweifellos die Regelmäßigkeit der astronomischen Erscheinungen und ihr zyklisches Auftreten, das ihre Vorhersage und in der Erweiterung Vorhersagen der Zukunft ganz allgemein ermöglichte, eine Rolle. Von Bedeutung war aber auch, daß die astronomischen Phänomene in direkter Beziehung zu den Jahreszeiten und somit zur Feldarbeit standen, daß Astronomie und Meteorologie bis zu den ersten griechischen Physiologen häufig vermischt waren, da sie beide Himmelserscheinungen betreffen – es wurde nicht zwischen Erscheinungen in der Erdatmosphäre und außeratmosphärischen Phänomenen unterschieden – und bestimmte »astronomisch-meteorologische« Beobachtungen Wettervorhersagen erlaubten.

Doch welchen Ursprung die Astrologie nun auch haben mag, ihr Ziel jedenfalls war die Erstellung von Horoskopen – die Bestimmung der Position der Sterne bei der Geburt, und dabei vornehmlich der Stellung der Planeten, die sich aufgrund ihrer komplexen Bewegungen vor dem Tierkreis für alle möglichen

Kombinationen und somit für alle möglichen Zukunftsprophezeiungen eigneten. Ein solches Horoskop offenbarte das Geschick des Individuums. Aufschlüsse über das Schicksal des Königs und des Königreichs erhoffte man sich dagegen – abgesehen eventuell vom Horoskop des Königs – vor allem von »außergewöhnlichen« Himmelserscheinungen wie Verfinsterungen, unübersehbaren Unregelmäßigkeiten im Lauf der Planeten, Sternschnuppen und vielleicht Kometen – alle kündigten, je nach Deutung, gute oder böse Ereignisse an. Beispiele für solche rein astrologischen Deutungen astronomischer Erscheinungen als Schicksalsprophezeiungen und für »astronomisch-meteorologische« Vorhersagen, also die Deutung bestimmter astronomischer Phänomene als Wettervorboten, finden sich in Kasten 51.

51. ASTRONOMIE, ASTROLOGIE UND METEOROLOGIE

(Nach Couderc 1974, Labat 1965, Rey 1930, Rutten 1970)

Beobachtungen des Astrologen Nirgal-Itir, bestimmt für Assurbanipal (7. Jahrhundert v. Chr.)

Wenn der Mond einen Hof hat und Jupiter in seinem Inneren ist, wird der König von Akkad belagert werden.

Der Planet Merkur ist sichtbar. Wenn Merkur im Monat Kilu sichtbar ist, werden Diebe im Land sein.

Mars ist in die Konstellation Allul eingetreten; das läßt keine Vorhersage zu.

Andere Tafeln aus dem 8. und 7. Jahrhundert v. Chr.

Am 14. dieses Monats wird die Venus nicht sichtbar sein, aber ich sage dem König, meinem Herrn, daß es eine Mondfinsternis geben wird. Diese Vorhersage bedeutet Unglück für die Länder Elam und Syrien, aber dagegen Glückseligkeit für meinen König: möge der König ruhig sein. Irassilu der Ältere, Diener des Königs [*Unterschrift des Astrologen*].

Ich habe dem König, meinem Herrn, geschrieben: es wird eine Verfinsterung geben. Sie hat wirklich stattgefunden. Das bedeutet Frieden.

Wenn Mars im Monat Tammuz sichtbar ist, wird das Bett der Krieger leer bleiben [*Vorhersage von Krieg*].

Wenn sich Merkur im Norden hält, wird es Leichen geben; ein Einfall des Königs von Akkad in ein fremdes Land wird stattfinden.

Wenn sich Mars den Zwillingen nähert, wird ein König sterben, und es wird Feindseligkeiten geben.

Beobachtungen an die Adresse von Asarhaddon
(7. Jahrhundert v. Chr.)

Am ersten Tag des Monats Tebet, im Verlauf der Mitternachtswache, gab es eine Mondfinsternis. Sie begann im Osten, um nach Westen zu gelangen. Die Unruhen, die es im Land Amurru gibt, sind die Schuld des Königs von Amurru und seines Landes, weil er den Feinden meines Königs, meines Herrn, erlaubt hat, sich in Amurru aufzuhalten. Möge der König, mein Herr, nach seinem Willen verfahren. Seine Hände werden seinen Feind gefangennehmen, dessen Niederlage vollständig sein wird. Diese Prophezeiungen sind zuverlässig.

Vorhersage der Finsternis vom 10. Juni 669 v. Chr.

Wenn während der Finsternis Jupiter sichtbar ist, wird der König leben, an seiner Stelle wird ein Adliger sterben [*möglicherweise handelt es sich um das Prinzip, ein Opfer durch ein anderes zu ersetzen: den König durch den Tod eines Adligen zu beschützen*]. (Aber) Jupiter hat seine normale Verspätung um 5 Tage überschritten, und seine Unsichtbarkeit wird teuflischerweise 40 Tage dauern.

[*Und Asarhaddon, der König, starb im gleichen Jahr auf dem Weg nach Ägypten.*]

Meteorologische Vorhersagen

Wenn der Mond (am ersten Tag) einen dunklen Hof hat, wird der Monat regnerisch oder wolkig.

Wenn die Sonne einen Hof hat und seine Öffnung nach Süden weist, wird sich ein Südwind erheben.

[*Ohne wissenschaftlich zu sein, unterscheiden sich solche Vorhersagen doch von den oben angeführten astrologisch-magischen Prophezeiungen; sie erinnern stark an die Prinzipien und Redensarten der volkstümlichen Wettervorhersagen und Bauernregeln.*]

All diese Beobachtungen und astronomischen Berechnungen dienten also einem zugleich »magischen« und »praktischen« Zweck – magisch insofern, als die Prinzipien der Astrologie nicht auf der Vernunft aufbauen, sondern in mythennahen Überzeugungen verwurzelt sind. Und praktisch insofern, als diese Zukunftsvorhersagen das Tun der Menschen leiten und selbst Regierungsentscheidungen mitbestimmen sollen. Der magische Aspekt verhinderte, daß sich die Mesopotamier mit der Natur der Gestirne befaßten und sich um eine Erklärung ihrer Bewegungen bemühten. Und der praktische Aspekt bewirkte, daß sie sich mit einer approximativen arithmetischen Beschreibung begnügten anstatt nach einem geometrischen Modell und damit auch nach der genauen Bewegung und deren Erklärung zu suchen. Auch hier dient die Mathematik (Arithmetik) nur als Rechentechnik und nicht als Mittel zu dem Zweck, wirkliche Einsichten zu gewinnen. Deshalb ist die mesopotamische Astronomie trotz zahlreicher guter

Beobachtungen und Berechnungen keine echte Wissenschaft. Dennoch bildete sie eine nicht zu vernachlässigende Grundlage der griechischen Astronomie, einer echten Wissenschaft, auch wenn sie sich mit astrologischen Überzeugungen, die sich bis heute behauptet haben, arrangiert hat.

Der Kalender

Außer zu astrologischen Wahrsagungen dienten die Beobachtung der Sterne und die Berechnung ihrer Bahn zur Einrichtung des Kalenders. Das babylonische Jahr war ein Mondjahr, das heißt, es bestand aus 12 Mondmonaten mit je 29,5 Tagen – de facto wechselte man zwischen Monaten mit 29 und 30 Tagen. Kasten 52 enthält die Namen dieser Monate in Entsprechung zu unseren Monaten.

52. DIE MONATE DES BABYLONISCHEN KALENDERS

Nisan (Nisannu)	: März-April
Aiar (Aiaru)	: April-Mai
Siwan (Simânu)	: Mai-Juni
Du'uzu (Du'uzu)	: Juni-Juli
Ab (Abu)	: Juli-August
Ellul (Ulûlu)	: August-September
Teschrit (Taschritu)	: September-Oktober
Arahsamna (Arahsamnu)	: Oktober-November
Kislew (Kislimnu)	: November-Dezember
Tebet (Tebêtu)	: Dezember-Januar
Schebat (Schabâtu)	: Januar-Februar
Addar (Addaru)	: Februar-März

Dieses Mondjahr beginnt mit dem Neumond nach dem Frühlingspunkt, weshalb es für die Mesopotamier auch so wichtig ist, die Äquinoktien und die Mondphasen bestimmen zu können. Mit seinen 12 Monaten zu 29 und 30 Tagen aber hat das Mondjahr nur 354 Tage, hinkt also um 11,25 Tage hinter dem Sonnenjahr (365 Tage und 6 Stunden) her. Dieser Rückstand muß natürlich ausgeglichen werden, damit die Monate immer wieder in denselben Zeitabschnitt fallen, also in dieselben Jahreszeiten und astronomischen Konstellationen. Dazu aber muß von Zeit zu Zeit, durchschnittlich alle 3 Jahre, dem Jahr ein zusätzlicher Monat angehängt werden; ähnlich wie wir dem Jahr alle 4 Jahre (alle Schaltjahre) einen Tag hinzufügen. Dieser zusätzliche Monat kann als Ellul II (also nach Ellul

I als ein zweiter Monat Ellul) oder als Nisan II oder als Addar-Ergänzung eingeschoben werden.

Anfangs existierten allem Anschein nach keine festen Regeln für eine solche Verlängerung des Jahres; vermutlich entschloß man sich zu diesem Schritt, wenn die Verschiebung gegenüber den Jahreszeiten und den Sternkonstellationen zu groß wurde. Darauf läßt jedenfalls folgendes Täfelchen aus der Zeit Hammurapis (18. Jahrhundert v. Chr.) schließen:

> Hammurapi sagt seinem Minister Sin-idinnam dies: Das Jahr ist nicht mehr an seinem Platz. Laß den nächsten Monat unter dem Namen Ulûlu II eintragen. Die Entrichtung der Steuern in Babylon soll anstatt bis zu 25 Taschritu bis zu 25 Ulûlu abgeschlossen sein. [*Die Einschiebung eines zusätzlichen Monats zog also keine Verlängerung des Steuertermins nach sich.*]

Später gaben astronomische Beobachtungen den Ausschlag für eine solche Entscheidung. Jeder Monat wurde mit bestimmten Konstellationen assoziiert, deren heliakischer Aufgang (also ihr erstes Sichtbarwerden in der Dämmerung) in den entsprechenden Monat (vielleicht die Tierkreiszeichen) fallen mußte. War das nicht mehr der Fall, mußte man zur Berichtigung schreiten:

> Dilgan [*Widder*] erscheint erstmals wieder im Monat Nisannu. Jedesmal, wenn das nicht der Fall ist, soll dieser Monat geändert werden.

Ein anderes Beispiel:

> Am 6. Tag des Monats Nisan sind Tag und Nacht gleich lang; 6 Stunden (berû) Tag und 6 Stunden Nacht. [*Der Monat Nisan – oder Nisannu – ist der erste Monat im Jahr; er entspricht dem Frühlingsäquinoktium und dem Tierkreiszeichen des Widders; er ist einer jener Monate, die, wenn nötig, verdoppelt werden können*].

Erst im 6. Jahrhundert v. Chr. wurde die Einschaltung eines zusätzlichen Monats nicht länger mehr oder weniger dem Zufall überlassen, sondern in einem bestimmten Zyklus festgelegt: 7 Einschaltungen in 19 Jahren (19 Sonnenjahre = 19 Mondjahre + 7 Monate = 235 Mondmonate); eingeschaltet werden konnten Ellul II oder Addar-Ergänzung (das heißt der 6. oder der 12. Monat); die »verlängerten« Jahre verteilten sich auf die 19 Jahre im folgenden Zyklus (Jahre mit Sternchen sind »verlängerte« Jahre):

1* 2 3* 4 5 6* 7 8 9* 10 11* 12 13 14* 15 16 17* 18 19

Die Notwendigkeit eines Kalenders zeigt sich besonders deutlich in Wirtschaft und Verwaltung – wie der zitierte Text über die Steuerzahlungen zeigt – sowie in der Landwirtschaft: der Rhythmus von Jahreszeiten, Feldarbeiten und Tierzucht muß übereinstimmen. Natürlich ist diese Beziehung zwischen Kalender und Landwirtschaft nicht spezifisch mesopotamisch; ein anderes Beispiel liefert uns etwa Griechenland mit Hesiods Gedicht *Werke und Tage* (siehe Kasten 112, Seite 268), das einen »Ackerbaukalender« in Form eines Lehrgedichts enthält. Zu diesen »natürlichen« Faktoren treten bei den Mesopotamiern jedoch noch mystische und magische, mit der Astrologie und der Zahlenmagie zusammenhängende Motivationen. Die verschiedenen Tätigkeiten des Alltags sind durch eine ganze Reihe von Vorschriften geregelt, die ihre Ausführung jeweils nur zu einem ganz bestimmten Zeitpunkt gestatten. So wie die Position der Sterne das Schicksal von Individuen und Völkern beeinflußt, so sind bestimmte Tage oder Monate für dieses oder jenes Vorhaben günstig oder ungünstig. Kasten 53 enthält einige Beispiele aus diesem umfangreichen Bereich.

Was die Mesopotamier auf diese Art Vorschriften gaben, ist schwer zu sagen; unsere Zeit kennt ähnliche, ohne sich in der Praxis groß darum zu kümmern. Ob es die Mesopotamier ähnlich hielten oder ob sie es genauer nahmen? Man fühlt sich versucht, ihnen mehr Respekt zuzutrauen, scheint doch die Kultur des Zwischenstromlands besonders »abergläubisch« gewesen zu sein (verglichen beispielsweise mit Ägypten). Andererseits gibt es so viele verschiedenartige Vorschriften, daß ihre allzu strikte Befolgung das ganze staatliche und private Leben hätte lahmlegen müssen. Die Existenz von Verzeichnissen mit solchen Vorschriften für zahllose Arbeiten und Unternehmungen und alle Tage des Jahres entspricht jedenfalls der mesopotamischen Gewohnheit, die Welt durch Aufstellung von Listen zu ordnen; innerhalb dieser zeitlichen Ordnung können sämtliche Arbeiten und Unternehmungen nur an bestimmten Tagen – oder richtiger an bestimmten Tagen nicht – ausgeführt werden, ohne daß dies durch natürliche Vorgaben wie in der Landwirtschaft bedingt wäre. Hier ist der Kalender nicht einfach eine formale Zeiteinteilung wie ein rein wissenschaftlicher Kalender; er organisiert das Leben teils nach natürlichen Prinzipien (wie die Jahreszeiten für die Landwirtschaft), teils nach magischen oder mythischen Gesichtspunkten, wobei auch die natürlichen Prinzipien in diesem Rahmen eine mythische Erklärung erfahren können.

Eine dieser »magischen« Zeiteinteilungen haben wir von den Mesopotamiern übernommen: die 7-Tage-Woche. Manche wollen sie als Vierteilung des Mondmonats erklären; aber dieser hat 29,5 Tage, und außerdem sind die Mondphasen nicht gleich. Deshalb dürfte ihr Ursprung wohl eher darin liegen, daß die Zahl 7 in Babylon als Unglückszahl galt: am 7., 14., 21. und 28. Tag eines Monats sollte nichts unternommen werden. Für die Wohlhabenden wurden diese Tage deshalb zu absoluten Ruhetagen. Diese Gewohnheit, die Arbeit alle 7 Tage ruhen zu lassen (weil die 7 als Unglückszahl galt), wurde mit einer Vielzahl anderer mesopotamischer Mythen von der Bibel übernommen und uns in Form einer allwöchentlichen Ruhepause überliefert, so wie Gott nach der Erschaffung der Welt geruht hat: an die Stelle einer mythischen Erklärung ist eine andere getreten, unabhängig von der Zahl 7. Interessant in diesem Zusammenhang auch, daß die romanischen Sprachen die Wochentage teilweise nach den beweglichen Sternen benennen, die schon die Mesopotamier kannten: nach der Sonne, dem Mond und den 5 erdnächsten Planeten. Während wir im Deutschen nur den Sonn- und den Montag kennen, haben beispielsweise die Franzosen noch den *mardi* (Mars;

53. TAGE UND ARBEITEN IN BABYLON

(Nach Labat 1965)

Wenn die Grundmauern eines Hauses im Monat Nisan gelegt werden, wird das Haus seinen Besitzer nicht durchweg erfreuen.

Wenn sie im Monat Nisan II gelegt werden, wird in diesem Haus ständig der Tod gegenwärtig sein.

Wenn im Monat Nisan die Grundmauern eines Hauses am 16. Tag gelegt werden: dieses Haus wird nicht gebaut werden.

Wenn es im Monat Aiar geschieht: es wird nicht vollendet werden.

Wenn es im Monat Siwan geschieht: dieses Haus wird einstürzen.

Wenn er im Monat Nisan eine Frau nimmt: das Herz dieses Mannes wird nach vollzogener Vereinigung zufrieden sein.

Wenn er im Monat Teschrit eine Frau nimmt, wird er einen Rivalen haben.

Wenn im Monat Nisan eine (Sonnen-) Finsternis eintritt: dieses Jahr wird der König sterben, und das Land, das das Unglück kannte, wird das Glück kennenlernen.

Wenn es im Monat Kislew geschieht, wird es eine reiche Ernte geben.

Wenn er (oder der König) im Monat Teschrit den Garten wieder bestellt, wird dieser Garten nicht gedeihen.

Wenn sich der Mond im Monat Nisan verfinstert und rot ist: Überfluß für das Volk.

Wenn es im Monat Siwan ist, werden die Kichererbsen gedeihen.

Wenn es im Monat Du'uzu ist, wird der Sesam gedeihen.

Wenn es im Monat Ellul ist, werden die Datteln gedeihen.

Wenn es im Monat Kislew ist, wird es Regen geben.

Dienstag), *mercredi* (Merkur; Mittwoch), *jeudi* (Jupiter; Donnerstag) und den *vendredi* (Venus; Freitag).

Schließlich wurde in Mesopotamien der Tag in 12 gleichlange berû, die zwei unserer Stunden entsprechen, eingeteilt. Der Tagesbeginn war zunächst auf den Sonnenaufgang festgesetzt, wurde dann von den Chaldäern jedoch auf Mitternacht verlegt – auch unser Tag beginnt um Mitternacht –, weil es sich wohl als schwierig erwies, dem mit Sonnenaufgang beginnenden Tag eine konstante Dauer von 12 berû zuzuweisen. Das einfachste wäre gewesen, den Tag am Mittag beginnen zu lassen, wenn die Sonne den Meridian passiert, also einen Zeitpunkt zu wählen, der sich mit Hilfe des Gnomon leicht bestimmen läßt. Aber eine solche Lösung ist nur schwer mit der Vorstellung des Tages als Verwaltungs- oder Arbeitszeiteinheit zu vereinbaren.

Die Medizin

> Wenn jemand krank wird, dann bringt man ihn auf einen öffentlichen Platz. Alle Anwesenden nehmen an der Konsultation teil, denn sie verfügen über keine Ärzte. Wenn einer im Zuhörerkreis an derselben Krankheit gelitten hat oder einen vergleichbaren Fall kennt, erklärt er dem Patienten, welche Heilmittel angezeigt sind, und ermahnt ihn, dieser Behandlungsmethode zu folgen. Niemand darf seinen Weg fortsetzen, ohne vorher den Kranken nach dessen Leiden gefragt zu haben. (*Herodot I, 197*)

Entgegen dieser Aussage Herodots über die Medizin in Babylon gab es in Mesopotamien seit alters eine Medizin und Ärzte. Wie bei den meisten Völkern war die Heilkunst zunächst eine von Priestern, Exorzisten und Wahrsagern ausgeübte Magie. Dennoch zeigen die überlieferten medizinischen Texte eine Entwicklung, wenn nicht zu einer wissenschaftlichen, so doch zu einer auf genaue klinische Beobachtungen gegründeten Medizin, deren Behandlungsmethoden mehr auf Erfahrung als auf Beschwörungen und Exorzismen beruhen.

Von den oben besprochenen Disziplinen unterscheidet sich die Medizin besonders dadurch, daß sie eher dem Bereich der Technik – beziehungsweise der Kunst – als der Wissenschaft im eigentlichen Sinn angehört, zumindest was ihre frühe Ausformung betrifft. Recht oft wird ein bestimmtes Mittel nur deshalb angewandt, weil man weiß, daß es geholfen hat, auch wenn man nicht weiß, warum – wie das auch heute noch geschieht. Insofern läßt sich schwer sagen, ob das auf einem Täfelchen für diese oder jene Krankheit verordnete Medikament in den Bereich der Magie, der Technik oder einer zumindest empirischen medizinischen Wissenschaft gehört. Es gibt jedoch einen medizinischen Bereich, der sich aufgrund seiner Natur der Magie weitgehend entzieht und eher der Technik zuzuordnen ist: die Chirurgie, die gebrochene oder ausgerenkte Gliedmaßen wieder einrichtet oder einrenkt, Geschwüre aufsticht etc. – also Operationen durchführt, die zwar von Beschwörungen und Zauberformeln begleitet werden können, in ihrer Wirkung aber doch rein technisch und viel unmittelbarer zu beobachten sind als die irgendwelcher Medikamente. Leider weiß man jedoch nur sehr wenig über die Chirurgie im mesopotamischen Altertum – nur daß sie existierte: der in Kasten 54 zitierte Kodex Hammurapi erwähnt chirurgische Behandlungen. Man nimmt an, daß die Chirurgen Knochenbrüche einrichten, Geschwüre (auch sehr tiefsitzende, beispielsweise an der Leber) öffnen und vielleicht auch den Kaiserschnitt, Schädelöffnungen und Staroperationen durchführen konnten. Die Erfolgsquote ist natürlich nicht bekannt, zumal es sich dabei lediglich um Vermutungen handelt, die sich auf die Auslegung von Texten oder die Deutung wenig klarer Darstellungen auf Basreliefs und Siegeln gründen.

54. DIE REGELUNG DER MEDIZIN IN MESOPOTAMIEN

(Nach Contenau 1938)

Artikel des Kodex Hammurapi über den Arztberuf (18. Jahrhundert v. Chr.)

215 – Wenn ein Arzt eine schwere Wunde eines Mannes mit einer Bronzelanzette behandelt und den Mann geheilt hat, wenn er den weißen Flecken auf der Hornhaut eines Mannes mit der Bronzelanzette geöffnet und das Auge des Mannes geheilt hat, soll er zehn Schekel Silber erhalten.

216 – Wenn es sich um einen »muschkênû« [*Klasse zwischen dem freien Mann und dem Sklaven*] handelt, soll er fünf Schekel Silber erhalten.

217 – Wenn es sich um den Sklaven eines freien Mannes handelt, soll der Herr des Sklaven dem Arzt zwei Schekel Silber geben.

218 – Wenn ein Arzt die schwere Wunde eines freien Mannes mit der Bronzelanzette behandelt und den Mann zu Tode gebracht hat, wenn er den weißen Flecken auf der Hornhaut des Mannes mit der Bronzelanzette geöffnet und das Auge des Mannes ausgestochen hat, sollen ihm die Hände abgehauen werden.

219 – Wenn ein Arzt die schwere Wunde eines Sklaven eines »muschkênû« mit der Bronzelanzette behandelt und ihn zu Tode gebracht hat, soll er einen Sklaven für den Sklaven geben.

220 – Wenn er den weißen Flecken auf der Hornhaut mit der Bronzelanzette geöffnet und das Auge ausgestochen hat, soll er die Hälfte des Preises des Sklaven in Silber bezahlen.

221 – Wenn ein Arzt ein gebrochenes Glied eines freien Patienten geheilt, ein krankes Eingeweide (?) wiederbelebt hat, soll der Patient dem Arzt fünf Schekel Silber geben.

222 – Wenn es (der Sohn eines) »muschkênû« ist, soll er drei Schekel Silber geben.

[*Auch die Veterinärmedizin wird im Kodex Hammurapi geregelt:*]

224 – Wenn der Arzt für Rinder oder Esel ein Rind oder einen Esel wegen einer schweren Wunde behandelt und geheilt hat, soll der Herr des Ochsen oder des Esels dem Arzt ein Sechstel (Schekel ?) Silber zum Lohn geben.

225 – Wenn er ein Rind oder einen Esel wegen einer schweren Wunde behandelt und seinen Tod verursacht hat, soll er dem Herrn des Rinds oder Esels ein Viertel seines Preises geben.

Brief eines Priesters an Assurbanipal (7. Jahrhundert v. Chr.)

An den König, meinen Herrn, dein Diener, Ischtar-schum-eresch: Gruß dem König, meinem Herrn! Mögen Nabu und Marduk [*Götter*] den König, meinen Herrn, segnen! – Die Schreiber, Seher, Magier, Ärzte, Beobachter von Vögeln [*Wahrsager*], Palastbeamten, die in der Stadt wohnen, haben im Monat Nisan am 16. Tag zum Eid anzutreten. Morgen also müssen sie den Eid ablegen.

[*Man beachte, daß die Ärzte zwar in eine Reihe mit Sehern, Magiern und Wahrsagern gestellt, als Spezialisten aber auch von ihnen unterschieden werden.*]

Entgegen Herodots Behauptung gab es in Mesopotamien also sehr wohl Ärzte, ja sogar schon eine Art ärztlicher Gewerbeordnung. Im Kodex Hammurapi waren sogar Strafen für ärztliche bzw. chirurgische Kunstfehler vorgesehen, denn während die Ausübenden der eigentlichen Medizin (zu dieser Zeit vielleicht noch Priester) durch den magischen Charakter ihrer Kunst einen mehr oder weniger wirksamen Schutz genossen, haftete der Kunst der Chirurgen dieser magische Charakter nicht an. Ihr Status dürfte eher dem des »Barbiers« in der Renaissance oder dem des Heilpraktikers heute als dem unserer Ärzte geglichen haben – ohne daß dem Chirurgen damals der Vorwurf einer illegalen Ausübung der Medizin gemacht wurde. Heute verdanken die Ärzte ihr Prestige eher der Wissenschaft als der Magie, während die Rolle des Magiers vom Heilpraktiker übernommen wurde. Die Mediziner hatten einen Eid zu leisten, dessen Inhalt uns jedoch nicht bekannt ist – zumindest unter Assurbanipal, zweifelsohne aber schon lange vorher und auch noch lange danach.

Ärzte und den Beruf des Arztes hat es also nachweislich gegeben. Im übrigen taucht in der Korrespondenz der verschiedenen babylonischen, hethitischen, ägyptischen etc. Herrscher auch immer wieder die Bitte auf, einen Arzt zu schikken; offensichtlich haben die Könige die besten an sich gebunden. Kasten 55 enthält verschiedene Briefe solcher Mediziner an ihren König; der letzte Brief liefert ein regelrechtes Gutachten über den Gesundheitszustand des Landes, und das 2000 Jahre v. Chr. (der ungefähren Abfassungszeit des Briefes). Demnach dürfte wohl schon so etwas wie eine medizinische Verwaltung existiert haben. Der vorletzte Brief läßt sogar auf eine Aufteilung der Medizin in Spezialgebiete für diese oder jene Krankheit schließen, zumindest aber auf eine gewisse – vielleicht nur durch den Ruf begründete – Hierarchie. Auch die an Asarhaddon (7. Jahrhundert v. Chr.) adressierten Briefe legen eine gewisse Hierarchie nahe; ihr Verfasser Arad-Nanaï scheint eine Art Chefmediziner oder Oberarzt gewesen zu sein und Behandlungen notfalls brieflich verordnet zu haben, die dann von untergebenen Ärzten durchgeführt wurden.

55. BRIEFE MESOPOTAMISCHER ÄRZTE

(Nach Contenau 1938)

Briefe des Arztes Arad-Nanaï an den Assyrerkönig Asarhaddon (7. Jahrhundert v.Chr.)

Arad-Nanaï an den König, meinen Herrn; Dein Diener Arad-Nanaï, herzliche Grüße dem König, meinem Herrn! Mögen Ninurta und Gula [*Götter der Gesundheit*] dem König, meinem Herrn, Glück und Gesundheit gewähren. Herzliche Grüße dem Kleinkind [*Asarhaddons Sohn, der vom Arzt wegen eines Abszesses neben dem Auge behandelt wurde*], das an seinem Auge leidet. Ich habe ihm auf dem Gesicht einen Verband angelegt. Gestern, gegen Abend, habe ich die Binde samt der Kompresse darunter abgenommen; auf der Kompresse war etwas Blut, aber nur so viel wie die Spitze des kleinen Fingers. Welchem Gott des Königs dieses Ergebnis auch zu verdanken ist, sein Gebot ist mit Sicherheit gut ausgeführt worden. Herzliche Grüße; möge der König, mein Herr, sich nicht beunruhigen, in sieben oder acht Tagen wird es dem Kind wieder gut gehen.

An den König, meinen Herrn, Dein Diener Arad-Nanaï. Herzliche Grüße an den König, meinen Herrn! Mögen Ninurta und Gula dem König, meinem Herrn Glück und Gesundheit gewähren. Herzliche Grüße an den Sohn des Königs [*den der Arzt wegen Nasenbluten behandelt*]. Die von uns vorgeschriebene Behandlung muß alle zweidrittel Doppelstunden [*also alle 80 Minuten*] durchgeführt werden. Was das Nasenbluten betrifft, über das mich der Vorsteher der Mugi [*ein Kammerherr?*] wissen ließ: »Gestern abend waren die Blutungen ziemlich stark«, so wurden die Heilmaßnahmen nicht ordentlich durchgeführt. Man muß die Nasenflügel freilassen, da die Atmung durch die Nase andernfalls behindert wird und das Blut in den Mund fließt. Plaziere den Tampon ganz tief, um die Atmung durch die Nase vollkommen zu verhindern. Auf diese Weise wird das Nasenbluten gestillt werden. Wenn es dem König gefällt, werde ich morgen nach dem Kranken sehen. Von nun an, hoffe ich, werden die Nachrichten besser sein.

[*Vom selben Arad-Nanaï:*] Der König, mein Herr, erklärt fortgesetzt: »Die Natur meiner Krankheit erkennst du nicht und du heilst mich nicht.« Gegenwärtig gestehe ich, daß ich diese Muskelerkrankung nicht begriff, aber heute versiegle ich diesen Brief, um ihn an den König, meinen Herrn, zu schicken. Daß man ihn dem König, meinem Herrn, vorlese und daß man ihn richtig auslege. Wenn er zum König, meinem Herrn, gelangt, soll ein Arzt die Behandlung (die ich vorschreibe) überwachen. Der König soll die Salbe (die ich schicke) auftragen. Wenn der König das tut, wird das Fieber, den König, meinen Herrn, bald verlassen. Ein zweites und ein drittes Mal soll der König, mein Herr, mit dieser Salbe behandelt werden; der König soll darauf achten, daß es geschieht, und daß es, sofern es ihm recht ist, des Morgens geschieht. Diese Krankheit rührt vom Blut her; dem König soll Süßholz eingegeben werden, wie es schon zweimal geschehen ist, und zwar reichlich. Ich selbst werde kommen, um mir ein Bild zu machen, und sobald der König ordentlich schwitzt, werde ich dem König, meinem Herrn etwas schicken, was auf den Nacken des Königs aufzutragen ist. Mit einem Einreibemittel, das ich dem König schicken werde, soll der König, wann es ihm beliebt, eingerieben werden.

Briefe aus den Archiven der Stadt Mari (um 2000 v.Chr.)

Meinem Herrn, sag (dies): so spricht Iakim-Adad, dein Diener. Ein Kind, das (sich) bei mir (befindet) ist krank. In seinem Ohr (oder darunter) ist ein Abszeß aufgegangen [*wörtlich: ein Ausgang, tritt aus*]. Zwei Ärzte, die bei mir sind, legen einen Verband an, aber das Übel wird nicht besser. Möge mir nun mein Herr den Arzt Isch-damanaïam oder einen fachkundigen Mediziner schicken, damit er das Übel untersuche und versorge; so daß das Übel sich nicht länger verschleppe und geheilt werde.

Meinem Herrn sag dies: so spricht La'um, dein Diener. Was das gefräßige Treiben des Gottes angeht [*das heißt die Epidemie*], von der mir mein Herr geschrieben hat, so gibt es in Tuttul ziemlich viele »murtsanu« [*nicht identifizierte Krankheit*], aber nur wenig Tote. In Dunnum, im Süden des Landes von Lazkum, grassiert die »kurultum« [*nicht identifizierte Krankheit*]; binnen zwei Tagen sind Mannschaften zwanzig an der Zahl gestorben ... Muban und Manuhatan, Städte des Landes Itaddukanum, sind nicht betroffen. Einzig Danum ist von der Seuche befallen. Mari ist nicht betroffen, das Umland ist nicht betroffen.

Ursprünglich war die Medizin mit Sicherheit fest in den Händen der Magier. Das belegt eine ganze Reihe von Täfelchen, die die Einstellung der Mesopotamier zu Krankheit, Diagnostik, Prognostik und Therapeutik enthüllen. Krankheit war für sie eine Angelegenheit von Göttern, Dämonen, Gespenstern und Träumen: eine von den Göttern verhängte Strafe für einen Verstoß gegen ihre Gebote, Besessenheit durch einen bösen Dämonen oder ein Gespenst – einen Toten, der »keine Ruhe finden konnte«. Erst in ganz späten Texten tauchen auch natürlichere Ursachen wie Dürre, Hitze und Staub auf. In dieser magischen Medizin waren Diagnose und Prognose Sache der Wahrsager. Die Behandlung selbst bestand in Gebeten, Opfern, Beschwörungen, aber auch in einer »Exkrementenmedikamentierung«: Man versuchte den Dämon dadurch auszutreiben, daß man mittels ekelerregender Heilmittel eine für ihn unerträgliche Situation schuf. Eine gewisse Effizienz und empirische Grundlage aber läßt sich dieser Exkrementenmedikamentierung gleichwohl nicht absprechen: Beispielsweise wurden in China bei bestimmten Augenkrankheiten wie der durch Mangel an Vitamin A bedingten Xerophtalmie (Augenröte, trockene Augenentzündung) Fledermausexkremente verordnet, die – wie wir heute wissen – reich an Vitamin A sind (vgl. Pétrovic 1983). So wurde durch magische Übertragung der Sehkraft der Fledermaus (die sich selbst in der Nacht mühelos fortbewegen kann und deshalb als gutsichtig galt) zufällig eine gewisse Heilwirkung erzielt. Kasten 56 enthält unter anderem verschiedene auf Wahrsagungen gegründete Diagnosen und Prognosen (vor allem im 1. Teil) sowie einige Verschreibungen solch ekelerregender Dämonen-Vertreibungsmittel (im 4. Teil). Bemerkenswert ist übrigens, daß diese Heilmittel bei Krankheiten wie Epilepsie, Krämpfen etc. verordnet wurden, also bei Erkrankungen, bei denen die Diagnose leicht Besessenheit lauten konnte (allerdings werden in dieser Abhandlung die meisten Fälle ohne Rücksicht auf die Natur der Erkrankung auf eine übernatürliche Ursache zurückgeführt).

56. AKKADISCHER TRAKTAT ÜBER MEDIZINISCHE DIAGNOSTIK UND PROGNOSTIK

(Nach Labat 1951)

Die Sammlung von 40 Täfelchen einer Abhandlung über Diagnostik und Prognostik mit einigen Behandlungsvorschlägen wurde rekonstruiert und übersetzt von R. Labat. Die einzelnen Täfelchen behandeln jeweils eine Vielzahl von Fällen (bis zu fünfzig).

Die meisten Texte stammen aus der Bibliothek des Assurbanipal (668–627 v. Chr.) in Ninive, manche sind aber mit Sicherheit Abschriften älterer Dokumente.

Aufbau des Traktats

1. *Teil:* 2 Tafeln über den Exorzismus.
2. *Teil:* 12 Tafeln mit der Beschreibung von Symptomen (eingeteilt nach ihrer Lokalisierung: Kopf, Brust, Bauch etc.)
3. *Teil:* 10 Tafeln mit der Beschreibung von allgemeineren, weniger lokalisierbaren Symptomen (Fieber, Brechreiz, Allgemeinzustand, Weiterentwicklung der Symptome) samt Diagnose und gelegentlich einer Prognose.
4. *Teil:* 10 Tafeln (von denen nur wenige Bruchstücke erhalten sind) über Krankheiten wie Epilepsie, Halluzinationen, Krämpfe etc. samt Diagnose (vielfach auf der Basis magischer Begriffe wie der Besessenheit durch Dämonen), Prognose und Therapie (zum Teil mit magischen Mitteln).
5. *Teil:* 6 Tafeln über Gynäkologie und Krankheiten von Neugeborenen.

Beispiele

1. Teil

Wenn der Exorzist auf dem Weg zum Haus des Kranken auf der Straße eine (in die Erde) gespießte Scherbe sieht, wird dieser Kranke vor Angst verschont bleiben.

Wenn er ein schwarzes Schwein sieht, wird der Kranke sterben (oder aber) nach schweren Leiden geheilt werden.

Wenn er ein helles Schwein sieht, wird der Kranke geheilt (oder auch) von Verzweiflung erfaßt werden.

Wenn er ein rotes Schwein sieht, wird der Kranke im 3. Monat (oder) am 3. Tag (sterben?).

Wenn er auf dem Weg zum Hause des Kranken einen Falken rechts von sich fliegen sieht, wird der Kranke genesen.

Wenn der Falke aber nach links fliegt, wird der Kranke sterben.

Wenn du einen Kranken besuchst, (nähere dich ihm nicht, um ihn zu heilen), ehe du eine Beschwörung über (dich) selbst (gesprochen hast).

2. Teil

Wenn ihn der Kopf ohne Unterlaß schmerzt und Fieber quält: »Ischtars Hand« [*die Göttin Ischtar wird mit dem Planeten Venus identifiziert*].

Wenn ihm der Kopf wackelt, Hals und Rücken verspannt sind, wenn sein Mund (...), wenn ihm Speichel aus dem Mund läuft, wenn ihm Hände, Beine und Füße gleichzeitig zittern, wenn er beim Laufen vornüber fällt: (...) wird er genesen.

(Wenn er vom Kopf) bis zu den Füßen mit roten Bläschen bedeckt und sein Leib bleich ist, hat ihn (diese Krankheit) im Bett mit einer Frau befallen: »Sins Hand« [*Sin ist der Mondgott*].

Wenn sein rechtes Ohr ständig pfeift: wird er genesen; wenn sein linkes Ohr ständig pfeift: wird die Krankheit lang währen.

Wenn er die Finger in den Mund steckt und daran lutscht, wenn er glüht, wenn sein Inneres (brennt und wenn er phantasiert: hat er einen »Schlag« im Nacken erhalten, »Babas Hand«; er wird sterben).

Wenn sein Rückgrat gebückt ist, ohne daß er sich aufrichten kann, (selbst) wenn sein Verstand nicht in Mitleidenschaft gezogen ist: wird er nach Ablauf einer bestimmten Zeit sterben. [*Man vergleiche hierzu die ägyptische Prognose in einem ähnlichen Fall, Nr. 3 des Papyrus Smith, Kasten 100, Seite 234.*]

(Wenn es ihn in der Magengegend) brennt und wenn ihm heiß ist, wenn ihm das Essen nicht die geringste Freude bereitet und (Wasser zu trinken) jeden Reiz verloren hat, wenn zudem sein Leib gelb ist: so leidet dieser Mann an einer Geschlechtskrankheit.

Wenn seine Hoden stark entzündet sind, wenn sein Penis mit Abszessen bedeckt ist: (hat er Unzucht getrieben) mit der Hohen Priesterin (seines Gottes).

3. Teil

Wenn einem Mann, nachdem er 5, 10 Tage lang schwer krank war, am 5. Tag fortwährend Blut aus dem Mund läuft und dann versiegt: weicht seine Krankheit. Trockenheit zehrt ihn aus, er wird genesen; es liegt kein »Schlag(anfall)« vor.

Wenn (der Kranke) zu Beginn der Krankheit Schweißausbrüche und einen reichlichen Speichelfluß zeigt, wenn ihm beim Schwitzen (?) der Schweiß an den Beinen nicht bis hinunter zu den Knöcheln und den Fußsohlen austritt: wird dieser Kranke zwei oder drei Tage an den Beschwerden leiden und dann genesen.

Wenn aber sein Leib während seiner Krankheit sehr kalt ist: wird sich seine Krankheit lang hinziehen, und er wird sterben.

Wenn ihn, obgleich er morgens krank ist, seine Krankheit nachmittags verläßt, aber alsogleich wiederkommt: Rückgang der Krankheit; am 2. Tag vormittags, (oder) am 3. Tag nachmittags, (oder) am 4. Tag vor der Morgendämmerung, (oder) am 5. Tage vor Tagesende, (oder) am 6. Tag vor der (ersten) Wache, (oder) am 7. Tag vor der mittleren Wache, (oder) am 8. Tag vor der Morgenwache, (oder) am 9. Tag vor Tagesanbruch, (oder) am 10. Tag wird er sich erheben und gesund sein [*vermutlich Einfluß der Zahlenmystik auf die Medizin*].

Wenn die Krankheit »tihu« vom Morgen bis Abend auf (?) seinem Leib auszubrechen scheint, leidet er an einem inneren Übel, wenn seine Eingeweide sich erheben, wenn er sich durch den Mund erbricht und durch den Anus Durchfall hat: so ist das eine »Berührung«, die auf Trockenheit zurückgeht; sie ist nicht an seine Glieder gebunden; seine Krankheit ist ein Übel, das in einem Tag vergehen wird.

Wenn ihn Benommenheit (?) plagt, wenn seine Magengegend betroffen ist, wenn er stark und nachhaltig verstopft ist: ist seine Krankheit (von) »Menschenhand«, also hat man Puppen, die ihn verkörpern, ins Bett gelegt; zu seiner Heilung wird der Exorzist keine Riten vollziehen [*in diesem Fall ist die Krankheit von einem Menschen – »Menschenhand« – mit Hilfe von Puppen, die das Opfer verkörpern, herbeigehext worden; wie wir weiter oben gesehen haben, kann dieser Zauber aber auch auf einen Gott oder einen Dämon – »Hand dieses oder jenes Gottes« – zurückgehen*].

4. Teil

Wenn er sich eine Quetschung zugezogen hat, hat er entweder rechts oder links einen »Schlag« erhalten, wenn sein Schlüsselbein nicht befreit (?) ist, wenn er nicht aufhört, die Finger auszustrecken, die Hand zu heben und auszustrecken, wenn er seinen Fuß zusammenzieht und ausstreckt, wenn er weder Speise noch Trank verweigert: (ist er) »von einem bösen Geist erfaßt«; nach drei Tagen Heilung.

Wenn ein Mann beim Gehen vornüber fällt und wenn seine Augen aufgerissen sind, ohne daß (sie in ihren normalen Zustand) zurückkehren können, wenn er Hände und Füße nicht mehr selber bewegen kann: so hat sich dieses Mannes der Dämon Gallû bemächtigt (...); ein Anfall der Fallsucht setzt ein [*Epilepsie*].

Wenn er nach Beendigung der Waschungen aus dem Fluß steigt, von einem Krampf erfaßt, (zu Boden) stürzt: so hat ihn der »râbisu« des Flusses geschlagen.

Wenn ihn Schmerz peinigt, wenn er alles, was er sieht, anfleht, wenn seine Glieder heiß sind und wenn er jeden Tag schwitzt, wenn er ständig (?) heftiges Verlangen verspürt, wenn er sich erbricht, bis man ihm (das begehrte Objekt) bringt, wenn er es aber, wenn man (es) ihm bringt und er es sieht, nicht zu sich nehmen kann: (hat ihn die) »Hand eines bösen Geistes« im Wasser (geschlagen).

Wenn sich die »Hand des bösen Geistes« in ihm zur Fallsucht wandelt: dieser Mann leidet unter der »Hand« des Gottes seiner Stadt, um ihn zu befreien: (lege) Tierknochen (?), den kleinen Finger eines Verstorbenen, altes, ranziges Öl, Kupfer in die Haut eines jungfräulichen Zickleins; fädle es auf die Sehne eines Siebenschläfers auf und hänge es ihm um den Hals: so wird er genesen.

Wenn sich die Fallsucht in ihm in die »Hand des bösen Geistes« verwandelt: hat er den »Helfershelfer des Übels«; (es kann auch die) »Hand Ischtars« (oder) »Hand des râbisu« (sein); um ihn davon zu befreien, (nimm) Senf, Weidensamen (?), eine Binde mit dem Monatsblut einer Frau, Tierknochen – Haut eines jungfräulichen Zickleins; fädle es auf, hänge es ihm um den Hals: so wird er genesen.

[*Andere Rezepte derselben Tafel verwenden bei derselben Art von Leiden Ingredienzien wie Scholle, Haare von schwarzen Hunden, Hundefliegen, Eintagsfliegen, Affenhaare von männlichen und weiblichen Tieren, Wurzeln von Kapernbäumen, die auf Gräbern wachsen, Euphorbien, Meeresfrüchte, Spitzmäuse, Bilsenkrautwurzeln, Schildkrötenpenis etc., ein ganzes Sammelsurium, das die Zauberer wohl aus den Märchen zusammengetragen haben.*]

5. Teil

Wenn die (werdende) Mutter während der Schwangerschaft am Stirnansatz gelb ist: das Kind, das sie trägt, ist ein Junge – er (...)

Wenn die (werdende) Mutter am Stirnansatz glänzend weiß ist: das Kind, das sie trägt, ist ein Mädchen – es wird reich sein.

Wenn sie rot ist: das Kind, das sie trägt, ist ein Junge – er wird sterben.

Wenn sie mehrfarbig ist: das Kind, das sie trägt, wird (vor Ende der Schwangerschaft) abgehen.

Wenn bei der (werdenden) Mutter die Brustwarzen zusammengeschrumpft (?) sind: sie wird das Kind, das sie trägt, nicht austragen.

Wenn sich die (werdende) Mutter häufig erbricht: sie wird (die Schwangerschaft) nicht vollenden.

Wenn die (werdende) Mutter aus dem Mund blutet: sie wird die Entbindung nicht überleben.

Wenn die (werdende) Mutter Eiter spuckt: sie wird mit dem Kind, das sie trägt, sterben.

Wenn der Säugling nach der Geburt das Eingesaugte aus seinem Magen nicht wieder auswirft, und sein Fleisch doch zusammenschrumpft: »Anfall« von Staub (?).

Wenn der Säugling, dessen Fleisch sich gelb färbt, kein Fieber hat, wenn seine Schläfen eingefallen sind, wenn er sich heftig die Nase reibt und keine »upatu«-Krankheit hat: ist er durch böse Gebete (?) verhext.

Wenn das Kleinkind einen heißen Kopf hat, wenn sein Leib vom Fieber nicht (...), wenn es keine Schweißausbrüche hat, wenn seine Hände und Füße leblos sind (?), wenn es einen starken Speichelfluß hat und wenn es viel schreit (?), wenn es nichts, was es ißt, behält, sondern sein Magen jede Nahrungsaufnahme verweigert: dann zahnt dieses Kind; 15 oder 20 Tage lang wird es eine schmerzhafte Zeit durchleben und niedergeschlagen sein.

Wenn das Kleinkind mit einem Jahr, mit zwei Jahren, drei Jahren (oder) vier Jahren sich nicht aufrichten oder aufrecht halten kann, wenn es in Wut gerät, wenn es dann keine (feste) Nahrung zu sich nehmen kann, wenn sein Mund dann so gefesselt ist, daß es nicht sprechen kann: (das ist) »die Ejakulation von Schulpea«; dieses Kind kann nicht gedeihen.

Wenn das Kleinkind an Husten leidet: zerstoße »im-kal-gug« [*nicht identifizierte*

Substanz] und vermenge es mit Honig und gutem Fett; (das Kind) soll den Brei auf nüchternen Magen zu sich nehmen; wenn es das nicht selbst vermag, bestreiche damit die Brustwarzen seiner Mutter, damit es ihn mit der Milch einsaugt: so wird es genesen.

Im 2., 3. und 5. Teil dieses Traktats – der im 7. Jahrhundert von einem Schreiber ohne besonderes Unterscheidungsvermögen aus älteren Texten verschiedener Herkunft zusammengestellt worden ist, was vielleicht seine Heterogenität erklärt – stoßen wir auch auf einige Diagnosen und Prognosen, die die Beobachtung des Kranken offensichtlich höher einschätzen als die Wahrsagerei. Hinter der Magie schimmert hier eine eher technische, pragmatische Medizin durch, die auch die Symptome beobachtet und mit dieser oder jener Krankheit und dieser oder jener Prognose in Verbindung bringt, auch wenn sie den Krankheiten noch übernatürliche Ursachen zuordnet. Kasten 57 stellt einige solcher Fälle vor, in denen die Symptome unter Ausklammerung alles Übernatürlichen beschrieben werden.

57. SYMPTOME, DIAGNOSEN, PROGNOSEN

(Nach Taton 1966, Labat 1958, Contenau 1938)

Wenn der Patient zu Beginn der Krankheit, von ihrem Auftreten an bis zu ihrem Ende, ständig abwechselnd Hitzewallungen und Kälteschauern ausgesetzt ist und die einen so stark sind wie die anderen, wenn seine Glieder, nachdem die Hitze abgeklungen und der Schweiß verschwunden ist, (erneut) in Hitze erglühen, die er genauso stark spürt wie die voraufgegangen, wenn diese wieder verschwindet, wenn ihn danach wieder fröstelt und er schwitzt: [*es folgen die Namen von vier Fieberarten*].

Wenn ein Mann, nachdem er fünf Tage lang krank war, am sechsten Blut spuckt, löst sich seine Krankheit: ein trockenes Fieber.

Wenn der Kranke den Hals ständig nach rechts dreht, wenn seine Hände und Füße verkrampft (?) sind, wenn seine Augen geschlossen und verdreht sind, wenn ihm Schaum vor dem Mund steht, wenn er schnaubt: so ist das ein Anfall von Fallsucht [*Epilepsie*]. – Wenn er in der Krise bei klarem Bewußtsein bleibt: es besteht keine Gefahr; wenn er dagegen während des Anfalls das Bewußtsein verliert: es besteht Gefahr.

Wenn ein Mann an einer schweren Gelbsucht (»ahhâzu«) leidet, wenn sein Kopf, sein Gesicht, sein ganzer Leib und die Wurzel seiner Zunge schwarz sind: an diesen Kranken soll der Arzt nicht Hand anlegen; dieser Mann wird sterben, er kann nicht genesen.

Wenn sein Leib gelb ist, sein Gesicht gelb, seine Augen gelb, wenn seine Haut schlaff ist: er hat Gelbsucht.

Wenn ein Mann magenkrank ist und die Speisen nicht bei sich behalten kann, so daß sie in den Mund zurücksteigen und er sie erbricht, wenn sein Fleisch aufgeschwollen ist, wenn er an Blähungen und Durchfall leidet (...)

Wenn einen Menschen Fieber erfaßt, und der Schmerz in der Stirn und in den Augen sitzt, so daß sich sein Blick trübt, wenn seine Augen tränen (...)

Solche Texte belegen, daß regelrechte Symptomstudien betrieben, schriftlich fixiert und auf diese Weise weitergegeben und gelehrt wurden, wobei die Symptome nicht nur für sich genommen korrekt und präzis beschrieben, sondern auch geordnet, zu durchaus plausibel klingenden, regelrechten klinischen Befunden zusammengefaßt und ihre Veränderungen im Lauf der Zeit von Diagnostik und Prognostik aufmerksam verfolgt wurden.

Parallel dazu wichen magische Behandlungen (Gebete, Beschwörungen, Talismänner, ekelerregende Medikamente) zunehmend »natürlicheren« oder zumindest eindeutig wirksameren Therapien, auch wenn diese zur Erhöhung ihrer Wirksamkeit höchstwahrscheinlich nach wie vor von Gebeten und Beschwörungen begleitet wurden, die der Arzt selbst oder spezialisierte Exorzisten oder auch Priester – von denen sich die Ärzte nun allerdings mehr und mehr abhoben – sprechen konnten. In Kasten 58 stellen wir einige dieser natürlichen Behandlungsmethoden vor (man vergleiche dazu die in Ägypten gebräuchlichen – Kasten 99, Seite 223 – und die in der Sammlung des Hippokrates empfohlenen – Kasten 165, Seite 524).

58. EINIGE MESOPOTAMISCHE BEHANDLUNGSMETHODEN

(Nach Contenau 1938, Taton 1966, André-Leicknam/Ziegler 1982)

Assyrische Tafel vom Beginn des 1. Jahrtausends v. Chr.
(AO 11447)

Zur Beruhigung stechender Kopfschmerzen mische Tanne, Myrte, Rosen, Sesamschleim (?), gemeines Steckenkraut mit Kleie, löse es in gemischtem oder gewöhnlichem Bier auf und mache daraus einen Umschlag.

(Wenn ein Mann) am Kopf »gissatû« [*Dermatose*] hat: (schäle) Rizinus und Salzkraut (...) (in Wasser (?) wäschst du seinen Kopf) damit; dann zerstoße die Pflanze »LAL« und Affodill (?) (in Öl und reibe ihn wiederholt damit ein: So wird er genesen).

Wenn ein Mann Eiter in den Ohren hat: (zu seiner) Heil(ung) (nimm) Myrrhe (...), Rosen, weißes Alaun, (Gips), Senf, (Styrax); zermahle diese 7 Ingredienzien, passiere sie und bereite daraus einen Umschlag, (den) du im Inneren seiner Ohren anwendest. (Das ist) ein (bewährter) Um(schlag).

Assyrische Tafeln aus der Bibliothek des Assurbanipal (7. Jahrhundert v. Chr.)

Wenn ein Mensch Feuer im Magen hat und weder Getränke noch Nahrung erträgt, zerstoße Tamariskensamen, mische Honig und zerlassene Butter darunter, gib es dem Kranken zu essen, und er wird genesen.

Heiltrank bei Verstopfung. Ein sechstel Schekel Myrrhe, ein sechstel Schekel Fichtenharz von Aleppo, ein Sechstel Mutterharz, ein Sechstel Andropogonöl, ein Sechstel »suhura« [*nicht identifizierte Substanz*], ein Sechstel Zypressen vom Friedhof, ein Sechstel Terpentin von Tannen, ein Sechstel Benzoe, ein Sechstel Styrax, ein Sechstel Lupinen, ein Sechstel Rizinus (das erhitzt werden soll), ein Sechstel Vitexkörner, ein Sechstel Krokuswurzeln, ein Zwölftel Kamäleonhaut, ein Zwölftel Fischgalle, ein Zwölftel von der Pflanze »Kallasudi«, ein Zwölftel Ochsengalle, ein Zwölftel Kastoröl; diese Heilmittel und Duftstoffe gibst du dem Kranken zusammen mit einem sechstel Schekel Öl und Öl von Friedhofszypressen ein, so oft es dir gut erscheint. Diese Mischung ist ein königlicher Schatz.

Wenn ein Mann plötzlich Beschwerden im Bauch hat, wenn ihn Lenden und Geschlechtsorgane schmerzen, wird er beim Gehen Schmerzen am After verspüren. Um ihn zu heilen, zermahle Ammi, Terpentin von Fichten, Opoponax, Terpentin von Tannen, Rosen; mische zu gleichen Teilen Fett darunter, mach ein Zäpfchen daraus, schmiere es mit Zypressenöl ein, führe es in seinen After ein, und er wird genesen.

Wenn ein Mann hustet, stelle, um ihn zu heilen, eine Mixtur aus Lolium und Rosenpulver her, die er in Öl und Honig trinken soll; (außerdem) soll er eine Schweinekraftbrühe zu sich nehmen. Wenn er zu Stuhle geht, zünde ein Feuer an, in Richtung dieses Feuers soll er seinen After wenden, und er wird genesen.

Im gleichen Fall schlage Styrax in Bier »kurunnu«, Honig und feinem Öl; davon soll er auf nüchternen Magen etwas auf die Zunge legen und heißes Bier mit Honig trinken; bringe ihn mit einer Feder zum Erbrechen. Danach soll er ein Gemisch aus Honig und geläuterter Butter zu sich nehmen, süßen Wein trinken, und er wird genesen.

Wenn die Lunge eines Mannes angegriffen ist, streue pulverisierten Teer auf ein Reisigfeuer, so daß ihm der Rauch in After, Mund und Nase dringt; das wird ihn zum Husten reizen (?); wasche ihn mit dem Wasser von Vitex [*der eingelegten Pflanze*], salbe seinen Körper von oben bis unten mit geläuterter Butter, mahle Leinsamen in Milch (?); bereite daraus einen Breiumschlag, der drei Tage lang aufgelegt bleiben soll; seine Zunge soll Honig und feines Öl schmecken, und er wird genesen.

Wenn keine deutliche Besserung eintritt, bereite eine Tasse »Neumond« (?) zu; gieße *acorus calamus, ferula communi* mit Süßbier »U-SA« hinein. Bringe das Ganze zum Kochen. Bereite daneben einen Topf »BUR-ZI«; kleide ihn innen mit Weizenpaste aus, schiebe ein Schilfrohr hinein, dessen anderes Ende der Kranke in den Mund nehmen soll, so daß der Dampf über das Schilfrohr in seinen Mund gelangt und in seine Lunge eindringen kann. Diese Behandlung ist neun Tage lang durchzuführen.

Wenn ein Mann niedergeschlagen ist, wenn sein Magen aufgebläht ist, wenn ihm die genossene Nahrung wieder hochkommt und ihm nichts, was er ißt, schmeckt, so leidet er an Thoraxbeklemmung. Um ihn zu heilen, nimm 1/2 qa (...) Widderniere; 1/2 qa (...) Datteln, 15 kisal Terpentin von Tannen, 15 kisal Terpentin von Fichten, 15 kisal Lorbeern, 10 kisal Mutterharz, 13 kisal Opoponax, 7 (...) Senf, 2 kisal Kantharide. Zerreibe diese Heilmittel in einem Mörser zu Pulver, versetze sie mit Fett und Datteln, trage das Gemisch auf eine Gazellenhaut auf, falte diese zusammen, lege sie auf die schmerzende Stelle auf und lasse sie dort drei Tage lang. Während dieser Zeit soll der Kranke Süßbier trinken, sehr heiß essen und sich warm halten. Am vierten Tag nimm den Breiumschlag ab, koche Essig in einem Becher, gib Alkali, Rosen, Ammi (?), Salz, *assa foetida*, Lolium, gerösteten Mais zu, vermahle alles (...) Lasse es erkalten und ihn eine Waschung damit vornehmen, und er wird genesen.

Wenn der Urin eines Mannes so weiß wie der eines Esels ist, und wenn nach dem Wasserlassen Blut kommt, hat dieser Mann Tripper. 2 Schekel Mutterharz, ein drittel qa Essig in einem Gefäß (...) du (...) Träufle es über ein in den Penis eingeführtes Bronzeröhrchen. Ein halbes qa Öl und Bier »kurunnu« (...) auf nüchternen Magen trinken; und er wird genesen.

Wenn ein Mann Schmerzen an den Nieren empfindet, wenn er schwach und niedergeschlagen ist, wenn er unangenehme Träume hat, wenn seine Haare zu Berge stehen und sein Herz grundlos rast, so daß er weder am Tage noch in der Nacht Schlaf finden kann, dann leidet dieser Mensch an Harnverhaltung. Um ihn zu heilen, nimm (...) Straußeneierschalen, Fenchel, Scholle, Ringelblume, Manna (...) diese sechzehn Heilmittel (...) Vor dem Aufstehen soll er trinken, und er wird genesen.

Wenn ein Mann beim Urinieren von Harnverhaltung befallen wird, zerdrücke Mohn in Bier und gib ihm davon zu trinken [*Betäubung durch Opium für die folgende Operation?*]. Zerstoße Myrrhe, vermische sie mit Öl, träufle ihm das Gemisch mittels eines Bronzeröhrchens in die Harnröhre. Dazu soll er zermahlene Anemone in Bier »alappanu« trinken. Koche Mutterharz in Öl, seihe es ab, träufle es ihm mittels eines Bronzeröhrchens in die Harnröhre.

Wenn ein Mann unter einem Mastdarmvorfall leidet, nimm eine Wüsteneidechse, trockne sie, zermahle sie; koche sie mit Knoblauch und setze sie ihm vor. Gib einen lebendigen Skorpion in Öl und lasse ihn drei Tage darin schwimmen; bade die kranke Partie mit dieser Flüssigkeit.

Verschiedene Täfelchen

Wenn ein Mensch an »schimmatu« leidet [*wenn er von einem Skorpion gestochen worden ist*] und gelähmt ist (...) Balsam, Sagapen (...), diese Pflanzen nimm (...), mische sie in einem irdenen Wasserkrug. Das Ganze stelle in Milch und in Wein, appliziere das Gemisch dem Kranken, und er wird leben. [*Text aus Konstantinopel; enthält 13 Behandlungsvorschläge bei Skorpionstichen darunter einen mit Beschwörungsformeln.*]

(Wenn ein Mensch unter Ohrenschmerzen leidet), nimm Wasser von Granatapfel und Opoponax, tränke damit einen Bausch und stopfe ihn in seine Ohren.

Führe diese Behandlung drei Tage lange fort. Am vierten Tag kratze ihm den Eiter aus den Ohren und säubere sie sorgfältig. Wenn nur noch vereinzelte Eitertropfen austreten, zerstoße Alaun und träufle es ihm mit einem Schilfrohr in die Ohren.

(Bei Hämorroiden) umwickle deinen Finger mit Scharpie, tränke diese mit Honig und reibe heftig, bis Blut austritt. Wenn die Blutung aufgehört hat, mische den Talg von Salzkraut und Schwarzkümmel darunter, den du zuvor zermahlen hast. Forme daraus ein Zäpfen und führe es ihm in den After ein.

Wie diese Behandlungsanweisungen zeigen, wurden die Medikamente auf die unterschiedlichste Weise verabreicht: Der Arzt arbeitete mit Heiltränken, Salben, Breiumschlägen, Inhalationen, Zäpfchen, Einreibungen, Waschungen und Einträufelungen mit Hilfe von Kanülen, wozu zweifelsohne noch Pillen kamen (auch wenn sie unter den Beispielen nicht aufgeführt sind). Praktisch bediente er sich aller Mittel, die keine allzu ausgefeilte Technik erfordern (wie Spritzen); unsere besondere Aufmerksamkeit erregen natürlich die Bronzekanülen zu urethralen Einträufelungen (denen möglicherweise Mohn als Betäubungsmittel beigemischt wurde) sowie die durch eine Paste abgedichteten und mit einem Schilfrohr versehenen Inhalationsgefäße, die die große Geschicklichkeit der mesopotamischen Ärzte zeigen.

Was nun die verordneten Heilmittel selbst betrifft, so waren sie unterschiedlicher, teils pflanzlicher, teils tierischer oder auch mineralischer Herkunft. Den Hauptanteil stellten jedoch die pflanzlichen Mittel, vielleicht in Folge des Mythos, daß bestimmte Pflanzen Unsterblichkeit verleihen – wie die dem babylonischen Noah nach der Sintflut von den Göttern verabreichten oder das dem Gilgamesch von der Schlange gestohlene Verjüngungskraut »Der Greis wird wieder jung«. Möglicherweise aber sind solche Mythen umgekehrt eine etwas mißbräuchliche Ausweitung empirisch entdeckter Heilkräfte bestimmter Pflanzen.

Wie Tafeln zur Diagnostik, Prognostik und Therapeutik soll es auch einige pharmazeutische Tafeln mit Namen von Heilpflanzen, Zubereitungsanleitungen und Angabe des Anwendungsbereichs geben; auf einem dieser Täfelchen sollen 150 Pflanzen aufgeführt sein. (Aber trotz der Erwähnung solcher Tontafeln in der Fachliteratur waren keine explizit zitierten Beispiele zu finden.)

All das zeigt eine Medizin, die sich zunehmend von der Magie löst und diese durch ein technisches Wissen ersetzt; dennoch bleibt sie der Magie dort verhaftet, wo Krankheiten auf übernatürliche Weise als Strafe oder Besessenheit erklärt werden. Da das technische Wissen nicht von einer Theorie gestützt worden zu sein scheint, bleibt auch weiterhin ein Machtanspruch der Magie bestehen – selbst in Texten, die die Krankheit und ihre Behandlung durchaus technisch und pragmatisch angehen, finden sich Beschwörungen. Diese fehlende Theoretisierung des technischen Wissens beziehungsweise die Beibehaltung der von der

Magie vertretenen Theorie äußert sich in den überlieferten Schriften vornehmlich in einer fast vollständigen Unkenntnis der Physiologie und einer sehr oberflächlichen Anatomie.

Dank erhaltener Listen von verschiedenen Körperteilen können wir uns in etwa eine Vorstellung von den anatomischen Kenntnissen der Mesopotamier machen. Aufgeführt sind lediglich die wichtigsten der äußeren Beobachtung zugänglichen Körperteile und die wichtigsten inneren Organe – die an Opfer- oder Schlachttieren beobachtet werden konnten; nichts deutet darauf hin, daß allein zur Verbesserung der anatomischen Kenntnisse Tiere oder Menschen seziert worden wären. Am vertrautesten von allen Organen war den Mesopotamiern zumindest in ihrer äußeren Form die Leber – allerdings nicht in ihrer inneren Struktur und ihrer Funktion: ein bedeutender Zweig der Wahrsagung gründete sich auf die Beobachtung der Leber geopferter Tiere. So sind uns einige Lebermodelle aus Ton erhalten, auf denen die Rolle der einzelnen Teile für die Weissagung festgehalten ist und die wohl zur Einführung in diese Praktiken dienten. Aus derselben Geisteshaltung heraus wurden die Darmwindungen der Opfertiere studiert; auch hierfür existieren noch einige Täfelchen mit den entsprechenden Darstellungen und dem Vermerk ihrer Bedeutung für Vorhersagen. Hier können die Mesopotamier, wie schon in der Astrologie und der Zahlenmystik, wiederum als Vorläufer und Wegbereiter gelten, ist doch in der Folge die Wahrsagerei durch Eingeweideschau von Opfertieren im ganzen Mittelmeerraum weit verbreitet.

Die mesopotamische Physiologie scheint noch primitiver gewesen zu sein; am ehesten erlauben uns »literarische« Texte, Rückschlüsse zu ziehen – die medizinischen Täfelchen selbst enthalten diesbezüglich keine expliziten Hinweise. Wie es scheint, galt die Leber als Sitz des Lebens (daher zweifellos ihre Bedeutung für die Wahrsagung) und zusammen mit dem Herzen als Quelle der Gefühle; im Herzen lag darüber hinaus die Wurzel des Denkens. Die Nieren waren Sitz der Leibeskraft und der Bauch der Ort der Frömmigkeit. All diese Lokalisierungen aber sind der Umgangssprache und der volkstümlichen Ausdrucksweise entnommen und scheinen für die medizinischen Vorstellungen der Zeit ohne weitere Bedeutung gewesen zu sein.

Zusammenfassung

Abschließend läßt sich sagen, daß die Mathematik, und insbesondere die Arithmetik, in Mesopotamien am Anfang ihrer Entwicklung steht. Einen Korpus ineinandergreifender Probleme mit den entsprechenden Beweisketten gibt es noch nicht; gelegentlich stößt man auf eine Klassifizierung der Probleme nach bestimmten Arten, meistens jedoch werden sie einfach mit Approximationen gelöst, die in der Praxis genügen, und keine Beweise angestrebt. Gleichwohl sprengen die arithmetischen (und »algebraischen«) Arbeiten – zweifelsohne unter dem Einfluß der Zahlenmystik – den engen Rahmen der praktischen Anwendung. Der Wunsch, die Eigenschaften der Zahlen zu ergründen, ein Streben nach Wissen um des Wissens willen macht sich bemerkbar, auch wenn dieser Wille allem Anschein nach noch etwas regellos, tastend und ohne Methode zu Werke geht.

Die Kosmologie ist noch gänzlich dem Mythos verhaftet und die Astronomie bleibt weitgehend Astrologie. Ihr geht es lediglich um die Position der Sterne in einem bestimmten Augenblick; die Natur der Gestirne (für die Mesopotamier sind es Götter) und ihrer Bewegung versuchen sie nicht zu erforschen. Dennoch führen diese astrologischen Bemühungen zu einer Art mathematischer Astronomie, die allerdings mehr auf der Arithmetik als auf der Geometrie fußt, da es ihr mehr darum geht, die Bewegung der Gestirne mit Zahlen zu beschreiben als zu erklären – ein erster Versuch, Naturerscheinungen mit Hilfe der Mathematik zu ergründen. Auch diese Entwicklung geht noch zum größten Teil auf mystische (astrologische) Aspekte zurück, da die Astronomie nur dazu dient, einen Kalender für die Feldarbeiten und das bürgerliche Leben aufzustellen, und dazu sind keine allzu weitreichenden oder präzisen Forschungen erforderlich.

Und was schließlich die Medizin betrifft, so läßt sie sich als Technik charakterisieren, die sich mehr und mehr von der Magie löst, aber noch keine eigene (nichtmagische) Theorie besitzt. Krankheit gilt den eher »abergläubischen« als »religiösen« Mesopotamiern überwiegend als von den Göttern verhängte Strafe oder als Besessensein von einem Dämon, auch wenn sich die Behandlung allmählich »naturalisiert« und sich zunehmend mehr auf Erfahrung als auf Magie stützt.

All das gilt freilich nur für die schriftliche Hinterlassenschaft der Mesopotamier. Daneben aber gab es in allen diesen Disziplinen auch eine gewiß nicht unbedeutende mündliche Unterweisung – vielleicht würde sich, wenn sie uns bekannt wäre, unser Gesamteindruck verändern, so daß wir einen Zusammenhang, einen »roten Faden« entdecken könnten, der in den Texten fehlt – nicht zuletzt aufgrund der in dieser Hinsicht beschränkten Ausdrucksmöglichkeiten der Keilschrift.

Dennoch würde man wohl den Geist, in dem diese Erkenntnisse gesammelt und gelehrt wurden, nicht als »wissenschaftlich« definieren – als eine von der Vernunft bestimmte Organisation des Denkens, gestützt gegebenenfalls auf Beobachtung und Erfahrung. Die mesopotamische »Wissenschaft« ist vor allem eine Wissenschaft der Listen und Tabellen – mathematischen und astronomischen Tafeln, Listen von Pflanzen, Krankheiten, Vorhersagen, Arbeiten und Tagen etc. Es ist eher eine Wissenschaft, die Beobachtungen und Resultate – wie zum Beispiel die Resultate interessanter oder kurioser Zahlenkombinationen – zusammenträgt und aufzeichnet, als eine Wissenschaft, die nach Strukturen oder Gesetzen sucht: selbst die Anwendung der Mathematik auf die Astronomie zielt nicht auf die Enthüllung mathematischer Strukturen ab, sondern ist lediglich eine Technik zur Berechnung der Position eines Gestirns. Die Organisation der Welt beschränkt sich auf das Anlegen von Listen, Listen von allem und jedem, vor allem aber Listen, die in den Dienst von Vorhersagen gestellt werden können – in der Astrologie und in den zahlreichen in Mesopotamien praktizierten Formen der Weissagung wie der Empyromantik (Deutung der Bewegung der Flamme und des Feuers), der Lekanomantik (Deutung der bei der Vermischung von Wasser und Öl entstehenden Formen), der Leberschau, der Oniromantik oder Traumdeutung, der Deutung von Farbe, Wasserstand etc. von Flüssen, der Deutung der Bewegung von ins Wasser geworfenen Gegenständen, der Weissagung anhand der Geburt von Zwillingen, Drillingen etc., von Mißgeburten und außergewöhnlichen Erscheinungen. Die Funktion der Wissenschaft, Denken und Handeln im Hinblick auf vorhersehbare Konsequenzen vernunftgemäß zu organisieren, wird hier durch die Funktion der Magie ersetzt, alles im Hinblick auf Vorhersagen zu organisieren, die ihrerseits aus listenmäßig erfaßten Beobachtungen gewonnen werden.

Alle Listen und Tabellen, die mathematischen wie die astronomischen oder die medizinischen, dienen demselben Zweck. Immer und überall (beim angewandten mathematischen Problem wie bei der Berechnung der Position eines Gestirns oder bei einer Krankheit) geht es um eine Situation, die es auf der Grundlage früherer, sorgfältig in Listen aufgezeichneter Erfahrungen zu lösen gilt. Den Rahmen liefert in allen Fällen eine mystische Erklärung, die wenig Raum läßt für logische Schlußfolgerungen auf der Grundlage einer Theorie. Die von der Vernunft geleitete Betrachtung als solche ist noch nicht als Möglichkeit, Denken und Handeln, geschweige denn die Welt zu organisieren, erkannt – was nicht heißen soll, daß das ganze Denken oder Handeln der Zeit irrational war, sondern lediglich, daß die Vernunft noch nicht zum obersten Wahrheitskriterium erhoben worden ist. Selbst der Welt der Zahlen fehlt in Mesopotamien der rationale Aufbau.

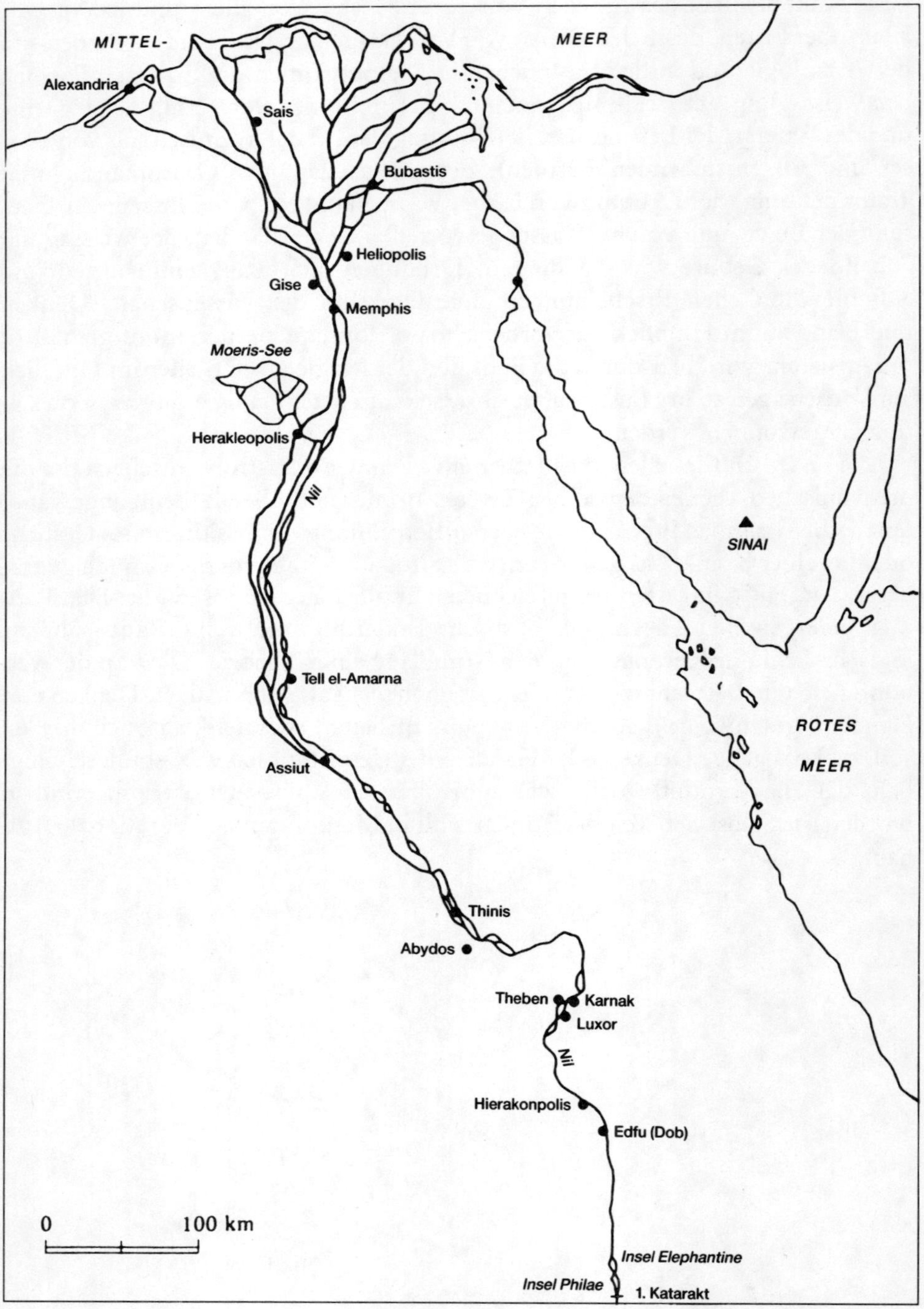
MITTEL-
MEER
Alexandria
Sais
Bubastis
Heliopolis
Gise
Memphis
Moeris-See
Herakleopolis
Nil
SINAI
Tell el-Amarna
ROTES
MEER
Assiut
Thinis
Abydos
Theben
Karnak
Luxor
Nil
Hierakonpolis
Edfu (Dob)
0
100 km
Insel Elephantine
Insel Philae
1. Katarakt

2. KAPITEL

Ägypten

Historische Voraussetzungen

Ägypten erstreckt sich entlang der letzten 1 000 Kilometer des Niltals, das insgesamt 6 400 Kilometer lang ist, vom 31. bis zum 24. Grad nördlicher Breite.

Oberägypten, das Land vom ersten Katarakt bis zum Delta, besteht aus einem schmalen, nur wenige Kilometer breiten und rund 800 Kilometer langen Tal, das auf beiden Seiten von Wüste begrenzt wird. Südlich schließt sich zwischen dem ersten und dem zweiten Katarakt das weniger ebene unternubische Tal und noch weiter im Süden das Land Kusch (Äthiopien) an. 150 Kilometer vor seiner Mündung ins Mittelmeer teilt sich der Nil in mehrere Nebenarme (7 im Altertum) und bildet ein 150 Kilometer langes, an seiner Basis an der Küste rund 240 Kilometer breites dreieckiges Delta: Unterägypten.

Dementsprechend ist Ägypten, eine relativ in sich geschlossene Welt, zur Entfaltung eines nationalen Lebens wesentlich besser geeignet als das viel offenere, politisch und wirtschaftlich zersplittertere Mesopotamien.

Zu Beginn der historischen Zeit ist Ägypten in mehrere Königreiche aufgeteilt, später nur noch in zwei (Unter- und Oberägypten), die Narmer – das Werk seines Vorgängers König Skorpion vollendend – vereinigt. Narmers Sohn (?) und Nachfolger, Menes, gründet dann die 1. Dynastie (so jedenfalls berichtet Manethon, ein ägyptischer Priester aus dem 3. Jahrhundert v. Chr., dessen Schriften wir die Aufzählung der ägyptischen Dynastien verdanken).

Die beiden ersten Dynastien (3110–2665) stehen noch an der Grenze der Vorgeschichte; ihnen gelingt es, das Land zu vereinigen. Vom Alten Reich und der 3. Dynastie an geht Ägypten dann bereits auf Expansion und Festigung seiner Grenzen aus; so soll Djoser (3. Dynastie) Nubien annektiert und Snofru (4. Dynastie) Feldzüge nicht nur nach Nubien, sondern auch nach Libyen und in den Sinai unternommen haben. Die Monarchie ist in dieser Zeit absolut und erblich

59. CHRONOLOGIE ÄGYPTENS

Thinitenzeit (1. und 2. Dynastie)	3110–2665
Altes Reich (3. bis 6. Dynastie)	2664–2155
1. Zwischenzeit (7. bis 10. Dynastie)	2154–2052
Mittleres Reich (11. und 12. Dynastie)	2052–1786
2. Zwischenzeit (13. bis 17. Dynastie)	1785–1570
Neues Reich (18. bis 20. Dynastie)	1570–1075
3. Zwischenzeit (21. bis 25. Dynastie)	1075–664
Residenz in Saïs (26. Dynastie)	664–525
1. persische Herrschaft (27. Dynastie)	525–404
Letzte ägyptische Zeit (28. bis 30. Dynastie)	404–341
2. persische Herrschaft (31. Dynastie)	341–332
Griechische Zeit (32. und 33. Dynastie)	332–30
Römische Zeit	30 v. Chr. – 324 n. Chr.
Byzantinische Zeit	324 n. Chr. – 640 n. Chr.

und sie hat göttlichen Charakter. Die Geistlichkeit besitzt große Macht, vornehmlich in der 5., angeblich von den Priestern von Heliopolis eingesetzten Dynastie. Bezeichnend für den ganzen Zeitabschnitt ist ein hohes kulturelles Niveau: Es werden viele großartige Bauten errichtet (zum Beispiel die Pyramiden von Gise), Kunst und Wissenschaft blühen auf – unter der Herrschaft Djosers lebt der berühmte Arzt, Architekt und Autor Imhotep, der später mit Asklepios, dem griechischen Gott der Medizin, identifiziert werden sollte.

Verwaltungsmäßig ist Ägypten längs des Nils in einzelne Bezirke oder Gaue, sogenannte *nomes*, eingeteilt, denen *Nomarchen* als Gouverneure vorstehen. Einige von ihnen bringen es zu einer solchen Machtfülle und Unabhängigkeit, daß ein gewisser Feudalismus um sich greifen und den (ohnehin schon durch den Klerus bedrohten) Absolutismus der Monarchie in Frage stellen kann.

Und in der Tat bereitet dieser Feudalismus zusammen mit Beduineneinfällen aus der Wüste und einer sozialen Revolution in Unterägypten dem Alten Reich schließlich ein Ende. In den anschließenden Wirren zerfällt Ägypten in drei Teile: das Delta ist in der Hand von Völkerschaften aus Asien, der Mittelteil eine Monarchie mit Sitz in Herakleopolis und der Süden eine thebanische Monarchie. Diese beiden miteinander rivalisierenden Monarchien bekriegen sich gegenseitig, bis dem König von Theben, Nebhepetrê Mentuhotep (3. König der 11. Dynastie), dem Begründer des Mittleren Reichs, die Wiedervereinigung gelingt. Seine Nachfolger führen sein Werk fort, bis die Dynastie durch den ersten Minister gestürzt wird; unter dem Namen Sehetepibrê Amenemhet begründet er die

12. Dynastie, eine der glanzvollsten der ägyptischen Geschichte, vor allem in der Regierungszeit Sesostris III., der die Einheit des Landes festigt und seinen Machtbereich nach Süden bis zum zweiten Katarakt ausdehnt. Unter seinem Nachfolger Amenemhet III. soll sich einigen Autoren zufolge die biblische Geschichte von Joseph zugetragen haben; jedenfalls aber realisierte er gewaltige Projekte, so den Bau eines Reservoirs im Faijum. Die letzten Könige dieser Dynastie waren weniger ruhmreich; schließlich riß Chutaui, der erste König der 13. Dynastie, die Macht an sich. Damit versank Ägypten erneut in einer Zeit der Wirren, in der es in zwei Königreiche aufgeteilt wurde.

Zu diesen inneren Unruhen kamen noch – direkt und indirekt – die Auswirkungen der indoeuropäischen Völkerwanderungen im Nahen Osten: Im Zuge dieser Wanderbewegungen fielen die Hyksos (was entweder mit »Hirtenkönige« oder »Herrscher der Fremdländer« übersetzt wird) in Ägypten ein – ein durch die Indoeuropäer aus seinem Gebiet verdrängtes semitisches Volk aus der Region von Kanaan, das sich bis zu einem gewissen Grad auch mit den Indoeuropäern vermischt haben mag. Die Hyksos ließen sich zuerst im Delta nieder und begannen von hier aus Ägypten zu erobern. Sie führten wohl auch das Pferd und den Streitwagen ein, und konnten dank dieser technischen Überlegenheit und der innerägyptischen Unruhen weit nach Süden vorstoßen. Vermutlich jedoch gelang es ihnen nicht, ganz Oberägypten wirklich in ihre Gewalt zu bringen, und der äußerste Süden entzog sich ihnen ohnedies.

Es konnte sich vor allem in Theben eine kleine Monarchie behaupten, die den Hyksos (die die 15. und 16. Dynastie stellten) allem Anschein nach zwar tributpflichtig war, gleichwohl aber eine gewisse Autonomie bewahrte. Diese Monarchie (etwa fünfzehn Könige) begründete die 17. Dynastie. Ihre beiden letzten Könige, Sekenenrê Ta'a I. und sein Sohn und Nachfolger Kamose, nahmen den Kampf gegen die Hyksos auf. Aber erst Ahmose, dem Bruder und Nachfolger des letztgenannten, gelang es, die Hyksos zu vertreiben, Ägypten wiederzuvereinigen und seine Herrschaft über Nubien auszudehnen. Mit ihm beginnt die 18. Dynastie und das Neue Reich.

Unter dieser glanzvollen Dynastie erlebt das Land eine unerhörte Entfaltung von Pracht und Reichtum, vornehmlich unter Amenophis III., auch wenn dieser König schon nicht mehr die Dynamik seiner Vorgänger besitzt. Ein gänzlich neuer Wind weht dann unter Amenophis IV. (Echnaton), der sich einer monotheistisch inspirierten Religionsreform verschreibt und damit der mächtigen Amun-Priesterschaft den Kampf ansagt. Nach seinem Tod jedoch wird der Kult des Amun von seinem Schwiegersohn und Nachfolger Tut-anch-Amun wieder eingeführt, und der letzte König dieser Dynastie, Haremhab (1341–1317), ein General nichtköniglicher Herkunft, der die Wiederaufrichtung des Weltreichs vorbereitet, gelangt nicht zuletzt dank der Unterstützung der Amun-Priesterschaft an die Macht.

Der erste König der 19. Dynastie, Ramses I., bei seiner Krönung bereits ziemlich betagt, regiert nur kurze Zeit. Auf ihn folgt sein Sohn Sethos I., auf diesen Ramses II., der bemerkenswerteste König dieser Dynastie, der sich in seiner langen Regierungszeit (1295–1225) vor allem als Bauherr, Krieger und Diplomat einen Namen gemacht hat. Nach ihm erlebt Ägypten erneut eine Zeit der Schwäche, und am Ende der Dynastie (1207) herrscht mehr oder minder Anarchie. In diesen Abschnitt des Neuen Reichs fällt zweifelsohne die biblische Geschichte von Moses und dem Auszug der Hebräer aus Ägypten.

Dem Gründer der 20. Dynastie, Sethnacht, gelingt es trotz einer sehr kurzen Regierungszeit, die Ordnung wiederherzustellen. Sein Nachfolger, Ramses III., der letzte große König des Neuen Reichs, reformiert die Verwaltung, errichtet großartige Bauten und stoppt 1190 die Invasion der Seevölker, die für die Vernichtung verschiedener Kulturen wie der kretisch-mykenischen, der hethitischen und der kanaanäischen verantwortlich sind; übrigens gehören zu diesen Seevölkern auch die Philister der Bibel, Sauls Gegner, die sich, da ihnen der Zugang zu Ägypten versperrt bleibt, in Kanaan ansiedeln. Nach Ramses III. kann sich die Dynastie noch nahezu ein Jahrhundert lang halten, Ägyptens Macht aber verfällt: Die asiatischen Provinzen lösen sich ab und entrichten keine Tribute mehr, innere Unruhen brechen aus, wirtschaftliche Schwierigkeiten treten auf und zu alldem kommen noch Einfälle der Libyer.

Die 3. Zwischenzeit bricht an; über vier Jahrhunderte lang (bis zu Psametich I., 26. Dynastie) ist das Land, wenn schon nicht völliger Anarchie ausgeliefert, so doch zumindest in den Händen schwacher Könige, die mit einer wachsenden Anzahl von Dynasten (den *Nomarchen*, die einen Feudalismus nach Art der Feudalherrschaft am Ende des Alten Reichs einführen) die Macht teilen. Wiederholt geht die Herrschaft an fremdländische Könige (Libyer, Äthiopier) über, bis Ägypten schließlich eine Beute des assyrischen Reichs unter Asarhaddon (671) und Assurbanipal (Einnahme Thebens 663) wird.

Nach der Eroberung überträgt Assurbanipal die Verwaltung Ägyptens an Necho, dem Fürsten von Sais und Vater von Psametich I., der gleichwohl nicht zögert, zusammen mit seinem Sohn und zweifellos unterstützt vom Lyderkönig Gyges die Vorherrschaft der Assyrer abzuschütteln, deren Reich 612 (Zerstörung Ninives) von den rebellierenden Medern und Babyloniern vernichtet wird. Psametich läßt sich zum König von Ober- und Unterägypten ausrufen und begründet die 26. Dynastie, die nach ihm noch fünf Könige zählt (Necho II., Psametich II., Apries, Amasis und Psametich III.).

Im Jahr 525 bricht das ägyptische Reich unter den Angriffen des Perserreichs unter Kambyses zusammen. Die 27. Dynastie wird von persischen Herrschern gestellt (Kambyses, Dareios I., Xerxes, Artaxerxes, Dareios II.), die bis 405 auch als Pharaonen den ägyptischen Thron einnehmen.

Die 28. Dynastie (405 bis 399) ist wieder ägyptisch, besteht aber nur aus einem König, Amyrtaios, der 410 einen Aufstand gegen die Fremdherrschaft anführt. Die Herrscher der 29. und 30. Dynastie sind ebenfalls einheimisch. 341 dagegen kommen mit der 31. Dynastie wieder Perser auf den Thron, doch bereits 332 wird Ägypten von Alexander dem Großen, König von Makedonien (32. Dynastie) erobert und fällt 323 nach seinem Tod an seinen General Ptolemaios, den Begründer der 33. Dynastie (der sogenannten griechischen oder ptolemäischen). Diese Dynastie kann sich bis zu Kleopatra (51–30 v. Chr.) und zur Eroberung Ägyptens durch Julius Cäsar behaupten. Danach ist Ägypten bis 324 n. Chr. eine Provinz des Römischen Reichs und nach dessen Teilung in ein Ost- und ein Westreich bis zum Vorstoß der Araber im 7. Jahrhundert Teil des Byzantinischen Reiches.

Vergleicht man nun Ägyptens Geschichte mit der oben skizzierten Mesopotamiens, so erweist sie sich als weniger kompliziert. Ägyptens größtes Problem besteht in der übermäßigen Länge des Landes und der daraus resultierenden Gefährdung: dem Land droht immer wieder die Gefahr der Zersplitterung in unabhängige Königreiche. Gleichwohl zeigt Ägypten eine beträchtliche kulturelle Einheit. Zwar ist es ebenfalls verschiedenen Fremdeinflüssen ausgesetzt, trotzdem aber wird es nie, wie Mesopotamien zur gleichen Zeit, zu einem Schmelztiegel der Völker und Kulturen. Und diese kulturelle Einheit, zusammen mit einer sehr konservativen Einstellung, gewährleistet auch eine gewisse Kontinuität in der Überlieferung dessen, was wir heute »Wissenschaft« nennen würden; in der Tat sind die alten Elemente, genau wie in Mesopotamien, unverfälscht erhalten geblieben.

Technische Voraussetzungen

Oberägypten ist ein sehr heißes, trockenes Land, praktisch ohne Niederschläge; in Unterägypten sind die klimatischen Verhältnisse etwas gemäßigter. Der Boden wird durch die Schlammablagerungen fruchtbar gemacht, die nach der alljährlichen Nilüberschwemmung zurückbleiben. Die Hochwasser stellen sich mit großer Regelmäßigkeit im Juni ein, überfluten im August die Felder und gehen Mitte Oktober ziemlich schnell zurück. Ein System von Kanälen ergänzt die natürliche Bewässerung und versorgt die vom Hochwasser nicht erreichten Felder mit Wasser.

Grundlage der ägyptischen Kultur war in erster Linie der Ackerbau. Angebaut wurde Getreide (Roggen und Emmer), das direkt nach der Überschwemmung ohne weitere Bearbeitung des Bodens ausgesät wurde; lediglich nicht überflutete Felder wurden mit der Hacke oder einem von Kühen gezogenen Pflug vorher bearbeitet. Die Ernte wurde mit Hilfe von Sicheln eingebracht, die lange Zeit aus Holz mit kleinen, in eine Nut eingefügten Feuersteinsplittern bestanden. Zum Dreschen ließ man das Vieh auf einer eigens dafür hergerichteten Tenne über die Ähren laufen.

Außerdem wurden verschiedene Gemüse und Früchte angebaut – Linsen,

Bohnen, Kichererbsen, Zwiebeln, Gurken, Wassermelonen, Feigen, Datteln, Weinbeeren, Johannisbrot, Brustbeeren, Granatäpfel und Oliven.

Die Viehhaltung umfaßte Groß- und Kleinvieh – Rinder, Schafe, Ziegen, Schweine; das von den Wüstenbewohnern vermutlich schon recht früh gezähmte Kamel tauchte im eigentlichen Ägypten erst relativ spät auf, das Pferd wurde um die Mitte des 2. Jahrtausends von den Hyksos eingeführt – sowie Geflügel (Gänse und hauptsächlich Enten, aber auch Tauben und später Hühner); sogar Gazellen, Hirsche und Hyänen versuchte man zu domestizieren.

Gefischt wurde mit Netz, Leine, Reuse und Harpune, gejagt mit Bogen, Schlinge und Falle. Zudem bediente man sich bei der Jagd wie beim Fischfang auch bestimmter Tiere wie des Hundes (Windhund), der Katze und gelegentlich der Hyäne.

Außer Palmenholz, das jedoch aufgrund seiner Faserigkeit schlecht zu verarbeiten war, stand den Ägyptern noch Akazien- und Sykomorenholz zur Verfügung; außerdem importierten sie Holz von Fichten und Tannen, Ebenholzbäumen und Zedern. Benötigt wurde das Holz zur Herstellung von Möbeln (die mit Hilfe von Bolzen, Zapfen und Zapfenlöchern zusammengehalten wurden) und zum Bau von Schiffen; ihre Planken waren mit Halfagrasstricken zusammengeschnürt – Nägel wurden, da Metall den größten Teil des ägyptischen Altertums rar und teuer war, nicht verwendet.

Zu den ältesten, schon seit dem Neolithikum praktizierten Künsten Ägyptens gehörten neben der Keramik zweifellos Spinnen und Weben. Offensichtlich hatten sie in historischer Zeit einen hohen Stand erreicht, denn die ägyptischen Gewebe, überwiegend Leinen-, aber auch Woll- und im Süden Baumwollstoffe, waren von großer Feinheit. Neben weißen Stoffen gab es auch gefärbte, deren Farben aus Krapp, Indigo, Henna oder Saflor gewonnen wurden.

Die Gebäude waren größtenteils aus Ziegeln errichtet, hergestellt aus einem Schlamm-Stroh-Gemisch, das in Formen gepreßt und an der Sonne getrocknet (selten gebrannt) wurde. Als Bindemittel diente Ton oder Letten. Dabei mangelte es in Ägypten nicht an verschiedenen Gesteinsarten, und die Kunst des Behauens und Polierens (selbst der härtesten) war auch bereits seit dem frühesten Altertum bekannt. In der Regel jedoch war Stein monumentalen Statuen, Gräbern, Tempeln und Palästen (bei denen gewisse Partien aber ebenfalls aus Ziegeln gemauert waren) vorbehalten.

Zum Warentransport verwendete man hauptsächlich Schiffe, aber auch von Menschen oder Tieren (Eseln, Rindern) gezogene Schlitten. Das Rad kam erst im Neuen Reich in Gebrauch, und auch da nur bei Kriegs- oder Prunkwagen – der ägyptische Boden war wohl für schwer beladene Räderkarren zu locker.

Neben der sehr alten Keramik war in Ägypten auch das Glas in Form von Email bereits seit der prädynastischen Epoche bekannt. Seit der Mitte des 2. Jahrtausends war es dann in Form von Glaspaste in Umlauf, die auf verschiedene Weise verarbeitet, aber nie geblasen wurde.

Gemälde – Fresken und andere – entstanden auf der Grundlage von Leim oder Wachs, denen mineralische Farbstoffe wie Ocker, Kupferoxyde, natürliches Arsensulfid, blaues Kupferkarbonat, Kohle, Lapislazuli und pulverisierter Türkis beigemischt wurden.

Kupfer wurde schon im Alten Reich gehämmert und zur Herstellung von Werkzeugen verwendet, Bronze in großem Umfang im Mittleren Reich verarbeitet, während das Eisen erst in der Saïtenzeit (um 650) Verbreitung fand. Gold und Silber dagegen dienten schon sehr früh als Tauschobjekt und für Schmuck.

Schließlich müssen noch zwei spezifisch ägyptische Techniken erwähnt werden: die Einbalsamierung und die Papyrusherstellung.

Bei der Mumifizierung wurden zuerst die Eingeweide der Leiche entfernt und diese dann zur Entziehung der letzten Feuchtigkeit und zur Verseifung der Fetteile in Natron (Karbonat, Bikarbonat, Sulfat und Natriumchlorid) eingegraben. Danach wurde die Bauchhöhle mit in Koniferenharz getränkten Tüchern ausgestopft, der Körper mit Salben und Harz eingerieben und mit ebenfalls harzgetränkten Binden umwickelt. In Särgen und Sarkophagen ins Grab gesenkt, kam der Mumie schließlich noch die Trockenheit des Bodens zugute. Im übrigen wurden diese Maßnahmen je nach Wohlstand des Verstorbenen mit mehr oder weniger Sorgfalt ausgeführt; die Armen verscharrte man einfach in der Erde oder warf sie in den Nil.

Beim Papyrus handelt es sich um ein Schilfrohr, dessen Stengel in dünnste Streifen gespalten wurden. Diese wurden parallel nebeneinandergelegt, quer darüber kam eine zweite Schicht. Die so entstandenen Blätter von einer Größe von etwa 45×25 cm wurden, um die Streifen zusammenzubacken, gepreßt, getrocknet, geklopft und dann mit einem Bimsstein poliert. Durch Aneinanderkleben der Blätter entstanden lange Streifen (Rollen).

Geschrieben wurde auf dem so hergestellten Papyrus mit einer Feder (einem Schilfrohr, dessen unteres Ende man zerquetschte) und entweder schwarzer, auf der Grundlage von Ruß gewonnener, oder roter Tinte aus Ocker.

Die Schrift

Zusammen mit der sumerischen Schrift gehört die ägyptische zu den ältesten Schriften, die wir kennen (und entziffern können). Die ersten schriftlichen Dokumente Ägyptens stammen ungefähr aus der Zeit um 3100 v. Chr.; die letzten, die die ägyptische Schrift verwenden (Inschriften auf der Insel Philae) aus dem Jahr 394 n. Chr.

Genau wie die sumerische hat auch die ägyptische Schrift einen piktographischen Ursprung: das für einen bestimmten Gegenstand stehende Zeichen war schlicht sein Abbild in Klein. Allerdings kombinieren bereits die ältesten schriftlichen Dokumente, die uns aus Ägypten überkommen sind, phonetische Elemente mit diesen Piktogrammen.

Die Anordnung der Zeichen (Hieroglyphen) folgt weitgehend ästhetischen Kriterien. Ein Wort muß sich in ein Rechteck (oder Quadrat) einpassen, in dem die einzelnen Zeichen harmonisch verteilt werden. Diese Rechtecke können horizontal oder vertikal angeordnet werden, von links nach rechts oder von rechts nach links, von oben nach unten oder von unten nach oben, je nach Text, der zu beschreibenden Fläche, der Plazierung der Illustrationen etc. Die Leserichtung wird durch die Richtung der Zeichen angedeutet: Die Menschen-, Tier- oder Götterzeichen blicken stets zum Zeilenanfang hin. Und schließlich benutzen Schreiber und Maler verschiedene Farben, um bestimmte Passagen des Textes hervorzuheben oder um ihn einfach schöner zu gestalten. Der Beginn eines neuen Absatzes wird nicht nur bei Wandinschriften oder »künstlerischen« Papyri,

60. EINSCHICHTIGE HIEROGLYPHEN

Zeichen	Lautwert	dargestellter Gegenstand	Zeichen	Lautwert	dargestellter Gegenstand
	ȝ	Geier		h	Unterschlupf im Schilf
	i	blühendes Schilfrohr		ḥ	geflochtener Flachsdocht
	y	doppeltes blühendes Schilfrohr		ḫ	Plazenta (?)
		doppelter Schrägstrich		ẖ	Bauch und Schwanz
	c	Unterarm		(z) s	Riegel
	w	Wachtelküken		(ś)	gefaltetes Tuch
		hierat. Abk. für ⟨Wachtelküken⟩		š	Wasserbecken
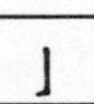	b	Fuß		ḳ	sandiger Abhang
	p	Sitz		k	Henkelkorb
	f	Hornviper		g	Kruguntersatz
	m	Eule		t	Brotfladen
		Gazellenrippe			Stößel
	n	Wasserstrahl		ṯ	Strick zum Fesseln von Tieren
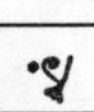		Rote Krone		d	Hand
	r	Mund	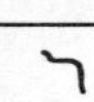	ḏ	Kobra in Ruhestellung

Die mit * versehenen Zeichen sind teilweise später entstandene Dubletten tatsächlich einschichtiger Hieroglyphen.

61. ZWEISCHICHTIGE HIEROGLYPHEN

Zeichen	Lautwert	dargestellter Gegenstand
	wꜣ	Fangleine
	bꜣ	ausgewachsener Storch
	mꜣ	Sichel
	ḥꜣ	Papyrusstaude
	rw	liegender Löwe
	w̄p	Hörner eines Rinds
	ín	Fisch (Buntbarsch)
	wn	Hase
	mn	Spielbrett
	gm	Schwarzer Ibis
	ír	Auge
	mr	Hacke
	mt	Phallus

sondern auch bei viel prosaischeren Texten durch rote Tinte abgehoben – daher unser Begriff »Rubrik«, von lateinisch ruber, rot.

Das Prinzip der piktographischen Darstellung wurde bereits bei der sumerischen Schrift dargelegt: das Wort »Mensch« wird durch die kleine Silhouette eines Menschen oder das Wort »trinken« durch die kleine Silhouette eines trinkenden Menschen oder Tiers geschrieben (Kasten 65, Seite 159, enthält verschiedene Beispiel für piktographische oder ideographische Hieroglyphen).

Schon in den ersten uns überlieferten Texten in ägyptischer Schrift werden das ideographische (oder piktographische) und das phonographische System miteinander kombiniert, wobei die Tendenz mit der Zeit unverkennbar dahin geht, den

62. DREISCHICHTIGE HIEROGLYPHEN		
Zeichen	Lautwert	dargestellter Gegenstand
	íwn	Pfeiler
	ʻnḫ	Knoten, Riemen
	nfr	Herz und Luftröhre
	nḏm	Akazien-Fruchthülse
	rwḏ	Bogensehne
	ḫpr	Skarabäus
	tyw	Bussard
	ḏbꜣ	zusammengebundene Schilfbüschel, Floßboot
	ḏbʼ	hochgereckter Daumen, Finger

Anteil der phonetischen Schrift zu vergrößern. Nun werden mit dieser phonetischen Schrift aber nur Konsonanten geschrieben, keine Vokale – zum Beispiel entspricht das Zeichen , *schön*, einer Gruppe von drei Konsonanten, *nfr*, gelesen *NeFeR*: der eingeschobene Vokal *e* ist willkürlich gewählt. Diese Eigenschaft teilt das Ägyptische (dessen moderne Form das Koptische ist) samt einigen anderen Eigenarten mit der semitischen Sprachfamilie, die bei der Schreibung gleichfalls nur die Konsonanten, die Wortwurzeln, berücksichtigt, nicht aber die Vokale, die sich je nach der grammatikalischen Funktion ändern.

Die phonetischen Zeichen können entweder einen einzigen oder Gruppen von zwei oder drei Konsonanten ausdrücken (siehe Kästen 60, 61 und 62). Im allgemeinen dienten diese Ein- oder Mehrkonsonantenzeichen ursprünglich ebenfalls zur Bezeichnung eines Gegenstandes, verloren dann aber mit der Zeit ihre frühere Bedeutung und wurden nur noch als Lautwert verwendet (so stand die Hieroglyphe Mund, gesprochen *ro* – der Vokal ist wieder willkürlich gewählt –, ursprünglich auch für Mund, später dann aber nur noch für den Konsonanten *r*). In anderen Fällen wurde von einem Mehrkonsonantenzeichen nur die erste Silbe des dargestellten Objekts beibehalten (so bezeichnet »Fuß«, gesprochen *bew*, nur den Konsonanten *b*). Dieses Prinzip der zwei- und dreischichtigen Hieroglyphen wurde selbst dann nicht abgeschafft, als man längst einschichtige Hieroglyphen für sie besaß und sie durch zwei oder drei solcher Zeichen hätte ausdrücken können.

Sehr häufig wurden die einschichtigen Hieroglyphen als phonetische Ergänzung zur Präzisierung sonst doppeldeutiger Ideogramme verwendet – zur Erläuterung des Prinzips, stelle man sich das Ideogramm für Nase einmal begleitet vom Buchstaben N und einmal begleitet vom Buchstaben R vor. Im ersten Fall ist das Bildzeichen als »Nase«, im zweiten als »riechen« zu lesen – N und R spielen hier die Rolle einer phonetischen Ergänzung. Außerdem dienten die einschichtigen Hieroglyphen als grammatikalische Affixe zur Deklination, Konjugation etc. (siehe Kasten 63).

Neben dieser phonetischen Ergänzung kannte die ägyptische Schrift (wie die sumerische) semantische Determinative, also Zeichen, die nicht gelesen wurden, aber zur besseren Lesbarkeit des Textes angaben, welcher Bedeutungskategorie der abgebildete Gegenstand angehörte, vornehmlich bei Homophonen, phonetisch geschriebenen gleichlautenden Wörtern (vgl. die Beispiele für solche Determinative der ägyptischen Schrift in Kasten 64).

Das vollständige System war demnach reichlich kompliziert, da es nicht nur ideo- und phonographische Prinzipien kombinierte, sondern auch ein- und dasselbe Zeichen bald als Bild, bald als Lautwert, bald als Determinativ verwendet werden konnte (siehe Kasten 65). Die Lektüre (wie auch die spätere Entzifferung) wurde noch dadurch erschwert, daß die Schrift nicht ein für allemal festgelegt und genormt war, und daß der Schreiber nicht nur seinen künstlerischen Neigungen freien Lauf lassen konnte, sondern auch durch subtile Wahl der einen oder anderen Schreibweise einem Wort eine andere Konnotation verlieh.

63. VERWENDUNG DER EINSCHICHTIGEN HIEROGLYPHEN

(Nach André-Leicknam/Ziegler 1982)

 Zeichen für *Ohr*

 sḏm: hören – Zeichen für *Ohr* + Lautzeichen m (Eule)

 sḏm.k: du hörst – *hören* + Lautzeichen k (Henkelkorb)

 sḏm.f: er hört – *hören* + Lautzeichen f (Hornviper)

64. HIEROGLYPHEN MIT DETERMINATIVEM WERT

(Nach Gardiner 1966)

Zeichen	determinativer Wert
	Mann, Mensch
	Frau
	Leute
	Kind, jung
	Greis, alt
	Gott, König
	Gebet, Flehen
	Kraft, Anstrengung
	Feind, Fremder
	Bein, Fuß und zugehörige Handlungen
	klein, schlecht, schwach
	Sonne, Licht, Zeit
	Himmel, oben
	Luft, Wind, Segel
	Wasser, flüssig; mit dem Wasser verknüpfte Handlungen
	Stadt, Dorf, Ägypten
	Haus, Bau
	Buch, geschrieben, abstrakt

65. HIEROGLYPHEN ALS IDEOGRAMM, DETERMINATIV UND LAUTZEICHEN

(Nach Lefèbvre 1955)

Zeichen	dargestelltes Objekt	ideographischer Wert	determinativer Wert	phonet. Wert
	sitzender Mann	Mann	Beruf, Männername, Pronomen der 1. Person singular	
	Mann, die Hand an den Mund führend	alles, was mit dem Mund zu tun hat: essen, trinken, Hunger haben, Durst haben, reden, schweigen und im weiteren Sinn: denken, fühlen etc.		
	Frau, ein Kind säugend	Amme		
	Auge	Auge	sehen, alles was mit Auge zu tun hat	ír
	Löwe	Löwe		
	Giraffe	vorhersehen		
	Hinterteil (des Löwen)	Hinterteil, Ende, Grenze	Grund	pḥ *oder manchmal* kf;
	Bein und Huf eines Rindes	Holzschuh		wḥm
	Kultstatue eines Falken		Götterbild	
	Lotus auf einem Teich	Teich, Wiese, Jahreszeit der Überschwemmung		š;
	Pflug	Pflug	Pflug, Saat, pflügen	hb *oder* šn^{c}
	Sistrum (Rassel)	Sistrum (Rassel)		sḫm *(selten)*

Zur Entwicklung des Schriftprinzips zu einer immer ausgeprägteren Phonetisierung kam noch eine quantitative Entwicklung – die Zahl der Zeichen stieg von zirka 700 im Mittleren Reich auf über 5 000 in der griechischen Epoche; außerdem ist eine graphische Entwicklung festzustellen, abhängig vom Schreibmaterial.

Bei repräsentativen Inschriften in Stein, auf kostbarem Metall oder auf Denkmälern wurden zu allen Zeiten Hieroglyphen verwendet, wohingegen die Schreibschrift mit der Zeit vereinfacht wurde, so daß sie den künstlerischen Charakter der Hieroglyphen mehr und mehr verlor. Man benutzte dabei einen Pinsel und Tinte und schrieb auf Papyrusblätter, und selbstverständlich blieb die Beschaffenheit dieser Utensilien nicht ohne Einfluß auf die Entwicklung der Schrift, so wie sich die sumerische Schrift unter dem Einfluß von Ton und Griffel zur Keilschrift entwickelte. Es kam nicht nur zu einer Vereinfachung und Schematisierung der Hieroglyphen, sondern auch zu einer Veränderung der Schrift hin zu einer kursiveren, linearen Schrift: der hieratischen Schrift (ein paar Bei-

66. ENTWICKLUNG DER ÄGYPTISCHEN SCHRIFT

Hieroglyphenschrift, Hieroglyphen-Schreibschrift, hieratische und demotische Schrift (2900 bis 100 v. Chr.)
(Nach Gelb 1973)

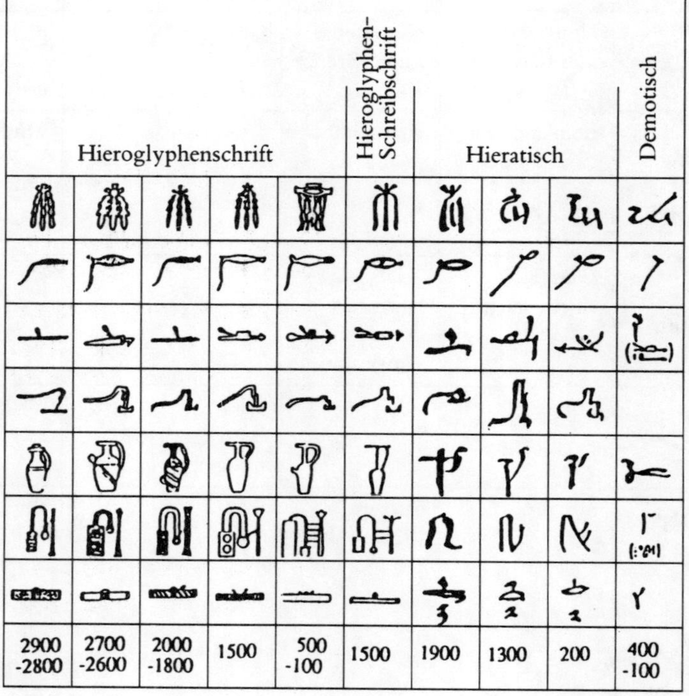

spiele finden sich in Kasten 66). Mit der Zeit verschliffen sich die Hieroglyphen bis zur Unkenntlichkeit. Die Richtung der hieratischen Schrift, zunächst vertikal, von oben nach unten und von rechts nach links, wurde schließlich horizontal, von rechts nach links fixiert.

Später (in saïtischer Zeit, zur Zeit der Ptolemäer und in römischer Zeit) wurde die hieratische Schrift ihrerseits verkürzt und modifiziert; es entstand die demotische Schrift (von griechisch *demos*, Volk – was allerdings nicht heißen soll, daß sie tatsächlich vom Volk benutzt worden wäre; die Schrift blieb nach wie vor ein Vorrecht der Schreiber). In Kasten 66 finden sich einige Beispiele dieser demotischen Schrift, bei der die hieroglyphischen Ausgangsformen in keiner Weise mehr zu erkennen sind.

Die Zahlschrift

Die Zahlschrift beruht auf der Basis 10; sie kennt weder die Null noch das Positionsprinzip – der Wert eines Zahlensymbols ist also von seiner Stellung in der geschriebenen Zahl unabhängig. Es gibt ein Symbol für die Einer (einen kleinen senkrechten Balken), eins für die Zehner (einen Henkel), eins für die Hunderter etc. (siehe Kasten 67). Geschrieben wird eine Zahl, indem die den einzelnen Einheiten, also den Einern, Zehnern, Hundertern zugeordneten Ziffern ihrer Anzahl entsprechend wiederholt werden (wobei die Anzahl der Einer, Zehner, Hunderter natürlich immer unter 10 bleibt): eine typisch additive Zahlschrift. Beispielsweise schreibt sich die Zahl 423 157 folgendermaßen (von rechts nach links, da das Symbol »Kaulquappe« nach rechts schaut):

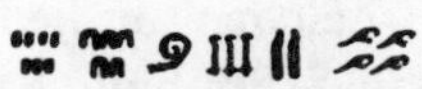

7 100 20000
50 3000 400000

Diese Hieroglyphen-Zahlschrift aber hat sich, wie die ägyptische Schrift überhaupt, hin zu hieratischen und demotischen Formen entwickelt. Kasten 68 illustriert die Veränderung der Symbole; dabei zeigt sich, daß die Zusammensetzung der Zeichen schlechter zu erkennen ist. So setzt sich das hieratische Zeichen für 6 000 zum Beispiel nicht mehr aus sechs hieratischen Zeichen für tausend zusammen; es ist vielmehr die weiter entwickelte Hieroglyphe für 6 000, wobei sich in der Zusammensetzung in diesem Fall noch eine gewisse Logik erkennen läßt (3 senkrechte Balken, zweimal unterstrichen = 3 000 × 2); das hieratische Zeichen für 7 000 dagegen ist mehr oder minder ein vollkommen neues Symbol und läßt keine Zusammensetzung mehr erkennen. Die Änderungen haben die Zahlenschreibweise also beträchtlich kompliziert und das additive

67. HIEROGLYPHENZIFFERN DER ÄGYPTISCHEN ZAHLSCHRIFT (*Nach Ifrah 1981, Guitel 1975*)		
1	𓏺	
10	𓎆	Henkel
100	𓍢	aufgerolltes Seil
1 000	𓆼	Lotosblüte
10 000	𓂭	erhobener Finger
100 000	𓆐	Kaulquappe
1 000 000	𓁨	Gott

Prinzip (die Zusammensetzung der aufeinanderfolgenden Potenzen von 10) teilweise verschleiert.

Im Gegensatz zur babylonischen Zahlschrift hat die ägyptische das additive Prinzip beibehalten und sich nicht zu einer Stellenwertschrift weiterentwickelt. Allerdings wurde, nachdem das Zeichen für die Million (ein kleiner Gott) außer Gebrauch gekommen war, für die Schreibung hoher Zahlen zwischen 2000 und 1600 v. Chr. ein neues System eingeführt. So hätte man nach dem Verschwinden des Zeichens für die Million zur Schreibung der Zahl 10 100 000 das Zeichen für 100 000 (Kaulquappe) 101 mal wiederholen müssen; statt dessen schrieb man es ein einziges Mal und setzte das Zeichen für 101 darunter. Ganz ähnlich neigte man dazu, 40 000 durch das Zeichen für 4 mit dem darübergesetzten Zeichen für 10 000 (Finger) auszudrücken, anstatt das Zeichen für 10 000 viermal zu wiederholen (obwohl die Vereinfachung in diesem Fall nicht besonders ins Gewicht fiel). In diesem neuen System wurden also die horizontalen Zeichen beim Lesen addiert und die vertikalen multipliziert. Im Grunde fehlte nicht mehr viel zu einem Positionssystem, aber diesen Schritt vollzog Ägypten (zumindest im Altertum) nicht.

10 100 000 = 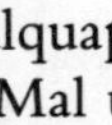 (101 × 100 000) an Stelle von 101 Kaulquappen
40 000 = 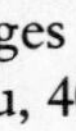 (4 × 100 000) an Stelle von 

68. DIE ÄGYPTISCHE ZAHLSCHRIFT

(Nach Ifrah 1981, Guitel 1975)

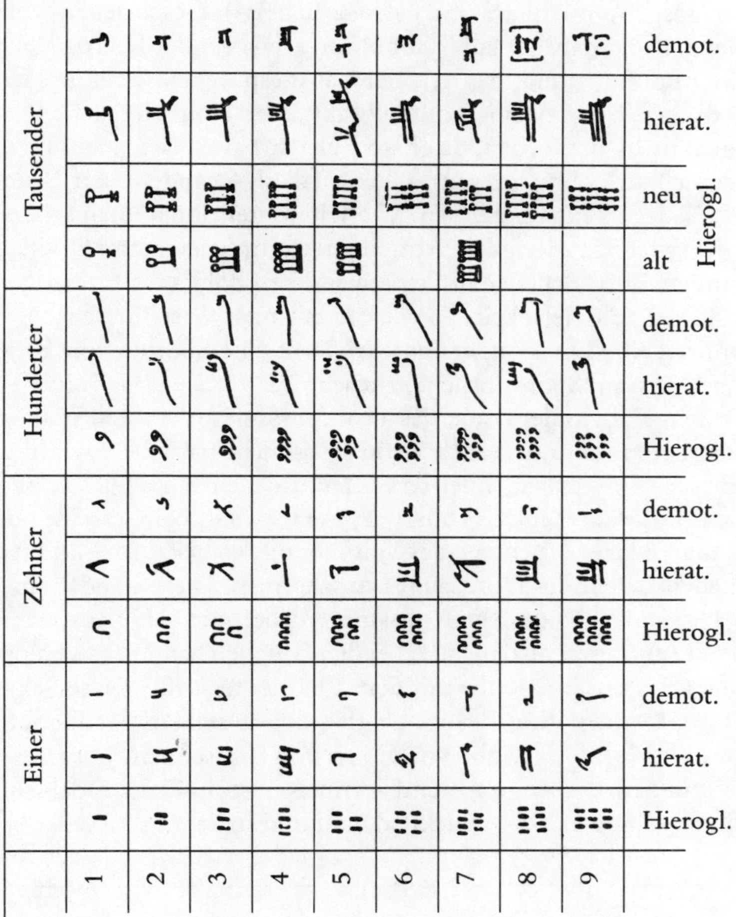

Daneben gab es noch ein anderes, von diesem Schema etwas abweichendes System. Normalerweise wurden die Symbole in abnehmender Größenordnung von der höchsten zur niedrigsten Zahl angeordnet; gelegentlich aber findet man auch das Symbol einer niedrigeren Zahl vor dem einer höheren. In diesem Fall sind die beiden Zahlen zu multiplizieren und nicht zu addieren. Steht beispielsweise das Zeichen 120 vor dem Symbol 1000, ist die Zahl als 120000 zu lesen (also zu multiplizieren), während das Zeichen 120 als das der niedrigeren Zahl normalerweise hinter das Zeichen für 1000 zu setzen und die Zahl 1 120 zu lesen (also zu addieren) ist.

120 000 =    1 120 = 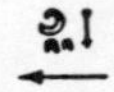

Für die Brüche, die für die Ägypter eine große Rolle spielten, gab es eine eigene Schreibweise. Allerdings konnten die Schreiber nur mit Brüchen mit dem Zähler 1 umgehen (ausgenommen 2/3 und gelegentlich 3/4). Geschrieben wurde lediglich der Nenner und darüber ein Symbol für »Teil« (in der Hieroglyphenschrift ist es das Symbol für Mund, das *re*, »Teil«, ausgesprochen wird; im hieratischen und demotischen System ein großer Punkt über dem Nenner). Den Zähler brauchte man nicht anzugeben, da er stets gleich 1 war. Bei einem Nenner 2, 3, 4 konnte es sich also ohnedies nur um 1/2, 1/3, 1/4 handeln; der Bruch wurde damit als 2. Teil, 3. Teil etc. gelesen. Wie wir weiter unten noch sehen werden, hatten die Ägypter Schwierigkeiten mit dem Multiplizieren und Dividieren, und ihr Unvermögen, mit Brüchen mit einem anderen Zähler als 1 umzugehen, war ein Aspekt dieser Schwierigkeit. So war 5/7 beispielsweise für den Ägypter kein Bruch, sondern eine Division; er führte 5/7 auf eine Summe von Brüchen mit dem Zähler 1, also auf Stammbrüche, zurück: 1/2 + 1/7 + 1/14. Solche Probleme hatten sich den Babyloniern, die das Positionssystem kannten und »mit dem Komma jonglieren« konnten (auch wenn sie es nicht schrieben), nicht gestellt.

Außer dieser Möglichkeit, über eine Zahl das Zeichen »Teil« zu setzen, um einen Bruch (mit dem Zähler 1) auszudrücken, gab es bei Getreide oder Erzen noch die Möglichkeit, Bruchteile des Volumenmaßes hekat (ca. 4,5 Liter) durch die verschiedenen Teile des Horusauges zu schreiben. Diese standen für 1/2, 1/4, 1/8, 1/16, 1/32 und 1/64 (machten zusammen aber nur 63/64 aus; der Wert des vollständigen Auges war also nicht 1; bei den Brüchen handelt es sich offensichtlich um eine geometrische Reihe mit dem Quotienten 1/2). Diese Schreibweise nimmt auf den Osirismythos Bezug: Osiris war von seinem Bruder Seth getötet worden, und als Horus, der Sohn von Osiris und Isis, seinen Vater zu rächen versuchte, riß ihm Seth ein Auge aus und zerriß es in sechs Teile. Doch ein anderer Gott, Thot, der »Augenarzt«, spuckte darauf und stellte es so wieder her.

69. ZERLEGUNG DES HORUSAUGES

(Nach Guitel 1975)

Maße und Gewichte

Das ägyptische Maß- und Gewichtssystem ist nicht so einheitlich aufgebaut wie das mesopotamische. Zwar besitzen wir für Ägypten auch weniger Unterlagen, aber so bruchstückhaft unsere Kenntnisse auch sein mögen, so unbestreitbar ist doch (siehe Kasten 70), daß die verschiedenen Maße erstens nicht aufeinander bezogen sind (beispielsweise sind die Längen- und die Körpermaße oder die Körpermaße und die Gewichte nicht miteinander verknüpft – es sei denn durch den Scheffel: 1 *hekat* = 1/20 Kubikellen und eine Elle ungefähr gleich 45 Zentimeter; bzw. durch 1 *deben* = ca. 1/50 *hekat* Wasser) und zweitens auf das Zahlensystem insgesamt schlecht abgestimmt sind. Während dieses dezimal ist, errechnen sich die Vielfachen und Teile der verschiedenen Maße bald mit dem Faktor 10 und seinen Potenzen (1 Rute = 100 Ellen), bald mit dem Faktor 6 und seinen Vielfachen (1 Elle = 6 Handbreiten = 24 Finger), oder mit dem Faktor 2 und seinen Potenzen (bei den Brüchen des *hekat* durch die Aufteilung des Horusauges). Ein einheitliches Prinzip zu finden, fällt schwer; allerdings entspricht die Aufteilung des *hekat* in Untereinheiten durch die Potenzen von 2 der Methode, die in der Arithmetik bei Multiplikationen (durch fortschreitende Verdoppelung) und bei Divisionen angewandt wurde. Diese wechselnden Maßeinheiten stellten die Ägypter, wie wir noch sehen werden, vor ernstzunehmende Probleme.

70. ÄGYPTISCHE MASSE UND GEWICHTE

Längenmaße

Die Längeneinheit, die Elle (meh), variiert je nach Epoche und Art der Arbeit etc.

1 kleine Elle = 45 cm
= 6 Handbreiten (schesep)
= 24 Finger (djebâ)

1 königliche Elle = 52,3 cm
= 7 Handbreiten

1 Rute (khet = Holz) = 100 Ellen

1 iteru (Fluß) = 20 000 königliche Ellen
= 10,5 km (ca. 1 babylonische Meile)

Flächenmaße

1 setat (Arure) = 1 Rute^2 = 2 735 m^2

1 khâ = 10 setat

Der setat wird in verschiedene Brüche unterteilt; der kleinste ist die Elle = 1/100 setat; die Bezeichnung Elle geht in diesem Fall darauf zurück, daß die fragliche Fläche einem Streifen Land von 1 Elle Breite und 1 Rute (= 100 Ellen) Länge entspricht.

Hohlmaße

1 hekat (Scheffel) = 4,54 Liter (oder 4,785 l)
= 10 hin (de facto ist 1 hin = 0,5 l)
= 320 ro

Hinzu kommen die Unterteilungen des Scheffels gemäß der Aufteilung des Horusauges in 1/2, 1/4, 1/8, 1/16, 1/32 und 1/64.

Gewichte

1 deben = 91 Gramm
= 10 kite

Das Rechnen

Zur Addition und Subtraktion ganzer Zahlen genügt es, die Symbole gleicher Art zu zählen beziehungsweise die erforderlichen Abzüge vorzunehmen. Da die Basis 10 recht niedrig ist, sind diese Operationen leicht durchzuführen, auch wenn die Zahlschrift das Positionssystem nicht kennt; notfalls kann man auch die Finger oder ein Rechenbrett zu Hilfe nehmen. Etwas komplizierter werden die Dinge durch den Übergang zur hieratischen oder demotischen Zahlenschreibweise, da die Zusammensetzung der Symbole nun nicht mehr so deutlich zu erkennen ist (siehe Kasten 68, Seite 163) und nicht mehr einfach Symbole gleicher Art gezählt werden können (zum Beispiel setzt sich das hieratische Zeichen für 70 nicht mehr aus 7 Zeichen für 10 zusammen); trotzdem wird auch weiterhin dieselbe Methode angewandt, eventuell auch ein Rechenbrett (oder ein ähnliches Hilfsmittel) oder Zahlentabellen.

Ebenso unproblematisch ist die Verdoppelung – die Multiplikation mit 2 bedeutet ja nur die Addition einer Zahl mit sich selbst – nach diesem Prinzip.

Etwas komplizierter gestalten sich dann die Multiplikation und erst recht die Division, deren Prinzipien die Ägypter des Altertums nie wirklich erfaßt zu haben scheinen; dies kommt auch darin zum Ausdruck, daß sie sich nur Brüche mit dem Zähler 1 vorstellen konnten.

Eine Multiplikation erfolgt als Kombination aus Verdoppelung und Addition: Der Multiplikand wird schrittweise verdoppelt (also mit 2, 4, 8 etc. multipliziert) und danach werden die entsprechenden Teilprodukte addiert. Wenn sich die Möglichkeit bietet, wird zur Gewinnung der Teilprodukte auch mit 10 multipliziert – was sehr leicht ist, da 10 die Grundzahl des Zahlensystems ist und es deshalb genügt, die Symbole zu »verschieben« –, oder auch mit 5 (also mit 10 multipliziert und das Ergebnis hinterher halbiert). Kasten 71 erläutert diese Technik anhand von Beispielen; das gleiche Prinzip wird auch bei der hieratischen und demotischen Schreibweise angewandt, notfalls unter Zuhilfenahme von Tabellen.

Bei der Division verfährt man nach der umgekehrten Methode – man versucht, den Dividenden durch schrittweise Verdoppelung des Divisors und Addition der passenden Teilfaktoren wieder aufzubauen. Geht die Division nicht auf, muß man Brüche zu Hilfe nehmen. Beispiele für die Division ganzer Zahlen oder von Stammbrüchen finden sich in Kasten 72; das Rechnen mit Brüchen soll im folgenden etwas genauer untersucht werden.

71. DIE ÄGYPTISCHE MULTIPLIKATION

(Nach Guitel 1975)

Um 12 mit 11 zu multiplizieren, verdoppelt man 12 schrittweise (multipliziert 12 mit 2, dann mit 4, dann mit 8 etc.) und addiert die passenden Teilprodukte – das sind diejenigen, deren Multiplikatoren die Summe 11 ergeben und die in unseren Beispielen durch einen Schrägstrich / gekennzeichnet sind.

Bei der Multiplikation von 16 mal 16 hat der Schreiber anstelle der schrittweisen Verdoppelung die Multiplikation mit 10 und mit 5 (Multiplikation mit 10 und nachträgliche Halbierung) angewandt und danach wieder die passenden Teilprodukte addiert.

(12×11)	/1	12	(16×16)	/1	16
	/2	24		/10	160
	4	48		/5	80
	/8	96		——	——
	——	——		16	256
	11	132			
	(= 1 + 2 + 8)	*(= 12 + 24 + 96)*			

Eine besondere, gleichzeitig primitive und außerordentlich raffinierte Rechentechnik wandten die Ägypter bei Bruchrechnungen an. Auch sie erklärt sich aus ihren oben beschriebenen Schwierigkeiten, das Prinzip der Multiplikation und der Division zu erfassen, weswegen sie im Grunde nur Brüche mit dem Zähler 1 begriffen oder zumindest nur mit solchen Stammbrüchen (ausgenommen 2/3 und seltener 3/4) mühelos umgehen konnten. Die Nachteile dieses Unvermögens zeigen sich zum Beispiel in der langen Reihe von Brüchen, durch die das Resultat der Division 19 durch 8 ausgedrückt wird (Kasten 72) und im Rechnen mit Brüchen überhaupt.

72. DIE ÄGYPTISCHE DIVISION

(Nach Guitel 1975)

Um 1 120 durch 80 zu teilen (wozu der Schreiber in Problem 8 des Papyrus Rhind vermerkt: »Addiere, beginnend bei 80, bis du 1 120 findest«), verdoppelt man den Divisor 80 oder multipliziert ihn mit 10, bis man Teilprodukte erhält, deren Summe gleich 1 120 ist. Das Resultat der Division ist dabei die Summe der diesen Teilprodukten entsprechenden Multiplikatoren, die in den Beispielen unten durch einen Schrägstrich / gekennzeichnet sind.

Um 19 durch 8 zu dividieren, multipliziert man den Divisor 8 mit 2, dann mit den Brüchen 1/2, 1/4, 1/8 etc. und verfährt dann mit den Teilprodukten wie oben beschrieben

1	80
/10	800
2	160
/4	320
14	1 120
(=10+4)	*(=800+320)*

also 1 120 : 80 = 14

1	8
/2	16
1/2	4
/1/4	2
/1/8	1
2+1/4+1/8	19
	(=16+2+1)

also 19 : 8 = 2 + 1/4 + 1/8

Eines der Hauptprobleme besteht darin, Brüche mit einem anderen Zähler als 1 in eine Summe von Stammbrüchen aufzulösen, also die vom Bruch dargestellte Division durchzuführen und das Ergebnis in Brüchen mit dem Zähler 1 auszudrücken. Da die Division, vornehmlich wenn Bruchzahlen ins Spiel kommen, in diesem System keine einfache Operation ist, benutzen die Schreiber verschiedene Tabellen, mit Vorliebe solche, die den Wert von Brüchen des Typus 2/n als Summe aus Brüchen mit dem Zähler 1 ausdrücken. Eine solche Tabelle mit Divisionen von 2 durch die ungeraden Zahlen von 5 bis 101 (3 ist nicht aufgenommen, da 2/3 zu den Brüchen gehört, mit denen die Ägypter umzugehen verstanden) findet sich im Papyrus Rhind (siehe Kasten 76, Seite 173), der für jeden Fall die bei der Division verwendeten »Teilprodukte« angibt. Höchstwahrscheinlich wurden die Ergebnisse durch Probieren gewonnen, was bei Divisionen der in Kasten 72 aufgeführten Art mehr oder weniger immer erforderlich ist. Verwendet wurde eine solche Tabelle vermutlich folgendermaßen: Zum Beispiel soll der Bruch 3/35 in eine Summe aus Brüchen mit dem Zähler 1 aufgelöst werden. Dazu zerlegt man ihn in 1/35 + 2/35 und entnimmt der Tabelle, daß 2/35 gleich 1/30 + 1/42 ist; also 3/35 = 1/30 + 1/35 + 1/42.

Dieses Verfahren ist bei jedem Bruch anwendbar: ein Bruch vom Typus 2/n läßt sich stets in eine Summe aus Stammbrüchen zerlegen; Brüche mit geradem Nenner sind in der Tabelle des Papyrus Rhind nicht erfaßt, da sie sich von selber lösen.

Gelegentlich kann es nützlich sein, Stammbrüche in eine Summe aus anderen Brüchen umzuwandeln, deren Zähler ebenfalls 1 ist. Kasten 73 enthält eine Tabelle mit solchen Zerlegungen; man beachte, daß die Tabelle außer einigen Kopierfehlern des Schreibers in manchen Fällen (beispielsweise bei 1/3 und 1/8) verschiedene Möglichkeiten angibt.

Schließlich ist in Zusammenhang mit Bruchrechnungstabellen noch das »Problem« 61 des Papyrus Rhind zu erwähnen, das aus einer aufgrund der Beschädigungen des Papyrus an dieser Stelle reichlich lückenhaften Multiplikationstabelle für Brüche besteht, deren Transkription und Übersetzung sich in Kasten 74 findet.

Andere Probleme des Papyrus Rhind kreisen ausschließlich um Methoden der Multiplikation und der Division von Summen von Brüchen (also nicht nur von einzelnen Brüchen wie in Kasten 72), was sich aus dem Umstand ergibt, daß Brüche mit einem anderen Zähler als 1 durch Summen von Brüchen mit dem Zähler 1 ausgedrückt werden mußten (wie im Beispiel der Division von 19 durch 8). Kasten 75 illustriert die bei der Multiplikation von Summen von Brüchen angewendete, durchaus korrekte Methode – die Bildung von Teilprodukten und ihre Addition. Aus diesem Beispiel erhellt überdies, daß sich der Schreiber bei der Addition gemischter Brüche eines Verfahrens bediente, das stark an unsere Einführung eines gemeinsamen Nenners erinnert – auch wenn sich die Gelehrten streiten, wie diese oft als »extraktiver Block« bezeichnete Operation im einzelnen konzipiert war und realisiert wurde. Wenn es sich de facto um die Einführung eines gemeinsamen Nenners handelte, könnte man entgegen der oben geäußerten Ansicht zu der Meinung kommen, die Ägypter hätten sich sehr wohl gemischte Brüche vorstellen können und lediglich aus übertriebenem Bewahrungsstreben an der alten Schreibweise festgehalten und mit Ausnahme der natürlichen und zweifelsohne seit alters bekannten 2/3- und 3/4-Brüche nur Stammbrüche geschrieben. In der Tat darf man die Frage der Zahlenschreibweise

73. TABELLE FÜR DIE ZERLEGUNG VON BRÜCHEN

(Nach Guitel 1975)

Lederrolle (British Museum)

Die Tabelle ist folgendermaßen zu lesen (1. Zeile): 1/8 = 1/40 + 1/10

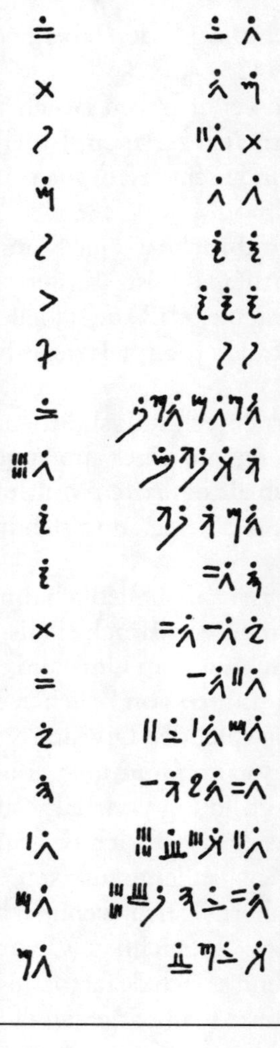

1	$\frac{1}{8}$	$\frac{1}{40}\ \frac{1}{10}$	
2	$\frac{1}{4}$	$\frac{1}{20}\ \frac{1}{5}$	
3	$\frac{1}{3}$	$\frac{1}{24}\ \frac{1}{4}$	
4	$\frac{1}{5}$	$\frac{1}{10}\ \frac{1}{10}$	
5	$\frac{1}{3}$	$\frac{1}{6}\ \frac{1}{6}$	
6	$\frac{1}{2}$	$\frac{1}{6}\ \frac{1}{6}\ \frac{1}{6}$	
7	$\frac{2}{3}$	$\frac{1}{3}\ \frac{1}{3}$	
8	$\frac{1}{8}$	$\frac{1}{200}\ \frac{1}{25}\ \frac{1}{25}\ \frac{1}{25}$	durch Auslassung eines Schrägstrichs wird zu
9	$\frac{1}{16}$	$\frac{1}{400}\ \frac{1}{150}\ \frac{1}{30}\ \frac{1}{50}$	
10	$\frac{1}{15}$	$\frac{1}{150}\ \frac{1}{50}\ \frac{1}{25}$	Verwechslung mit der nächsten Zeile
11	$\frac{1}{6}$	$\frac{1}{18}\ \frac{1}{9}$	
12	$\frac{1}{4}$	$\frac{1}{28}\ \frac{1}{14}\ \frac{1}{7}$	
13	$\frac{1}{8}$	$\frac{1}{24}\ \frac{1}{12}$	
14	$\frac{1}{7}$	$\frac{1}{42}\ \frac{1}{21}\ \frac{1}{14}$	
15	$\frac{1}{9}$	$\frac{1}{54}\ \frac{1}{27}\ \frac{1}{18}$	
16	$\frac{1}{11}$	$\frac{1}{66}\ \frac{1}{33}\ \frac{1}{22}$	duch Auslassung eines Schrägstrichs wird zu
17	$\frac{1}{14}$	$\frac{1}{196}\ \frac{1}{98}\ \frac{1}{49}\ \frac{1}{28}$	durch einen ausgelassenen Strich wird 4 zu 3 1/98 wurde ausgelassen
18	$\frac{1}{15}$	$\frac{1}{90}\ \frac{1}{45}\ \frac{1}{30}$	ein ausgelassener Strich verändert den Wert 90

74. TABELLE FÜR DIE MULTIPLIKATION VON BRÜCHEN

(Nach Eisenlohr 1877, Chace u.a. 1929)

Problem 61 des Papyrus Rhind (1650 v.Chr.)

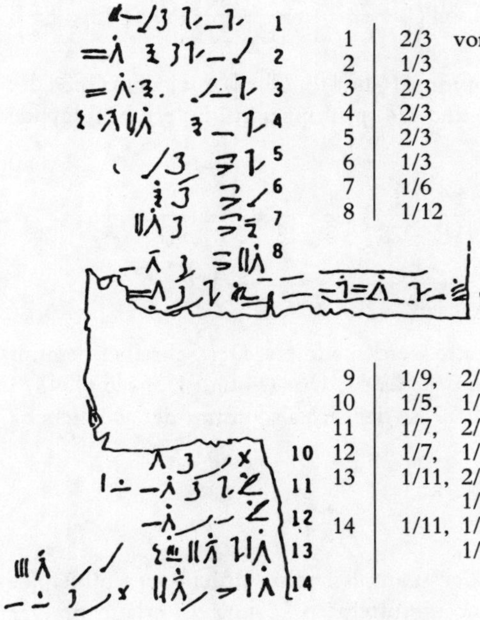

1	2/3	von	2/3	ist	1/3	1/9
2	1/3		2/3		1/6	1/18
3	2/3		1/3		1/6	1/18
4	2/3		1/6		1/12	1/36
5	2/3		1/2		1/3	
6	1/3		1/2		1/6	
7	1/6		1/2		1/12	
8	1/12		1/2		1/24	

9	1/9,	2/3	davon ist	1/18	1/54
10	1/5,	1/4		1/20	
11	1/7,	2/3		1/14	1/42
12	1/7,	1/2		1/14	
13	1/11,	2/3		1/22	1/66
		1/3		1/33	
14	1/11,	1/2		1/22	
		1/4		1/44	

und die Frage der Zahlenvorstellung nicht voneinander trennen; die »roten Zahlen« auf dem Papyrus gehören zu einem Zwischenstadium, einem Rechenverfahren, sind aber nicht der Ausdruck eines Zahlenwerts, der nur in Stammbrüchen denkbar ist. Demnach wären die Ägypter also durchaus imstande gewesen, gemischte Brüche zu konzipieren, hätten sie jedoch nur als Zwischenform betrachtet, die aufgrund der Zahlenschreibweise erst noch in Stammbrüche umzuwandeln waren; sie hätten mit solchen Brüchen operieren und sie bei ihren Rechnungen als Hilfsmittel benutzen können, sie aber nicht als Endresultat anerkannt, so daß sie durch weitere Operationen erst noch in eine Folge von Stammbrüchen umgeformt werden mußten.

Dieses Beispiel zeigt zumindest, daß die Ägypter trotz (oder vielleicht auch dank) des Festhaltens an einer sehr einfachen Form in der Bruchrechnung große Geschicklichkeit erreicht haben.

75. MULTIPLIKATION VON SUMMEN VON BRÜCHEN UND ADDITION VON GEMISCHTEN BRÜCHEN

(Nach Rey 1930)

Papyrus Rhind (1650 v.Chr.)

Multipliziert werden soll $\left(1+\frac{1}{6}+\frac{1}{12}+\frac{1}{114}+\frac{1}{228}\right)$ mit $\left(1+\frac{1}{3}+\frac{1}{4}\right)$

Nun wird die erste Summe (Glied für Glied) mit jedem Glied der zweiten (also 1, 1/3 und 1/4) multipliziert; das ergibt folgende drei Teilprodukte:

$$\left(1+\frac{1}{6}+\frac{1}{12}+\frac{1}{114}+\frac{1}{228}\right)\left(\frac{1}{3}+\frac{1}{18}+\frac{1}{36}+\frac{1}{342}+\frac{1}{684}\right)$$
$$\left(\frac{1}{4}+\frac{1}{24}+\frac{1}{48}+\frac{1}{456}+\frac{1}{912}\right)$$

Diese drei Teilprodukte werden addiert. Der Schreiber beginnt mit den »einfachen« Brüchen: 1, 1/6, 1/4 und 1/3; 1/6 plus 1/3 macht offensichtlich 1/2, so daß sich als Summe der »einfachen« Brüche ergibt :

$$1+\frac{1}{2}+\frac{1}{4}$$

Bleibt die Addition der »komplizierten« Brüche, deren Nenner zu groß ist, um eine unmittelbare Lösung zu erlauben. Der Schreiber stellt die Operation folgendermaßen dar (die kursiven Ziffern sind auf dem Papyrus rot geschrieben):

$$\frac{1}{12}+\frac{1}{114}+\frac{1}{228}+\frac{1}{18}+\frac{1}{36}+\frac{1}{342}+\frac{1}{684}+\frac{1}{24}+\frac{1}{48}+\frac{1}{456}+\frac{1}{912}$$

$$\mathit{76}\quad \mathit{8}\quad \mathit{4}\quad \mathit{50\tfrac{2}{3}}\quad \mathit{25\tfrac{1}{3}}\quad \mathit{2\tfrac{2}{3}}\quad \mathit{1\tfrac{1}{3}}\quad \mathit{38}\quad \mathit{19}\quad \mathit{2}\quad \mathit{1}$$

Offensichtlich handelt es sich bei diesen »roten« Zahlen um die Koeffizienten, mit denen Zähler und Nenner multipliziert werden müssen, um den gemeinsamen Nenner 912 einzuführen. Danach bildet der Schreiber die Summe dieser Koeffizienten, also die Summe der Zähler der Brüche, die auf den Nenner 912 gebracht worden sind. Dies ergibt 228, und vor diese Summe setzt der Schreiber 1/4 (also 228/912).

Dieses Ergebnis kann er nun der ersten Summe aus den »natürlichen« Brüchen hinzufügen:

$$\left(1+\frac{1}{2}+\frac{1}{4}\right)+\frac{1}{4}=2$$

Damit ist die Multiplikation der beiden aus Brüchen gebildeten Summen korrekt durchgeführt. Die mit den auf dem Papyrus rot geschriebenen Zahlen durchgeführte Rechnung (vielfach auch »extraktiver Block« genannt) entspricht unserer Einführung eines gemeinsamen Nenners.

Die Mathematik

Im Gegensatz zu Mesopotamien besitzen wir aus Ägypten nur wenige mathematische Texte und praktisch keine bedeutenden Dokumente aus der Zeit vor dem Mittleren Reich (ca. 2000 bis 1800 v. Chr.), abgesehen von ein paar Grabinschriften – beispielsweise die Berechnung der Fläche eines Rechtecks im Grab von Methen aus der 3. Dynastie (um 1600). Überliefert sind uns im wesentlichen nur ein paar Papyri (Papyrus Rhind, Kahûn, Moskau, Berlin), und nur der Papyrus Rhind ist etwas umfangreicher. Während die mesopotamischen Täfelchen, auch wenn sie nicht notwendig einen repräsentativen Querschnitt der mathematischen Produktion darstellen, doch erlauben, die diesbezüglichen Kenntnisse im Zweistromland in groben Linien zu umreißen, können wir uns bei den spärlichen Überlieferungen der ägyptischen Mathematik bestenfalls einen partiellen Einblick erhoffen. Das sollte man sich bei einem Vergleich immer vor Augen halten.

Da wir unsere Ausführungen hauptsächlich anhand von Beispielen des Papyrus Rhind illustrieren und die anderen Papyri nur ergänzend heranziehen, werden in Kasten 76 Ursprung, Umfang, Aufbau und Inhalt vorgestellt.

76. DER PAPYRUS RHIND

(Nach Chace u.a. 1929)

Der Papyrus wurde in Theben gefunden und 1858 von A.H. Rhind gekauft; heute wird er im British Museum aufbewahrt. Er besteht aus zwei Fragmenten (BM 10057 und BM 10058), von denen bei einer Breite von 32 Zentimeter das eine 2 Meter und das andere 2,95 Meter lang ist; zwischen den Teilen fehlen etwa 20 Zentimeter, wovon sich ein Teil in New York befindet. Der Papyrus ist in hieratischer Schrift abgefaßt.

Aus der Einleitung kann man den Zeitpunkt seiner Entstehung entnehmen:

»Genaues Rechnen. Einführung in die Kenntnis aller Dinge dieser Welt und aller dunklen Geheimnisse. Dieses Buch wurde geschrieben im Jahr 33, im vierten Monat der Überschwemmungszeit unter seiner Majestät dem König von Ober- und Unterägypten 'A-user-Rê' [*König der Hyksos, um 1650 v. Chr.*], mit Leben versehen [*möge ihm ein langes Leben beschieden sein*], in Anlehnung an eine alte Schrift aus der Zeit des Königs von Ober- und Unterägypten Ne-ma'et-Rê' [*Amenemhet III., 1849–1801 v. Chr.*]. Der Schreiber A'h-mose hat die Abschrift angefertigt.«

Es handelt sich also um einen Papyrus aus der Zeit um 1650, der eine Kopie eines rund zweihundert Jahre älteren Textes ist.

Dieser Papyrus wird in drei verschiedene »Bücher« eingeteilt. Am Anfang des ersten findet sich eine »Tafel« mit den Divisionen von 2 durch die ungeraden Zahlen von 5 bis 101 (samt den jeweiligen wichtigsten Rechenschritten); danach folgen verschiedene arithmetische Aufgaben, vor allem über die Verteilung von Brot in gleichen oder ungleichen Teilen unter eine bestimmte Anzahl von Personen, Bruchrechnungen und was man als Gleichung ersten Grades mit einer Unbekannten bezeichnen könnte.

Das zweite Buch ist der Geometrie gewidmet. In den ersten Aufgaben werden die Volumen zylindrischer und quaderförmiger Gefäße berechnet und Volumeneinheiten umgerechnet. Dann folgen Flächenberechnungen von Rechteck, Kreis, Dreieck, stumpfwinkligem Dreieck, Flächenvergleich von Kreis und umschriebenem Quadrat sowie die Berechnung des Böschungswinkels der Seiten einer Pyramide (und vielleicht eines Kegels) als Funktion aus Höhe und Seitenlänge der Basis.

Das dritte Buch enthält vermischte, im wesentlichen arithmetische Probleme. Die Verteilung von Brot oder Gerste in ungleichen Teilen, den Feingehalt von Edelmetallen, arithmetische Reihen, geometrische Reihen, den Getreideanteil im Brot, den Gerstenanteil im Bier, Berechnung der Proviantrationen für Truppen, des Futterbedarfs für den Hühnerhof; hinzu kommen diverse angefügte oder unleserliche Fragmente.

Im großen und ganzen ist die Aufgabenstellung äußerst konkret. Die Probleme sind nach Themen zusammengefaßt und nach steigendem Schwierigkeitsgrad geordnet. Die Lösung wird nicht immer in allen Einzelheiten angegeben, sondern beschränkt sich manchmal auf das Resultat. Häufig wird ein »Beweis« angeführt, der darlegt, daß die Resultate den Ausgangsgegebenheiten entsprechen.

Die Arithmetik

Die arithmetischen Aufgaben des Papyrus Rhind sind außerordentlich einfach; die Hauptschwierigkeiten bestehen im allgemeinen mehr in der Schreibweise der Zahlen, hauptsächlich der Brüche. Manche Probleme dienen letztlich nur der Darlegung der Rechenmethoden, so zum Beispiel die Aufgaben 21 und 30 (vgl. Kästen 77 und 78); Aufgabe 21 besteht in einer einfachen Subtraktion und Aufgabe 30 in einer Division durch einen Bruch: wir hätten beide auch in den Abschnitt über das Rechnen aufnehmen können, aber im Papyrus Rhind finden sich viele solche Probleme: Mit Sicherheit haben sie die Schreiber vor Schwierigkeiten gestellt, andernfalls hätten sie wohl keine Erwähnung gefunden. Abgesehen von den mit der Schreibung von Bruchzahlen verbundenen Schwierigkeiten fällt bei Aufgabe 21 die Methode auf, die letztlich auf die Einführung eines gemeinsamen Nenners hinausläuft, aber auch als Lösungsweg mit ganzen Zahlen betrachtet werden kann, was in diesem Fall einfach ist. Das gewünschte Resultat erhält man dann durch Anwendung der Proportionalität zwischen diesen provisorischen und intermediären Größen und den gegebenen Größen. Auf

77. ERGÄNZUNGSAUFGABE

(Nach Chace u.a. 1929)

Übersetzung des Problems Nr. 21 des Papyrus Rhind (1650 v. Chr.)

Man sagt dir, ergänze 2/3 1/15 zu 1.

Gesamtsumme 11, Rest 4 [*der Schreiber bezieht 2/3 und 1/15 auf 15; 2/3 sind 10, 1/15 ist 1, die Gesamtsumme ist 11, fehlen 4 bis 15*].

Multipliziere 15 so, daß du 4 erhältst.

1	15
1/10	1 1/2
/ 1/5	3
/ 1/15	1
zusammen	4

Also müssen die angegebenen Zahlen durch 1/5 1/15 ergänzt werden.

Beweis:

2/3	1/5	1/15	1/15	macht 1, ist also vollständig
10	3	1	1	[*macht 15*]

Kommentar

Die vom Schreiber angewandte Methode läuft auf die Einführung des gemeinsamen Nenners 15 für alle Ausdrücke (1, 2/3 und 1/15) hinaus; aber er führt diese Operation nicht explizit aus, sondern multipliziert die einzelnen Glieder mit 15 und kann so mit ganzen Zahlen (1, 10, 11, 15 und 4) rechnen. Das Resultat (4) wird anschließend wieder durch 15 geteilt: »Multipliziere 15 so, daß du 4 erhältst.«)

78. DIVISION DURCH EINEN BRUCH

(Nach Chace u.a. 1929)

Übersetzung des Problems Nr. 30 des Papyrus Rhind
(1650 v. Chr.)

Wenn dir der Schreiber sagt, welches ist die Menge, von der 2/3 1/10 10 machen? Hören wir zu [*10 ist durch 2/3 1/10 zu teilen*].
Multipliziere 2/3 1/10 so, daß du 10 erhältst.

/ 1	2/3 1/10
2	1 1/3 1/5
/ 4	3 1/15
/ 8	6 1/10 1/30
zusammen 13	

[*nun macht aber 13 mal 2/3 1/10 nicht ganz 10, weshalb der Schreiber folgendermaßen fortfährt:*]

13 mal 2/3 1/10 macht 9 und die Brüche 2/3 1/10 1/5 1/10 und 1/30. Fehlt 1/30 [*zu 10*]. Nimm 30; 2/3 1/10 von 30 ist 23. Also 1/3 von 30 oder 1 wird 1/23 davon sein. 13 1/23 ist die gesuchte Zahl.

[*Der Schreiber führt auch einen Beweis an: 13 1/23 multipliziert mit 2/3 1/10 ist gleich 10.*]

1	13 1/23
/ 2/3	8 2/3 1/46 1/138
/ 1/10	1 1/5 1/10 1/230
zusammen 10	

Kommentar

Um die Zahl zu finden, von der 2/3 1/10 gleich 1/30 sind, dividiert der Schreiber nicht 1/30 durch 2/3 1/10, sondern multipliziert diese Zahl mit 30, wodurch er den Umkehrwert der gesuchten Zahl erhält; deswegen nimmt er dann 1/23 statt 23 – die Erklärung für dieses Verfahren ist allerdings reichlich undurchsichtig. Man beachte, daß das Problem mit einem »Beweis« schließt (zu dem mit Sicherheit eine Tabelle mit Bruchzahlen erforderlich war).

diese Methode, die man auch mit der Verwendung von »Hilfsgrößen« in Mesopotamien vergleichen kann (Kasten 36, Seite 84) werden wir später noch bei anderen Aufgaben aus dem Papyrus Rhind stoßen.

Neben diesen Rechenübungen sind Verteilungsaufgaben die häufigsten arithmetischen Probleme im Papyrus Rhind. Brot, Bier und andere Dinge sollen unter eine bestimmte Anzahl von Menschen oder Tieren verteilt werden, sei es zu gleichen Teilen wie im Problem 5 in Kasten 79, sei es in unterschiedlichen, vor allem in arithmetischen Reihen ansteigenden Mengen wie in den beiden Beispielen in Kasten 80. Bei Aufgabe 40 wird eine provisorische Lösung gefunden (zweifelsohne durch Überschlag) und das Resultat dann durch Anwendung der Proportionalität gesucht; Problem 64 wird durch korrekte Schlußfolgerungen gelöst.

Zu diesen Teilungsaufgaben gehören auch die sogenannten *pef-su*-Probleme. Der *pef-su* ist beispielsweise der Mehlgehalt des Brotes oder der Anteil reinen Bieres in verwässertem Bier. Der Wert des Brotes oder des Bieres hängt offensichtlich von ihrem *pef-su* ab. Um diesen zu berechnen, genügt im allgemeinen eine einfache Division (zum Beispiel die Menge Mehl durch die Zahl der damit gebackenen Brote), weshalb wir hier auch nicht näher darauf eingehen wollen. Dasselbe gilt für die Berechnung der Tagesrationen für eine Truppe oder des Futters für einen Hühnerhof, wofür sich im Papyrus Rhind verschiedene Beispiele finden.

79. VERTEILUNG VON BROTEN

(Nach Chace u.a. 1929)

Übersetzung des Problems Nr. 5 des Papyrus Rhind (1650 v.Chr.)

Verteilung von 8 Broten auf 10 Personen.
Multipliziere 2/3 1/10 1/30 mit 10, das Ergebnis ist 8.
Das Verfahren selbst

1	2/3	1/10	1/30	
/2	1	1/2	1/10	
4	3	1/5		
/8	6	1/3	1/15	
zusammen	8 Brote. Das ist dasselbe.			

Kommentar

Die Aufgabe wird gestellt und das Resultat direkt angegeben (2/3 + 1/10 + 1/30 Brot pro Person); ein Beweis wird durch Multiplikation des Resultats mit 10 (der Anzahl der Personen) erbracht: das Ergebnis ist 8 (die Anzahl der zu teilenden Brote). Darunter ist die schrittweise Multiplikation aufgeführt; von der Division, die das Resultat ergeben hat, findet sich dagegen nirgends eine Spur.

80. DIE ARITHMETISCHE REIHE

(Nach Chace u.a. 1929)

Übersetzung des Problems Nr. 40 des Papyrus Rhind
(1650 v.Chr.)

100 Brote für 5 Personen.
1/7 der 3 höheren den 2 niederen.
Welches ist die Differenz der Teile?

[*100 Brote sollen nach einer arithmetischen Reihe so verteilt werden, daß die Summe der Teile der zwei Personen, die am wenigsten bekommen, gleich 1/7 der Summe der Teile der 3 Personen ist, die am meisten bekommen. Es geht also darum, die Differenz zwischen zwei Gliedern der Reihe herauszufinden.*]

Die Sache, wie sie zustande kommt. [*Nimm an, daß*] die Differenz zwischen den Anteilen 5 1/2 ist.

1	23
1	17 1/2
1	12
1	6 1/2
1	1
zusammen	60

[*Zur Aufstellung dieser ersten Reihe hat der Schreiber zweifelsohne das kleinste Glied gleich 1 gesetzt und die Differenz dann mit Hilfe der Angaben errechnet, daß die Summe der 2 kleinsten Teile (1 + 6 1/2 = 7 1/2) gleich 1/7 der Summe der 3 anderen (23 + 17 1/2 + 12 = 52 1/2) ist.*

So oft wie 60 multipliziert werden muß, um 100 zu ergeben, so viele Male müssen die Glieder der ersten Reihe mit der angenommenen Differenz von 5 1/2 multipliziert werden, um die gesuchte Reihe zu ergeben.]

/ 1	60
/ 2/3	40
zusammen	100

Multipliziere mit 1 2/3 [*das heißt mit 100/60*]

23 wird zu	38 1/3
17 1/2 wird zu	29 1/16
12 wird zu	20
6 1/2 wird zu	10 2/3 1/6
1 wird zu	1 2/3
zusammen 60	100

[*Umwandlung der ersten Reihe mit der angenommenen Differenz 5 1/2 in die gesuchte Reihe.*]

Kommentar

Der Schreiber sucht durch Probieren eine provisorische Lösung, indem er den kleinsten Teil gleich 1 und die Differenz gleich 5 1/2 setzt, und bedient sich dann der Proportionalität der Glieder und ihrer Summen, um zur endgültigen Lösung zu kommen – zweifellos eine raffinierte Methode, die jedoch die ganze Frage der arithmetischen Progression verschleiert, da dieser Teil durch Probieren »gelöst« wird (es sei denn, es hätte eine Methode gegeben, die im Papyrus nicht auftaucht).

Übersetzung des Problems Nr. 64 des Papyrus Rhind

Beispiel für unterschiedliche Verteilung.

Wenn man dir sagt, 10 hekat Gerste für 10 Personen, die Differenz an Gerste von jeder Person zur folgenden ist 1/8 hekat.

Der mittlere Teil ist 1/2 hekat [*das ist falsch – es müßte 1 hekat heißen bei 10 hekat für 10 Personen –, ein Fehler, der in der Folge korrigiert wird, also wohl nur ein Schreibfehler bei der Abschrift*]. Nimm 1 von 10, bleiben 9. Nimm 1/2 von der Differenz [*zwischen den einzelnen Personen*], macht 1/16. Multipliziere es mit 9, das macht 1/2 1/6 hekat. Füge es dem mittleren Teil hinzu [*um den größten Teil zu erhalten, ist dem mittleren also die Differenz 4,5 mal hinzuzufügen*]. Zieh davon für jede Person bis zur letzten 1/8 hekat ab [*ausgehend vom größten Teil*]. Das macht:

1 1/2 1/16   1 1/4 1/8 1/16   1 1/4 1/16   1 1/8 1/16   1 1/16   1/2 1/4 1/8 1/16
1/2 1/4 1/16   1/2 1/8 1/16   1/2 1/16   1/4 1/8 1/16   Zusammen 10

Kommentar

Der Schreiber berechnet den durchschnittlichen Teil (1), der gleichzeitig auch dem Durchschnitt zwischen dem 5. und dem 6. Teil dieser Reihe entspricht; der 6. Teil ist um eine halbe Differenz höher als der durchschnittliche Anteil (und der 5. um eine halbe Differenz kleiner), der 7. ist um anderthalb Differenzen höher (1/2 Differenz vom mittleren Teil bis zum 6. plus 1 Differenz vom 6. zum 7.) und so fort. Der 10. Teil (der höchste) ist also um 4,5 Differenzen höher als der mittlere (der Schreiber rechnet 9 mal die halbe Differenz, was auf dasselbe herauskommt). Nachdem man den 10. Teil erhalten hat, braucht man nur noch die Differenz 1 mal, 2 mal etc. abzuziehen, um den 9., den 8. bis zum 1. Teil zu erhalten (vgl. die mesopotamische Methode aus der gleichen Zeit, Kasten 27, Seite 70).

Interessanter und etwas komplexer ist die Frage der geometrischen Reihe. Im Papyrus Rhind findet sich allerdings nur ein einziges Beispiel dafür (Kasten 81), und das ist so kurz dargestellt, daß es kaum Schlüsse über die diesbezüglichen Kenntnisse der Ägypter zuläßt – nur daß das Prinzip einer solchen Reihe bekannt war. Der betreffende Ausschnitt des Papyrus scheint nahezulegen, daß die Ägypter die Formel zur Berechnung der Summe der n ersten Glieder der geometrischen Reihe kannten, aber der Text ist nicht explizit genug, um als Beweis gelten zu können: 2801 ist nicht nur gleich $(7^5 - 1)/(7 - 1)$, sondern auch gleich 1 + 7 + 49 + 343 + 2401, also gleich der Summe der ersten 4 Glieder plus 1. Nichts weist darauf hin, daß die Formel bereits in ihrer Allgemeinheit erkannt worden war; diese Folge mit dem Quotienten 7 war vielleicht eine Zufallsentdeckung, ein Sonderfall, bei dem die Summe der 5 ersten Glieder durch die Multiplikation der Summe der 4 ersten Glieder mit 7 plus 1 errechnet wurde. Die Einmaligkeit dieser geometrischen Reihe in den uns verbliebenen altägyptischen Quellen und die wenig ausführliche Art der Darlegung sprechen ebenfalls für die Hypothese der Zufallsentdeckung. Gleichwohl dürfen wir nicht vergessen, wie wenig mathematische Texte uns aus dem alten Ägypten überliefert wurden, und daß der Schreiber A'h-mose, der den Papyrus nach einem älteren Text kopiert hat (Kasten 76), auf diesem Gebiet vielleicht nicht allzu kompetent war und in seiner Abschrift wichtige Elemente, die er nicht ganz begriff, einfach ausgelassen hat.

81. DIE GEOMETRISCHE REIHE

(Nach Chace u.a. 1929)

Übersetzung des Problems Nr. 79 des Papyrus Rhind
(1650 v. Chr.)

Inventar eines Hauses

	1	2801	7	Häuser
	2	5602	49	Katzen
	4	11204	343	Mäuse
Zusammen		19607	2301	Ähren [*Fehler: 2401*]
[*Multiplikation von*			16807	hekat
2801 mit 7]		zusammen	19607	

Kommentar

Dieses Inventar eines Hauses erinnert an einen Kinderabzählreim. Der Text ist äußerst kurz; zu erkennen sind das Prinzip einer geometrischen Reihe mit dem Quotienten 7 und die Summe der Folgenglieder.

Der linke Teil des Textes zeigt, wie die Summe der Folgenglieder errechnet wird. Die wenig explizite Rechenmethode könnte der Anwendung der folgenden klassischen Formel entsprechen, wobei s für die Summe der n ersten Glieder, a für das erste Glied und q für den Quotienten steht:

$$s = a\frac{q^n - 1}{q - 1} = 7\frac{7^5 - 1}{7 - 1} = 7 \times 2801 = 19607$$

Die Algebra und die Gleichungen 1. Grades (oder zumindest diejenigen, die ihnen am nächsten kommen) sind im Papyrus Rhind durch die sogenannten Hau- oder Aha-Rechnungen (wörtlich »Haufen« oder Mengen-Aufgaben) vertreten, bei denen eine Menge zu errechnen ist, von der ein bestimmter Teil gegeben ist. Ein Beispiel dafür findet sich in Kasten 82. Auf eine vergleichbare Gattung stoßen wir ungefähr zur selben Zeit auch in Mesopotamien (siehe zum Beispiel Kasten 29, Seite 74). Aber während die mesopotamischen Täfelchen nichts über die angewandte Methode aussagen, können wir dem Papyrus Rhind die ägyptische Technik entnehmen, so verkürzt sie auch dargestellt ist. Der Ägypter löst die Aufgabe, indem er provisorisch einfach zu rechnende Zahlenwerte annimmt und dann aus diesen und den gegebenen Größen mit Hilfe der Proportionalität das richtige Resultat errechnet (siehe Kasten 82). Diese Methode ist verwandt mit dem »extraktiven Block«, der unserer Einführung eines gemeinsamen Nenners entspricht; beispielsweise wird sie im Problem Nr. 21 (Kasten 77) benutzt, wo der Schreiber die Aufgabe mit Zahlenwerten löst, mit der sie leicht zu rechnen ist (4, 11, 15), und dann unter Anwendung der Proportionalität das richtige Ergebnis erhält (2/3 1/5, 1, 1/5 1/15). Von einer algebraischen Methode kann hier also eigentlich nicht die Rede sein, da zur Lösung keine Gleichungen verwendet werden, in denen die Unbekannten durch Symbole – Buchstaben oder etwas anderes – ausgedrückt werden. Gleichwohl ist das angewandte Prinzip nicht sehr weit davon entfernt; ihm fehlt lediglich die Allgemeingültigkeit, die im Einzelfall das Suchen nach den am leichtesten berechenbaren Zahlenwerten (also das ganze Probieren) erspart. Weiter fällt bei dieser Aufgabe Nr. 24 (Kasten 82) auf, daß es zwar keinen echten Beweis, aber doch immerhin eine Verifizierung des Resultats gibt.

Probleme 2. Grades enthält der Papyrus Rhind nicht. Dennoch kannten die Ägypter den Begriff des 2. Grades (zumindest bei Quadratflächen) und der Quadratwurzel, die sie mit dem Symbol für *Eck* bezeichneten, was zeigt, daß sie die Rolle des Quadrats und seiner Diagonalen für die Konzeption des 2. Grades und der Quadratwurzel begriffen hatten: . Im Berliner Papyrus, der wie der Papyrus Rhind vom Ende des Mittleren Reichs stammt, findet sich ein Problem mit Faktoren 2. Grades und dementsprechend auch die Ziehung von Quadratwurzeln (von 100 – was leicht und auf Anhieb möglich ist – und von 1 1/2 1/16 – was auf den ersten Blick nicht so einfach erscheint). Der Weg zur Ziehung der Quadratwurzeln ist nicht angegeben, aber die Resultate stimmen. Was die zur Lösung des Problems angewandte allgemeine Methode betrifft (dargestellt in Kasten 83), so ähnelt sie der bei den Problemen 1. Grades im Papyrus Rhind verwendeten Technik (vergleiche Kasten 82), da der Schreiber auch hier wieder mit willkürlich gewählten Hilfszahlen und der Proportionalität arbeitet. Die Methode nähert sich der Algebra zwar an (wo wir das Symbol x setzen würden, wählt der Schreiber den Zahlenwert 1), ist aber doch noch reichlich weit entfernt von der mesopotamischen Behandlung von Gleichungen 2. (und höheren) Grades zur selben Zeit (siehe Kasten 31, Seite 76).

82. GLEICHUNG 1. GRADES (»HAU-RECHNUNG«)

(Nach Chace u.a. 1929)

Übersetzung des Problems Nr. 24 des Papyrus Rhind (1650 v.Chr.)

Ein Haufen und sein 1/7 zusammen genommen ergeben 19 [*Wie groß ist der Haufen ?*]
[*Nehmen wir an, der Haufen sei 7*]

/ 1	7
/ 1/7	1
[*zusammen*	*8*]

[*So oft wie 8 multipliziert werden muß, um 19 zu ergeben, so oft muß 7 multipliziert werden, um die gesuchte Menge zu ergeben.*]

1	8
/ 2	16
1/2	4
/ 1/4	2
/ 1/8	1
[*zusammen 2 1/4 1/8*	*16 + 2 + 1 = 19*]

/ 1	2	1/4	1/8
/ 2	4	1/2	1/4
/ 4	9	1/2	
[*zusammen 7*	*16*	*1/2*	*1/8*]
[*Das heißt*	*7 × (2 1/4 1/8) = 16 1/2 1/8*]		

Die Menge ist 16	1/2	1/8	Beweis
1/7 [*ist*] 2	1/4	1/8	
zusammen 19	[*16 1/2 1/8 + 2 1/4 1/8 = 19*]		

Kommentar

Die Darlegung des Problems (Angaben und Lösung) ist äußerst verkürzt. Wo wir einfach x + x/7 schreiben würden, sucht der Schreiber die Lösung mit Hilfe eines provisorischen Werts, mit dem sich die Aufgabe leicht berechnen läßt (7, 1 und 8), und der Anwendung der Proportionalität (x verhält sich zu 7 und x/7 zu 1 wie 19 zu 8).

83. PROBLEM 2. GRADES

(Nach Schack-Schackenburg 1900, Taton 1946, Rey 1930)

Berliner Papyrus
(Ende des Mittleren Reichs, um 1800 v. Chr.)

Eine Fläche von 100 Quadratellen ist in zwei Quadrate aufzuteilen, deren Seiten sich wie 1 zu 3/4 verhalten sollen. Wir würden folgende Gleichung ansetzen (mit x und y als Seiten der gesuchten Quadrate):

$x^2 + y^2 = 100 \quad y = 3x/4$

also $x^2 + 9x^2/16 = 100 \quad 25x^2 = 1\,600 \quad x^2 = 64 \quad x = 8 \quad y = 6$

$x^2 = 64 \quad y^2 = 36$

Der Schreiber nimmt die Seiten der gesuchten Quadrate willkürlich als 1 und 3/4 an. Um die Gesamtfläche zu erhalten, setzt er sie ins Quadrat und addiert die Resultate:

$1^2 + (3/4)^2 = 1\ 1/2\ 1/16$ (das heißt $1 + 9/16$)

Dann zieht er aus der Gesamtfläche die Quadratwurzel, ohne anzugeben wie:

$1\ 1/4$ ($1\ 9/16 = 25/16 = 5^2/4^2$ und $1\ 1/4 = 5/4$)

Danach zieht er die Quadratwurzel aus 100, macht 10.

Er bildet das Verhältnis von 10 zu $1\ 1/4 = 10/(1\ 1/4) = 8$ und wendet die Proportionalität an und multipliziert die eingangs willkürlich gesetzten Werte 1 und 3/4 mit 8:

$8 \times 1 = 8$ und $8 \times 3/4 = 6$

Nun braucht er diese Werte nur noch ins Quadrat zu setzen (64 und 36), um die beiden gesuchten Flächen zu erhalten und das Ergebnis zu verifizieren (64 + 36 = 100).

Trotz der Quadratzahlen ist das angewandte Vorgehen nicht gerade typisch für Gleichungen 2. Grades. Abgesehen davon, daß die Methode zur Ziehung der Quadratwurzeln nicht angegeben ist, wird dasselbe allgemeine Prinzip angewandt wie bei den Problemen ersten Grades (einfache Hilfszahlen und Proportionalität). Andererseits fällt auf, daß der Schreiber die Proportionalität nur auf Ausdrücke desselben Grades anwendet, also durchaus eine Vorstellung von der Methode und den Begriffen 1. und 2. Grad besitzt.

Zusammenfassend läßt sich sagen, daß die ägyptische Arithmetik äußerst konkret ist und vielfach praktischen Zwecken dient (der Berechnung von Proviantrationen, der Haltung von Herden etc.). Zwar finden Probleme wie die in Kasten 82 und 83 als Aufgaben 1. und 2. Grades aufgeführten keine direkte praktische Anwendung; als Teile von angewandten Berechnungen aber können sie sehr wohl auftauchen. Ein Beweis fehlt im allgemeinen; die Aufgaben werden als Beispiel behandelt, ein bißchen wie »Rezepte«: »Wenn dir eine Aufgabe von der und der Art gestellt wird, machst du das und das.« Natürlich wird unter diesen Umständen auch kein Versuch unternommen, die Probleme in ein rationales Ganzes einzugliedern. Immerhin bringt der Schreiber des Papyrus Rhind, wenn schon keinen Beweis, so doch häufig eine Verifizierung des Resultats, indem er nachweist, daß es mit den gegebenen Größen übereinstimmt. Außerdem sind die Probleme, wenn schon nicht auf rationale Weise miteinander verknüpft, so doch nach ihrer Thematik klassifiziert. So kann man zwar nicht von Mathematik im eigentlichen Sinn sprechen – mit Beweisen und der rationalen Eingliederung der Aufgaben in ein Ganzes; gleichwohl aber ist ein Ansatz zu einer Ordnung der Kenntnisse zu erkennen, einer Ordnung, die allerdings einen praktischen Zweck verfolgt: mit einer Klassifizierung der »Rezepte« soll man leichter finden, was man braucht. Ebenso zu erkennen ist der Versuch, die angewandten Methoden zu rechtfertigen – wenigstens durch eine Verifizierung *a posteriori*, wenn schon nicht durch einen Beweis *a priori*.

Im Vergleich zur mesopotamischen Arithmetik erscheint die ägyptische arm; sie kennt nicht deren »Zahlenbesessenheit«, aber auch keine mystischen Tendenzen. Zwar behauptet der Schreiber des Papyrus Rhind, »in die Kenntnis aller Dinge dieser Welt und aller dunklen Geheimnisse« einzuführen (Kasten 76, Seite 173), aber der Text der Probleme selbst klingt wesentlich bescheidener und läßt jeden mystischen Anstrich vermissen; die Aufgaben sind stets als konkrete Verfahren dargestellt. Gerade das Fehlen einer Zahlenmystik aber scheint die Versuche, die Eigenschaften der Zahlen zu erforschen und über die Lösung der konkreten Probleme hinauszugehen, in gewisser Hinsicht eher gebremst zu haben.

Natürlich darf man nicht aus dem Blick verlieren, daß aus Ägypten weit weniger mathematische Dokumente erhalten sind als aus Mesopotamien, und daß der Papyrus Rhind und die wenigen anderen, viel weniger bedeutenden Papyri über Mathematik nicht notwendig einen repräsentativen Querschnitt der ägyptischen Mathematik darstellen – zumal der Schreiber A'h-mose, der den Papyrus Rhind von einem älteren Dokument kopierte, offensichtlich nicht immer ganz erfaßte, worum es ging; gleichwohl sind wir ihm für diese Kopie zu Dank verpflichtet, besäßen wir doch sonst so gut wie nichts über die ägyptische Mathematik aus dem frühen Altertum. Die ägyptische Arithmetik könnte also durchaus einen höheren Stand erreicht haben als dieser Papyrus vermuten läßt; sie könnte sogar der mesopotamischen fast gleichgekommen sein, zumindest was den Umfang der Kenntnisse angeht. Ihre allgemeine Grundhaltung wird aber so gewesen sein, wie sie im Papyrus Rhind und den wenigen anderen mathematischen Texten zum Ausdruck kommt, mit ihren komplizierten Operationen aus Multiplikationen und Divisionen und den nicht enden wollenden Reihen von Brüchen. Und auch die Zahlenmystik dürfte, selbst wenn nicht alle Dokumente so konkret orientiert waren wie der Papyrus Rhind, doch wesentlich weniger entwickelt gewesen sein als in Mesopotamien – zumindest bis zur Zeit der Perser und Griechen, als sie zusammen mit der Astrologie importiert wurde.

Wenden wir uns nun der ägyptischen Geometrie bzw. den uns verbliebenen Überresten zu, die anders als die Arithmetik ihrem mesopotamischen Pendant ziemlich nahekam.

Die Geometrie

Wie in der Einführung zum Unterkapitel über die Mathematik bereits angemerkt, waren die Ägypter seit der 4. Dynastie (um 2600 v. Chr.) imstande, den Flächeninhalt eines Rechtecks korrekt zu berechnen. Höchstwahrscheinlich kannten sie zu dieser Zeit auch die sogenannte Feldmesserformel zur näherungsweisen Berechnung der Fläche von Vierecken aus dem Produkt der halben Summen der gegenüberliegenden Seiten.

Außerdem finden sich im Papyrus Rhind verschiedene Aufgaben zur Berechnung des Flächeninhalts von Dreiecken; eine davon ist in allen Einzelheiten in Kasten 84 wiedergegeben, wobei das Problem auch hier wieder sehr konkret ist, da es um ein dreieckiges Feld geht. Die Auslegung des Textes ist jedoch nicht ganz einfach, da sich die Bedeutung des Wortes *meret* nicht eindeutig klären läßt. Je nachdem, ob *meret* für die Höhe oder die Seite des Dreiecks steht, ist die Methode des Schreibers richtig oder nicht – es sei denn es handelt sich um ein rechtwinkliges Dreieck, bei dem Höhe und Seite austauschbar sind. Nun könnte man noch eine weitere Hypothese anfügen: Das im Papyrus zu dieser Aufgabe abgebildete Dreieck ist, wie die meisten Dreiecke im Papyrus, ziemlich langgestreckt und könnte ebensogut wie rechtwinklig auch gleichschenklig erscheinen; in diesem Fall könnte *meret* die Länge einer der gleichschenkligen Seiten sein. Da das Dreieck vom Text aber weder als gleichschenklig noch als rechtwinklig ausgewiesen wird, könnte man *meret* zur Not auch als Mittelwert der beiden Seiten des Dreiecks (nicht der Basis) auslegen. In diesem Fall hätte der Schreiber die Fläche mit Hilfe der Feldmesserformel berechnet und das Dreieck als Viereck mit einer Seite gleich null (gegenüber der Basis) aufgefaßt; die Multiplikation der halben Summen der gegenüberliegenden Seiten entspräche der Multiplikation der halben Grundseite mit dem Mittelwert der beiden anderen Seiten oder der Länge einer dieser Seiten im Fall eines gleichschenkligen Dreiecks. Bei einem sehr langgestreckten Dreieck ergibt eine solche Näherungsformel recht brauchbare Werte. Und in der Tat heißt es im Text bei der Berechnung der halben Basis, »das Dreieck rechteckig machen«, was dahingehend ausgelegt wird, daß die Fläche des Dreiecks gleich der Fläche des Rechtecks ist, das über der halben Basis und der Höhe (oder über der Basis und der halben Höhe) des Dreiecks konstruiert wird. Im übrigen werden wir dieselbe Doppeldeutigkeit beim Trapez wiederfinden – wie schon im Fall von Mesopotamien (siehe Kasten 32, Seite 78). Da der Papyrus Rhind auch verschiedene Pyramidenaufgaben enthält, die auf ein gewisses Verständnis für den Satz des Thales über die Ähnlichkeit von Dreiecken schließen lassen (in diesem Fall freilich – was die Sache erleichtert – von rechtwinkligen Dreiecken), darf man doch wohl annehmen, daß die Ägypter wie auch die Mesopotamier den Flächeninhalt zumindest eines rechtwinkligen Dreiecks korrekt berechnen konnten; bei beliebigen Dreiecken wurden um so bessere Näherungswerte erzielt, je mehr das Dreieck in die Länge gestreckt war.

84. FLÄCHENINHALT EINES DREIECKS

(Nach Eisenlohr 1877, Chace u.a. 1929)

Transkription und Übersetzung des Problems Nr. 51 des Papyrus Rhind (1650 v.Chr.)

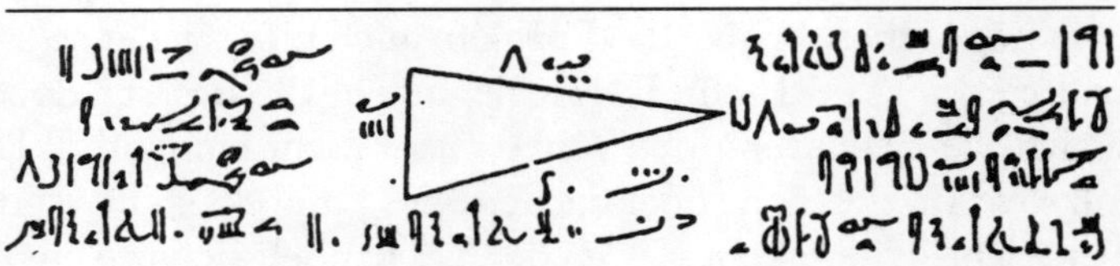

Beispiel der Berechnung eines dreieckigen Grundstücks. Wenn man dir sagt, ein Dreieck mit »meret« [*Seite oder Höhe?*] 10 khet und Basis 4 khet. Welches ist die Fläche ?

Nimm	1	400	[*Umrechnung der Basis und der halben Basis*
	1/2	200	*in Ellen. 1 khet (Rute) = 100 Ellen*]
	1	1000	[*Seite in Ellen*]
	2	2000	

Die Fläche ist 20 setat. [*1 setat = 1 khet*^{2}]

Nimm 1/2 von 4, das ist 2, um es rechteckig zu machen [*Bildung eines Rechtecks mit der gleichen Fläche wie das Dreieck, wobei das Rechteck die Form h × b/2 hat – h ist die Höhe und b die Basis des Dreiecks*].

Multipliziere 10 mal 2, das ist die Fläche.

Kommentar

Der Flächeninhalt des Dreiecks wird durch die Multiplikation der halben Basis mit *meret* berechnet; je nachdem, ob *meret* die Höhe oder die Seite bezeichnet, ist die Methode korrekt oder nicht. Die Figur gibt uns einen Hinweis: An den beiden Seiten des Winkels, der der Zeichnung nach ein rechter sein könnte, sind die Zahlen 4 und 10 angegeben; in diesem Fall stimmt die Rechnung. Der Schreiber führt also das Dreieck auf ein Rechteck mit derselben Fläche zurück, was bei einem rechtwinkligen Dreieck besonders leicht ist (ist es doch die durch die Diagonale begrenzte Hälfte eines Rechtecks). Möglicherweise ist das auch der Ursprung dieser Rechenweise – der Schreiber rechnet lieber mit der halben Basis als mit dem halben *meret*, da die halbe Basis 2 ist, und er die Fläche durch eine einfache Verdoppelung erhält. Die Anwendung des Verfahrens auf beliebige Dreiecke setzt den Begriff der Höhe eines Dreiecks voraus, denn durch die Höhe wird jedes Dreieck in 2 rechtwinklige Dreiecke geteilt, auf welche dann obige Methode angewendet werden kann. Ob aber die Ägypter diesen Schritt bereits vollzogen, ist nicht gesichert. Bemerkenswert ist schließlich noch, daß der Schreiber die khet in Ellen umwandelt, davon dann aber keinen Gebrauch macht.

85. FLÄCHENINHALT EINES TRAPEZES (»ABGESCHNITTENES DREIECK«)

(Nach Eisenlohr 1877, Chace u.a. 1929)

Transkription und Übersetzung des Problems Nr. 52 des Papyrus Rhind (1650 v.Chr.)

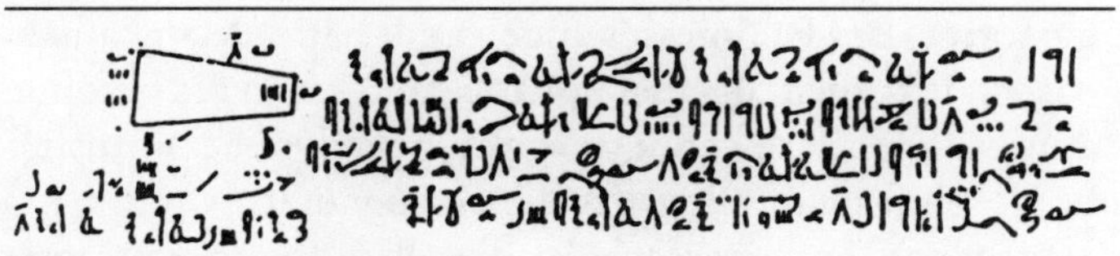

Beispiel der Berechnung eines abgeschnittenen Dreiecks Land. Wenn man dir sagt, ein abgeschnittenes Dreieck Land von 20 khet »meret« [*Seite oder Höhe?*], 6 khet Basis, 4 khet abgeschnittene Seite. Welches ist seine Fläche?

Addiere die Basis und die abgeschnittene Seite, das Ergebnis ist 10. Mach 1/2 von 10, es ist 5, um es rechteckig zu machen [*um das abgeschnittene Dreieck auf ein flächengleiches Rechteck zurückzuführen*]. Mach die Multiplikation 20 mal 5, das Ergebnis ist 10, die Fläche [*Fehler: 100*]

Die Dinge, wie sie zustande kommen.

1	1000 [*1000 Ellen = 10 khet*]
1/2	500
/ 1	2000 [*2000 Ellen = 20 khet*]
2	4000
/ 4	8000
zusammen	10000 (*Ellen × khet*)

Die Fläche ist 200 setat [*Fehler: 100 setat*]

Kommentar

Abgesehen von den Fehlern des Schreibers ist sowohl der Wechsel in den Maßeinheiten als auch die heterogene Multiplikation von 2000 Ellen mit 5 khet bemerkenswert.

Bei der Interpretation stoßen wir auf die gleichen Probleme wie beim Dreieck: Bedeutet *meret* Höhe, ist die Methode in Ordnung; steht *meret* dagegen für die Seite oder die Hälfte der gegenüberliegenden Seiten (nicht der Basis und der »abgeschnittenen Seite«), stellt die Methode nur eine Approximation dar, ähnlich der Feldmesserformel, wonach die Fläche dem Produkt der halben Summen der gegenüberliegenden Seiten eines Vierecks entspricht.

Die Frage der Trapezfläche wird in Kasten 85 mit dem Problem Nr. 52 des Papyrus Rhind behandelt, wo das Trapez als »abgestumpftes Dreieck« oder »abgeschnittenes, gekapptes Dreieck« bezeichnet wird; eine solche Figur einem Trapez gleichzusetzen, liegt vor allem aufgrund der Abbildung kaum nahe, zumal auch keine Rede von der Parallelität der beiden »Basen« ist. Dennoch darf man dies wohl stillschweigend annehmen, da eine solche Figur, wenn es sich nicht um ein Trapez handelte, ein beliebiges Viereck wäre, auf das der Schreiber zweifelsohne die Näherungsformel der Feldmesser angewandt hätte. Man kann zwar einwenden, daß er das im Text auch tut; aber er hätte dann kaum die besondere und doch wohl bedeutungsvolle Bezeichnung »gekapptes Dreieck« anstelle des dann zutreffenden, viel einfacheren Begriffs Viereck benutzt.

Auch hier bietet das Wort *meret* wieder dieselben Interpretationsschwierigkeiten. Steht es für die Höhe des Trapezes, ist die Methode exakt, wenn nicht, handelt es sich um eine Näherung, vergleichbar der von Landmessern angewandten Formel.

Noch ein weiteres Problem des Papyrus Rhind (Nr. 53) befaßt sich mit der Berechnung der Trapezfläche und einer allgemeinen Methode zur Berechnung der einzelnen Teile eines durch Parallelen zur Basis aufgeteilten Dreiecks. Leider jedoch ist dieser Text so elliptisch formuliert, daß er mehr oder minder unverständlich bleibt. Im ersten Teil, der dem Flächeninhalt des Trapezes gewidmet ist, wird folgendes Verfahren angewandt: die Basis wird mit der Seite multipliziert – das Trapez somit als Rechteck behandelt – und dann, vermutlich weil der Schreiber diese Fläche zu groß findet, zur Berichtigung 1/10 abgezogen (warum ausgerechnet 1/10?). Offensichtlich handelt es sich hier um ein Näherungsverfahren, das keine gesicherten Schlüsse über die ägyptischen Kenntnisse hinsichtlich des Trapezes zuläßt.

In bezug auf den Flächeninhalt des Kreises haben die Ägypter weit bessere Näherungswerte erzielt als die Mesopotamier, die die Kreisfläche gleich der des umschriebenen Quadrats, geteilt durch 12, setzten, was für π den Wert 3 ergab. Dagegen errechneten die Ägypter die Fläche durch Quadrierung von 8/9 des Durchmessers, wodurch sie für π den recht guten Näherungswert von 3,1605 erhielten (statt 3,1416). Ein Beispiel für die Berechung der Fläche eines runden Feldes findet sich in Kasten 86 mit dem Problem Nr. 50 des Papyrus Rhind.

86. FLÄCHENINHALT EINES KREISES

(Nach Chace u.a. 1929)

Übersetzung des Problems Nr. 50 des Papyrus Rhind (1650 v. Chr.)

Beispiel der Berechnung eines runden Feldes vom Durchmesser 9. Welches ist seine Fläche?

Nimm 1/9 davon, es ist 1. Der Rest ist 8. Mach die Multiplikation 8 mal 8. Das Ergebnis ist 64.

Die Fläche ist 64 setat.

1	9	1	8
1/9	1	2	16
Rest	8	4	32
		/8	64

Kommentar

Die Fläche des Kreises wird der Fläche eines Quadrats gleichgesetzt, dessen Seite 8/9 des Kreisdurchmessers beträgt (das besonders einfache Zahlenbeispiel läßt die Methode leicht erkennen). Auf diese Weise wird ein recht guter Näherungswert für π = 3,1605 (statt 3,1416) erzielt.

Die Zahl π wird in der Aufgabe nirgends erwähnt; das Problem dient lediglich als »Rezept« für die Berechnung von Kreisflächen.

Problem Nr. 48 desselben Papyrus (siehe Kasten 87) gibt uns einen Hinweis, wie die Ägypter zu diesem Näherungswert gekommen sein könnten. Offensichtlich haben sie den Flächeninhalt von Kreis und Quadrat miteinander verglichen: So arbeitet Problem 48 beispielsweise mit Kreis und umschriebenem Quadrat, dessen Fläche sichtbar größer als die des Kreises ist. Wenn sie nun den umgekehrten Versuch gemacht und ein Quadrat in den Kreis einbeschrieben hätten (wobei das Problem gewesen wäre, das Verhältnis von Durchmesser und Seite zu bestimmen), hätten sie erkannt, daß in diesem Fall die Fläche des Kreises größer ist als die des Quadrats. Danach könnten sie versucht haben, durch Ausprobieren dasjenige Quadrat zwischen umschriebenem und einbeschriebenem Quadrat zu finden, dessen Fläche der Kreisfläche am nächsten kommt, und auf diese Weise das Verhältnis 8:9 gefunden haben (Figur A in Kasten 87 unten zeigt diese näherungsweise Flächengleichheit). Das wäre zwar eine recht empirische Methode gewesen, hätte aber ebenfalls bereits eine bestimmte Vorstellung von geometrischen Beziehungen und bestimmten Konstanten erfordert: die Konstanz der Flächengleichheit von Kreisen und Quadraten, deren Durchmesser und Seiten sich – näherungsweise – wie 8 zu 9 verhalten, welche absolute Größe die Figuren selbst auch jeweils haben mögen, ist vergleichbar mit der Konstante π, dem Verhältnis des Umfangs zum Durchmesser – auch wenn die Zahl π im Papyrus nirgendwo auftaucht. In gewisser Hinsicht gebührt also den Ägyptern die Ehre, mit diesem Verhältnis 8 : 9 den ersten Anlauf zur Quadratur des Kreises gemacht zu haben.

87. VERGLEICH VON KREIS- UND QUADRATFLÄCHE

(Nach Eisenlohr 1877, Chace u.a. 1929)

Transkription und Übersetzung des Problems Nr. 48 des Papyrus Rhind (1650 v.Chr.)

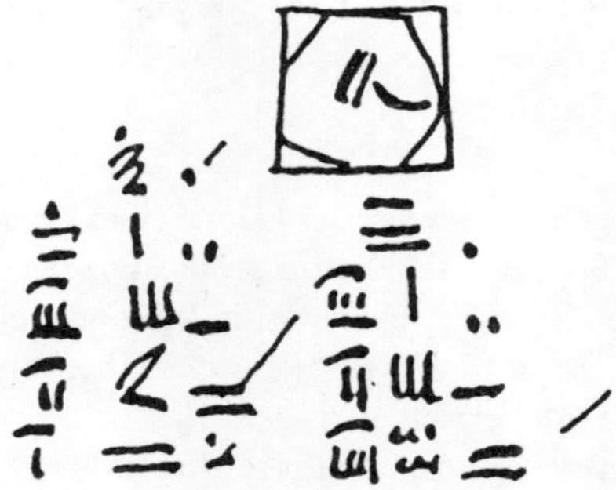

[*Das Zeichen im inneren der Figur bedeutet 9 und bezeichnet zugleich die Seite des Quadrats und den Durchmesser des Kreises.*]

/1	9 setat	1	8 setat
2	18 setat	2	16 setat
4	36 setat	4	32 setat
/8	72 setat	/8	64 setat
zusammen	81 setat		

Kommentar

Die grob gezeichnete Figur stellt einen in ein Quadrat einbeschriebenen Kreis dar. Falls die angegebenen Operationen richtig interpretiert sind, handelt es sich um die Berechnung der Kreis- und Quadratflächen. Die Seite des Quadrats ist gleich dem Durchmesser des Kreises, 9. Die Fläche des Quadrats ist $9 \times 9 = 81$, die des Kreises $8 \times 8 = 64$. Die Formeln lauten also folgendermaßen:

Quadratfläche = s^2 (s = Seite)   Kreisfläche = $(8d/9)^2$ (d = Durchmesser)

Figur A zeigt ein Quadrat und einen Kreis mit dem Seiten-/Durchmesserverhältnis 8/9. Wie man sieht, sind ihre Flächen annähernd gleich: der schraffierte Teil, um den der Kreis über das Quadrat hinausgeht, ist etwa so groß wie der gewürfelte Teil, um den das Quadrat über den Kreis hinausgeht.

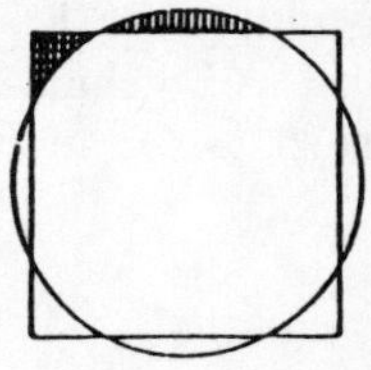

Fig. A

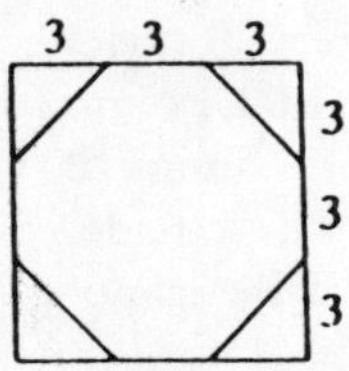

Fig. B

Nach einer anderen Interpretation soll der Kreis dem unregelmäßigen Achteck gleichgesetzt worden sein, dessen Maße oben angegeben sind (Figur B) und dessen Fläche 63 beträgt – die Fläche des Quadrats ist $(9 \times 9) = 81$, abzüglich der Fläche der 4 gleichschenkligen Dreiecke, die zusammen zwei kleine Quadrate mit der Seite 3 bilden, also $(3 \times 3) \times 2 = 18$; $81 - 18 = 63$; 64 soll dann aber als Quadratzahl der Zahl 63 vorgezogen worden sein.

Abgesehen von der Flächenberechnung ist über die Geometrie des Kreises im alten Ägypten nichts bekannt. Man findet hier nichts davon, was den Kreis in Mesopotamien mit dem sexagesimalen Zahlensystem verband. Manche Papyri aus ptolemäischer Zeit, die also viel später abgefaßt wurden als der Papyrus Rhind, wenden sogar mathematische Prinzipien an, die auf π gleich 3 hinauslaufen, was auf mesopotamischen Einfluß schließen lassen könnte – Ägypten hatte sich zu dieser Zeit in einem ganz anderen Ausmaß nach außen geöffnet und außerdem unter der 27. und der 31. Dynastie mehr als ein Jahrhundert persischer Besatzung hinter sich.

Auch Volumenaufgaben liefert uns der Papyrus Rhind, so die Berechnung des Volumens eines rechtwinkligen Parallelepipeds und eines Zylinders (siehe Kasten 88 und 89). Es sind sehr einfache Probleme, die keinen besonderen Kommentar erfordern, es sei denn den Hinweis, daß es sich um »angewandte« Beispiele handelt – um den Inhalt von Getreidespeichern und nicht um »abstrakte« Volumina – und daß die Zylinderaufgabe logischerweise auf dem gleichen Näherungsverfahren aufbaut wie die Berechnung der Kreisfläche.

88. VOLUMEN EINES RECHTWINKLIGEN PARALLELEPIPEDS

(Nach Chace u.a. 1929)

Übersetzung des Problems Nr. 44 des Papyrus Rhind (1650 v. Chr.)

Beispiel für die Berechnung eines viereckigen Getreidespeichers. Die Länge ist 10, die Breite ist 10, die Höhe ist 10. Wie groß ist die Menge Getreide, die hineingeht?

Multipliziere 10 mal 10, das Ergebnis ist 100. Multipliziere 100 mal 10, das Ergebnis ist 1 000. Nimm 1/2 von 1 000, es ist 500. Das Ergebnis ist 1 500, der Inhalt in khar. Nimm 1/20 von 1 500, das Ergebnis ist 75, was an Vierfach-hekat in ihn hineingeht; Getreide 7 500 hekat.

Beispiel der Berechnung

1	10	1	1 000	1	75
10	100	1/2	500	10	750
1	100	1	1 500	20	1 500
10	1 000	1/10	150	1/10	150
		1/20	75	1/10 von 1/10	15
				2/3 von 1/10 von 1/10	10

Kommentar

In diesem besonderen Fall ist das rechtwinklige Parallelepiped ein Kubus. Das Resultat ist in verschiedenen Maßeinheiten ausgedrückt – khar, hekat und Vierfach-hekat; das Ergebnis 1 000 der Rechnung sind Kubikellen. Das würde bedeuten, daß 1 khar gleich 2/3 Kubikellen ist, daß 1 Vierfach-hekat für 100 hekat steht und 1 Kubikelle für 7,5 hekat. Das letztgenannte Verhältnis entspricht nicht den üblichen ägyptischen Maßangaben (vgl. Kasten 70, Seite 165); entweder handelt es sich hier also um einen Fehler des Schreibers bei der Umrechnung der Maße oder um eine unterschiedliche Handhabung der Maße je nach Zeit und Ort, die sich allerdings auch in den verschiedenen Quellen niedergeschlagen hätte.

89. VOLUMEN EINES ZYLINDERS

(Nach Chace u.a. 1929)

Übersetzung des Problems Nr. 41 des Papyrus Rhind (1650 v. Chr.)

Beispiel der Berechnung eines runden Getreidespeichers von 9 auf 10.

Nimm 1/9 von 9, das ist 1. Der Rest ist 8. Multipliziere 8 mit 8, das Ergebnis ist 64. Mach die Multiplikation 64 mal 10, das Ergebnis ist 640.

Addiere dazu 1/2 davon, das Ergebnis ist 960, der Inhalt in khar. [*1 khar = 2/3 Kubikellen*]

Nimm 1/20 von 960, es ist 48. Was an Vierfach-hekat hineingeht: 4 800 hekat Getreide.

Rechenweise

1	8	1	64	1/10	96
2	16	/ 10	640	/ 1/20	48
4	32	/ 1/2	320		
/ 8	64	zusammen	960		

Kommentar

Der Durchmesser beträgt 9 und die Höhe 10. Der Schreiber wendet also die Formel an, wonach die Fläche eines Kreises gleich der Fläche eines aus 8/9 des Durchmessers gebildeten Quadrats ist, und multipliziert diese Fläche dann mit der Höhe. Anschließend wird das Resultat in verschiedenen Maßeinheiten ausgedrückt (auch hier gilt der Kommentar von Kasten 88).

$$V = h(8d/9)^2$$

Der Schreiber drückt seine Resultate in verschiedenen Volumenmaßen aus, die im übrigen mit den in Kasten 70 (Seite 165) aufgeführten Maßverhältnissen nicht immer unbedingt übereinstimmen. Das dürfte mit der schlechten Abstimmung der Längen- und Raummaße aufeinander zusammenhängen, von der unterschiedlichen Handhabung dieser Maße je nach Zeit und Ort ganz zu schweigen. Verschiedene Probleme des Papyrus Rhind befassen sich ausschließlich mit solchen Umrechnungen, was zeigt, daß sie den Schreibern ernstliche Schwierigkeiten bereiteten.

Der in hieratischer Schrift abgefaßte Papyrus Moskau stammt vom Ende des Mittleren Reichs und ist damit etwa ebenso alt wie die Urschrift des Papyrus Rhind, der uns in der zwei Jahrhunderte später angefertigten Kopie des Schreibers A'h-mose erhalten ist. Der Moskauer Papyrus enthält 19 mathematische Probleme, darunter 4 geometrische, unter anderem eine exakte Berechnung des Volumens eines quadratischen Pyramidenstumpfes (Kasten 90).

Aus diesem Beispiel kann man logischerweise darauf schließen, daß die Ägypter auch das Volumen einer Pyramide selbst berechnen konnten, obwohl uns vor der Ptolemäerzeit (fünfzehn Jahrhunderte nach dem Papyrus Moskau) kein Dokument mit einer solchen Berechnung bekannt ist. Was in Anbetracht der Bedeutung der Pyramiden in Ägypten nur zeigt, wie schlecht wir über die Mathematik des alten Ägypten unterrichtet sind.

90. VOLUMEN EINES PYRAMIDENSTUMPFES

(Nach Touraeff 1917)

Papyrus Moskau
(Ende des Mittleren Reichs – um 1800 v. Chr.)

Hieroglyphische Transkription des Problems und Übersetzung

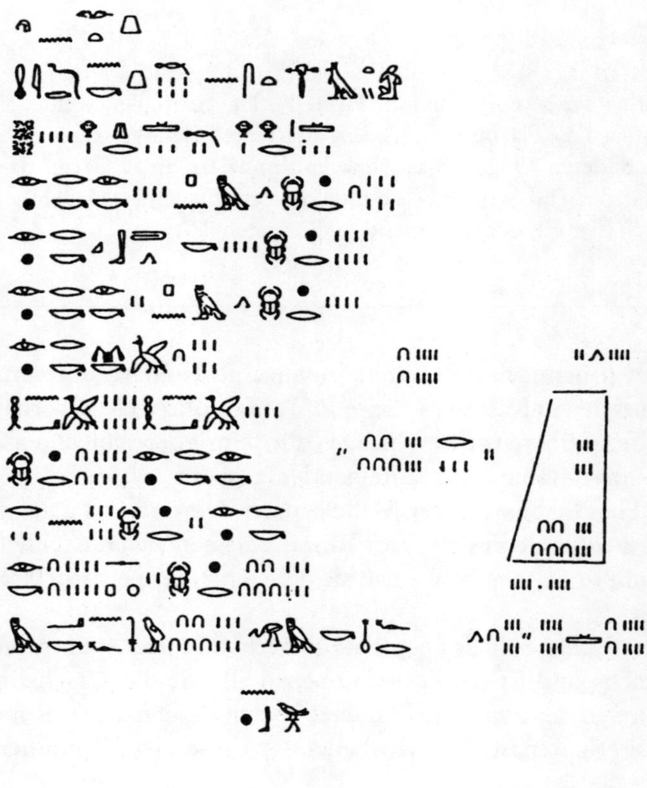

Die Aufgabe ist ein ⏢ zu machen. Wenn man dir sagt (...) 4 unten, 2 oben, mache folgendes: rechne mit dieser 4 quadriert, es entsteht 16; verdopple 4, es entsteht 8. Mache folgendes: rechne mit dieser 2 quadriert, es entsteht 4. Addiere diese 16 und diese 8 und diese 4, es entsteht 28. Mache folgendes: berechne 1/3 von 6, es entsteht 2. Mache folgendes: rechne mit 2mal 28, es entsteht 56. Es ist 56. Was du gefunden hast, ist richtig.

Kommentar

Die Methode ist völlig korrekt. Es handelt sich um einen Pyramidenstumpf mit der quadratischen Basis 4 × 4 und der Höhe 6 (was sich im fehlenden Teil der Angabe finden dürfte); die obere Seite ist 2. Also ist $a = 4$, $b = 2$ und $h = 6$.

Zuerst errechnet der Schreiber a^2, macht 16, dann $a \times b$, macht $8 \times 2 = 16$. Danach setzt er b ins Quadrat, ergibt 4. Nun addiert er $a^2 + ab + b^2$, ergibt 28. Mit 1/3 der Höhe, also 2, multipliziert er $a^2 + ab + b^2$ (28) und erhält so das Volumen: 56. Die von ihm angewandte Methode entspricht exakt der Formel des Volumens eines quadratischen Pyramidenstumpfes:

$V = (a^2 + ab + b^2)\, h/3$, wobei h die Höhe und a und b die Seiten der unteren und der oberen Fläche sind.

Welche geometrischen Eigenschaften den Ägyptern über diese Berechnungen des Flächen- und Rauminhalts hinaus bekannt waren, wissen wir nicht genau. Im folgenden wollen wir, wie schon im Kapitel über die mesopotamische Mathematik, noch auf verschiedene Elemente hinweisen, die mehr oder weniger mit dem Theorem des Thales und dem Satz des Pythagoras zu tun haben.

In den wenigen uns verbliebenen Dokumenten kommt dem Satz des Thales die Berechnung des *seqed* einer Pyramide (und vielleicht eines Kegels) am nächsten. Bei diesen Problemen geht es um den Neigungswinkel der Pyramidenflächen zur Basis, der trigonometrisch seiner Kotangente entspricht. Zwei diesbezügliche Aufgaben (56 und 57 des Papyrus Rhind) finden sich in Kasten 91. Problem 60 dieses Papyrus scheint, wenn die Interpretation richtig ist, den *seqed* eines Kegels auf ähnliche Weise zu definieren. Kasten 91 liefert außerdem die Erklärung, inwiefern die Berechnung des *seqed* (Rücksprungs) bei einer Pyramide von praktischem Interesse ist: Man braucht ihn, um die Steine entsprechend behauen zu können (übrigens entsprechen die in den verschiedenen Problemen des Papyrus Rhind berechneten *seqed* dem Neigungswinkel der roten Pyramide von Dahschur, der zweiten Pyramide von Gise sowie dem verschiedener Mastabas). Wenn aber diese Interpretation zutrifft und der *seqed* zur Behauung der Steine ermittelt wurde, ging es nicht nur um die Berechnung der Kotangente des Neigungswinkels (die Prinzipien der Trigonometrie waren den Ägyptern offensichtlich nicht bekannt), sondern auch um die Anwendung des Satz des Thales über ähnliche Dreiecke: In der Tat ist auf der Abbildung in Kasten 91 das kleine gestrichelte Dreieck des behauenen Steins dem aus der halben Pyramide gebildeten karierten Dreieck ähnlich. Zwar wird der Lehrsatz nicht ausdrücklich formuliert, eindeutig aber angewandt: Thales selbst soll die Höhe der Pyramiden unter Anwendung des nach ihm benannten Theorems anhand der Länge ihrer Schatten gemessen haben. Wahrscheinlich aber hat Thales seinerseits, wenn schon nicht den Lehrsatz, so doch das zugrundeliegende Prinzip von den Ägyptern übernommen, und die Erwähnung der Pyramiden in der Überlieferung hat die Erinnerung an den ägyptischen Ursprung bewahrt.

91. »SEQED«-PROBLEME

(Nach Chace u.a. 1929)

Übersetzung des Problems Nr. 56 des Papyrus Rhind (1650 v.Chr.)

Beispiel der Berechnung einer Pyramide, 360 Ellen in der Grundseite, 250 Ellen in der Höhe. Laß mich ihren »seqed« wissen.

Nimm 1/2 von 360, es ist 180. Rechne mit 250 um 180 zu erhalten [*dividiere 180 durch 250*]. Es ist 1/2 1/5 1/50 Elle. 1 Elle hat 7 Handbreiten. Multipliziere mit 7.

1	7		
1/2	3	1/2	[*1/2 × 7 = 3 1/2*]
1/5	1	1/3 1/15	[*1/5 × 7 = 1 1/3 1/15*]
1/50		1/10 1/25	[*1/50 × 7 = 1/10 1/25*]

Der »seqed« ist 5 1/25 Handbreiten [*also 1/2 1/5 1/50 × 7*]

Kommentar

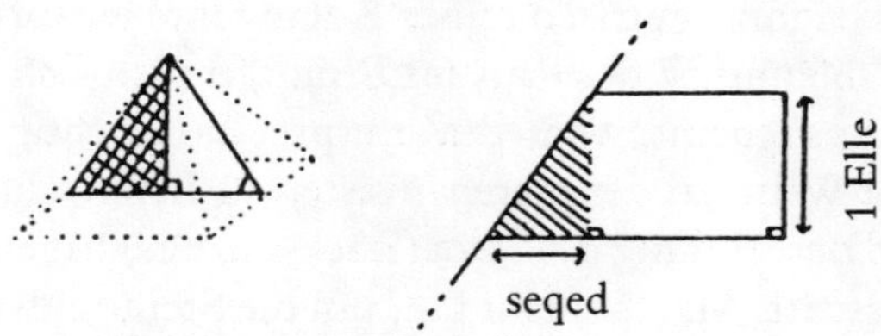

Der Schreiber teilt die Seite der Basis durch 2 und dividiert das Ergebnis dann durch die Höhe; so erhält er die trigonometrische Kotangente des Neigungswinkels der Pyramidenflächen zur Basis.

Normalerweise bleibt der gefundene Wert ohne Maßbezeichnung. Der Schreiber drückt ihn jedoch in Ellen, dann in Handbreiten aus, was vom praktischen Gesichtspunkt aus verständlich ist: Wenn der *seqed* gleich dem Längenunterschied der Unter- und der Oberseite eines Steins von der Höhe 1 Elle an der Pyramidenfläche ist (siehe Figur), liegt es durchaus nahe, auch den *seqed* in Ellen (oder, wenn das zu viele Brüche erfordern würde, in Handbreiten) auszudrücken.

Übersetzung des Problems Nr. 57 des Papyrus Rhind

Eine Pyramide. 140 ist ihre Grundseite, 5 Handbreiten 1 Finger ist ihr »seqed«. Welches ist ihre Höhe?

Teile 1 Elle durch den doppelten »seqed«, es ist 10 1/2. Rechne mit 10 1/2 um 7 zu erhalten, damit es eine Elle ist. Rechne mit 10 1/2; 2/3 von 10 1/2 ist 7. Rechne mit 140, das ist die Seite der Basis. Nimm 2/3 von 140, es ist 93 1/3, das ist die Höhe.

Kommentar

Da der *seqed* der halben Grundseite dividiert durch die Höhe entspricht, braucht man die halbe Seite nur durch den *seqed* (oder die ganze Seite durch den doppelten *seqed*) zu teilen, um die Höhe zu erhalten.

Das Problem wird hier durch Fragen der Maßeinheiten kompliziert (die Seite ist in Ellen angegeben, der *seqed* in Handbreiten und Fingern) und zusätzlich noch durch die verkürzte Darstellung der Lösung erschwert. Als erstes verdoppelt der Schreiber den *seqed*: 10 Handbreiten und 2 Finger (1 Handbreit = 4 Finger) oder 10 1/2 Handbreiten. Da 1 Elle gleich 7 Handbreiten ist, teilt er 10 1/2 durch 7, um die Entsprechung in Ellen zu erhalten. Er rechnet aber mit dem reziproken Wert, denn er sagt 2/3 von 10 1/2 ist 7 – 2/3 ist also der reziproke Wert des verdoppelten *seqed* in Ellen ausgedrückt; dann multipliziert er die Grundseite mit dem reziproken Wert, was einer Teilung durch 2 *seqed* entspricht, und hat die Höhe in Ellen.

Was nun den Lehrsatz des Pythagoras betrifft, so ist nichts erhalten, was zweifelsfrei beweist, daß er zu der von uns behandelten Zeit in Ägypten bekannt war. Der Papyrus Kahûn aus der Zeit der 12. Dynastie (um 1800 v.Chr.), der also etwa so alt ist wie die Urschrift des Papyrus Rhind, enthält eine Tabelle, bestehend aus vier Quadratzahlen, die jeweils als Summe zweier anderer Quadratzahlen dargestellt sind. Diese Zahlen könnte man »pythagoreisch« nennen, ähnlich ihren mesopotamischen Entsprechungen (Tafel Plimpton 322, Seite 81):

$$\begin{array}{rcll} 6^2 + 8^2 & = & 10^2 & \quad (36 + 64 = 100) \\ 12^2 + 16^2 & = & 20^2 & \quad (144 + 256 = 400) \\ (1\ 1/2)^2 + 2^2 & = & (2\ 1/2)^2 & \quad (2{,}25 + 4 = 6{,}25) \\ (3/4)^2 + 1^2 & = & (1\ 1/4)^2 & \quad (0{,}5625 + 1 = 1{,}5625) \end{array}$$

Offensichtlich handelt es sich bei diesen Zahlen um die schrittweise Verdoppelung der Zahlen 3, 4 und 5 (6, 8 und 10; 12, 16 und 20) und anschließend um ihre schrittweise Division durch 2 (1,5, 2 und 2,5; 0,75, 1 und 1,25). Unwillkürlich denkt man an ein rechtwinkliges Dreieck mit den Seiten 3, 4 und 5 und an den

Satz über ähnliche Dreiecke, demzufolge sie ihre Eigenschaften behalten, wenn die Länge ihrer Seiten mit dem gleichen Faktor multipliziert oder durch den selben Faktor dividiert wird. Daß auch der Schreiber an ein Dreieck gedacht hat, ist durch nichts zu beweisen; genausogut könnte es eine rein numerische Beobachtung ohne jeden geometrischen Hintergrund sein. Da die Eigenschaften von Dreiecken mit den Seiten 3, 4 und 5 nach allgemeiner Ansicht jedoch schon sehr früh bekannt waren, kann man in diesen Zahlen eine elementare Form des Satz des Pythagoras sehen – in Form eines »Rezeptes« für Feldmesser oder Architekten und nicht als ein mathematisches Theorem; die Verdoppelungs- und Halbierungsoperationen bilden dann einen ersten Ansatz zu einer Verallgemeinerung.

Beschließen wir den Abschnitt über die Geometrie mit einem Beispiel für die Verwendung des Pythagoreischen Lehrsatzes im Ägypten des 3. vorchristlichen Jahrhunderts. Das Problem ist einem in demotischer Schrift abgefaßten Papyrus aus der Ptolemäerzeit – also nach Pythagoras – entnommen (Kasten 92). Ein Vergleich mit einem auf griechisch abgefaßten Papyrus derselben Epoche (Kasten 110, Seite 265) wird zeigen, daß der Fremdeinfluß den Schreiber offensichtlich nicht gehindert hat, seiner eigenen Sprache und Schrift treu zu bleiben.

92. DER SATZ DES PYTHAGORAS IN ÄGYPTEN

(Nach Parker 1972)

Problem aus einem Kairoer Papyrus (J.E. 89127–30, 89127–43) (in demotischer Schrift abgefaßt – 3. Jahrhundert v. Chr.)

Übersetzung	*Moderne Interpretation*	
Ein rechtwinkliges Stück Land von 60 Quadratellen. Die Diagonale ist 13 Ellen.	$F = 60 = xy$ $d = 13$	$d^2 = x^2 + y^2$
Wie groß sind seine Seiten?		
Du mußt 13 mal 13 rechnen, das Ergebnis ist 169.	$d^2 = 169\ (= x^2 + y^2)$	
Du mußt 60 mal 2 rechnen, das Ergebnis ist 120.	$2F = 120\ (= 2xy)$	
Du mußt 169 dazu addieren, das Ergebnis ist 289.	$d^2 + 2F = 289$ $(= x^2 + y^2 + 2xy = (x + y)^2)$	
Ziehe die Quadratwurzel, das Ergebnis ist 17.	$\sqrt{d^2 + 2F} = 17\ (= x + y)$	
Du mußt das nehmen, was von 169 über 120 hinausgeht, das Ergebnis ist 49.	$d^2 - 2F = 49$ $(= x^2 + y^2 - 2xy = (x - y)^2)$	

Ziehe die Quadratwurzel, Ergebnis 7.	$\sqrt{d^2 - F} = 7\ (= x - y)$
Subtrahiere es von 17, es bleiben 10.	$(x + y) - (x - y) = 2y = 17 - 7 = 10$
Nimm 1/2, Ergebnis 5. Das ist die Breite.	$2y/2 = y = 5$
Subtrahiere 5 von 17, Rest 12. Das ist die Länge. Nun kannst du sagen, daß das Stück Land 12 Ellen auf 5 Ellen ist.	$(x + y) - y = x = 17 - 5 = 12$
Als Beweis dafür mußt du 12 mal 12 rechnen, Ergebnis 144.	$x^2 = 144$
Du mußt 5 mal 5 rechnen, Ergebnis 25.	$y^2 = 25$
Ergebnis 169.	$x^2 + y^2 = 169$
Zieh die Quadratwurzel, Ergebnis 13, das ist die Diagonale des Terrains.	$\sqrt{x^2 + y^2} = d = 13$

Kommentar

Wie man sieht, gehen die mathematischen Kenntnisse des Schreibers über den Satz des Pythagoras hinaus, weiß er doch, daß $(x + y)^2 = x^2 + y^2 + 2xy$ und $(x - y)^2 = x^2 + y^2 - 2xy$, was in Anbetracht der Zeit, in der er lebt, nicht weiter erstaunlich ist. Bemerkenswert aber ist, daß er diese Kenntnisse, woher sie auch stammen mögen – ob aus der Fremde oder aus dem eigenen Land – in der ägyptischen Sprache und Schrift ausdrückt. Bemerkenswert ist allerdings auch, daß das Problem trotz der späten Epoche immer noch als praktische Aufgabe gestellt wird – ein Stück Land und nicht abstrakt ein Rechteck.

Obwohl uns auch über die ägyptische Geometrie nur wenig Quellenmaterial zur Verfügung steht, schneidet sie im Vergleich mit der mesopotamischen doch besser ab als die Arithmetik, die nach den erhaltenen Beispielen zu schließen hinter den Rechenkünsten der Mesopotamier zurückgeblieben zu sein scheint. Die ägyptische Geometrie bewahrt stets Praxisnähe; selbst ein abstrakter Begriff wie *seqed* wird zur Behauung der Steine benutzt. Man berechnet nicht den Flächeninhalt von irgendwelchen abstrakten Figuren, sondern von Feldern – quadratischen oder dreieckigen Stücken Land. Deshalb haben wohl auch die Griechen die Erfindung der Geometrie den ägyptischen Feldmessern zugeschrieben, worauf die Etymologie des aus dem Griechischen stammenden Wortes »Geometrie« – Vermessung der Erde – noch heute verweist. Dem Ägypter kommt es nicht auf Beweise an, ihm geht es um Vorschriften, um »Rezepte« mit mehr oder weniger guten Näherungswerten. Darin ist die ägyptische Geometrie der mesopotamischen Geometrie durchaus vergleichbar: ihre Entwicklung ist eng an die Bedürfnisse der Praxis geknüpft – an die Erfordernisse der Feldvermessung und der Architektur, an die Messung von Rauminhalten bei Getreide, Bier etc.

Bilanz der ägyptischen Mathematik

Alles in allem scheint die ägyptische Mathematik also – vorbehaltlich des weit geringeren überlieferten Quellenmaterials – mit der mesopotamischen durchaus vergleichbar zu sein, zumindest was die Prinzipien (Rezepte, aber keine Beweise) und den allgemeinen Kenntnisstand betrifft. Allerdings dürfte den überlieferten ägyptischen Dokumenten zufolge die Arithmetik in Ägypten der mesopotamischen wohl unterlegen gewesen sein, und das trotz des ägyptischen Zahlensystems mit der Basis 10, das viel leichter zu handhaben war als das mesopotamische Sexagesimalsystem. Dafür aber kannten die Ägypter – ein ernstzunehmendes Handicap – das Positionssystem nicht; dazu kam eine reichlich schwerfällige Rechentechnik (vornehmlich bei den Bruchrechnungen). Außerdem fehlte in Ägypten eine Zahlenmystik: Im Nilland waren die Zahlen und das Rechnen Techniken bar jeglicher Magie, während sie in Mesopotamien zwar ebenfalls Techniken waren, aber durch die mit ihnen verbundene Mystik Anerkennung fanden. Gerade die fehlende Zahlenmystik aber scheint – gewissermaßen als mangelnde Motivation – alle Ansätze, die Eigenschaften der Zahlen unabhängig von einer unmittelbaren praktischen Anwendung zu erforschen, gebremst zu haben. So spielt in Ägypten die Arithmetik, wie übrigens auch die Astrologie, beispielsweise für die Astronomie nicht entfernt dieselbe Rolle wie bei den Chaldäern.

Bei der Geometrie dagegen, die im Niltal wie im Zwischenstromland praktischen Zwecken diente, ist der Unterschied nicht so groß; ein Gott der Geometrie sollte erst im Griechenland des 4. Jahrhunderts v. Chr. auftauchen und die Zahlenmystik in den Hintergrund drängen.

Kosmologie, Astronomie und Kalender

Wie in Mesopotamien ist auch in Ägypten die Vorstellung von der Welt, ihrer Beschaffenheit und ihrem Ursprung gänzlich dem Mythos verhaftet. Die ägyptische Kosmologie unterscheidet sich von der sumerischen nicht grundsätzlich (vgl. Kasten 41, Seite 95). G. Maspéro (1917) beschreibt die ägyptische Kosmologie folgendermaßen:

> Der Himmel ist für die Ägypter so etwas wie eine feste Decke, die sie sich aus Eisen vorstellen und auf der die geheimnisvollen Urfluten wogen, die die Erde von allen Seiten einschließen. Zur Zeit der Schöpfung, als sich das Chaos in seine Elemente auflöste, hob der Gott Schu diese Decke hoch: vom Gipfel der Randgebirge unserer Welt

ergoß sich der Nil, jener himmlische Fluß, auf dem die Planeten sowie überhaupt alle über dem Niltal auf- und untergehenden Sterne treiben. Auf den Monumenten sind diese Gestirne als Geister in Menschen- oder Tiergestalt dargestellt, die Orion in ihrer Barke folgen [*Kasten 94*]. Die Fixsterne dagegen stellten sich die Ägypter als von der Eisendecke herunterhängende Lampen (»khabisu«) vor, die allabendlich von einer göttlichen Macht angezündet wurden, um die Erdennacht zu erhellen. Die vorderste Reihe dieser Sternen-Lampen nahmen die Dekane ein, einfache Sterne oder Sterngruppen, an deren Aufgang sich die sechs- beziehungsweise siebenunddreißig Dekaden des ägyptischen Jahres orientierten [*Kasten 98*]: die der Isis geweihte Sopdit oder Sothis [*Sirius*], der dem Osiris geweihte Orion-Sahu, der manchen als Aufenthalt der glückseligen Seelen galt, die Pleiaden, die Hyaden und viele andere mehr, die bisher nicht zweifelsfrei mit den heutigen Sternbezeichnungen identifiziert werden konnten.

Diese Vorstellung vom Himmel als Urmeer, auf die wir schon in der mesopotamischen Kosmologie gestoßen sind, taucht später auch in den alten griechischen Mythen wieder auf; so werden wir bei Thales, in dessen Physik das Wasser eine so eminente Rolle spielen sollte, noch einmal darauf zurückkommen. In der ägyptischen Kosmologie (vergleiche die Abbildung in Kasten 93, auf der die Sonnenbarke von der Himmelsgöttin Nut getragen wird, die ihrerseits vom himmelstützenden Luftraum, dem Gott Schu, hochgehoben wird) entspricht der himmlische Nil vor allem dem Tierkreisbereich, auf dem die beweglichen Gestirne (Sonne, Mond, Planeten) treiben, wohingegen die Fixsterne als »Lampen« am Eisenhimmel befestigt sind.

Mit der Erschaffung der Welt betreten auch verschiedene Götter die Szene (vgl. Kasten 93). Am Anfang war der Gott Atum, der durch Selbstbegattung die Götter Schu und Tefnut (die Luft und das Nasse) zeugte: »Atum, der in Heliopolis zum Masturbator wurde, hat seinen Phallus in die Hand genommen und das hat die Wollust erschaffen. Ein Paar, Bruder und Schwester, wurden so geboren: Schu und Tefnut« (Pyramidentext, zitiert nach Morenz 1962). Schu und Tefnut (die Luft und das Nasse) zeugen ihrerseits Geb und Nut (den Erdgott und die Himmelsgöttin) und noch weitere Götter (Osiris, Isis etc.).

Eine mehr theologisch orientierte ägyptische Deutung dieses Mythos präzisiert: »Ist die göttliche Neunheit [*das heißt 9 Götter*] des Atum nicht aus seinem Samen und seiner Hand geboren? Aber die Neunheit ist (nach der memphitischen Theologie) aus den Zähnen und Lippen des Mundes hervorgegangen, der allen Dingen ihren Namen gegeben hat, aus dem Schu und Tefnut hervorgegangen sind, der die Neunheit geschaffen hat« (Inschrift des Schabaka, zitiert nach Morenz 1962); demnach wäre es eine Schöpfung durch das Wort, wobei die Geburt Schus und Tefnuts aus dem Mund des Atum eine Zwischenstufe bildet, illustriert durch ein etymologisches Wortspiel, das die Namen Schu (die Luft) und Tefnut (das Nasse) von Wörtern mit der Bedeutung »Räuspern« und »Speichel« herleitet.

Doch gleich, welche Deutung man nun bevorzugt, von einer wissenschaft-

93. DAS ÄGYPTISCHE WELTBILD

(Nach Jéquier 1930)

Die Himmelsgöttin (Nut) trägt auf ihrem Rücken die Sonnenbarke. Sie selbst wird vom Gott der Luft (Schu) gestützt. Der auf dem Boden liegende Gott ist Geb, der Gott der Erde; der Gott auf der rechten Seite mit dem Ibiskopf ist Thot, Herr der Weisheit, der Gesetze und, als Mondgott, Herr der Zeitrechnung (außerdem hat er als Arzt das Auge des Horus geheilt).

lichen Kosmologie ist man in jedem Fall weit entfernt. Gefüge und Ursprung der Welt werden rein mythisch gesehen. Eine rationale Erklärung wird nicht angestrebt, es wird nicht einmal nach einer Analogie zu Erfahrungen aus der Welt des Alltags gesucht – wie in jener Mythologie, die die Erschaffung der Lebewesen Chnum, einem Töpfergott, zuschreibt und die Schöpfung wie das Werk eines Handwerkers als Formung einer ursprünglich formlosen Materie betrachtet – eine solche Konzeption von der Erschaffung der Wesen aus Ton und Wasser findet sich auch in Mesopotamien und in der Bibel.

Da uns aus Ägypten so gut wie keine astronomischen Dokumente überliefert sind – uns sind lediglich ein paar Tempel- und Grabinschriften geblieben, die aber nicht entfernt so aufschlußreich sind wie die astronomischen Tontafeln Mesopotamiens –, ist es schwierig, einen halbwegs präzisen und zutreffenden Gesamtüberblick über die einschlägigen Kenntnisse der alten Ägypter zu geben.

Offensichtlich haben sie jedenfalls zwischen Planeten – »Sterne, die die Ruhe nicht kennen«, wie sie sie nannten – und Fixsternen unterschieden. Wie die anderen Völker des Altertums kannten sie nur die fünf mit bloßem Auge sichtbaren Planeten: Jupiter (Hartapschitiu, Horus, Führer durch geheimnisvolle Räume, der aufgrund seines Glanzes als höchster Planet und Führer der anderen galt – auch wenn die Planeten auf der Abbildung in Kasten 94 von Sternen, Sirius und Orion, geführt werden), Saturn (Harkahri, Horus, der Schöpfer des Himmels), Mars (Harmachis, der rote Horus), Merkur (Sowku) und Venus (Duau in ihrer Rolle als Morgenstern, Bonu in der als Abendstern, wobei nicht sicher ist, ob die Ägypter begriffen haben, daß es sich in beiden Fällen um ein und denselben Planeten handelt). Was sie sonst noch über die Planeten, ihre unregelmäßigen Bewegungen etc. gewußt haben mögen, ist uns nicht bekannt.

94. DIE STERNE AUF IHREN BARKEN

(Nach Maspéro 1917)

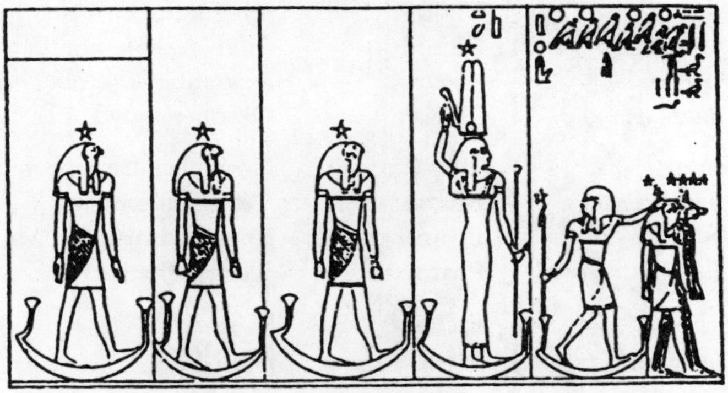

Die von Sothis (Sirius) und Orion angeführten Planeten. Jeder Planet oder Stern ist in Gestalt eines Gottes (vielfach mit Tierkopf) auf seiner Barke stehend dargestellt.

Bei den Fixsternen unterschieden die Ägypter zwischen den immer sichtbaren Zirkumpolarsternen (die sie »die unvergänglichen Sterne« nannten) und den Sternen mit periodischer Sichtbarkeit. Die Fixsterne waren nach einem ähnlichen Prinzip wie in Mesopotamien oder wie heute zu Konstellationen zusammengefaßt, das heißt zu Sternbildern: sie gruppierten sich zu Konturen von Lebewesen oder Gegenständen wie unserem »Großen Wagen« bzw. »Großen Bären«, für den die Ägypter die Bezeichnung »Bein des Stiers« hatten (zu erkennen auf der Zeichung in Kasten 98, Seite 212).

Eine Sonderstellung unter diesen Konstellationen nahmen die »Dekane« ein. Doch um ihre Rolle und Bedeutung erfassen zu können, müssen wir uns zunächst dem ägyptischen Kalender zuwenden.

Das ägyptische Kalenderjahr umfaßte 365 Tage oder 12 Monate mit je 30 Tagen plus 5 Zusatztage, Epagomene, die an die 12 Monate angehängt wurden. Damit war es um einen Vierteltag kürzer als das astronomische Jahr. Diese 12 Monate waren, ausgehend von der einsetzenden Nilüberschwemmung, also nach landwirtschaftlichen Kriterien, in 3 Jahreszeiten zu je 4 Monaten eingeteilt. In Kasten 95 sind links die ägyptischen Monate und Jahreszeiten aufgeführt, rechts die Monate unseres Kalenders, die ihnen in etwa entsprechen, wenn das ägyptische Kalenderjahr mit dem heliakischen Aufgang der Sothis (des Sirius) beginnt; in Kasten 96 folgt die Legende, die die Zusatztage erklärt.

95. DIE ÄGYPTISCHEN JAHRESZEITEN UND MONATE

Achet *(Jahreszeit der Überschwemmung)*	Thoth	Juli-August
	Paophi	August-September
	Athyr	September-Oktober
	Choiak	Oktober-November
Peret *(Jahreszeit des Wasserrückgangs)*	Tybi	November-Dezember
	Mechir	Dezember-Januar
	Phamenoth	Januar-Februar
	Pharmuti	Februar-März
Schemu *(Jahreszeit des »Wassermangels« ?)*	Pachon	März-April
	Payni	April-Mai
	Epiphi	Mai-Juni
	Mesori	Juni-Juli

Die Festlegung des Jahresbeginns wirft Probleme auf. Astronomisch begann das Kalenderjahr mit dem ersten Wiedererscheinen der Sothis (des Sterns Sirius) kurz vor Sonnenaufgang nach einer rund 70tägigen Periode der Unsichtbarkeit; ungefähr um diesen Zeitpunkt herum setzten auch die Nilüberschwemmungen ein, natürlich nicht mit einer der Bewegung der Sterne vergleichbaren Regelmäßigkeit. Da jedoch das ägyptische Jahr um rund einen Vierteltag zu kurz war, und das neue Jahr unmittelbar nach Ablauf von 365 Tagen begann, entfernte sich der Beginn des Kalenderjahrs nach und nach vom heliakischen Sothis-Aufgang (nach 120 Jahren um 1 Monat: es wurde nicht wie bei uns im Schaltjahr alle vier Jahre ein zusätzlicher Tag eingeführt. Ein von Pharao Ptolemaios III. Euergetes 238

v. Chr. gefaßter Beschluß, alle vier Jahre einen Tag anzuhängen, konnte aufgrund der Weigerung der Ägypter, diese Änderung einzuführen, erst unter römischer Herrschaft im Jahr 29 v. Chr. unter Augustus durchgesetzt werden. Kalenderjahr und astronomisches Jahr fielen mithin nur alle 1456 Jahre (= 1 Sothis-Periode) zusammen – so im Jahr 139 n. Chr., woraus man schloß, daß dies auch in den Jahren 1317, 2273 und 4229 v. Chr. der Fall gewesen sein mußte. Aufgrund dieses Zusammentreffens wollte man die Erfindung des ägyptischen Kalenders auf 2773 oder 4229 datieren; doch eine solche Methode steht auf wackligen Beinen. Wahrscheinlicher ist, daß die Ägypter das neue Jahr zunächst mit der Nilüberschwemmung beginnen ließen und erst später den Beginn auf den in etwa mit dem Einsetzen der Überschwemmungen zusammenfallenden heliakischen Sothis-Aufgang festsetzten, um ihrem Kalender eine größere Regelmäßigkeit zu geben. Der Zeitraum zwischen zwei heliakischen Sothis-Aufgängen aber beträgt 365 Tage – jedenfalls ist das die größtmögliche Annäherung bei einer begrenzten Anzahl von Jahren und in Zahlen von ganzen Tagen: daher die Festlegung des Kalenderjahrs auf 365 Tage, an der die konservative ägyptische Kultur in der Folge unverrückbar festhielt.

96. DIE EPAGOMENE

(Nach Guitel 1975)

Thot, der Schutzgott des Mondes, der Schöpfer des Kalenders, ist in der Folge »zum Berechner der Zeit für Götter und Menschen« geworden. Er war also Herr der Arithmetik, Erfinder der Schrift und spielte bei der Berechnung der Regierungsjahre der Könige, der Grundlage der ägyptischen Chronologie, eine entscheidende Rolle. (...)

Da sich die Himmelsgöttin Nut heimlich mit dem Erdgott Geb vereinigt hatte, wurde sie von Rê, dem Sonnengott [*der mit Atum assoziiert wurde*], dem dies nicht verborgen geblieben war, mit einem Zauber belegt: Sie sollte in keinem Monat und in keinem Jahr niederkommen können. Aus Liebe zu ihr würfelte Thot mit dem Mond und gewann von jedem Tag des Jahres ein Stückchen. Als er alle diese Stückchen zusammensetzte, ergaben sich fünf Tage, die er an die dreihundertsechzig Tage des alten Jahres anhängte. (...)

Dem Mythos zufolge nutzte Nut das Geschenk, das Thot dem Mond für sie abgewonnen hatte, weidlich aus. Nicht zufrieden damit, ein Kind auf die Welt zu setzen, gebar sie deren fünf, für jeden zusätzlichen Tag eins: Osiris, Haroeris, Seth, Isis, Nephthys. Und an diesen Tagen des Unglücks wurden die Geburtstage dieser Götter gefeiert, vielleicht, um das Verhängnis zu bannen.

[*Diese Legende ergänzt den oben besprochenen Schöpfungsmythos: Die 9 aus Atum-Rê hervorgegangenen Götter sind also Schu und Tefnut, die Geb und Nut zeugen, die auf die oben beschriebene Weise Osiris, Haroeris, Seth, Isis und Nephthys zeugen. Thot, der Gott der Zeit, scheint gleichzeitig mit ihnen zu existieren, ohne daß sein Ursprung näher erklärt wird.*

Interessant ist auch, daß dieser Gott, der Berechner der Zeit, mit dem Mond in Zusammenhang gebracht wird, und daß er diesem die fünf zusätzlichen Tage abgewinnt. Das deutet auf die Existenz eines Mondkalenders hin, von dem das Kalenderjahr (365 Tage) abgeleitet worden sein dürfte. Dieses kommt, was die Legende wohl erklären soll, dem astronomischen Jahr näher als die 12 Mondmonate à 29,5 Tage (auch wenn letzteres vielleicht näherungsweise auf 12 Monate à 30 Tage = 360 Tage angesetzt wird).]

Neben diesem bürgerlichen Kalender gab es zweifelsohne noch einen Mondkalender, von dem das Kalenderjahr mit 12 Monaten mit je 30 Tagen plus 5 Tagen vielleicht abgeleitet worden war. Jedenfalls dürfte dieser Mondkalender älter gewesen sein und den Priestern zur Festlegung der religiösen Festtage gedient haben – in religiösen Dingen waren die Ägypter noch konservativer als im bürgerlichen Leben; dagegen diente der bürgerliche Kalender dem Staat zur Organisation der Steuereintreibung, der Frondienste etc. Die Mondmonate des religiösen Kalenders mit 29,5 beziehungsweise abwechselnd 29 und 30 Tagen begannen jeweils in dem Augenblick, in dem der abnehmende Mond vor Sonnenaufgang unsichtbar wird. Da ein solches Mondjahr aber nur 354 Tage dauert, mußte zweifellos alle 2 oder 3 Jahre ein Monat angehängt werden, um es wieder auf das Sonnenjahr und die Jahreszeiten abzustimmen. Bei der Berechnung der Übereinstimmungen zwischen dem Mondkalender mit den religiösen Festen und dem bürgerlichen Kalender dürften die Priester von einem Zyklus von 309 Mondumläufen ausgegangen sein, die 25 Kalenderjahren zu 365 Tagen (9 125 Tage) entsprechen.

Bemerkenswert scheint überdies, daß Thot, der Gott, der der Berechnung der Zeit vorsteht, ein Mondgott ist, und daß die fünf Zusatztage nach der Legende dem Mond beim Würfeln abgenommen werden (Kasten 96). Das deutet wohl darauf hin, daß sich der erste ägyptische Kalender am Mond orientierte, denn fraglos soll die Legende den Übergang vom (religiösen) Mondkalender zum bürgerlichen (Sothis-) Kalender durch einen Mythos rechtfertigen.

Im übrigen hatten die Ägypter für die Zählung der Jahre keinen festen Bezugspunkt, sondern gingen jeweils von der Regierungszeit eines Herrschers aus – also von dem und dem Jahr der Herrschaft eines bestimmten Pharaos (siehe beispielsweise die Datierung des Papyrus Rhind in Kasten 76, Seite 173).

Die Untersuchung des ägyptischen Kalenders hat damit nur wenig Erkenntnisse über die Astronomie der Ägypter erbracht – außer daß ihr Kalenderjahr dem Sonnenjahr relativ nahekommt, die Monate ihres religiösen Festkalenders sich dagegen an den Mondphasen orientieren, und daß sie die periodische Wiederkehr der Sothis – und zweifellos anderer Sterne – im Gegensatz zur ständigen

Sichtbarkeit der unvergänglichen Sterne der Zirkumpolarregion aufmerksam beobachteten. Vielleicht aber bringt uns das Studium ihrer Zeiteinteilung in kleinere Einheiten (also nicht nur in Tage, Monate, Jahreszeiten und Jahre, sondern auch in Stunden) einige zusätzliche Aufschlüsse.

Bei Sonnenaufgang begann in Ägypten der Tag als Zeiteinheit, die 24 Stunden umfaßte, 12 Tag- und 12 Nachtstunden von unterschiedlicher, mit der unterschiedlichen Länge der Tage und Nächte im Lauf der Jahreszeiten variierender Dauer.

Als Meßinstrumente dienten tagsüber Sonnen- und Schattenuhren, wobei die Stunden im ersten Fall durch die Richtung, im zweiten durch die Länge des Schattens, die ein Stab wirft, angezeigt wurden. Einen Nachteil aber hatten solche Instrumente: Die Länge des Schattens zu einem bestimmten Zeitpunkt variiert mit den Jahreszeiten (was die Ägypter jedoch anscheinend zu korrigieren verstanden) und ebenso mit der geographischen Breite. Daneben war noch eine andere Schwierigkeit zu überwinden: In den ersten und letzten Stunden des Tages sind die Schatten sehr lang. In diesem Fall halfen sich die Ägypter durch Schrägstellung der Skala, auf die der Schatten projiziert wurde. Außerden mußte das Ost-West orientierte Instrument mittags (wenn der Stab keinen Schatten warf) umgedreht werden.

Nachts bediente man sich der natürlich auch tagsüber brauchbaren Klepsydra (Wasseruhr, vgl. Kasten 43, Seite 104) oder der Sternenuhr, mit der man die Stunden von der Position der Sterne ablesen konnte (in Ägypten ist der Himmel nur selten bedeckt). Offensichtlich lassen sich diese »Uhren« umgekehrt auch als Sternenkarten deuten, wenn man von Tag und Stunde ausgehend auf den Stand der Sterne schließt. Und auf diesem Umweg können wir hoffen, unser Wissen über die ägyptische Astronomie doch noch etwas zu ergänzen.

Im folgenden wollen wir versuchen, die Prinzipien der eigentlichen Sternenuhr und der »Diagonalkalender« allgemein darzustellen, da die erhaltenen Dokumente nicht sehr ausführlich sind, und zeigen, wie die Ägypter die »Dekangestirne« als Zeiteinheiten benutzten.

Kasten 97 (Seite 209) illustriert das Prinzip der Sternenuhr nach einer Darstellung aus dem Grab der 20. Dynastie. In der Tat sind uns solche »Uhren« fast nur aus den Gräbern der Pharaonen Ramses VI., VII. und IX. bekannt. Sie bestehen aus 24 Tafeln, 2 für jeden Monat, die den Standort von Gestirnen zu den verschiedenen Stunden der Nacht angeben. Die Ortung dieser Gestirne erfolgte auf eine reichlich originelle Weise: Allem Anschein nach setzte sich ein Astronom mit dem Gesicht nach Norden, während ein zweiter, dem ersten zugewandt, den Standort der Gestirne relativ zu den verschiedenen Körperteilen seines sitzenden Kollegen lokalisierte (beispielsweise über dem rechten Ellenbogen, dem linken Auge etc.). Dank dieser Tafeln ließ sich anhand der Position der Sterne die Stunde bestimmen oder umgekehrt nach Tag und Stunde der Standort der Gestirne angeben.

Die Illustrationen der überlieferten Tafeln entsprechen im allgemeinen nicht dem Begleittext; allerdings kennen wir solche Tafeln auch nur aus Gräbern, wo sie als Schmuckelemente dienten. Doch selbst bei korrekter Handhabung konnte ein solches Beobachtungssystem über Näherungswerte wohl kaum hinauskommen, zumal die ägyptischen Visiergeräte reichlich primitiv gewesen zu sein scheinen: der Stern wurde mit einem Lot zur Deckung gebracht, indem man ihn durch einen Schlitz in der Rippe eines Palmblatts visierte. Dazu existierten für ein Jahr nur 24 Tafeln; die Zeit beziehungsweise der Standort zwischen zwei aufeinanderfolgenden Tafeln mußte also interpoliert werden, da sich der Himmel im Laufe des Jahres kontinuierlich verändert. Die Tafel in Kasten 97 beispielsweise zeigt den Stand der Sterne am 16. Tag des Monats Paophi. Ihre Position zu einer bestimmten Stunde am 25. Tag desselben Monats konnte offensichtlich nur durch eine Interpolation zwischen dieser und der folgenden Tafel vom 1. Tag des Monats Athyr ermittelt werden.

Mangels präziserer und ausführlicherer Dokumente kann man sich nur schwer ein Urteil über die Wirksamkeit der Methode erlauben. Festzuhalten aber ist, daß die Ägypter die regelmäßige Bewegung des Himmels beobachtet und in gewisser Hinsicht auch »kartographiert« und schließlich anhand dieser Beobachtungen und der Karten auch eine Methode der Zeitbestimmung entwickelt haben. Über den rudimentären Charakter ihrer Kartographie – verglichen mit den astronomischen Messungen der Mesopotamier – und ihrer Visierweise mag man sich wundern; vielleicht aber handelt es sich bei den Darstellungen um eine alte Methode, die, als man Gräber damit auszumalen begann, in Wirklichkeit längst überholt war.

Ähnlich wenig wissen wir über die »Diagonalkalender«. Auch sie sind uns nur als Schmuckelemente aus Gräbern (genauer von Särgen) bekannt, und diese Dekorationen enthalten gegenüber dem »Idealtyp«, der durch den Vergleich verschiedener überlieferter Exemplare rekonstruiert wurde, zahlreiche »Fehler«. In Kasten 98 ist ein solcher Kalender von einem Sarg der 11. Dynastie (2000 v. Chr.) abgebildet.

Der Aufbau folgt einem allgemeinen Prinzip: Das Jahr wird ohne Berücksichtigung der 5 Zusatztage in 36 Dekaden mit je 10 Tagen eingeteilt. Während einer solchen Dekade wird jede der 12 Nachtstunden mit einem bestimmten »Dekan« verbunden, das heißt die einzelnen Stunden werden mit dem Stern oder der Sternenkonstellation in Verbindung gebracht, die bei ihrem Anbruch aufgehen – vom Auf- oder Untergang des Sterns oder der Sternenkonstellation ausgehend, bräuchte man eigentlich 13 Sterne oder Konstellationen, um die 12 Nachtstunden abzugrenzen; bei den einzelnen Konstellationen handelte es sich jedoch zweifellos um solche, die rund eine Stunde brauchen, bis sie vollständig aufgegangen sind – daher die Verknüpfung von Stunde und Dekan. In der folgenden Dekade, also 10 Tage später, taucht aufgrund der Veränderung des Himmels in der 12. Stunde ein neuer Dekan auf, während sein Vorgänger nun der 11. Stunde ent-

97. DIE ÄGYPTISCHE STERNENUHR

(Nach Neugebauer/Parker 1964, Erman/Ranke 1963)

Eine der 24 Tafeln aus einem Grab der 20. Dynastie (um 1150 v.Chr.)

Der Sitzende schaut nach Norden; also befindet sich der südliche Teil des Himmels über seinem Kopf. Die senkrechte Mittellinie entspricht dem lokalen Himmelsmeridian.

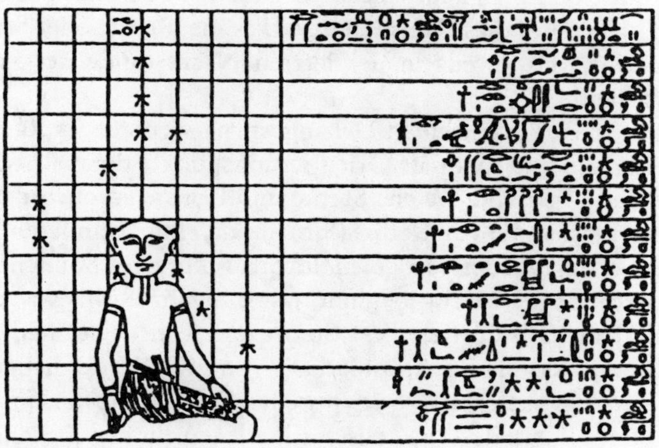

(nach Erman/Ranke 1963)

Übersetzung des rechten Teils der Tafel

Liste der Sterne am 16. Tag des Monats Paophi

1. Stunde, das Bein des Riesen über der Mitte
2. Stunde, das Piedestal (?) des Riesen über der Mitte
3. Stunde, der Stern Arje über dem linken Auge
4. Stunde, der Kopf des Vogels über dem linken Auge
5. Stunde, sein Hinterteil über der Mitte
6. Stunde, der Stern der Tausenden über dem linken Auge
7. Stunde, der Stern S'ar über dem linken Auge
8. Stunde, der Arm des Orion über dem linken Auge
9. Stunde, der Stern Orion über dem linken Ellbogen
10. Stunde, der Stern, der Sothis folgt, über dem linken Ellbogen
11. Stunde, der Stern, der »den zwei Sternen« voraufgeht, über dem rechten Ellbogen
12. Stunde, die Sterne des Wassers über der Mitte

Kommentar

Offensichtlich entspricht diese Sternenliste nicht der obigen Darstellung, die nur als Schmuckelement figuriert (man darf wohl annehmen, daß die Astronomen über korrektere Himmelskarten auf Papyrus verfügten).

spricht, und so fort. Damit erklärt sich die Diagonale der Dekane auf der Tafel (siehe Kasten 98, wo das Kästchen für den Dekan der 12. Stunde der 1. Dekade durch eine stärkere Umrandung hervorgehoben wurde, so daß sein Vorrücken auf die 11. Stunde der 2. Dekade, die 10. Stunde der 3. Dekade und so fort verfolgt werden kann). Auf diese Weise sind 36 Dekane, Sterne oder Sternkonstellationen, festgelegt, die jeweils in der letzten Nachtstunde der verschiedenen Dekaden aufgehen.

De facto bedecken die einzelnen Dekangestirne weniger als 10° eines großen Himmelskreises; sie sind mehr als Orientierungspunkte denn als wirklich regelmäßige Einteilung gedacht. Welche Sterne und Konstellationen dazu gehörten, wissen wir mit Ausnahme von Sothis (Sirius) und einigen anderen im einzelnen nicht; mit dem ersten Wiedererscheinen des Sirius kurz vor Sonnenaufgang, also in der letzten Stunde der Nacht, beginnt das neue Jahr: Sirius war demnach der Dekan Nr. 12. Jedenfalls dürften diese Sterne und Konstellationen einen breiten Gürtel parallel zur Ekliptik, aber außerhalb von ihr gebildet haben – Sirius ist reichlich weit von ihr entfernt. Die ägyptischen Dekane haben keinerlei Ähnlichkeit mit den Sternbildern des Tierkreises, die alle jeweils in 3 Dekane geteilt werden können; erst unter der Herrschaft der Ptolemäer wurden die ägyptischen Dekangestirne und die Dekane des Tierkreises mehr oder weniger gleichgesetzt. Vor dieser Zeit scheint Ägypten keine astrologischen Praktiken gekannt zu haben.

Die Dekane sind also eine Sternenuhr, ähnlich der oben beschriebenen. Die Stunden werden durch den Aufgang bestimmter Sterngruppen angezeigt, die alle zehn Tage wechseln. Da sich der Himmel aber kontinuierlich bewegt, dürften die Ägypter wohl auch hier wieder mit Interpolationen gearbeitet haben.

Bis jetzt haben wir die fünf Epagomene gänzlich außer acht gelassen; dennoch verschieben sie am Ende des Jahres das ganze System um einen halben Dekan, den man nicht einfach übergehen kann – den Vierteltag, um den das astronomische Jahr länger ist als das ägyptische Normaljahr, noch gar nicht gerechnet. Diesen 5 Tagen tragen die Tafeln allem Anschein nach durch Korrekturen Rechnung, indem sie eigene Dekane für sie einführen. So müßten, wie auf der Tafel in Kasten 98 zu sehen, ab der 26. Dekade eigentlich die Dekane 1 bis 12 wieder verwendet werden: wenn das astronomische Jahr genau 360 Tage hätte, müßte in der 12. Nachtstunde der 26. Dekade logischerweise der Dekan Nummer 1 von der 1. Stunde der 1. Dekade wieder aufgehen. Nun führt die Tafel aber an diesem Punkt einen neuen Dekan – in der Tafel durch A bezeichnet – ein; in der 27. Dekade erscheint dieser A in der 11. Stunde, während für die 12. wiederum ein neuer Dekan (B) eingeführt wird (statt des Dekans 2, wie es bei einem Jahr von 360 Tagen der Fall wäre). Dieses Dreieck neuer Dekangestirne auf der linken Seite der Tafel ist symmetrisch zu dem von der Diagonale der Dekane Nummer 12 gebildeten Dreieck auf der rechten Seite. Nun werden durch dieses Arrangement zwar die Störungen korrigiert, die durch die 5 Zusatztage in den letzten Dekaden verursacht werden, nicht aber die Stunden für diese angegeben. Dies erfolgt in einer eigenen Spalte (Nr. 40 auf dem Schema) mit Hilfe der oben herangezogenen Dekane A, B, C, D, E, F, G, H, J, K, L, zusätzlich einem zwölften (M). Nun kann die Tafel wieder von vorne für das neue Jahr verwendet werden. Zweifellos mußte auch noch die Verschiebung um einen Vierteltag (6 Stunden) korrigiert werden, da ein solcher Zeitraum bei einer solchen »Uhr« auch nicht übergangen werden kann.

Das System scheint also, zumindest in der uns überlieferten Form, reichlich kompliziert und nicht sehr präzis zu sein. Dabei darf man jedoch nicht vergessen, daß die erhaltenen Dokumente wenig ausführlich und vielfach mit Fehlern behaftet sind, da sie als Schmuckelemente in Gräbern und auf Särgen dienten und es auf Genauigkeit nicht weiter ankam.

Wie schon die oben besprochene Sternenuhr kann auch das Prinzip der ägyptischen Dekane nur wenig Aufschluß über die astronomischen Kenntnisse der Epoche geben. Wir können daraus nur ableiten, daß die Ägypter die Bewegung des Himmels beobachtet und versucht haben, sich die beobachtete Bewegung zunutze zu machen zur Bestimmung der Stunden in der Nacht – oder umgekehrt zur Bestimmung der Position eines bestimmten Sterns bzw. einer bestimmten Konstellation an einem bestimmten Tag zu einer bestimmten Stunde; der Diagonalkalender ließ sich genauso gut als Himmelskarte oder zumindest als Karte für ein breites, parallel zur Ekliptik verlaufendes, zweifellos südlich von ihr gelegenes Sternenband verwenden.

In weitaus stärkerem Ausmaß als bei der Mathematik, wo immerhin einige Papyri erhalten sind, besitzen wir über die ägyptische Astronomie kaum Material. Entnehmen können wir aus den überkommenen Dokumenten im Grunde nur, daß die Ägypter nicht entfernt den Stand der Mesopotamier erreicht haben – aber dieser Vergleich ist wie im Fall der Arithmetik kaum möglich durch die unterschiedliche Quantität der überlieferten Beispiele. Vielleicht ließe sich zugunsten der ägyptischen Astronomie noch die erstaunlich genaue Ausrichtung ihrer Baudenkmäler nach den Himmelsrichtungen anführen (die Cheops- und die Chephrenpyramide weichen nur 2'28" von der Nordrichtung ab, die Mykerinospyramide um 9'12"), aber dafür sind wohl eher die Architekten zu bewundern, da die präzise Bestimmung des Nordens keine besonders hoch entwickelte Astronomie erfordert; Norden entspricht schließlich der Richtung, in der ein Stab im Laufe des Tages den kürzesten Schatten wirft.

98. DER DIAGONALKALENDER

(Nach Neugebauer/Parker 1960)

Sargdekoration aus der 11. Dynastie (Theben, 2000 v.Chr.; Kairo J47355)

Aus drucktechnischen Gründen wurde die Abbildung in zwei Teile aufgeteilt.

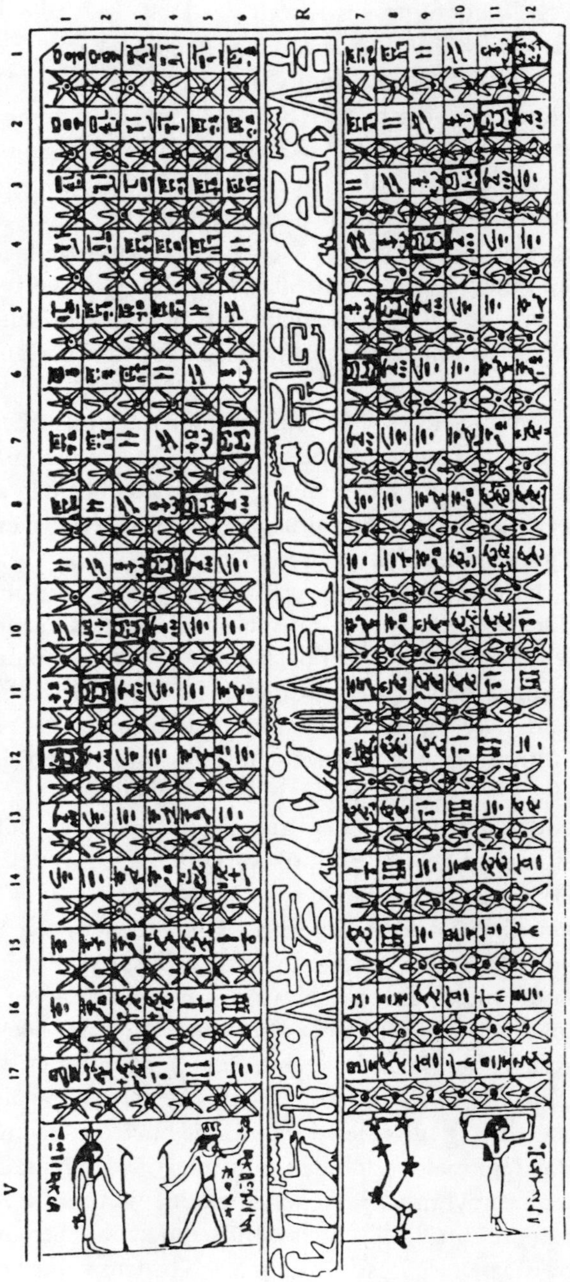

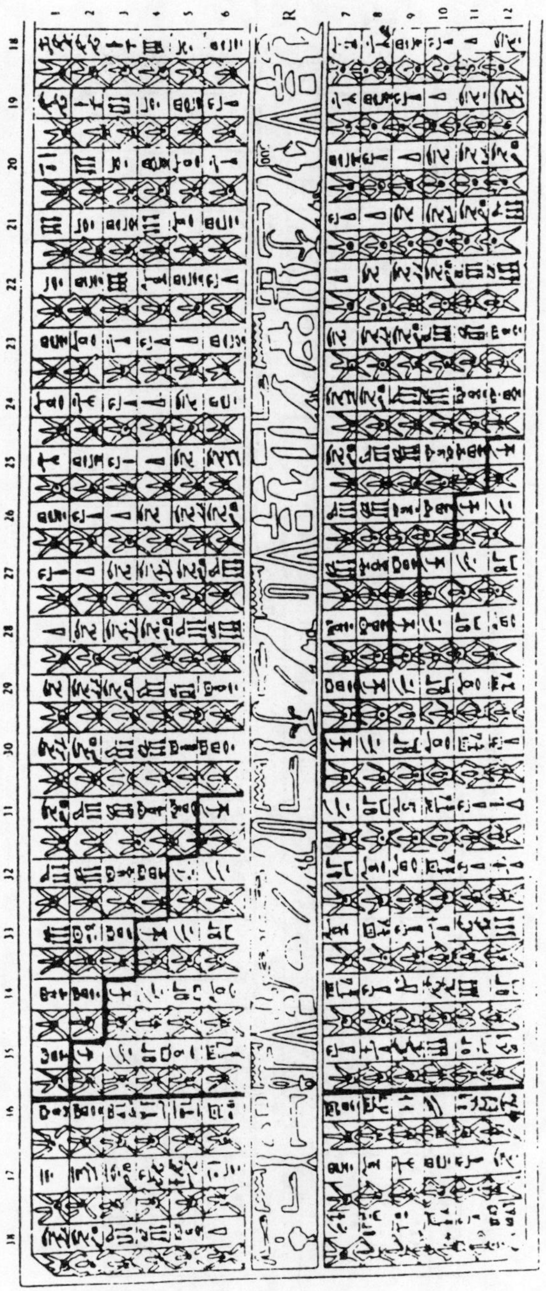

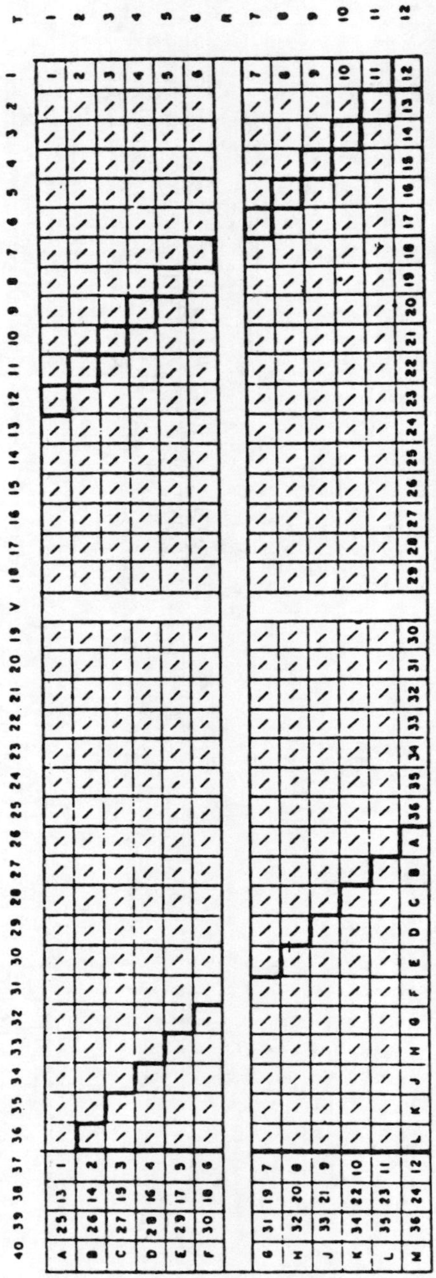

Der Kalender ist durch eine horizontale Linie (R) und durch ein vertikales Band (V) in vier Teile geteilt. Das vertikale Band enthält Darstellungen von Sternen, Konstellationen und Göttern, von oben nach unten Sothis (Sirius), Orion, das »Bein des Stiers« (der Große Wagen, wie durch die Anordnung der Sterne erkennbar) und Nut, die Himmelsgöttin. Der Text im horizontalen Band R gibt an, welche Opfer den verschiedenen Gottheiten, darunter den im vertikalen Band abgebildeten, darzubringen sind (es handelt sich um die Verzierung eines Sarges).

Die kleine Tafel zeigt die Rekonstruktion eines »vollkommenen« Diagonalkalenders, gewonnen aus dem Vergleich verschiedener mit Mängeln behafteter Originale.

Die 12 horizontalen Reihen entsprechen den 12 Nachtstunden, die ersten 36 vertikalen Spalten (ausgehend von rechts) den 36 Dekaden. Die Spalten 37, 38, 39 zählen die Dekane auf; Spalte 40 enthält die Stunden und Dekane für die Epagomene. Das linke Dreieck, begrenzt durch Spalte 36 und die fettgedruckte Treppenlinie, greift die speziellen Dekane (A, B ... M) auf, die aufgrund der durch die Epagomene bedingten Korrekturen eingeführt werden mußten.

Gelesen wird der Kalender ohne den Teil mit den Epagomenen wie folgt: Die erste Spalte entspricht der ersten Dekade, und während dieser Dekade geht das Dekangestirn 1 in der 1. Nachtstunde auf, das Dekangestirn 2 in der 2. und so fort bis zum 12. in der 12. Stunde. In der zweiten Dekade (Spalte 2) geht der Dekan 2 in der 1. Nachtstunde auf, der Dekan 3 in der 2. etc., und der Dekan 13, ein neues Gestirn, in der 12. Stunde. Und so weiter: So durchläuft ein und derselbe Dekan 12 aufeinanderfolgende Spalten auf einer Diagonallinie.

Gegenüber diesem »Ideal« weist die originale Sargverzierung verschiedene Fehler auf: Zwischen den Spalten 17 und 18 fehlt eine Spalte, so daß die Tafel nur 35 Dekaden umfaßt; die Spalten 36 und 37 und die obere Hälfte von 38 zählen Dekane auf, während der untere Teil von 38 verschiedene Dekane für die Epagomene enthält.

Der Fettdruck bei der Umrandung des Dreiecks um die Dekane für die Epagomene und der Linie des Dekans Nummer 12 in den 12 ersten Spalten auf der Sargverzierung und auf der gegenüber abgebildeten Tafel soll lediglich die diagonale Anordnung des Kalenders deutlich machen.

Die 36 Dekane (1 bis 36) sowie die 12 zusätzlichen (A bis M) sind größtenteils nicht identifizierte Sterne beziehungsweise Sternkonstellationen.

Wenn uns der große Mangel an Dokumenten auch verbietet, über das Niveau der ägyptischen Astronomie ein endgültiges Urteil abzugeben, so können wir uns doch zwei allgemeine Bemerkungen erlauben: Sie ist einerseits frei von astrologischen Komponenten und andererseits eng mit der Zeitmessung verbunden. In der Tat scheint die Astrologie erst in der ptolemäischen Epoche in Ägypten eingedrungen zu sein; vielleicht muß man gerade im Fehlen dieses Aspekts einen der Gründe für den vergleichsweise primitiven Stand der ägyptischen Astronomie sehen. Wie die Zahlenmystik die Mesopotamier zur Erforschung der Eigenschaften der Zahlen anregte, so haben ihre astrologischen Anschauungen ihrer Astronomie genützt und sie zu einer Wissenschaft gemacht, deren praktische Anwendung über den einfachen landwirtschaftlichen Kalender hinausging. Dagegen scheinen die Ägypter – obwohl sie ihre Götter oft Sternen gleichsetzten (Atum-Rê der Sonne, Thot dem Mond, Horus als Führer dem Jupiter etc.) – in der Astronomie lediglich ein Mittel der Zeitrechnung gesehen zu haben, allerdings nicht nur der landwirtschaftlichen, sondern auch der mystischen Zeit, denn die Priester hatten an festgesetzten Tagen zu festgesetzten Stunden bestimmte Riten zu zelebrieren. Aus diesen religiösen Praktiken heraus hat sich die Astronomie entwickelt, blieb aber auch eine Astronomie, die sich mit der Zeitmessung begnügte und keine astrologischen Ziele verfolgte. Dementsprechend interessierten sich die Priester-Astronomen in erster Linie für die regelmäßigen Bewegungen am Himmel und weniger für die spektakulären, aber seltenen Phänomene, die nicht regelmäßig auftreten oder erst nach langen, komplexen, nicht leicht durchschaubaren Zyklen wiederkehren wie die Finsternisse. Wenn es in Ägypten einen Zusammenhang zwischen Astronomie und Mystik oder Religion gab, so nur über die Zeiteinteilung; eine praktische Auswertung durch bestimmte astrologische Praktiken wie Voraussagen der Zukunft wurde nicht angestrebt.*

Ihren vielen Göttern und ihrer komplizierten Mythologie zum Trotz scheinen die Ägypter in ihren Überzeugungen wesentlich maßvoller gewesen zu sein als die Mesopotamier. Gerade dieses Maßhalten aber scheint die Entfaltung ihrer »wissenschaftlichen« Erkenntnisse gebremst zu haben. Offensichtlich hatte die mesopotamische Zahlenmystik und Astrologie eine magisch-technische Dimension: Götter, Zahlen, Sterne, Menschen und Dinge waren eng miteinander verbunden. Bei den Ägyptern waren Technik und Religiosität stärker getrennt: Sie besaßen Rechentechniken, beobachteten die Himmelsbewegungen und verwendeten sie zur Zeitmessung; aber die Zahlen waren keine Götter, und wenn Götter und Sterne auch gleichgesetzt werden konnten, so führte das doch nur zu einer religiösen Einteilung der Zeit durch die Regelmäßigkeit der Riten.

In beiden Fällen, in Mesopotamien wie in Ägypten, wurden Mathematik und Astronomie nur im Hinblick auf ihre praktische Brauchbarkeit entwickelt. In Mesopotamien aber wurde das Feld ihrer praktischen Anwendung durch Zahlenmystik und Astrologie erweitert, was einen Ausbau der entsprechenden Wissenschaften zur Folge hatte. Dagegen wurde ihre Anwendung in Ägypten aufgrund der hier weniger stark ausgeprägten mystischen Neigungen oder abergläubi-

* Zwar gab es auch in Ägypten Kalender mit der Angabe von günstigen und ungünstigen Tagen, vergleichbar mit mesopotamischen (vgl. Kasten 53); vor allem die Epagomene scheinen als Unglückstage gegolten zu haben (Kasten 96). Im Gegensatz zu den mesopotamischen aber scheinen diese Kalender nicht mit astrologischen Praktiken verknüpft gewesen zu sein – zumindest nicht vor der Diadochenzeit.

schen Haltungen, die man auch als pragmatischere, rationalistischere Einstellung deuten könnte, auf einige wenige, genau umrissene Praktiken wie die Berechnung von Verpflegungsrationen, der Größe der Felder, die Messung der Zeit für landwirtschaftliche Zwecke und religiöse Feste eingeschränkt und damit die Entwicklung der entsprechenden Wissenschaften eingeengt.

Wenden wir uns nun der Medizin zu, die ja ihrerseits mehr Technik als Wissenschaft ist und für die, gleichviel ob mystisch eingefärbt oder nicht, in erster Linie der Erfolg zählt.

Die Medizin

> Strabo zufolge stellten die Ägypter ihre Kranken ursprünglich auf öffentlichen Plätzen oder an den Stadttoren zur Schau, und jeder, der vorbei kam, hatte die Pflicht, sich nach ihrer Krankheit zu erkundigen und ihnen eine wirksame Behandlung zu empfehlen.
>
> Später soll man dazu übergegangen sein, in den Tempeln Register auszulegen, in die die Beschreibung der Krankheiten und ihre Heilmittel eingetragen wurden. Die Bevölkerung soll lange Zeit das Recht besessen haben, diese Register zu Rate zu ziehen und sich Heilmittel auszusuchen. Später sollen die Priester, die Hüter der Archive, in Anbetracht der beträchtlich angewachsenen Sammlung von Beobachtungen angehalten worden sein, sich zu Ärzten auszubilden. (*Fournier 1933*)

Strabos Zeugnis, das an Herodots (unzutreffende) Behauptung über Mesopotamien erinnert, gilt nicht als besonders zuverlässig. Ägypten kannte seit dem frühen Altertum Ärzte und medizinische Schriften. Beweis dafür ist eine Grabinschrift aus der 5. Dynastie (um 2300 v.Chr.), die den Pharao Neferirkarê bei der Besichtigung der von seinem Wesir und Chefarchitekten Uash-Ptah geleiteten Bauarbeiten von Theben zeigt. Als dieser plötzlich das Bewußtsein verliert, läßt der Pharao medizinische Schriften und seine besten Ärzte holen, die nach einer Konsultierung der Papyri den Architekten für verloren erklären. Demnach scheint es seit dem Alten Reich eine Medizin, Ärzte und medizinisches Schrifttum gegeben zu haben.

Herodot präzisiert dies folgendermaßen:

> In Ägypten ist die Medizin ebenso spezialisiert wie die Orakel. Hier hat man für jede Krankheit einen Arzt, eine Allgemeinmedizin gibt es nicht. Überall stößt man auf eine Fülle von Ärzten: die einen lassen sich als Ärzte für die Augen nieder, andere für den Kopf, andere für die Zähne, andere für den Bauch, andere für innere Krankheiten. (*Herodot II, 84; zit.n. Fournier 1933*)

Die Behauptung, eine Allgemeinmedizin habe es überhaupt nicht gegeben, ist zweifellos etwas übertrieben; mit Sicherheit aber kannte die ägyptische Medizin eine mehr oder weniger ausgeprägte Spezialisierung der Ärzte für die eine oder andere Krankheit (gelegentlich auch für mehrere).

Die Frage der ärztlichen Verantwortung wird von Diodor angeschnitten:

> Die Behandlung der Kranken beruht auf schriftlich fixierten, im Zuge der Überlieferung immer wieder überarbeiteten Vorschriften einer Vielzahl berühmter Mediziner der Vergangenheit. Verliert der Arzt seinen Patienten in Befolgung der Vorschriften des heiligen Buches, wird er für unschuldig befunden und von jedem Vorwurf freigesprochen; ist er dagegen von den schriftlichen Vorschriften abgewichen, kann er zum Tode verurteilt werden, denn nach Meinung des Gesetzgebers ist eine bessere Behandlung als die in so langer Zeit von den berühmtesten Vertretern ihrer Kunst erprobte nicht vorstellbar. (*Diodor 17, Buch I, 82; zit.n. Fournier 1933*)

Das erscheint in Anbetracht der äußerst konservativen Einstellung des alten Ägypten nicht unwahrscheinlich. Gleichwohl muß man hier sicher einige Einschränkungen machen, denn da die medizinischen Werke im allgemeinen eine Vielzahl verschiedener Behandlungsvorschläge für ein und dieselbe Krankheit enthalten, bleibt dem behandelnden Arzt, selbst wenn er sich im Rahmen der Schriften zu halten hat, ein ganz beträchtlicher Spielraum.

Merken wir zum Schluß unserer kurzen Darstellung schließlich noch an, daß es im alten Ägypten keine Schulen für Ärzte gab, sondern daß das Wissen vom Vater an den Sohn weitergegeben wurde, der seine Kenntnisse durch einen Aufenthalt in einem »Haus des Lebens« vervollkommnen konnte – das heißt an dem Ort, an dem die magischen, religiösen und medizinischen Texte verfaßt und kopiert wurden. Diese Ärzte waren Beamte – das Amt vererbte sich vom Vater auf den Sohn – und hierarchisch organisiert. Außerdem scheint der Ärzteschaft Hilfspersonal zur Seite gestanden zu sein (Krankenpfleger, Bandagierer, Masseure etc.). Parallel dazu gab es die Priesterschaft der Sechmet (der löwenköpfigen Göttin), die eher Heiler als eigentliche Ärzte waren. Darüber hinaus kannte das alte Ägypten auch eine Tiermedizin, die sich von der Humanmedizin nicht prinzipiell unterschieden zu haben scheint.

Durch die Untersuchung von Mumien – eine Quelle, die über die bei Mesopotamien verfügbaren hinausgeht – können wir uns in etwa ein Bild machen, von welchen Krankheiten die alten Ägypter heimgesucht und, in geringerem Maß, wie sie behandelt wurden (Einrenkung von Brüchen, Plombierung von Karies, Schädelöffnungen etc.). Verschiedene Einzelheiten können wir außerdem den Inschriften und Ausschmückungen von Palästen, Tempeln und Gräbern entnehmen. Eine korrekte Vorstellung von der damaligen Medizin vermitteln allerdings nur die Texte.

Wie bei der Mathematik (und anders als bei der Astronomie) besitzen wir verschiedene Papyri, die uns Aufschluß über den Stand der Medizin im alten Ägypten geben können. Die meisten (Papyrus Ebers, Papyrus Smith, Londoner Papyrus) stammen aus der 18. Dynastie (16. und 15. Jahrhundert v.Chr.), einige aus der 19. und 20. Dynastie (Berliner Papyrus) und der Papyrus Kahûn, der sich vornehmlich mit Veterinärmedizin beschäftigt, aus der 12. Dynastie (18. Jahrhundert). Da die Ägypter jedoch auf diesem Gebiet wie auf anderen als äußerst konservativ gelten, dürften die in diesen Papyri ausgebreiteten medizinischen Kenntnisse auf eine sehr frühe Zeit zurückgehen und bereits in den ersten Dynastien ähnlich ausgesehen haben (vergleiche dazu Diodors Aussage über die alten medizinischen Texte). Man kann diese medizinischen Papyri berechtigterweise als Kopien älterer Dokumente betrachten. So unterscheiden sich beispielsweise die Vorschriften des Papyrus Kahûn weder dem Geist noch der Form nach wesentlich von denen des zweihundert Jahre jüngeren Papyrus Ebers; zudem hat die Philologie in diesen Texten grammatikalische Formen nachgewiesen, die seit der Zeit der Pyramiden nicht mehr gebraucht werden. Schließlich mußten die Schreiber, die die Papyri kopierten, den Sinn bestimmter und mittlerweile außer Gebrauch gekommener Ausdrücke durch einen Kommentar erklären; dies gilt vor allem für den Papyrus Smith, wo diese Kommentare jeweils nach der Darlegung eines Falls zusammengefaßt sind. Die ägyptische Medizin reicht damit in eine sehr frühe Epoche zurück, mit Sicherheit bis ins Alte Reich. Außerdem genossen die ägyptischen Ärzte im Altertum großes Ansehen; einer Tradition zufolge soll Hippokrates einen Teil seiner medizinischen Ausbildung sogar in Memphis absolviert haben.

Die folgende Darstellung beruht vor allem auf den beiden bedeutendsten medizinischen Papyri: dem Papyrus Ebers und dem chirurgischen Papyrus Smith (Kasten 99 und 100, Seite 223 und 233).

Der Papyrus Ebers ist eine regelrechte, sehr umfangreiche medizinische Abhandlung mit Therapievorschlägen für verschiedene Krankheiten – oft sogar einer ganzen Reihe von Vorschlägen für ein und dieselbe Krankheit. Außerdem enthält er einen kurzen theoretischen Teil mit anatomisch-physiologischen Betrachtungen über das Wesen von Gesundheit und Krankheit.

Eingeleitet wird dieser Papyrus mit Beschwörungsformeln und Gebeten, deren Rezitierung die Wirksamkeit der Heilmittel erhöhen soll (Beispiel 1 und 2 in Kasten 99). Das legt nahe, daß man die Krankheiten auf einen übernatürlichen Ursprung zurückführt: Krankheit wird als Besessensein von einem Geist oder einem Dämon (oder einem Verstorbenen) betrachtet, der zuerst ausgetrieben werden muß, ehe man daran gehen kann, den Schaden, den er angerichtet hat, mit Hilfe verschiedener Medikamente zu beheben. Ebenfalls für die Annahme eines solch übernatürlichen Ursprungs der Krankheit spricht, daß sich auch in der Sammlung selbst noch Beschwörungsformeln (Beispiel 16, Kasten 99) oder Hinweise auf den göttlichen Ursprung dieser oder jener von einem Gott geoffenbarten Behandlung finden (siehe Beispiel 12). Das verweist im übrigen darauf zurück, daß die Formeln zur Vertreibung der Übel vom Herrn des Universums, der Sonne selbst, stammen sollen (vgl. Beispiel 1, Kasten 99).

Bei einigen Behandlungen schimmert dieses ursprüngliche Zweckbündnis zwischen Medizin und Magie noch durch. So arbeiten die Beispiele 22, 23 und 24 mit Übertragungszauber – in den beiden erstgenannten sollen die schwarzen

Tiere das Ergrauen der Haare verhindern, im dritten die Anrufung des Igels der Kahlköpfigkeit vorbeugen; man versucht also, die besondere Stärke der zur Behandlung herangezogenen Tiere, die Schwärze oder den Haarwuchs, auf den Patienten zu übertragen.

Auch eine kleine »anatomisch-physiologische« Abhandlung in diesem Papyrus, wonach der Hauch des Todes durch das linke und der Hauch des Lebens durch das rechte Ohr eindringt, enthält Reste einer magischen Konzeption, die über die Krankheit hinaus Tod und Leben einbezieht. Und schließlich sei noch auf die Behandlungen mit »Heilexkrementen«, die sogenannte Dreckapotheke, hingewiesen, die sich gleichfalls magisch deuten läßt als Versuch, den Dämon durch »Ekel« auszutreiben. Allerdings kann man auch darin, wie bereits bei Mesopotamien angedeutet, eine Anwendung auf der Grundlage empirischer Beobachtung sehen, wonach gelegentlich auch Exkremente brauchbare Wirkstoffe enthalten können.

Dennoch darf man diesen übernatürlichen Aspekt nicht überbewerten; letztlich betrifft er nur eine relativ kleine Anzahl von Behandlungen im Papyrus Ebers. Fast könnte man den Eindruck gewinnen, der Schreiber habe es eilig gehabt, sich der Gebete und Beschwörungsformeln zu entledigen, und habe sie deshalb an den Anfang gestellt, um sich im übrigen Text »praktischeren« Therapien widmen zu können. Im großen und ganzen jedenfalls gleicht der Papyrus eher den am wenigsten magischen, fortschrittlichsten mesopotamischen Texten.

Die Beschreibung der Symptome ist im Papyrus Ebers sehr summarisch. Im allgemeinen werden für ein und dasselbe Symptom (oder, wenn mehrere Symptome zu einem Krankheitsbild zusammengefaßt sind, für ein und dieselbe Krankheit) mehrere Behandlungen vorgeschlagen ohne Angabe, welche wann zu bevorzugen ist; vermutlich kam hier die persönliche Erfahrung des Arztes zum Tragen. Die Behandlungen sind entsprechend der Lokalisierung der zu heilenden Krankheiten geordnet; die Krankheiten sind zusammengefaßt nach Erkrankungen des Verdauungsapparates, Augenkrankheiten, Hautkrankheiten, Erkrankungen der Extremitäten und »Frauenkrankheiten«. Allerdings stößt eine solche Einteilung schnell an ihre Grenzen: So wird die Gelbsucht unter Hautkrankheiten (Beispiel 25) und die häusliche Hygiene unter Frauenkrankheiten abgehandelt, während krankhafte Erektionen oder Impotenz unter Erkrankungen der Extremitäten (Beispiel 33 und 34) und Wunden und Verbrennungen neben echten dermatologischen Schäden unter Hautkrankheiten geführt werden.

Den größten Raum nehmen die inneren Krankheiten ein, vornehmlich die Erkrankungen des Verdauungstraktes und des Urogenitalapparats; dann folgen die Augenkrankheiten und die gynäkologischen Beschwerden. So spiegelt der Papyrus Ebers den Gesundheitszustand im alten Ägypten, wo Darmerkrankungen (Ruhr), Unterleibsbeschwerden (Blutharnen) und Augenkrankheiten (Trachom) sowie Beschwerden aufgrund zu früher und zu häufiger Schwangerschaften und mangelnder Hygiene besonders weit verbreitet waren.

Das Arzneibuch führt alle möglichen Pflanzen (Datteln, Zimt, Tamariskenfrüchte, Kümmel etc.), mineralische Substanzen (Salz, Alaun, Kupfer etc.), tierische Stoffe (Leber, Galle, Blut usw.) sowie diverse Produkte auf, die mehr oder weniger in die Dreckapotheke gehören (Löwenkot) oder unter die magischen Mittel fallen (Milch einer Wöchnerin, die von einem Knaben entbunden wurde). Die Zubereitung der Medikamente ist vielfach recht kompliziert (sie müssen zerstoßen, gekocht, gefiltert werden etc.) und kann gleichfalls magische Prozeduren erfordern, etwa wenn das Medikament eine Nacht über im Tau stehen soll. Die Anwendung kann auf unterschiedliche Weise erfolgen: als Trank mit Wasser, Bier oder Wein als Lösungsmittel, als Salbe (mit tierischem Fett als Bindemittel), als Breiumschlag, Klistier oder Zäpfchen. Verschrieben werden Medikamente zur »Festigung« eines Zahns (das heißt zum Plombieren bei Karies) – wie in Beispiel 40 (Kasten 99) – aus ästhetischen Gründen (Beispiele 37, 38), nach der Beschneidung (Beispiel 39), die im alten Ägypten in der Pubertät vorgenommen wurde (nach den Mumien zu urteilen, scheinen auch die jungen Mädchen beschnitten worden zu sein – in welchem Alter, ist nicht bekannt), und schließlich, wie in Beispiel 50, um festzustellen, ob ein Kind nach der Geburt leben oder sterben wird. Andere Papyri empfehlen ähnliche »magische« Methoden, um herauszufinden, ob eine Frau fruchtbar ist oder nicht oder ob das Kind ein Mädchen oder ein Junge wird.

Außer den verschiedenen Behandlungsvorschlägen, wie sie sich auch in den anderen medizinischen Papyri finden, enthält der Papyrus Ebers noch eine Besonderheit: eine äußerst interessante kleine anatomisch-physiologische Abhandlung, eine Art Medizintheorie (Beispiel 54, Kasten 99). Diese Abhandlung besteht im wesentlichen in einer Beschreibung des Gefäßsystems, einer sehr summarischen Beschreibung, die Blutgefäße, Harnleiter, Atemwege etc., kurzum unterschiedslos alles, was im menschlichen Körper nach einer »Röhre« aussieht, zu einem System zusammenfaßt. Wie es scheint, waren Sektionen in Ägypten nicht üblich und die Ärzte darauf bedacht, sich von den Einbalsamierern (einer aufgrund ihres Kontakts mit Toten mehr oder weniger unreinen Kaste) zu distanzieren. Im übrigen dürften die Einbalsamierer die Leichen mehr ausgenommen als seziert haben; jedenfalls waren die anatomischen Kenntnisse der Ägypter äußerst dürftig.

Das in dem Traktat beschriebene Gefäßsystem mag uns also etwas phantastisch anmuten: Alle Gefäße, was immer sie transportieren (Blut, Luft, Urin, Tränen, Sperma etc.) gehen vom Herzen aus, das über sie zu den verschiedenen Teilen des Körpers »spricht«. Zugrunde liegt dieser Theorie wohl die Beobachtung, daß der Puls, der Schlag des Herzens, über die Blutgefäße an verschiedenen Stellen des Körpers zu spüren ist, wie es zu Beginn des Traktats heißt. Das Herz, an anderen Stellen als Sitz der Intelligenz und des Empfindungsvermögens betrachtet, wird hier als Organisator des Körpers dargestellt, der »spricht« und seine Anweisungen über die Gefäße mitteilt. Für diagnostische Zwecke scheinen die Ägypter den Puls jedoch nicht gefühlt zu haben – obwohl das Pulszählen, so viel wir wissen, zuerst in Ägypten als Diagnosemittel eingeführt wurde: vom griechischen Arzt Herophilos aus Kalchedon, der im 3. vorchristlichen Jahrhundert in Alexandria den Puls mit Hilfe einer kleinen tragbaren Klepsydra gemessen haben soll.

In diesem Gefäßsystem, das also nicht nur aus den Blutgefäßen besteht, obwohl alle Gefäße angeblich vom Herzen ausgehen, zirkulieren somit die verschiedenartigen Flüssigkeiten wie Blut, Luft, Schleim, Tränen, Urin, Samen und diverse Abfälle (die, wie der Traktat präzisiert, den Körper durch den After verlassen). Darüber hinaus transportieren diese Gefäße aber auch den magischen »Hauch«: so tritt der Lebenshauch durch das rechte, der Todeshauch durch das linke Ohr ein, und ebenso dient das Gefäßsystem dem bösen Hauch des Hexers als Bahn. Das klingt nach magischen Krankheitsursachen: ein krankmachender Hauch dringt durch die eine oder andere Körperöffnung ein und verbreitet sich über die Gefäße im Körper. Indessen finden sich auch natürlichere Deutungen: So wird Bewußtlosigkeit als Folge verkoteter Gefäßbahnen erklärt und Ohnmacht als Zustand gedeutet, in dem entweder das Herz nicht mehr spricht oder die Gefäße verstummt sind – vielleicht dadurch, daß sie mit Luft gefüllt sind; Erkrankungen der Leber sollen dagegen durch eine Überversorgung des Organs durch die Blutgefäße mit Blut verursacht werden.

Demnach scheint neben der magischen Erklärung durch einen »Hauch« auch eine natürliche Erklärung durch Verstopfung, Überfluß oder Mangel an den in den Gefäßen zirkulierenden Flüssigkeiten Raum zu haben. Eine solche Deutung ist, so hypothetisch sie auch sein mag, nicht unwahrscheinlich; sie erinnert an die Säftetheorie des Hippokrates, der über tausend Jahre nach der Entstehung der uns überlieferten Kopie des Papyrus Ebers lebte und die Krankheiten durch ein Zuviel oder Zuwenig der vier Körpersäfte erklärte (siehe Teil II, 6. Kapitel); übrigens soll er bestimmten Überlieferungen zufolge einen Teil seiner medizinischen Ausbildung in Ägypten absolviert haben.

Falls diese Interpretation zutrifft, wäre dies ein Ansatz zu einer Medizintheorie, die sich nicht mehr auf die Magie stützt – die älteste ihrer Art, denn obwohl die fortschrittlichste Medizin der Mesopotamier in vielem den im Papyrus Ebers vorgeschlagenen Behandlungen gleicht, scheint im Zwischenstromland doch keine »natürliche« Medizintheorie entwickelt worden zu sein.

Zusammenfassend kann man also sagen, daß der ägyptischen Medizin, so wie sie sich im Papyrus Ebers präsentiert, die Reste ihrer magisch-religiösen Ursprünge zwar noch anhaften, daß sie die übernatürlichen Aspekte aber bereits weitgehend abgestreift hat, und das nicht nur bei den Therapien, die – zumindest teilweise – eine gewisse empirische Wirksamkeit gezeigt haben dürften, sondern auch bei der theoretischen Erklärung der Krankheiten (falls unsere obige Interpretation zutrifft). Allerdings scheint sich diese theoretische (magische oder natürliche) Erklärung nicht in der Praxis niedergeschlagen zu haben, die zweifellos der Tradition oder der Erfahrung des als wirksam Erkannten folgte.

99. DER MEDIZINISCHE PAPYRUS GEORG EBERS

(Nach Deines/Grapow 1958)

Der 1873 entdeckte, von Georg Ebers erworbene und heute in der Universitätsbibliothek Leipzig aufbewahrte Papyrus dürfte um das Jahr 1550 v.Chr. entstanden sein und stellt zweifellos die Abschrift eines älteren Dokuments dar.

Die 20,33 × 0,30 m große Schriftrolle umfaßt 108 Spalten mit 20–22 Zeilen, numeriert von 1 bis 110 (der Schreiber hat die Nummern 28 und 29 ausgelassen).

Diese medizinische Abhandlung über die verschiedenartigsten Spezialgebiete gliedert sich wie folgt (wobei *1*.1 – *2*.6 nach der allgemein gültigen Numerierung 1. Zeile der Rubrik *1* bis 6. Zeile der Rubrik *2* bedeutet):

1,1–*2*,6	Allgemeine Begleitsprüche zur Anwendung und Einnahme der Heilmittel
2,7–*55*,20	Krankheiten der inneren Organe
55,20–*64*,5	Augenkrankheiten
64,5–*76*,19	Hautleiden
76,19–*85*,16	Krankheiten an den Gliedmaßen
85,16–*93*,5	Verschiedenes (insbesondere Krankheiten im Bereich des Kopfes: Zunge, Zähne, Nase, Ohren; Schönheitspflege etc.)
93,6–*98*,21	Gynäkologie (und den Haushalt betreffende Texte)
99,1–*103*,18	Anatomie, Physiologie und Pathologie
103,19–*110*,9	Chirurgische Eingriffe

Beispiele

Allgemeine Begleitsprüche und Beschwörungen

1. Es sind mir ‹zu eigen› Sprüche, die der Allherr gemacht hat, um zu beseitigen die Einwirkung eines Gottes, einer Göttin, eines Toten, einer Toten – beliebig fortzusetzen – die sind in diesem meinem Kopf, in diesen meinen Nacken(wirbeln), in diesen meinen Schultern, in diesem meinem Fleisch, in diesen meinen Körperteilen; ‹und› um zu bestrafen den Verleumder, den Obersten derer, die eintreten lassen Störung in dieses mein Fleisch, Dumpfheit (?) in diese meine Körperteile.
2. Spruch für das Trinken eines Heilmittels.
   Es kommt das Heilmittel: es kommt das, was beseitigt die Dinge in diesem meinem Herzen, in diesen meinen Körperteilen. Stark ist der Zauber in Verbindung mit dem Heilmittel – und umgekehrt. (...) Werde gesprochen während des Trinkens eines Heilmittels. Wirklich vorzüglich, millionenmal.

Krankheiten der inneren Organe

3. Heilmittel für das Beseitigen von Krankheiten im Bauch (...) Ein anderes (Heilmittel) für den Bauch, wenn er krank ist: Kümmel 1/64, Fett der Gans 1/8, Milch 20 ro [*Gewichtseinheit*]; werde gekocht, werde durchgepreßt, werde getrunken.
4. Ein anderes (Heilmittel) für das Regeln des Harns, das Veranlassen, daß man abführt: Fett der Gans 5 ro, (...) Harz 1/32; werde gekocht, in Fingerwärme, werde heruntergeschluckt mit Wein.
5. Heilmittel für das Aufhörenlassen von Ausscheidungen [*das heißt Diarrhoe*]: frische Koloquinthe 1/8, frischer Brei 1/8, Öl/ Fett, Honig 1/4, Wachs 1/16, Wasser 25 ro; werde gekocht, werde gegessen an vier Tagen.
6. Töten des (...)-Wurmes [*Spulwurm, Ascaris lubricoides*]: Wurzel des Granatapfelbaumes 5 ro, Wasser 10 ro; werde nachts dem Tau ausgesetzt, werde durchgepreßt, werde getrunken an einem Tage.
7. Ein anderes (Heilmittel) für das Beseitigen von Entzündung: Mehl von Datteln 5 ro, Mehl von Koloquinthe 5 ro, (...) Flüssigkeit 40 ro; werde gekocht bis zu einem Flüssigkeitsrest von 30 ro; du mögest ‹es› geben dem Mann oder der Frau in angenehmer Wärme, so daß er gesund wird.
8. Ein anderes (Heilmittel) für das Beseitigen der Schmerzstoffe [*Vereiterung*]: Schale der Schildkröte 1, Natron 1, frisches Behen-Öl 1, Föhrenöl 1; werde zu einer Masse gemacht, werde erwärmt, werde damit gesalbt.
9. Ein anderes (Heilmittel) für das Lindern der Gefäße des Afters [*Hämorrhoiden?*]: (Rinder-)Fett 1/64, Blatt der Dornakazie 1/64; werde damit verbunden.
10. Heilkunde für einen, der am Magen leidet.
    Wenn du untersuchst einen Mann mit einer Verstopfung seines Magens, er ist ‹zu› belastet zum Brot Essen, sein Bauch ist beengt, sein Herz, es ist ‹zu› schwach zum Gehen wie ein Mann, der an (...) Hitze des Afters leidet. Dann sollst du ihn ausgestreckt (auf dem Rücken) betrachten, und findest du seinen Bauch heiß, indem eine Verstopfung in seinem Magen ist. Dann sollst du dazu sagen: es sind Fälle der Leber. Dann sollst du ein geheimes Kräutermittel machen, das der (...) Arzt macht: (...)-Pflanze, Kerne der Dattel; werde gemischt, werde durchgepreßt in Wasser, werde getrunken vom Manne an vier Morgenden, so daß du seinen Bauch ausleerst.

    Nachdem dies gemacht ist: wenn du die beiden Kanäle in seinem Bauch findest, die rechte (Bauch-)Hälfte heiß, die linke (Bauch-)Hälfe kalt. Dann sollst du dazu sagen: das bedeutet, daß das Leiden sein Fressen einstellt (?). Dann sollst du ihn nochmals betrachten, und findest du seinen Bauch vollständig kalt. Dann sollst du sagen: seine Leber ist geöffnet [*das heißt geheilt*], sie ist in den (...) Zustand gelangt; er hat das Mittel angenommen [*das heißt, das Mittel hat gewirkt*].
11. Ein anderes Heilmittel für das Beseitigen des (...) Giftstoffes eines Gottes, eines Toten im Bauch des Mannes [*Hämaturie*]: Blätter der Dornakazie 1/32, Blatt des (...)-Baums 1/32, (...)-Teil des (...)-Baumes 1/32, Koloquinthe 1/8, Salz 1/32, Weinbeeren 1/8, Inneres einer Muschel 1/32, (Baldrian ?) 1/8, (...)-

Pflanze 1/16, Honig (...) 1/2; werde zu einer Masse gemacht, werde gegessen vor dem Schlafengehen.

12. Ein sechstes Heilmittel, das Isis für Rê selbst gemacht hat, um zu beseitigen die Krankheit, die in seinem Kopf ist: Früchte von Koriander 1, Früchte von (Bryonia) 1, (...)-Pflanze 1, Früchte der (...)-Pflanze 1, (...)-Frucht 1, Honig 1; werde zu einer Masse gemacht, werde mit diesem Honig gemischt, werde der Kopf damit verbunden, so daß es ihm sofort besser geht.

    Wenn man ihm dieses Heilmittel macht, sei es irgendeine schmerzhafte Krankheit, sei es eine Krankheit des Kopfes – am Gesicht ‹oder› am Kopf – sei es die Blutfluß(?)-Krankheit, die Einwirkung eines Gottes, einer Göttin, eines Toten, einer Toten am Kopf, seien es irgendwelche bösen schlechten Dinge am Kopf, an irgendeiner Körperstelle: so geht es ihm sofort besser.

13. Ein anderes (Heilmittel) für das Veranlassen, daß ein Kind ausscheidet die Stauung von Harn, die in seinem Bauch ist: ein altes Buch, zerkocht in Öl/Fett; werde sein Bauch ‹damit› gesalbt, so daß seine Harnausscheidung sich regelt.

Augenkrankheiten

14. Ein anderes (Heilmittel) für das Zusammenziehen der Iris des Auges: (...)-Teil vom Ebenholzbaum 1, oberägyptisches (...)-Mineral 1; werde in Wasser zerschlagen, werde an die beiden Augen gegeben, oft, oft.
15. Ein anderes (Heilmittel) für das Beseitigen der (...)-Krankheit [*Trachom, Virusinfektion, ägyptische Augenkrankheit*] in den beiden Augen: schwarze Augenschminke 1, roter Ocker 1, rotes Natron 1; werde an die Außenseite der beiden Augen gegeben.
16. Ein anderes (Heilmittel) für die Blindheit: beide Augen eines Schweines, werde das Wasser davon genommen, echte schwarze Augenschminke 1, roter Ocker 1, Gärungsprodukt des Honigs 1; werde fein zerrieben, werde zu einer Masse gemacht, werde in das Ohr des Mannes gegossen, so daß er sofort gesund wird. Mache ‹es›, du wirst ‹den Erfolg› sehen. Wirklich vorzüglich.

    Dann sollst du als Zauber sagen: Ich habe dieses gebracht (und) an die Stelle von diesem (dem kranken Auge?) gegeben (und) ersetzt das Leiden, das furchtbar ist, furchtbar ist.

17. Ein anderes Heilmittel für das Beseitigen der (...)-Krankheit am Kopf durch Schminken: Bleiglanz/schwarze Augenschminke 1, (...) 1/8, (...)-Balsam 1/16, (...)-Mineral 1/16, (...) ‹rotes› Mineral 1/64, trockenes (...)-Harz 1/64, Früchte der (...)-Pflanze 1/64.
18. Ein anderes (Heilmittel) für das Öffnen des Sehens: schwarze Augenschminke, Wasser von frischer Koloquinthe, Gärungsprodukt des Honigs; werde in die beiden Augen gegeben.
19. Ein anderes (Heilmittel) für das Beseitigen einer Einbiegung eines Haares im Auge [*Trichiasis*]: (...)-Harz 1, Blut der Eidechse 1, Blut der Fledermaus 1; werde das Haar ausgezogen, werden die Drogen daran gegeben, so daß es (das Auge) gesund wird.

Hautleiden

20. Anfang von den Heilmitteln für das Beseitigen der (...)-Krankheit am Kopf: Früchte des Rizinus 1, (Rinder-)Fett 1, Behen-Öl 1; werde zu einer Masse gemacht, werde damit gesalbt jeden Tag.
21. Ein anderes (Heilmittel): Kümmel 1, (...)-Frucht 1, (...) 1, (...) (Schlamm?) 1; werde fein zerrieben zu einer Masse, werde damit gepudert.
22. Anfang von den Heilmitteln für das Beseitigen des Ergrauens, Behandeln des Haares: Blut eines schwarzen Kalbes, werde gekocht in Öl/Fett, werde damit gesalbt.
23. Ein anderes (Heilmittel): Schale einer Schildkröte, Rückenwirbel des (...)-Vogels; werde gekocht in Öl/Fett, werde damit gesalbt, oft, oft. [*Interessant ist an den beiden letztgenannten Mitteln der Analogiezauber: Um dem Ergrauen vorzubeugen, bedient man sich schwarzer Tiere*].
24. Ein anderes (Heilmittel) für das Wachsenlassen des Haars bei (...)-Krankheit: Haar des Stachelschweins; werde zerkocht in Öl/Fett, werde der Kopf damit gesalbt an vier Tagen (*Analogiezauber wie bei 23*).
25. Ein anderes (Heilmittel) [*zur Behandlung der Gelbsucht*]: Blätter des Lotus 1/8, Wein 20 ro, Mehl vom Christdorn 1/8, Feigen 1/8, Milch 1/16, Früchte des Wacholder 1/16, Terebinthenharz 1/64, süßes Bier 20 ro; werde nachts dem Tau ausgesetzt, werde durchgepreßt, werde getrunken an vier Tagen. [*Es ist zu beachten, daß die Behandlung der Gelbsucht den Hautkrankheiten zugeordnet wird.*]
26. Anfang von den Heilmitteln für eine Verbrennung.

    Was man dagegen macht am ersten Tage: schwarzer Schlamm; werde daran gegeben.

    Was man macht am zweiten Tage: Kot vom Kleinvieh, werde gekocht, werde fein zerrieben in (gegorener Hefe?), werde daran gegeben.

    Was man macht am dritten Tage: (Harz) der Dornakazie, getrocknet, zerrieben in (Teig) von Gerste, werde gekocht Koloquinthe, werde gegeben in Öl/Fett; werde damit verbunden.

    Was man macht am vierten Tage: Wachs, Fett des Rindes; werde zu einer Masse gemacht, werde damit verbunden.

    Was man macht am fünften Tage: Koloquinthe 1, roter Ocker 1, (...)-Teil des (...)-Laubbaumes 1; werde fein zerrieben in Hammerschlag des Kupfers, werde zu einer Masse gemacht, werde verbunden (damit).
27. Ein anderes (Heilmittel) für eine Verbrennung, wenn sie faulig wird: Hammerschlag des Kupfers 1, Malachit 1, (...) rotes Mineral 1, frisches Terebinthenharz 1, Kümmel 1, (...) 1, (Gummiharz von Asa foetida) 1, Wachs 1, (Zimt?) 1, (...)-Balsam (?) 1, geschmeidiges (...)-Harz 1, Föhrenöl 1, Honig 1; werde fein zerrieben, werde zu einer Masse gemacht, werde damit verbunden.
28. Anfang von den Heilmitteln für das Gesundmachen einer Wunde, die beigebracht ist auf dem Fleisch: Verbandstoff, befeuchtet mit Terebinthenharz und Honig; werde daran gegeben an vier Tagen.

Krankheiten an den Gliedmaßen

29. Anfang von den Heilmitteln für das Erweichen des Kniestücks: (...)-Pflanze 1, fettes Fleisch 1, Mehl von Weizen 1, Honig 1; werde zu einer Masse zerrieben, werde das Kniestück damit verbunden.
30. Wenn du einen Finger oder eine Zehe findest, indem sie schmerzen, Wasser [*das heißt Eiter*] kreist hinter ihnen, schlecht ist ihr Geruch, sie haben einen (...)-Wurm erzeugt.
    Dann sollst du dazu sagen: (...); eine Krankheit, die ich behandle. Dann sollst du ihm machen Mittel zum Töten des (...)-Wurms: oberägyptisches (...)-Mineral 1/32, unterägyptisches (...)-Mineral 1/32, Föhrenöl 1/8; werde zerrieben, werde damit verbunden.
31. Ein anderes (Heilmittel) für das Lösen von Versteifungen in irgendwelchen Körperstellen: fettes Fleisch des Rindes; werde die schmerzende Stelle damit verbunden.
32. Eine andere Salbe für das Gesundmachen eines Knochens an allen Körperstellen des Mannes. Wirklich vorzüglich: Natron 1, (...)-Mineral 1, (Rinder-)Fett 1, schwarzer Feuerstein 1, Honig 1; werde zu einer Masse gemacht, werde damit verbunden.
33. Ein anderes Heilmittel für das Erweichen von (...) des Gefäßes [*Priapismus?*]: (...)-Baum 1, (Rinder-)Fett 1, Milz des Rindes 1, Terebinthenharz 1, Bohnen 1; werde gekocht zu einer Masse, werde damit verbunden.
34. Ein anderes (Heilmittel) für die Weichheit eines Gefäßes [*Impotenz*]: (...) 1, Bohnen 1, (...)-Teil des Getreides 1, Koloquinthe 1, Sägemehl der Föhre 1, Sägemehl des (...)-Nadelbaumes 1, Sägemehl der Weide 1, Sägemehl des Christdorns 1, Sägemehl der Sykomore 1, Sägemehl des Wacholder 1, Blatt der Dornakazie 1, Blatt des Christdorns 1, Blatt des (...)-Laubbaumes 1, Blatt der Sykomore 1, (...)-Pflanze 1, Früchte des (...)-Laubbaumes 1, weißes Öl 1, Fett der Gans 1, Kot des Schweines 1, (...)-Frucht 1, (...)-Harz 1, Zwiebeln 1, (...)-Frucht 1, (...) der (...)-Pflanze 1, (...)-Pflanze 1, (...)-Pflanze 1, (...)-Pflanze 1, (...) 1, Samen vom Flachs 1, unterägyptisches Salz 1, Salz der Wüste 1, (...)-Pflanze 1, roter Ocker (1), Ocker 1, Natron 1, Fett des Rindes (1), (Baldrian?) 1; werde zu einer Masse gemacht, werde damit verbunden.

Verschiedenes

35. Ein anderes (Heilmittel) für das Behandeln der Zunge, wenn sie krank ist: Terebinthenharz 1, Kümmel 1, Ocker 1, Fett der Gans 1, Honig 1, Wasser 1; werde kauend im Munde bewegt, werde ausgespien.
36. Anfang von den Heilmitteln für das Beseitigen der (...)-Krankheitserscheinung [*Gonorrhoe*], die den Körper des Mannes oder der Frau bindet: unterägyptisches Salz 1/4, Terebinthenharz 1/4, Pflanzenschleim 10 ro; werde in den After gegossen. Es wird auch gemacht, ohne Terebinthenharz zu geben.
37. Ein anderes (Heilmittel) für das Schönmachen der Haut: Mehl von Alabaster

1, Mehl von Natron 1, unterägyptisches Salz 1, Honig 1; werde gemischt zu einer Masse mit diesem Honig, werde die Haut damit gesalbt.

38. Ein anderes (Heilmittel) für das Beseitigen von Falten des Gesichts: Gummi von Terebinthe 1, Wachs 1, frisches Behen-Öl 1, (Zyperngras) 1; werde fein zerrieben, werde gegeben in Pflanzenschleim, werde an das Gesicht gegeben jeden Tag. Mache (es), du wirst (den Erfolg) sehen.
39. Ein anderes (Heilmittel): Brei, werde gemischt mit Natron, mit Kernen von Datteln; werde gegeben an irgendeine Körperstelle, an der Blut entstanden ist.
40. Anfang von den Heilmitteln für das Kräftigen eines Zahnes: Mehl vom Samenkorn des Emmer 1, Ocker 1, Honig 1; werde zu einer Masse gemacht, werde der Zahn damit ausgestopft.
41. Ein anderes (Heilmittel) für das Beseitigen der (...)-Krankheit im Manne [*Epilepsie?*]: (...) 20 ro, weiße (...)-Körnerfrucht 1/8, grüne (...)-Körnerfrucht 1/8, Früchte des Wacholder 1/16, (...)-Teile von (...) (Bryonia) 1/16; werde zu einer Masse gemacht, werde getrunken.
42. Anfang von den Heilmitteln für das Ohr, wenn sein Hören (Hörfähigkeit) gering ist: roter Ocker, Blatt vom (...)-Laubbaum; werde fein zerrieben in frischem Behen-Öl, werde an das Ohr gegeben.

Gynäkologie

43. Veranlassen, daß eine Frau aufhört, schwanger zu werden, sei es ein Jahr, zwei Jahre oder drei Jahre: (...)-Teil der Dornakazie, Koloquinthe, Datteln; werde fein zerrieben in einem hin Honig; werde damit befeuchtet Fasern, werde in ihr Genital gegeben.
44. Ein anderes (Heilmittel), was man macht für eine, die Geronnenes ausscheidet: Brocken von Nilerde, nicht zulassen, daß sie (die Brocken) die Sonne sehen, werde gegeben in den »Weißerde-Raum«, werde besprengt mit Wasser sehr reichlich am Abend; dann sollst du veranlassen, daß ein neuer (...)-Krug, ein neues (...)-Gefäß, gefüllt mit Wasser, nachts dem Tau ausgesetzt werden; dann sollst du diese Brocken wiederum besprengen beim Aufgang des Morgensterns und veranlassen, daß sich die Frau darauf setzt an vielen Tagen.
45. Heilmittel für das Veranlassen, daß die Gebärmutter der Frau an ihre Stelle zurückgeht: Sägemehl der Föhre, werde gegeben in Bodensatz, werde (damit) gesalbt ein Ziegel von (...)-Stoff; du sollst veranlassen, daß sie sich darauf setzt.
46. Ein anderes (Heilmittel) für das Veranlassen, daß eine Frau zur Erde gibt: (...)-Pflanze; werde veranlaßt, daß die Frau sich darüber setzt, indem sie entblößt ist.
47. Ein anderes (Heilmittel) für das Lösen eines Kindes in dem Bauch einer Frau: unterägyptisches Salz 1, weißer Emmer 1, (weibliche Binse?) 1, werde der Unterleib damit verbunden.
48. Ein anderes Heilmittel für die Brust, wenn sie krank ist: (...)-Mineral 1, Galle des Rindes 1, Kot von Fliegen 1, Ocker 1; werde zu einer Masse gemacht, werde die Brust damit gesalbt an vier Tagen.

49. Wenn du untersuchst eine Frau, sie leidet an einer Seite ihrer Schamgegend. Dann sollst du dazu sagen: das bedeutet: beendet ist ihre Regelmäßigkeit infolge ihrer Menstruation. Nachdem sie (die Menstruation) ihren Anfang genommen hat, dann sollst du ihr (der Frau) machen: Zwiebeln, zerkleinert, [*Maische?*], Sägemehl der Föhre; es werde die Schamgegend damit verbunden.
50. Ein anderes Erkennen eines Kindes am Tage, an dem es geboren wird: Wenn es sagt *njj*, so bedeutet es, daß es lebt. Wenn es sagt *mbj*, so bedeutet es, daß es stirbt.

Der folgende Teil des Traktats enthält verschiedene Hinweise zu den häuslichen Arbeiten:

51. Anfang von den Heilmitteln, die man macht, um Flöhe im Hause zu beseitigen: Du sollst es (das Haus) besprengen mit Natronwasser, so daß (sie) sich entfernen.
52. Ein anderes (Heilmittel) für das Nichtzulassen, daß eine Schlange aus dem Loch hervorkommt: Bulti-Fisch (Tilapia nilotica), getrocknet, gegeben an die Öffnung ihres Loches. Sie kann nicht daraus hervorkommen.
53. Ein anderes (Heilmittel) für das Nichtzulassen, daß Mäuse an Dinge herankommen: Fett eines Katers, werde an irgendwelche Dinge gegeben.

Anatomie, Physiologie und Medizintheorie

54. Anfang vom Geheimwissen des (...)-Arztes: die Kenntnis vom Gehen des Herzens, die Kenntnis vom Herzen.

Es sind Gefäße in ihm (dem Mann) zu jeder Körperstelle. Was diese (die Gefäße) betrifft: gibt in bezug auf sie irgendein (...)-Arzt, irgendein Sachmet-Priester, irgendein Zauberer seine beiden Hände, seine Finger auf den Kopf, auf den Hinterkopf, auf die Hände, auf die Stelle des Herzens, auf die beiden Arme, auf die beiden Beine, so gilt seine Messung dem Herzen. Denn seine (des Herzens) Gefäße (führen) zu jeder seiner (des Mannes) Körperstelle. Es ist der Fall: es (das Herz) spricht vorn in den Gefäßen jeder Körperstelle.

Es sind 4 Gefäße in seinen beiden Nasenmuscheln. 2 sind es, die Schleim geben; 2 sind es, die Blut geben.

Es sind 4 Gefäße im Innern seiner beiden Schläfen, die es letzten Endes sind, die veranlassen, daß die beiden Augen Blut enthalten, daß alle Leiden der beiden Augen durch sie entstehen, durch die Tatsache, daß sie offen sind zu den beiden Augen. Was anbetrifft: das Wasser, das aus ihnen (den Augen) herabfällt [*d.h. die Tränen*]. Die beiden Iris der beiden Augen sind es, die es geben. Eine andere Aussage: der Schlaf in den beiden Augen ist es, der es macht.

Es sind 4 Gefäße, die sich zum Kopf hin verteilen, deren Verknüpfung am Hinterkopf ist und die es letzten Endes sind, die eine »kahle Stelle« schaffen. Das ist es was sie nach außen schaffen.

(...)

Es sind 4 Gefäße zu seinen 2 Ohren und ‹zwar› 2 Gefäße auf seiner rechten

Schulter, 2 zu seiner linken Schulter. Es tritt der Lebenshauch ein in das rechte Ohr; es tritt der Todeshauch ein in das linke Ohr. (...)

Es sind 6 Gefäße, die zu den beiden Armen leiten, 3 zum rechten, 3 zum linken, die (weiter) leiten zu seinen Fingern.

Es sind 6 Gefäße, die zu seinen beiden Beinen leiten, 3 zum rechten Bein, 3 zum linken Bein, bis zum Erreichen der Fußsohle.

Es sind 2 Gefäße zu seinen beiden Hoden. Sie sind es, die Samen geben.

Es sind 2 Gefäße zu den Hinterbacken, 1 zu einer Hinterbacke, das andere zu einer Hinterbacke.

Es sind 4 Gefäße zur Leber. Sie sind es, die ihr (der Leber) Wasser (und) Luft geben, und sie sind es letzten Endes, die veranlassen, daß alle Leiden an ihr entstehen durch Überflutetsein mit Blut.

Es sind 4 Gefäße zur Lunge (und) zur Milz. Sie sind es, die Wasser (und) Luft geben jeder einzeln gleichermaßen.

Es sind 2 Gefäße zur Blase. Sie sind es, die Harn geben.

Es sind 4 Gefäße, die offen sind zum After. Sie sind es, die ihm geben (und) schaffen Wasser (und) Luft. Der After, er ist auch offen zu jedem Gefäß der rechten Seite und linken Seite mit den beiden Armen, mit den beiden Beinen. (Jedes Gefäß) ist überflutet mit Kot.

Was anbetrifft: das Herz wird matt [*Ohnmacht*]: Das bedeutet, daß das Herz nicht spricht oder daß die Gefäße des Herzens stumm sind. Nicht sind ihre Bekundungen unter deinen beiden Händen, die (normalerweise) geschehen wegen der Luft, mit der sie angefüllt sind.

Was anbetrifft: das Herz ist überdrüssig [*Übelkeit*]: Das bedeutet, daß das Herz schwach ist wegen Hitze des Afters. Du findest es groß, indem Dinge in seinem (des Mannes) Magen rollen wie die Iris.

Was anbetrifft: sein Herz, es breitet sich aus [*Bewußtlosigkeit*]: Das bedeutet, daß die Gefäße des Herzens Kot enthalten.

Was anbetrifft: jede Art von Bitternis. Sie tritt ein in das linke Auge, sie geht heraus aus dem Nabel; es ist der Hauch der (schädlichen) Tätigkeit eines (...)-Priesters.

Das Herz ist es, das sie (die Bitternis) in seine Gefäße eintreten läßt. Sie kocht ein Kochen in seinem gesamten Fleisch. Das Herz macht dabei (...) ihretwegen, wegen der Tatsache, das es schließlich gekocht ist. Es zittern die Gefäße seines Herzens dabei von etwas.

(...)

[*Es folgen Erläuterungen zu gewissen medizinischen Ausdrücken, die in manchem an das medizinische Vokabular der Fallstudien und Diagnosen des Papyrus Smith erinnern (vergleiche Kasten 100), und anschließend eine neuerliche Beschreibung des Gefäßsystems, die von der voraufgehenden leicht abweicht.*]

Chirurgische Eingriffe

55. Heilkunde für ein (...)-Geschwür, das entstanden ist infolge einer Verlagerung von Schmerzstoffen. Wenn du beurteilst ein (...)-Geschwür, das entstanden ist infolge einer Verlagerung von Schmerzstoffen an irgendeiner Körperstelle des Mannes, und du findest es (das Geschwür) wie die Beschaffenheit einer (...)-Geschwulst, die verwest: fest ist ihre (der [...]-Geschwulst) Haut, aber nicht sehr; wenn sie (die [...]-Geschwulst) verwest mit Eiter im Innern seines (des Mannes) Fleisches.

Dann muß du dazu sagen: einer mit einem Schmerzstoff-Geschwür, es hat Eiter geschaffen: eine Krankheit, die ich behandle.

Dann sollst du für es machen Mittel für das Zerbrechen der Erhebungen (und für) das Holen des Eiters: (...)-Pflanze, Früchte der Erbse, (Blut? von) Fliegen, unterägyptisches Salz, (...)-Pflanze, (...)-Pflanze, Mehl von (...)-Teil (des Getreides), Mehl von Bohnen, Fett des Rindes, Wachs; werde gekocht, werde damit verbunden, so daß er gesund wird.

56. Heilkunde für eine »Sohn«-Geschwulst [*Stielgeschwulst*]: Wenn du beurteilst eine »Sohn«-Geschwulst an irgendeiner Körperstelle des Mannes, und du findest sie (die Geschwulst) einzeln oder zahlreich; sie ist wie die Haut seines Fleisches, die fest ist unter deinen Fingern, aber nicht sehr; sie ist groß, sie ist schmerzhaft in seinem Fleisch. Dann muß du dazu sagen: das ist eine »Sohn«-Geschwulst: eine Krankheit, die ich behandle.

Dann sollst du ihr machen eine Messerbehandlung, indem sie behandelt wird wie das Behandeln einer Wunde an irgendeiner Körperstelle des Mannes [*betrifft zweifellos die im Anschluß an die Operation fällige Nachbehandlung zur Förderung der Vernarbung*].

[*Man beachte, daß die Darstellung dieser chirurgischen Eingriffe große Ähnlichkeit mit der im* »Wundenbuch« *des Papyrus Smith – Kasten 100 – aufweist.*]

Dieselbe zunehmende »Natürlichkeit« der Medizin ist im Papyrus Smith zu konstatieren (Kasten 100), wo sie sogar noch deutlicher zutage tritt, da es hier um chirurgische Behandlungen geht. Denn wie schon im Falle Mesopotamiens hat sich die Chirurgie schneller von der Magie gelöst als die eigentliche Medizin, und zwar aus zwei Gründen: zum einen, weil die behandelten Übel (Wunden, Brüche, Verrenkungen etc.) leichter als natürlich zu erkennen sind als beispielsweise die unsichtbaren Ursachen einer Infektionskrankheit, und zum andern, weil die Wirksamkeit des chirurgischen Eingriffs unmittelbarer zu erfassen ist als die mysteriöse Wirkung der vom Arzt verabreichten Medizin.

Abgesehen von den medizinischen Schriften liefert uns auch die Untersuchung von Mumien interessante Aufschlüsse über die chirurgische Praxis im alten Ägypten. Außer eingerichteten Brüchen ist hier vor allem ein geöffneter Schädel aus der 12. Dynastie (um 1800 v.Chr.) zu erwähnen; derartige Fälle sind in den chirurgischen Papyri nicht beschrieben, es sei denn, man will in dem Fall Nr. 8 des Papyrus Smith eine Anspielung darauf sehen. Allem Anschein nach wurde die Schädelöffnung in Ägypten nur selten praktiziert, obwohl die ägyptischen Ärzte, wie der Papyrus Smith beweist, eine ganze Reihe von Kopfverletzungen behandeln konnten.

Obgleich der Papyrus Smith nur Teil einer vollständigeren Abhandlung ist, liefert er doch ein äußerst eindrucksvolles Bild von der Entwicklung der Chirurgie im alten Ägypten, zumal wenn man bedenkt, daß der gleichzeitig mit dem mathematischen Papyrus Rhind entdeckte und wie dieser aus der Zeit um 1650 v. Chr. stammende Papyrus die Kopie eines älteren Dokuments ist. Manche Autoren haben ihn ohne Zögern Imhotep zugeschrieben, der unter der 3. Dynastie (2650 v. Chr.) lebte – eine alles in allem aber doch recht anfechtbare Zuordnung, da nicht einmal feststeht, ob Imhotep, seines Zeichens Schriftsteller und Architekt, überhaupt Arzt war; zum Gott der Medizin rückte er jedenfalls erst unter den Ptolemäern auf, gewissermaßen als Pendant zum griechischen Gott Asklepios. Aber selbst wenn der Papyrus Smith lediglich für die Chirurgie des 17. vorchristlichen Jahrhunderts stünde, bliebe er doch fraglos die ausgefeilteste medizinische Abhandlung des Altertums, die uns überliefert wurde (zusammen mit der zwölf Jahrhunderte später abgefaßten hippokratischen Sammlung; Teil II, 6. Kapitel). In Kasten 100 findet sich eine Auswahl der im Papyrus Smith zusammengestellten Fälle.

Erstaunlich ist dabei vor allem, daß die Magie vollständig aus diesem Traktat verschwunden ist: von 48 Fällen enthält ein einziger, die von uns nicht aufgenommene Nummer 9, eine Beschwörung. Jeder Fall ist sorgfältig beschrieben, die verschiedenen Symptome sind gut beobachtet, Diagnose und Prognose gut formuliert, und je nach Fall bezeichnet ihn der Arzt als »Krankheit, die ich behandle«, »Krankheit, mit der ich kämpfe« (mit ungewissem Ausgang) oder als »Krankheit, die man nicht behandeln kann« (mit absehbarem, tödlichem Ausgang). Die Therapievorschläge klingen durchaus vernünftig und dürften bis zu einem gewissen Grad auch gewirkt haben, zumindest insofern sie keine schädlichen Maßnahmen empfahlen und vielfach durchaus sinnvoll sind. Außerdem beachte man die Kommentare am Ende eines jeden Falls, die unklare oder nicht mehr gebräuchliche Begriffe und Ausdrücke erläutern.

Ein solcher chirurgischer Traktat kann nur das Ergebnis einer langen chirurgischen Praxis und sorgfältig gesammelter und aufbewahrter Beobachtungen sein. Man mag die ägyptische Medizin konservativ nennen, die Fähigkeit, die Tradition, also den zusammengetragenen Erfahrungsschatz, in die (empirische) Entwicklung der Therapie – zumindest der Chirurgie – einzubringen, kann man ihr nicht absprechen. Allein für sich genommen würde dieser Papyrus schon genügen, den großen Ruf der ägyptischen Ärzte im Altertum zu rechtfertigen. Bis zur hippokratischen Sammlung ist nichts Vergleichbares zu finden.

100. DER CHIRURGISCHE PAPYRUS SMITH

(Nach Breasted 1930)

Dieser gleichzeitig mit dem Papyrus Rhind aufgefundene Papyrus dürfte um 1650 v. Chr. (also gegen Ende der Zweiten Zwischenzeit, der Periode der Hyksos-Könige) entstanden sein, wäre demnach also geringfügig älter als der Papyrus Ebers.

Er umfaßt insgesamt 22 Spalten (davon 17 auf der Vorder- und 5 auf der Rückseite). Die 5 Spalten der Rückseite enthalten diverse, den Therapien des Papyrus Ebers recht ähnliche »Rezepte«, legen aber größeres Gewicht auf die Schönheitspflege: Von sieben Behandlungen beziehen sich zwei auf Frauenleiden, eine auf Erkrankungen des Afters, eine auf die Verschönerung des Gesichts, eine auf die der Haut und zwei auf die Verjüngung eines alten Menschen.

Die 17 Spalten der Vorderseite stellen eine chirurgische Abhandlung mit 48 Fällen dar, die systematisch nach dem Sitz des zu behandelnden Leidens (das heißt vom Kopf an abwärts) gegliedert sind: 27 Fälle befassen sich mit dem Kopf (davon zehn mit dem Schädel, vier mit der Nase, drei mit der Wange, fünf mit dem Joch-Schläfenbein, einer mit dem Ohr, zwei mit dem Unterkiefer, einer mit der Oberlippe, einer mit dem Kinn), sechs mit Hals und Nacken, zwei mit den Schlüsselbeinen, drei mit dem Oberarm, acht mit Brust und Rippen, einer mit der Achsel und einer mit der Wirbelsäule.

Die empfohlenen Behandlungen halten sich im Rahmen einer vernunftgeleiteten Chirurgie (nur in einem der 48 erläuterten Fälle erfolgt ein Rückgriff auf Beschwörungen). Die einzelnen Fälle werden folgendermaßen abgehandelt:

- kurze Charakterisierung der Verletzung;
- Untersuchung (einschließlich der an den Patienten gerichteten Fragen, der durch Beschauen, Beriechen und Betasten gewonnenen Eindrücke, der Fähigkeit des Patienten, die vom Arzt verlangten Bewegungen auszuführen);
- Diagnose und Prognose (in drei Formen: »eine Krankheit, die ich behandle«; »eine Krankheit, mit der ich kämpfe«; »eine Krankheit, die man nicht behandeln kann«);
- Behandlung (außer in den 14 für unbehandelbar erklärten Fällen);
- Kommentar (Erklärung bestimmter Begriffe und Therapievorschläge, zweifellos eine Zutat des Schreibers, der sich beim Kopieren des alten Textes gehalten sah, schwerverständliche oder inzwischen veraltete Ausdrücke zu erläutern).

Beispiele

Fall 3

Heilkunde einer Klaffwunde an seinem Kopf, die bis zum Knochen reicht, durchlöchert ist sein Schädel.

Wenn du einen Mann untersuchst mit einer Klaffwunde an seinem Kopf, die bis zum Knochen reicht, durchlöchert ist sein Schädel: dann sollst du seine Wunde abtasten und findest du ihn, indem er nicht auf seine beiden Schultern und seine Brust zu blicken vermag, er leidet an Versteifung an seinem Nacken.

Dann muß du dazu sagen: einer mit einer Klaffwunde an seinem Kopf, die bis zum Knochen reicht, durchlöchert ist sein Schädel, er leidet an Versteifung an seinem Nacken; eine Krankheit, die ich behandle.

Nachdem du sie genäht hast, sollst du frisches Fleisch am ersten Tage auf seine Wunde legen, du sollst sie aber nicht verbinden, er werde gelegt zur Erde auf seine Pfähle, bis die Zeit seines Leidens vorbeigegangen ist; behandle du sie danach mit Öl/Fett, Honig, Fasern jeden Tag, so daß es ihm besser geht.

Was anbetrifft: durchlöchert ist sein Schädel. Das bedeutet (...) sein Schädel; der (...)-Bruch ist klein, weil er (der Mann?) ausgestattet ist mit einem Bruch wie die Durchlöcherung eines Topfes (...).

Was anbetrifft: er vermag nicht auf seine beiden Schultern und seine Brust zu blikken. Das bedeutet: nicht ist es ihm angenehm, daß er blickt auf seine beiden Schultern; nicht ist es ihm angenehm, daß er blickt auf seine Brust.

Was anbetrifft: er leidet an Versteifung an seinem Nacken. Das bedeutet: ein Steifsein durch dies sein Leiden. Dieses ist abgeirrt in seinen Nacken, und so leidet sein Nacken infolgedessen.

Was anbetrifft: er werde gelegt zur Erde auf seine Pfähle. Das bedeutet: ihn zu geben auf sein (...), (...), ohne ihm ein Heilmittel zu machen.

Fall 4

Heilkunde einer Klaffwunde an seinem Kopf, die bis zum Knochen reicht, gespalten ist sein Schädel.

Wenn du untersuchst einen Mann mit einer Klaffwunde an seinem Kopf, die bis zum Knochen reicht, gespalten ist sein Schädel: dann sollst du seine Wunde abtasten; und findest du etwas daran, das uneben ist unter deinen Fingern; es schaudert ihn sehr; die Aufschwemmung, die auf ihm (dem Spalt) ist, steigt auf; er gibt Blut aus seinen beiden Nasenlöchern, aus seinen beiden Ohren; er leidet an Versteifung an seinem Nacken; nicht vermag er auf seine beiden Schultern und auf seine Brust zu blicken.

Dann mußt du dazu sagen: einer mit einer Klaffwunde an seinem Kopf, die bis zum Knochen reicht, gespalten ist sein Schädel; er gibt Blut aus seinen beiden Nasenlöchern, aus seinen beiden Ohren; er leidet an Versteifung an seinem Nacken: eine Krankheit, mit der ich kämpfe.

Wenn du also jenen Mann findest, indem sein Schädel gespalten ist, dann sollst du sie nicht verbinden, er werde zur Erde gegeben auf seine Pfähle, bis die Zeit seines Leidens vorbeigegangen ist. Seine Behandlungsweise ist Sitzen, indem ihm gemacht werden zwei Stützen von Ziegeln, bis du weißt, daß er zu etwas gelangt. Du sollst Öl/Fett an seinen Kopf geben, werde sein Nacken damit erweicht und seine beiden Schultern. Ebenso handle du an jedem Manne, den du findest, indem sein Schädel gespalten ist.

Was anbetrifft: gespalten ist sein Schädel. Das bedeutet, daß sich Schale von Schale seines Schädels getrennt hat, indem Stücke im Fleisch seines Kopfes geblieben sind, ohne zu Boden zu fallen.

Was anbetrifft: es steigt die Aufschwemmung auf, welche auf ihm ist. Das bedeutet, daß die Schwellung, welche auf diesem Spalt ist, groß und nach oben erhoben ist.

Was anbetrifft: du weißt, daß er zu etwas gelangt. Das bedeutet, daß man sagt: du weißt, er stirbt mehr als daß er lebt; denn er ist ein Fall von: eine Krankheit, mit der ich kämpfe.

Fall 5

Heilkunde einer Klaffwunde an seinem Kopf, gebrochen ist sein Schädel.

Wenn du untersuchst einen Mann mit einer Klaffwunde an seinem Kopf, die bis zum Knochen reicht, gebrochen ist sein Schädel: dann sollst du seine Wunde abtasten; und findest du jenen (...)-Bruch, der an seinem Schädel ist, tief, eingesunken unter deinen Fingern, die Aufschwemmung, die auf ihm ist, steigt auf; er gibt Blut aus seinen beiden Nasenlöchern, aus seinen beiden Ohren, er leidet an Versteifung an seinem Nacken, nicht vermag er auf seine beiden Schultern und auf seine Brust zu blicken.

Dann mußt du dazu sagen: einer mit einer Klaffwunde an seinem Kopf, die bis zum Knochen reicht, gebrochen ist sein Schädel, er leidet an Versteifung an seinem Nacken: eine Krankheit, die man nicht behandeln kann.
(...)

Was anbetrifft: gebrochen ist sein Schädel. Das bedeutet: gebrochen ist sein Schädel, indem Knochen(splitter) infolge jenes Bruches entstanden sind, eingesunken zum Innern seines Schädels. Es hat das Buch vom »was die Wunden betrifft« darüber gesagt: ein Brechen ist es seines Schädels in viele Stücke, eingesunken zum Innern seines Schädels. [*Hinweis auf eine andere chirurgische Behandlung.*]

Fall 7

Heilkunde einer Klaffwunde an seinem Kopf, die bis zum Knochen reicht, durchlöchert sind die (...) seines Schädels.

– [*erste Untersuchung*:] Wenn du untersuchst einen Mann mit einer Klaffwunde an seinem Kopf, die bis zum Knochen reicht, gebrochen ist sein Schädel, aufgebrochen ist das Gehirn seines Schädels, dann sollst du seine Wunde abtasten. Es schaudert ihn sehr. Dann mußt du veranlassen, daß er sein Gesicht hebt. Es ist schwierig für ihn, seinen Mund zu öffnen; sein Herz ist müde zum Sprechen. Wenn du untersuchst seinen Speichel, indem er auf seine beiden Lippen gefallen ist, ohne zu Boden fallen zu können; er gibt Blut aus seinen beiden Nasenlöchern, aus seinen beiden Ohren, er leidet an Versteifung an seinem Nacken, nicht vermag er auf seine beiden Schultern und auf seine Brust zu blicken.

– [*erste Diganose*:] Dann mußt du dazu sagen: einer mit einer Klaffwunde an seinem Kopf, die bis zum Knochen reicht, durchlöchert sind die (...) seines Schädels; gebunden ist das Band seines Unterkiefers; er gibt Blut aus seinen beiden Nasenlöchern, aus seinen beiden Ohren, er leidet an Versteifung an seinem Nacken: eine Krankheit, mit der ich kämpfe.

– [*erste Behandlung*:] Wenn du also jenen Mann findest, gebunden ist das Band seines Unterkiefers, dann sollst du veranlassen, daß man ihm etwas Warmes macht, so daß es ihm besser geht, und so öffnet sich sein Mund. Dann sollst du sie verbinden mit Öl/Fett, Honig, Fasern, bis du weißt, daß er zu etwas gelangt.

– [*zweite Untersuchung*:] Wenn du dagegen jenen Mann findest, es hat sein Fleisch Hitze bekommen infolge jener Wunde, welche in den (...) seines Schädels ist, und jener Mann, er hat Zahnschmerzen infolge jener Wunde bekommen [*möglicherweise handelt es sich um Tetanus*]; dann mußt du deine Hand auf ihn legen, und findest du seine Stirn feucht von Schweiß, die Stränge seines Nackens sind gestreckt, sein Gesicht ist gerötet, seine Zähne, sein Rücken (...); der Geruch des Kastens seines Kopfes ist wie die Ausscheidung von Kleinvieh, sein Mund ist gebunden, seine beiden Augenbrauen sind (...), sein Gesicht ist wie wenn es weint.

– [*zweite Diagnose*:] Dann mußt du dazu sagen: einer mit einer Klaffwunde an seinem Kopf, die bis zum Knochen reicht, durchlöchert sind die (...) seines Schädels; er hat Zahnschmerzen bekommen, gebunden ist sein Mund, er leidet an Versteifung an seinem Nacken: eine Krankheit, die man nicht behandeln kann.

– [*dritte Untersuchung*:] Wenn du dagegen jenen Mann findest, er ist blaß geworden, er hatte einen Schwächeanfall;

– [*dritte Behandlung*:] dann sollst du veranlassen, daß man ihm einen Meißel aus Holz macht, der mit Stoff umkleidet ist; werde an seinen Mund gegeben. Dann sollst du veranlassen, daß ihm ein Schlürftrank von Hülsenfrucht gemacht werde. Seine Behandlungsweise ist Sitzen, indem er zwischen zwei Stützen von Ziegeln gesetzt ist, bis du weißt, daß er zu etwas gelangt.

Was anbetrifft: durchlöchert sind die (...) seines Schädels. Das ist: was befindlich ist zwischen Schale und Schale seines Schädels. Die (...) sind von Leder.

Was anbetrifft: gebunden ist das Band seines Unterkiefers. Das bedeutet: steif sind die Stränge der Enden seines Krallenknochens deswegen (d.h. wegen der Wunde), die (die Enden) befestigt sind in seinem Joch-Schläfenbein – das sind die Enden seines Kauknochens – ohne sich hin- und her zu bewegen; nicht ist es ihm angenehm, seinen Mund zu öffnen wegen seines Leidens.

Was anbetrifft: das Band seines Unterkiefers. Das sind: die Stränge, welche die Enden seiner Kauknochen binden, wie man sagt »Band« zu etwas in Form einer (...)-Binde.

Was anbetrifft: seine Stirn ist feucht von Schweiß. Das bedeutet: es ist sein Kopf geringfügig schwitzig; wie Dinge feucht sind.

Was anbetrifft: die Stränge seines Nackens sind gestreckt. Das bedeutet: es sind die Stränge seines Nackens gestreckt und steif wegen seines Leidens.

Was anbetrifft: sein Gesicht ist gerötet. Das bedeutet: rot ist die Färbung seines Gesichts wie die Färbung der Frucht der (...)-Pflanze.

Was anbetrifft: der Geruch des Kastens seines Kopfes ist wie die Ausscheidung von Kleinvieh. Das bedeutet: der Geruch seines Scheitels ist wie der Harn von Kleinvieh.

Was anbetrifft: der Kasten seines Kopfes. Das ist: der Mittelteil seines Scheitels in der Nähe seines Gehirns; er ist einem Kasten ähnlich gestaltet.

Was anbetrifft: sein Mund ist gebunden, seine beiden Augenbrauen sind (...), sein Gesicht ist wie wenn es weint. Das bedeutet: daß er seinen Mund nicht öffnet, damit er rede; es verziehen sich seine beiden Augenbrauen, die einen Fall von Ziehen nach oben und einen Fall von Herabklappen nach unten machen, wie jemand, der zwinkert; sein Gesicht weint.

Was anbetrifft: er ist blaß geworden, er hatte einen Schwächeanfall. Das ist: Blaßwerden. Denn er ist ein Fall von: tritt gegen sie (die Krankheit) auf, gehe ihr nicht aus dem Wege, angesichts der Schwäche.

Fall 11

Heilkunde eines (...)-Bruches am Pfeiler seiner Nase.

Wenn du untersuchst einen Mann mit einem (...)-Bruch am Pfeiler seiner Nase, seine Nase ist breitgedrückt, eingeebnet ist sein Gesicht, es steigt die Aufschwemmung, die darauf ist, auf, er hat Blut gegeben aus seinen beiden Nasenlöchern.

Dann mußt du dazu sagen: einer mit einem (...)-Bruch am Pfeiler seiner Nase: eine Krankheit, die ich behandle.

Dann sollst du ihm mit zwei Tupfern von Stoff die Nase auswischen; dann sollst du zwei Tupfer von Stoff, befeuchtet mit Öl/Fett, in das Innere seiner beiden Nasenlöcher legen; dann sollst du ihn legen auf seine Pfähle, bis seine Aufschwemmung ausgezogen ist; dann sollst du ihm Polster von Stoff anlegen: zusammengeschnürt werde wegen ihrer Anwendung seine Nase. Behandle du ihn (den Bruch) danach mit Öl/Fett, Honig, Fasern jeden Tag, so daß es ihm besser geht.

Was anbetrifft: der Pfeiler seiner Nase. Das ist: die obere Spitze seiner Nase bis zu ihrer Hälfte auf der Oberseite seiner Nase, im Innern seiner Nase, inmitten seiner beiden Nasenmuscheln.

Was anbetrifft: seine beiden Nasenmuscheln. Das sind: die beiden Seiten seiner Nase, reichend bis zu seiner Wange, bis zum Ende seiner Nase, aufhörend an der Oberseite seiner Nase.

Fall 31

Heilkunde einer Verschiebung an einem Wirbel seines Nackens.

Wenn du untersuchst einen Mann mit einer Verschiebung an einem Wirbel seines Nackens, und du findest ihn, indem er seiner beiden Arme und seiner beiden Beine nicht mächtig ist infolgedessen; sein Glied ist steif infolgedessen, es fällt Harn aus seinem Glied herab, ohne daß er es weiß, sein Fleisch hat Luft aufgenommen, seine beiden Augen sind entzündet. Die Verschiebung eines Wirbels seines Nackens, der bis zu seiner Wirbelsäule reicht, ist es, die veranlaßt, daß er seiner beiden Arme und seiner beiden Beine nicht mächtig ist. Wenn dagegen der mittlere Wirbel seines Nackens verschoben ist, das bedeutet, daß ein Samenerguß entstanden ist an seinem Glied.

Dann mußt du dazu sagen: einer mit einer Verschiebung an einem Wirbel seines Nackens, er ist seiner beiden Beine und seiner beiden Arme nicht mächtig, sein Harn ist schwach: eine Krankheit, die man nicht behandeln kann.

Was anbetrifft: eine Verschiebung an einem Wirbel seines Nackens. Er sagt dazu: es hat sich ein Wirbel seines Nackens von seinem zweiten getrennt; das Fleisch, welches darauf ist, ist heil, wie man sagt »es ist verschoben« zu Dingen, die noch zusammenhängen, während eins von seinem zweiten getrennt ist [*eine Luxation, Verrenkung*].

Was anbetrifft: das bedeutet, daß ein Samenerguß entstanden ist an seinem Glied. Das bedeutet: es ist sein Glied steif, mit Ausfluß am Ende seines Gliedes. Das bedeutet, daß man sagt: es bleibt in Ruhe; es kann sich nicht nach unten neigen, auch kann es sich nicht nach oben erheben.

Was anbetrifft: sein Harn ist schwach. Das bedeutet: der Harn fällt herab aus seinem Glied; nicht kann er (der Harn) sich bei ihm (seinem Glied?) zusammenhalten.

Fall 36

Heilkunde eines (...)-Bruches an seinem Oberarm [Oberarmknochen].

Wenn du untersuchst einen Mann mit einem (...)-Bruch an seinem Oberarm, und du findest seinen Oberarm, indem er herabhängt von ihm und in veränderter Lage ist gegenüber seinem zweiten.

Dann mußt du dazu sagen: einer mit einem (...)-Bruch an seinem Oberarm: eine Krankheit, die ich behandle.

Dann muß du ihn ausgestreckt hinlegen (auf den Rücken), indem etwas Zusammengefaltetes zwischen seinen beiden Schulterblättern ist; dann sollst du seine beiden Schultern ausbreiten, so daß sich seine beiden Oberarme strecken, so daß jener (...)-Bruch an seine richtige Stelle fällt. Dann mußt du ihm zwei Bäusche aus Stoff machen; dann mußt du ihm deren einen legen innen an seinen Oberarm, deren anderen unten an seinen Oberarm. Dann sollst du ihn (den Bruch) verbinden mit (...)-Mineral; behandle du ihn (den Bruch) danach mit Honig jeden Tag, so daß es ihm besser geht.

Zusammenfassung

Wie die mesopotamische Wissenschaft bleibt auch die ägyptische auf der Stufe der Gegenstände von Wissenschaft stehen: die verschiedenen Disziplinen zeichnen sich zwar bereits ab, werden aber noch nicht mit wirklich wissenschaftlichem Denken nach einer rationalen und als solcher erkannten Methode betrieben. Im Vergleich zur mesopotamischen ist die ägyptische Wissenschaft jedoch »erdnäher«, praxisbezogener und schon ein ganzes Stück weiter von der Magie abgelöst. Das macht sich vornehmlich bei der Arithmetik und der Astronomie bemerkbar, die sich in Mesopotamien, gefördert durch Zahlenmystik und astrologische Mystik, weitaus besser entfalteten als in Ägypten. Dagegen gleicht sich der Stand der Geometrie in beiden Kulturen, da diese Disziplin nur der unmittelbaren praktischen Anwendung diente und keinerlei Mystik ins Spiel kam. Das erklärt auch, warum sie weder hier noch dort weiter entwickelt wurde, sich häufig mit Näherungswerten zufriedengab und auf eine Beweisführung prinzipiell verzichtete (man vergleiche dagegen ihren Aufschwung in Griechenland). Umgekehrt verträgt sich die Medizin, ihrem Wesen nach (zumindest in früher Zeit) ohnehin eher technisch als wissenschaftlich orientiert und mehr am Heilen als an der Aufstellung einer erklärenden Theorie interessiert, mit dieser »Erdnähe« recht gut. Und da der ägyptischen Mentalität bei aller Frömmigkeit die abergläubischen Exzesse der Mesopotamier fernlagen, fand ein gewisser medizinischer Pragmatismus, vornehmlich in der Chirurgie, in Ägypten günstigere Bedingungen vor als im Zwischenstromland.

So weisen die mesopotamischen und die ägyptischen Wissenschaften trotz gewisser Übereinstimmungen und einer grundsätzlichen Verwandtschaft doch gravierende Unterschiede auf. Das könnte in Anbetracht der Kontakte der beiden Kulturen, ihrer durch die Briefwechsel der Monarchen der beiden Regionen belegten wirtschaftlichen, politischen, kulturellen Beziehungen, erstaunen. Gewiß haben diese Beziehungen auch in den Wissenschaften Spuren hinterlassen, aber doch keine prägenden: In beiden Kulturen haben die verschiedenen Disziplinen ihre Eigenart bewahrt. Die Erklärung dafür dürfte darin zu suchen sein, daß sich die Eigenarten der verschiedenen Disziplinen schon in sehr früher Zeit – noch ehe Mesopotamien und Ägypten Beziehungen unterhielten oder zumindest noch vor der Aufnahme intensiver, fortdauernder Beziehungen – herauskristallisiert und dank der konservativen Einstellung der beiden Kulturen über die Jahrhunderte hinweg erhalten haben.

Diesem beiden Kulturen gemeinsamen konservativen Zug steht der Geist der freilich viel jüngeren griechischen Wissenschaft gegenüber, der frei von Konservatismus das im Laufe von über zwei Jahrtausenden in Mesopotamien und Ägypten zusammengetragene Wissen aus den Fesseln der Mystik und der praktischen Anwendbarkeit befreit und so den Prototyp dessen geschaffen hat, was sich Schritt für Schritt zur Wissenschaft im heutigen Sinn entwickeln sollte. Doch diese Befreiung von mystischem und praktischem Denken ist nicht geradlinig erfolgt. Dazu waren, wie wir im folgenden darlegen werden, viele oft völlig unerwartete und sonderbare Umwege nötig.

TEIL II

Die Wissenschaft im vorsokratischen Griechenland

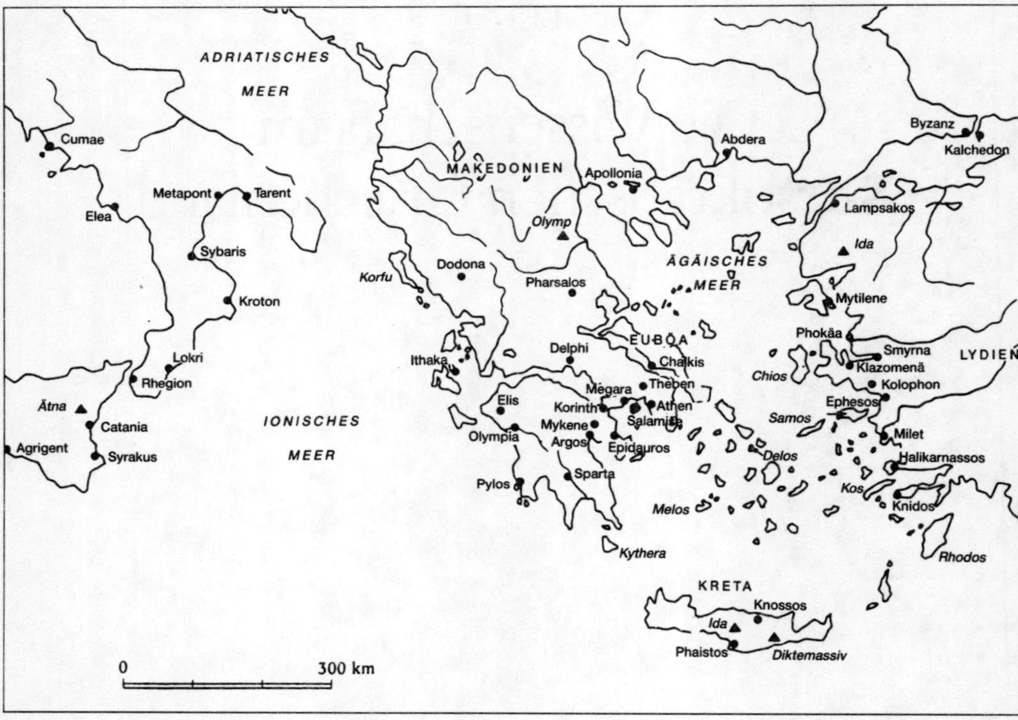
ADRIATISCHES MEER
Cumae
Elea
Metapont
Tarent
Sybaris
Kroton
Lokri
Rhegion
Ätna
Catania
Agrigent
Syrakus
IONISCHES MEER
MAKEDONIEN
Olymp
Dodona
Korfu
Ithaka
Pharsalos
Delphi
Elis
Olympia
Pylos
Korinth
Mykene
Argos
Sparta
Megara
Theben
Athen
Salamis
Epidauros
Kythera
Apollonia
Abdera
ÄGÄISCHES MEER
EUBÖA
Chalkis
Delos
Melos
Byzanz
Kalchedon
Lampsakos
Ida
Mytilene
Phokäa
Smyrna
Klazomenä
Kolophon
Chios
LYDIEN
Ephesos
Samos
Milet
Halikarnassos
Kos
Knidos
Rhodos
KRETA
Knossos
Ida
Phaistos
Diktemassiv
0
300 km

1. KAPITEL

Die ägäische Welt

Historische Voraussetzungen

Zur Zeit des klassischen Altertums umfaßt die griechische Welt neben dem griechischen Festland und den Inseln der Ägäis die Küsten Kleinasiens (Ionien), Süditaliens und Siziliens. Es ist eine ziemlich gebirgige Welt ohne große Ebenen mit mittelmeerischem Klima und weit voneinander entfernten, ziemlich isolierten Stadtstaaten, die aber dank ihrer Nähe zum Meer auf dem Seeweg enge Kontakte unterhalten.

Zu Beginn des Zeitabschnitts, dessen Geschichte wir hier kurz skizzieren wollen, ist dieser Raum noch nicht griechisch und umfaßt lediglich den Osten des griechischen Festlandes, die Inseln des Ägäischen Meers und vor allem Kreta als Zentrum.

Um 3000 v. Chr. bricht in dieser ägäischen Welt die Metallzeit an – das Chalkolithikum bringt Kupfer und geschliffene Steingeräte –, um 2600 die Bronzezeit. Über die Ureinwohner (Pelasger?) ist wenig bekannt. Die eigentlichen (indoeuropäischen) Griechen dürften im Zuge der indoeuropäischen Völkerwanderungen am Ende des 3. Jahrtausends um 2000 v. Chr. über Anatolien aus Südrußland gekommen sein, sich auf dem griechischen Festland, hauptsächlich auf der Peloponnes, niedergelassen und mit der einheimischen Bevölkerung vermischt haben. Der Inselraum scheint weniger betroffen gewesen und Kreta ganz verschont geblieben zu sein.

Auf Kreta erreicht die ägäische Kultur zwischen 2100 und 1400 v. Chr. mit der »Palastzeit« ihre schönste Blüte – also etwa zur Zeit des Mittleren Reichs in Ägypten und der ersten Dynastie in Babylon. Die Epoche verdankt ihren Namen den wichtigsten Überresten dieses Zeitraums, den großen Palästen, deren bedeutendster zweifelsohne der Palast von Knossos war. Wir wissen nur wenig über diese Kultur, ihren Gesellschaftsaufbau, den Stand ihrer Technik; sie muß jedoch eine beträchtliche Ausstrahlung besessen haben, zumindest in wirtschaftlicher Hinsicht: Gegenstände eindeutig kretischer Herkunft wurden nicht nur überall in der ägäischen Welt, sondern auch über ihre Grenzen hinaus gefunden, vornehmlich in Ägypten, wo die Kreter in zeitgenössischen Texten unter dem Namen »Keftiu« erwähnt werden. Kreta besaß eine bedeutende Flotte und übte auf die benachbarten Inseln sowie auf die Küste des griechischen Festlands einen beträchtlichen Einfluß aus – so man nicht von einer Seeherrschaft (Thalassokratie) sprechen muß.

Um 1700 jedoch werden die Paläste zerstört, ohne daß die Ursache ersichtlich würde: ein Erdbeben, eine innere Revolte oder eine Invasion vom griechischen Festland? Die Paläste werden wieder aufgebaut, ohne daß andere kulturelle Einbrüche erkennbar sind. Es gibt scheinbar sogar kulturelle Fortschritte, trotz innerer Machtkämpfe zwischen den von den Palästen beherrschten Gebieten, die sich gegen die Vorherrschaft von Knossos richten. Um 1500 erreicht diese Entwicklung ihren Höhepunkt: Kreta dominiert die wichtigsten Inseln des Ägäischen Meers und mit Sicherheit noch andere darüber hinaus; möglicherweise erstreckt sich sein Einflußbereich im Westen sogar bis nach Sizilien und im Osten bis nach Zypern. Dieser Imperialismus zeigt sich besonders in der kretischen Emigration und der Gründung von Kolonien und Handelsniederlassungen in den verschiedenen Regionen; auch auf dem griechischen Festland dringt der kretische Einfluß immer weiter ins Landesinnere vor, und der Handel mit Ägypten nimmt bedeutende Ausmaße an.

Doch schlagartig folgt der Niedergang. Um 1450 werden die Paläste zerstört – mit Ausnahme des Palastes von Knossos, der im Gegenteil noch schöner und mächtiger zu werden scheint, wofür sich verschiedene Erklärungen finden lassen. Entweder waren die von der Peloponnes vordringenden Achaier bereits die Herren von Knossos und dehnten nun ihren Herrschaftsbereich auf die anderen Regionen aus, oder sie fielen zu diesem Zeitpunkt erstmals auf Kreta ein, sparten Knossos aber aus. Wahrscheinlicher dürfte die erstgenannte Hypothese sein, da die in Knossos gefundenen Täfelchen aus dieser Epoche in der Linear-B-Schrift (siehe den Abschnitt über die Schrift) und damit in griechischer und nicht in kretischer Schrift abgefaßt sind.

Doch wie dem auch sei, nach 1400 übernimmt Mykene, also das griechische Festland, die Führung, von dem Kreta nun seinerseits abhängig wird. In diesen Zeitabschnitt fällt der von Homer besungene Trojanische Krieg (etwa um 1250), den die Griechen unter dem Kommando des mykenischen Königs Agamemnon führen.

Die mykenische Oberherrschaft dauert rund zwei Jahrhunderte. Um 1200 v. Chr. erfolgt im Zuge der Wanderungen der Seevölker die dorische Invasion (um diesen mehr oder weniger unpassenden Begriff zu gebrauchen). Damit beginnt für Griechenland die Eisenzeit – mitgebracht von den Dorern, die vermutlich aus der Gegend des heutigen Jugoslawien stammen–, aber auch für mehrere Jahrhunderte ein »finsteres Mittelalter«. Die kretisch-mykenische Kultur geht schlagartig fast völlig unter; sie lebt nur in vereinzelten Legenden und Mythen wie die Tötung der Minotauros oder des Trojanischen Krieges weiter. In allen Bereichen setzt ein Niedergang ein, mit Ausnahme der Verwendung des Eisens: Schrift und Steinbauweise geraten wieder in Vergessenheit und die Gesellschafts- und Wirtschaftsordnung verfällt. Dementsprechend wenig hat sich aus dieser dunklen Periode erhalten.

Die Bevölkerungsdichte nimmt durch wiederholte Wanderbewegungen stark ab. Die Städte scheinen sich abzukapseln und kaum Kontakt zueinander zu unterhalten. So bilden sich kleine Königreiche, bestehend aus einer Stadt und ihrem Umland mit einem *Basileios* an der Spitze. Diese Zeit kultureller Verarmung dauert bis zum 8. Jahrhundert. Dann erlebt die Architektur einen neuen Aufschwung, ebenso die Schiffahrt, die Keramik und die Metallbearbeitung. Um die Mitte des 8. Jahrhunderts schließlich besinnen sich die Griechen auch wieder auf die Schrift, benutzen jetzt jedoch ein von der phönikischen Schrift abgeleitetes Alphabet (siehe weiter unten). In dieser Epoche leben auch Homer und Hesiod, deren Werke allerdings zunächst nur mündlich überliefert und erst wesentlich später aufgezeichnet werden – die von Homer 550 auf Anordnung des Pisistrates in Athen.

Macht und Reichtum, beruhend vor allem auf Grundbesitz, liegen in diesen archaischen Stadtstaaten in den Händen einer Aristokratie; der *Basileios* spielt eine eher religiöse Rolle. Nach und nach jedoch verteilt sich die Macht auf eine größere Zahl, auch wenn sie nach wie vor den Reichen vorbehalten bleibt. Treibende Kraft in diesem Demokratisierungsprozeß ist der militärische Faktor: Der Stadtstaat verfügt nur über ein beschränktes Menschenpotential, und die durch den Gebrauch von Eisen aufgekommenen neuen Waffen erfordern ein gut organisiertes Heer; aber alle, die reich genug sind, um eine militärische Ausrüstung zu besitzen, streben nach Teilnahme an der Herrschaft über die Stadt. So wird die Macht von Beamten ausgeübt, denen ein Rat zur Seite steht, während die Souveränität bei der Volksversammlung liegt. Beamte und Rat rekrutieren sich aus der Aristokratie, und die Volksversammlung umfaßt mit Sicherheit alle diejenigen, die in der Armee eine Rolle spielen, darüber hinaus aber vielleicht auch noch andere bürgerliche Klassen – die Athener Versammlung wurde um 594 v. Chr. von Solon für alle geöffnet.

Im 8. und 7. Jahrhundert kommt es zu regelrechten Kolonisationsschüben – gut organisierte Gruppen eines Stadtstaats wandern aus, um in verschiedenen Regionen neue Städte zu gründen, gelegentlich unter Vertreibung der eingeborenen Bevölkerung. Diese neuen Städte sind von den Mutterstädten (Metropolen) unabhängig, auch wenn sie mit ihnen manches gemein haben, wie zum Beispiel die Religion, und mit ihnen Handel treiben. So ist Marseille ursprünglich eine Kolonie von Phokäa (654) und Syrakus von Korinth (734).

Diese Bewegung erfaßt unterschiedslos ganz Griechenland; in den beiden Jahrhunderten und auch noch einige Zeit danach gründen zahlreiche Stadtstaaten Kolonien. Die Ursachen dafür sind nicht näher bekannt; da es sich jedoch um eine so weit verbreitete Erscheinung handelt, scheiden allzu anekdotische Erklärungen aus. Zweifelsohne haben vor allem Faktoren wie Raummangel, Bevölkerungsdruck, Konzentration des Grundbesitzes in den Händen einiger weniger sowie von Fall zu Fall unterschiedliche wirtschaftliche und politische Bedingungen eine mehr oder weniger ausschlaggebende Rolle gespielt.

Infolge der zahlreichen Städtegründungen in den verschiedensten Regionen entwickelt sich vornehmlich dort, wo die Neugründungen Metalle produzieren, an denen Griechenland arm ist, ein reger Handelsverkehr; daraus entsteht zwar keine durchorganisierte Einheit, aber zumindest doch eine flexible wirtschaftliche und kulturelle Verflechtung der griechischen Welt. In dieser Epoche soll im Lydien des König Kroisos Ende des 7. Jahrhunderts die Münzprägung erfunden worden sein; sie erobert Griechenland, zu Beginn des 6. Jahrhunderts zunächst Korinth und Athen, wenig später dann den Rest des Landes (Kasten 105, Seite 258).

Doch die Kolonisation löst nicht alle inneren Probleme der griechischen Stadtstaaten. Die Spannungen zwischen den verschiedenen Gesellschaftsschichten (Besitzenden und Nichtbesitzenden) halten an, aber auch die Rivalitäten innerhalb ein und derselben Klasse, so bei den Aristokraten, die sich gegenseitig die Macht streitig machen. Die Folge ist, daß sehr häufig ein *Tyrann* an die Macht kommt – so um 525 Polykrates in Samos – und eine absolutistische Gewaltherrschaft errichtet oder aber mit Billigung eines mehr oder weniger großen Teils der Bevölkerung herrscht (es gibt auch demagogische Tyrannen). Gelegentlich wird die Macht auch für begrenzte Zeit zur Lösung einer bestimmten Konfliktsituation einem gewählten *Aisymnetes* oder Schlichter übertragen. Oder aber es wird wie 594 in Athen mit Solon ein *Gesetzgeber* gewählt, der nicht nur als Schiedsrichter in einem Konfliktfall oder einer Krise fungieren soll, sondern auch Gesetze geben soll, die als Verfassung dienen. Überhaupt ist die Tendenz, einen immer größeren Teil des Lebens durch die Gesetzgebung zu regeln, unverkennbar. Zwar waren Kodizes, die Richtlinien für Handel, Arbeit, Ehe, Rechtsprechung etc. aufstellen, auch schon früher bekannt, etwa der Kodex Hammurapi, doch nun weitet sich die Bewegung aus. Vor allem tauchen nun verfassunggebende Gesetze auf, die die Macht regeln und in ihre Schranken verweisen, die bis dahin im besten Fall durch Erlaß von Gesetzen regierte, falls sie es nicht vorzog, einfach willkürlich zu herrschen.

In diese Zeit fallen die Kleinasienfeldzüge der Perser (Kyros, Dareios), die in Ionien in verschiedenen Städten Tyrannen einsetzen. Mit Athens Unterstützung begehren die ionischen Städte gegen die Perserherrschaft auf, aber der Aufstand wird niedergeschlagen und 494 Milet zerstört.

Diese Niederlage hat in Athen einen Machtwechsel zur Folge. Themistokles übernimmt das Ruder und baut die Verteidigung der Stadt aus. Als Dareios die Stadtstaaten des griechischen Festlands mit Krieg überzieht (Perserkriege), wird er vom Strategen Miltiades 490 bei Marathon geschlagen. Nach diesem Sieg bricht die Rivalität der griechischen Stadtstaaten untereinander wieder aus, erneut flammen innere Unruhen auf. Einzig Athen verstärkt unter Themistokles seine Armee. Im Jahr 480 greift Dareios' Nachfolger Xerxes erneut an, wird aber nach wechselndem Kriegsglück schließlich bei Salamis geschlagen. Nach einem weiteren vergeblichen Anlauf werden die Perser 479 bei Paltaiai von der griechischen Armee unter dem Spartanerkönig Pausanias und bei Kap Mykale von der griechischen Flotte unter dem Kommando des Atheners Xanthippos endgültig besiegt.

Athen, das in den Perserkriegen eine hervorragende Rolle gespielt hat, baut seine Machtstellung aus (große Projekte: Hafen- und Befestigungsanlagen; Verstärkung der Flotte) und steigt zu einem regelrechten Reich auf. 478 schließen sich Athen und verschiedene Stadtstaaten vornehmlich auf den Inseln im Attischen Seebund (oder Delischen Bund) zusammen, um sich durch die Schaffung einer schlagkräftigen Flotte gegen die Rückkehr der Perser zu wappnen. Von allem Anfang an übernimmt Athen die Führung, was zu verschiedenen Rebellionen anderer Stadtstaaten des Bundes führt. Gleichwohl entwickelt sich der Bund in wenigen Jahren zu einem athenischen Reich, das schließlich die Inseln der Ägäis, einen Teil Thrakiens und Ioniens umfaßt. Allerdings bewahren die Stadtstaaten in diesem Reich eine gewisse Autonomie; eine durchgängige Zentralisierung findet nicht statt.

Ein halbes Jahrhundert lang hat dieses Reich Bestand; Athens Macht und Ansehen wachsen ständig, vor allem von 450 bis 431 unter Perikles, dem Sohn des Xanthippos, des Siegers vom Kap Mykale. Außer der Architektur und dem Theater fördert Athen in den anderen Stadtstaaten die Philosophie – Anaxagoras, der erste »athenische« Philosoph, war ein Freund des Perikles, obwohl er aus Athen verjagt wird – und die Demokratie.

Doch Athens Aufstieg zur Macht weckt in Sparta Besorgnis, und so kommt es von 461 bis 451 und erneut von 447 bis 445 zum Krieg. Der anschließend für dreißig Jahre abgeschlossene Frieden tastet Athens Seemacht nicht an, verpflichtet die Stadt dafür aber zu vollständiger Tatenlosigkeit auf dem Festland. Tatsächlich jedoch hält dieser Frieden nur vierzehn Jahre. 431 bricht zwischen den beiden Stadtstaaten und ihren Verbündeten der Peloponnesische Krieg aus. Nach vielen, oft grausamen Wechselfällen wird Athen 404 endgültig geschlagen und sein Reich aufgelöst; die Demokratie bricht zusammen (404–403 herrschen die Dreißig Tyrannen in Athen), wird aber letztlich in abgeschwächter Form wiederhergestellt. In diese Krisenzeit fallen Prozeß und Verurteilung des Sokrates (399).

Ein halbes Jahrhundert lang reißen die Krisen in und zwischen den verschiedenen Stadtstaaten nun nicht mehr ab – anfangs von gelegentlichen Eingriffen der Perser abgesehen unter der Hegemonie von Sparta, später unter der von Theben. Das ist der Hintergrund, vor dem Platon sein Werk verfaßt.

Parallel dazu erstarkt im Norden Griechenlands das makedonische Reich, vor allem nach den Perserkriegen und dem Abzug der Perser. Philipp II. von Makedonien nutzt die Streitigkeiten der Griechen aus, um immer weiter ins Land vorzudringen, was Athen auf Rat des Demosthenes hin vergeblich zu verhindern versucht. 338 hat Philipp ganz Griechenland mit Ausnahme von Sparta unterworfen und bereitet nun einen Feldzug gegen die Perser vor, wird jedoch 336 ermordet. Ihm folgt sein Sohn Alexander, ein Aristotelesschüler, der in dreizehn Jahren Kleinasien, Ägypten, Babylonien und den Iran bis zum Indus erobert.

Nach seinem Tod 323 in Babylon wird sein Reich aufgeteilt: Asien fällt an Seleukos, Ägypten an Ptolemaios, während sich die möglichen Erben im Streit um Makedonien und Griechenland gegenseitig umbringen. Diese Krisensituation ist von langer Dauer: Karthago interveniert 319 im Krieg mit Syrakus, später greifen die Kelten ein, die 279 in Makedonien einfallen, und schließlich die Römer, die letztendlich den Sieg davontragen – zunächst um 280 in den süditalienischen Stadtstaaten, dann nach und nach im übrigen Griechenland und Makedonien: 168 wird Perseus, der König von Makedonien, vom Römer Aemilius Paullus Macedonicus bei Pydna geschlagen, 146 v.Chr. wird Korinth von Mummius Achaïcus erobert und Griechenland als römische Provinz Makedonien wiedervereint.

Eine bewegte Geschichte, die von einem Mangel an politischer Einheit zeugt; aufgewogen wird dies jedoch durch die kulturelle Einheit der griechischen Welt und die Erfindung der Demokratie und der Verfassungsprinzipien.

Technische Voraussetzungen

Auf dem Gebiet der Landwirtschaft bietet die ägäische Welt im Vergleich zu Mesopotamien und Ägypten wenig Neues, außer vielleicht, daß der Anbau ohne größere Bewässerungsanlagen betrieben wird. Angebaut werden in erster Linie Getreide, Wein und Oliven. Die landwirtschaftlichen Gerätschaften sind noch primitiv – Hacke, räderloser Pflug mit Pflugjoch, das den Ochsen um Hörner oder Widerrist gelegt wird. Geräte wie Mühle oder Presse sind in dem von uns behandelten Zeitabschnitt mit denen von Mesopotamien und Ägypten vergleichbar; entwickeltere Formen wie Wassermühle und Presse mit Hebel tauchen erst später auf.

Die Tierhaltung umfaßt Schafe, Ziegen, Rinder, Schweine, Geflügel, Esel, Maultiere und Pferde.

Als Baustoff dienen überwiegend ungebrannte Lehmziegel zur Füllung eines Holzgerüstes. Gebrannte Ziegel kommen erst im 6. Jahrhundert in Gebrauch und setzen sich in der vorsokratischen Zeit nicht allgemein durch. Die Steinbauweise, in der kretisch-mykenischen Epoche durch Paläste und Gräber vertreten, geht mit dieser Kultur unter und taucht nicht vor dem 6. vorchristlichen Jahrhundert wieder auf – das echte Gewölbe sogar noch später, das im Jahr 450 v. Chr. von Demokrit von Abdera erfunden worden sein soll; bis dahin kennt man nur das »falsche« Gewölbe mit nach oben stufenweise vorkragenden Steinblöcken.

Auch die Straßen bleiben im Vergleich mit Kreta rückständig; waren sie dort mit Steinen gepflastert, so sind es nun lediglich einfache Wege, die ein wenig entwickeltes Straßennetz bilden, dem es vor allem an Brücken fehlt. Der Transport wird auf dem Rücken von Eseln oder Mauleseln, gelegentlich auch auf zweirädrigen Karren mit Kummet abgewickelt. Das Pferd, zunächst nur Zugtier, wird erst ab dem 11. Jahrhundert zum Reittier.

Dieser klägliche Zustand der Straßen und des Landtransports wird durch den bedeutenden Seeverkehr mit Ruder- und Segelschiffen, zwischen 40 und 60 Tonnen, mit einem einzigen Mast und einem Vierecksegel, Hafenanlagen etc. aufgewogen.

Zur Textilherstellung wird vor allem Wolle gesponnen und gewebt. Flachs wird kaum angebaut, der Bedarf hauptsächlich durch Importe aus Ägypten gedeckt: die Baumwolle wird erst durch Alexanders Feldzüge eingeführt.

Die chemische Industrie ist wenig entwickelt. Die Metallgewinnung ist auf einige wenige Bergwerke beschränkt (Blei- und Silberminen in Attika) und auf Importe von Rohmetallen angewiesen. Die vermutlich in Ägypten erfundene Glasherstellung ist bekannt, zumindest der Glasguß, ebenso die Emailherstellung. Die Glasbläserei kommt erst nach dem 2. Jahrhundert auf.

Als Schreibunterlage werden mit Wachs beschichtete Holztafeln verwendet; die Buchstaben werden mit einem Griffel eingeritzt, und später wird die Wachsschicht wieder glattgestrichen. Außerdem wird aus Ägypten Papyrus importiert.

Alles in allem scheint das vorsokratische Griechenland das technische Niveau, das Mesopotamien und Ägypten schon lange innehatten und in der Zwischenzeit auch gehalten haben, nur knapp zu erreichen. In den folgenden Jahrhunderten jedoch erlebt Griechenland einen in Mesopotamien und in Ägypten unbekannten Aufschwung der Mechanisierung – allein dem Archytas von Tarent (um 400) werden Erfindungen wie Wassermühle, archimedische Schraube, Flaschenzug sowie eine »fliegende Taube« (eine Art Papierdrachen?) zugeschrieben, oder Archimedes (287–212) Konstruktionen wie Räderwerk, Kran oder Dreirollenzug (Tripastos), sowie diverse Waffen, Belagerungs- und Festungsgeräte wie Widder, Belagerungsturm, Katapult etc.

Die Wurzeln dieser Mechanisierung reichen zum Teil bis in unsere Epoche zurück, obgleich die ersten Ansätze natürlich technisch weniger raffiniert und theoretisch weniger durchdacht waren; in Kasten 101 werden einige einschlägige Beispiele aufgeführt.

Eine ganze Reihe dieser technischen Erfindungen ist eng mit der Entwicklung der Mathematik verbunden, vor allem seit dem 4. Jahrhundert, vielleicht aber auch schon vorher – so zum Beispiel der Tunnelbau des Eupalinos (siehe Kasten 101), falls die vertikalen Belüftungsschächte nicht als Anhaltspunkte benutzt

101. GRIECHISCHE TECHNIKER DES 7. UND 6. JAHRHUNDERTS

Glaukos von Chios (617–560): *die Kunst des Eisenschweißens*;
Anacharsis der Skythe (Höhepunkt um 589): *Anker, Blasebalg, Töpferscheibe*;
Theodoros von Samos (7. Jahrhundert v.Chr., halb legendär): *bessere Ausnutzung der Hebelwirkung, Vervollkommnung der Schlosserei, Konstruktion eines Belagerungsturms, Rezept für den Bronzeguß (Statue)*.
Eupalinos von Megara (6. Jahrhundert v.Chr.): *Wasserleitung von Samos (1100 m langer, von beiden Seiten des Berges begonnener Tunnel mit einer seitlichen Verschiebung von 6 m und einer vertikalen Differenz von 2 m)*;
Mandrokles (6. Jahrhundert v.Chr.): *Brückenbautechnik* (513 Brücke über den Bosporus für Dareios);
Chersiphron und Metagenes (7. Jahrhundert v.Chr.): *Transportmaschinen für Schwermaterial*.

wurden. Teils werden die neugewonnenen mathematischen Erkenntnisse praktisch angewandt, teils entwickelt sich die Mathematik ihrerseits aufgrund der von der Technik aufgeworfenen Fragen oder auch anhand der von der Technik vorgegebenen Modelle. Festzuhalten aber ist dabei, daß zu der Zeit, als sich der Maschinenbau zu entwickeln beginnt, die Mathematik ihren Höhenflug bereits angetreten hat (siehe dazu vor allem das Kapitel über die pythagoreische Schule): auch wenn ihre Fortschritte in gewisser Hinsicht wohl mit der Maschinentechnik verknüpft sind, haben sie darin doch nicht ihren Ursprung – ein Punkt, auf den wir noch zurückkommen werden.

Die Schrift

Wie im kurzen historischen Überblick bereits angedeutet, stoßen wir in der ägäischen Welt auf eine erste, im wesentlichen kretisch-mykenische Schrift, die nach der dorischen Invasion um 1200 v.Chr. in Vergessenheit geriet. Um die Mitte des 8.Jahrhunderts kommt es dann zur »Wieder-Erfindung« der Schrift, von der auch das griechische Alphabet stammt.

Kreta hat zwei Schriftsysteme entwickelt, die uns auf Tontäfelchen bruchstückhaft überliefert sind: eine Hieroglyphenschrift wurde zwischen 2100 und

1700 benutzt, und eine sogenannte lineare (kursive) Schrift, die zwischen 1700 und 1200 in Gebrauch war.

Bei der Hieroglyphenschrift unterscheidet man zwei Arten: die ältere Schrift A (2100–1900) und die jüngere Schrift B (1900–1700). Von beiden Schriften sind die wichtigsten Hieroglyphen in Kasten 102 zusammengefaßt; sie sind, ähnlich wie die ägyptischen, ausgesprochen »realistisch«, allerdings weniger verfeinert und weniger »künstlerisch«.

Bei den linearen Schriften unterscheidet man gleichfalls zwei Arten – Linear A (1700–1450) und Linear B (1450–1200): sie sind zweifelsohne durch Vereinfachung und Schematisierung der Hieroglyphen entstanden. Von all diesen Schriften ist bis jetzt lediglich Linear B entziffert: eine Silbenschrift mit 87 Zeichen, deren Lautwert in Kasten 103 angegeben ist. Sie diente zur Aufzeichnung einer archaischen griechischen Sprache, was darauf schließen läßt, daß die Kreter zur Zeit der Linear B in Knossos (dem Fundort vieler solcher Täfelchen) von den Griechen bereits verdrängt worden waren. Darüber hinaus liegt nahe, daß die Schrift Linear B als Weiterentwicklung und Anpassung der recht ähnlichen, aus der Hieroglyphenschrift entwickelten Schrift Linear A an die griechische Sprache zu deuten ist. Demnach hätte sich die Entwicklung der Schrift in folgenden Etappen vollzogen: die Hieroglyphenschrift A geht der Hieroglyphenschrift B voraus (beides Bilderschriften); die Piktogramme werden in eine lineare Schrift umgeformt (Linear A), verbunden zweifellos mit einer Entwicklung hin zur phonetischen Schrift, und schließlich wird die Schrift Linear A von der ursprünglich auf Kreta gesprochenen Sprache gelöst und mit der Schrift Linear B an die griechische Sprache angepaßt.

An verschiedenen Punkten der ägäischen Welt existieren ähnliche Schriften wie auf Kreta. Durch die dorischen Invasionen wurden sie jedoch verdrängt – mit Ausnahme der zypriotischen Silbenschrift, die der kretischen Linearschrift nahesteht und sich bis in die klassische griechische Zeit gehalten hat.

Für die griechische Sprache selbst wurde im Laufe des 8. Jahrhunderts wieder eine Schrift eingeführt – eine Buchstabenschrift, die das erste wirkliche Alphabet der Geschichte benutzte.

Diese neue griechische Schrift geht auf die horizontal, von rechts nach links geschriebene phönikische Schrift zurück, eine Konsonantenschrift, die wie bei der ägyptischen Lautschrift lediglich die Konsonanten aufzeichnet. Das Phönikische gehört der semitischen Sprachfamilie an, die die Wortwurzeln aus Konsonanten bildet und je nach der grammatikalischen Funktion des Wortes mit verschiedenen Vokalen ergänzt (Kasten 10, Seite 47). Bestimmte Konsonanten jedoch sind »schwach«, das heißt ein Mittelding zwischen Vokal und Konsonant – ähnlich dem Buchstaben *i*, der sowohl dem Vokal *i* als auch dem Halbkonsonanten *j* in der Lautverbindung *ia* entsprechen kann (wie im Wort *Indianer*).

Über den Ursprung der phönikischen Schrift lassen sich keine gesicherten Angaben machen; möglicherweise leitet sie sich von der ägyptischen Kursiv-

102. DIE KRETISCHEN HIEROGLYPHEN

(Nach Evans 1909)

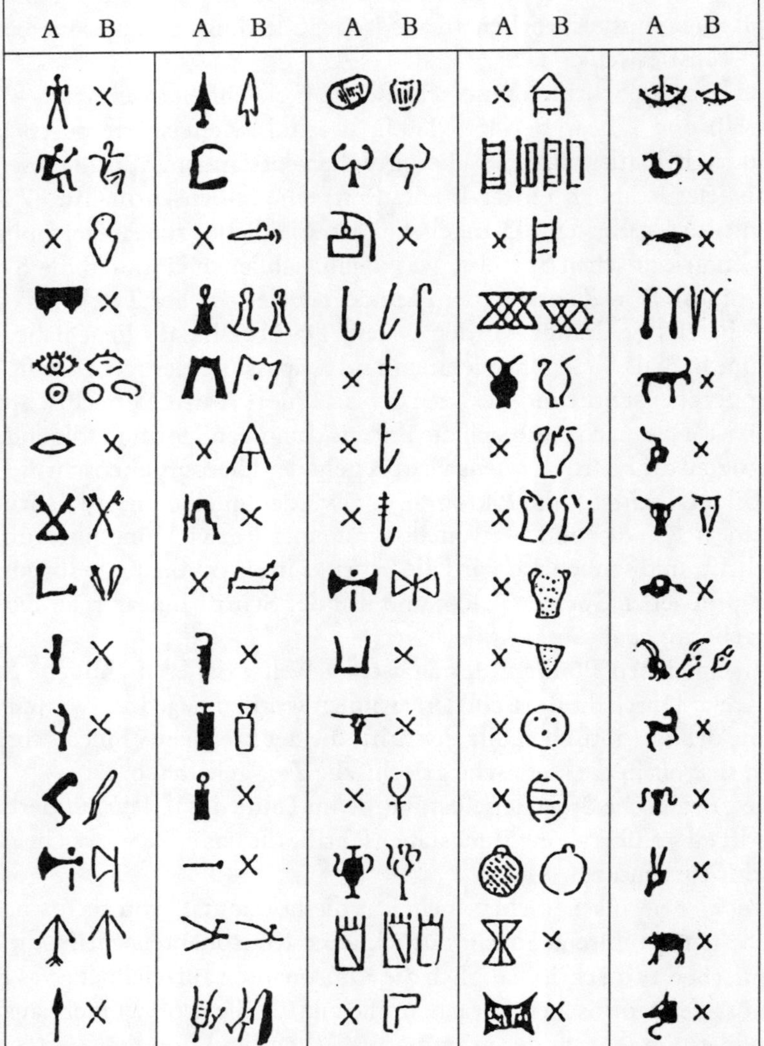

A: Hieroglyphen auf Siegeln
B: Hieroglyphen auf Tontäfelchen und Siegeln

A B
A B
A B
A B
A B

103. DIE SCHRIFT LINEAR B

(Nach Chadwick 1972)

104. VERGLEICH DER PHÖNIKISCHEN UND GRIECHISCHEN SCHRIFTEN

(Nach Ifrah 1981, Chabot 1983)

Die griechischen Buchstaben *Digamma, San* und *Koppa* sind mit der Zeit außer Gebrauch gekommen.

Die Spalte links außen gibt die den phönikischen Buchstaben zugrundeliegenden Zeichen und ihre Bedeutung an (beispielsweise *Alef* = Rind). Die einzelnen Buchstaben entsprechen jeweils dem Anfangsbuchstaben des phönikischen Worts. Das für den Buchstaben gewählte Symbol könnte auf ein dem Wort entsprechendes Piktogramm zurückgehen (das Zeichen *Alef* ≺ beispielsweise auf die Darstellung eines Rinderkopfs ∝).

Zeichen (und Namen), die den phönikischen Buchstaben zugrunde liegen	phönikische Konsonantenschrift	griechische Alphabete: Thera	Milet	Korinth	Böotien	klassisches griechisches Alphabet
Rind	Alef					Α α Alpha
Haus	Ber					Β β Beta
Kamel	Gimel					Γ γ Gamma
Zeltöffnung	Dalet					Δ δ Delta
	He					Ε ε Epsilon
	Waw					Digamma
Ölbaum	Sajin					Ζ ζ Zeta
Zaun	Chet					Η η Eta
	Tet					Θ θ Theta
Arm	Jod					Ι ι Iota
Handfläche	Kaf					Κ κ Kappa
Krummstab	Lamed					Λ λ Lambda
Wasser	Mem					Μ μ My
Schlange	Nun					Ν ν Ny
	Samech					Ξ ξ Xi
Auge	Ajin					Ο ο Omikron
Mund	Pe					Π π Pi
	Zade					San
Affe	Kof					Koppa
Kopf	Resch					Ρ ρ Rho
Zahn	Schin					Σ σ Sigma
Kennzeichen	Taw					Τ τ Tau
Kopfstütze						Υ υ Ypsilon
						Φ φ Phi
						Χ χ Chi
						Ψ ψ Psi
zwei O						Ω ω Omega

schrift ab, möglicherweise ist sie aber auch eine eigenständige lokale Schöpfung. Sie reicht bis ins 12. Jahrhundert v. Chr. zurück und war in mehr oder weniger modifizierter Form bis ins 2. Jahrhundert n. Chr. in Gebrauch. Sie lieferte die Grundlage für verschiedene semitische Schriften wie das Aramäische, das Hebräische und vielleicht über die aramäische Schrift auch das Arabische. Entwickelt wurde sie von den für ihre navigatorischen Fähigkeiten berühmten phönikischen Kaufleuten für den Handel. Ein solch »wirtschaftlicher Ursprung« ist nichts Neues – schon die sumerische Schrift geht auf einen solchen Ursprung zurück, und auch die kretische diente, wenn man den überlieferten Täfelchen glauben darf, fast ausschließlich der Rechnungsführung der Paläste. Neu dagegen ist, daß diese Schrift nicht mehr das Erbteil einer Kaste von Schreibern, sondern allen zugänglich ist (zumindest in der Klasse der begüterten Händler): Es geht nicht mehr darum, eine Palast- oder Tempeldomäne zu verwalten, sondern darum, Handel zu treiben. Und daraus resultiert zweifelsohne auch ihr praktischer Charakter – Darstellung der Laute durch eine beschränkte und damit leicht zu erlernende Anzahl von Zeichen, die einfach auf andere Sprachen übertragen werden können – sowie ihre größere Wandlungsfähigkeit (die Kaste der Schreiber zeichnete sich dagegen durch eine gewisse Starrheit und konservative Haltung aus).

Das griechische Alphabet ist direkt von der phönikischen Konsonantenschrift abgeleitet. Die Zeichen sind kaum verändert und ihre Weiterentwicklung in den verschiedenen Alphabeten ist leicht zu verfolgen. Die wichtigste Veränderung ist die Aufzeichnung der Vokale. Als Mitglied der indoeuropäischen Sprachfamilie kann die griechische Sprache auf die Fixierung der Vokale nicht so leicht verzichten wie die semitischen Sprachen, die sie im übrigen durch verschiedene Verfahren ebenfalls mehr oder weniger bezeichnen. Zur Schreibung der Vokale benutzt das griechische Alphabet phönikische Zeichen für Konsonanten, die das Griechische nicht kennt, vor allem Zeichen für schwache Konsonanten, die schon die semitischen Sprachen gelegentlich als Vokale verwenden; so leitet sich das griechische *Alpha* von dem phönikischen schwachen Konsonanten *Alef* ab, *Epsilon* von *He*, *Iota* von *Jod*, *Omikron* von *Ajin* etc. In Kasten 104 finden sich diese Entsprechungen zusammengestellt. Die Legende schreibt die Erfindung und Einführung der Schrift in Griechenland im übrigen Kadmos zu, dem Sohn eines phönikischen Königs, Gründer von Theben und Bruder der Europa.

In Wirklichkeit vollzieht sich die Entwicklung der phönikischen zur griechischen Schrift in verschiedenen Richtungen und führt zu je nach Region und Epoche leicht voneinander abweichenden griechischen Alphabeten (Kasten 104). Schließlich setzt sich das Alphabet von Milet an der ionischen Küste, nicht weit von Phönikien entfernt, durch und wird zum klassischen griechischen Alphabet – Athen übernimmt es offiziell im Jahr 403, also vier Jahre vor Sokrates' Tod.

Durch die Bevölkerungsverschiebungen und die griechische Kolonisation breitet sich die Buchstabenschrift in ihren griechischen Varianten dann immer weiter aus und erobert vor allem Italien, wo sie in diversen etruskischen Alphabeten und gegen Ende des 7. vorchristlichen Jahrhunderts im lateinischen Alphabet, das wir heute noch benutzen, ihren Niederschlag findet.

Kasten 104 vergleicht einige altgriechische Alphabete und das klassische griechische Alphabet mit der phönikischen Konsonantenschrift; in beiden Fällen sind die Namen der Buchstaben angegeben. Die Bezeichnung der phönikischen Buchstaben dürfte, so jedenfalls lautet eine heute noch weitgehend unbewiesene Hypothese, vom Namen der Gegenstände abgeleitet sein, die sie ursprünglich darstellten.

Das Geld

Kroisos, König von Lydien (550–546), soll dank des goldhaltigen Sands des Flusses Paktolos nicht nur unerhört reich gewesen sein, sondern auch das Geld erfunden haben. Nun gehört Lydien (Hauptstadt Sardeis) zwar nicht mehr zur eigentlichen griechischen Welt, ist ihr aber durch seine geographische Lage und die nachbarschaftlichen Beziehungen genügend verbunden, um mit dieser Erfindung in dem der ägäischen Welt gewidmeten Kapitel erwähnt zu werden; sogar Thales soll Kroisos beim Vorstoß der Perser nach Kleinasien beratend zur Seite gestanden sein.

Vor der Erfindung des Geldes behalf sich der Handel mit verschiedenen Objekten und Stoffen als Tauschmittel – so gab es in Babylon ein »Korngeld«, und ebenso konnte ein Stück Vieh als Währungseinheit dienen; oft waren es auch Edelmetalle, zum Beispiel Goldringe in Ägypten. Die Kroisos zugeschriebene Erfindung nun bestand in der Kennzeichnung von Metallbarren durch bestimmte Zeichen und Bilder, die das Gewicht des betreffenden Barrens garantierten; daneben konnte mit dem Probierstein die Reinheit des Goldes geprüft werden, erkennbar an der Farbe der Spur, die das Metall auf dem Stein hinterließ. Die Erfindung bestand also im Grunde in der Normierung der Barren und der Garantie ihres Werts, die durch Hinzufügen dieser Zeichen von offizieller Seite übernommen wurde. In der Folge entwickelten sich diese Barren dann zu verschiedenen Münzen, wie wir sie heute noch kennen.

Grundlage des griechischen Münzsystems war also das Metallgewicht der Münzen, das allerdings je nach Region und Zeit variieren konnte; seine Grundprinzipien finden sich in Kasten 105.

Auf den ersten Blick mag eine solche Erfindung eher nebensächlich und ohne große zukunftsweisende Bedeutung erscheinen. Sie ist jedoch Teil einer viel umfassenderen geistigen Bewegung, die die griechische Welt vom 7. bis zum 5. vorchristlichen Jahrhundert erfaßt und ihr neben dem Geld auch vor allem die im historischen Überblick bereits angesprochenen konstitutionellen Prinzipien, die Erfindung des Alphabets und die Philosophie beschert, welche wir an anderer Stelle noch eingehender untersuchen werden.

105. DIE GRIECHISCHE WÄHRUNG IN ATHEN

Gewichtseinheiten

1 Talent = 60 Minen (= ca. 30 kg)
(siehe Kasten 111, Seite 266)

Münzeinheiten

1 Drachme = 1/100 Mine = 6 Obolen
1 Dekadrachmon = 10 Drachmen
1 Tetradrachmon = 4 Drachmen
1 Didrachmon (Stater) = 2 Drachmen
1 Tetrobolos = 4 Obolen
1 Hemidrachmon (Triobolos) = 3 Obolen
1 Diobolos = 1/3 Drachme = 2 Obolen
1 Obolos und 1/2 = 1/4 Drachme
1 Obolos = 1/6 Drachme
1/2 Obolos
(selten: 5 Obolen)

Die Münzen sind aus Silber oder Gold (der attische Goldstater ist 24 attische Silberdrachmen wert, das entspricht einem Verhältnis von 1 zu 12). Daneben sind auch kleine Kupfermünzen im Gebrauch (1 Chalkus = 1/8 Obolos, 1 Dichalkus = 1/4 Obolos).

Hier jedoch wollen wir dieses Alphabet und dieses Geld, zwei nahezu gleichzeitige »Erfindungen« ein und derselben Region, miteinander vergleichen. Das griechische Alphabet ist das Endprodukt der Phonetisierung der Schrift – zugunsten der Fixierung der Lautwerte wurde auf eine Eigenbedeutung der Zeichen gänzlich verzichtet : die Schrift verwendet nur noch ein vereinbartes System von Zeichen (die Buchstaben), die selber keinerlei Sinn machen, sich dank ihrer Kombinierbarkeit aber bestens dafür eignen, durch die Darstellung der Sprachlaute alle möglichen Bedeutungen auszudrücken.

Die Urform des Handels ist zweifelsohne der Tauschhandel. Die Verwendung von Korn oder Vieh als einer Art Geld ist ein erster, wenn auch nur kleiner Fortschritt, denn Korn und Vieh finden darüber hinaus noch anderweitig Verwendung, und dementsprechend nah steht ein solcher Handel dem Tauschhandel noch. Die Benutzung von Metallen, auch von Edelmetallen, als »Geldmittel« ändert die Sachlage nicht wesentlich, denn auch Metalle, selbst Edelmetalle, dienen nicht nur dem Handel, sondern besitzen über ihren Tauschwert hinaus noch einen Eigenwert – zum Beispiel lassen sie sich zu Schmuck verarbeiten. Mit der oben skizzierten Erfindung des Geldes aber ändert sich schlagartig alles, auch wenn der mit Währungszeichen und einem Bildnis geprägte Metallbarren (bzw. später die Münze) ebenfalls noch anderweitig verwendbar ist, da sein Wert eine Funktion seines Metallgewichtes ist. Seine wirkliche Bedeutung und damit auch sein eigentlicher Wert aber liegen jetzt in seiner Rolle für den Handel bei der Festsetzung der Preise der Handelsobjekte. Ein solcher Metallbarren besitzt keinen Gebrauchswert mehr, sondern nur noch einen Tauschwert. Darin kommt er den Buchstaben des Alphabets sehr nahe, die keinerlei semantische Bedeutung mehr haben, wie das bei den Ideogrammen noch der Fall sein konnte, sondern lediglich einen Lautwert besitzen, weshalb sie durch verschiedene Kombinationen jede Bedeutung zum Ausdruck bringen können – so wie man mit Münzen jedes Handelsobjekt erstehen kann nach dem Prinzip des Preises, der die Beziehung zwischen Objekt und Geld regelt. Deutlicher wird dies noch ein paar Jahrhunderte später bei der Einführung des Papiergeldes, dessen Eigenwert ja praktisch null ist.

Natürlich hinkt ein solcher Vergleich zwischen Alphabet und Geld, semantischem Wert und Gebrauchswert, Lautwert und Tauschwert. Aber so summarisch er auch ist, erschien es uns doch nützlich, auf diese Beziehung, die wir später besser und präziser herausarbeiten werden, schon jetzt hinzuweisen.

Die Zahlschrift

Kreta besaß eine Zahlschrift mit der Basis 10, die wie die ägyptische auf dem additiven Prinzip beruhte, also die Symbole nebeneinanderstellte und addierte. Wie bei der kretischen Schrift unterscheidet man eine hieroglyphische und eine lineare Zahlenschreibweise, wobei Linear A und B bei der Zahlschrift mehr oder weniger identisch sind. In Kasten 106 finden sich die verschiedenen Symbole und ihre Kombination. Durch die dorischen Invasionen im Jahr 1200 v. Chr. wurde diese Zahlenschreibweise zusammen mit der übrigen kretisch-mykenischen Kultur vernichtet.

Das eigentliche griechische Zahlensystem ist gleichfalls ein Dezimalsystem. Hier werden zwei verschiedene Schreibweisen unterschieden: die akrophonische oder herodianische und die milesische oder alphabetische. Die akrophonische Zahlschrift ist primitiver, hat sich aber lange Zeit neben der alphabetischen gehalten. Beide sind relativ spät aufgetreten (um 450 v. Chr.), erst nachdem sich das Alphabet bereits eingebürgert hatte (beide benutzen Buchstaben). Die akrophonische Zahlschrift kam um 100 v. Chr. außer Gebrauch; das Zahlenalphabet, das sich erst nach der alexandrinischen Epoche (also nach der von uns behandelten Zeit) voll entwickelte, behauptete sich im Orient bis zum Mittelalter.

106. DIE KRETISCHEN ZIFFERN

(Nach Ifrah 1981)

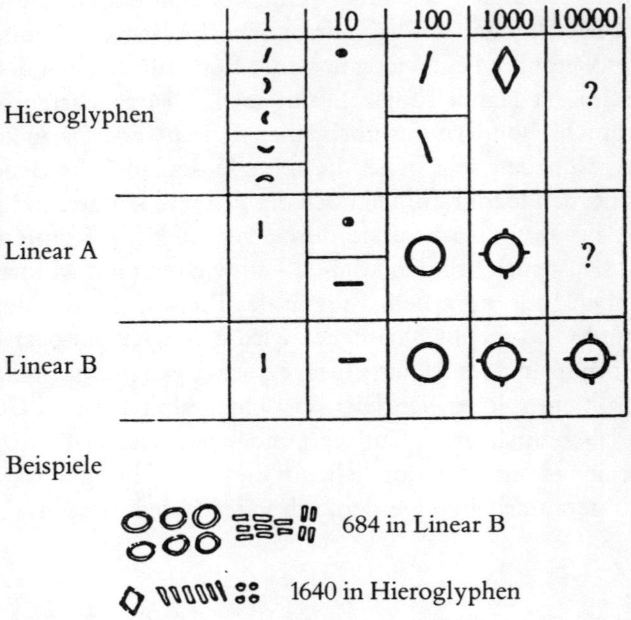

Die akrophonische Zahlschrift, die nur Kardinalzahlen zu erfassen vermochte, diente vor allem zur Darstellung von Maßen und Gewichten, vorwiegend von Geldsummen. Als Symbole für die wichtigsten Zahlen des Dezimalsystems (5, 10, 100, 1 000 und 10 000) benutzte sie einfach die Anfangsbuchstaben des entsprechenden griechischen Zahlwortes; die Einer wurden durch einen vertikalen Strich dargestellt. Kasten 107 erklärt, wie auf der Grundlage dieser Symbole die anderen Zahlen geschrieben und neue Symbole für 50, 500, 5 000 und 50 000 gebildet wurden. Die Bezeichnung »akrophonisch« geht darauf zurück, daß die Zeichen dieser Zahlschrift aus den Anfangsbuchstaben der entsprechenden Zahlwörter bestehen – eine nicht ganz korrekte Übertragung des Begriffs der Akrophonie, der eine phonetische Schrift aus Ideogrammen bezeichnet, deren Lautwert der ersten Silbe des Wortes entspricht, das sie darstellen.

Das Zahlenalphabet benutzte gleichfalls Buchstaben, denen ein bestimmter Zahlenwert zugeordnet war; dieser entsprach jeweils der Stellung des Buchstabens im Alphabet. Im Gegensatz zum »Buchstaben«-Alphabet behielt das Zahlenalphabet jedoch die in der klassischen Epoche außer Gebrauch gekommenen Buchstaben *Digamma*, *Koppa* und *San* bei, um die notwendige Anzahl von Zei-

107. DIE AKROPHONISCHE ZAHLSCHRIFT

(Nach Guitel 1975, Ifrah 1981)

1	Ι
5	Γ
10	Δ
50	𐅄
100	Η
500	𐅅
1 000	Χ
5 000	𐅆
10 000	Μ
50 000	𐅇

Die Zahlen 5, 10, 100, 1 000 und 10 000 werden mit den Buchstaben Γ (archaische Form von *Pi* Π), Δ (*Delta*), H (*Eta*), X (*Chi*) und M (*My*) geschrieben, also den Anfangsbuchstaben von Πεντε (*Pente*, fünf), Δεκα (*Deka*, zehn), Ηεκατον (*Hekaton*, hundert), Χιλιοι (Chilioi, tausend) und Μυριοι (*Myrioi*, Myriade, zehntausend).

Die Zeichen für die Zahlen 50, 500, 5 000 und 50 000 werden folgendermaßen zusammengesetzt:

50	𐅄	=	Γ.Δ	5 × 10
500	𐅅	=	Γ.Η	5 × 100
5 000	𐅆	=	Γ.Χ	5 × 1 000
50 000	𐅇	=	Γ.Μ	5 × 10 000

Gelegentlich findet sich auch

100 000	Δ mit M	=	Δ.Μ	10 × 10 000
1 000 000	Η mit M	=	Η.Μ	100 × 10 000

Beispiele: 12 ΔΙΙ 154 Η𐅄ΙΙΙΙ 755 𐅅ΗΗ𐅄Γ 6 221 𐅆ΧΗΗΔΔΙ

Diese Zahlschrift diente vor allem der Fixierung von Geldangaben, weshalb sich im allgemeinen an der Stelle der Einersymbole, aber auch an anderer Stelle das Symbol der Drachme (⊢) beziehungsweise des Talents (Τ), also der betreffenden Münzeinheit, findet.

3 633 Drachmen ΧΧΧ𐅅ΗΔΔΔ⊢⊢⊢ 598 Talente 𐅅𐅄ΔΔΔΔΓΤΤΤ

108. DAS GRIECHISCHE ZAHLENALPHABET

(Nach Guitel 1975, Ifrah 1981)

1	Α	α	Alpha	1000	’Α	Die Tausender werden mit denselben Buchstaben geschrieben wie die Einer, im allgemeinen aber links oben mit dem Zeichen ’ versehen.
2	Β	β	Beta	2000	’Β	
3	Γ	γ	Gamma	3000	’Γ	
4	Δ	δ	Delta	4000	’Δ	
5	Ε	ε	Epsilon	5000	’Ε	
6	Ϛ	ϛ	Digamma	6000	’Ϛ	
7	Ζ	ζ	Zeta	7000	’Ζ	
8	Η	η	Eta	8000	’Η	
9	Θ	θ	Theta	9000	’Θ	
10	Ι	ι	Iota	10000	$\overset{\alpha}{M}$	Ab zehntausend werden die Zahlen mit dem Zeichen M (Myriade: Μυϱιοι) gekennzeichnet. Der Buchstabe über dem M gibt jeweils die Anzahl der Zehntausender an. Dasselbe Verfahren wird auch über 90000 angewandt: $\overset{\iota\alpha}{M}$ 110000
20	Κ	κ	Kappa	20000	$\overset{\beta}{M}$	
30	Λ	λ	Lambda	30000	$\overset{\gamma}{M}$	
40	Μ	μ	My	40000	$\overset{\delta}{M}$	
50	Ν	ν	Ny	50000	$\overset{\varepsilon}{M}$	
60	Ξ	ξ	Xi	60000	$\overset{ϛ}{M}$	Auf diese Weise kommt man bis:
70	Ο	ο	Omikron	70000	$\overset{\zeta}{M}$	
80	Π	π	Pi	80000	$\overset{\eta}{M}$	99999000 $\overset{’θϡϙθ}{M}$
90	Ϙ	ϙ	Koppa	90000	$\overset{\theta}{M}$	
100	Ρ	ρ	Rho			*Einige Beispiele:*
200	Σ	σ	Sigma			13 $\overline{\text{ΙΓ}}$ 25 $\overline{\text{ΚΕ}}$ 37 $\overline{\text{ΛΖ}}$ 86 $\overline{\text{ΗϚ}}$
300	Τ	τ	Tau			
400	Υ	υ	Ypsilon			125 $\overline{\text{ΡΚΕ}}$ 365 $\overline{\text{ΤΞΔ}}$ 1475 $\overline{\text{’ΑΥΟΕ}}$
500	Φ	φ	Phi			
600	Χ	χ	Chi			(Um die Zahlenbuchstaben von den eigentlichen Buchstaben zu unterscheiden, wird über erstere ein Strich gesetzt.)
700	Ψ	ψ	Psi			
800	Ω	ω	Omega			
900	Ϡ	ϡ	San			

chen und ihre Reihenfolge aufrecht erhalten zu können. Kasten 108 erläutert die Art ihrer Zusammensetzung bei der Darstellung der verschiedenen Zahlen, vor allem auch der großen.

Keine dieser beiden Zahlenschreibweisen aber war wirklich praktisch; das Zahlenalphabet war in Anbetracht der vielen verwendeten Symbole sogar besonders umständlich. Diese Umständlichkeit war zweifelsohne auch einer der Gründe, warum die Pythagoreer die Zahlen durch eine geometrische Anordnung von Punkten darstellten, worauf wir im 3. Kapitel dieses Teils noch einmal zurückkommen werden. Merken wir hier abschließend nur noch an, daß das griechische Zahlensystem weder das Positionsprinzip noch die Null je kannte.

Für die Brüche besaßen die Griechen verschiedene Schreibweisen. Das eine System kannte nur Stammbrüche, also Brüche mit dem Zähler 1 – genau wie das ägyptische System, von dem das griechische möglicherweise auch abgeleitet war, während das Zahlenalphabet von den Phönikiern stammte: Es genügte, die Angabe des Nenners rechts oben mit dem Zeichen ʹ zu versehen (nicht zu verwechseln mit dem Zeichen ͵ links oben, das die Tausender anzeigte; siehe Kasten 108); beispielsweise bedeutete θ' 1/9. Bei Brüchen mit einem anderen Zähler als 1 schrieb man umgekehrt wie bei uns den Nenner über den Zähler, 3/17 also zum Beispiel $\overset{\iota\varsigma}{\gamma}$. Wesentlich später führten die Griechen dann mit den astronomischen Tabellen aus Chaldäa bei der Bruchschreibung das in Mesopotamien übliche sexagesimale Positionssystem (Grad, Minute, Sekunde) ein, nicht nur für Winkel- oder Kreisbogenwerte, sondern zuweilen auch für Längen- oder andere Maße (ohne jedoch zugleich ihr Zahlenalphabet durch Keilschriftsymbole zu ersetzen). Dieses System kombiniert also die griechischen Buchstabenziffern und das sexagesimale Stellenwertsystem, so daß Bruchzahlen wie Dezimalzahlen in unserem System geschrieben werden konnten. So wären beispielsweise 35 Grad 15 Minuten 49 Sekunden demnach 35 Einer 15/60 49/3600, geschrieben *morion* λε ιε' μθ ″ – *morion* steht für »Teil« und die Zeichen ʹ und ″ für sexagesimale Minuten und Sekunden. Das noch heute übliche Zeichen ʹ für Minuten ist von dem Zeichen ʹ abgeleitet, das eine Zahl als Bruchzahl kennzeichnet, und das Zeichen ″ für Sekunden von dem für Minuten.

Die griechische Zahlenschreibweise ist also reichlich heterogen, oft auch schlecht definiert (wie beispielsweise im Fall der Brüche) und ziemlich umständlich. Und mit einem so unpraktischen System mußten die Griechen rechnen und Mathematik – Arithmetik und Geometrie – betreiben.

Das Rechnen

Wie alle Völker des Altertums bedienten sich auch die Griechen bei den verschiedenen Rechenarten der Rechentafel, des Abakus und des Kugelrechenbretts. Daneben konnten sie diese Operationen aber auch schriftlich durchführen, auf ähnliche Weise wie wir heute.

Bei Additionen und Subtraktionen wandten sie dasselbe Prinzip an wie wir, indem sie die zu addierenden (oder zu subtrahierenden) Zahlen untereinander schrieben. Da sie jedoch kein Positionssystem besaßen, waren diese Operationen weniger leicht durchzuführen als in unserem System, immerhin aber machbar.

Auch bei Multiplikationen verfuhren die Griechen ähnlich wie wir, indem sie zunächst die Teilprodukte ermittelten, um sie anschließend zu addieren – mit dem Unterschied allerdings, daß sie links begannen, also bei den höchsten Zehnerpotenzen. Diese Rechenrichtung in Verbindung mit einer Zahlschrift ohne Positionssystem machte das Multiplizieren zu einer reichlich schwierigen Angelegenheit. Noch komplizierter – oder sogar nur für Spezialisten zu bewältigen – war das Dividieren.

Als Rechenhilfe verfügten die Griechen über diverse Tafeln, in denen die Resultate angegeben waren; in Kasten 109 und 110 stellen wir zwei solcher Tabellen vor: eine Multiplikationstabelle der Zahlen von 1 bis 10 mit 2 und 3 (auf einer Wachstafel) und eine Tabelle der Quadratzahlen von 1 bis 10, von 20 bis 100 und von 200 bis 800 (auf Papyrus, mit Lücken, wo der Papyrus verdorben war).

109. MULTIPLIKATIONSTABELLE MIT 2 UND 3

(Nach Mugler 1963, Guitel 1975, Ifrah 1981)

Wachstafel *(British Museum Add.34186)*

A A A	Γ A Γ
B A B	Γ B Ϛ
B B Δ	Γ Γ Θ
B Γ Ϛ	Γ Δ IB
B Δ H	Γ E IE
B E I	Γ Ϛ IH
B Ϛ IB	Γ Z KA
B Z IΔ	Γ H KΔ
B H IϚ	Γ Θ KZ
B Θ IH	Γ I Λ
B I K	

1 × 1 = 1	3 × 1 = 3
2 × 1 = 2	3 × 2 = 6
2 × 2 = 4	3 × 3 = 9
2 × 3 = 6	3 × 4 = 12
2 × 4 = 8	3 × 5 = 15
2 × 5 = 10	3 × 6 = 18
2 × 6 = 12	3 × 7 = 21
2 × 7 = 14	3 × 8 = 24
2 × 8 = 16	3 × 9 = 27
2 × 9 = 18	3 × 10 =30
2 × 10 = 20	

110. QUADRATZAHLENTABELLE

(Nach Guéraud/Jouguet 1938, Ifrah 1981)

Papyrus aus dem 3. Jahrhundert v. Chr.

(Ägyptisches Museum, Kairo, n° 65445)

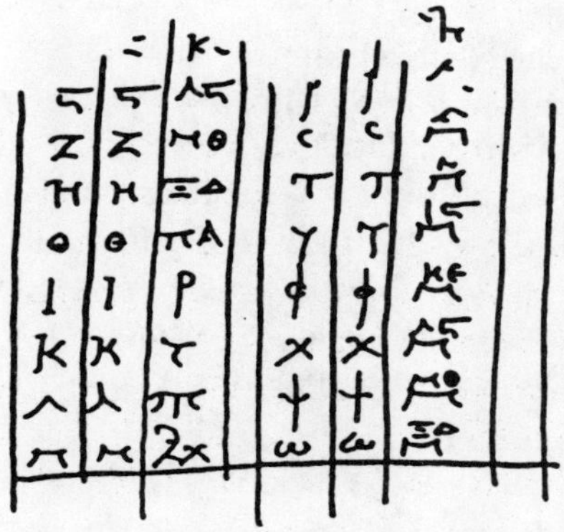

Ε̣	Ε	ΚΕ̣	Y̲	Y̲	ΗΡ
Ϛ	Ϛ	ΛϚ	Ρ	Ρ	$\overset{\alpha}{M}$
Ζ	Ζ	ΜΘ	Ç	C	$\overset{\delta}{M}$
Η	Η	ΞΔ	Τ	Τ	$\overset{\theta}{M}$
Θ	Θ	ΠΑ	Υ	Υ	$\overset{\iota\varsigma}{M}$
Ι	Ι	Ρ	Φ	Φ	$\overset{\kappa\epsilon}{M}$
Κ	Κ	Υ	Χ	Χ	$\overset{\lambda\varsigma}{M}$
Λ	Λ	ϡ	Ψ	Ψ	$\overset{\mu\theta}{M}$
Μ	Μ	ΑΧ	Ω	Ω	$\overset{\xi\delta}{M}$

	5	25		90	8100
6	6	36	100	100	10000
7	7	49	200	200	40000
8	8	64	300	300	90000
9	9	81	400	400	160000
10	10	100	500	500	250000
20	20	400	600	600	360000
30	30	900	700	700	490000
40	40	1600	800	800	640000

111. GRIECHISCHE MASSE UND GEWICHTE

Längenmaße

1 Fuß = ca. 0,30 m (je nach Region und Zeit etwas mehr oder weniger; der attische Fuß maß beispielsweise 0,296 m, der äginetische 0,328 m)

1 Fuß = 16 Fingerbreiten
= 8 Knöchelbreiten (kondylos)
= 4 Handbreiten (doron) = 2 Halbfuß
= 4/3 Spanne (spithame)

1 Pygme = 9/8 Fuß
1 Pygon = 5/4 Fuß
1 Elle = 1,5 Fuß
1 Schritt = 2,5 Fuß
1 Klafter (orgyia) = 6 Fuß

1 Rute = 10 Fuß
1 Seil = 60 Fuß
1 Grenze (plethron) = 100 Fuß
1 Stadion = 600 Fuß
(1 olympisches Stadion = 600 × 0,32045 = 192,27 m)

Flächenmaße

Die Flächeneinheit war der Quadratfuß (= ca. 0,09 m^2). Die gebräuchlichsten Feldmaße waren Quadratruten (= 100 Quadratfuß) und Quadratgrenzen (= 10000 Quadratfuß).

Hohlmaße

Hier wurde zwischen Maßen für flüssige und für trockene Gegenstände unterschieden.

Für flüssige Gegenstände (von Solon eingeführtes System)

1 Kyathos = 0,046 Liter
1 Oxybaphon = 1,5 Kyathen
1 Kotyle = 6 Kyathen
1 Xestes = 12 Kyathen
= 0,5521

1/2 Chus (Kanne) = 6 Kotylen
1 Chus = 12 Kotylen
1 Amphoreus = 1/2 Metretes

1 Metretes = 144 Kotylen

Für trockene Gegenstände (von Solon eingeführtes System)

1 Tagesration (choinix) = 4 Kotylen = 1,1 Liter
1 Halbsester = 16 Kotylen
1 Sester = 32 Kotylen
1 Medimnos = 6 Sester = 53 Liter

Gewichte

1 Talent = ca. 30 kg (je nach Region und Epoche etwas mehr oder weniger; vor Solon war das äginetische Talent, das 37,11 kg wog, maßgeblich; nach seiner Reform das sogenannte attische Talent mit 25,92 kg)
1 Talent = 60 Minen
1 Mine = 100 Drachmen
1 Drachme = 6 Obolen
1 Obole = 3 Schoten = 8 Chalkus
Außerdem waren 1/2 Obolos und 1/4 Obolos üblich.

Maße und Gewichte

Maße und Gewichte sind, vor allem in der von uns behandelten Epoche, in den verschiedenen griechischen Stadtstaaten nicht einheitlich. Kasten 111 führt die gebräuchlichsten Maßeinheiten auf, wobei der Wert dieser Einheiten von Ort zu Ort variieren kann. Die verschiedenen Maßsysteme für Länge, Fläche etc. sind dem dezimalen Zahlensystem nicht angepaßt, im Gegensatz zu unserem metrischen System oder auch zum mesopotamischen Maßsystem, das auf dem Sexagesimalsystem aufbaut. Im übrigen sind nur Längen- und Flächenmaße aufeinander abgestimmt; Raum- und Hohlmaße dagegen werden, ebenso wie die Gewichte, isoliert behandelt – anders unser System, das, wie auch das mesopotamische (vergleiche Kasten 18, Seite 58), alle Maßeinheiten durchgängig miteinander verknüpft.

Allem Anschein nach sind die griechischen Maße und Gewichte sowohl von Mesopotamien als auch von Ägypten beeinflußt worden. Die Längenmaße *Fuß, Halbfuß, Hand-, Knöchel-, Fingerbreit* zum Beispiel erinnern an die Zerlegung des Horusauges in Potenzen von 2 (Kasten 69, Seite 164), *Fuß, Klafter, Rute, Seil, Grenze, Stadion* dagegen an das mesopotamische Prinzip, die Vielfachen von 6 und 10 zu kombinieren. Die Gewichte, die im Münzsystem wiederkehren (siehe Kasten 105, Seite 258), stehen gleichfalls dem mesopotamischen System nahe.

Solon (594 v.Chr.) hat also nicht nur die Regierungsform reformiert, sondern auch die geltenden Münz- und Maßsysteme geändert – die über die Gewichtsmaße miteinander verbunden sind – und das »leichtere« *Talent* eingeführt. Es hat ganz den Anschein, als hätte das binäre Prinzip des ägyptischen Horusauges den Vorrang vor dem Sexagesimalprinzip erhalten.

Der Kalender

So wenig die griechischen Stadtstaaten im 6. und 5. Jahrhundert v.Chr. einheitliche Maße und Gewichte besaßen, so wenig besaßen sie einen einheitlichen Kalender. Wie zweifelsohne bei den meisten Völkern des Altertums, wurde auch im ägäischen Raum die Beschäftigung mit Daten und Kalender von den Erfordernissen der Landwirtschaft diktiert, das heißt von der Einteilung der Feldarbeit in den verschiedenen Jahreszeiten. In der griechischen Literatur klingt dieser Ursprung noch in Hesiods Dichtung *Werke und Tage* (8. Jahrhundert v.Chr.; siehe Kasten 112) an. Es fällt auf, welche Bedeutung der Beobachtung der Sterne und den Vogelzügen beigemessen wird; überhaupt gewinnt man aus Hesiods Text den Eindruck einer großen »Natürlichkeit« eines solchen Kalenders – einer viel größeren »Natürlichkeit« als bei seinem mesopotamischen Pendant (vergleiche Kasten 53, Seite 128), bei dem der magische Aspekt überwiegt. Daraus darf man jedoch nicht schließen, daß bei der Zeiteinteilung der alten Griechen Mythos und Magie keine Rolle gespielt hätten. Mit großer Wahrscheinlichkeit aber war sie geringer als in Mesopotamien oder auch in Ägypten. Außerdem darf man nicht vergessen, daß die griechische Kultur zur Zeit Hesiods noch weit primitiver war als die zeitgenössische mesopotamische oder ägyptische, deren Astronomie und Kalender seit langem weitaus entwickelter waren.

112. WERKE UND TAGE IM GRIECHENLAND DES 8. JAHRHUNDERTS

(Hesiod 1984, S. 118f.)

Wenn das Gestirn der Pleiaden, der Atlastöchter, emporsteigt,
Dann beginnt die Ernte, doch pflüge, wenn sie hinabgehn; sie sind vierzig Nächte und vierzig Tage beisammen
Eingehüllt, doch wenn sie wieder im kreisenden Jahre
Leuchtend erscheinen, erst dann beginne die Sichel zu wetzen:
Also ist es Brauch bei Feldbau, (...)
Wenn dann die Gewalt des sengenden Helios nachläßt,
Mühe und Schweiß zu bringen, und Regengüsse im Spätherbst
Zeus, der mächtige, sendet, und wie verwandelt der Leib dann
Leichter sich fühlt und behende – es geht ja des Sirius Leuchten
Während des Tages dann über die Häupter der schicksalverfallnen
Menschen kürzer hin und leuchtet länger zur Nachtzeit –,
Wenn dann unzernagt die eisenverfallene Waldung
Dasteht und erdwärts schüttet ihr Laub und ihr Blühen beendet,
Denn gedenke zur Zeit der Arbeit und fälle die Bäume. (...)

Obacht gib, sobald du des Kranichs Stimme erlauschtest,
Wenn sein alljährlicher Ruf aus der Höhe der Wolken vernehmbar;
Das ist das Zeichen zum Säen und meldet des regnichten Winters
Nahen;(...)
Falls du zur Sommerwende die göttliche Erde beackerst,
Hockend wirst du dann mähen, gering ist das Werk deiner Hände, (...)
Hat nun sechzig Tage, nachdem sich die Sonne gewendet,
Zeus des Winters Tage beendet, dann wird des Arkturos
Stern die heilige Flut des Okeanos hinter sich lassen
Und im strahlenden Glanz zuerst aus der Dämmerung steigen.
Nach ihm fliegt früh zwitschernd Pandions Tochter, die Schwalbe,
Wieder den Menschen zum Licht, sobald der Frühling herannaht.
Vor ihr noch beschneide die Reben; denn das ist das beste.(...)
Wenn Orion und Sirius dann zur Mitte des Himmels
Steigen und den Arkturos die rosige Eos betrachtet,
Dann, o Perses, schneide die Trauben und bring sie nach Hause.(...)
Wenn es dich aber nach Schiffahrt auf wildem Meere gelüstet,
Wann das Pleiadengestirn die mächtige Kraft des Orion
Flieht und sich niedersenkt in des Meeres umdunstete Tiefe,
Alle Winde erheben sodann ihr wirbelndes Wehen,
Laß dann die Schiffe nicht länger auf dunklem Meere verweilen,
Arbeite dann auf dem Lande, (...)
Fünfzig Tage, nachdem sich am Himmel die Sonne gewendet,
Bis zum Ende des Sommers, der so erschlaffenden Tage,
Kommt die geeignete Zeit für die Menschen zur Seefahrt, du
wirst dann
Weder Schiffbruch erleiden, noch tötet das Meer dir die Leute, (...)
Dann sind klarer die Lüfte, und mühlos gleitet die Seefahrt. (...)

Der griechische Kalender war ein Mondkalender; das Jahr bestand aus 12 Mondmonaten zu 30, später wechselweise zu 29 und zu 30 Tagen – der erste Tag des Monats fiel jeweils auf den Mondaufgang nach Neumond. Das deutet auf eine gewisse Verwandtschaft mit dem babylonischen Kalender hin; doch während dieser den Jahresbeginn auf das Frühjahrsäquinoktium, den Frühlingspunkt, ansetzte, begann das griechische Jahr mit der Sommersonnenwende. Die 12 Mondmonate, deren Namen im Athener Kalender sich in Kasten 113 finden, hatten aber statt der 365 Tage des Sonnenjahrs nur 354 Tage. Also mußten immer wieder Korrekturen vorgenommen und Kalender- und Sonnenjahr in Übereinstimmung gebracht werden. Zu diesem Zweck wurde, wie in Babylon, von Zeit zu Zeit ein zusätzlicher Monat eingeschoben – im allgemeinen wurde der sechste Monat verdoppelt, manchmal auch der erste. Anfangs dürfte diese Ergänzung wohl vorgenommen worden sein, wenn sich die Verschiebung allzu kraß bemerkbar machte, später folgte sie einem bestimmten Schema oder Zyklus. Wir kennen verschiedene solcher Zyklen, wissen aber nicht genau, wann oder wie sie angewandt wurden. Es scheint, daß man zunächst mit Annäherungen experimentierte –alle zwei Jahre einen Monat mehr war zu viel, alle drei Jahre einen Monat mehr war zu wenig – und sich dann für einen 8-Jahres-Zyklus entschied, in dem im dritten, fünften und achten Jahr jeweils ein Monat mit 30 Tagen eingeschoben wurde, so daß man in acht Jahren auf 2922 Tage kam – also auf 365,25 Tage pro Jahr. Der dem babylonischen Kalender zugrunde gelegte Zyklus des griechischen Astronomen Meton aus dem 5. Jahrhundert (235 Mondumläufe in 19 Jahren) scheint in Griechenland selbst in vorsokratischer Zeit nicht verwendet und erst später in verbesserter Form nach Änderungen durch Kallippos und anschließend Hipparchos eingeführt worden zu sein.

113. MONATSNAMEN IN ATHEN

1 – Hekatombeon	– 30 Tage – Juli
2 – Metagitnion	– 29 Tage – August
3 – Boedromion	– 30 Tage – September
4 – Pyanepsion	– 29 Tage – Oktober
5 – Memakterion	– 30 Tage – November
6 – Posideon	– 29 Tage – Dezember
6b – Posideon deuteros	(eingeschobener Monat)
7 – Gamelion	– 30 Tage – Januar
8 – Anthesterion	– 29 Tage – Februar
9 – Elaphebolion	– 30 Tage – März
10 – Munychion	– 29 Tage – April
11 – Thargelion	– 30 Tage – Mai
12 – Skirophorion	– 29 Tage – Juni

Die Monate waren nach dem Vorbild der ägyptischen Dekane in 3 Dekaden unterteilt, wobei die 3. Dekade der 29-Tage-Monate allerdings nur 9 Tage hatte. Die Tage wurden nach ihrer Position in diesen Dekaden benannt; ausgenommen waren lediglich der erste und der letzte Tag des Monats, die als solche gekennzeichnet wurden. Jeder Tag war wiederum in 24 Stunden unterteilt, 12 Tag- und 12 Nachtstunden, was bedeutete, daß die Länge der Stunden variabel war, ein ebenfalls auf die Ägypter zurückgehendes Prinzip.

Die Jahre wurden von den einzelnen Städten unterschiedlich gezählt: in Athen nach den *Archonten* (den Regierungsbeamten), in Sparta nach den Königen, später nach dem Vorsitzenden der *Ephoren* (der höchsten Beamten), in Argos nach den

Juno-Priesterinnen. Es gab also, wie in Babylon und Ägypten, keinen festen Bezugspunkt. Erst um 300 v. Chr. bezogen sich die griechischen Historiker auf die Olympischen Spiele, die seit 776 v. Chr. alle 4 Jahre abgehalten wurden, eine Praxis, die sich bis zum Jahr 394 n. Chr., bis zur Einstellung der Olympiaden, behauptete.

Die Quellen

Bis jetzt haben wir uns bemüht, in diesem Kapitel nach demselben Plan und derselben Gliederung vorzugehen wie in den Kapiteln über Mesopotamien und Ägypten. Von nun an jedoch müssen wir einen anderen Weg einschlagen. Mathematik, Physik, Astronomie oder Medizin im vorsokratischen Griechenland oder gar im kretisch-mykenischen Kulturkreis auf dieselbe Weise abzuhandeln wie die entsprechenden Bereiche in Mesopotamien und Ägypten, ist unmöglich, und zwar aus verschiedenen Gründen.

Zunächst mangelt es an Dokumenten, besonders an schriftlichen Dokumenten: Zeitlich von wesentlich kürzerer Dauer und dazu technisch unterlegen, war die vorsokratische griechische Kultur weitaus weniger produktiv als die in den früheren Kapiteln untersuchte mesopotamische oder ägyptische. Außerdem verfügte sie erst verhältnismäßig spät über eine Schrift – auch Kreta, dessen Täfelchen im übrigen über seine Kultur nicht viel aussagen. Schließlich war das Land nicht zentralisiert, besaß mithin also auch keine staatliche und religiöse Verwaltung mit zahlreichen Schreibern, sondern zerfiel in kleine Einheiten, die zu arm waren, um sich eine größere Zahl solcher Beamter leisten zu können. Aus all diesen Gründen lassen sich im vorsokratischen Griechenland keine Dokumente finden, die sich den mathematischen Täfelchen, den Ephemeriden der babylonischen Astrologen oder den diversen ägyptischen Papyri, wie wir sie im ersten Teil kennengelernt haben, vergleichen ließen. Solche Dokumente hat es in der griechischen Welt nie gegeben, zumindest nicht in vergleichbarem Umfang, und die wenigen, an »positiven Kenntnissen« weit weniger reichen Texte, die aufgezeichnet wurden, haben aufgrund ihres Beschreibstoffs (Holzbrettchen, Wachstafeln, Leder, Papyrus) sowie des griechischen Klimas die Jahrhunderte nicht überdauert. Diejenigen griechischen Texte, die auf zeitgenössischen Materialien bis in unsere Tage erhalten blieben, können sich an Alter mit den Zeugnissen aus Mesopotamien und Ägypten nicht messen: es handelt sich dabei, abgesehen von den kretisch-mykenischen Täfelchen und den Inschriften auf Denkmälern und Objekten, um Papyri aus dem Ägypten der Ptolomäerzeit (wie zum Beispiel die Quadratzahlentabelle von Kasten 110, Seite 265). Unsere wichtigste Quelle für die großen griechischen Werke sind Kopien, die im Lauf der Jahrhunderte angefertigt wurden. So kommt zu den Problemen der Textinterpretation, die sich schon für Mesopotamien und Ägypten gestellt haben, noch das der Texttreue der überlieferten Kopien – was bei Mesopotamien und Ägypten keine Rolle spielte, da die erhaltenen Dokumente Originale waren, die allerdings manchmal vermuten lassen, daß sie Kopien älterer Dokumente sind.

Im Fall der vorsokratischen Philosophen wird dieses Problem noch dadurch verschärft, daß uns von ihren Schriften nur Bruchstücke überliefert sind. Wie schon erwähnt, wurden die Gedichte der ersten griechischen Autoren (Homer, Hesiod) mindestens zwei Jahrhunderte lang mündlich überliefert, ehe sie im 6. vorchristlichen Jahrhundert niedergeschrieben wurden. Aus dem 5. Jahrhundert sind die Werke von Euripides, Aischylos, Sophokles, Aristophanes sowie die Geschichtsbücher von Herodot und Thukydides zum Teil erhalten; von den Philosophen des 6. und 5. Jahrhunderts dagegen besitzen wir nur kurze Fragmente in Form von Zitaten späterer Autoren. Wenn aber zeitgenössische, ja sogar frühere Autoren die Jahrhunderte überdauert haben, läßt sich eine solch dürftige Ausbeute nicht allein mit dem Alter erklären. Offensichtlich muß dann auch die Natur der Texte eine Rolle spielen.

Die Bewahrung historischer Schriften versteht sich gewissermaßen von selbst, ist es doch ihre Funktion, die historischen Ereignisse einer näheren oder ferneren Vergangenheit nachzuzeichnen, um sie vor dem Vergessen zu bewahren. Solche Schriften sind in gewisser Hinsicht Zeugen der Ereignisse, vor allem wenn ihre Verfasser sie, wie Thukydides den Peloponnesischen Krieg, selbst miterlebt haben. Die Bewahrung großer literarischer Werke leuchtet gleichfalls ein, sind solche Werke doch zeitlos und wurden in einer Epoche, die noch keine Inflation der Literatur oder Modeschwankungen kannte, lange nach ihrer Abfassung rezitiert oder gespielt; man denke nur an die mündliche Bewahrung von Homers Werken. Aus all dem aber kann man wohl schließen, daß einer der Gründe, warum von den Schriften der Philosophen des 6. und 5. Jahrhunderts so wenig erhalten blieb, mit ihrem Inhalt zusammenhängen muß. Sie galten durch die philosophische Produktion des 4. Jahrhunderts –vornehmlich durch Platon und Aristoteles – schon bald als »überholt«. Dies bringt den Begriff des geistigen Fortschritts ins Spiel, der den konservativen Kulturen Mesopotamiens und Ägyptens fremd war, wo die alten Vorstellungen getreulich von Generation zu Generation weitergegeben wurden. Außerdem ist hier hinzufügen, daß die vorsokratischen Philosophen nicht wie Platon mit seiner Akademie oder Aristoteles mit der peripatetischen Schule Schulen im eigentlichen Sinn gegründet haben. Zwar spricht man von der Schule von Milet, der Schule der Eleaten, der Sekte der Pythagoreer; in Wirklichkeit aber waren dies keine Institutionen, die das Gedankengut eines Meisters bewahrt und sei es nur in einer Bibliothek geehrt und so weiterentwickelt hätten – auch wenn den Pythagoreern wohl etwas Ähnliches vorschwebte, nur daß sie zu schnell zerstreut wurden, um ihre Vorstellungen verwirklichen zu können. Zweifelsohne standen die Werke der Vorsokratiker in den Bibliotheken der großen Schulen wie der Platonischen Akademie, der peripatetischen Schule oder des Museums von Alexandria; durch das Übergewicht der Philosophien des 4. Jahrhunderts, der Lehren eines Platon und eines Aristoteles wurden sie aber ins zweite Glied verwiesen. Sie wurden nicht mehr kopiert und gingen nach und nach verloren – Bücher waren damals eine Rarität; höchstwahrscheinlich existierte schon nach wenigen Jahrhunderten kein einziges Exemplar mehr von ihnen.

Die Erinnerung an diese Philosophien lebte danach nur noch in den Zitaten und Kommentaren der Autoren des 4. und 3. vorchristlichen Jahrhunderts fort, die ihnen noch nahestanden, später nur noch durch das Wiederaufgreifen dieser Zitate und Kommentare durch noch jüngere Autoren, die zweifelsohne die Originale schon nicht mehr gekannt hatten. Gelegentlich gingen die Quellen dieser Kommentare aus »zweiter Hand« genau so unter wie die vorsokratischen Originaltexte. Und auf diese gewöhnlich als »Fragmente« bezeichneten Zitate und Kommentare (die »Doxographie«) sind wir angewiesen, wenn wir nun im folgenden versuchen, die Vorstellungen dieser Vorläufer der abendländischen Wissenschaft und Philosophie kennenzulernen.

Ein solches Vorgehen ist allerdings reichlich spekulativ. Die Autoren, denen wir Zitate und Kommentare verdanken, haben die unterschiedlichsten Ziele verfolgt und dementsprechend auch mehr oder weniger getreu zitiert. Die »reinen Doxographen« versuchen, die Vorstellungen der alten Philosophen zu sammeln und zu bewahren – so zum Beispiel Diogenes Laertios in seinem Buch *Leben und Meinungen berühmter Philosophen* –, andere dagegen wollen die alten Lehren im Namen ihrer eigenen Philosophie widerlegen – wie die christlichen Theologen, die die antiken Philosophien zu den Häresien zählen, oder Sextus Empiricus, ein Skeptiker, der die alten Doktrinen als eitles Gerede demaskieren will. Ebenso zu berücksichtigen sind der frühe oder späte Zeitpunkt der Abfassung eines Kommentars und sein intellektuelles Niveau; wenn beispielsweise Aristoteles – was er nicht selten macht – die vorsokratischen Philosophen durch die Brille seiner Philosophie betrachtet, um seine eigenen Verdienste zu demonstrieren, sind seine Kommentare dennoch zuverlässiger als die eines Diogenes Laertios, der allein schon aufgrund der zeitlichen Entfernung – er lebte im 3. nachchristlichen Jahrhundert – nie einen Originaltext in Händen hielt und sich vielfach damit begnügte, die Aussagen seiner Vorgänger über die alten Philosophen kritiklos zusammenzutragen. Und schließlich dürfen wir uns nicht durch die scheinbare Einmütigkeit späterer Schriften über diesen oder jenen Punkt irreführen lassen, denn in den meisten Fällen beziehen sich die verschiedenen Doxographen auf denselben früheren Kommentator und bilden ihrerseits eine Kette, die ein und dieselbe Information über die Jahrhunderte hinweg übermittelt – die Einhelligkeit ist weder im einen noch im anderen Fall ein Kriterium der Echtheit. Die Fragmente und doxographischen Auszüge in den folgenden Kapiteln sind demnach kritisch zu betrachten, zumal es sich um Übersetzungen der altgriechischen Originale handelt und die verschiedenen Übersetzungen derselben Schriften merklich voneinander abweichen, da Übersetzen auf dieser Stufe weitgehend gleichbedeutend ist mit Interpretieren.

Im zweiten Teil unserer Arbeit haben wir uns bemüht, uns möglichst eng an die gängigsten traditionellen Interpretationen zu halten und Hypothesen auszuklammern, die auf einer verzerrten Deutung der Texte beruhen oder über diesem oder jenem Detail den Gesamtzusammenhang aus dem Blick verlieren. Gelegentlich erinnern die Interpretationen der Fragmente tatsächlich an jene verschrobenen Versuche, die Zahl π aus den Dimensionen der Pyramiden herauszulesen. Das mag uns den Vorwurf eintragen, die Texte mit den Augen eines Europäers des 20. Jahrhunderts n.Chr. anstatt mit denen eines Griechen aus der Antike zu lesen. Aber dieses Risiko gehen wir ein, wollen wir hier doch nicht irgendeine Hypothese aufstellen, sondern all das, was man als die Anfänge der Wissenschaft bezeichnen könnte, in einer möglichst globalen Synthese zusammentragen, um so vielleicht den Anstoß zur Lektüre weiterführender Abhandlungen zu geben. Im übrigen sei in diesem Zusammenhang darauf hingewiesen, daß uns die griechische Welt zeitlich und geistig näher steht als die mesopotamische oder ägyptische, und daß die Gefahr einer Mißdeutung der Begriffe mithin nicht so groß ist wie bei den beiden anderen Kulturen. Doch es geht hier nicht darum, ein Übel durch ein anderes, noch schlimmeres zu rechtfertigen. Da es einem Europäer unserer Zeit aber mehr oder weniger unmöglich ist, in die Haut eines Menschen aus der Antike zu schlüpfen – wobei es bei einem alten Griechen noch am ehesten gelingen dürfte –, tut er zumindest in einem einführenden Werk vermutlich gut daran, ein Europäer des 20. Jahrhunderts zu bleiben und im Bewußtsein, daß sein Unterfangen nur annähernd gelingen kann, zu versuchen, das Gedankengut der Vorsokratiker in den ihm geläufigen Begriffen wiederzugeben. Jedenfalls erscheint uns dies besser zu sein, als das antike Gedankengut wie es war (?) in einem Text einzufangen, der vielleicht nicht gleich in die Kategorie rückblickender Wahrsagerei fällt, aber doch Gefahr läuft, noch schwerer verständlich zu sein als die Dokumente selbst, die er erhellen will. Damit ist unser Vorgehen durch seine ihm eigenen Grenzen im ersten wie im zweiten Teil genau definiert.

Einer der Gründe, warum wir die griechische Wissenschaft auf andere Weise darstellen als die mesopotamische und die ägyptische, hängt also mit dem relativen Mangel an Dokumenten und der indirekten Natur dieser Zeugnisse im Fall des vorsokratischen Griechenlands zusammen. Ein anderer, zweifelsohne weit gewichtigerer Grund liegt darin, daß sich die griechische Wissenschaft von der mesopotamischen und der ägyptischen radikal unterscheidet, obwohl sie beiden viel verdankt. Der Wissenschaft im vorsokratischen Griechenland geht es weniger um ganz bestimmte, »positive« Kenntnisse, die sie vielfach sogar aus Mesopotamien oder Ägypten übernimmt, als vielmehr um die Formulierung allgemeiner, die Natur, die Gesellschaft, den Menschen und manchmal auch die Erkenntnis selbst erklärender Prinzipien. Während im Fall von Mesopotamien und Ägypten im Grunde nur die »positiven« Kenntnisse zählten und es über die zugrundeliegenden Prinzipien nicht viel zu sagen gab, verhält es sich bei der Untersuchung der Wissenschaft des vorsokratischen Griechenlands genau umgekehrt. Hier zählen in erster Linie die Prinzipien, während wir über die »positiven« Resultate, die sich daraus ableiten lassen, nicht viele Worte zu verlieren brauchen. Eine Ausnahme bildet das – allerdings nur zum Teil vorsokratische – *Corpus Hippocraticum*, das für die Medizin Prinzipien und Nutzanwendung gleichermaßen angibt, sowie einige mathematische Kenntnisse, die uns jedoch vor allem aufgrund ihrer Methoden und weniger aufgrund ihres – im allgemeinen bereits den Mesopotamiern und Ägyptern bekannten – Inhalts interessieren.

Die mesopotamische und die ägyptische Wissenschaft sind in den meisten Fällen praktisch orientiert – nicht nur die Medizin, sondern auch die Mathematik, die in erster Linie als Rechentechnik zur Berechnung von Verhältnissen, Flächen etc. betrachtet wird, und die Astronomie, die die Zeiteinteilung für landwirtschaftliche, mystische und magische Zwecke liefert. Dagegen sucht die griechische Wissenschaft des 6. und 5. Jahrhunderts hauptsächlich nach Erklärungen, sogar die Medizin begnügt sich nicht damit, zu pflegen und zu heilen, sondern stellt erklärende Theorien auf, die nicht immer in Beziehung zu den vielfach empirischen medizinischen Praktiken stehen. Diese Erklärungsversuche werden wir im folgenden darzustellen haben, und nicht die Anhäufung präziser Kenntnisse, die zur Lösung dieses oder jenes praktischen Problems angewandt werden – praktisch im weitesten Sinn, in dem auch die Astrologie eine angewandte »Wissenschaft« ist, da sie ein praktisches Ziel verfolgt. Sie soll die Zukunft in Erfahrung bringen, um zu entscheiden, was zu tun ist – was immer man von dem Widerspruch einer bereits feststehenden Zukunft und der Möglichkeit, sich für eine bestimmte Handlung zu entscheiden, halten mag. Den Griechen dieser Epoche waren solche praktischen Erwägungen keineswegs fremd, aber die von ihnen entwickelten Theorien gehen darüber hinaus (wobei wir nicht vergessen wollen, daß ihnen natürlich die mesopotamischen und ägyptischen Lösungen solch praktischer Probleme zugute kamen).

Die mesopotamischen und ägyptischen Wissenschaften hatten im Grunde nur zwei Möglichkeiten, sich weiterzuentwickeln: entweder »Rezepte« zu finden, um immer mehr Probleme mehr oder weniger näherungsweise zu lösen beziehungsweise immer mehr Rezepte für ein und dasselbe Problem ausfindig zu machen, oder aber die näherungsweise Lösung der Probleme immer weiter zu verbessern, bis womöglich die korrekte Lösung gefunden war. Die griechische Wissenschaft strebte aufgrund ihres Wesens nicht nach dieser Art von Fortschritt; sie konzentrierte sich statt dessen in immer neuen Anläufen darauf, die Welt, die Natur, die Gesellschaft, den Menschen, die Erkenntnis, die Moral etc. zu erklären. Und jeder dieser Versuche wurde von einem einzelnen getragen, der in manchen Fällen ein paar Schüler in einer kleinen Schule um sich versammelte. Die Ideen zirkulierten zwischen diesen Personen und Schulen, wurden kritisiert oder aber übernommen. Es entspann sich ein regelrechter Dialog, so daß wir manchmal die Entwicklung einer Idee über mehrere Generationen verschiedener Autoren verfolgen oder sogar Zeuge werden können, wie die Kritik an einer Idee zur Geburt einer anderen führt. Die Kontinuität der griechischen Wissenschaft ist also gleichbedeutend mit einer kontinuierlichen Weiterentwicklung – einem Fortschritt im wahren Sinn des Wortes –, wohingegen die Kontinuität der mesopotamischen und der ägyptischen Wissenschaft Kontinuität in der konservativen Einstellung bedeutet. Dies erklärt allerdings wie gesagt auch, warum die Schriften der frühen griechischen Philosophen verloren gehen konnten: Ihre Nachfolger hielten sie für »überholt«.

Im folgenden werden wir die chronologische Reihenfolge aufgeben und statt dessen die Autoren zu Schulen zusammenfassen, dabei aber auch, wo immer möglich, die Beziehungen zwischen ihnen aufzeigen. Allgemein gelten drei große Schulen als Begründer der griechischen Wissenschaft und Philosophie: die Schule von Milet, die pythagoreische Schule und die Schule von Elea, wobei wir Xenophan zur letzteren zählen und Heraklit in die Nähe der Schule von Milet bringen. Diese Schulen wollen wir in der angegebenen Reihenfolge untersuchen, das heißt nach der Chronologie ihrer Gründer; allerdings existieren zeitweise zwei und sogar alle drei Schulen nebeneinander. Anschließend werden wir uns dann den Pluralisten und den Atomisten zuwenden, die als erste versucht haben, die großen grundlegenden Strömungen zu einer Synthese zusammenzufassen. Und schließlich wollen wir in einem eigenen Kapitel die griechische Medizin im Lichte des *Corpus Hippocraticum* darstellen, einer nur teilweise auf die Vorsokratiker zurückgehenden Sammlung zahlreicher medizinischer Schriften, die dank ihres technischen Charakters im Gegensatz zu anderen vorsokratischen Texten erhalten geblieben sind. In diesen Schriften lassen sich verschiedene Einflüsse der oben erwähnten Schulen, aber auch fremde Traditionen nachweisen. Die Sammlung bildete bis zur Renaissance die Grundlage der abendländischen Medizin.

In Kasten 114 findet der Leser einen kurzen Überblick über die in den anschließenden Kapiteln zitierten Doxographen, damit er sich von Fall zu Fall schnell über die in den Texten erwähnten Autoren informieren kann; allerdings beziehen sich die Angaben nur auf das vorliegende Werk, so daß es sich nicht um eine Liste der wichtigsten Doxographen überhaupt handelt.

Die vorsokratischen Philosophen und Autoren selbst sind in Kasten 115 (Seite 281) in einer groben chronologischen Übersicht nach Schulen zusammengefaßt. Die Tabelle gibt gleichzeitig die im weiteren Verlauf eingehaltene Reihenfolge an.

114. DIE DOXOGRAPHEN

Im folgenden findet sich ein kurzer Überblick über die Doxographen in alphabetischer Reihenfolge sowie ganz allgemein über die alten Autoren, deren Zeugnisse in diesem Teil über das vorsokratische Griechenland verwendet werden. Nicht aufgenommen sind hier die in diesem Teil ausführlich behandelten Autoren wie Thales, Anaximander, Anaximenes, Diogenes von Apollonia, Pythagoras, Hippasos, Alkmaion, Philolaos, Hippokrates von Chios, Archytas, Hippias, Xenophan, Parmenides, Zenon, Melissos, Anaxagoras, Empedokles, Leukippos, Demokrit und Hippokrates von Kos.

Die Liste erhebt keinerlei Anspruch auf Vollständigkeit; sie enthält lediglich die in den anschließenden Kapiteln ausdrücklich zitierten Doxographen (detailliertere Angaben finden sich bei Michel 1950 und Dumont 1988).

Aetius: Doxograph aus dem 1. und 2. Jahrhundert n. Chr., dessen Werk, die *Placita* (Meinungen), nicht als Ganzes erhalten ist, aber durch die von Stobaeus zusammengetragenen Exzerpte und eine teilweise Plutarch zugeschriebene Zusammenfassung komplettiert werden konnte.

Alexander von Aphrodisias: Aristoteleskommentator aus dem 2. und 3. Jahrhundert n. Chr., von dem unter anderem der Bericht über die Arbeiten des Hippokrates von Chios über die Quadratur der Möndchen stammt.

Alexander Aetolos: Dichter aus dem 3. vorchristlichen Jahrhundert, hier mit einem Gedicht über die pythagoreische Astronomie und die Harmonie der Sphären vertreten.

Archimedes (287–212 v. Chr.): Mathematiker, Physiker und Astronom (geboren und gestorben in Syrakus), Verfasser eines beträchtlichen Werks, das verschiedene Hinweise auf die Geschichte von uns behandelter Gebiete enthält – beispielsweise schreibt er die Entdeckung des Kegel- wie auch des Pyramidenvolumens Demokrit von Abdera zu.

Aristoteles (384–322 v. Chr.): Philosoph, Gründer der peripatetischen Schule (Lyzeum), dessen Werk zahlreiche Kommentare und Bezugnahmen auf frühere Autoren enthält, beispielsweise im 1. Buch seiner *Metaphysik*.

Boethius (475–524 n. Chr.): In Athen ausgebildeter Römer, dem »die lateinische Welt ein Gutteil dessen verdankt, was von der wissenschaftlichen Kultur der Griechen gerettet werden konnte«. Autor verschiedener Werke über Aristoteles, die Astronomie und die Mathematik und Übersetzer der ersten 4 Bücher des Euklid ins Lateinische; hier mit seinem Buch *De institutione musica (Fünf Bücher über die Musik)* und seinem Kommentar zur Musik bei den Pythagoreern aufgeführt.

Censorinus: Römischer Grammatiker und Chronist des 3. nachchristlichen Jahrhunderts; zitiert werden seine Berichte über die Auffassungen bestimmter Vorsokratiker, namentlich auf dem Gebiet der Biologie.

Chalcidius (5. Jahrhundert n. Chr.): Lateinischer Übersetzer und Kommentator von Platons *Timaios*.

Cicero (106–43 v. Chr.): Römischer Politiker und Redner.

Claudianus Mamertinus: Christlicher Dichter des 5. Jahrhunderts n. Chr.

Clemens von Alexandrien: Im 2. Jahrhundert n. Chr. in Athen geborener christlicher Philosoph, Kenner und Verteidiger der hellenistischen Elemente im Christentum (»Gott gab den Hebräern das Gesetz und den Griechen die Philosophie«); sein Werk enthält zahlreiche Zitate und Kommentare zu Philosophie und Wissenschaft der griechischen Antike.

Diodorus Siculus (Diodor von Sizilien): Geschichtsschreiber des 1. Jahrhunderts v. Chr., Verfasser einer bedeutenden *Historischen Bibliothek*, einer Art Weltgeschichte, die etwa zur Hälfte erhalten geblieben ist.

Diogenes Laertios: Doxograph aus der ersten Hälfte des 3. nachchristlichen Jahrhunderts; hinterließ mit *Leben und Meinungen berühmter Philosophen* ein Werk von unterschiedlichem Wert, das dem kritischen Leser jedoch eine Fülle wertvoller Informationen über eine Vielzahl antiker Philosophen liefert.

Euklid: Mathematiker des 4./3. Jahrhunderts v. Chr.; Verfasser der ältesten erhaltenen Abhandlung über Geometrie (die über 100 Jahre älteren *Elemente* des Hippokrates von Chios sind restlos untergegangen). Euklids Werk enthält neben seinen eigenen auch ältere Arbeiten in systematischer Anordnung; obwohl die *Elemente* weder historische Anmerkungen noch Hinweise auf Euklids Vorgänger enthalten, sind sie von der älteren Mathematikgeschichte geprägt.

Eudemos von Rhodos (Ende des ausgehenden 4. Jahrhunderts v. Chr.): Einer der ersten Schüler des Aristoteles; zu den von ihm verfaßten Werken zählt neben einer Geschichte der Geometrie und der Astronomie (beide verlorengegangen) ein Kommentar zur aristotelischen *Physik*, der zwar gleichfalls untergegangen ist, aber Simplicius als Quelle gedient haben soll.

Galen (131–210 n. Chr.): Griechischer Arzt, neben Hippokrates der bedeutendste Mediziner des Altertums; sein Werk enthält u. a. Hinweise auf ältere Arbeiten.

Herodot: Aus Halikarnassos gebürtiger griechischer Geschichtsschreiber des 5. vorchristlichen Jahrhunderts, Verfasser der berühmten *Darlegung der Erkundung*.

Hippolyt: Heiliger und Märtyrer (gest. 235); einer der ersten griechischen Kirchenväter und Verfasser der *Widerlegung aller Häresien*, in der die philosophischen Konzeptionen der Antike als Häresien vorgestellt und kommentiert werden.

Iamblichos von Chalkis: Vom ursprünglich 10 Bände umfassenden Werk dieses Neuplatonikers aus dem 3./4. nachchristlichen Jahrhundert über die pythagoreische

Lehre sind nur die ersten 4 Bücher (*Leben des Pythagoras, Adhortatio ad philosophiam [Proreptikos], Über die allgemeine mathematische Wissenschaft* und *Einführung in die Mathematik des Nikomachos*) erhalten; die 6 untergegangenen Bücher sollen sich mit Physik, Ethik, Theologie, Musik, Geometrie und Sphärentheorie, das heißt Astronomie, beschäftigt haben.

Johannes von Lydien: Geschichtsschreiber des 6. nachchristlichen Jahrhunderts (Konstantinopel).

Nikomachos (Nicomachus Gerasenus): Neupythagoreer arabischer Abstammung (Ende des 1. Jahrhunderts n. Chr.); seine nur teilweise erhaltenen Werke befassen sich im wesentlichen mit der Arithmetik in der Sicht der alten Pythagoreer, die er hin und wieder zitiert.

Philon Iudaeus: Philosoph des 1. Jahrhunderts n. Chr., interpretiert den Platonismus und die jüdische Tradition.

Philostratus: Sophist des 2./3. Jahrhunderts n. Chr.

Platon (428–348 v. Chr.): Aus Athen stammender und hier wirkender Philosoph, Schöpfer der Ideenlehre und Gründer der Akademie; sein Werk, das damals aktuelle »wissenschaftliche« Fragen behandelt, nimmt vielfach auf die Vorsokratiker Bezug, namentlich in den Dialogen *Timaios, Parmenides, Theaitetos, Sophistes* und *Menon*.

Plinius der Ältere (23–79 n. Chr.): Römischer Naturforscher, Verfasser einer monumentalen *Naturkunde* in 37 Büchern; hier wird sein Bericht über die von Thales entwickelte Methode zitiert, die Höhe der Pyramiden nach der Länge ihres Schattens zu berechnen.

Plutarch (1.–2. Jahrhundert n. Chr.): Griechischer Geschichtsschreiber und Moralist; in seinem Werk finden sich Informationen über Philosophen und Wissenschaftler der von uns behandelten Epoche sowie Hinweise auf die damals aktuellen wissenschaftlichen Fragen.

Porphyrius: Neuplatoniker des ausgehenden 3. nachchristlichen Jahrhunderts. Verfasser von Kommentaren zu Pythagoras, Platon und Aristoteles.

Proklos Diadochos: Philosoph des 5. nachchristlichen Jahrhunderts und einer der letzten Leiter der Schule von Athen (Akademie) vor deren Schließung durch Kaiser Justinian (529); Verfasser verschiedener, vielfach vom pythagoreischen Denken geprägter Werke. Hier ist vor allem sein *Kommentar zum 1. Buch von Euklids »Elementen«* erwähnenswert, ein Überblick über die Geschichte der Mathematik seit Thales.

Pseudoaristoteles: Apokryphe Aristoteles-Texte.

Pseudoiamblichos: Apokryphe Iamblichos-Texte.

Pseudoplutarch: Apokryphe Plutarch-Texte.

Seneca (3–65 n. Chr.): Römischer Philosoph.

Sextus Empiricus: Arzt und skeptischer Philosoph des 2./3. nachchristlichen Jahrhunderts; seine Werke enthalten viele Informationen über die wissenschaftlichen und philosophischen Systeme des klassischen Altertums, die er darlegt, um sie anschließend aus der Sicht des Skeptikers zu widerlegen.

Simplicius: Neuplatoniker des 6. nachchristlichen Jahrhunderts, der sich nach der Schließung der Akademie durch Kaiser Justinian im Jahre 529 nach Persien absetzte; dieser begabte Aristoteleskommentator hat uns auch zahlreiche Zitate und Kommentare antiker Autoren (Eleaten, Anaxagoras, Empedokles u.a.) überliefert.

Speusippos (4. Jahrhundert v. Chr.): Neffe und unmittelbarer Nachfolger Platons an der Spitze der Akademie mit pythagoreischen Tendenzen; in unserem Zusammenhang wegen seines Kommentars zur Arithmetik des Philolaos von Interesse.

Stobaeus (5./6. Jahrhundert n. Chr.): bezieht sich in seinem Werk auf verschiedene ältere philosophische Schulen und trug entscheidend zur Vervollständigung der *Placita* des Aetius (siehe oben) bei; hier vor allem seiner Erläuterungen zu den Auffassungen des Philolaos wegen zitiert.

Suidas (Suda): Verfasser einer Art biographischen Lexikons – falls es sich bei Suidas überhaupt um einen Personennamen handelt. Späte und daher sehr fragwürdige Quelle.

Tertullian: Kirchenlehrer (2./3. Jahrhundert n. Chr.).

Theodoret (396– ca. 458 n. Chr.): Griechischer Historiker und Kirchenschriftsteller, bezieht sich in seinem Werk hin und wieder auf die philosophischen Systeme der Antike.

Theon von Smyrna (Theon Smyrnaeus): Neupythagoreer des 2. nachchristlichen Jahrhunderts; sein nur teilweise erhaltener Abriß der mathematischen Wissenschaften, von dem nur noch die Bücher über Arithmetik und Astronomie sowie ein Teil des Buches über Musik bekannt sind, enthält zahlreiche Informationen über die Anschauungen der Pythagoreer.

Theophrast (374–287 v. Chr.): Griechischer Philosoph und Naturforscher, direkter Nachfolger des Aristoteles an der Spitze des Lyzeums und fraglos Verfasser einiger Werke der aristotelischen Schriftensammlung; während seine Arbeiten zur Geschichte verschiedener Disziplinen (Geometrie, Astronomie u.a.) spurlos untergegangen sind, blieben von seinen *Lehren der Naturphilosophen* Fragmente *Von der Sinneswahrnehmung* erhalten. Nach Tannery (1887) ist Theophrast »die einzige Quelle aller doxographischen Informationen aus dem klassischen Altertum«, aus der die übrigen Doxographen mehr oder minder direkt geschöpft haben sollen.

115. RELATIVE CHRONOLOGIE DER GRIECHISCHEN PHILOSOPHEN DES 6. UND 5. JAHRHUNDERTS V. CHR.

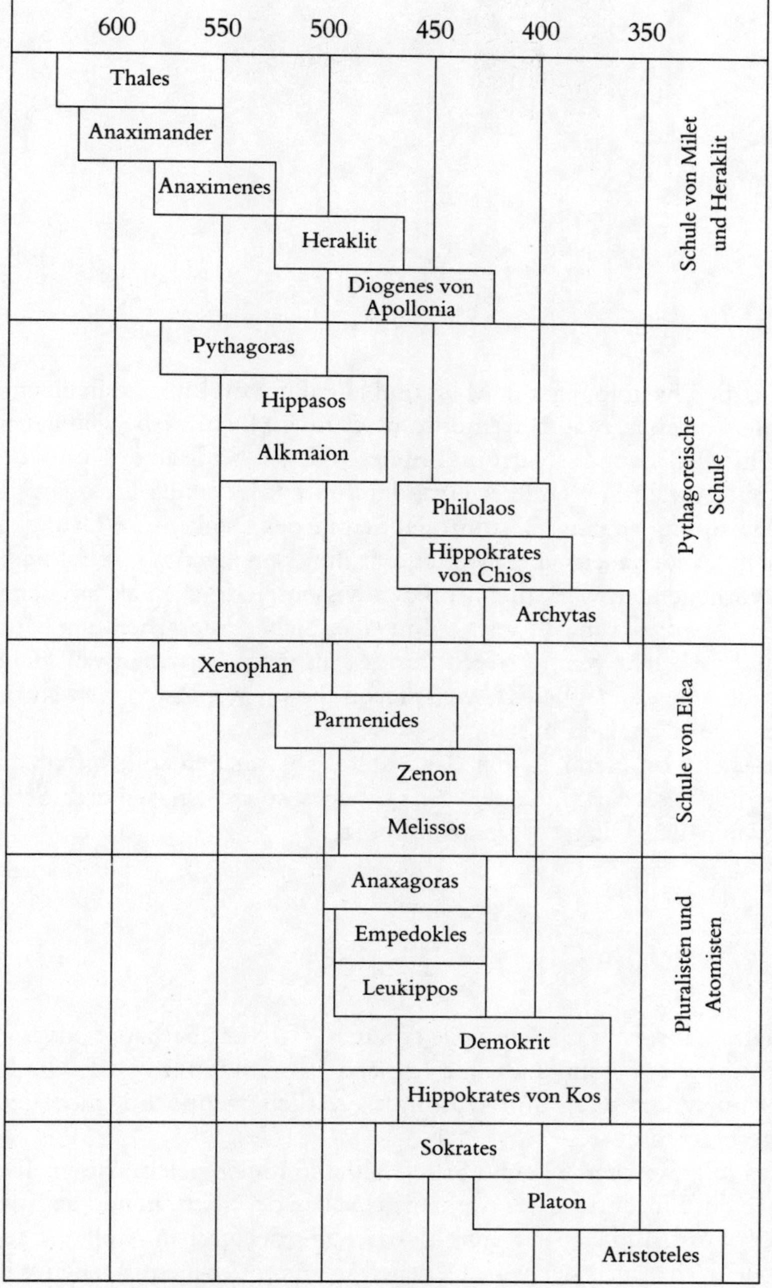

2. KAPITEL

Die Schule von Milet und Heraklit

Die Idee, die Physiologen von Milet und Heraklit von Ephesos in einem Kapitel zusammenzufassen, mag befremdlich erscheinen. Dafür ließe sich neben einem geographischen Grund – Milet und Ephesos liegen beide an der ionischen Küste – noch ein gewichtiger anderer Grund anführen: Heraklits Einzigartigkeit, die seine Zuordnung zu einer bestimmten Schule des Denkens im Grunde unmöglich macht. Andererseits aber wollten wir ihm kein eigenes Kapitel widmen, da es dem vorliegenden Werk mehr um den wissenschaftlichen als um den philosophischen Aspekt zu tun ist – auch wenn eine solche Unterscheidung häufig nicht leicht und vielleicht wenig gerechtfertigt sein mag. So haben wir Heraklit der Schule von Milet angegliedert, weil er von ihr am wenigsten weit entfernt ist – ohne ihr eigentlich nahe zu sein.

Abgesehen von Heraklit, der das Kapitel abschließen soll, interessieren uns hier also Thales, Anaximander, Anaximenes sowie ein späterer Schüler der Schule von Milet, Diogenes von Apollonia.

Thales

Von Thales selbst ist uns keine Zeile erhalten – falls er überhaupt etwas geschrieben hat. Was wir über ihn und seine Thesen wissen, stammt von den Philosophen und Kommentatoren, die ihm – zumindest zeitlich, wenn schon nicht gedanklich – nachgefolgt sind.

Thales soll zwischen 625 und 550 in Milet in Ionien gelebt haben, also relativ bald nach der Einführung des Alphabets in eben der Stadt, in der die Buchstaben erfunden wurden, die später zum klassischen griechischen Alphabet aufsteigen sollten. Je nach Autor der verschiedenen uns verbliebenen Quellen wird er als

Phöniker oder als Grieche bezeichnet. Trotz der von Platon im *Theaitetos* berichteten Anekdote, die ihn erhobenen Haupts, in die Betrachtung der Sterne versunken, in einen Brunnen fallen läßt (was man zumindest als Beweis für sein Interesse an der Astronomie deuten kann), scheint er nichts von einem verträumten Philosophen an sich gehabt, sondern im Gegenteil einen außerordentlich praktischen Verstand entwickelt zu haben. Darüber hinaus scheint er ein gerissener Geschäftsmann gewesen zu sein, der laut Aristoteles (*Politik,I*) in Erwartung einer reichen Olivenernte alle verfügbaren Pressen um wenig Geld mietete, um sie zum Zeitpunkt der Ernte bei großer Nachfrage zu hohen Preisen weiterzuvermieten. Auch ist nicht auszuschließen, daß ihn ursprünglich geschäftliche Gründe nach Ägypten führten, von wo er die Geometrie mitgebracht haben soll. Und zweifellos hatte er auf die eine oder andere Weise auch zu Personen Kontakt, die ihm mesopotamische Kenntnisse, unter anderem in der Astronomie, vermitteln konnten. Laut Herodot und Diogenes Laertios betätigte er sich darüber hinaus als Politiker, vornehmlich bei den Persereinfällen in Kleinasien: er predigte den ionischen Städten den Zusammenschluß und stand dem lydischen König Kroisos als Berater zur Seite.

Im folgenden sollen die Thales zugeschriebenen Erkenntnisse oder Entdeckungen auf dem Gebiet der Geometrie, der Kosmologie (bzw. Physik) und der Astronomie (oder Meteorologie) der Reihe nach betrachtet und anschließend der Versuch unternommen werden, seine Bedeutung für das wissenschaftliche Denken zu werten – weniger aufgrund seines »positiven« Beitrags als vielmehr aufgrund dessen, was er für die Entwicklung des wissenschaftlichen Denkens und der wissenschaftlichen Methoden geleistet hat.

116. AUSGEWÄHLTE DOXOGRAPHIE ZU THALES

(Nach Dumont 1988, Capelle 1953)

1. Wie nun bei den Phönikern aus Handel und Verkehr die Anfänge der genauen Kenntnis der Zahlen sich ergaben, so wurde auch bei den Ägyptern aus dem bezeichneten Grunde die Geometrie geschaffen [*der bezeichnete Grund war:* (...) die Landvermessungen (...) waren ihnen notwendig wegen des Steigens des Nils, der die den einzelnen zustehenden Grenzen unkenntlich machte; *Landvermessung: das ist auch der etymologische Ursprung des Wortes »Geometrie«*]. Thales aber verpflanzte zuerst, nachdem er nach Ägypten gekommen, diese Wissenschaft nach Griechenland und machte selbst viele Entdeckungen; zu vielen anderen legte er für die Späteren den Grund. Sein Verfahren war dabei teilweise mehr allgemeiner Art, teilweise mehr auf die Sinnendinge ausgerichtet. (*Des Proklus Diadochus' 2. Buch des Kommentars zum 1. Buch von Euklids »Elementen«, 211, 6–13*) Daß nun der Kreis durch den Durchmesser halbiert wird, soll zuerst der berühmte Thales nachgewiesen

haben (...). (*Ebd., 275, 24–27*) Heil dem alten Thales, dem Entdecker vieler anderer und besonders dieses Theorems! Denn man sagt, er habe als erster erkannt und ausgesprochen, daß in jedem gleichschenkligen Dreieck die Basiswinkel gleich sind, habe aber in altertümlicher Weise für »gleich« die Bezeichnung »ähnlich« gebraucht. (*Ebd.341/342, 37–2*) Dieses Theorem zeigt also, daß, wenn zwei Geraden sich schneiden, ihre Scheitelwinkel gleich sind. Es wurde, wie Eudemos berichtet, von Thales zuerst entdeckt (...). (*Ebd., 374, 5–7*) Eudemos aber führt in seiner *Geschichte der Geometrie* diesen Lehrsatz (den dritten Kongruenzsatz von der Gleichheit zweier Dreiecke) auf Thales zurück. Denn bei der Art und Weise, auf die er die Entfernung der Schiffe auf hoher See bestimmt haben soll, erklärt Eudemos die Heranziehung desselben als unerläßlich. (*Ebd., 409, 31–35*)

2. Was nun die ersten Philosophen betrifft, so haben die meisten die Prinzipien aller Dinge sich nur in stoffartiger Gestalt vorstellen können; denn das, woraus alles ist, was ist, woraus es ursprünglich hervorgeht, in was es sich schließlich auflöst, (...) das nennen sie den Urstoff (Arché) und das Prinzip des Seienden. (...) Thales, der zuerst philosophische Untersuchungen in dieser Richtung angestellt hat, sucht das Prinzip im Wasser, weshalb er auch den Satz aufstellte, daß die Erde auf dem Wasser sei. Er mag zu dieser Annahme gekommen sein durch die Wahrnehmung, daß der Nahrungsstoff aller Geschöpfe feucht ist und daß das Warme aus diesem Feuchten entsteht und durch es lebt. (...) Manche wollen die gleiche Ansicht über die Natur auch schon im frühesten Altertum entdecken, bei denen, (...) die zuerst theologische Untersuchungen angestellt haben; diese fanden nämlich in Okeanos und der Tethys das Paar, worauf alles Entstandene zurückzuführen sei, und das, wobei die Götter schwören, bezeichneten sie als ein Wasser, eben das Wasser (...). (*Aristoteles, Metaphysik I,3, S. 15–16*)

3. Thales behauptet, die Erde werde vom Wasser getragen. Sie werde wie ein Schiff bewegt, und infolge der Beweglichkeit des Wassers schwanke sie dann, wenn die Leute sagen, sie erbebe. (*Seneca, Naturwissenschaftliche Probleme, III, 14*)

4. Thales, Pythagoras und jene aus seiner Schule hatten die Himmelskugel in Gänze in fünf Kreise unterteilt, die sie Zonen nannten. Den ersten bezeichneten sie als nördlichen Polarkreis und immer sichtbar, den zweiten als Kreis der Sommersonnenwende, den dritten als Kreis der Tagundnachtgleiche, den vierten als Kreis der Wintersonnenwende und den letzten als südlichen Polarkreis und unsichtbar [*die Zonen, vor allem der nördliche und der südliche Polarkreis, decken sich nicht mit den heutigen Zonen*]. Der Tierkreis schneidet die drei mittleren Zonen schräg. (*Aetius, Placita, II, XII,1*) Thales sagte, die Sterne seien aus Erde, jedoch glühend. (*Ebd., II, XIII,1*) Thales behauptete als erster, eine Sonnenfinsternis trete auf, wenn der Mond senkrecht zur Sonne stehe, da er von erdiger Natur sei. Man sehe dann, wie das Licht der von der Mondscheibe verdeckten Sonne wie von einem Spiegel reflektiert werde. (*Ebd., II, XXIV, 1*) Thales behauptete als erster, der Mond werde von der Sonne angestrahlt. (*Ebd., II, XXVII,5*)

5. Was aber Thales betrifft, so sagte er, wie Eudemos in seiner *Geschichte der Astrologie* berichtet, jene Sonnenfinsternis voraus, die zu der Zeit eintrat, als die Meder

unter dem König Kyaxares, dem Vater des Astyages, und die Lyder unter dem König Alyattes, dem Vater des Kroisos, in einer Schlacht miteinander handgemein wurden (...). Es war dies aber um die Zeit der 50. Olympiade (*580–577 v.Chr.*). (*Clemens von Alexandrien, Stromata, »Teppiche«, I, 65*)

6. Thales bezeichnete Gott als Weltgeist und nannte alles beseelt und von Dämonen erfüllt; er sagte auch, die Urfeuchtigkeit werde von einer göttlichen Kraft durchwaltet und von ihr bewegt. (*Aetius, Placita, I, VII, 11*)

In Kasten 116 finden sich einige Fragmente aus der Doxographie zu Thales; wie die Lektüre dieser Texte zeigt, sind die Meinungen über Thales vielfach mit Vorsicht zu genießen – ein Punkt, auf den wir bei der Besprechung der einzelnen Bereiche noch einmal zurückkommen werden. Beginnen wir nun mit der im ersten Fragment der Doxographie angesprochenen Materie, der Mathematik bei Thales, über die wir im wesentlichen durch Proklos Diadochos' *Procli Diadochi in primum Euclidis Elementorum librum commentarii* unterrichtet sind.

Die Mathematik

De facto handelt es sich bei der Mathematik bei Thales vor allem um Geometrie. Äußerungen von ihm über die Arithmetik sind nicht bekannt, außer daß er den ägyptischen Zahlenbegriff als Ansammlung von Einheiten übernommen haben soll – so zumindest eine Hypothese. Berühmt gemacht hat Thales das nach ihm benannte Theorem, das indessen vermutlich gar nicht von ihm stammt. Da jedoch nichts von ihm selbst erhalten ist und die Ansichten der antiken Autoren über ihn auseinandergehen, fällt es schwer, Thales bestimmte mathematische Erkenntnisse oder Entdeckungen zuzuschreiben. Deshalb wollen wir hier lediglich die ihm allgemein zuerkannten fünf Lehrsätze über das Dreieck und den Kreis aufnehmen, wobei bedacht werden muß, daß sie dem oben zitierten Werk des Proklos Diadochos entnommen sind, also einem Kommentar aus dem 5. Jahrhundert n.Chr. über die Arbeiten des Euklid aus dem 3. Jahrhundert v.Chr., und daß Thales selbst noch einmal drei Jahrhunderte früher, im 6. Jahrhundert v.Chr., lebte. Anschließend werden wir den sogenannten Satz des Thales anhand von zwei Beispielen erörtern: der Bestimmung der Höhe der Pyramiden und der Entfernung von Schiffen auf See.

– *Der Kreis wird durch den Durchmesser halbiert.* Dieser Satz ist im Grunde schon in der Definition des Durchmessers enthalten. Ein Beweis im eigentlichen Sinn erübrigt sich; der Satz ist aufgrund der Eigenschaften der Symmetrie des Kreises unmittelbar evident, ohne daß diese Eigenschaften ausdrücklich formuliert werden müßten.

- *Wenn sich zwei Geraden schneiden, sind die von ihnen gebildeten Scheitelwinkel gleich.* Auch dieser Satz, der dem Satz 15 des ersten Buchs von Euklids *Elementen* entspricht, scheint eher einer Plausibilitätsbetrachtung als einem Beweis zu entspringen. Indessen ist sein Beweis äußerst einfach und war vielleicht auch Thales bekannt (obwohl wir nicht wissen, ob sich Thales überhaupt um Beweise kümmerte).
- *Die Basiswinkel im gleichschenkligen Dreieck sind gleich* (5. Lehrsatz im ersten Buch von Euklids *Elementen*). Auch hier können wir nicht sagen, wie Thales den Satz bewiesen hätte, ob er ihn bewiesen hat oder ob es sich einfach um eine Plausibilitätsbetrachtung handelt.
- *Ein Dreieck ist bestimmt, wenn die Basis und die Basiswinkel gegeben sind*: zwei Dreiecke, bei denen eine Seite und zwei Winkel gleich sind, sind einander gleich – Satz 26 des ersten Buchs von Euklids *Elementen*. Auch hier können wir, wie im obengenannten Fall, nur spekulieren, wie Thales den Satz bewiesen hat, wenn er ihn bewiesen hat, denn auch dieser Satz leuchtet intuitiv ein.
- *Der in einen Halbkreis einbeschriebene Winkel ist ein rechter Winkel:* bei einem in einen Halbkreis einbeschriebenen rechtwinkligen Dreieck ist die Hypotenuse gleich dem Durchmesser – erster Teil von Satz 31 des dritten Buchs von Euklids *Elementen*. Auch hier erhebt sich wieder die Frage nach dem Beweis (falls es einen gab): Gründete er sich auf die Plausibilitätsbetrachtung, daß ein Rechteck jederzeit so in einen Kreis eingezeichnet werden kann, daß seine Diagonalen gleich zwei Durchmessern sind (was anerkennen heißt, daß die Diagonalen des Rechtecks gleich sind). In diesem Fall würde es sich um den Winkel des in einen Halbkreis einbeschriebenen halben, durch zwei Seiten und eine Diagonale begrenzten Vierecks – also um ein rechtwinkliges Dreieck -handeln. Oder soll man einen mehr oder minder ausgefeilten Beweis annehmen, der im allgemeinen die Pythagoras zugeschriebene, also ein halbes Jahrhundert nach Thales gewonnene Erkenntnis voraussetzt, daß die Winkelsumme in einem Dreieck zwei rechten Winkeln entspricht?

Auf die Frage, wie weit die Thales zugeschriebenen Entdeckungen wirklich von ihm stammen und wie weit er die Sätze mathematisch bewiesen hat, werden wir etwas später noch einmal zurückkommen. Betrachten wir zunächst den sogenannten Lehrsatz des Thales anhand von zwei ebenfalls Thales zugeschriebenen Anwendungen: der Bestimmung der Entfernung eines Schiffes auf See und der Messung der Höhe einer Pyramide.

Kasten 117 erläutert die verschiedenen Verfahren, wie Thales die Entfernung eines Schiffes auf See hätte bestimmen können. Zwei davon machen sich den oben erwähnten vierten Lehrsatz zunutze (zwei Dreiecke mit einer gleichen Seite und zwei gleichen Winkeln sind kongruent), das dritte baut auf dem eigentlichen Satz des Thales über ähnliche (nicht kongruente) Dreiecke auf. Vor einer Beurteilung dieser Verfahren wollen wir uns noch die Messung der Höhe einer Pyramide mit Hilfe der Länge ihres Schattens betrachten, mit der Thales den Pharao Amasis in Erstaunen versetzt haben soll. Drei Texte nehmen auf diese Messung Bezug, nennen aber nur zwei Methoden, von denen lediglich eine die Kenntnis des Theorems über ähnliche Dreiecke in seiner ganzen Allgemeingültigkeit voraussetzt (Kasten 118).

117. BESTIMMUNG DER ENTFERNUNG EINES SCHIFFES AUF SEE

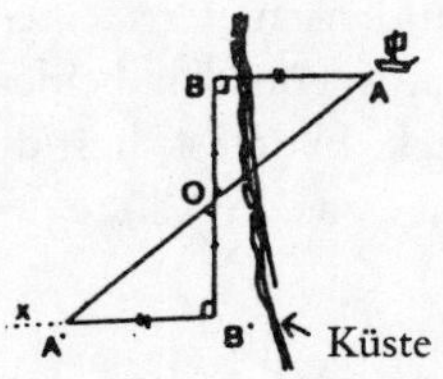

Figur a: Das Schiff befindet sich in A, der Beobachter, der es anvisiert, in B. Ausgehend von der Linie BA zieht er senkrecht dazu die Linie BB' und senkrecht zu dieser die Linie B'x. Auf dieser sucht er den Punkt A', der in einer Linie mit A und O, der Mitte von BB', liegen soll; dann ist die Entfernung A'B' gleich der gesuchten Entfernung AB. Das Hauptproblem bei dieser Methode ist, daß sie bei größerer Entfernung des Schiffs auf dem Strand (der außerdem weit ins Landesinnere leer sein müßte) zu große Strecken erfordert, die nicht schnell genug zu bewältigen sind.

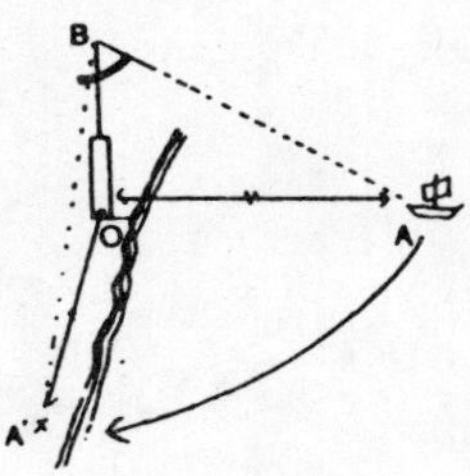

Figur b: Der Beobachter B visiert das Schiff A von einem Turm aus mit einem Gerät an, das den Winkel OBA messen kann, danach mit demselben Winkel einen Punkt A' an der Küste. Die Entfernung OA' bis zur Basis des Turms ist gleich OA der gesuchten Entfernung. Wenn das Schiff sehr weit entfernt ist, erfordert dieses Verfahren ebenfalls einen langen freien Strand; außerdem braucht man ein Visiergerät, das Winkel mit größter Präzision messen kann, da bereits ein kleiner Fehler bei der Winkelmessung erhebliche Fehler bei der Berechnung der Entfernung nach sich zieht.

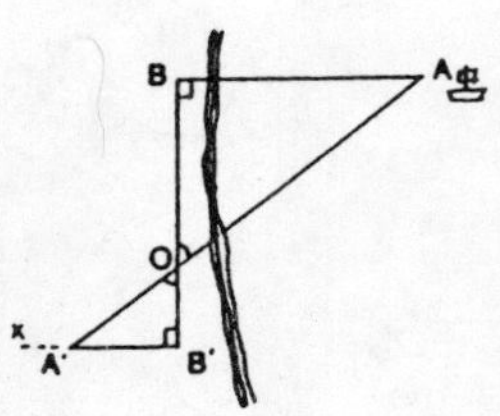

Figur c: Hier wird die gleiche Methode wie in Figur a verwendet, nur daß O nicht in der Mitte von BB', sondern näher bei B gewählt wird; nach dem Lehrsatz des Thales ist AB/A'B' = BO/OB', die gesuchte Entfernung ist also AB = A'B' (BO/OB'). In diesem Fall können die Entfernungen auf dem Strand sehr klein gehalten werden, selbst wenn das Schiff sehr weit entfernt ist.

118. BESTIMMUNG DER HÖHE DER PYRAMIDEN

Hieronymos berichtet, er habe die Höhe der Pyramiden gemessen vermittelst ihres Schattens, den er genau in dem Zeitpunkt abmaß, wo unser Schatten und unser Leib die gleiche Länge haben. (*Diogenes Laertios, Leben und Meinungen berühmter Philosophen, I, 1, 27*)

Thales von Milet hat eine Methode gefunden, die Höhe [*der Pyramiden*] zu messen, indem er ihren Schatten mißt, wenn dieser gleich dem Objekt ist. (*Plinius der Ältere, Naturalis historiae libri XXXVII, XXXVI,82*)

Allein dadurch, daß du [*Thales*] am Rande des Pyramidenschattens einen lotrechten Stab aufstelltest und vermittelst des Sonnenstrahls von den beiden höchsten Punkten der Pyramide und des Stockes zwei Dreiecke bildetest, hast du bewiesen, daß sich die Höhe der Pyramide zu der des Stockes wie die Länge des einen zur Länge des anderen Schattens verhält. (*Plutarch*)

Die beiden ersten Texte entsprechen der Figur a, der dritte der Figur b. Das erste Verfahren ist einfacher und dürfte dasjenige sein, das Thales benutzte; dafür spricht auch, daß der Text von Diogenes Laertios auf Hieronymos von Rhodos, einen Aristotelesschüler, Bezug nimmt, der Thales zeitlich noch relativ nah stand. In beiden Fällen besteht die praktische Hauptschwierigkeit darin, die Länge des Pyramidenschattens vom Basismittelpunkt ab zu messen (die Pyramide ist nicht hohl), wenn die Sonnenstrahlen nicht senkrecht auf eine Seite der Basis fallen und ihr Mittelpunkt also nicht auf die Mitte einer Seite projiziert wird (vgl. die Figuren).

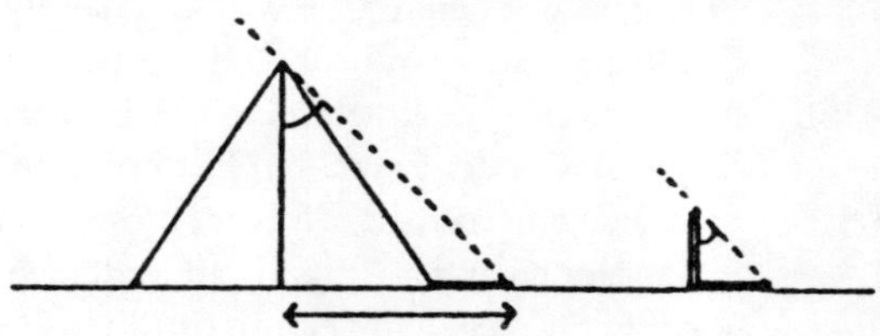

Figur a: Wie sich bei einem Winkel von 45° beim Stab Höhe und Schatten entsprechen, so auch bei der Pyramide: Ein auf Anhieb einleuchtender Sonderfall des Satzes des Thales.

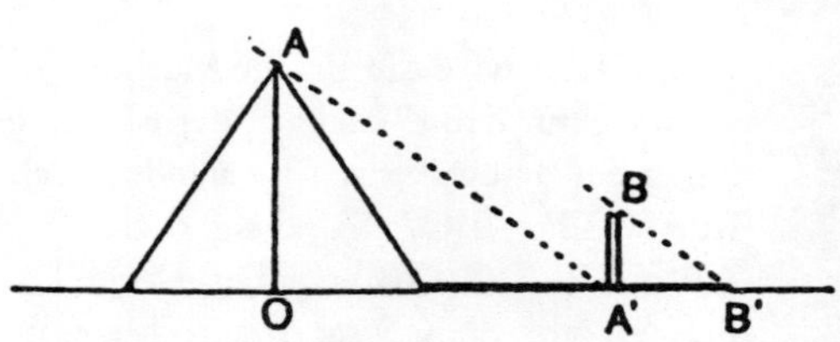

Figur b: Die Dreiecke AOA' und BA'B' sind ähnlich, also ist nach dem Lehrsatz des Thales AO/BA' = OA'/A'B'und AO = BA'(OA'/A'B').

Was also sollen wir von Thales' Mathematik halten? Zunächst ist festzustellen, daß die verschiedenen Zusammenhänge in Mesopotamien und Ägypten seit langem bekannt waren, zumindest in Form praktischer Anwendungen, wenn schon nicht als ausdrücklich formulierte mathematische Gesetze und Theoreme. Mithin kann man Thales wohl schwerlich die Vaterschaft zuschreiben. Weitaus wahrscheinlicher ist, daß er sie von seinen Reisen nach Ägypten (oder anderswohin) mitbrachte – eine Meinung, die im übrigen auch Proklos vertritt (Fragment 1, Kasten 116).

Aus diesem Text wissen wir nicht nur, daß die Alten die Geometrie auf einen durchaus praktischen Ursprung zurückführten, sondern auch, daß sie von Thales in der griechischen Welt eingeführt wurde. Zwar schreibt Proklos dem Milesier auch mehrere eigene Entdeckungen auf diesem Gebiet zu, uns aber ist nichts unter seinem Namen überliefert, was nicht schon von der mesopotamischen oder ägyptischen Mathematik behandelt worden wäre (wenn auch im Hinblick auf praktische Zwecke). Nun könnte ihm noch das Verdienst zustehen, die Gesetzmäßigkeiten hinter den praktischen Erkenntnissen der Ägypter herausgearbeitet zu haben – aber auch hierzu fehlen die Belege, zumal die Überlieferung seine Kenntnis des Theorems über ähnliche Dreiecke anhand von zwei praktischen Beispielen demonstriert. Außerdem schreibt Proklos die Umwandlung der Mathematik in eine »liberale«, von praktischer Anwendung unabhängige Wissenschaft, die ihre Lehrsätze abstrakt und nur mit dem Verstand sucht, im selben Werk Pythagoras zu. Bleibt noch die Möglichkeit, daß Thales die in der mesopotamischen und ägyptischen Mathematik implizit enthaltenen Prinzipien ausdrücklich formulierte, ohne sie zu beweisen – was auch schon ein bemerkenswerter Fortschritt wäre. Doch auch hierfür fehlen Beweise.

Am wahrscheinlichsten ist wohl, daß Thales aus geschäftlichen Gründen Ägypten bereiste; dafür spricht auch seine mögliche phönikische Abstammung – die Phöniker waren bekannte Händler – sowie die spürbare Zunahme der Beziehungen, vornehmlich der Handelsbeziehungen, zwischen Ägypten und der damals aus ihrem Mittelalter erwachenden griechischen Welt. Von diesen Reisen – und den Kontakten mit anderen Reisenden – hätte Thales danach allerlei Wissenswertes mit nach Hause gebracht, und zwar nicht nur auf dem Gebiet der Geometrie, sondern auch auf dem der Astronomie. Zu diesem ägyptischen Einfluß wäre mit Sicherheit noch der mesopotamische gekommen, versuchte das Persische Reich doch zu dieser Zeit, sich nach Kleinasien (Ionien) und Griechenland auszubreiten. Das Hauptverdienst des Thales bestünde demzufolge darin, diese Kenntnisse in den verglichen mit Ägypten und Mesopotamien rückständigen griechischen Raum eingeführt und dort propagiert zu haben; in seiner Kosmologie erwies er sich dagegen, wie sich noch zeigen wird, als schöpferisch. Darüber hinaus könnte Thales diese vornehmlich praktisch orientierten Kenntnisse durchaus auch seinerseits weiter bearbeitet und (mit oder ohne Beweis) allgemeine Prinzipien formuliert haben; nur überliefert ist uns nichts dieser Art.

Auch die Schule von Milet, als deren Gründer er gilt, hat keine besonderen mathematischen Leistungen aufzuweisen, so berühmt sie auch heute noch als Schule der »Physiologen« ist (unter »Physiologie« verstand man damals, wie die Etymologie des Wortes schon besagt, das Studium der Natur – vergleiche dazu im folgenden die Abschnitte über Anaximander und Anaximenes). Die Schaffung einer wirklichen Mathematik jedoch scheint eher Pythagoras und den Pythagoreern zu verdanken zu sein.

Kosmologie und Physik

Seinen Platz in der vordersten Reihe der Wissenschaftsgeschichte verdankt Thales weniger seinen geometrischen Leistungen, geschweige denn dem nach ihm benannten Theorem – dessen Urheber er gar nicht ist –, als vielmehr seiner kosmologischen und physikalischen Konzeption. Es hat ganz den Anschein, als sei Thales der erste gewesen (zumindest der erste, dessen Gedankengut bewahrt wurde), der die Welt nicht durch den Mythos zu erklären versuchte und der die Götter nicht zu einer pseudohistorischen Rekonstruktion bemühte. Vor einer Beschreibung der Kosmologie des Thales wollen wir uns kurz den Geist der griechischen Mythologie dieser Zeit vergegenwärtigen, um das Neue an Thales' Kosmologie richtig würdigen zu können.

Hesiods *Theogonie*, die rund zwei Jahrhunderte vor Thales entstanden sein dürfte, kreist um die Geburt und die Geschichte der Götter und dabei zugleich um die Geburt und die Geschichte der Welt. Sie ist also nicht nur eine Theogonie, sondern zugleich auch eine Kosmogonie. An den Anfang aller Dinge, einschließlich der Götter, setzt sie – ohne eine Erklärung über seinen Ursprung zu geben – das offenbar durch sich selbst existierende Chaos. Dieses Chaos gebiert verschiedene Götter, die zugleich die elementaren Naturerscheinungen verkörpern – die Nacht, die Erde, den Himmel etc.; und diese Götter zeugen ihrerseits wieder andere Götter, vielfach gleichfalls Verkörperungen von Elementen der Natur oder verschiedener Eigenschaften, daneben aber auch alle möglichen Ungeheuer. All diese mehr oder weniger göttlichen Wesen folgen aufeinander, lösen einander ab und vernichten einander gelegentlich durch brutale Kriege, Zweikämpfe oder Mord. Alles in allem aber bewegt sich die Entwicklung auf die Entstehung immer vollkommenerer Wesen und vom Dunkel aufs Licht zu. Beispielsweise hatte Uranos die abscheuliche Angewohnheit, Ungeheuer zu zeugen, bis er von seinem Sohn Kronos entmannt wurde, der das männliche Glied des Vaters ins Meer warf, woraufhin dem Gischt, Uranos' Samen, Aphrodite, die Göttin der Liebe, entstieg. Seitdem ist die Zeugung von Monstern durch die »normale« Zeugung abgelöst, die unter den Gesetzen der Liebe steht. So zeichnet diese Theogonie (beziehungsweise Kosmogonie) in groben Zügen, wie aus dem Chaos über die Stufe der Nacht und der Monster eine Welt differenzierter Wesen entstand. Noch aber ist diese Welt ohne Struktur und innere Ordnung, noch also ist sie nicht zum Kosmos geworden.

Was hat man sich unter diesem uranfänglichen Chaos vorzustellen? Die Etymologie des Wortes legt mehrere Bedeutungen nahe – wirres Durcheinander aus Dämpfen und Wolken, Feuer, Himmelsgewässer, Leere, aber nicht Leere im modernen Sinn als Gegensatz zum Begriff der Materie, sondern Leere im Sinn eines gähnenden Abgrunds. Wenn man die oben beschriebene Bewegung fortschreitender Differenzierung zurückverfolgt, dann hat es den Anschein, daß dieses Chaos ausschließlich durch negative Eigenschaften definiert wird: Es ist das Nichtdifferenzierte, das weder durch Quantität noch durch Qualität Bestimmte, geht also über unsere heutige Deutung des Begriffs des Chaos als Unordnung, Durcheinander weit hinaus. Während unser Chaos-Begriff eine vorgegebene, aber noch nicht geformte Materie voraussetzt, kannte Hesiods Zeit die Scheidung von Materie und Form oder anders ausgedrückt, eine von Gegenständen unabhängige Materie, noch nicht; das Chaos war eine zugleich Materie und Form umfassende Unbestimmtheit.

Darüber hinaus gab es vor Hesiods Theogonie Mythen, die Okeanos als Urgrund aller Dinge annahmen, wobei Okeanos gleichbedeutend war mit Ozean und Himmel, mit dem Himmelsgewölbe, das am Horizont mit dem Meer verschmilzt (Fragment 2 der Doxographie, Kasten 116, Seite 284) – eine Vorstellung, die an Mesopotamien und Ägypten erinnert.

Thales nun erklärt die aktuelle Welt nicht mehr mit einer mehr oder weniger mythischen Vergangenheit, sondern gibt der Welt als Fundament einen wandlungsfähigen Urstoff. Anstatt sich zu fragen, wie die Welt entstand, fragt er, woraus sie gemacht ist, was am Anfang existierte, und was in den Facetten des Werdens als Urgrund, als Substrat, fortdauert – natürlich nicht in diesen Worten, aber das ist das Problem, um das es ihm geht.

Für Thales ist, wie wir den doxographischen Zeugnissen entnehmen können, das Urelement das Wasser. Im Wasser sieht er den Ursprung aller Dinge, aus Wasser sind sie durch Umwandlungen alle gemacht. Daß er das Wasser wählte, hat, so weit wir das beurteilen können, verschiedene Gründe.

Vor allem spielten mythische Einflüsse eine Rolle; man erinnere sich an den Mythos von Okeanos, den Ozean und Himmelsgewölbe umfassenden Weltengrund, aus dem sich alle Dinge herleiten. Schon die sumerische Kosmologie und die ägyptischen Vorstellungen kannten ein Erde und Himmel einschließendes Urmeer (siehe Teil I). Aber hier geht es weder um die Frage, ob die mesopotamische und die ägyptische Mythologie die griechische beeinflußt haben noch darum, ob sich Thales auf diese fremden Mythologien oder direkt auf den griechischen Okeanos-Mythos selbst bezieht, sondern darum, daß hinter seiner Wahl des Wassers als Urgrund zweifelsohne der Mythos steht. Allerdings scheint seine Konzeption umfassender gewesen zu sein. Zwar stellt auch er sich die Welt als eine Art halbkugelförmiger Blase in einem Urmeer und die Erde als eine auf der ebenen Oberfläche dieser Blase schwimmende Scheibe vor (genau wie auf der Abbildung der sumerischen Kosmologie, Kasten 41, Seite 95); darüber hinaus aber sieht er im Wasser auch den Urstoff, aus dem alle Dinge kommen und in den alle Dinge zurückkehren. Damit führt er einen physikalischen Aspekt in die Kosmologie ein, der dem Mythos fehlte.

Dieses Urmeer wird zu einer physikalischen Erklärung »verweltlicht«. Erleichtert wurde dies – wenn man der in Kasten 116 teilweise zitierten Doxographie glauben darf – zweifellos durch physikalische Beobachtungen, so etwa der Rolle, die das Wasser für das Leben spielt, von Verlandungserscheinungen (Land wird aus dem Wasser geboren) oder von Muschelfossilienvorkommen (Anzeichen dafür, daß das Land einst aus dem Wasser hervorging). Außerdem kann man die Vielfalt der Erscheinungen, die sich aus einem einzigen Element ableiten, am besten mit einem flüssigen Urstoff erklären, der sich für die dem Werden inhärenten Wandlungen gut eignet: Wasser kann sowohl verdampfen als sich auch verfestigen – durch Gefrieren in Gestalt von Eis oder aber in Form von Schwemmland oder nach dem Verdunstungsprozeß durch Verlandung.

Dieser Konzeption zufolge wird das Land durch Verlandung und die Luft durch Verdunstung aus dem Wasser geboren. Die Körperhaftigkeit dessen, was wir »Luft« nennen – von Materie kann zu dieser Zeit noch nicht gesprochen werden, da dieser Begriff sich noch nicht in seiner ganzen Allgemeinheit ausgebildet hatte –, war damals noch nicht bekannt; sie wurde erst später von Empedokles und Anaxagoras eingeführt (siehe 5. Kapitel des zweiten Teils). Für Thales war Luft Dampf oder Wind, denn in Bewegung ist Luft spürbar, unbewegt nicht, und ebenso ist Luft nur in Form von Dampf oder Dunst als leichte Trübung oder als Nebel sichtbar, sonst aber nicht.

Und schließlich bringt das Urelement in einer letzten Metamorphose über die Luft (als Wasserdampf) das Feuer hervor. So können sich Sonnen und Sterne durch Verbrennung der Ausdünstungen des Urmeers nähren.

All diese Wandlungen schließen sich zu einem Kreislauf: Die Sonne zieht Wasser aus dem Urmeer, verwandelt es in Luft und nährt sich von seinen Ausdünstungen; was davon übrig bleibt, fällt als Regen vom Himmel und verwandelt sich in Erde, Erde entsteht aber nicht nur aus den Ablagerungen, die mehr oder weniger unmittelbar aus dem Regen stammen, sondern auch durch Verdunstung des Meerwassers direkt; die Erde wird ihrerseits wieder zu Wasser (Tau, Nebel, Quellen), und so beginnt der Kreislauf von neuem.

Eine Stütze fand diese »Physik des Wassers« zweifelsohne in der Tatsache, daß Leben ohne Wasser unmöglich ist, daß alles Leben aus dem Wasser kommt und Wasser zu seiner Erhaltung braucht. Jeder Keim ist feucht, wie die Doxographie anmerkt, Nahrungsmittel sind voller Saft und Totes vertrocknet. Von da ist es nicht mehr weit zu einer hylozoistischen Konzeption, wird doch alles als lebendig betrachtet – alles kommt aus dem Wasser, und Wasser ist unentbehrlich für das Leben. Für Thales sind nicht nur Tiere und Pflanzen, sondern auch die verschiedenen Gegenstände belebt; einen Beweis (oder zumindest Hinweis) liefern ihm Magnet und Bernstein: der eine zieht Eisen an, der andere kleine leichte Teilchen, wenn er durch Reiben mit statischer Elektrizität aufgeladen ist. So scheint Thales, auch wenn das in der Doxographie nicht explizit zum Ausdruck kommt, das Universum als eine Art großen Organismus aufgefaßt zu haben, der durch die Ausdünstungen des Wassers unterhalten wird und nach dem oben beschriebenen Kreislauf funktioniert. Das ist zugegebenermaßen eine Rekonstruktion, aber selbst wenn Thales die Idee einer nach Art eines Organismus konstruierten und strukturierten Welt noch nicht konzipiert hätte, bliebe doch bestehen, daß seine Sicht im Grunde auf einer durch Naturgesetze geordneten, nach einem einheitlichen System funktionierenden Welt beruht.

Auch wenn sich die Naturlehre des Thales in diesen Punkten vom Mythos gelöst hat, so bleibt sie ihm durch ihren Hylozoismus doch verhaftet: Alles ist voller Götter und Dämonen, und diese Götter beziehungsweise das alles belebende Prinzip des Hylozoismus sind keineswegs gleichzusetzen mit einem formgebenden Geist, der die Verwandlungen des Urstoffs, des Wassers, kontrolliert und so über die Bildung des Universums wacht und das Werden regelt, ohne ihm selbst zu unterliegen. Letztlich wurzelt diese Konzeption zwar in der Theorie von einem Urstoff als Substrat und Ursprung aller Dinge. In ihrer ganzen Tragweite aber taucht sie erst ein Jahrhundert später bei Anaxagoras auf. Und diese Entwicklung ist es, die wir im folgenden durch die verschiedenen, einander ablösenden Schulen der griechischen Welt weiter verfolgen wollen.

Diese von Göttern durchwaltete, gleichzeitig aber nach einem nahezu physikalischen und damit nicht mythischen Prinzip aus einem Urstoff aufgebaute Welt mag auch den Anstoß zu einer Philosophie gegeben haben, die die göttliche Macht als Teil des kosmischen Systems betrachtet, also als Teil eines als geordnetes Ganzes aufgefaßten Universums und so als Kraft, die sich in den Naturgesetzen manifestiert und nicht über der Welt steht und diese auf willkürliche Weise regiert. Diese Auffassung steht einer anderen Erfindung der Griechen nahe: der Demokratie mit ihren verfassunggebenden Gesetzen, die die Regierungsgewalt kontrollieren und der Willkür eines Königs entziehen, der sich »über« die von ihm Regierten stellt; die politische Macht manifestiert sich in und durch die konstitutionellen Gesetze, wie sich die göttliche Macht in und durch die Naturgesetze manifestiert – eine Parallele, auf die wir noch öfters stoßen werden.

Doch zurück zu Thesen, die Thales selber zugeschrieben werden, und zu seiner Astronomie, die mehr oder weniger eng mit seinen kosmologischen Prinzipien verknüpft ist. Die Welt scheint also für Thales aus einer halbkugelförmigen, von einer Urflüssigkeit eingeschlossenen Blase zu bestehen; die Erde schwimmt als flache Scheibe auf der ebenen Fläche im Inneren dieser Kugel. So lassen sich Erdbeben als Auswirkung der Bewegungen des Urmeers erklären (Fragment 3 der Doxographie, Kasten 116), was an Poseidon erinnert, der zugleich der Gott des Meeres und der Gott der Erdbeben ist.

Wir wissen nicht, ob Thales von der Annahme ausging, daß die Sterne auf den oberen Wassern – am Himmelsgewölbe als oberem, rundem Teil der Halbkugel – schwimmen, ähnlich wie die Erde auf dem Meer im unteren flachen Teil. Dagegen wissen wir, daß er sich stark für astronomische Fragen interessierte. Die Doxographie schreibt ihm auf diesem Gebiet sogar eine ganze Reihe von Kenntnissen zu, die er wahrscheinlich gar nicht haben konnte.

Doch ehe wir uns diesen Kenntnissen im einzelnen zuwenden, sei noch auf die Übereinstimmung seiner astronomischen Vorstellungen mit seinem Weltbild hingewiesen: Die Sterne waren für Thales keine Götter mehr, sondern meteorologische Erscheinungen – Naturerscheinungen, die sich, ähnlich wie der Blitz, der Regenbogen etc. am Himmel abspielten. Die Physik des Thales versuchte, Phänomene wie Regen, Tau, Nebel zu erklären; die daraus resultierende physikalische Meteorologie wurde durch astronomische Fragen erweitert. Die Sterne wurden also mit anderen Himmelserscheinungen (*meteôra*: die Dinge in der Höhe) vermischt, ohne zwischen atmosphärischen und astronomischen Fragen zu unterscheiden und ohne korrekte Einschätzung der Entfernungen. Diese Vermengung von Meteorologie und Astronomie ist charakteristisch für die frühe »Physiologie« (etymologisch: Studium der Natur), vornehmlich die der Milesier. Laut Doxographie sah Thales in den Sternen eine Art brennender Erden, entkleidete sie also im Zuge der Naturalisierung ihres göttlichen Rangs, und dementsprechend stoßen wir nun auch in der eigentlichen Astronomie auf das in Kosmologie und Physik bereits eingeführte Prinzip einer natürlichen Erklärung.

Den Doxographen zufolge soll Thales als erster erkannt haben, daß der Mond nicht von sich aus leuchtet, sondern von der Sonne beleuchtet wird, und daß eine Sonnenfinsternis dann entsteht, wenn sich der Mond zwischen Sonne und Erde schiebt. Doch hier irrt die Doxographie: Diese Entdeckungen gehen auf Anaxagoras zurück, der über ein Jahrhundert später lebte. Vermutlich ist den Doxographen dieser Irrtum unterlaufen, weil Thales die Sonnenfinsternis vom 28. Mai 585 v. Chr. vorausgesagt haben soll – nach manchen Autoren war es die Finsternis vom 30. September 610; doch dann müßten Geburts- und Todesjahr des Thales um gut zwanzig Jahre verschoben werden. Bedenkt man jedoch das Niveau der griechischen Astronomie des 6. Jahrhunderts und den Stand ihrer »positiven« Kenntnisse, so dürfte diese Vorhersage höchstwahrscheinlich von der chaldäischen (oder, wenn auch weniger wahrscheinlich, von der ägyptischen) Astronomie übernommen worden sein, deren Zyklen eine näherungsweise Vorhersage der Sonnenfinsternisse ohne Kenntnis der korrekten Erklärung erlaubten. Da nirgends erwähnt wird, daß Thales diese Zyklen gekannt haben könnte, verdächtigt ihn P. Tannery, auf seinen Reisen einen chaldäischen Astrologen getroffen, von diesem den Zeitpunkt einiger Sonnenfinsternisse erfahren und diese als eigene Erkenntnisse ausgegeben zu haben. Die korrekte Erklärung für die von ihm vorausgesagte Sonnenfinsternis kannte Thales jedoch mit Sicherheit nicht.

Da sein Name nun aber mit dieser Vorhersage verknüpft war, wurde ihm im Altertum diese Entdeckung gelegentlich zu Unrecht untergeschoben.

Die Kenntnis des Himmelsäquators, der Wendekreise und des Tierkreises hatte Thales – falls er sie, wie die Doxographie behauptet, wirklich besaß – zweifellos von der chaldäischen (oder ägyptischen) Astronomie übernommen. Die Kenntnis des nördlichen Polarkreises, also des Kreises stets sichtbarer Sterne, erfordert nur ein Minimum an Beobachtungen, so daß sie bei Thales angenommen werden kann, sei es aus eigener Anschauung oder durch Übernahme von der chaldäischen (oder ägyptischen) Astronomie. In diesem Zusammenhang sei noch erwähnt, daß Thales einen Traktat über nautische Astronomie verfaßt und den Kleinen Bären als Wegweiser nach Norden angegeben haben soll – was die These seiner phönikischen Abstammung stützen würde, denn die Phöniker waren renommierte Seefahrer und in Fragen der Seefahrt äußerst beschlagen. Vom südlichen Polarkreis dagegen (hier nicht im modernen Sinn, sondern als Kreis der von einem gegebenen Punkt der südlichen Halbkugel aus immer sichtbaren Sterne verstanden) dürfte Thales höchstwahrscheinlich nichts gewußt haben. Ein solches Wissen setzt entweder die Kenntnis der Kugelgestalt der Erde oder weite Reisen auf der Südhalbkugel voraus, die er jedoch nicht gemacht hat – nur dabei hätte er feststellen können, daß der Polarkreis als immer sichtbarer Kreis von Sternen mit der Breite des Beobachters variiert.

Mit größerer Wahrscheinlichkeit wußte er, daß die Jahreszeiten ungleich lang sind – er kannte wohl die Position der Sommer- und Wintersonnenwende sowie der Frühjahrs-und Herbsttagundnachtgleiche, obwohl auch das keineswegs feststeht. Andere ihm gelegentlich zugeschriebene (richtige oder falsche) Kenntnisse wie die Größe des Sonnendurchmessers oder die Länge des Jahres von 365 Tagen, des Monats zu 30 Tagen dürfte er – falls er sie wirklich besaß – von Ägypten oder Mesopotamien übernommen haben. Dagegen deutet nichts darauf hin, daß er die Planeten als Wandelsterne von den Fixsternen unterschieden hätte.

Die meisten dieser »positiven« Kenntnisse in Astronomie waren wie in der Mathematik in Mesopotamien und Ägypten längst bekannt. Von dort haben Thales und andere sie in Griechenland eingeführt; ob aber er oder seine unmittelbaren Nachfolger diese importierten astronomischen Begriffe und Vorstellungen bereits vollständig assimilieren konnten, steht dahin. Wie auf den anderen Gebieten blieben die »positiven« Kenntnisse der Griechen zu dieser Zeit auch in der Astronomie weit hinter denen der Mesopotamier und Ägypter zurück. Umgekehrt allerdings waren die Griechen in bezug auf das Denken, in dem sie dieses Wissen aufnahmen und verarbeiteten, eindeutig überlegen. Wiewohl kenntnismäßig den Chaldäern unterlegen, integrierte die Astronomie des Thales – und das hebt sie weit über die anderen hinaus – die Fakten in eine vom Mythos bereits befreite Kosmologie. Sie begnügte sich nicht, wie die anderen, mit Positionsbestimmungen und der Aufstellung von Horoskopen, sondern strebte eine Erklärung der Natur und bald auch der Bewegung der Sterne an.

So gilt Thales bis heute als einer der »Leuchttürme« in der Geschichte der Wissenschaften und der Philosophie – weniger wegen des zwar nach ihm benannten, aber zweifellos nicht auf ihn zurückgehenden geometrischen Lehrsatzes als vielmehr aufgrund der Ablösung des Naturstudiums vom Mythos. Und selbst wenn ihm die Doxographen hier wie in anderen Punkten zu viel der Ehre angetan und ihm manches unberechtigtermaßen zugeschrieben haben sollten, scheint doch unbestreitbar zu sein, daß er diese Bewegung immerhin eingeleitet hat.

Obwohl Thales mit der Sammlung der mesopotamischen und ägyptischen Kenntnisse sicher auch praktische oder technische Ziele verfolgte und damit im Grunde die Bestrebungen dieser Völker fortsetzte, hat er seine naturwissenschaftlichen Untersuchungen, oder richtiger den Beginn der naturwissenschaftlichen Untersuchung, doch nicht auf den Boden der Technik, sondern auf den des Mythos gestellt. Letztlich allerdings zielte sein System trotz dieser mythologischen Wurzeln auf die Ablösung der Mythologie als Erklärung der Welt ab. Auf die Idee, den alten Mythos vom Urmeer wieder aufzugreifen und umzudeuten, ist Thales, wenn man den Doxographen glauben darf, durch Naturbeobachtungen verfallen; eine nicht zu unterschätzende Rolle spielten sicher auch sozio-politische Faktoren wie das griechische Demokratieverständnis mit seiner Betonung der verfassunggebenden Prinzipien: Wie die Willkür der Königsmacht durch verfassungsmäßige Prinzipien, so wird die Willkür der Götter durch Naturgesetze ersetzt. Dennoch hieße es wohl etwas zu weit zu gehen, Thales Begriffe wie den der Naturgesetze zuzuschreiben: solche Begriffe sind in seiner Konzeption höchstens implizit und als erste Ansätze enthalten.

Anaximander

Anaximander lebte (vermutlich um 610–545) wie Thales in Milet. Als Bürger derselben Stadt war er vielleicht dessen Schüler, in jedem Fall jedoch ein Bekannter und Diskussionspartner von ihm: die allgemein übliche Bezeichnung »Schule von Milet« bedeutet nicht, daß es sich wirklich um eine Schule in der eigentlichen Bedeutung des Wortes mit Lehrer und Schülern gehandelt haben muß. Im Grunde weiß man über das Leben des Anaximander so gut wie nichts, außer daß er sich für Astronomie interessiert und als erster ein Buch »Über die Natur«, vielleicht auch eine Schrift über geometrische Lehrsätze verfaßt haben soll. Jedenfalls ist von diesen Werken kein einziges Fragment erhalten; seine Betrachtungen über die Natur und über die Astronomie sind uns nur aus den Kommentaren der Alten bekannt. Seine Mathematik – falls es je eine solche gab – hat keine Spuren hinterlassen; lediglich Suidas, eine wenig vertrauenswürdige Quelle aus dem 10. Jahrhundert n. Chr., erwähnt ein solches Werk über die Geometrie.

Dennoch genügen die wenigen Elemente, die von seiner physikalisch-kosmologischen Konzeption erhalten sind, um Anaximander zu einem der allerersten »Gelehrten« nicht nur der Antike, sondern aller Zeiten zu machen, auch wenn er das antike Denken weniger stark beeinflußt hat als sein Nachfolger Anaximenes. Uns erscheint letzterer heute – vielleicht zu Unrecht – weniger bedeutend als Anaximander, dessen Werke er in gewisser Hinsicht vulgarisiert hat. Möglicherweise jedoch verdankt Anaximenes gerade der Popularisierung dieses höchst abstrakten, ausgefeilten Denkens, niedergelegt in poetischem und etwas dunklem Stil, den Aufstieg zum Hauptvertreter der Schule von Milet, obwohl er weder wie Thales deren Gründer noch wie Anaximander deren eigentlicher Denker war.

Eine Auswahl aus den Kommentaren antiker Autoren zu Anaximander findet sich in Kasten 119.

119. AUSGEWÄHLTE DOXOGRAPHIE ZU ANAXIMANDER

(Nach Dumont 1988, Capelle 1953)

1. Anaximandros, des Praxiades Sohn aus Milet, der Schüler und Nachfolger des Thales, hat als Urgrund und Element der Dinge das Unendliche [ἄπειρον, *apeiron*] angenommen, indem er als erster diesen Namen für den Urgrund [ἀρχή, *arché*] gebrauchte. Er bezeichnet aber als Urgrund weder das Wasser noch ein anderes der sogenannten Elemente, sondern eine andere unendliche Substanz, aus der sämtliche Himmel entstanden seien und die Welten in ihnen. Woraus aber die Dinge ihre Entstehung haben, darein finde auch ihr Untergang statt, gemäß der Schuldigkeit. Denn sie leisteten einander Sühne und Buße für ihre Ungerechtigkeit, gemäß der Verordnung der Zeit (wie er selber in seiner poetischen Sprache sagt). Offenbar hat Anaximandros, der den Wandel der vier Elemente [*laut Empedokles Erde, Wasser, Luft, Feuer, siehe unten*] ineinander beobachtet hatte, nicht eins von diesen als Grundlage (Substrat) annehmen wollen, sondern ein anderes neben ihnen. Er nimmt die Entstehung der Dinge nicht infolge einer qualitativen Veränderung des Urelementes an, sondern infolge einer Ausscheidung der Gegensätze auf Grund der ewigen Bewegung. (*Simplicius, Commentaria in Aristotelem graeca, Kommentar zum 1. Buch von Aristoteles' Physik, 24,13*)

2. (Anaximander bezeichnete) als Prinzip des Seienden das Unendliche, aus dem die Himmel und die Welten in ihnen entstanden seien. Dies Unendliche sei ewig und nicht alternd und umfasse alle Welten (...). Er hat (...) zuerst die Bezeichnung »Prinzip« gebraucht. Ewig ist auch die Bewegung, und durch sie sind die Himmel entstanden. Die Erde schwebt in der Mitte, durch nichts gestützt, und verharrt in dieser Lage wegen des gleichmäßigen Abstandes aller Dinge; sie ist gewölbt, rund, wie eine Säulentrommel. Auf der einen Kreisfläche stehen wir, die andere liegt dieser gegenüber. Die Sterne sind ein Feuerkreis, vom Feuer, das die Welt umschließt,

geschieden, aber von Luft umgeben. Die Sterne werden durch röhrenförmige Öffnungen, Durchsichten, sichtbar. Durch Verstopfung dieser Öffnungen entstehen die Finsternisse. Der Mond erscheint bald voll, bald verkleinert, je nachdem die Öffnungen verschlossen oder offen sind. Der Sonnenkreis ist siebenundzwanzigmal größer als der Mondkreis und ist zu oberst, zu unterst sind die Kreise der Fixsterne. (*Hippolyt, Widerlegung aller Häresien, I,6*)

3. Die Erde habe die Gestalt eines Zylinders, dessen Höhe ein Drittel seiner Breite (d.h. des Durchmessers seiner Grundfläche) sei. Anaximandros behauptet (außerdem), die von Ewigkeit her zeugende Kraft des Warmen und Kalten habe sich bei der Entstehung dieser Welt ausgeschieden und es sei daraus eine Kugelhülle aus Feuer um die die Erde umgebende Luft herumgewachsen, wie um den Baum die Rinde. Als diese dann zerrissen sei und sich in verschiedene radförmige Streifen geteilt habe, hätten sich Sonne, Mond und Sterne gebildet. (*Pseudoplutarch, Stromateis, 2*)

4. Die Gestirne seien radförmige Verdichtungen von Luft, die von Feuer erfüllt seien und an gewissen Stellen aus Öffnungen Flammen aushauchten. (*Aetius, Placita, II 13, 7*) Die Sonne sei ein Kreis, 28 mal so groß wie der der Erde, einem Wagenrade ähnlich; sie habe den Felgenkranz hohl, der voll von Feuer sei und an einer Stelle durch eine Mündung das Feuer zum Vorschein kommen lasse wie durch einen Blasebalg. (*Ebd. II 20, 1*) Anaximandros behauptete, die Sonne selbst sei gleich der Erde, dagegen der Kreis, von dem sie ihr Luftloch hat und von dem sie herumgetragen wird, 27 mal so groß wie die Erde. (*Ebd. II 21, 1*) Der Mond sei ein Kreis 19 mal so groß wie die Erde, gleich wie ein Wagenrad, das den Felgenkranz hohl und von Feuer erfüllt habe, gerade wie der der Sonne. Er habe eine schiefe Lage wie jene und ein einziges Luftloch wie die Röhre eines Blasebalges. (*Ebd. II 25, 1*)

5. Ursprünglich sei die ganze Oberfläche der Erde feucht gewesen. Wie sie aber dann von der Sonne ausgetrocknet wurde, sei ein Teil (. . .) verdunstet und habe die Winde und die Wenden von Sonne und Mond verursacht, der übriggebliebene Teil dagegen sei das Meer. Daher würde dies auch immer weniger, weil es austrockne, und schließlich würde es allmählich ganz trocken werden. (*Aristoteles, Meteorologie II 1. 353 b 6*)

6. Von Donner, Blitz, Wetterstrahl, Orkanen und Wirbelstürmen. Anaximandros behauptet, daß alle diese Vorgänge durch das Pneuma verursacht würden. Wenn dieses nämlich von einer dicken Wolke umschlossen sei und sich dann gewaltsam einen Ausweg bahne und infolge seiner Feinteiligkeit und Leichtigkeit ausbreche, dann bewirke das Zerreißen (der Wolke) das Krachen, das Auseinanderziehen gegenüber der Schwärze der Wolke das Aufleuchten (des Blitzes). (*Aetius, Placita III,3,1*) Der Wind sei ein Fließen der Luft, indem die feinsten und feuchtesten Teile in ihr von der Sonne in Bewegung gesetzt oder zum Schmelzen gebracht würden. (*Ebd., III 7,1*) Der Regen entsteht aus dem Dunst, der von der Erde zum Himmel aufsteigt; es blitzt, wenn sich der Wind auf die Wolken stürzt und sie trennt. (*Hippolyt, Widerlegung aller Häresien, I,6*)

7. (Anaximandros lehrte), im Feuchten wären die ersten Lebewesen entstanden, die von stacheligen Rinden umgeben waren; im weiteren Verlauf seien sie dann auf das Trockene ausgewandert und hätten, indem die Rinde von ihnen abfiel, auf kurze Zeit ihre Lebensform geändert. (*Aetius, Placita, V 19,4*) (Anaximandros lehrte), daß aus Wasser und Erde infolge ihrer Erwärmung Fische oder Fischen ganz ähnliche Lebewesen entstanden seien; in diesen hätten sich Menschen entwickelt, und die Jungen seien bis zu ihrer Geschlechtsreife im Inneren (der Fische) zurückgehalten worden; dann erst hätten sie jene Hülle zerrissen, und es seien Männer und Frauen ans Licht getreten, die sich nun selber erhalten konnten. (*Censorinus, De die natali liber, 4, 7*)

Wie Thales sucht auch Anaximander einen Urgrund hinter den Dingen, Urstoff und Substrat (Grundlage) zugleich. Den Doxographen zufolge war er – und nicht Thales – der erste, der dieses Element mit dem Wort ἀρχή (*arché*) bezeichnete, einem Wort, das genau genommen eher »das erste in der Zeit« bedeutet als Substrat. *Arché* wäre also vor allem der Ursprung aller Dinge, die Bedeutung Substrat dagegen nur eine Nebenbedeutung. Der Begriff Substrat als »Stoff ganz allgemein«, also unabhängig von irgendwelchen Objekten, die nur dessen Ausformung sind, wäre damit noch gar nicht völlig erfaßt.

Anders als Thales aber wählt Anaximander kein vorhandenes Element wie das Wasser, sondern etwas, was er *apeiron* (ἄπειρον) nennt – etwas quantitativ und qualitativ Unbestimmtes, etwas in Raum und Zeit Unbegrenztes, ohne Grenzen, also ohne Ende und ohne Form, und durch keinerlei Eigenschaften Bestimmtes. Über die Motive, die zu dieser Wahl führten, kann man nur Mutmaßungen anstellen. Zweifelsohne spielten hier alte Mythen eine Rolle, die den Ursprung aller Dinge in das Chaos verlegt hatten, das die damalige Zeit fast nur durch negative Eigenschaften der Unbestimmtheit definierte. Darüber hinaus aber sollte auch ein Element gewählt werden, das »subtiler, durch seine Erscheinungsformen weniger stark determiniert und somit als Urgrund aller Dinge geeignet« war (R. Baccou). Im übrigen sind alle vorhandenen Elemente (auch das Wasser) diesem Urgrund, aus dem sie hervorgegangen sind, gegenüberzustellen; dieses erste Element unterscheidet sich von den durch Raum, Zeit und Qualität determinierten Elementen durch seine Unbestimmtheit und Unbegrenztheit. Nach Aristoteles muß dieses Element unendlich sein und sich von den vorhandenen Elementen, die in Gegensatzpaaren auftreten, unterscheiden, damit seine Unendlichkeit nicht die Vernichtung seines Gegenteils bewirkt; im folgenden Abschnitt werden wir sehen, welche Rolle die Gegensätze in der Physik des Anaximander spielen.

Doch wie sich die Wahl des *apeiron* letztlich auch erklären mag, jedenfalls führt Anaximander die von Thales eingeleitete Entwicklung fort: Auch er versucht, die ganze Welt aus einem einzigen wandlungsfähigen Urelement heraus zu erklären.

Aus diesem qualitativ und quantitativ unbestimmten *apeiron* sind, wie bei Thales aus dem Wasser, alle Dinge hervorgegangen, dahin kehren sie nach ihrer Vernichtung wie bei Thales wieder zurück. Dennoch ist die Art der Umwandlung in den beiden Fällen verschieden – sofern man beim *apeiron* überhaupt von einer Umwandlung sprechen kann. Für Anaximander wird die Existenz der Dinge, also ihre qualitative und quantitative Determination und ihre Ausdifferenzierung, nur durch das Überhandnehmen eines Elements über seinen Gegensatz verständlich. Dadurch wird der Zustand des Gleichgewichts innerhalb der Undifferenziertheit zerstört und die qualitative und quantitative Festlegung, also die Existenz eines determinierten Objekts, in die Wege geleitet. So gesehen ist unter dem qualitativ und quantitativ nicht determinierten *apeiron* ein Gemisch aller Gegensatzpaare zu verstehen, die sich als Paar gegenseitig »neutralisieren«. Die Determinierung der Dinge ist eine Folge des Bruchs des Gleichgewichts, des Übergewichts dieser oder jener Elemente über ihre Gegensätze. Dieses Überhandnehmen eines Elements über sein Gegenteil wird von Anaximander als Ungerechtigkeit, als Verletzung der Rechte des einen durch das andere, aufgefaßt, also moralisch bewertet. Die Differenzierung der determinierten Dinge aus dem *apeiron* ist demnach das Ergebnis einer Ungerechtigkeit, wo nicht selbst eine Ungerechtigkeit; folglich ist das vollkommene Gleichgewicht zwischen den Gegensätzen – und damit die Unbestimmtheit – der Ausdruck von Gerechtigkeit. Die Ungerechtigkeit aber muß durch die Rückkehr zur Unbestimmtheit, zum undifferenzierten Zustand, bezahlt werden, das heißt, durch einen Vorstoß des ins Hintertreffen geratenen Gegensatzes wird das Gleichgewicht wiederhergestellt und die determinierten Dinge kehren in den Schoß des *apeiron* zurück.

Man findet dieses Spiel der Gegensätze bei der Determinierung der Dinge auch bei Heraklit wieder, aber in ganz anderer Form. Bezeichnend für Anaximander ist zum einen der pessimistische Charakter seiner Konzeption, die jede Eigenexistenz auf eine Ungerechtigkeit zurückführt, und zum anderen die Verwendung des Begriffs der Ungerechtigkeit innerhalb einer doch überwiegend physikalischen Erklärung der Welt. Am ehesten läßt sich eine solche Verwendung mit der bereits angesprochenen Parallele zu soziologischen und politischen Faktoren erklären. Gerechtigkeit als Gleichgewicht zwischen Gegensätzen erinnert an das demokratische Legitimitätsprinzip als Gleichgewicht zwischen den verschiedenen Mitgliedern der Versammlung. Alle sind einander gleichgestellt, und in eben dieser Gleichgewichtigkeit, die die Rechte und Interessen eines jeden wahrt und noch über die der Mehrheit stellt, ist die Legitimität der Demokratie begründet. So gesehen aber ist das Ungleichgewicht zugunsten bestimmter eine Ungerechtigkeit. Im übrigen zieht sich dieses Prinzip des Gleichgewichts zwischen verschiedenen Elementen, vornehmlich zwischen Gegensätzen, wie ein roter Faden durch die griechische Naturwissenschaft, vor allem durch die Medizin – von Alkmaion von Kroton über Empedokles bis zu Hippokrates von Kos, um in unserem zeitlichem Rahmen zu bleiben. Die griechische Medizin hat Gesundheit stets als Gleichgewicht zwischen den verschiedenen Körperteilen und Krankheit umgekehrt als Ungleichgewicht zugunsten des einen oder anderen Organs definiert. Auf dieses Prinzip stößt man also erstmals bei Anaximander. Die Einbeziehung des Begriffs der Ungerechtigkeit erklärt sich einesteils aus dem für unsere heutigen Vorstellungen nicht rein naturwissenschaftlichen Charakter von Anaximanders Konzeption, die eher als die Naturforschung einschließende (pessimistische) Philosophie zu bezeichnen ist, und zum andern aus der Übertragung zeitgenössischer politischer Vorstellungen von der Organisation eines Staatswesens auf die Erklärung der Welt. Im folgenden werden wir zeigen, daß Anaximander diese Vorstellungen oder Prinzipien auch auf die Astronomie übertrug.

Dieses allgemeine Prinzip der Scheidung von ursprünglich im Schoß des *apeiron* undifferenzierten Gegensätzen aber kann nicht nur die Entstehung der Dinge ganz allgemein, sondern auch die Entstehung der Welt und ihren Aufbau erklären. Die Bildung der Welt aus dem *apeiron* setzt eine Kraft voraus, die imstande ist, das Warme und das Kalte voneinander zu trennen (ein Thermodynamiker würde von einem Maxwellschen Dämon sprechen). Laut Anaximander bildet sich eine Kugelhülle aus Feuer (das Warme), die das Kalte wie die Rinde einen Baum umhüllt. Diese Hülle zerreißt in radförmige Streifen und bildet die Sterne (siehe unten); aus dem Kalten im Inneren leiten sich Luft, Wasser und Erde ab.

Die Scheidung von Warm und Kalt und die Bildung der Kugelhülle aus Feuer sind der Bewegung des *apeiron* inhärent, die zugleich mit ihm gegeben und durch keine äußere Ursache bedingt ist – eine solche wäre auch nicht möglich, ist das *apeiron* doch das undifferenzierte Ganze. Wie eine solche Bewegung des *apeiron* aussehen könnte, ist schwer zu sagen – denn was bedeutet Bewegung für ein quantitativ und qualitativ Unbestimmtes? Am ehesten könnte man sie sich als eine Art Wirbelbewegung vorstellen, die ihre Spuren in der Kreisbewegung des Himmels und der Sterne hinterlassen hätte. Eine solch kreisende Bewegung läßt sich andererseits auch am leichtesten mit der Unendlichkeit in Zeit und Raum vereinbaren. Das räumlich Unendliche kann sich – und das unendlich lange – um sich selbst drehen, »ohne aus sich herauszugehen«. Allerdings nahm Anaximander mehrere – beziehungsweise unendlich viele – Welten in Raum und Zeit an, die allesamt »sterblich« sind und in das *apeiron* zurückkehren. Dementsprechend bilden sich mehrere Wirbel im Schoße des *apeiron*, das gleichzeitig als eine Art unendlicher Ausdehnung und als qualitativ Unbestimmtes, das Chaos des Mythos, zu denken ist; jedem dieser Wirbel entspricht eine Welt.

Die Scheidung von Warm und Kalt erklärt sich demnach durch die Wirbelbewegung, die wie eine Zentrifuge wirkt – mit dem Unterschied, daß nicht das schwerste, sondern das leichteste Element nach außen an den Rand geschleudert wird; Feuer wird gemeinhin für leichter gehalten als die Erde und das Kalte. Warum aber zerreißt die Kugelhülle aus Feuer in radförmige Streifen? Weil der kalte Kern feucht ist, die Feuerhülle aber eine Verdunstung bewirkt (Bildung von Luft und Dampf) und so Winde entstehen, die durch ihre Bewegung und ihren

Druck die Hülle sprengen. Jenseits der Hülle darf man wieder das *apeiron* vermuten, das noch weitere Welten enthält, ähnlich wie bei Thales das Wasser nicht nur als Urgrund der Welt fungiert, sondern sie, über sie hinausreichend, einschließt. Der nicht verdunstete feuchte Kern bildet das Meer, das durch ständige weitere Verdunstung kontinuierlich schrumpft, während aus den Verdunstungsablagerungen die Erde entsteht. Dieser Teil der Kosmologie erinnert stark an die Thesen des Thales: Sie ist hier fast rein physikalisch; der Differenzierungsprozeß der Gegensätze durch das Ungleichgewicht im *apeiron* spielt – abgesehen von der anfänglichen Scheidung des Warmen und des Kalten – keine Rolle mehr.

Nun haben wir also die Erde und das Meer, umgeben von Luft-Dunst, der durch seinen Druck die Kugelhülle aus Feuer um die Welt in Ringe gesprengt hat. Mit Hilfe dieser radförmigen Streifen erklärt Anaximander die Sterne. Diese, so seine Annahme, sind von »kondensierter Luft« eingehüllt, das heißt von so etwas wie einer undurchsichtigen Wolke. Diese Wolken aus kondensierter Luft verbergen die Ringe, haben jedoch Öffnungen, durch die man das Feuer sehen kann. Und diese Löcher nun sind die Sterne. Für Anaximander sind die Sterne also keine örtliche Konzentration von Feuer, sondern Feuerringe, deren Licht bis auf einige Punkte von einer undurchsichtigen Hülle verborgen wird. Diese Ringe drehen sich (um die Erde? um den himmlischen Nordpol?), was die Bewegung der Sterne erklärt. Bewirkt wird diese Bewegung durch die Winde, die ja auch schon die Kugelhülle aus Feuer zerrissen haben (Fragment 5 von Kasten 119). Gelegentlich schließen sich diese Löcher, durch die man das Feuer der Ringe sehen kann, mehr oder weniger vollständig, wodurch sich die Sonnen- und Mondfinsternisse sowie die verschiedenen Mondphasen erklären.

Der Erde am nächsten ist laut Anaximander der Ring der Fixsterne, der oft mit der Milchstraße gleichgesetzt wird – was jedoch das Problem aufwirft, was dann mit den anderen Sternen außerhalb der Milchstraße ist und ob man für sie weitere Ringe annehmen muß. Dann folgt der Ring des Mondes, dann der der Sonne; er ist am weitesten von der Erde entfernt – vielleicht weil er am heißesten ist und deshalb durch die Wirbelbewegung am weitesten nach außen getragen wird. Der Durchmesser dieser Ringe beträgt bei den Fixsternen das 9fache, beim Mond das 18fache und bei der Sonne das 27fache des Erddurchmessers; manche Doxographen geben auch die Werte 19 und 28 an, wobei es sich um die äußeren Durchmesser handelt – die Dicke der Ringe ist gleich dem Durchmesser der Erde. Diese Ringe oder Räder sind entsprechend den Bahnen dieser Sterne am Himmel zueinander geneigt.

Die Erde befindet sich im Mittelpunkt in einem Schwebezustand im Gleichgewicht, weil sie von allen Seiten gleich weit entfernt ist. Diese zentrale Position der Erde stimmt mit der Konzeption der obenerwähnten Kugelhülle aus Feuer überein; eine solche zentrale Stellung ist allgemein mit der Idee eines kugelförmigen Universums verknüpft. Die Erklärung für das Gleichgewicht und die fehlende Unterlage der Erde ist sehr »abstrakt«, rein geometrisch und kaum mechanistisch: die gleiche Entfernung von allen Seiten. Auch hier stoßen wir also wieder auf den oben besprochenen Begriff des Gleichgewichts, nur daß er diesmal geometrisch gefaßt ist und nicht qualitativ wie im Fall der Gegensatzpaare; diese zentrale Position der im Gleichgewicht schwebenden Erde ist auch mit der politischen und räumlichen Ordnung der griechischen Stadt mit der Agora, dem Versammlungsplatz, im Zentrum zu vergleichen (J.-P. Vernant).

Nun hätte man aufgrund der Kugelhülle aus Feuer und der zentralen Lage der Erde erwarten können, daß die Erde schon aus ästhetischen Gründen ebenfalls als Kugel gedacht wird. Statt dessen jedoch spricht Anaximander von einem Zylinder und gibt an, daß die Höhe ein Drittel des Durchmessers beträgt: Er stellt sich die Erde demnach als ziemlich flache Scheibe vor. Eine solch flache Erde im Mittelpunkt einer Kugel stört die geometrische Ästhetik; zumal sie von allen Seiten gleich weit entfernt ist, was sich mit einer Kugelgestalt besser vertrüge. Vermutlich wollte Anaximander hier möglichst nah an der Alltagserfahrung bleiben, nach der sich uns die Erde als nahezu flach und durch den Horizont als kreisförmig begrenzt darstellt. Möglicherweise aber spielte auch die Erklärung der Sterne als Ringe eine Rolle, zumal sich die Ringe der Sonne und der Fixsterne um den himmlischen Nordpol und nicht um die Erde drehen. Dann wäre die Erde ein »voller« Ring oder – wenn man den Vergleich mit Rädern aus der Doxographie aufgreifen will – im Gegensatz zu den hohlen Rädern der Sterne ein gefülltes Rad. Gestützt wird diese Annahme durch das Verhältnis 1 : 3 von Höhe und Durchmesser, das man leicht in Beziehung zu den Durchmessern 9, 18 und 27 der Sternringe setzen kann – alle Werte sind Vielfache von 3. Geht man weniger von der Kugelhülle aus Feuer als von den Sternenringen aus, bildet die abgeflachte Erdgestalt einen weniger starken Verstoß gegen die geometrische Ästhetik. Nicht auszuschließen ist allerdings auch, daß umgekehrt die Wahrnehmung der abgeplatteten Erdgestalt – wie sie zweifelsohne Thales gesehen hat – ihrerseits auf die Erklärung der Sterne abgefärbt und die Vorstellung von hohlen Ringen nahegelegt hat, wobei sich die Ringe der Sonne und der Fixsterne um eine Achse drehen, die den Mittelpunkt der Erdscheibe mit dem Polarstern verbindet.

Diese Betrachtungen über geometrische Ästhetik mögen etwas wunderlich erscheinen, sind aber nicht ungerechtfertigt: Die Konzeption einer infolge ihres gleichen Abstands von allen Seiten im Mittelpunkt im Gleichgewicht gehaltenen und an ihrem Platz verharrenden Erde ist eine rein geometrische und ästhetisch äußerst ansprechende Vorstellung. Damit stoßen wir in der Astronomie erstmals auf eine geometrische Erklärung und nicht mehr wie bei Thales, wo die Erde auf dem Wasser schwimmt, auf eine rein mechanistische. Auch für die Bewegung der Sterne bietet Anaximanders Astronomie erstmals ein geometrisches Modell an, das darüber hinaus auch noch mit der Physik und der Kosmologie verknüpft ist. Dieses Modell ist zwar noch äußerst grob und trägt noch mythische Spuren – so lassen sich zum Beispiel das Verhältnis 1 : 3 der Erdhöhe zum Erddurchmesser und die Werte 9, 18 und 27 der Sternenringe im Grunde nur durch eine vornehmlich auf der Zahl 3 aufbauende Zahlenmystik erklären. Aber trotz dieser mythischen Überbleibsel führt der Weg eindeutig weg vom Mythos und hin zur Naturbetrachtung. Natürlich sind diese Verhältnisse noch weit entfernt von der »Sphärenharmonie« der Pythagoreer; aber sie stellen einen ersten Ansatz dar, die Bewegung der Sterne mathematisch zu erfassen – ähnlich wie die Ringkonzeption schon die Sphären und ganz allgemein die geometrische Astronomie vorwegnimmt. Was »positive« astronomische Kenntnisse betrifft, kann sich dieses Modell mit dem Wissen der Chaldäer allerdings nicht messen – gestattet es doch nicht, die Bewegung oder die Position eines Sterns zu berechnen. Dafür hat es den Vorzug der Geometrisierung, zeigt den Willen, die Bewegung zu erklären, statt sich mit einer einfachen Positionsbestimmung zu begnügen, und vor allem die neue Sicht, die die astronomischen Phänomene als Naturerscheinungen betrachtet und in Beziehung zu den umfassenderen Gebieten der Physik und der Kosmologie setzt. Darin setzt Anaximander das fort, was Thales begonnen hat.

Andererseits entfernt sich die Astronomie auf diese Weise etwas von der Meteorologie, denn die kreisförmigen Bewegungen sorgen bei den astronomischen Phänomenen für eine zyklische Ordnung, die bei meteorologischen Erscheinungen – die jederzeit auftreten können und nicht an bestimmte Daten und Stunden gebunden sind- nicht gegeben ist.

Gleichwohl ist Anaximanders Meteorologie eng mit seiner allgemeinen physikalischen Konzeption verknüpft. Donner und Blitz werden von den Winden erzeugt: Wenn sich der in eine dicke Wolke eingeschlossene Wind gewaltsam befreit, sprengt er die Wolke mit Getöse (Donner), und der Blitz ist die das Auseinanderreißen begleitende Lichterscheinung, die sich vom Dunkel der Wolke grell abhebt. So phantastisch diese Deutung auch erscheinen mag, bemerkenswert daran ist das Bemühen um eine natürliche Erklärung: Man ist weit entfernt vom Blitz des Zeus. Der Wind selbst wird als Luftbewegung verstanden, hervorgerufen durch die Sonne, die feinste Teilchen in Bewegung setzt; auch hier also wieder Abkehr vom Mythos des Äolus und Annäherung an die Physik und eine vernunftgemäße Deutung. Der Regen ist, wie bei Thales, die von der Sonne gezogene Feuchtigkeit, die wieder auf die Erde herunterfällt. Die Meteorologie, die sich bereits deutlich von der Astronomie abhebt, ist also in sich zusammenhängend und naturbezogen. So führt Anaximander das von Thales begonnene Werk fort: Die Erklärung der Welt entfernt sich immer weiter vom Mythos, um sich immer mehr der natur- und vernunftgemäßen Betrachtung anzunähern.

Neben bemerkenswerten Leistungen auf dem Gebiet der Physik, der Kosmologie, der Astronomie und der Meteorologie hat Anaximander auch für seine Zeit höchst ausgefeilte biologische Konzeptionen hinterlassen; manche sehen in ihm sogar einen Vorläufer der Evolutionstheorie. Was an seiner Biologie aber vor allem auffällt, ist die vollständige Ablösung von der Medizin. Anaximander ist es nur um eine Erklärung, nicht um eine praktische medizinische Anwendung zu tun.

Das Fragment 7 in Kasten 119 (Seite 299) nennt einige der biologischen Ideen, die ihm von den Doxographen zugeschriebenen werden. Nach Anaximander sind die ersten Lebewesen im Wasser entstanden; vor allem aber sind die Menschen ursprünglich aus anderen Lebewesen hervorgegangen: da das Kleinkind unfähig ist, sich allein zu ernähren, müßten die ersten Menschen von einem Tier aufgezogen (und geboren) worden sein. Daß er als Ureltern Fische wählte, mag einfach eine Übertragung vom Ursprung des Lebens im Wasser überhaupt sein, könnte aber auch auf eine lebendgebärende, ihre Föten also austragende Haiart oder auf bestimmte Fische, die sich um ihre Jungen kümmern und sie bei Gefahr ins Maul nehmen, zurückzuführen sein. Anaximander deshalb als den ersten Verfechter der Evolutionstheorie zu bezeichnen, ist zweifelsohne übertrieben. Bemerkenswert bleibt gleichwohl, daß seine Biologie auf die tierische Natur des Menschen hinweist und sie rational zu begründen versucht. Offensichtlich tendiert also auch seine Biologie zu natürlichen, vernunftgemäßen Erklärungen; im übrigen paßt sie ebenfalls durchaus in den Rahmen seiner physikalischen Vorstellungen.

Das Bild des universellen Denkers wird dadurch ergänzt, daß er (oder Anaximenes) den Gnomon zwar nicht erfunden, aber doch zumindest in Griechenland (genauer in Sparta) eingeführt haben soll, was freilich nicht erwiesen ist. Zwar war der technische Standard der Griechen zu dieser Zeit nicht besonders hoch; dennoch hätte der Gnomon als Wiederentdeckung oder als Import schon seit einiger Zeit bekannt sein können. Außerdem gilt Anaximander als der erste »Geograph« der Geschichte, da er die erste Weltkarte gezeichnet haben soll. Diese ist zwar nicht erhalten geblieben, dürfte die Welt aber wohl als einen von einem Meer eingeschlossenen Kreis mit Griechenland im Mittelpunkt dargestellt haben.

Alles in allem hat Anaximander das von Thales begonnene Werk, wo nicht dem Inhalt, so doch dem Geist nach, fortgeführt – abgesehen allerdings von der Mathematik, mit der er sich vielleicht auch gar nicht weiter beschäftigte, jedenfalls haben wir keinerlei Beweis für eine solche Beschäftigung. Auch Anaximander geht es um die Erforschung der Natur (daher auch die Bezeichnung *Physiologen* für diese Denker), um die Suche nach dem Urstoff, aus dem alle Dinge hervorgegangen sind und der als allgemeiner Urgrund durch das Werden verschieden geformt wurde. Wenn sein Naturstudium auch den Willen zur Rationalität verrät – allerdings noch nicht vollkommen verwirklicht –, so scheint ihm der Begriff der Erfahrung doch noch vollständig fremd. In der Tat ist nirgendwo von Erfahrung die Rede, gerade so als gehörte der Begriff in seinen Augen in den Bereich der Praxis, die sich mit Annäherungen begnügen kann, und habe in einer Theorie nichts verloren, die, zwar im Mythos verankert, doch darauf abzielt, ihn durch ihre eigene Erklärung von der Welt zu ersetzen.

Aufgrund dieser Kontinuität von Thales zu Anaximander (und wie wir sehen werden zu Anaximenes) sprechen wir von einer Schule von Milet, obwohl es keineswegs sicher ist, daß de facto Lehrer-Schüler-Beziehungen zwischen den verschiedenen Physiologen bestanden, die die Schule bilden.

Anaximenes

Wie Thales und Anaximander lebte auch Anaximenes (um 580–530 v. Chr.) in Milet. Etwas jünger als Anaximander, gilt er als dessen Schüler und Nachfolger. Das Altertum sah in ihm den bedeutendsten Vertreter der Schule von Milet. Er soll seine Vorstellungen in einem – nicht erhaltenen – Buch niedergelegt haben, und zwar in einem einfachen und leicht verständlichen Stil, der zweifelsohne der Grund für seine große Berühmtheit in der Antike war: Thales war schon lange tot und hatte kein Buch hinterlassen, außer vielleicht einer nautischen Astronomie, und Anaximanders Ideen waren reichlich kompliziert und sein poetischer Stil sicher dunkel. Wie bei Thales und Anaximander sind wir auch bei Anaximenes auf die Kommentare der antiken Autoren angewiesen, um seine Vorstellungen zu rekonstruieren.

120. AUSGEWÄHLTE DOXOGRAPHIE ZU ANAXIMENES

(Nach Dumont 1988, Capelle 1953)

1. Anaximenes, ebenfalls aus Milet, Sohn des Eurystratos, bezeichnete die unbegrenzte Luft als Prinzip. Ihr entstammten die gegenwärtigen, die vergangenen und die zukünftigen Dinge sowie die Götter und die göttlichen Wesen; die anderen Dinge kämen von diesen her. Die Eigenart der Luft bestehe in folgendem: Wenn sie ganz homogen ist, ist sie für das Auge unsichtbar; Kälte und Wärme, Feuchtigkeit und Bewegung machen sie sichtbar. Sie ist aber immer in Bewegung; denn ohne Bewegung wären die durch sie hervorgebrachten Veränderungen nicht möglich. Ihre Verdichtung und ihre Verdünnung ergeben verschiedene Phänomene. Wenn sie sich nämlich ausdehnt und verdünnt, wird sie zu Feuer; Winde hingegen sind verdichtete Luft; durch Verdichtung bilden sich aus der Luft auch die Wolken, bei noch stärkerer Verdichtung das Wasser; aus weiterer Verdichtung entsteht die Erde, aus der stärksten der Stein. Die Hauptbedingungen des Werdens sind also Gegensätze: Wärme und Kälte. (*Hippolyt, Widerlegung aller Häresien, I,7*)

2. Anaximenes, Sohn des Eurystratos, von Milet, erklärte für den Urgrund der Dinge die Luft. Denn aus dieser entstände alles und in diese löse sich alles dereinst wieder auf. Sagt er doch: »Wie unsere Seele, die Luft ist, uns regiert, so umfaßt auch den ganzen Kosmos Hauch und Luft.« (*Aetius, Placita, I 3,4*)

3. Die Bewegung aber sei von Ewigkeit her im Gange. Wie sich die Luft verdichtete, sei zuerst die Erde entstanden, von ganz flacher Gestalt. Daher schwimme sie auch begreiflicherweise auf der Luft. Sonne, Mond und die übrigen Gestirne hätten den Ursprung ihrer Entstehung von der Erde. Er erklärt demnach die Sonne für Erde; sie wäre aber infolge ihrer raschen Bewegung erhitzt worden und in diesen Verbrennungszustand geraten. (*Pseudoplutarch, Stromateis bei Eusebius, 3*)

4. Die Erde sei flach und schwimme auf der Luft und ebenso schwämmen Sonne, Mond und die andern Gestirne, die sämtlich aus Feuer seien, infolge ihrer flachen Gestalt auf der Luft. Die Sterne sind aus der Erde entstanden dadurch, daß Feuchtigkeit aus ihr aufgestiegen und dann verdünnt zu Feuer geworden ist. Aus diesem Feuer bestehen die Sterne. Es gibt aber auch erdartige Körper im Sternenraum, die sich mit den Sternen bewegen. Doch bewegen sich nach Anaximenes die Sterne nicht unter der Erde, wie andere angenommen haben, sondern rings um die Erde so, wie wenn ein Hut um unsern Kopf gedreht wird. Die Sonne wird nicht dadurch unsichtbar, daß sie unter der Erde verschwindet, sondern weil sie von den höheren Teilen der Erde verdeckt wird und weil ihr Abstand von uns sich vergrößert. Wegen des großen Abstandes, in dem sie sich von uns befinden, geben die Sterne keine Wärme. (*Hippolyt, Widerlegung aller Häresien, I, 7*)

5. Anaximenes behauptete, die Sonne bestehe aus Feuer (*Aetius, Placita, II, XX, 2*) Anaximenes sagte, die Sonne sei flach wie ein Blatt. (*Ebd., II, XXII, 1*) Die Gestirne vollzögen ihre Umdrehungen, weil sie von der verdichteten und Widerstand leistenden Luft gestoßen würden. (*Ebd.II 23,1*) Anaximenes erklärte, der Mond sei aus Feuer gebildet. (*Ebd., II, XXV, 2*) Die Gestirne seien wie Nägel an dem eisartigen Himmelsgewölbe befestigt. (*Ebd.II 14,3*) Anaximenes sagte, die Gestirne bestünden aus feuriger Substanz, seien aber von erdartigen Körpern umgeben, die mit ihnen herumkreisten, dabei jedoch unsichtbar blieben. (*Ebd. II, XIII, 10*)

6. Winde entständen, wenn sich die Luft verdichtet habe und, gestoßen, in Bewegung gerate. Zusammengeballt und noch mehr verdichtet, würden es Wolken, und bei noch stärkerem Druck verwandelten sie sich in Wasser. Hagel entstehe, wenn das aus den Wolken niedergehende Wasser gefröre; Schnee dagegen, wenn eben dies Gebilde mehr Feuchtigkeit enthalte und dann gefröre. Der Blitz aber, wenn die Wolken durch die Gewalten der Luftströmungen zerrissen würden. Denn dann entstehe ein heller und feuriger Strahl. Der Regenbogen aber entstehe, wenn die Sonnenstrahlen auf zusammengeballte Luft aufträfen. Erdbeben dagegen, wenn die Erde stärkere Wandlungen infolge von Erwärmung und Abkühlung erleide. (*Hippolyt, Widerlegung aller Häresien, I, 7*)

Wie seine Vorgänger sucht auch Anaximenes einen Urstoff, aus dem die Dinge hervorgegangen und aus dem sie gemacht sind. Er entscheidet sich für ein mit den Sinnen wahrnehmbares Element, die Luft, was im Vergleich zu Anaximander als Rückschritt auf dem Weg zur Abstraktion erscheint. Allerdings fügt er dieser Luft das Epitheton *apeiron* hinzu: Sein Prinzip ist damit eine »unbestimmte« oder »unbegrenzte« Luft.

Um welche Luft handelt es sich dabei? Die Stofflichkeit der Luft war noch nicht erkannt; der Begriff der Materie, geschweige denn der einer gasförmigen Materie, hatte sich noch nicht herausgebildet. Die Luft ist unsichtbar, unberührbar und für die Sinne unbestimmt, solange sie sich nicht bewegt und eine »normale« Temperatur hat; durch Erwärmung oder Abkühlung, durch Feuchtigkeit oder durch Bewegung aber wird sie sinnlich wahrnehmbar und damit definiert. Und diese Eigenschaft war zweifellos ausschlaggebend für die Wahl des Anaximenes. Auf diese Weise betrachtet – und nicht als Gas im modernen Sinn – ist die Luft enorm formbar und wandelbar; von unbestimmter Form – solange sie unbewegt ist – wird sie auf verschiedene Weisen spürbar (Luftbewegung, warme oder kalte Luft) und kann so definiert werden. Diese Formbarkeit eignet sich gut als Erklärung für das unterschiedliche Werden der Dinge; ihre unbewegliche (nicht spürbare, unbestimmte, nicht determinierte) Form bietet sich zudem zur »Konkretisierung« des *apeiron* Anaximanders an.

Die unbestimmte, nicht determinierte Luft des Anaximenes ist zugleich Materie und Raum, ohne eines von beiden zu sein – oder sie ist vielmahr ein Unbestimmtes, in dem der begrenzte Raum und die qualitativ definierte Beschaffenheit der Körper ihren Ursprung haben. Nach heutiger Auffassung hat ein Körper zugleich eine räumliche Form und eine qualitativ definierte Materie; solange die Begriffe der räumlichen Form und der Materie jedoch noch nicht als allgemeine, abstrakte und getrennte Begriffe existieren, bilden die Materie und der von dem Körper eingenommene Raum ein Ganzes – den Körper an sich. Die Luft des Anaximenes ist räumlich nicht festgelegt; es gibt keine räumlichen Grenzen, die ihr eine Form geben – sie ist unbegrenzt oder unendlich, nicht allein im Sinne einer ungeheuren Ausdehnung, sondern vor allem in der Bedeutung »nicht in einer festen Form begrenzt«, nicht-endlich, nicht-begrenzt, nicht-determiniert. Außerdem ist diese Luft qualitativ unbestimmt, nicht festgelegt – sie hat keine sinnlich wahrnehmbaren Eigenschaften, zumindest nicht bei normaler Temperatur und im Ruhezustand. Diese Luft ist also gleichzeitig ein unbegrenzter Raum ohne präzise Form, zweifelsohne von unendlichen Ausmaßen, da ja nichts vorhanden ist, was ihn eingrenzt, und eine qualitativ nicht determinierte Materie; aber sie ist keines von beiden für sich genommen, denn die beiden Begriffe sind zu einem einzigen verschmolzen, dem *apeiron*. Die Luft ist die Konkretisierung dieses *apeiron*. Die Ausdifferenzierung der Dinge aus dieser Luft besteht in ihrer Eingrenzung in präzise räumliche Formen und in ihrer Ausstattung mit spürbaren materiellen Eigenschaften. Diese beiden Vorgänge sind zu einem einzigen verschmolzen, denn was wäre eine präzise räumliche Form für ein Gegenstand – nicht für eine geometrische Abstraktion –, wenn sie nicht mindestens eine sinnliche Eigenschaft hätte (zum Beispiel sichtbar wäre, wenn schon nicht spürbar) und umgekehrt, was wäre eine sinnlich wahrnehmbare Eigenschaft, wenn sie nicht räumlich durch andere Objekte mit anderen Eigenschaften begrenzt wäre?

In gewisser Hinsicht hält Anaximenes Anaximander durchaus die Treue; er fällt auch nicht hinter ihn zurück. Eher könnte man sagen, daß er ihn popularisiert, indem er das bei Anaximander Abstrakte und Unfaßbare in eine konkretere, leichter verständliche Konzeption faßt. Und eben das hat ihm zusammen mit seinem angeblich einfachen und klaren Stil in der Antike den Ruf und den Ruhm eingetragen, der bedeutendste Vertreter der Schule von Milet zu sein.

Da Anaximenes das *apeiron* in konkreter Weise als Luft auffaßt, muß sein Differenzierungsprinzip ebenfalls konkret sein – im Gegensatz zu Anaximanders abstraktem moralischem Prinzip der Ungerechtigkeit des Überhandnehmens eines Teils eines Gegensatzpaares über den anderen. Die Annahme eines (im modernen Sinn) praktisch physikalischen Urgrunds bedingt die Annahme eines ebensolchen physikalischen Differenzierungsprinzips, das die Umwandlung der Luft in die Dinge bewirkt, und dieses Prinzip ist bei Anaximenes die Verdünnung beziehungsweise die Verdichtung der Luft.

Die Verdünnung der Luft erzeugt Feuer, ihre Verdichtung Wasser und schließlich Erde. Bei zunehmender Verdichtung (beziehungsweise abnehmender Verdünnung) erhalten wir also folgende Reihe: Feuer – LUFT – verdichtete Luft (Wolken) – Wasser – Erde – Stein.

Wenn auch Anaximenes hinsichtlich des Abstraktionsgrades seiner Erklärung hinter Anaximander zurückgeblieben sein mag, so bleibt ihm doch das Verdienst, eine physikalisch faßbarere Konzeption entwickelt und das Prinzip der Umwandlung aus dem Urgrund klar präzisiert zu haben: Anaximenes hat eine Physik des Werdens geschaffen, in der die Dinge nach bestimmten Prinzipien – die im übrigen ausschließlich qualitativ sind und nichts Meßbares an sich haben – ineinander übergehen. Dagegen war Anaximanders Konzeption eher ontologisch; ihm ging es weniger um die Umwandlungen eines physikalischen Urstoffs als um die zeitweilige, durch die Wiedergutmachung der Ungerechtigkeit wieder aufgehobene Differenzierung eines determinierten Existierenden aus dem Unbestimmten. Mit dieser philosophisch-moralischen Dimension stand Anaximanders Theorie dem Mythos noch weit näher als die schon viel irdischere Konzeption des Anaximenes.

Es ist wenig wahrscheinlich, daß Anaximenes seine Konzeption mit diesen Begriffen beschrieben hat. Mit Sicherheit hat er jedoch solche Betrachtungen angestellt; vielleicht hat auch das Beispiel von Thales dabei eine Rolle gespielt, dessen Konzeption viel »physikalischer« war als die von Anaximander. Wenn man den Doxographen glauben darf, erklärte und rechtfertigte Anaximenes seine Wahl der Luft als Urgrund aller Dinge auch mit bestimmten Naturbeobachtungen und physikalischen Analogien, nicht nur den oben erwähnten, die auf Bewegung, Kälte und Wärme aufbauen. So schreibt ihm Plutarch die Beobachtung zu, daß die mit weit geöffnetem Mund ausgeatmete Luft warm und wenig dicht ist (da der Druck fehlt), die zwischen den zu einem Spalt zusammengreßten

Lippen ausgestoßene dagegen kalt und dicht (da sie unter starkem Druck steht). Auch beim Atem findet sich das Phänomen von Verdünnung und Verdichtung zusammen mit Wärme (Feuer) und Kälte, wie es der Physik des Anaximenes zugrunde liegt.

Doch das Beispiel geht weit über eine einfache Analogie hinaus. Für Anaximenes atmet die Welt, und ihre Entstehung und ihre Erhaltung wird von ihrem Atem getragen wie unser Atem uns trägt und am Leben erhält. Wie die Seele der Hauch ist, der uns als Lebewesen erhält, so ist die Luft der Hauch, der die Welt erhält – in gewisser Weise ihre Seele. Damit setzt Anaximenes auf noch viel evidentere Weise als Thales (und erst recht als Anaximander) die differenzierte Welt einem Organismus gleich, ohne deshalb wie Thales hylozoistisch zu sein. Aber auch wenn die Luft der Hauch der Welt, ihre Seele ist – wie der Hauch die Seele des Lebewesens – darf man daraus nicht schließen, daß diese Luft für Anaximenes nicht nur den Urstoff, sondern auch das alles durchwaltende Prinzip der differenzierten Welt darstellt. Einer solchen Auffassung nähert sich erst Diogenes von Apollonia.

Dieser Physik und dieser Kosmologie fügt Anaximenes eine Meteorologie an, die an Anaximander erinnert. Winde sind verdichtete Luft; bei zunehmender Verdichtung bilden sie Wolken. Der Regen ist eine Folge der Verdichtung der Wolken aufgrund der Luftbewegung. Kommt Kälte hinzu, gibt es Hagel oder – wenn im gefrorenen Wasser Luft eingeschlossen ist – Schnee. Diese Erklärungen sind eine direkte Anwendung des Verdünnungs-Verdichtungsprinzips, das laut Anaximenes die Umwandlungen des Urgrunds Luft zu erklären vermag.

Donner und Blitz werden wie bei Anaximander erklärt, der Regenbogen als Widerschein der Sonne auf einer dicken Wolke (verdichtete Luft), Erdbeben als Folge von starken Trockenperioden und gewaltigen Regenfällen oder von starken Temperaturschwankungen, die die Erde austrocknen und aufweichen.

Aber was immer man vom phantastischen Charakter solcher Erklärungen halten mag – wobei die Deutung des Regenbogens gar nicht so weit von der Wahrheit entfernt ist, jedenfalls weniger weit als die Schärpe der Iris –: Man muß anerkennen, daß sie sich allesamt vom Mythos abgewandt haben und die meteorologischen Phänomene als Naturerscheinungen, ja sogar bereits im modernen physikalischen Sinn zu erklären versuchen.

Diese physikalische Betrachtungsweise findet sich auch in der Astronomie von Anaximenes wieder, die im Vergleich zu den Konzeptionen von Anaximander dennoch einen eindeutigen Rückschritt darstellt. So befindet sich die Erde nicht mehr im Gleichgewicht, weil sie von allen Seiten gleich weit entfernt ist, sondern schwimmt vielmehr als breiter, flacher Körper auf der sie tragenden Luft. Offensichtlich ist diese Konzeption viel weniger abstrakt und geometrisch, dafür allerdings aufgrund ihrer konkreten physikalischen Begründung leichter zu verstehen und erinnert an Thales und seine auf dem Wasser schwimmende Erde.

Ebenso schwimmen Sonne, Mond und Sterne dank ihrer »breiten«, flachen Form als dünne Scheiben auf der Luft. Das scheint – zumindest was die Sterne betrifft – in Widerspruch zu der anderen Behauptung zu stehen, daß sie wie Nägel an dem eisartigen, aus verdichteter Luft bestehenden Himmelsgewölbe befestigt sind. Dieser Widerspruch läßt sich indessen beseitigen, wenn man außer der Sonne und dem Mond nur die Planeten in der Luft schwimmen, die Fixsterne dagegen am eisartigen Himmelsgewölbe befestigt sein läßt. Dann schwämmen also Sonne, Mond und Planeten zwischen der Erde und dem Himmelsgewölbe mit seinen Fixsternen auf der Luft, und das Ganze würde durch die Bewegung der Luft in Bewegung gehalten. Diese Beschränkung des Universums durch ein festes Gewölbe widerspricht allerdings der unbegrenzten Luft – falls man nicht annehmen will, daß sich die Luft, wie unter der auf ihr ruhenden Erde, auch jenseits des Gewölbes fortsetzt.

In Fragment 5 der Doxographie heißt es: »Die Gestirne vollzögen ihre Umdrehungen, weil sie von der verdichteten und Widerstand leistenden Luft gestoßen würden.« Andere Übersetzungen sprechen statt von *Umdrehungen* von *Wendungen* und interpretieren den Luftwiderstand als Ursache der rückläufigen Bewegung der Planeten beziehungsweise der Begrenzung der Sonnenbahn durch die Wendekreise. Falls diese Interpretation korrekt ist, wäre das die erste Stelle in der griechischen Astronomie, die die Planeten erwähnt.

Das von der Luft angetriebene Himmelsgewölbe dreht sich um die Erde, aber nicht unter der Erde durch, sondern, um Anaximenes' eigenen Vergleich zu benutzen, wie ein Hut um den Kopf. Das entspricht durchaus der Realität, denn die scheinbare Himmelsbewegung erfolgt um den himmlischen Nordpol und nicht um die Erde; der Hut wäre also etwas seitlich verrutscht. Bei dieser Umdrehung werden verschiedene Sterne durch Randgebirge der Erde verdeckt: Auch diese Beobachtung ist korrekt, denn zu bestimmten Zeiten verdeckt der Horizont (ob gebirgig oder nicht) eine ganze Reihe von Sternen, wohingegen diejenigen, die sich in unmittelbarer Nähe des Polarsterns befinden, zumindest auf der Nordhalbkugel die ganze Nacht über sichtbar bleiben (vergleiche Figur D in Kasten 42, Seite 98). Dasselbe gilt für die Sonne, deren Bahn gegen den Himmelsäquator geneigt ist.

Die Sterne schließlich sind von feuriger Natur und werden aus der Erde geboren – was sie den meteorologischen Phänomenen annähert –, als wären sie von ihr losgerissen und durch ihre Bewegung erhitzt und in einen Verbrennungszustand geraten, sofern ihr Feuer nicht durch Verdünnung der Luft entstanden ist – wie eine andere Version der Doxographen lautet. Hier kommt Anaximenes seinen Vorgängern, vor allem Thales, sehr nah. Allerdings strahlen die Sterne im Gegensatz zur Sonne keine Wärme aus, da sie zu weit entfernt sind – eine zutreffende Erklärung, allerdings auch eine Umkehrung von Anaximanders Theorie, die Sterne wären der Erde näher als die Sonne.

Neben den feurigen Sternen nimmt Anaximenes noch erdartige Sterne an, die am Himmel kreisen. Mit Hilfe ähnlicher Himmelskörper erklärte Anaxagoras später die Mondfinsternisse. Während sich bei einer Sonnenfinsternis der Mond zwischen Erde und Sonne schiebt, kann sich bei einer Mondfinsternis nicht nur die Erde, sondern von Zeit zu Zeit auch einer jener dunklen Körper zwischen Mond und Sonne schieben, was das häufigere Auftreten von Mondfinsternissen und vielleicht auch die verschiedenen Mondphasen erklären sollte. Möglicherweise hat schon Anaximenes diese erdartigen, dunklen Körper – falls sie ihm von den Doxographen nicht zu Unrecht zugeschrieben werden – zur Erklärung der Finsternisse und vielleicht auch der Mondphasen eingeführt; daß der Mond selber nicht leuchtet, sondern nur das Licht der Sonne reflektiert, wußte er noch nicht.

Aber selbst wenn man diese Annahme verwirft, bleibt Anaximenes' Astronomie das Verdienst, den Begriff der Planeten in Griechenland eingeführt zu haben – was freilich nur eine Hypothese ist; mit Sicherheit aber hat er den Begriff des kristallenen Himmelsgewölbes eingeführt, das sich der Gunst der Astronomen bis zur Renaissance erfreuen sollte. Dieses Himmelsgewölbe mit seinen wie mit Nägeln befestigten Sternen ist allerdings keine Erfindung des Anaximenes, bestenfalls eine Wiedererfindung: Eine ähnliche Konzeption war in Mesopotamien, vornehmlich bei den chaldäischen Astrologen, und in Ägypten schon seit langem bekannt. Möglicherweise hat Anaximenes sie lediglich importiert, wie ihm auch – neben Anaximander – die Erfindung des in Mesopotamien bereits seit langem benutzten Gnomon zugeschrieben wird. Jedenfalls aber ist seine Astronomie weniger geometrisch und viel physikalischer als die des Anaximander – was in bezug auf den Abstraktionsgrad auch für seine Kosmologie und sein gesamtes Weltbild gilt. Dieser konkrete Aspekt hat zumindest ein Verdienst: Er hat die Verbreitung der Ideen der Schule von Milet erheblich erleichtert, worauf wir bei der Betrachtung anderer Schulen wieder zurückkommen werden.

Mit Anaximenes endet die Schule von Milet. Wohl könnte man noch verschiedene antike Autoren dazurechnen, wie zum Beispiel Diogenes von Apollonia; aber sie reichen an das geistige Format der drei Begründer Thales, Anaximander und Anaximenes nicht heran.

Diogenes von Apollonia

Über Diogenes von Apollonia ist nicht viel bekannt. Er soll Anfang des 5. vorchristlichen Jahrhunderts in der Stadt Apollonia auf Kreta geboren worden sein, wäre also ein Zeitgenosse des Anaxagoras und soll dessen Werke gekannt haben; demnach hätte Diogenes etwa um 500–430 gelebt. In Fortführung von Anaximenes' Lehre nahm er als Urgrund aller Dinge die Luft an, fügte ihr jedoch die angeblich von Anaxagoras entlehnte Vorstellung einer die Umwandlung dieser Luft lenkenden »Intelligenz« hinzu. Alles in allem gilt Diogenes als ein weniger bedeutender Autor und, weil er sich auf Anaximenes beruft, als später Vertreter der Schule von Milet. In Wirklichkeit stammte er jedoch nicht aus dieser Stadt und war vielleicht auch niemals dort; jedenfalls kann seine Anwesenheit nicht nachgewiesen werden. Auf Anaximenes dürfte auch das von manchen Autoren Diogenes zugeschriebene Prinzip der Verdichtung und Verdünnung zurückgehen. Überhaupt beruht sein Denken auf einer Art Synkretismus, auf hier und da zusammengesuchten, nicht immer gut aufeinander abstimmten Vorstellungen.

Wir führen Diogenes hier lediglich wegen seiner von Aristoteles in seiner *Naturgeschichte der Tiere* (Buch III,2) überlieferten Beschreibung des Gefäßsystems an, zweifellos der ältesten ihrer Art in der medizinischen und biologischen Literatur Griechenlands. Man vergleiche sie mit der des Papyrus Ebers (Beispiel 54 von Kasten 99, Seite 229), die ihr um mehr als tausend Jahre vorausgeht, und mit der Anatomie der hippokratischen Sammlung, die etwa zur gleichen Zeit oder kurz später entstanden ist (vgl. das 6. Kapitel des zweiten Teils). Dabei zeigt sich, daß Diogenes' Anatomie des Gefäßsystems zwar summarisch, aber in keiner Weise phantastisch ist, wie es die ägyptische doch bis zu einem gewissen Grad war, und ohne Sektionen undenkbar wäre – die Diogenes von Apollonia nicht selbst durchgeführt haben muß, aber zumindest doch seine Zeitgenossen oder seine unmittelbaren Vorgänger.

121. DAS MENSCHLICHE GEFÄSSYSTEM NACH DIOGENES VON APOLLONIA

(Nach Aristoteles 1959)

Diogenes der Apolloniate aber sagt folgendes: Die Adern verhalten sich beim Menschen also: Zwei sind die größten; diese erstrecken sich im Leibe längs der Wirbelsäule hin, die eine rechts, die andere links, jede in das entsprechende Bein und ebenso oberwärts längs des Schlüsselbeins durch die Kehle nach dem Kopfe [*Aorta und Hohlvene*]. Von diesen aber durchziehen die Adern den ganzen Körper, und zwar von der rechts befindlichen zu den rechts gelegenen, von der links befindlichen zu den links gelegenen Teilen. Die zwei größten treten jedoch in der Gegend des Rückgrats in das Herz [*Arcus Aortae und obere Hohlvene*], andere etwas höher hinauf durch die Brust unterhalb der Achseln hin jede zu der entsprechenden Hand, und die eine heißt die Milz-, die andere die Leberader [*wie aus den Anmerkungen zum Aderlaß weiter unten hervorgeht, handelt es sich um die Achselblutader (Vena axillaris) und die Begleitvenen der Oberarmschlagader*].

Die Enden beider [*von Aorta und Hohlvene*] teilen sich teils nach dem Daumen, teils nach der Handfläche hin; von dieser aber gehen zarte und vielfach zerteilte zur übrigen Hand und den Fingern. Noch andere, zartere Adern gehen von den Hauptadern aus, und zwar von der rechts befindlichen in die Leber [*Vena portae, Pfortader*], von der links gelegenen in die Milz und die Nieren [*Milzschlagader oder -vene, Nierenschlagader oder -vene*]. Die in die Beine tretenden teilen sich an der Einlenkungsstelle und verbreiten sich durch den ganzen Oberschenkel; die größte von ihnen tritt hinten an den Oberschenkel und erscheint dick; die andere dagegen im Innern des Oberschenkels ist etwas weniger dick als jene [*gemeint sind die Oberschenkelvene bzw. die Rosenvene und die Oberschenkelschlagader; wie auch oben schon, macht Diogenes keinen Unterschied zwischen Vene und Arterie*]. Sodann treten sie beim Knie an den Unterschenkel und den Fuß, gerade wie die an der Hand gelangen sie in die Fußsohle und erstrecken sich von da zu den Zehen. Es verbreiten sich aber auch viele zarte Adern von jenen [*Aorta und Hohlvene*] aus in den Bauch und an die Seite [*Nebennierenvenen, Gekröseschlagadern*].

Die durch die Kehle nach dem Kopf verlaufenden erscheinen am Halse am stärksten [*Drosselvenen*]. Von jeder derselben verästeln sich da, wo sie endigen, viele in den Kopf, und zwar die aus der rechten entspringenden nach rechts, die von der linken nach links; beide enden aber neben dem Ohre. Noch findet sich eine andere Ader am Halse jederseits neben der großen, etwas kleiner als diese, mit der sich die meisten Adern des Kopfes vereinigen [*es handelt sich um die gemeinsame Kopfschlagader, Arteria carotis communis, die sich rechts und links am Hals neben der Drosselvene – der »großen Ader« – befindet. Etwa in der Höhe des 4. Halswirbels teilt sich die Arteria carotis communis in zwei Hauptäste, die äußere und die innere Kopfschlagader. Interessanterweise heißt es bei Diogenes, die Gefäße des Kopfes »vereinigen« sich mit den Kopfschlagadern, während sie in Wirklichkeit, d.h. vom Blutkreislauf her gesehen, von ihnen ausgehen*]; und zwar treten diese durch die Kehle nach innen, und von jeder von ihnen treten andere [*die Schlüsselbeinschlagadern*] unterhalb des Schulterblattes hin und in die Hände [*die rechte Schlüsselbeinschlagader entspringt tatsächlich aus dem gleichen Gefäßstamm wie die rechte Kopfschlagader, aus dem Truncus brachiocephalicus, die linke dagegen geht direkt von der Aorta aus*] und erscheinen beide neben der Milz- und Leberader, doch etwas kleiner. Man öffnet sie, wenn etwas unter der Haut, dagegen die Leber- und Milzader, wenn etwas im Unterleibe erkrankt [*gemeint ist der Aderlaß; »Leber- und Milzader« bezeichnen die Armvenen, wobei »Leber« für die rechte, »Milz« für die linke Seite steht*]. Andere treten aber noch von jenen zu den Brüsten; wieder andere sind die zarten, die von jeder durch das Rückenmark zu den Hoden verlaufen; noch andere treten unter der Haut hin durch das Fleisch zu den Nieren und enden bei den Männern in den Hoden, bei den Weibern in den Hysteren [*im Uterus*]. Die zuerst aus dem Bauche kommenden Adern sind weiter, werden sodann enger, bis sie von der rechten Seite nach der linken und von dieser nach der rechten ihre Richtung ändern; diese heißen aber Spermatiden. Das dickste Blut findet sich unterhalb des Fleisches, das zu jenen Stellen überströmende wird dünner, warm und schaumig [*Sperma*]. [*Wiedergegeben bei Aristoteles, Naturgeschichte der Tiere, 3. Buch, 2. Kapitel, S. 104f.5*]

Das Gefäßsystem ist fraglos das in der antiken Medizin am häufigsten beschriebene Organ (siehe den obenerwähnten Papyrus Ebers). Das Problem der Zirkulation – oder vielmehr der Bewegung – des Bluts beschäftigte unter anderen Alkmaion, Empedokles und die Autoren der hippokratischen Sammlung, mit anderen Worten, praktisch alle bedeutenden griechischen Schriftsteller der Zeit, die sich für Medizin interessierten. Sie alle – einschließlich der Verfasser der hippokratischen Sammlung – scheinen Arterien und Atemwege (Luftröhre und Bronchien) mehr oder weniger verwechselt zu haben, unterscheiden dagegen im allgemeinen die Venen davon (nicht so Diogenes im zitierten Text). Der Grund dafür ist sicher in der anatomischen Verwandschaft zu suchen: die Gefäßwand der Arterien ist, ähnlich wie die der Atemwege, starr, die der Venen dagegen geschmeidiger und feiner. Ein anderer Grund dürfte die von Alkmaion und zweifellos auch von anderen an der Frage interessierten Autoren mißdeutete Beobachtung gewesen sein, daß die Arterien bei Leichen mit Luft gefüllt sind. Jedenfalls hat diese Verwechslung, wie wir noch sehen werden, den Anstoß zu Theorien gegeben, die eine Verbindung zwischen Blutkreislauf und Atmung herstellten.

Dieses große Interesse am Gefäßsystem erklärt sich wahrscheinlich daraus, daß es anatomisch leicht zu erkennen ist und mit seinem netzartigen Geflecht den Körper zu einem Ganzen »vereint«: offensichtlich sind es die Adern, die die verschiedenen Teile des Körpers miteinander verbinden – zumindest erhält man diesen Eindruck bei einer summarischen Sektion. Ebenfalls dazu beigetragen haben dürfte auch der weithin akzeptierte Symbolcharakter des Blutes, das nicht selten als Prinzip des Lebens betrachtet wurde. Durch die Annahme einer Beziehung zwischen Blutkreislauf und Atmungssystem ließ sich das Blut mit dem anderen Lebenssymbol oder –prinzip verknüpfen, dem Atem, und dies mag auch den Schlüssel zu Diogenes' Vorliebe für das Gefäßsystem geliefert haben, hat er doch die verschiedenen Sinnesempfindungen (und nicht nur Geruch und Gehör) gleichfalls mit Hilfe der Luft zu deuten versucht.

Nach Meinung der Ägypter zirkuliert in den Gefäßen außer verschiedenen Säften der Hauch des Lebens oder des Todes. Nach Hippokrates wird der Körper vom Arteriensystem mit Luft und vom venösen System mit Nährstoffen versorgt. Und eine Abhandlung des *Corpus Hippokraticum* (deren Autor nicht eindeutig bestimmt werden kann) benennt die Luft als Ursache von Gesundheit und Krankheit – und nicht nur wie Anaximenes, auf den sich der Verfasser zweifellos stützt, als Urgrund aller Dinge. Man ist sich also in der Antike ziemlich einig über die Funktion von Gefäßsystem und Atem. Und so hat sich Diogenes von Apollonia – der rein chronologisch gesehen die ersten hippokratischen Abhandlungen hätte kennen können und natürlich erst recht die Thesen des Alkmaion und des Empedokles – in seinem synkretistischen Denken diese einheitliche Auffassung zu eigen gemacht, um sie in seine Theorien über die Luft aufzunehmen. Für ihn war die Luft gleichzeitig Ursprung aller Dinge und das alles durchwaltende Prinzip, das er »Vernunft« nannte (siehe Anaxagoras). Man könnte sich ohne weiteres vorstellen, daß Diogenes nicht nur eine physikalisch-kosmologische, sondern auch eine analoge biologische Theorie entwickelte, in der die Luft für den Körper dieselbe Rolle spielt (also der Atem die Seele ist, die zweifellos in dieser Zeit zu dem alles durchwaltenden Prinzip wird, das einem passiven Substrat seinen Stempel aufdrückt).

Heraklit

Heraklit lebte um 540 bis 470 in Ephesos, etwas nördlich von Milet gelegen. Über sein Leben ist wenig bekannt; er soll einer adligen Priesterfamilie entstammen und die mit seinem Rang verbundenen Privilegien seinem jüngeren Bruder überlassen haben, um sich seinerseits der Wissenschaft zu widmen. Seine Schriften sind nicht erhalten, konnten aber aus den Kommentaren antiker Autoren bruchstückhaft rekonstruiert werden. Diese Fragmente (rund 120) sind schwer deutbar; schon im Altertum stand Heraklit in dem Ruf, schwer verständlich zu sein; außerdem galt er als Melancholiker und eigenbrötlerischer Pessimist.

Heraklit hat nie einer Schule angehört und man kann ihn keinem Lehrer zuordnen. Nach allem, was von seinem Werk rekonstruiert werden konnte, scheint er sowohl die Konzeptionen der Milesier als auch die Lehren von Pythagoras und Xenophan gekannt zu haben. Wiewohl in erster Linie als Philosoph und Moralist und weniger als Physiologe – als Naturforscher und -gelehrter – bekannt, wird Heraklit hier in das Kapitel über die Schule von Milet aufgenommen, weil sein Denken, wie das aller Mitglieder dieser Schule, um das Werden kreist. Hauptanliegen der Schule von Milet ist die Erklärung des Wandels, aufbauend auf einem Urstoff. Mit Heraklit wird dieser Wandel zu einem nicht abreißenden Prozeß und »das Werden ist zum Sein gestoßen, ja, zu dessen Wesen geworden« (A. Rey). Daneben aber verbinden Heraklit, wie wir im Lauf dieser Untersuchung sehen werden – so kurz und summarisch sie auch ist –, noch eine Reihe anderer Punkte mit der Schule von Milet.

Die erhaltenen Fragmente von Heraklits Werk sind dunkel und seine Gedankengänge insofern nur schwer präzis darzustellen. Deshalb haben seine Schriften auch Anlaß zu allen möglichen Interpretationen gegeben. In der Tat hat kein anderer Philosoph – außer vielleicht Parmenides, dessen Werk zwar weniger dunkel, deswegen aber nicht leichter zugänglich ist – so viele moderne Philosophen und Kommentatoren »inspiriert« wie Heraklit, sofern er ihnen nicht einfach als Vorwand diente, ihre eigenen Ideen darzulegen. Wir wollen uns hier damit begnügen, gestützt auf die Fragmente und die Doxographie, seine kosmologischen und epistemologischen Vorstellungen in groben Linien nachzuzeichnen.

Wie die Physiologen von Milet postuliert auch Heraklit ein Element als »Ursubstrat« der Dinge. Aber er wählt weder das Wasser, noch das *apeiron*, noch die Luft, sondern das Feuer, ein ebenfalls gasförmiges, eminent geschmeidiges und bewegliches Element, bestens geeignet, sich einer Physik des Werdens anzupassen. Überlagert wird dieses auf das Feuer gegründete unablässige Werden von einer Physik der Gegensätze und des Kampfes – eine Idee, die an Anaximander erinnert, aber auch an den ebenfalls älteren Pythagoras. Während jedoch Anaximander die Ursache für die Entstehung der Dinge und über kurz oder lang für ihr Verschwinden in der Ungerechtigkeit der Vorherrschaft eines Gegenteils über sein Pendant sah, führt Heraklit ihre Entstehung, sofern sie Bestand haben, auf

122. AUSGEWÄHLTE DOXOGRAPHIE ZU HERAKLIT

(Nach Dumont 1988, Capelle 1953)

1. Hippasos von Metapont und Herakleitos von Ephesos nehmen ebenfalls ein einziges in Bewegung begriffenes und begrenztes Weltprinzip an, aber sie setzen das Feuer als den Urgrund an und aus dem Feuer lassen sie die Dinge durch Verdichtung und Verdünnung entstehen und lassen sie (später) wieder in das Feuer zurückkehren, in der Meinung, daß dieses die einzige zugrundeliegende Substanz wäre; denn Herakleitos sagt, alles sei Austausch des Feuers. Des weiteren behauptet er, der Wandel der Welt vollziehe sich mit schicksalhafter Notwendigkeit in einer bestimmten Ordnung und Zeit. (*Simplicius über die Physik des Aristoteles, Commentaria in Aristotelem graeca, 23, 33*)

2. Heraklit und Hippasos von Metapont erhoben das Feuer zum Prinzip aller Dinge. Tatsächlich vertreten sie die Meinung, alles entstehe aus dem und endige im Feuer, dessen Erlöschen die Ordnung aller Dinge bewirke: Zunächst verdichte sich sein dichtester Teil und bringe die Erde hervor; sodann entspanne sich diese unter der Einwirkung des Feuers und verwandle sich auf natürliche Weise in Wasser, welches, verdunstend, die Luft erzeuge; hierauf werde die Welt samt allen körperhaften Dingen aufs neue vom Feuer im Weltenbrand zerstört. (*Aetius, Placita, I, III, 11*) Heraklit erklärte, das periodisch auftretende ewige Feuer sei Gott, und das Schicksal sei der Logos, der durch Bewegung im Gegensinne das Vorhandene bewirke. (*Ebd., I, VII, 22*) Alles erfolge nach dem Verhängnis und eben dies sei ein und dasselbe wie die Notwendigkeit. (*Ebd. I 27,1*) Herakleitos erklärt als Wesen des Verhängnisses die Weltvernunft [*Logos*], die das ganze All durchdringe. Das ist der ätherische Stoff, Ursame der Entstehung des Alls und des Kreislaufes der Dinge, dem ein bestimmtes Maß gesetzt ist. (*Ebd. I, 28,1*)

3. Feuer ist der Grundstoff (das Element) und alle Naturvorgänge sind Umwandlungen des Feuers, die sich durch Verdünnung oder Verdichtung vollziehen. (...) Alles geschieht nach dem Gesetz der Gegensätzlichkeit und das Ganze ist in strömender Bewegung wie ein Fluß. Das All ist begrenzt und es ist nur eine Welt. Sie entsteht aus dem Feuer und löst sich nach Maßgabe gewisser Umläufe (Perioden) auch wieder in Feuer auf, ein Vorgang, der sich wechselweise im Verlaufe der ewigen Zeit immer wiederholt; dies geschieht nach unverbrüchlicher Schicksalsfügung. Von den Gegensätzen aber wird dasjenige Glied, welches zur Entstehung führt, Krieg und Streit genannt, dasjeniges, welches zum Weltbrand führt, Eintracht und Friede, und die Umwandlung ist der Weg nach oben und unten; ihr gemäß bildet sich die Welt. (*Diogenes Laertios, Leben und Meinungen berühmter Philosophen, IX 8*)

4. Herakleitos erklärt ausdrücklich, der Mensch sei von Haus aus vernunftlos; nur das »Umgebende« sei von Anfang an mit Denkvermögen ausgestattet. (*Sextus Empiricus, Gegen die Mathematiker, VIII, 286*) Diese göttliche Vernunft ziehen wir

nach Herakleitos durch die Atmung ein und werden so denkfähig, und zwar im Schlaf unbewußt, im Wachen dagegen mit Bewußtsein. Denn da sich im Schlaf die Öffnungen unserer Sinnesorgane schließen, wird der Geist in uns von der Verbindung mit dem »Umgebenden« getrennt; nur die Verbindung vermittels der Atmung bleibt aufrechterhalten wie eine Art Wurzel. Infolge dieser Trennung verliert er die Gedächtniskraft, die er vorher besaß. Im Wachen dagegen lehnt er sich wieder durch die Öffnungen unserer Sinnesorgane wie durch eine Art Fenster hinaus, tritt so mit dem »Umgebenden« wieder in Verbindung und nimmt aufs neue sein Denkvermögen an. Gerade wie die Kohlen, die in die Nähe des Feuers gebracht werden, sich wandeln und glühend werden, dagegen erlöschen, wenn sie von ihm getrennt werden, so wird auch der in unsere Leiber als Gast eingekehrte Teil [*des Geistes*] des »Umgebenden« infolge der Trennung beinahe vernunftlos; dagegen wird er infolge der Verbindung vermittels der meisten Öffnungen unserer Sinnesorgane der Allvernunft gleichartig. Diese gemeinsame und göttliche Vernunft nun, durch die wir vernunftbegabt werden, erklärt Herakleitos für den Prüfstein der Wahrheit. (*Ebd., VII, 129–131*)

5. Es entständen aber Ausdünstungen von der Erde und vom Meere, die einen hell und rein, die andern dunkel. Es würde aber das Feuer der Gestirne von den hellen, die Feuchtigkeit von den anderen Ausdünstungen ernährt. Welcher Art aber das »Umgebende« ist, sagt er nicht. Doch befänden sich in diesem »Nachen«, die uns mit ihrer Hohlseite zugekehrt seien, in denen sich die hellen Ausdünstungen ansammelten und entzündeten, und das seien die Gestirne. Am hellsten aber und wärmsten sei das Feuer der Sonne. Die andern Gestirne nämlich seien von der Erde weiter entfernt und leuchteten und wärmten deshalb weniger, der Mond aber, der der Erde näher sei, bewege sich nicht durch die reine Region (...) Es verfinsterten sich aber Sonne und Mond, indem sich ihre »Nachen« nach oben umkehrten. Und die monatlichen Gestalten des Mondes entständen, indem sich allmählich die Hohlschale in ihm umdrehte. Tag und Nacht aber und Monate, Jahreszeiten und Jahre sowie Regen und Winde und dergleichen entständen entsprechend den verschiedenen Ausdünstungen. Denn die helle Ausdünstung bewirke, wenn sie in Brand geraten sei, in dem Kreise der Sonne den Tag, die entgegengesetzte aber, wenn sie die Oberhand gewönne, die Nacht. Und die Wärme bewirke, wenn sie infolge der Helligkeit gesteigert werde, den Sommer; das Feuchte dagegen, wenn es infolge der Dunkelheit mehr werde, den Winter. (*Diogenes Laertios, Leben und Meinungen berühmter Philosophen, IX, 9–11*)

6. Die Sonne sei eine vernunftbegabte Entzündung aus dem Meere. (*Aetius, Placita, II 20,16*) Heraklit erklärt, das Große Jahr zähle zehntausendachthundert Sonnenjahre (*Ebd., II 32, 3*) Heraklit erklärt, der Donner komme durch Wirbelwinde und Wolkenzusammenballungen und den Aufprall der Lüfte auf die Wolken zustande; die Blitze entstünden durch Verbrennung der Ausdünstungen und die Stürme durch Brand und Verlöschen der Wolken. (*Ebd. III 3, 9*)

123. AUSGEWÄHLTE FRAGMENTE VON HERAKLIT

(Nach Dumont 1988, Capelle 1953)

1. Dies Weltgesetz (Logos), das doch ewig ist, begreifen die Menschen nicht, weder bevor sie davon gehört noch sobald sie davon gehört haben. Denn obgleich alles nach diesem Gesetz geschieht, machen sie den Eindruck, als ob sie nichts davon ahnten, wenn sie sich an solchen Worten und Werken versuchen, wie ich sie verkünde, indem ich ein jedes nach seiner Natur zerlege und klarmache, wie es sich damit verhält. Die andern Menschen aber wissen ebensowenig, was sie im Wachen tun, wie sie sich erinnern, was sie im Schlafe tun.
2. Daher muß man dem Gemeinsamen folgen. Obgleich aber der Logos allen gemeinsam ist, lebt die Masse der Menschen doch so, als ob sie eine eigene Einsicht hätte.
3. Eins nur ist das Weise, sich auf den Gedanken zu verstehen, welcher alles auf alle Weise zu steuern weiß.
4. Gemeinsam ist allen die Vernunft. Alle Menschen haben die Fähigkeit, sich selbst zu erkennen und vernünftig zu denken.
5. Wenn man mit Verstand reden will, muß man sich stark machen mit dem allen Gemeinsamen wie eine Stadt mit dem Gesetz und noch viel stärker. Nähren sich doch alle menschlichen Gesetze von dem einen, göttlichen; denn dieses gebietet, soweit es nur will, und reicht aus für alle (und alles) und ist sogar noch darüber.
6. Vielwisserei bringt noch keinen Verstand. Sonst hätte sie den Hesiod klug gemacht und den Pythagoras und den Xenophanes und Hekataios!
7. Der Seele ist der Logos eigen, der sich selber vermehrt.
8. Unsichtbare Harmonie ist stärker als sichtbare.
9. Die Natur liebt es, sich zu verbergen.
10. Alle Dinge steuert der Blitz, das heißt er lenkt sie.
11. Alles ist Austausch des Feuers und das Feuer Austausch von allem, gerade wie für Gold Waren und für Waren Gold eingetauscht wird.
12. Diese Weltordnung, dieselbige für alle Wesen, schuf weder einer der Götter noch der Menschen, sondern sie war immerdar und ist und wird sein ewig lebendiges Feuer, erglimmend nach Maßen und erlöschend nach Maßen.
13. Die Sonne wird ihre Maße nicht überschreiten; wenn aber doch, dann werden die Erinnyen, der Dike Helferinnen, sie zu fassen wissen.
14. Frevelmut soll man eher löschen als Feuersbrunst.
15. Der Weg auf und ab ist ein und derselbe.
16. (Denn) gemeinsam ist Anfang und Ende beim Kreisumfang.
17. Wir steigen in denselben Fluß und doch nicht in denselben; wir sind es und wir sind es nicht.
18. Das Widerstrebende vereinige sich und aus den entgegengesetzten (Tönen) entstehe die schönste Harmonie (und alles Geschehen erfolge auf dem Wege des Streites).

19. Sie begreifen nicht, daß es (das All-Eine), auseinanderstrebend, mit sich selber übereinstimmt: widerstrebende Harmonie wie bei Bogen und Lyra.
20. Kampf ist der Vater von allem, der König von allem; die einen macht er zu Göttern, die andern zu Menschen, die einen zu Sklaven, die andern zu Freien.
21. Das Kalte wird warm, Warmes kalt, Feuchtes trocken, Trocknes feucht.
22. Man muß wissen, daß der Kampf das Gemeinsame ist und das Recht der Streit, und daß alles Geschehen vermittels des Streites und der Notwendigkeit erfolgt.
23. Krankheit macht die Gesundheit süß, Übel das Gute, Hunger die Sättigung, Ermüdung das Ausruhen.
24. Unsterbliche sterblich, Sterbliche unsterblich; sie leben den Tod jener und sterben das Leben jener.
25. Es lebt das Feuer der Erde Tod und die Luft lebt des Feuers Tod, das Wasser lebt der Luft Tod, die Erde den des Wassers.
26. Den Seelen ist es Lust oder Tod, feucht zu werden (unter Lust versteht Heraklit hier ihren Fall in die Geburt. Und anderswo sagt er:) Wir erlebten den Tod jener und jene unsern Tod.
27. Trockene Seele die weiseste und beste.
28. Wie die Spinne, die in der Mitte ihres Gewebes sitzt, es merkt, sobald eine Fliege einen Faden (ihres Gewebes) zerstört und daher schnell dorthin läuft, als wenn sie sich über die Zerstörung des Fadens grämte, so eilt die Seele des Menschen, wenn ein Teil seines Körpers verletzt ist, schnell dorthin, als ob sie durch die Verletzung der Körpers gekränkt sei, mit dem sie fest und in einem bestimmten Verhältnis verbunden ist.

die Gerechtigkeit als Gleichgewicht der Gegensätze zurück. Diese widerstreitenden Gegensätze lösen einander ständig ab, aber nicht irgendwie, sondern nach bestimmten Regeln und der Notwendigkeit einer Harmonie. In letzter Instanz wird dieses ständige Werden und dieses Gleichgewicht der Gegensätze also von einer der gegenseitigen Ablösung der Gegensätze innewohnenden zyklischen Ordnung geregelt: Die gegensätzlichen Eigenschaften und Kräfte schreiten, sich überwindend, erst in der einen, dann in der anderen Richtung fort, jedoch unter Einhaltung bestimmter Grenzen, die nie überschritten werden, und führen zu Zyklen wie Tag/Nacht, Wachen/Schlafen etc. Über allen herrscht der Logos, ein Begriff, auf den wir etwas näher eingehen müssen.

Wir stoßen bei Heraklit also auf eine Reihe eng miteinander verknüpfter Themen: das Feuer, das Werden, die Zyklen, die Harmonie, der Kampf der Gegensätze, der Logos; alle können manchmal auch in einem augenfälligen Widerspruch zueinander stehen.

Das Feuer ist der Urgrund, aus dem alles kommt und in den alles zurückkehrt. Aufgrund seines geschmeidigen, gasförmigen Charakters ist es gut geeignet, eine Erklärung für das Werden zu liefern. Diese könnte beispielsweise die Welt mit einem Verbrennungsvorgang vergleichen – gleichzeitig als Substrat, als Produkt der Verbrennung und als Verbrennung selbst; Heraklit verkompliziert dies jedoch durch Betrachtungen, die an die milesischen Vorstellungen vom Wandel der Elemente denken lassen. So unterscheidet er zwei Wege, einen aufwärts, einen abwärts, die doch nur einer sind und also einen Kreis bilden, bei dem Anfang und Ende verschmelzen (Fragment 15 und 16, Kasten 123). Das Feuer erzeugt Dampf (Luft), der durch Verdichtung Wasser ergibt, das durch Verfestigung zur Erde wird, die durch Verflüssigung Wasser ergibt, das wiederum Dampf erzeugt, der wiederum Feuer ergibt. In einem solchen Kreislauf erzeugen sich also die Elemente gegenseitig; nur scheint Heraklit dabei weniger an einen Verbrennungsvorgang als an eine zweifache Bewegung nach unten und nach oben gedacht zu haben: Die leichten Elemente steigen auf, die schweren sinken nach unten. Genau das mag auch als kennzeichnend für einen Verbrennungsvorgang gelten, der die festen Elemente (Asche, Erde) von dem gasförmigen Element Rauch (Luft, Dampf) trennt, wobei die Flamme sowohl der Ort ist, an dem Umwandlung geschieht, als auch die Kraft, die den Vorgang bewirkt.

Dieser ganze physikalische Aspekt des heraklitischen Weltbilds ist reichlich dunkel und kompliziert; vermutlich spielte er in Heraklits Denken auch nur eine untergeordnete Rolle, so daß der Rückgriff auf das Feuer eher metaphorisch zu verstehen wäre, als eine Art mythischer Inspiration. Feuer und Werden sind aufs engste miteinander verknüpft, viel enger – und auch auf andere Art – als der Urgrund (Wasser, *apeiron* oder Luft) und die auf ihn einwirkenden Transformationen bei den Milesiern. Das Feuer ist gleichzeitig der Urgrund und seine Transformationen. Suchten die Milesier nach dem den Dingen, den verschiedenen Facetten des Werdens zugrundeliegenden Prinzip, so sieht Heraklit hinter den Dingen das Werden: Damit wird das Werden zum Wesen des Seins selbst, ähnlich wie sich die Flamme bewegt und dennoch dieselbe zu bleiben scheint oder nur innerhalb bestimmter Grenzen variiert, obwohl sich ihre Substanz doch unaufhörlich verändert.

Dieses Feuer wird von der Doxographie und den Fragmenten als »vernunftbegabt« dargestellt: Es beherrscht das Universum in Gestalt des Blitzes – also in Gestalt von Zeus–, es richtet über die Dinge etc. Es ist nicht nur das Prinzip und seine Transformationen, sondern regelt diese Transformationen auch; es steht damit dem Logos nah und kann in gewisser Weise als dessen stoffgewordene Form betrachtet werden. So hat Heraklit, über die Physiologen von Milet hinausgehend, dem Feuer eine wichtigere, vor allem aber weniger physikalische Funktion zugedacht. Wohl ist das Feuer für ihn auch Urstoff und Substrat; wichtiger aber ist es ihm als Verkörperung des Werdens, was er an anderer Stelle anhand der Tatsache illustriert, daß man nicht zweimal in denselben Fluß steigen kann: als das Werden selbst und als das »vernunftbegabte Agens« dieses Werdens.

Diese »Vernunft« offenbart sich im Maß, das dem Werden Grenzen setzt; das Feuer wird gegen alle Dinge ausgetauscht und alle Dinge werden gegen das Feuer ausgetauscht wie alle Waren gegen Gold und Gold gegen Waren, aber der Austausch vollzieht sich nicht auf beliebige Weise. Fragment 12 in Kasten 123 beschreibt ihn genauer: Die Welt ist ein stets lebendiges Feuer, das sich mit Maß entzündet und mit Maß erlischt. Dieses Maß findet sich in der Feststellung wieder, daß die Sonne »ihre Grenzen nicht überschreitet« (Fragment 13) oder in dem oft auftauchenden Begriff der Harmonie.

Überlagert wird dieses ständige Werden, das sich nach einem bestimmten Maß vollzieht, vom Kampf der Gegensätze, bei dem die Harmonie gleichfalls eine Rolle spielt. Das Feuer erinnert an das Weltbild des Pythagoreers Hippasos von Metapont, ein vielleicht etwas älterer Zeitgenosse Heraklits, der das Feuer ebenfalls als Ursprung aller Dinge betrachtete, und die Harmonie gleichfalls an pythagoreische Thesen; dagegen erinnert der Kampf der Gegensätze an die Physik Anaximanders, wenngleich sich auch diese Vorstellung bei den auf Anaximander folgenden Pythagoreern findet. Anaximander setzt die Scheidung von kalt und warm an den Anfang und führt die Existenz der differenzierten Dinge auf die Ungerechtigkeit der Vorherrschaft eines Elements über sein Gegenteil zurück. Heraklit dagegen kennt keine Ungerechtigkeit: Nach ihm geht die Existenz der differenzierten Dinge auf den Kampf der Gegensätze und das Gleichgewicht zurück, das sich in diesem Kampf einstellt. Diese Behauptung veranschaulicht er in Fragment 19 (Kasten 123) durch den Vergleich mit Bogen und Lyra: Saite und Korpus des Instruments sind entgegengesetzten Spannungen ausgesetzt und halten einander so in einer bestimmten Form im Gleichgewicht. Der Vergleich läßt sich aber auch auf andere Weise auslegen: Die gegensätzlichen Spannungen von Saite und Korpus ermöglichen das Gleichgewicht, aber auch die Variation, das heißt in diesem Fall die Schwingung der Saite, die ebenfalls gewisse Grenzen nicht überschreiten kann; wir haben also Kampf der Gegensätze, Gleichgewicht, aber auch Begrenzung der Variationen auf einen bestimmten Bereich, jenseits dessen die Stabilität verlorengeht.

Dieser Kampf der Gegensätze hindert jedoch nicht, daß sie eine Einheit bilden, und zwar eine physische, nicht nur eine logische. In der Tat sind trocken und feucht (oder auch kalt und warm oder Tag und Nacht oder jedes andere Gegensatzpaar) »ein und dasselbe«, was sich leicht nachweisen läßt, wird doch das Trockene feucht und das Feuchte trocken (Fragment 21, Kasten 123); dasselbe gilt für kalt und warm, Tag und Nacht etc. Die Gegensätze, die sich bekämpfen und im Gleichgewicht halten, bilden eine »Einheit« – trocken-feucht, warm-kalt, Tag-Nacht; heute würde man von Feuchtigkeitsgrad, Temperatur, Helligkeit sprechen. Es genügt, diese Einheit aufzubrechen, um die Gegensätze ans Licht zu bringen. Die Erkenntnis des Kampfes darf jedoch nicht blind machen für die Einheit und die Harmonie, die die Mannigfaltigkeit und Zwietracht durchwalten, von denen sie ihrerseits getragen werden (siehe die Fragmente 18 bis 22 in Kasten 123).

Den Anstoß zu einer solchen Physik der Gegensätze dürfte, abgesehen von den

Schriften Anaximanders und der Pythagoreer, mit Sicherheit die einfache Beobachtung gegeben haben, daß sich im Prozeß des Werdens die Gegensätze gegenseitig ablösen: Trockenes wird feucht und Feuchtes trocknet aus etc. In einer solchen Konzeption haben weder Quantifizierung noch der Begriff der Materie Raum. Es ist eine Physik der Qualitäten, der es lediglich um unmittelbar wahrnehmbare qualitative Veränderungen oder Variationen geht.

Einerseits postuliert Heraklit das universelle Werden; doch sich mit einer solchen Behauptung zu begnügen hieße, auf jede Erklärung zu verzichten. Andererseits leitet er alle Dinge aus dem Kampf der Gegensätze ab; würde nämlich das Gleichgewicht zwischen den Gegensätzen aufrechterhalten, gäbe es keinen Prozeß des Werdens. Um diese beiden Behauptungen miteinander in Einklang zu bringen, muß man also annehmen, daß sich die Gegensätze in ihrem Kampf gegenseitig ablösen – was die Beobachtung des Werdens bestätigt. Um das universelle Werden nicht nur einfach postulieren, sondern auch erklären zu können, muß dieser Kampf der Gegensätze nach gewissen Regeln ablaufen, vor allem muß die Ablösung schrittweise erfolgen – der fortschreitenden Austrocknung muß ein abnehmender Grad an Feuchtigkeit entsprechen. Dies muß man offensichtlich in Zusammenhang mit der Tatsache bringen, daß sich das Feuer im Prozeß des Werdens mit Maß entzündet und mit Maß erlischt. So findet sich im Widerstreit der Gegensätze die für alles Werden unerläßliche Harmonie wieder. Der Umstand aber, daß dem Kampf der Gegensätze eine Harmonie zugrunde liegt, gestattet Heraklit nicht, diesen Prozeß – wie Anaximander – als Ungerechtigkeit zu betrachten.

Vermutlich kann man diese Harmonie der Ablösung eines Gegensatzes durch den anderen auf die Gesamtheit aller Gegensatzpaare überhaupt ausdehnen, so daß zwischen den verschiedenen Gegensatzpaaren eine Harmonie besteht. Wird nun die Welt als Ergebnis des Widerstreits vielfältiger Gegensätze wie trocken/feucht, kalt/warm oder hell/dunkel aufgefaßt, um nur ein paar zu nennen – die Pythagoreer haben ein Dutzend solcher Paare zusammengestellt (siehe das folgende Kapitel) –, so ist ihr Zustand in einem bestimmten Augenblick eine Funktion der Harmonie, die das Gleichgewicht aller Gegensatzpaare zueinander und ihr Werden reguliert, sofern man im Prozeß des Werdens überhaupt einen Augenblick künstlich isolieren kann.

Die Harmonie findet sich also sowohl im Gleichgewicht des Widerstreits der Gegensätze (wie bei Saite und Korpus der Lyra) als auch in der Ablösung eines Gegensatzes durch sein Gegenstück und in der Koordinierung der Gegensatzpaare wieder. Viel weiter kann eine Physik der Qualitäten wohl kaum gehen. In gewisser Hinsicht aber stellt Heraklits Physik im Vergleich zu Anaximenes' Lehre von der unendlichen Luft und dem Prinzip der Verdünnung und Verdichtung dennoch einen Rückschritt dar, und zwar um so mehr, als der Widerstreit der Gegensätze manchmal zu purem Relativismus zu degenerieren scheint (Fragment 23, Kasten 123), falls Bemerkungen wie »Krankheit macht die Gesundheit süß« nicht darauf abzielen, die Sinnesphysiologie ebenfalls auf Gegensätze zu gründen (wie es beispielsweise Anaxagoras tut).

Eine notwendige Folge des universellen Werdens und des Widerstreits der Gegensätze scheint Heraklit erkannt zu haben: die Existenz von Zyklen. Wenn die Nacht das Ergebnis des fortschreitenden Sieges des Dunklen über das Helle (der dunklen Ausdünstungen über die hellen, wie es in der Doxographie heißt) und der Tag das Produkt des umgekehrten Prozesses ist, folgt daraus notwendig ein Zyklus: Hat die fortschreitende Verdunklung ihren Höhepunkt erreicht, kann sie nur zugunsten der Aufhellung wieder abnehmen und umgekehrt (die Sonne kann laut Heraklit ihre Grenzen nicht überschreiten, da alles in einem ständigen Werden begriffen ist und nicht in einem bestimmten Zustand stagniert. Dasselbe gilt für den Kampf sämtlicher Gegensatzpaare, so daß es also eine ganze Reihe von Zyklen gibt – Tag und Nacht, Sommer und Winter, Wachen und Schlafen, wobei das letztgenannte Gegensatzpaar als Vorherrschen des feuchten Elements während des Schlafs und des feurigen im Wachen gedeutet wird. Die Resultante aus all den verschiedenen Zyklen ist notwendig ein Zyklus für die ganze Welt, das sogenannte »Große Jahr«, bestehend aus 18000 Jahren (Fragmente 2 und 6 der Doxographie, Kasten 122); gelegentlich finden sich hierfür auch die Werte 36 000 Jahre oder auch 10 800 Jahre, was 360 Generationen à 30 Jahren entspricht – das zugrundeliegende Sexagesimalsystem deutet auf mesopotamischen Einfluß hin. Nach Ablauf dieses Großen Jahrs entzündet sich die Welt, alle Dinge werden gerichtet und vom Feuer verzehrt; danach beginnt ein neuer Zyklus – ähnlich wie in der modernen Weltentstehungstheorie mit dem Urknall, der nachfolgenden Ausdehnung und schließlichen Zusammenziehung des Universums. Daß Heraklit ein solches Großes Jahr postulieren zu können glaubte, setzt ebenfalls wieder eine Weltsicht voraus, in der das Werden von einer bestimmten Harmonie gelenkt wird und sich nicht durch einen anarchischen Kampf der Gegensätze vollzieht. Die Welt wird nicht als Chaos gesehen, sie ist nicht nur synchron, sondern auch diachron geordnet. So heißt es in der Doxographie: »Der Wandel der Welt vollziehe sich mit schicksalhafter Notwendigkeit in einer bestimmten Ordnung und Zeit.« Oder auch: »Herakleitos erklärt als Wesen des Verhängnisses die Weltvernunft (Logos), die das ganze All durchdringe« (Fragmente 1 und 2, Kasten 122). Das Verhängnis ist nicht mehr die Willkür der Götter, es ist der Logos. Doch ehe wir untersuchen, was wir unter diesem Logos zu verstehen haben, wollen wir Heraklits Kosmologie und Physik noch einmal kurz zusammenfassen.

Alle Vorstellungen vom universellen Werden, vom Kampf der Gegensätze und von den Zyklen sind eng miteinander verknüpft und bedingen sich gegenseitig. Die Erklärung hierfür wird auf verschiedenen Ebenen evident. Hinter der sichtbaren Stabilität der Dinge setzt sich ununterbrochen der Prozeß des Werdens fort, so wie hinter der sichtbaren Stabilität der Flammenform der kontinuierliche Fluß der Verbrennung vonstatten geht. Aber diese Stabilität der Dinge ist nicht absolut; infolge des Überhandnehmens eines Gegensatzes über sein Gegenstück gibt es gewisse Veränderungen. Außerdem kann das Werden, mag es auch ein fortdauernder Prozeß sein, nicht wie die Verbrennung ein linearer Prozeß sein: es muß zyklisch sein, wodurch ein Rückgriff auf das Unendliche vermieden wird. Dem Widerstreit der Gegensätze sind gewisse Grenzen gezogen, und er verläuft durch das abwechselnde Übergewicht eines Gegensatzes über den anderen zyklisch; die Resultante aus diesen Zyklen ist ein die ganze Welt umfassender großer Zyklus. All dies wird vom Logos gelenkt, der zugleich »oberste Harmonie« und »Wesen des Verhängnisses« ist. Offensichtlich spielt das Feuer für Heraklit also nicht dieselbe Rolle wie der Urgrund für die Milesier, sondern ist weniger physikalisch, eher metaphorisch oder sogar mythisch.

Zugrunde liegt dieser Weltsicht die Vorstellung von einem universell verbindlichen Maß oder einer alles durchwaltenden Harmonie, gekoppelt mit Vernunft – das Feuer ist beispielsweise nicht nur ein Prinzip, sondern auch die seine Transformationen lenkende Vernunft. Dies findet sich im Logos wieder. Der Logos scheint als Harmonie und Vernunft Welt und Werden zu beherrschen und zu kontrollieren, gleichzeitig aber auch dem Menschen die Erkenntnis dieser Welt und dieses Werdens zu ermöglichen. Er ist die unsichtbare Harmonie, die stärker ist als die sichtbare (Fragment 8, Kasten 123) und alle Dinge regiert. Damit wird hier erstmals die Idee einer »unsichtbaren« Harmonie formuliert, die die Welt und ihre Transformationen beherrscht. Allerdings schimmert eine solche Konzeption andeutungsweise bereits in den pythagoreischen Thesen durch – Pythagoras war ein etwas älterer Zeitgenosse Heraklits. Um so erstaunlicher ist, daß Heraklit Pythagoras kritisiert (Fragment 6, Kasten 123) und dessen Wissen als Vielwisserei abtut. Verständlicher wird diese Kritik, wenn man berücksichtigt, daß Heraklit Wissen gleichsetzt mit Kenntnis des »Gedankens (...), welcher alles auf alle Weisen zu steuern weiß« (Fragment 3). Heraklit geht es um die Erkenntnis dieser Harmonie und nicht darum, alle möglichen Kenntnisse zusammenzutragen. Nun scheint aber auch Pythagoras eine solche Harmonie gesucht zu haben, wenn auch in Form von Zahlenverhältnissen – die Kritik von Heraklit scheint demnach wenig fundiert zu sein. Immerhin ist der Logos dieser alles beherrschenden höheren Harmonie vergleichbar.

Aber er ist mehr als das; dem eben zitierten Fragment 3 zufolge besteht die Weisheit in der Erkenntnis des alles steuernden Gedankens, was andeutet, daß der Logos seiner ganzen Natur nach dem Denken verwandt ist und mithin vom Menschen erkannt werden kann. Nach P. Tannery gilt es zu begreifen – und das wäre ein ägyptischer Einfluß –, daß die Vernunft (hier der Logos) in der Welt frei, zu einem Teil aber auch im Menschen gefangen ist; jedenfalls legt Tannery das Fragment 24 (Kasten 123) dahingehend aus, daß unser Leben den Tod des Unsterblichen durch seine Einsperrung in unserem Körper bedeutet und umgekehrt unser Tod seine Befreiung. Wenn aber ein Teil des Logos in uns ist, müssen wir ihn auch erkennen können; das will zweifellos Fragment 4 besagen, wenn es erklärt, allen Menschen sei die Fähigkeit, zu denken, gegeben (was an Descartes'

Ausspruch »Der gesunde Menschenverstand ist das am besten verteilte Gut auf der Welt...«, erinnert).

Um so mehr könnte erstaunen, daß Heraklit den Menschen so oft vorwirft, diesen Logos zu verkennen und sich so zu verhalten, als ob sie eine eigene Einsicht hätten – denn der Logos ist, präzisiert er, allen gemeinsam, das heißt, alle haben auf die gleiche Weise daran teil. Demnach ist es allem Anschein nach der Einsperrung des Logos (beziehungsweise eines Teils von ihm) im Körper zu verdanken, daß alle richtig denken können, was auch bedeutet, daß alle auf dieselbe Weise denken und sich deshalb gegenseitig auch verstehen können. Man kann sogar noch einen Schritt weiter gehen und diese Einsperrung, wie Fragment 4 der Doxographie (Kasten 122) nahelegt, in einem ursprünglichen Sinn betrachten: Der in uns gefangene Teil des Logos muß in Verbindung zum freien Logos außerhalb von uns stehen, und diese Verbindung wird durch die Sinne hergestellt. Der Schlaf aber schließt »die Öffnungen unserer Sinnesorgane«, die Verbindung zum Umgebenden wird durchtrennt, und der Mensch verliert die Gedächtniskraft (und das Bewußtsein). Der Logos wird dem Feuer gleichgesetzt und der Teil, der in uns ist, von der Doxographie mit Kohlen (Kohlenglut) verglichen, die, in die Nähe des Feuers (des Logos des Umgebenden) gebracht, zu glühen beginnen, von ihm entfernt aber verlöschen. Entsprechend der feurigen Natur des Logos in uns werden die trockenen Seelen als die besten bewertet (Fragment 27), da der Betrunkene seine Seele befeuchtet und sich so von der Erkenntnis, die gleichbedeutend ist mit der Entzündung durch den Kontakt mit dem äußeren Logos, entfernt. Außerdem hat diese Einsperrung im Körper eine moralische Dimension, kann sich der Mensch doch durch alle möglichen Laster (wie die Trunkenheit), also durch Befeuchtung seiner Seele, den Weg zur wahren Erkenntnis, der des Logos, selber verbauen.

Und schließlich kann der der Seele eigene Logos, also der nichtfreie Teil in uns, nicht nur Kontakt zum äußeren, freien Logos aufnehmen – der eine ähnliche Rolle spielt wie die Glut, die durch ihre Hitze die Kohle wieder zum Glühen bringt –, sondern auch sich selbst vermehren (Fragment 7, Kasten 123); dabei vergrößert sich der freie Logos, der alles steuert und überall herrscht, nicht. Möglicherweise muß man diese Selbstvermehrung als die Fähigkeit der menschlichen Vernunft, sich durch Schlußfolgerungen zu bereichern, betrachten – ohne hier auf die Kantsche Problematik synthetischer Urteile *a priori* einzugehen.

Dieser Logos-Begriff nimmt die Thesen von Anaxagoras, von Platon, der Stoa und des Christentums vorweg – das Evangelium des heiligen Johannes setzt das Wort (Logos) an den Anfang aller Dinge. Vermutlich haben aber auch diese späteren philosophischen Schulen die Bewahrung und Überlieferung der Fragmente nicht unmaßgeblich beeinflußt. Obgleich Heraklit von den Physiologen von Milet zu trennen ist, war er doch kein so systematischer, abstrakter Denker wie die von ihm inspirierten Thesen nahelegen. So steht sein Seelenbegriff dem »Lebensfunken«, dem Funken, der von einem vergöttlichten Feuer stammt und sich durch den Kontakt mit diesem reaktivieren muß, mit Sicherheit näher als dem christlichen. Die Seele steht nicht im Gegensatz zum materiellen Leib, sondern ist regelrecht in ihn eingesperrt, um ihn zu beleben und ihm als »Motor« zu dienen – eine Aussage, die wir, ohne gleich auf die milesischen Physiologen zurückgehen zu wollen, doch physikalischer nehmen müssen als die der späteren Philosophen. Darüber sollten wir andererseits freilich nicht übersehen, daß Heraklit nicht nur die Natur, sondern zugleich auch die Erkenntnis selbst zu erklären versucht: Wir vermögen die Natur zu erkennen, weil unsere Seele feurig ist, weil sie aus dem Feuer kommt, das nicht nur das Prinzip, sondern auch der Logos ist, der alle Dinge steuert. Zweifelsohne ist das eine Interpretation alter Mythen, die auf orphischen Mysterien fußen und/oder aus Ägypten kommen, im Licht der Thesen der Physiologen von Milet, der Pythagoreer und Xenophans; sowohl die Milesier – abgesehen von Diogenes von Apollonia – als auch Pythagoras und Xenophan liegen zeitlich vor Heraklit.

Von den Milesiern könnte Heraklit die Annahme eines den Dingen zugrundeliegenden Urprinzips, die Annahme des Kampfes der Gegensätze (vgl. Anaximander) und seine astronomischen Vorstellungen (vgl. weiter unten) übernommen haben, von den Pythagoreern die Idee einer die sichtbare Welt lenkenden Harmonie und möglicherweise auch die Wahl des Feuers als Urelement – jedenfalls spielte das Feuer diese Rolle bei Hippasos, einem der ältesten Pythagoreer, allerdings auch in den Mythen. Der Einfluß von Xenophan zeigt sich schließlich in der Beschränkung auf ein einziges Universum und ein einziges die Welt durchwaltendes Prinzip – im Gegensatz zur Vielzahl der Götter der volkstümlichen Mythologie. Heraklit waren alle diese Konzeptionen bekannt, und mit Sicherheit sind sie nicht ohne Einfluß auf ihn geblieben. Er hat versucht, sie in einer Interpretation der Mythen, die er als Mitglied einer Priesterfamilie nicht übergehen konnte, zu einer Synthese zusammenzufassen. Daraus resultiert der gleichzeitig »physiologische« (naturwissenschaftliche), moralische und religiöse Aspekt seiner Konzeptionen.

Heraklits Astronomie liefert den Beweis dafür, daß er sich mit dem Studium der Natur nur in dem Maße befaßte, in dem es ihm zu einer Neudeutung der Mythen dienen konnte. An und für sich genommen ist sie wenig interessant und nicht besonders originell. Die Sterne sind mit Feuer gefüllte Tröge (»Nachen«), die den Himmel überqueren – wie die Sternbarken der Ägypter. Die Mondphasen und -finsternisse kommen durch das Schwanken dieser Tröge zustande, die sich mehr oder weniger um ihre Achse drehen und uns dabei einen mehr oder minder großen Teil ihrer feurigen Vorderseite zukehren. Das Feuer der Gestirne stammt von hellen Ausdünstungen, die sich in den Trögen sammeln (um dort zu verbrennen?). Am hellsten und heißesten ist die Sonne, da sie uns am nächsten ist, mit Ausnahme des Mondes, der jedoch kalt ist, da er sich in einer unreinen Region befindet.

Auf die Einzelheiten dieser reichlich summarischen Astronomie wollen wir hier nicht weiter eingehen – die Unreinheit der Mondregion wird im Kapitel über die Pythagoreer behandelt. Der Begriff der Ausdünstungen aber, von denen sich die Gestirne nähren, muß etwas genauer betrachtet werden. Die von der Erde oder dem Meer aufsteigenden Ausdünstungen sind uns schon von den Milesiern her bekannt; Heraklit dagegen unterscheidet zwischen hellen und dunklen Ausdünstungen, was vielleicht im Zusammenhang mit einer sehr alten Vorstellung zu sehen ist, derzufolge der Tag nicht durch die Sonne, sondern durch helle Dünste entsteht – es ist schon Tag, ehe die Sonne über dem Horizont aufgeht – und die Nacht entsprechend nicht durch die Abwesenheit der Sonne, sondern durch dunkle Dünste. Letztere werden zu allem Überfluß auch noch als feucht und kalt gedacht (wie die Feuchtigkeit der Nacht), erstere dagegen als trocken und heiß (sie zerstreuen die Feuchtigkeit und Kälte der Nacht). Licht und Dunkelheit werden als konkrete, einander entgegengesetzte Elemente aufgefaßt. Diese Vorstellung aber paßt zu Heraklits Physik der Qualitäten, dem Kampf der Gegensätze und der abwechselnden Überlegenheit des einen Teils über den anderen: Je nachdem, ob die eine oder andere dieser Ausdünstungen zunimmt, wird Tag oder Nacht, Sommer oder Winter (vergleiche Aristoteles, *Meteorologie*, I, 4.).

In dieser Sicht ist Licht weniger ein Verbrennungsprodukt heller Ausdünstungen in der Sonne als diese Ausdünstungen selbst, also ein stoffgewordenes Licht. Das scheint einem in unserer Sammlung nicht aufgeführten Fragment zu widersprechen, das die Nacht durch die Abwesenheit der Sonne definiert, das Tageslicht also mit der Sonne und weniger mit hellen, als konkretes Licht postulierten Ausdünstungen verknüpft. Diesen Widerspruch kann man durch die Annahme eines wechselseitigen Zusammenhangs zwischen Sonne und hellen Dünsten zu lösen versuchen: Das Licht ist gleichzeitig helle Ausdünstung und das Feuer der Sonne. Feuer und Ausdünstungen sind somit zwei Aspekte ein und desselben Phänomens, zwei Aspekte, die nicht kausal miteinander verknüpft sind, indem die Ausdünstungen das Feuer nach Art eines Brennstoffs verursachen, sondern in einem »sympathischen« Verhältnis zueinander stehen: Die Zunahme heller Ausdünstungen und die Wiedergeburt der Sonne am Morgen sind Parallelerscheinungen ohne kausale Verknüpfung, bedingt allein durch ein und dieselbe Natur und deshalb miteinander verbunden – ähnlich wie in der hippokratischen Medizin im Winter die kalten Säfte (der Schleim) zunehmen, ohne daß als Ursache für eine gesteigerte physische Produktion kalter Säfte die Kälte des Winters benannt würde: Es ist ein Parallelvorgang aufgrund der gleichen Natur, also ein »sympathischer« Prozeß. Die Zunahme heller Ausdünstungen speist das Feuer der Sonne, das seinerseits die dunklen Ausdünstungen bekämpft und auf diese Weise den hellen Ausdünstungen den Weg frei macht; beide sind demnach durch einen sympathischen Parallelprozeß verbunden und ergeben – so die Erklärung der Physik der Qualitäten – miteinander das Tageslicht.

Zusammenfassung

Welchen Beitrag haben die Schule von Milet und Heraklit zur Geburt der Wissenschaft geleistet?

Abgesehen von der Verbreitung mesopotamischer und ägyptischer Kenntnisse hat sich die Schule von Milet vor allem durch den Versuch hervorgetan, sich bei der Deutung der Welt vom Mythos zu distanzieren. Gewiß läßt sich über den Wert der Argumente und Schlußfolgerungen der einen oder anderen Mitglieder diskutieren, dennoch stellt Milet einen Wendepunkt im Naturverständnis dar. Die milesische Physik (oder »Physiologie«) ist stets eine Physik des Werdens, häufig eine Physik der Gegensätze; stets versucht sie, unter der bewegten Oberfläche ein Bleibendes, Dauerhaftes aufzuspüren, an das sie ihre Erklärung knüpfen kann, eine Erklärung, die sich zunehmend der Natur zuwendet und der Vernunft bedient. Der Urgrund dieser Physik ist nicht ganz leicht zu definieren, sei es Wasser, *apeiron* oder Luft; jedenfalls handelt es sich nicht wirklich um ein Substrat – in der Bedeutung von Materie –, sondern eher um einen Ursprung, der erhalten bleibt, sei es als solcher (Wasser, *apeiron* oder Luft, die die Grundlage der Welt und die Stütze der Gestirne bilden), sei es in verwandelter Form (insofern als die differenzierten Dinge in den Urgrund zurückkehren können). Eine solche Konzeption beeinflußte die gesamte griechische Physik, vor allem in ihrer Ausformung durch Anaximenes.

Heraklits Fall ist anders gelagert. Zwar sollte er als Philosoph unbestreitbar einen großen Einfluß ausüben – doch das fällt nicht mehr in die von uns behandelte Epoche. Sein Einfluß auf die Wissenschaft in vorsokratischer Zeit dagegen scheint sich auf Anaxagoras beschränkt zu haben, der die Welt ebenfalls als von einer alles durchwaltenden Vernunft gelenkt betrachtet und so das Bindeglied zwischen Heraklit und Platon darstellt. Heraklits Vorstellung eines universellen Werdens indessen scheint der vorsokratischen Wissenschaft über die milesische Physik des Werdens hinaus nichts Neues gebracht zu haben. Die nachsokratische Philosophie und Naturwissenschaft wiederum waren offenkundig weniger an seiner Idee der Permanenz eines Substrats als an seiner Idee der Permanenz eines Logos hinter dem Werden interessiert.

Eine nicht unbeträchtliche Rolle hat die Schule von Milet auch bei der Vermittlung mesopotamischen und ägyptischen Wissens gespielt, das sie aber nicht einfach übernommen hat. Im übrigen wären die Griechen der damaligen Zeit sicher auch gar nicht imstande gewesen, sich alle diese Kenntnisse anzueignen, zum einen aufgrund ihres Umfangs, zum andern aufgrund des Charakters dieser alten Kulturen; das importierte Wissen hat viel eher den Anstoß zu eigenständigem Suchen gegeben. In Wechselwirkung mit dem griechischen Geist der Demokratie wandte man sich der Erforschung der Natur zu, suchte aber dort, wo sich Mesopotamier und Ägypter mehr oder weniger damit begnügt hatten, punktuelle Kenntnisse aneinanderzureihen, nach den lenkenden Prinzipien. Damit war der erste Schritt auf dem »Weg des wissenschaftlichen Denkens« zurückgelegt und die Vorstufe, der von Mesopotamien und Ägypten eingeschlagene und eröffnete »Weg der Gegenstände«, überwunden.

3. KAPITEL

Die pythagoreische Schule

Die pythagoreische Schule führt uns geographisch ans andere Ende der griechischen Welt, nach Süditalien, und zeitlich in die Epoche vor Heraklit und Diogenes von Apollonia. Pythagoras, der Gründer der Schule, eine halblegendäre und von manchen überhaupt in Frage gestellte Gestalt, über die wir keinerlei gesicherte Aussagen machen können, soll etwa zwischen 580 und 500 gelebt haben, also ein Zeitgenosse von Anaximenes gewesen sein. Er soll von der Insel Samos stammen, vielleicht ein Schüler Anaximanders gewesen sein und zahlreiche Reisen unternommen haben, vornehmlich nach Ägypten, wo er anscheinend von Priestern unterwiesen wurde (vielleicht auch nach Persien, wo man ihm eine Begegnung mit Zoroaster zudenkt). Nach seiner Rückkehr auf die Heimatinsel soll er eine Schule gegründet haben, mußte aber wegen politischer Probleme (welcher?) mit dem dort herrschenden Tyrannen Polykrates nach Kroton in Süditalien emigrieren, möglicherweise auch infolge des Persereinfalls in Kleinasien. Dort entwickelte sich seine Schule oder vielmehr seine Sekte – denn der religiöse Einschlag war unverkennbar –, für den Geschmack mancher (der demokratischen Parteien) wohl zu erfolgreich, denn politische Zusammenstöße zwangen ihn, nach Metapont zu flüchten, wo er starb. Seine Sekte wurde zerstreut, ihre Mitglieder bis auf einige wenige, die sich nach Sizilien oder Griechenland flüchten konnten, wo sie weiter lehrten und arbeiteten, umgebracht.

Die Sekte arbeitete im geheimen. Ihre Lehre war geheim und Eingeweihten vorbehalten, weswegen man bis heute nicht weiß, welchem ihrer Mitglieder welche Ergebnisse und Konzeptionen zuzuschreiben sind. Es soll mindestens zwei Initiationsgrade gegeben haben: die Akusmatiker, die nur zur mündlichen und moralischen Unterweisung zugelassen wurden, und die Akusmaten, die Mathematiker, die eine vertiefte, »metaphysischere« Ausbildung erhielten. Wir werden hier nur einige der Sektenmitglieder behandeln: von den älteren Pythagoreern außer Pythagoras selbst Alkmaion von Kroton, Hippasos von Metapont und Aristaios von Kroton; von den jüngeren Pythagoreern bis zur Mitte des 4. vorchristlichen Jahrhunderts Philolaos und Archytas von Tarent. Letzterer war mit Platon befreundet, und Philolaos soll der Überlieferung zufolge Platon drei pythagoreische Bücher verkauft und ihn so zu seinem stark pythagoreisch eingefärbten Dialog *Timaios* angeregt haben. Darüber hinaus sind noch die Namen anderer Pythagoreer dieser Epoche bekannt, aber nicht mit bestimmten Konzeptionen der Sekte verbunden. Sie haben dem pythagoreischen Bund wohl angehört, sind aber allem Anschein nach nicht durch bestimmte Arbeiten berühmt geworden. Iamblichos hat im 3.–4. Jahrhundert n. Chr. eine Liste von zweihundertachtzehn Pythagoreern zusammengestellt, jedoch ohne Hinweis auf ihre Werke, nur mit Angabe ihres Herkunftsorts; trotzdem vermittelt uns dieser Katalog eine Vorstellung von der großen Ausdehnung des Bundes.

Genau wie von den Physiologen von Milet und von Heraklit besitzen wir auch von den Pythagoreern dieser Epoche kein einziges vollständiges Werk. Die verschiedenen Lehren sind uns lediglich aus dem Zeugnis und den Kommentaren meist spätantiker Autoren bekannt. Die ältesten überlieferten pythagoreischen Texte sind Fragmente von Philolaos und stammen aus der zweiten Hälfte des 5. Jahrhunderts v. Chr., aber auch ihre Echtheit ist sehr ungewiß.

124. PYTHAGORAS

(Nach Dumont 1988, Capelle 1953)

1. Pythagoras, der Sohn des Mnesarchos, (war) ein Samier, wie Hippobotos sagt, wie aber Aristoxenos in seinem Leben des Pythagoras und Aristarchos und Theopompos sagen, ein Tyrrhener, dagegen nach der Angabe des Neanthes ein Syrier oder ein Tyrier, so daß nach den Angaben der meisten Pythagoras seiner Herkunft nach ein Nichtgrieche (Barbar) war. (*Clemens von Alexandrien, Stromata (»Teppiche«), I, 62*)

2. Herakleides Pontikos schreibt ihm als Äußerung, die er oft wiederholte, zu, er sei vor Zeiten schon auf Erden gewesen als Aithalides und für des Hermes Sohn gehalten worden; Hermes aber habe ihm erlaubt, zu wählen, was er nur immer wünsche, ausgenommen die Unsterblichkeit. So habe er sich denn die Gabe erbeten, alle Geschehnisse im Leben wie im Tode im Gedächtnis zu behalten. Alles nun, was er erlebt habe, sei ihm im Gedächtnis geblieben, aber auch nach seinem Tode sei ihm diese Gedächtnisstärke verblieben. Einige Zeit darauf sei er als Euphorbos wieder auf Erden erschienen und von Menelaos verwundet worden. Euphorbos aber erklärte, er sei einst Aithalides gewesen; auch erzählte er von dem Geschenk, das er von Hermes erhalten, sowie von der Wanderung seiner Seele und von allen den Pflanzen und Tieren, in die er sich verwandelt, und von Erlebnissen

der Seele im Hades sowie von dem, was die übrigen Seelen durchzumachen haben. Nachdem Euphorbos gestorben, sei seine Seele übergegangen in den Leib des Hermotimos (...) Nach dem Tode des Hermotimos sei er als delischer Fischer Pyrrhos wieder aufgetreten, (...) Nachdem Pyrrhos gestorben, sei er Pythagoras geworden und bewahre alles das Gesagte treu im Gedächtnis. (*Diogenes Laertios, Leben und Meinungen berühmter Philosophen, II, 96–97, 4–6*)

3. Die Pythagoreer Androkydes, Verfasser der Abhandlung *Von den Symbolen* sowie Euboulides, Aristoxenes, Hippobotes und Neanthes, die allesamt über das Leben des Pythagoras schrieben, behaupteten, seine Seelenwanderungen hätten 216 Jahre gewährt; er sei nach einer gleichbleibenden Zahl von Jahren zu einem neuen Leben geboren worden, als habe er die erste zyklische Wiederkehr der Kubikzahl 6 abgewartet (6^3=216), die als Wirkursache die Seele erzeuge und aufgrund ihrer Kugelgestalt eine periodisch wiederkehrende Zahl sei; jedenfalls habe er aus all diesen Gründen eine zweite Existenz gehabt. (*Pseudoiamblichos, Theologoumena arithmetica*)

4. Laut Aristoxenes fand es der damals vierzigjährige Pythagoras angesichts der zunehmenden Tyrannei des Polykrates eines freien Mannes unwürdig, sich dessen herrischem Despotismus zu beugen und brach daher nach Italien auf. (*Porphyrius, Leben des Pythagoras, 9*) Als Pythagoras in Italien gelandet war und sich in Kroton niedergelassen hatte, sagt Dikearchos, begriffen die Bürger von Kroton, daß sie es mit einem weitgereisten, außergewöhnlichen Manne zu tun hatten (...). Nachdem er im Rat der Alten durch viele kluge Vorschläge die geistige Führung übernommen hatte, ging er auf Bitten der Obrigkeit daran, die Jugend in den sie betreffenden Fragen zu beraten; als nächste kamen die Kinder an die Reihe, die in Scharen aus den Schulen herbeigeströmt waren, ihn anzuhören, und schließlich ging er noch daran, Zusammenkünfte für die Frauen abzuhalten. All dies mehrte sein ohnedies schon großes Ansehen noch weiter. (*Ebd., 18*) Worüber er sich indessen mit seinen Schülern unterhielt, läßt sich mit Bestimmtheit nicht sagen, da sie die Regel des Schweigens befolgten. Desungeachtet wußte ein jeder sehr wohl, daß er erstens behauptete, die Seele sei unsterblich und zweitens, sie gehe in Lebewesen anderer Arten ein. (*Ebd., 9*) Was nun seine Lehre betrifft, so versichern die meisten, er habe das auf die sogenannten mathematischen Wissenschaften Bezügliche von den Ägyptern und Chaldäern sowie den Phönikern erlernt. Tatsächlich haben sich ja die Ägypter seit urältesten Zeiten für die Geometrie begeistert, während sich die Phöniker insbesondere mit Zahlen und arithmetischen Rechnungen und die Chaldäer mit astronomischen Spekulationen befaßten. Was aber die religiösen Riten und all seine übrigen Lebensregeln angeht, so soll er sie dem Vernehmen nach von den Magiern übernommen haben. (*Ebd., 6*)

Uns interessiert hier vor allem der »wissenschaftliche« Aspekt der pythagoreischen Konzeptionen, wobei wir jedoch nicht aus dem Auge verlieren dürfen, daß diese »Wissenschaft« nur Teil einer viel umfassenderen Philosophie beziehungsweise Religion war. Die pythagoreische Sekte muß im Rahmen der mystischen

Strömungen des 6. Jahrhunderts, vornehmlich der Orphik, gesehen werden. Charakteristisch für die Pythagoreer ist außer dem Leben in der Gemeinschaft und dem Verbot bestimmter Speisen der Glaube an die Metempsychosis (an eine vom Körper unterschiedene, unsterbliche Seele, die nach dem Tod des Körpers in einen anderen, menschlichen oder auch tierischen Körper eingehen kann) und die Gleichsetzung von Erkenntnis und Läuterung (Erkenntnis ermöglicht die Annäherung an die Wahrheit, die als Reinheit begriffen wird). Diese Konzeption steht Heraklits Ansicht, daß der Mensch den Logos nicht erkennt, weil die Seele in den Körper eingesperrt und durch Laster befeuchtet ist, relativ nah. Auch für Heraklit ist die Erkenntnis dieses Logos gleichbedeutend mit Weisheit und Reinheit; ob er oder Pythagoras oder ein Pythagoreer der zweiten Generation den Gedanken als erster faßte, ist schwer zu sagen, falls die ganze Vorstellung nicht überhaupt auf einen orphischen oder anderen Mythos zurückgeht. Jedenfalls ist nicht zu bestreiten, daß die Metempsychosis – das Eingehen der unsterblichen Seele in einen anderen, ihren Verdiensten entsprechenden Körper im Zuge fortschreitender Läuterung – und die Gleichsetzung von Erkenntnis und Läuterung eng miteinander verwandt sind. Beide Fälle bedingen eine ewige transzendente Wahrheit, an der die Seele mehr oder weniger (je nach dem Grad ihrer Reinheit) teilhat. Die Erkenntnis ist das Mittel, die Wanderung der Seele durch eine allzu große Anzahl von Körpern zu vermeiden, denn sie nähert sie der Reinheit an und schließlich der Erleuchtung, in der sie in der Wahrheit aufgeht und sich nicht mehr reinkarniert. So stellt sich in groben Linien die Botschaft der Pythagoreer dar, auch wenn diese Begriffe selbst nicht vorkommen. Natürlich hat sie auch bei den »wissenschaftlichen« Konzeptionen, denen wir uns im folgenden zuwenden wollen, Spuren hinterlassen.

Die Mathematik

Ihre Berühmtheit verdanken die Pythagoreer, obwohl sie sich auch mit Physik und Biologie beschäftigt haben, der Mathematik. Pythagoras steht in dem Ruf, die Mathematik als erster von praktischen Aufgaben wie Handel, Kataster oder Architektur abgelöst und zu einer »reinen Wissenschaft« weiterentwickelt zu haben. Bis heute ist sein Name mit einem Lehrsatz der Geometrie verbunden, den er vielleicht als erster bewiesen hat, darüber hinaus aber auch mit der Arithmetik und einer mit der Lehre seiner Sekte verbundenen Zahlenmystik. Was davon Pythagoras selbst und seinen zeitgenössischen oder späteren Schülern zuzuschreiben ist, ist schwer zu sagen. Deshalb beschränken wir uns bei der Darlegung der mathematischen Konzeptionen der Pythagoreer des 6. und 5. Jahrhunderts darauf, die mutmaßlichen Autoren anzugeben, soweit sich in der Doxographie überhaupt einschlägige Angaben finden. Ansonsten möge der Hinweis genügen, daß die ausgefeilteren Thesen wohl den jüngeren Pythagoreern (Philolaos, Archytas), die elementareren dagegen Pythagoras selbst oder seinen Zeitgenossen zuzuschreiben sind – freilich ist auch das nicht sicher.

Die Arithmetik

Ziel der pythagoreischen Arithmetik ist die Untersuchung abstrakter Eigenschaften der Zahlen und nicht nur, wie bei der mesopotamischen oder der ägyptischen Arithmetik, die Aufstellung nützlicher Rechenregeln für die Praxis.

Die Grundstruktur der Zahlenfolge ist die Wiederholung: 1, 1+1, (1+1)+1 ...; dies ist gleichzeitig ihr Grundprinzip – die Zahl ist eine Anhäufung von Einern. Die Notwendigkeit, die verschiedenen Zahlen zu benennen und zu schreiben, macht die Wahl einer Basis erforderlich; andernfalls bräuchte man ebenso viele verschiedene Namen und Symbole wie es Zahlen gibt, also unendlich viele. Diese Basis gibt der Zahlenreihe eine weitere Struktur, die im Fall eines Positionssystems, also wenn die Zahlenschreibweise auf dieser Basis aufbaut, besonders in die Augen springt. Diese der Folge der Zahlen und den Zahlen selbst von der Basis aufoktroyierte Struktur aber ist »künstlich« – sie variiert mit der Basis; ihre Augenfälligkeit kann grundlegende, von dieser Basis unabhängige Eigenschaften der Zahlen verhüllen.

In der von uns behandelten Epoche jedoch kannten die Griechen das Positionssystem noch nicht. Die »künstliche« Struktur, die dem Zahlensystem durch die Basis gegeben wird und in der Zahlschrift nach dem Positionssystem zum Ausdruck kommt, war keineswegs von allem Anfang an vorhanden. Außerdem wurde durch die schwierige, zur Zeit des Pythagoras vermutlich sogar noch in den Kinderschuhen steckende akrophonische und alphabetische Zahlenschreibweise die Suche nach einer für das Studium der Zahlen besser geeigneten Darstellungsweise gefördert (was freilich nicht notwendig zu einem Zahlenstudium hätte führen müssen). Dieser Umstand dürfte jedoch mit dazu beigetragen haben, daß Pythagoras auf seine berühmte geometrische Zahlendarstellung verfiel, bei der jede Einheit durch einen Punkt (manchmal auch ein kleines Quadrat) notiert wird und die verschiedenen Punkte zu verschiedenen geometrischen Figuren geordnet werden (siehe Kasten 125). Möglicherweise wurde diese Darstellungsweise auch durch die Anordnung der Rechenmarken auf dem Rechenbrett angeregt – ebenso wie diese Anordnung, weniger geometrisch betrachtet, auch dem schriftlichen Positionssystem zugrunde liegen könnte.

Es gibt dabei Flächenzahlen (Quadrate, Rechtecke – oder Heteromeke –, Dreiecke, Fünfecke etc.), Raumzahlen (Kuben, Pyramiden – oder Tetraeder – etc.), aber auch lineare Zahlen (die Primärzahlen, falls man sie nicht als einfache Vielecke betrachten will). Welche Figuren auf Pythagoras selbst, welche auf seine

125. DIE ZAHLENDARSTELLUNG DER PYTHAGOREER

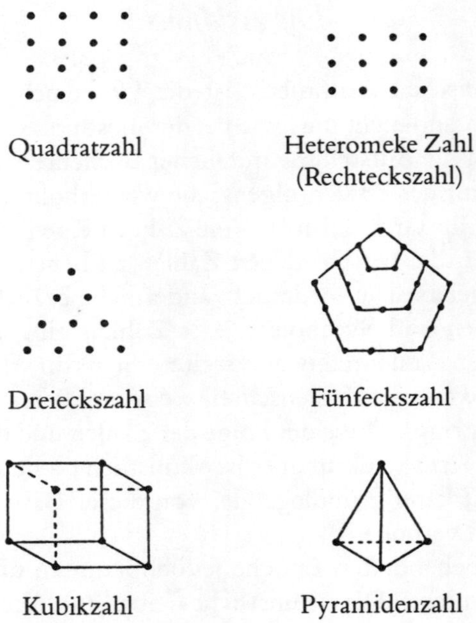

Nachfolger zurückgehen, ist schwer zu entscheiden; wahrscheinlich sind die einfacheren (die linearen, die Quadrat-, Rechteck- und Kubikzahlen) älter; die anderen wie die Vieleckzahlen oder die nichtkubischen Raumzahlen jünger und vielleicht das Werk von Philolaos.

Das Positionssystem ist eine Art willkürliche Geometrisierung der Zahlen, da es die Symbole nach dem Prinzip der »willkürlich« gewählten Basis im Raum anordnet und ihren Wert nach ihrer jeweiligen Position bemißt; dieses System erleichtert zwar das Rechnen, sagt aber nichts über die Eigenschaften der Zahlen aus. Verglichen damit ist die pythagoreische Schreibweise weitaus geometrischer und enthüllt die arithmetischen (und sogar geometrischen), von der Basis unabhängigen Eigenschaften unmittelbar, auch wenn ihr gewisse Grenzen gezogen sind, auf die wir bei der Besprechung des Problems der irrationalen Zahlen noch zurückkommen werden.

Zu den unmittelbar sichtbar gemachten Eigenschaften (Kasten 126) gehört, daß die Summe der aufeinanderfolgenden ungeraden Zahlen stets ein Quadrat ergibt – eine Zahl, die gleichzeitig geometrisch als Quadrat oder als 2. Potenz dargestellt werden kann; die Summe der *n* ersten ungeraden Zahlen ist stets gleich n^2:

$$1+3+5+7+\ldots+(2n-1) = n^2 \qquad (2n-1) \text{ ist die } nte \text{ ungerade Zahl.}$$

Ebenfalls auf Anhieb zu erkennen ist, daß die Summe der aufeinanderfolgenden geraden Zahlen eine Rechteckszahl ist: die Summe der *n* ersten geraden Zahlen ergibt eine Rechteckszahl von der Form $n(n+1)$, also ein Rechteck mit den Seiten *n* und $(n+1)$:

$$2+4+6+8+\ldots+n = n(n+1) \qquad 2n \text{ ist die } nte \text{ gerade Zahl.}$$

Die Summe der aufeinanderfolgenden ungeraden und geraden Zahlen ergibt eine Dreieckszahl:

$$1+2+3+4+5+\ldots+n = n(n+1)/2$$

(die »Fläche« des durch eine bestimmte Anzahl von Punkten dargestellten Dreiecks ist gleich der Hälfte der – durch eine bestimmte Anzahl von Punkten dargestellten – »Fläche« des Vierecks mit den Seiten *n* und $(n+1)$.

Eine Quadratzahl zerfällt in zwei ungleiche Dreieckszahlen – eine Quadratzahl mit der Seite *n* (also die Summe der *n* ersten ungeraden Zahlen) zerfällt in die beiden Dreieckszahlen $n(n-1)/2$ und $n(n+1)/2$:

$$n(n-1)/2 + n(n+1)/2 = n^2$$

Eine andere Eigenschaft besteht darin, daß eine Quadratzahl in 4 heteromeke Zahlen plus eine Einheit oder in 8 Dreieckszahlen und eine Einheit zerfällt, denn eine Dreieckszahl ist, wie die Formel $n(n+1)/2$ besagt, die Hälfte einer Rechteckszahl und zwar eines Rechtecks mit den Seiten *n* und $n+1$:

$$8n(n+1)/2 + 1 = 4n(n+1) + 1 = (2n+1)^2$$

Und schließlich sieht man auf Anhieb, daß sich eine Quadratzahl in zwei Quadratzahlen plus zwei gleichgroße Rechteckszahlen zerlegen läßt, also:

$$A^2 = (a+b)^2 = a^2 + 2ab + b^2$$

Alle diese Eigenschaften der Zahlen, die die figurierten pythagoreischen Zahlen enthüllen, finden sich in Kasten 126 erklärt. Auch hier wieder wird man annehmen dürfen, daß die evidentesten schon Pythagoras selbst bekannt waren, die komplizierteren dagegen wohl auf seine Nachfolger zurückgehen.

All diese Untersuchungen der Eigenschaften der Zahlen wurden unabhängig von ihrer praktischen Anwendbarkeit vorgenommen. Dies gilt auch für die Unterscheidung bestimmter Zahlen. Außer den geraden und den ungeraden Zahlen unterschieden die Pythagoreer noch Primzahlen, das heißt Zahlen, die durch keine ganze Zahl außer durch 1 und sich selbst teilbar sind, und zusammengesetzte Zahlen. In der Reihe der figurierten Zahlen werden die Primzahlen

126. DIE EIGENSCHAFTEN DER ZAHLEN

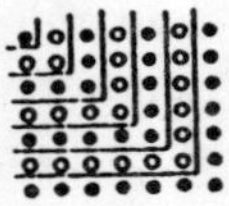

Die Summe der aufeinanderfolgenden ungeraden Zahlen ergibt eine Quadratzahl:
$1+3+5+7+9+11+13 = 49 = 7^2$

Diese Reihe läßt sich unendlich fortsetzen, indem man dem Quadrat einen neuen Rahmen oder Zeiger (»Gnomon«, wie die pythagoreische Terminologie lautet) anfügt, der für die nächste ungerade Zahl steht.

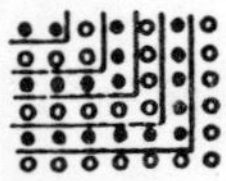

Die Summe der aufeinanderfolgenden geraden Zahlen ergibt eine heteromeke oder Rechteckszahl:
$2+4+6+8+10+12 = 42 = 6\times7$

Man kann endlos so fortfahren und dem Rechteck einen weiteren Gnomon, dessen beide Arme sich um eine Einheit unterscheiden, anfügen und so die nächste gerade Zahl darstellen.

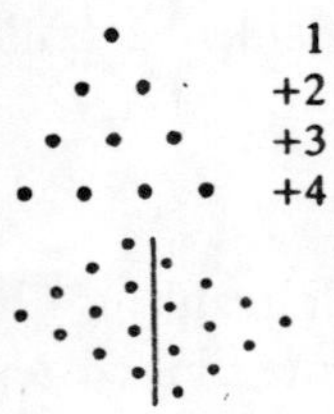

Die Summe der aufeinanderfolgenden geraden und ungeraden Zahlen ergibt eine Dreieckszahl, die gleich der Hälfte einer Viereckszahl ist: das Dreieck der n ersten Zahlen ist gleich der Hälfte eines Vierecks mit den Seiten n und (n+1).

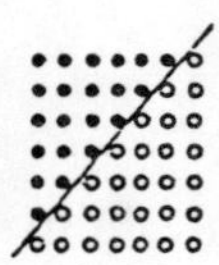

Eine Quadratzahl mit der Seite n zerfällt in zwei Dreiecke $n(n-1)/2$ und $n(n+1)/2$

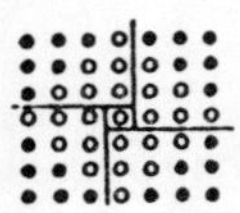

Eine Quadratzahl zerfällt in 4 Heteromeke plus eine Einheit oder in 8 Dreieckszahlen plus eine Einheit (eine Rechteckszahl zerfällt stets in 2 gleichgroße Dreieckszahlen).

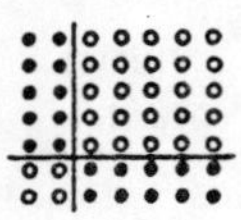

Eine Quadratzahl mit der Seite A zerfällt in zwei Quadratzahlen mit den Seiten a beziehungsweise b plus zwei gleichgroße Rechtecke von der Form ab:
$A^2 = (a+b)^2 = a^2 + 2ab + b^2$

»geradlinig« genannt, weil sie sich, da sie nur sich selbst und die 1 zum »Maß« haben, nur durch eine Linie (und nicht durch eine Fläche oder ein Volumen) darstellen lassen – zur Not kann *n*, wenn es eine Primzahl ist, auch als Polygon mit *n* Ecken dargestellt werden.

Unter vollkommenen Zahlen verstanden die Pythagoreer solche, die der Summe ihrer Divisoren oder Teiler gleich sind, zum Beispiel die Zahl 6, die gleich 1+2+3 ist; oder auch die 28, die gleich 1+2+4+7+14 ist. Unter den unvollkommenen Zahlen unterschieden sie Überzahlen, die größer sind als die Summe ihrer Divisoren, und mangelhafte Zahlen, die kleiner sind als diese Summe – 8 zum Beispiel ist eine Überzahl (die Summe der Divisoren ist 1+2+4 = 7), 12 dagegen mangelhaft (die Summe der Divisoren ist 1+2+3+4+6 = 16).

Befreundete Zahlen sind Zahlen, von denen jede gleich der Summe der Teiler der anderen ist. Beispielsweise sind 220 und 284 befreundet, weil 220 gleich 1+2+4+71+142 ist, also der Summe der Divisoren von 284, und 284 gleich 1+2+4+5+10+11+20+22+44+55+110, also der Summe der Teiler von 220.

Auch hier wieder läßt sich schwer sagen, was Pythagoras und seinen Zeitgenossen oder den jüngeren Pythagoreern zuzuschreiben ist. Die Definitionen selbst sind relativ einfach, dürften also auf die älteren Pythagoreer zurückgehen; die zugehörigen Beweise dagegen, beziehungsweise die Methoden, mit denen man diese Zahlen errechnen kann, sind zweifelsohne jüngeren Datums. Betrachten wir als Beispiel die Methode zur Auffindung einer vollkommenen Zahl, wie sie von Theon von Smyrna, einem Neupythagoreer aus der zweiten Hälfte des 2. Jahrhunderts n.Chr., überliefert wurde (sie entspricht im übrigen Satz 36 in Buch IX von Euklids *Elementen*):

> Die vollkommenen Zahlen werden auf folgende Weise gewonnen: Entwickeln wir von der Einheit ausgehend durch Verdoppelung eine Zahlenfolge und addieren wir diese Zahlen, bis wir eine nichtzusammengesetzte Primzahl erhalten, multiplizieren wir diese Summe dann mit der letzten addierten Zahl, so wird das Produkt eine vollkommene Zahl sein. Ordnen wir also die Zahlen durch fortschreitende Verdoppelung an: 1, 2, 4, 8, 16. Addieren wir 1 und 2, die Summe ist 3 [*und 3 ist eine Primzahl*]; multiplizieren wir diese mit der zuletzt addierten Zahl, also der 2, so erhalten wir 6: das ist die erste vollkommene Zahl, denn 1+2+3=6. Addieren wir nun die drei ersten aufeinanderfolgenden Zahlen 1, 2, 4, so ist die Summe 7, multiplizieren wir diese mit der zuletzt addierten Zahl 4, so ergibt sich 28: das ist die zweite vollkommene Zahl. In der Tat hat sie als aliquote Teile die Hälfte, also 14, das Viertel, also 7, das Siebtel, also 4, das Vierzehntel, also 2, und das Achtundzwanzigstel, also 1 [*1+2+4+7+14=28*].
>
> [*Fährt man auf dieselbe Weise fort, erhält man 1+2+4+8=15, doch 15 ist keine Primzahl, kommt also nicht in Frage. Beim nächsten Schritt 1+2+4+8+16=31 ist das Ergebnis wieder eine Primzahl, die mit der zuletzt addierten Zahl, also 16, multipliziert wird, was die vollkommene Zahl 496 ergibt (496=1+2+4+8+16+31+62+124+248). Der nächste Schritt, 1+2+4+8+16+32=63 ergibt keine Primzahl, kommt also nicht in Frage etc.*]

Die Untersuchung der Zahlen wurde um ihrer selbst willen und unabhängig von praktischer Anwendbarkeit betrieben; ansatzweise wurden jedoch auch rationale Beweise gesucht – figurierte Zahlen gestatten einen geometrischen »Beweis« ihrer Eigenschaften. Und da man nicht weiß, ob Thales die ihm zugeschriebenen mathematischen Erkenntnisse tatsächlich bewiesen hat, und da in Mesopotamien und Ägypten solche Beweise mit Sicherheit fehlen, darf man wohl Pythagoras und seine Schule als »Erfinder« des mathematischen Beweises bezeichnen, also als diejenigen, die sich als erste um eine rigorose Logik in der Mathematik bemühten, während sich Mesopotamier und Ägypter mit Näherungswerten zufriedengegeben hatten, die in der Praxis auch genügten.

Aber die Entstehung dieser Rationalität erfolgte noch im Rahmen einer Zahlenmystik. Verständlich wird diese, ähnlich wie die mesopotamische (Kasten 40, Seite 92), aus der Schwierigkeit, die Seinsebene der Zahl zu erfassen – in der Aussage »Hier sind 3 Bäume« ist die Existenzebene der Zahl 3 nicht dieselbe wie die der Bäume. Allem Anschein nach haben die Dinge bestimmten Zahlenverhältnissen zu gehorchen, woraus die Annahme einer über-natürlichen Seinsebene der Zahlen resultiert: Sie leiten die Natur und bleiben ihr äußerlich. In einem ganz wesentlichen Punkt jedoch unterscheidet sich die pythagoreische von der mesopotamischen Zahlenmystik: Pythagoras setzt sich mit den Zahlen und ihren gegenseitigen Beziehungen wie mit einem Bereich mit einer eigenen, beweisbaren Ordnung ohne jede praktische Nutzanwendung auseinander, während sich die Mesopotamier gerade umgekehrt für die Anwendung der Zahlen zu praktischen Zwecken interessierten – befehlen sie doch den Dingen – und ihre Handhabung als eine Art Magie betrachteten. Sie interessierten sich für die Beziehung der Zahlen zu den Dingen mehr als für die der Zahlen untereinander; für sie waren die Zahlen eine Art Pantheon mit einer vom Mythos geregelten Zahlen-Götter-Hierarchie, und nicht eine Ordnung nach beweisbaren Prinzipien.

Pythagoras glaubte an die Metempsychosis, die fortschreitende Läuterung der Seele durch die Seelenwanderung, und betrachtete die Erkenntnis als Mittel der Läuterung. Damit aber setzte er eine ewige Wahrheit-Reinheit voraus, die von allem abgelöst das Universum beherrscht – eine ähnliche Rolle schrieb wenig später Heraklit dem Logos zu. Diese Wahrheit-Reinheit wird mit den Zahlen gleichgesetzt, die von einer über-natürlichen Seinsebene aus das Universum regieren. Die Erkenntnis-Läuterung hat also nichts mehr mit der Kenntnis der praktischen Mittel der angewandten Berechnung zu tun, also mit der Kenntnis der Beziehungen zwischen den Zahlen und den Dingen, denn die Wahrheit-Reinheit existiert losgelöst von diesen Dingen wie die ewige Seele vom sterblichen Körper. Die Erkenntnis-Läuterung ist in erster Linie die Erkenntnis dieser losgelösten Wahrheit, die Erkenntnis der Zahlen und ihrer Beziehungen zueinander, das heißt die Kenntnis der Mathematik, hier der Arithmetik. Die Erkenntnis der Beziehungen zwischen der Mathematik und der Natur, der physikalischen Mathematik, wird von der pythagoreeischen Sekte ebenfalls angestrebt, aber mit weniger Erfolg, da den mystischen und irrationalen Faktoren hier weit mehr Platz eingeräumt wird als in der reinen Mathematik, obwohl sich diese auf eine Zahlenmystik gründet.

Die gesamte Konzeption ist eng verwandt mit der aristokratischen Politik der Sekte – einer Politik, die dem pythagoreischen Bund die Ablehnung durch die demokratischen Parteien eingetragen hat, bis hin zu seiner Auflösung und der blutigen Verfolgung seiner Mitglieder. Unter Aristokratie war höchstwahrscheinlich eine Aristokratie des Wissens zu verstehen. Die Macht sollte nach Meinung der Pythagoreer in den Händen einer Elite liegen, die im Besitz der Erkenntnis (und der Reinheit) und vom Rest des unwissenden und unreinen Pöbels getrennt sein mußte (vergleiche hierzu die Thesen von Platons *Politeia*); diese Elite konnte natürlich nur von den Mitgliedern der Sekte gestellt werden. Begreiflich, daß die Nichtinitiierten, vornehmlich die Verfechter der Demokratie, wenig Gefallen an einer solchen Konzeption fanden. Man setzte im übrigen die harmonische Ordnung des Universums nach numerischen Prinzipien mit der politischen Organisation des Stadtstaats in Beziehung, die auf Gesetzen beruht, die auf die gleichen harmonischen Prinzipien zurückgehen. Diese waren natürlich das Werk einer der Polis vorstehenden Gelehrten-Aristokratie, die die anderen Aufgaben nach analogen Prinzipien verteilte. Im übrigen war auch die Sekte selbst so aufgebaut und allem Anschein nach in verschiedene Initiationsgrade eingeteilt.

Ausgangspunkt für den Ausbau der Mathematik zu einer autonomen Wissenschaft, zu einem zweckfreien geordneten Ganzen, war also weniger die praktische Nutzanwendung der Zahlen und ihrer Eigenschaften (das Rechnen) als vielmehr die Zahlenmystik, weniger die Erforschung der Natur als die Ergründung einer übernatürlichen Wahrheit-Reinheit, die dennoch die Natur lenkt. Wohl hat das Bestreben, die Eigenschaften der Zahlen anzuwenden – auf das wir in Griechenland ebenso stoßen wie in Mesopotamien und in Ägypten – zu ersten arithmetischen und geometrischen Studien geführt und andererseits auch die Idee vertieft, daß die Dinge von den Zahlen beherrscht werden. Und sicher hat die systematische Erforschung der Zahlenkombinationen, wie sie allem Anschein nach in Mesopotamien betrieben wurde, die Grundlage für das Studium der Zahlen und ihrer Eigenschaften an sich geliefert. Das Verdienst aber, die eigentliche Mathematik mit ihren zu einem Lehrgebäude geordneten logisch beweisbaren Lehrsätzen ausgebaut zu haben, gebührt der pythagoreischen Schule, die die Zahlen und deren Eigenschaften im Hinblick auf eine transzendente und mystische Wahrheit untersucht hat. Das Studium der Zahlen um ihrer selbst willen – als Gegenstand der Mathematik und nicht als Mittel der Berechnung – sowie der Ansatz zu einer Zusammenfassung mathematischer Lehrsätze zu einem Ganzen waren in der Tat Ausfluß der Gleichsetzung der Zahlen und ihrer Eigenschaften mit einer von der Natur getrennten, aber sie beherrschenden Wahrheit. Von dem Augenblick an, von dem die Zahlen als von der Natur abgelöst betrachtet wurden, wurden sie auch um ihrer selbst willen untersucht. Augenfällig wurde dieser Charakter eines geordneten Ganzen und die Forderung nach logischen Beweisen überdies auch durch die von den Pythagoreern eingeführte geometrische Darstellung der figurierten Zahlen, die die Eigenschaften der Zahlen als »bindend« und »einander bedingend« erkennen ließ.

Nach der Untersuchung der Eigenschaften der Zahlen wollen wir uns einem zweiten bemerkenswerten Punkt der pythagoreischen Arithmetik zuwenden, dem Studium der Proportionen (beziehungsweise der »mittleren Proportionalen«), die in Griechenland eine ähnlich wichtige Rolle spielten wie die Folgen in Mesopotamien, vornehmlich in der Astronomie. Der pythagoreischen Schule waren alle 11 möglichen Verhältnisse zwischen drei Termen a, b und c bekannt; Pythagoras und seine unmittelbaren Schüler aber haben nur die drei ersten untersucht: die arithmetische, die geometrische und die harmonische, entsprechend dem Verhältnis der Differenzen zwischen den Termen $(a-b)/(b-c)$ beziehungsweise gleich a/a, a/b und a/c (siehe Kasten 127). Für die anderen Proportionen führen Iamblichos und Nikomachos die Namen Hippasos, Archytas und die dreier Pythagoreer aus späterer Zeit, Simos, Myonides und Euphranor, an.

Die beiden ersten Proportionen sind nichts Neues; sie sind nichts anderes als auf drei Glieder beschränkte arithmetische und geometrische Folgen, die man jederzeit ausweiten könnte; man begegnet ihnen schon in Mesopotamien und Ägypten. Die dritte dagegen –von Hippasos und Philolaos »harmonisch« genannt – ist für die Pythagoreer spezifisch. Ihnen, vielleicht sogar Pythagoras selbst, wird die Entdekkung zugeschrieben, daß sie die musikalischen Intervalle beschreibt: in der harmonischen Proportion 12, 8 und 6 entspricht die Beziehung 12/6 = 2 der Oktave – do_2 hat die doppelte Frequenz von do_1 –, die Beziehung 8/6 = 4/3 der Quart – die Frequenz von *fa* verhält sich zu der von do_1 wie 4 zu 3 –, und die Beziehung 12/8 = 3/2 der Quint – die Frequenz von *sol* verhält sich zu der von do_1 wie 3 zu 2 oder die Frequenz von *fa* zu der von do_2 wie 2 zu 3. Doch auf all das werden wir bei der Untersuchung der Musik in der pythagoreischen Schule noch einmal zurückkommen.

Abgesehen von der Definition und der Anwendung der harmonischen Proportion auf die Musik, haben die Pythagoreer mit diesen Proportionen aber auch noch andere Operationen durchgeführt. So soll Pythagoras selbst den Weg zur Errechnung der Summe von *n* Gliedern einer arithmetischen Folge gewiesen haben. Außerdem konnten die Pythagoreer bei zwei bekannten Termen einer Proportion den dritten berechnen, zum Beispiel den Mittelterm einer geometrischen Folge, der gleich der Wurzel aus dem Produkt der beiden Außenglieder, $b^2 = ac$, ist. Nun konnte ein solches Problem aber sowohl auf arithmetischem als auch auf geometrischem Weg gelöst werden, vor allem wenn die Wurzel aus *ac* irrational war. Kasten 128 illustriert die geometrische Methode zur Berechnung des geometrischen Mittels zwischen zwei Zahlen, dargestellt durch zwei Segmente einer Geraden.

Auf derselben Basis läßt sich leicht nachweisen, daß das geometrische Mittel

127. DIE ARITHMETISCHE, GEOMETRISCHE UND HARMONISCHE PROPORTION

Die arithmetische Proportion

Um wieviel der erste Term den zweiten übertrifft, um soviel übertrifft der zweite den dritten.

$$a - b = b - c \qquad \boxed{\frac{a-b}{b-c} = \frac{a}{a}} = \frac{b}{b} = \frac{c}{c} = 1 \qquad b = \frac{a+c}{2}$$

Die geometrische Proportion

Der erste Term verhält sich zum zweiten wie der zweite zum dritten.

$$\frac{a}{b} = \frac{b}{c} \qquad b^2 = ac \qquad \boxed{\frac{a-b}{b-c} = \frac{a}{b}} = \frac{b}{c} \qquad b = \sqrt{ac}$$

Die harmonische Proportion

Um den wievielten Teil der eigenen Größe der erste Term den zweiten übertrifft, um diesen Teil des dritten übertrifft der zweite Term den dritten.

$$a = b + \frac{a}{n} \qquad b = c + \frac{c}{n} \qquad \frac{1}{c} - \frac{1}{b} = \frac{1}{b} - \frac{1}{a} \qquad \boxed{\frac{a-b}{b-c} = \frac{a}{c}} \qquad b = \frac{2ac}{a+c}$$

Die anderen Proportionen (oder mittleren Proportionalen) ergeben sich aus der Untersuchung der Beziehungen zwischen den drei Termen a, b und c: (a-b) und (b-c) wie oben, aber auch (a-c) und (b-c), (a-b) und (a-c); a ist größer als b und b ist größer als c, so daß die Differenzen (b-a), (c-a) und (c-b) nicht berücksichtigt werden müssen. Die Beziehungen der Differenzen zwischen den Termen können gleich 1, a/b, b/a, a/c, c/a, b/c und c/b sein.

128. KONSTRUKTION DES GEOMETRISCHEN MITTELS

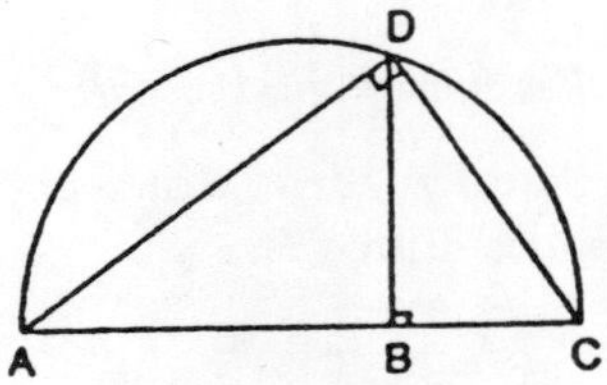

Bekannt sind die Terme a und c in der geometrischen Proportion $a/b = b/c$. Gesucht wird b.

Gegeben sind die Strecken AB = a und BC = c auf derselben Geraden. Nun beschreibt man einen Halbkreis vom Durchmesser AC (=a+c) und zieht in B zu AC eine Senkrechte, die den Halbkreis in D schneidet: BD = b.

In der Tat ist nach dem Lehrsatz des Pythagoras:

$AD^2 = AB^2+BD^2 \quad DC^2 = BD^2+BC^2 \quad AC^2 = AD^2+DC^2$ also

$AC^2 = AB^2+BD^2+BD^2+BC^2 = AB^2+2BD^2+BC^2$

$= (a+c)^2 = a^2+2BD^2+c^2$

$= a^2+2ac+c^2$

also $2BD^2 = 2ac$, also $BD^2 = ac$

Nun ist aber in der geometrischen Proportion das Produkt der Mittelterme gleich dem der Außenglieder, also

$b^2 = ac$ oder $b^2 = BD^2$ oder $BD = b$

zwischen zwei Quadratzahlen gleich dem Produkt der Wurzeln dieser Zahlen ist – das geometrische Mittel aus a^2 und b^2 ist gleich ab: $a^2/ab = ab/b^2$, oder auch, daß es zwischen zwei Kubikzahlen a^3 und b^3 zwei geometrische Mittel gibt, nämlich a^2b und ab^2; in der Tat ist $a^3/a^2b = a^2b/ab^2 = ab^2/b^3$.

Die beiden geometrischen Mittel (oder mittleren Proportionalen) zwischen zwei Zahlen spielen eine wichtige Rolle bei der Würfelverdoppelung. Wiewohl ein geometrisches Problem, soll es hier, da es so eng mit der Frage der Proportionen verknüpft ist, dennoch angesprochen werden. Die Quadratverdoppelung ist äußerst einfach. Zwar gibt es im Rahmen der rationalen Zahlen – und andere waren noch nicht bekannt – keine exakte arithmetische Lösung, da die Wurzel aus 2 irrational ist; geometrisch jedoch ist das Problem mit Lineal und Zirkel leicht zu lösen: Das Quadrat über der Diagonale eines anderen Quadrats hat die doppelte Fläche des ersten. Dagegen ist die Würfelverdoppelung wesentlich komplizierter; auch für sie gibt es aufgrund der Irrationalität der Kubikwurzel aus 2 keine exakte arithmetische Lösung, und in diesem Fall ist auch die geometrische Behandlung sehr komplex. Als erster hat Hippokrates von Chios, ein Mathematiker aus dem 5. Jahrhundert v. Chr. (nicht zu verwechseln mit dem Arzt Hippokrates von Kos), die Verwandtschaft zwischen diesem Problem und der Berechnung der beiden mittleren Proportionalen zwischen zwei Zahlen entdeckt. Wenn $A/x = x/y = y/B$ ist, wobei A und B die Außenterme und x und y die Mittel sind, ist in der Tat $A^3/x^3 = A/B$. Das wird deutlich, wenn man $A = a^3$ und $B = b^3$ setzt; nach der oben angeführten Formel ist das erste Mittel x gleich a^2b, und das ergibt $A^3 = a^9$, $x^3 = a^6b^3$, $A = a^3$ und $B = b^3$, also ist $A^3/x^3 = a^9/a^6b^3 = a^3/b^3 = A/B$. Ist also ein Würfel mit der Seite A und dem Volumen A^3 gegeben und ein Würfel mit dem dreifachen Volumen x^3 von A^3 gesucht, so ist die Seite x dieses Würfels die erste der beiden mittleren Proportionalen zwischen A und B mit $B = 2A$.

Wie die mittlere (oder geometrische) Proportionale zwischen zwei Zahlen auf geometrische Weise konstruiert werden kann, so gibt es auch eine geometrische Methode zur Konstruktion zweier mittlerer Proportionaler zwischen zwei mit zwei Strecken gleichgesetzten Zahlen. Diesen Weg hat bereits Archytas von Tarent (Ende des 5. oder Anfang des 4. Jahrhunderts v. Chr.) beschritten. Aufgezeichnet aber wurde die komplexe, räumliche Figuren einbeziehende geometrische Methode (siehe Kasten 129) erst von Eutokios von Askalon, einem griechischen Mathematiker aus dem 6. Jahrhundert n. Chr., der seinerseits auf den Aristotelesschüler Eudemos Bezug nimmt. Es ist eine außerordentlich komplizierte Methode, die von einem »jüngeren« Pythagoreer stammt und für die Geometrie (oder Arithmetik) des Pythagoras selbst nicht repräsentativ ist. Sie zeigt, wie schnell sich die mathematische Methode weiter entwickelt hat – Archytas trennen knapp anderthalb Jahrhunderte von Pythagoras – und darüber hinaus, wie eng Arithmetik und Geometrie bei den Pythagoreern miteinander verbunden waren; die Verwandtschaft geht weit über die geometrische Darstellung der figurierten Zahlen hinaus.

Daneben haben die Pythagoreer noch weitere Eigenschaften arithmetischer, geometrischer und harmonischer Proportionen herausgefunden – Archytas zum Beispiel, daß es kein ganzzahliges geometrisches Mittel gibt, wenn eine der beiden Zahlen *epimor* zu der anderen ist, das heißt bei zwei Zahlen von der Form a und $a+(a/n)$. Doch darauf wollen wir hier nicht weiter eingehen, zum einen weil die Entdeckungen im allgemeinen nicht mehr in unseren Zeitabschnitt fallen, und zum anderen, weil die oben angeführten Beispiele den Geist der pythagoreischen Proportionenlehre deutlich werden lassen, ohne daß wir weitere Details anhäufen müßten. Erwähnt sei schließlich noch, daß es eine sogenannte »musikalische« oder »babylonische« Proportion gab – angeblich stammte sie aus Babylon –, die vier Terme verknüpfte: die beiden Außenglieder a und b, ein erstes Mittel x, das dem arithmetischen Mittel der beiden Außenterme entsprach, also $x = (a+b)/2$, und ein zweites Mittel, das harmonische Mittel der beiden Außenglieder, also $y = 2ab/(a+b)$; es ergab sich $a/x = y/b$. Dies galt als »die schönste aller Proportionen«; Archytas verwendete sie bei der Ziehung von Quadratwurzeln, indem er sich zunutze machte, daß $ab = x$ ist (siehe Kasten 130, Seite 348).

129. GEOMETRISCHE KONSTRUKTION ZWEIER MITTLERER PROPORTIONALEN

(Nach Heath 1981)

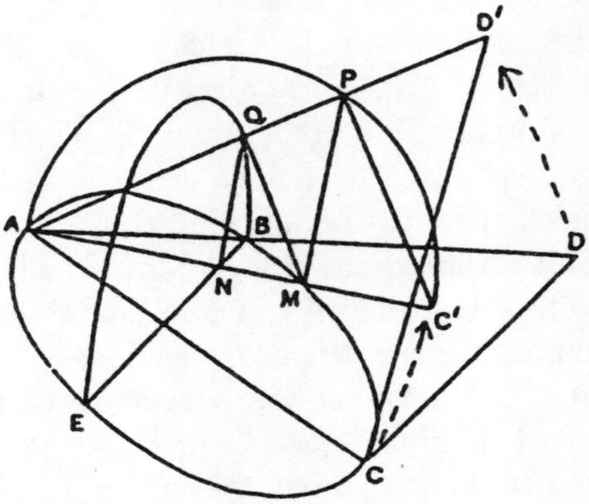

Gegeben sind die beiden Außenwerte durch die Strecken AC und AB, wobei AC gegebenenfalls doppelt so lang sein kann wie AB, wenn es sich um die Verdoppelung des Würfels handelt. Gesucht sind zwei Strecken, die zwei geometrische Mittel zwischen AC und AB darstellen.

Man schlage einen Kreis mit dem Durchmesser AC, trage AB als Sehne ein und konstruiere in einer zur Grundebene senkrechten Ebene einen Halbkreis mit dem Durchmesser AC. Diesen Halbkreis denke man sich um eine zur Grundebene senkrechte Achse in A gedreht, wobei er einen Halbtorus vom inneren Durchmesser null beschreibt. Auf der Figur ist dieser Halbtorus nach Beginn der Umdrehung durch APC' dargestellt.

Nun konstruiere man über dem Halbkreis ABC einen geraden Halbzylinder, der den Halbtorus in einer bestimmten Kurve schneidet.

Zieht man durch den Punkt C die Tangente des Kreises ABC, so schneidet sie die Verlängerung der Sehne AB in D. Durch Drehung des Dreiecks ACD um die Achse AC erhält man einen Kegel, wobei Punkt B auf dem Kegelmantel senkrecht zur Grundebene einen Kreis beschreibt, dessen Hälfte auf der Figur mit BQE angegeben ist. Kegelmantel und Schnittkurve von Halbtorus und Halbzylinder treffen sich in P.

Der Halbkreis APC' entspricht dem in diese Position gedrehten Halbtorus. AC' schneidet den Kreis ABC in M. PM steht senkrecht auf der Grundebene ABC und damit auch auf AC', da PM die Schnittlinie der senkrecht zur Grundfläche stehenden Halbkreisfläche APC' und des Halbzylinders über der Basis ABC ist, der also ebenfalls senkrecht auf der Grundebene steht.

AP schneidet den bei der Rotation des Dreiecks ACD entstehenden Kreis BE, dessen Durchmesser (EB) in N von AC' geschnitten wird, in Q.

Verbindet man P mit C', Q mit M und Q mit N, so steht QN senkrecht auf der

Grundebene, da die Halbkreise BQE und APC' senkrecht auf der Grundebene stehen; mithin ist QN auch senkrecht zu BE und AM.

$QN^2 = BN \times NE$ – nach dem Beweis von Kasten 128 ist QN das geometrische Mittel von BN und NE, da das Dreieck EQB einem Halbkreis einbeschrieben und also rechtwinklig ist.

$BN \times NE = AN \times NM$, und daraus folgt, daß $QN^2 = AN \times NM$ und daß der Winkel ∢AQM ein rechter ist. Dieser Teil von Archytas' Beweisführung ist etwas obskur; letztlich zielt der Beweis darauf ab, daß Q als Punkt auf der Kugel mit dem Äquator ABCE auf einem Halbkreis vom Durchmesser AM liegt, der senkrecht auf der Ebene von ABCE steht; das in den Halbkreis einbeschriebene Dreieck AQM ist also rechtwinklig.

Der Winkel ∢APC' ist gleichfalls ein rechter, da er in einen Halbkreis einbeschrieben ist. MQ und C'P sind also Parallelen, denn beide stehen senkrecht auf AP. Die Dreiecke AQM, APC' und AMP sind rechtwinklig und ähnlich, da die Winkel eines jeden gleich denen der anderen sind, also lassen sich folgende Verhältnisse aufstellen:

$$\frac{C'A}{AP} = \frac{AP}{AM} = \frac{AM}{AQ}$$

Da C'A = AC und AQ = AB, ergibt sich nach der Konstruktion der Figur

$$\frac{AC}{AP} = \frac{AP}{AM} = \frac{AM}{AB}$$

AP und AM sind damit die beiden gesuchten mittleren Proportionalen zwischen AC und AB.

[*Der Beweis des Archytas wurde hier in modernen mathematischen Begriffen wiedergegeben.*]

Noch ein dritter Punkt ist an der pythagoreischen Arithmetik bemerkenswert, die Entdeckung der irrationalen Zahlen. Irrational wird eine Zahl genannt, wenn sie sich nicht als Verhältnis zweier anderer Zahlen ausdrücken läßt – im Gegensatz zu den Bruchzahlen, die solche Verhältnisse darstellen, zum Beispiel 1/2, 1/3, 5/7, und zu den ganzen Zahlen, die stets als Bruch mit dem Nenner 1 geschrieben werden können, wie 2/1, 3/1 etc. In der Geometrie entspricht der Irrationalität einer Zahl die Inkommensurabilität zweier Strecken, das heißt der Umstand, daß sich das Maß der einen Strecke nicht durch Bruchteile des Maßes der anderen ausdrücken läßt; eine Erklärung erfolgt etwas weiter unten bei der Besprechung der Diagonale des Quadrats.

Der Beweis der Irrationalität der Quadratwurzel aus 2 (siehe Kasten 131) wird Pythagoras zugeschrieben; die Verbindung zu dem geometrischen Theorem, das seinen Namen trägt und auf die Diagonale des Quadrats angewandt wird, ist in der Tat unverkennbar. Aber obgleich die Zuschreibung zu Pythagoras nur eine

130. ZIEHEN EINER QUADRATWURZEL

Die von Archytas entwickelte Methode der Ziehung der Quadratwurzel aus allen Zahlen, Quadratzahlen wie Nichtquadratzahlen (im letztgenannten Fall erhält man einen Näherungswert), fußt auf dem Prinzip der musikalischen Proportion.

Die musikalische Proportion hat die Form $a/x = y/b$, also $ab = xy$ mit $x = (a+b)/2$ und $y = 2ab/(a+b)$; x und y sind also das arithmetische respektive das harmonische Mittel von a und b.

Gegeben ist die Zahl A, gesucht wird ihre Quadratwurzel. Nun schreibt man A in Form eines Produktes ab (wobei a oder b gleich 1 sein kann) und sucht mit Hilfe der oben angeführten Formeln die musikalischen Mittel x und y von a und b. Das Produkt dieser Mittel, xy, ist gleich ab, also auch gleich A.

Nun setzt man x und y als Außenglieder einer neuen musikalischen Proportion und sucht deren Mittel x_1 und y_1; da das Produkt der Außenterme gleich dem Produkt der Mittel ist, hat man $x_1y_1 = xy$, also auch $x_1y_1 = A$.

Auf diese Weise fährt man fort, bis man $x_n = y_n$ hat mit $x_ny_n = A$; $x_n = y_n$ ist dann die Quadratwurzel aus A. Wenn die Wurzel irrational ist, setzt sich der Prozeß unendlich fort – das heißt, man bricht beim gewünschten Näherungswert ab.

Beispiel: Wurzel aus 300 $A = 300 = 20\times15$ $a = 20$ $b = 15$

$x = (a+b)/2 = 17{,}5$ $y = 2ab/(a+b) = 17{,}142857$

$x_1 = (x+y)/2 = 17{,}321428$ $y_1 = 2xy/(x+y) = 17{,}319587$

$x_2 = 17{,}320507$ $y_2 = 17{,}320507$

$x_2 = y_2 = 17{,}320507 \simeq \sqrt{300}$

Daß x_2 und y_2 gleich groß sind, bedeutet hier nicht, daß wir bereits den exakten Wert der Wurzel errechnet haben, es kommt lediglich daher, daß wir die Rechnung nur mit 6 Dezimalstellen durchgeführt haben. Bei einer größeren Präzision würde die Rechnung endlos weitergehen.

Hypothese ist, erscheint die Methode durch die Verwendung des Geraden und des Ungeraden typisch pythagoreisch, und ihr einfacher, archaischer Charakter legt nahe, daß sie, wenn schon nicht auf Pythagoras selbst, so doch auf einen der ersten Pythagoreer zurückgeht.

Eine andere Methode stammt aus einer etwas späteren Zeit; überliefert wurde sie uns von Theon von Smyrna im 2. Jahrhundert n.Chr., zweifelsohne aber reicht sie weiter zurück (Kasten 132). Sie bedient sich der Seiten- und Diagonalzahlen, deren Erfindung von manchen Philolaos zugeschrieben wird (die Definition dieser Zahlen findet sich in Kasten 132); möglicherweise stammt also die ganze Methode aus seiner Epoche. Wie die oben beschriebene ist sie typisch pythagoreisch.

131. BEWEIS DER IRRATIONALITÄT DER WURZEL AUS 2

Man beweist die Irrationalität der Wurzel aus 2, indem man zeigt, daß der Versuch, die Wurzel in Form eines Verhältnisses zu schreiben, unmöglich ist – indem man also das Ganze ad absurdum führt.

Ist die Quadratwurzel aus 2 rational, so läßt sie sich in Form eines nicht weiter reduzierbaren Verhältnisses der Form a/b schreiben. In einem unreduzierbaren Verhältnis aber ist mindestens ein Term, a oder b, ungerade (es können auch beide Glieder, a und b, ungerade sein); sind nämlich beide Terme gerade, $a = 2\alpha$ und $b = 2\beta$, kann das Verhältnis weiter reduziert werden: man kann a und b durch 2 teilen und das Verhältnis a/b auf α/β reduzieren. Daraus folgt, daß die Quadratwurzel aus 2, wenn sie rational ist, sich in Form eines Verhältnisses a/b ausdrücken lassen muß, in dem mindestens eins der Glieder, a oder b, ungerade ist.

$\sqrt{2} = \frac{a}{b}$ also ist $2 = \frac{a^2}{b^2}$ also ist $a^2 = 2b^2$

also ist a^2 eine gerade Zahl

also ist auch a eine gerade Zahl und kann geschrieben werden in der Form $a = 2\alpha$

daher $a^2 = 4\alpha^2 = 2b^2$ folglich ist $b^2 = 2\alpha^2$

also ist b^2 gerade, und damit ist auch b gerade.

Das Verhältnis a/b hat somit zwei gerade Glieder, ist also nicht unreduzierbar. Nun kann man versuchen, es in der Form α/β mit $a = 2\alpha$ und $b = 2\beta$ zu reduzieren und die gleiche Schlußfolgerung noch einmal durchzuführen, aber man wird zum selben Resultat kommen und so in alle Ewigkeit. Damit man die Quadratwurzel aus 2 in Form eines Verhältnisses schreiben könnte, müßte ein Term dieses Verhältnisses gleichzeitig gerade und ungerade sein, was unmöglich ist. Diese Wurzel läßt sich also nicht in Form eines Verhältnisses schreiben, ist mithin irrational.

Nach dem Satz des Pythagoras läßt sich die Diagonale D eines Quadrates mit der Seite A darstellen als $D^2 = 2A^2$; man kann also dieselbe Schlußfolgerung anwenden und folgern, daß D/A nur geometrisch Sinn macht, da seine arithmetische Form irrational ist – es ist unmöglich, eine Maßeinheit zu finden, mit der das Verhältnis der Diagonale zur Seite des Quadrats durch eine rationale Zahl dargestellt werden kann. Diagonale und Quadratseite haben kein gemeinsames Maß, sie sind inkommensurabel.

132. SEITEN- UND DIAGONALZAHLEN

a sei die Seite eines Quadrats, d seine Diagonale; dann ist das Verhältnis d/a gleich der Quadratwurzel aus 2.

Seitenzahlen werden die Zahlen a_n und Diagonalzahlen die Zahlen d_n genannt: es gibt $a_1 = d_1 = 1$ und $a_{n+1} = a_n+d_n$ und $d_{n+1} = 2a_n+d_n$. Daraus folgt:

$a_1 = 1$	$d_1 = 1$	$a_4 = 12$	$d_4 = 17$
$a_2 = 2$	$d_2 = 3$	$a_5 = 29$	$d_5 = 41$
$a_3 = 5$	$d_3 = 7$	$a_6 = 70$	$d_6 = 99$

Auf diese Weise kann man unendlich fortfahren. Man gleicht die Seitenzahlen den Seiten der Quadrate an, deren Diagonalen den Diagonalzahlen entsprechen. Diese Diagonalen sind approximativ, nähern sich aber mit fortschreitender Zahlenfolge dem wirklichen Wert mehr und mehr an. Und da die Quadratwurzel aus 2 gleich d/a ist, nähert man sich mit fortschreitender Folge der Seiten- und Diagonalzahlen also auch dem exakten Wert der Quadratwurzel aus 2 immer mehr an:
1/1 3/2 17/12 41/29 99/70 ...
99/70 = 1,4142857 bei 7 Stellen hinter dem Komma; die Quadratwurzel aus 2 ist auf 7 Stellen hinter dem Komma 1,4142135. Der Näherungswert ist also bereits recht gut.

Wie leicht festzustellen, ist das Quadrat der Diagonalzahlen stets gleich dem zweifachen Quadrat der Seitenzahlen, abwechselnd plus oder minus einer Einheit, während das Quadrat der Diagonale stets exakt gleich dem doppelten Quadrat der Seite ist. Diese Eigenschaft ist der Definition und dem Aufbau dieser Zahlen inhärent.

$1^2 = 2(1^2) - 1$	$17^2 = 2(12^2) + 1$
$3^2 = 2(2^2) + 1$	etc.
$7^2 = 2(5^2) - 1$	$d_n^2 = 2(a_n^2) \pm 1$

Folglich ist die Wurzel aus 2 irrational: Die aus den Verhältnissen der Diagonal- und Seitenzahlen gewonnenen schrittweisen Näherungswerte nähern sich der Quadratwurzel aus 2 immer mehr an, ohne sie jemals zu erreichen.

$$d_n/a_n = \sqrt{d_n^2/a_n^2} = \sqrt{(2a_n^2 \pm 1)/a^2} = \sqrt{2 \pm (1/a_n^2)} \simeq \sqrt{2}$$

d_n/a_n nähert sich $\sqrt{2}$, wenn n auf unendlich zugeht. $\sqrt{2}$ kann also nicht in Form eines Verhältnisses ausgedrückt werden.

Im Zusammenhang mit der Irrationalität steht auch die heute als »Euklidisches Teilerverfahren« bekannte Methode der Wechselwegnahme oder Anthyphairesis, die jedoch schon einige Zeit vor Euklid angewandt worden sein dürfte. Sie besteht darin, durch abwechselnde Subtraktion das größte gemeinsame Maß (also den größten gemeinsamen Nenner oder Teiler) zwischen zwei Größen zu suchen. Ein Beispiel mag dies veranschaulichen: Gegeben seien die beiden Zahlen 85 und 119, gesucht wird ihr größter gemeinsamer Teiler. Um diesen zu finden, ziehen wir 85 von 119 ab, was 34 ergibt; von nun an kümmern wir uns nur noch um 34 und 85, denn ein Teiler, der 34 und 85 gemeinsam ist, ist auch Teiler von 119, der Summe aus 34 und 85. Nun subtrahieren wir 34 von 85, was 51 ergibt; hier gilt das gleiche wie oben. Da der Rest 51 größer als die abgezogene Zahl 34 ist, ziehen wir noch einmal 34 davon ab, was 17 ergibt – und wieder gilt das gleiche wie oben. Nun ziehen wir 17 von 34 ab, was 17 ergibt – 17 ist damit der größte gemeinsame Nenner von 85 und 119. Hätten die beiden Zahlen keinen gemeinsamen Teiler gehabt, hätten wir das Verfahren fortgeführt, bis der Rest 1 gewesen wäre.

Diese Methode kann man auch auf andere Größen – beispielsweise Strecken – anwenden, um ihre Inkommensurabilität festzustellen. Inkommensurabel sind zwei Größen dann, wenn sich der Subtraktionsprozeß unendlich fortsetzt, ohne daß man einen Wert, wie klein auch immer, findet, der als gemeinsames Maß (das heißt als gemeinsamer Teiler) für die beiden Ausgangsgrößen dienen könnte. Zum Beweis der Inkommensurabilität ist es jedoch nicht erforderlich, die Methode unendlich anzuwenden; es genügt vielmehr, das Vorkommen von Zyklen in den Verhältnissen zwischen den Resultaten der aufeinanderfolgenden Subtraktionen nachzuweisen. Wenn beispielsweise a und b die Ausgangswerte sind und nach einer bestimmten Anzahl von Subtraktionen die Zahlen m und n das gleiche Verhältnis aufweisen wie a und b (also $a/b = m/n$), setzt nach m und n derselbe Subtraktionszyklus ein wie nach a und b – die absoluten Werte sind zwar anders, aber nicht die relativen Werte. Und dieser Zyklus wird uns zu den Werten m' und n' führen, also zu dem Verhältnis $m'/n' = m/n$, und so fort ad infinitum: es gibt kein gemeinsames Maß zwischen a und b.

Um die Irrationalität der Quadratwurzel aus 2 zu beweisen, genügt es, mit dieser Methode ihre Inkommensurabilität mit der Zahl 1 nachzuweisen, also die Inkommensurabilität der Diagonale $d = \sqrt{2}$ und der Seite $a = 1$ eines Quadrats. Die Kästen 133 und 134 enthalten den arithmetischen bzw. den geometrischen Beweis der Irrationalität der Wurzel aus 2 mit Hilfe der Anthyphairesis.

Wie schon bei den anderen Methoden lassen sich Entstehungszeit und Verfasser auch bei diesen Beweisen nicht ohne weiteres genau feststellen; möglicherweise sind sie nach und nach gereift, so daß die verschiedenen Elemente der Beweise erst nach und nach zu einem zusammenhängenden Ganzen zusammengeschlossen wurden. Für uns jedenfalls bleibt die Erforschung der irrationalen Zahlen vor allem mit den Namen Theodoros von Kyrene und Theaitetos verbunden. Der

133. DIE ARITHMETISCHE ANTHYPHAIRESIS FÜR 1 UND WURZEL AUS 2

Es seien $a = 1$ und $d = \sqrt{2}$; man subtrahiere 1 von $\sqrt{2}$ und erhält $x = \sqrt{2} - 1$. Nun subtrahiere man x von a und erhält $y = 1 - (\sqrt{2} - 1) = 2 - \sqrt{2}$. Wie man sieht, ist $d/a = y/x$. In der Tat ist das Produkt der Außentermen dx gleich dem Produkt der Mittel ay. Die Anthyphairesis entwickelt sich also in einem Zyklus, der sich unendlich wiederholt (von d und a zu x und y, von x und y zu x'und y' etc.). Damit gibt es kein gemeinsames Maß zwischen 1 und $\sqrt{2}$, $\sqrt{2}$ ist folglich irrational.

$a = 1 \qquad d = \sqrt{2}$

$x = d - a = \sqrt{2} - 1$

$y = a - x = 1 - (\sqrt{2} - 1) = 2 - \sqrt{2} = 2a - d$

$d/a = \sqrt{2}/1 \qquad y/x = (2 - \sqrt{2}) / (\sqrt{2} - 1)$

$d/x = \sqrt{2}\,(\sqrt{2} - 1) = 2 - \sqrt{2} \qquad ay = 1(2 - \sqrt{2}) = 2 - \sqrt{2}$

also ist $dx = ay$ und $d/a = y/x$: der Prozeß ist folglich zyklisch.

erste – ein Pythagoreer aus dem 5. Jahrhundert v. Chr. – soll die Irrationalität der Quadratwurzeln aus ganzen Nichtquadratzahlen bis 17 aufgezeigt haben, der zweite – ein Mathematiker von der Wende vom 5. zum 4. Jahrhundert v. Chr., der in der Regel eher mit Sokrates und Platon als mit Pythagoras in Zusammenhang gebracht wird, wobei nicht übersehen werden darf, daß Platons Werk eindeutige Spuren pythagoreischen Einflusses aufweist – soll unter anderem die Beweisreihe des Theodoros von Kyrene für die Zahlen 3, 5, 7. . .17) auf einen einzigen Beweis reduziert haben. Außerdem schreiben ihm einige Autoren – wohl eher zu Unrecht – den Beweis der Irrationalität bestimmter Kubikwurzeln zu.

Die Entdeckung der irrationalen Zahlen – zunächst der Quadratwurzel aus 2, später der anderen – war mit Sicherheit einer der Höhepunkte der pythagoreischen Mathematik. Andererseits aber stürzte diese Entdeckung die Mathematik auch in ihre erste große Krise, die besonders die Pythagoreer hart treffen mußte, die den Zahlen und Zahlenverhältnissen einen Sonderstatus eingeräumt hatten. Was sollte allein schon mit der Definition der Zahl als einer aus Einheiten zusammengesetzten Menge geschehen? Wie ließ sich angesichts der mit der Irrationalität verknüpften Inkommensurabilität die Behauptung aufrecht erhalten, die Zahlen und ihre Beziehungen beherrschten die Dinge –wenn diese Zahlen nicht einmal imstande waren, das bestehende Verhältnis zwischen der Seite und der Diagonale eines Quadrats, sei es durch ganze oder Bruchzahlen, zu erfassen? Und was schließlich wurde aus der Möglichkeit, über die Zahlen zur Erkenntnis zu

134. DIE GEOMETRISCHE ANTHYPHAIRESIS FÜR 1 UND WURZEL AUS 2

(Nach Caveing 1982)

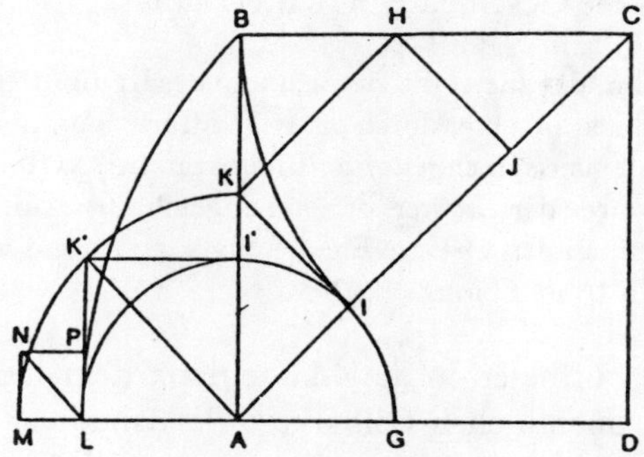

Gegeben ist das Quadrat ABCD mit der Seite AB = a und der Diagonale AC = d.

Auf der Diagonale AC sollen die Punkte I und J so markiert werden, daß AJ = CI = a und folglich CJ = AI = d–a.

Durch Fällung des Lots auf AC in I und J erhalten wir IK und JH.

Die Dreiecke AIK, BKH und CJH sind rechtwinklig, gleichschenklig und kongruent, wie leicht zu beweisen ist, denn jedes Dreieck hat einen rechten Winkel und einen Winkel von 45° – die Diagonale eines Quadrats bildet mit der Seite einen Winkel von 45° –, also muß der andere Winkel ebenfalls 45° sein; wenn aber die beiden Basiswinkel gleich sind, sind die Dreiecke gleichschenklig. Außerdem ist aufgrund der Konstruktion AI = CJ und KI = AI, da AIK gleichschenklig ist. KI = BK, da die Dreiecke BKC und CIK kongruent sind – denn sie sind rechtwinklig und haben dieselbe Hypotenuse.

Daraus folgt: AI = IK = BK = BH = CJ = HJ = d–a. Das ist der erste Schritt der Anthyphairesis: Die Seite wird von der Diagonale abgezogen.

Im zweiten Schritt werden die beiden kleinsten Terme voneinander subtrahiert, also d–a von a. Da BK = d–a und AB = a, erhalten wir a-(d-a) = AB – BK =AK= 2a-d.

Im dritten Schritt der Anthyphairesis werden die beiden verbliebenen kleinsten Terme voneinander abgezogen, also d-a von 2a-d subtrahiert bzw. AI = d–a von AK = 2a–d.

Da das Dreieck AKI rechtwinklig und gleichschenklig ist, kann man es auch als die Hälfte eines Quadrats mit der Seite AI = d–a und der Diagonale AK = 2a–d auffassen. Damit sind wir wieder bei der Ausgangssituation angelangt: der Subtraktion der Quadratseite von der Quadratdiagonale. Der Prozeß verläuft also zyklisch und wird nie zu einem Ende kommen; Seite und Diagonale des Quadrats sind offensichtlich inkommensurabel.

Das neue Quadrat AI'K'L haben wir auf unserer Figur durch Drehung des Dreiecks AKI um A konstruiert; der folgende Zyklus würde LMNP ergeben etc.

gelangen? Das Ausmaß der Krise illustriert die Legende, die sich um den Tod des Hippasos von Metapont rankt, der bei einem Schiffbruch ums Leben gekommen sein soll, weil er die Irrationalität der Quadratwurzel aus 2 enthüllte (anderen Überlieferungen zufolge war der Anlaß die Einbeschreibung des Dodekaeders in eine Kugel) – die Lehre und die Arbeiten der Pythagoreer sollten geheim bleiben. Ein altes Scholion, das die Geschichte berichtet, lautet:

> Man sagt, daß der Mann, der zuerst die Betrachtung des Irrationalen aus dem Verborgenen in die Öffentlichkeit brachte, durch einen Schiffbruch umgekommen sei. Und zwar deshalb, weil das Unaussprechliche und Bildlose immer verborgen hätte bleiben sollen. Deshalb auch wurde der Untäter, der von ungefähr dieses Bild des Lebendigen berührte und aufdeckte, an den Ort der Entstehung versetzt und wird dort von den ewigen Fluten umspült. (*Nach Colerus 1942*)

Die irrationalen Zahlen öffneten in der Mathematik dem Unendlichen die Tür, zumindest in Form der unendlichen Teilbarkeit. Bis dahin war das Unendliche im griechischen Denken mit der Vorstellung des unermeßlich Großen (oder Kleinen) verbunden gewesen – wobei das Unermeßliche, das Maßlose, in einer Linie mit Inkommensurabilität und Irrationalität gesehen wurde –, aber auch mit dem Begriff des Unvollendeten und Ungestalteten – des Nichtbeendeten und Nichtbegrenzten. Zudem bewirkte die Entdeckung der irrationalen Zahlen eine Hinwendung der griechischen Mathematik zur Geometrie: Wenn sich schon die Quadratwurzel aus 2 nicht durch eine rationale Zahl ausdrücken ließ, so konnte man die Diagonale eines Quadrats doch immerhin mit dem Lineal ziehen und auf dieser Grundlage alle möglichen geometrischen Betrachtungen anstellen. Dasselbe galt für die Wurzel aus 3 und ihr geometrisches Pendant, die Höhe im gleichseitigen Dreieck mit der Seite 2, sowie für die anderen irrationalen Wurzeln, die sich geometrisch darstellen lassen. So führte der Weg von der Zahlenmystik der Mesopotamier und Pythagoreer schließlich zu einem Gott der Geometrie bei Platon. Außerdem weckte die Irrationalität bestimmter Zahlen die Kritik der Eleaten, vornehmlich Zenons, zweifelsohne ebensosehr wie die unendliche Teilbarkeit und gab so dem griechischen Denken einen neuen Anstoß (siehe das folgende Kapitel).

Auf die pythagoreische Zahlenmystik kommen wir in den Abschnitten über die Musik und die Physik noch einmal zurück. Am Ende des arithmetischen Kapitels bleibt also festzuhalten, daß es den Pythagoreern in erster Linie um die Eigenschaften der Zahlen zu tun war (ob sie sich aus der geometrischen Figuration ergaben oder nicht), um die bereits von den ersten Pythagoreern entdeckten Proportionen – die arithmetische, geometrische und harmonische; die musikalische – oder babylonische – fiel ein wenig aus dem Rahmen – und um die irrationalen Zahlen, anfänglich hauptsächlich um die Quadratwurzel aus 2. Kennzeichnend für diese Arithmetik ist ihre »Zweckfreiheit« – sie zielte nicht auf praktische Anwendung – und die Existenz rationaler Beweise, die teilweise miteinander verknüpft sind. Damit waren die Grundlagen für die Mathematik als autonome und vom angewandten Rechnen unabhängige Wissenschaft gelegt. Schließlich war die pythagoreische Arithmetik – und das ist äußerst charakteristisch für sie – eng mit der Geometrie verbunden: Geometrisch sind die Darstellung der figurierten Zahlen und das Verständnis ihrer Eigenschaften, geometrisch werden die verschiedenen Proportionen – vornehmlich die geometrische oder mittlere Proportionale – konstruiert, und die Irrationalität bestimmter Zahlen entspricht der Inkommensurabilität bestimmter Strecken – der Seite des Quadrats und seiner Diagonale, der Seite des gleichseitigen Dreiecks und seiner Höhe etc. Bemerkenswert ist im übrigen auch, wie schnell sich diese Arithmetik entwickelte. Die oben aufgezeigten Eigenschaften und Beweise dürften in einem Zeitraum von 200 Jahren zwischen 550 und 350 v.Chr. entdeckt worden sein. Um zu ermessen, welchen Weg Griechenland von der geometrischen Darstellung der Zahlen und ihrer Eigenschaften bis zum Beweis der Irrationalität der Quadratwurzel aus 2 (oder auch nur bis zum Begriff der irrationalen Zahl) mit Hilfe der arithmetischen Anthyphairesis zurückgelegt hat, vergleiche man dies mit Ägypten oder auch Mesopotamien, wo im Verlauf von 2000 Jahren nur Rechenmethoden entwickelt wurden – wenngleich zum Teil sehr raffinierte –, ohne daß auf der Ebene der Abstraktion und der Rationalität der Arithmetik Fortschritte erzielt worden wären.

Die Geometrie

Die Natur der pythagoreischen Arithmetik hat dazu geführt, daß wir schon im voraufgehenden Teil einiges über die von der Sekte praktizierte Geometrie berichtet haben – und zwar in Form bereits recht komplexer geometrischer Prinzipien. Im folgenden wollen wir zunächst die Anfänge dieser Entwicklung untersuchen, wie die Geometrie als »zweckfreie« Wissenschaft mit dem Bemühen um logische Beweisführung entstanden ist (wobei sich allerdings über Thales keine sicheren Aussagen machen lassen).

Wie bei der Arithmetik läßt sich auch bei der Geometrie nur schwer sagen, was auf Pythagoras oder die ersten Pythagoreer und was auf die späteren Schüler bis zum 6. und 5. Jahrhundert v.Chr. zurückgeht. Deshalb werden wir uns im folgenden damit begnügen, die Erkenntnisse dieser Epoche darzulegen und nur gelegentlich (und mit Vorbehalt) auf den möglichen Autor verweisen.

Die erste Entdeckung, die den Pythagoreern und sogar Pythagoras selbst zugeschrieben wird, ist der Satz von der Winkelsumme im Dreieck: Die Summe der Innenwinkel eines Dreiecks ist gleich zwei rechten Winkeln (180°). Zum Nachweis dieser Eigenschaft am rechtwinkligen Dreieck – was sich auf beliebige Dreiecke ausweiten läßt – würden offensichtlich schon die Thales zugeschriebenen Erkenntnisse genügen. Die Pythagoreer sollen ihren Beweis dagegen auf die Eigenschaften paralleler Geraden aufgebaut haben, die ihnen demnach wohl bekannt gewesen sein müssen (Kasten 135).

135. DIE WINKELSUMME IM DREIECK

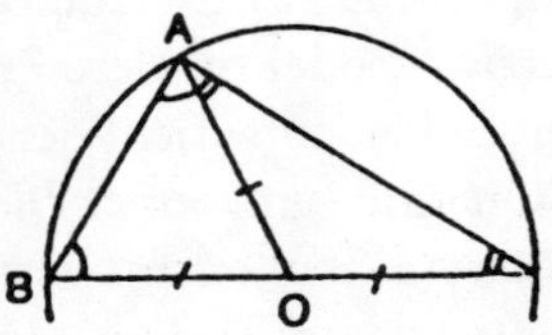

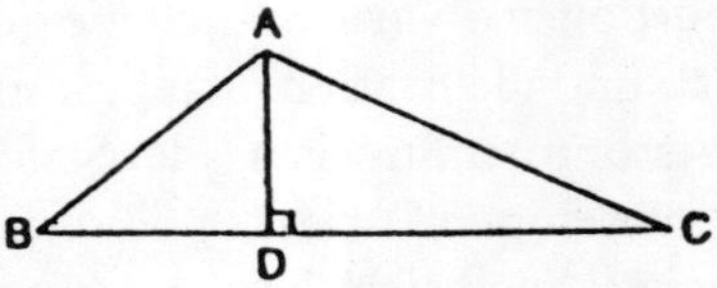

Allein mit Hilfe der Thales zugeschriebenen Kenntnisse läßt sich beweisen, daß die Summe der Winkel im Dreieck gleich zwei rechten Winkeln ist. Dazu geht man zunächst vom rechtwinkligen Dreieck aus. Man beschreibt in den Halbkreis mit dem Durchmesser BC und dem Mittelpunkt O das Dreieck ABC ein, das in A einen rechten Winkel hat. AO = BO = CO; daraus folgt, daß die Dreiecke ABO und AOC gleichschenklig sind; die Basiswinkel eines gleichschenkligen Dreiecks aber sind gleich, also gilt:
∢ABO = ∢BAO und ∢CAO = ∢OCA

Da wir wissen, daß ∢BAO + ∢CAO = ∢BAC = 90°, folgt daraus ∢ABO + ∢OCA = 90°.

Also ist die Summe der Winkel im Dreieck ABC gleich ∢BAC + ∢ABO + ∢OCA = 180°

Diese Eigenschaft kann man auf jedes beliebige Dreieck ABC (rechte Figur, oben) ausdehnen, indem man es durch die Höhe AD in zwei rechtwinklige Dreiecke zerlegt. In jedem der beiden rechtwinkligen Dreiecke ABD und ADC beträgt die Summe der Winkel 180°, in beiden zusammengenommen beträgt sie also 360°:
∢ABD + ∢BDA + ∢DAB + ∢ADC + ∢DCA + ∢CAD = 360°

Nun wissen wir aber, daß ∢BDA und ∢ADC gleich groß sind und jeweils 90° haben; ihre Summe ergibt also 180°, daraus folgt:
∢ABD + ∢DAB + ∢DCA + ∢CAD = 360° – 180° = 180°

Und da ∢DAB + ∢CAD = ∢BAC, ist bewiesen, daß die Summe der Winkel in einem beliebigen Dreieck ABC gleich ∢ABD + ∢BAC + ∢DCA = 180°.

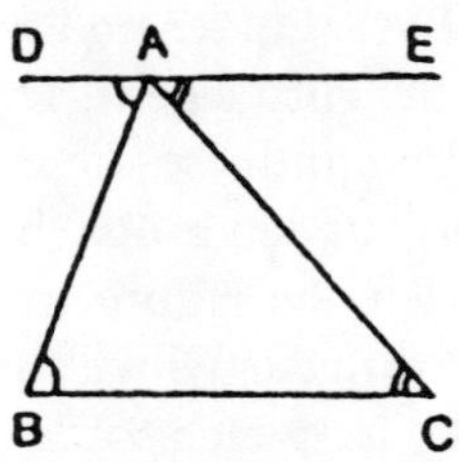

Der den Pythagoreern zugeschriebene Beweis bedient sich der offensichtlich bereits bekannten Eigenschaften von Parallelen. Man ziehe durch A die Parallele DE zur Basis BC eines beliebigen Dreiecks ABC. Die gegenüberliegenden Winkel, die durch die Parallelen BC und DE mit den Sekanten AB und AC gebildet werden, sind gleich groß:

∢DAB = ∢ABC und ∢EAC = ∢ACB

Aus der Konstruktion ergibt sich, daß ∢DAB + ∢BAC + ∢EAC = 180°; damit beträgt die Summe der Winkel im Dreieck ABC: ∢ABC + ∢BAC + ∢ACB = ∢DAB + ∢BAC + ∢EAC = 180°.

Vermutlich war den Pythagoreern zumindest gegen Ende des 5. Jahrhunderts auch schon die allgemeine Formel für den Wert der Winkelsumme eines Vielecks mit *n* Seiten (oder *n* Winkeln), also *(2n-4)* rechten Winkeln (*90°* × *(2n-4)*), bekannt. Um dies zu erhalten, genügt es, das Vieleck in Dreiecke zu zerlegen, deren Winkelsumme bekanntlich der Summe von 2 rechten Winkeln entspricht.

Im Zusammenhang mit der Berechnung der Winkelsumme von Vielecken wird den Pythagoreern auch noch eine andere Entdeckung zugeschrieben: um einen Punkt lassen sich als regelmäßige Vielecke nur entweder 6 gleichseitige Dreiecke oder 4 Quadrate oder 3 Sechsecke anordnen – eine Erkenntnis, die eine erste Annäherung an die Konstruktion und die Frage nach der Zahl regelmäßiger Vielecke ermöglicht (siehe unten).

Kommen wir nun zum sogenannten Satz des Pythagoras, demzufolge das Quadrat der Hypotenuse im rechtwinkligen Dreieck gleich der Summe der Quadrate der den rechten Winkel einschließenden Seiten (Katheten) ist. Doch ehe wir uns den geometrischen Beweisen dieses Theorems zuwenden, noch ein Wort zu den »pythagoreischen Zahlen«, die sich dank der arithmetischen Eigenschaft, daß die Summe der aufeinanderfolgenden ungeraden Zahlen Quadratzahlen ergibt, leicht konstruieren lassen. »Pythagoreische Zahlen« sind die Summe aus zwei anderen Quadratzahlen, stehen also im selben Verhältnis zueinander wie Hypotenuse und Katheten im rechtwinkligen Dreieck. Es genügt, eine ungerade Quadratzahl zu wählen und dazu die Summe der voraufgehenden ungeraden Zahlen, die ihrerseits eine Quadratzahl ist, zu addieren, um aus der Summe der beiden Quadratzahlen eine weitere Quadratzahl zu erhalten. Nehmen wir zum Beispiel die ungerade Quadratzahl 25; die Summe der voraufgehenden ungeraden Zahlen ist 1+3+5+...+21+23 = 144, also die Quadratzahl (12^2). Wenn wir 25 und 144 addieren, bilden wir die Summe aus 1+3+5+ ... +21+23+25 = 169 und erhalten also wieder eine Quadratzahl (13^2), denn auch sie ist die Summe der voraufgehenden ungeraden Zahlen: $25+144 = 169 = 5^2+12^2 = 13^2$.

Für den Satz des Pythagoras gibt es verschiedene, mehr oder weniger intuitive, mehr oder weniger »wissenschaftliche« Beweise, die von der Methode »der kleinen Quadrate« bis zum Beweis des Euklid reichen, nicht zu vergessen den Spezialfall der Diagonale des Quadrats. Einer Überlieferung zufolge soll Pythagoras durch eine ägyptische Kachelung, deren Kacheln jeweils aus zwei und zwei oder vier und vier gleichschenkligen, rechtwinkligen Dreiecken zu Quadraten zusammengesetzt waren, zu dem Theorem inspiriert worden sein – das aus zwei Dreiecken gebildete Quadrat ist die Hälfte des aus vier Dreiecken zusammengesetzten Quadrats. In Kasten 136 findet sich eine Erklärung der verschiedenen Beweise.

136. BEWEISE FÜR DEN SATZ DES PYTHAGORAS

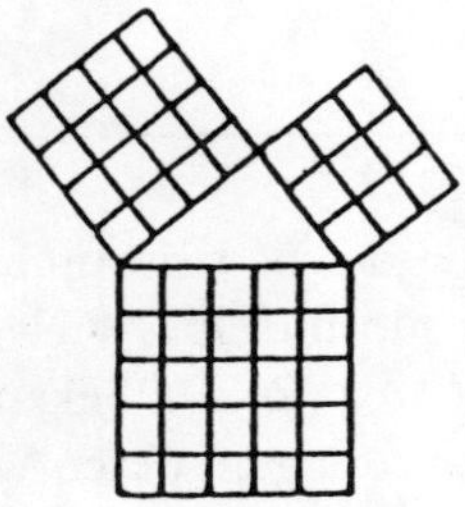

Der sogenannte Beweis der kleinen Quadrate kommt ohne Kommentar aus; es genügt, die Zahl der kleinen Quadrate in den über der Hypotenuse und den Katheten konstruierten Quadraten zu zählen; im Grunde verdient diese Methode die Bezeichnung Beweis kaum.

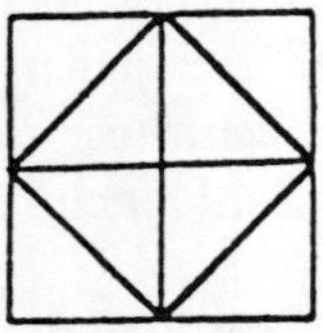

Das ägyptische Pflaster illustriert den Spezialfall des gleichschenkligen rechtwinkligen Dreiecks über der Diagonale des Quadrats. Auf der Figur ist gut zu erkennen, daß die Fläche des großen Quadrats doppelt so groß ist wie die des kleinen Quadrats. Setzt man die Katheten gleich a und die Hypotenuse gleich d, erhält man $d^2 = a^2+a^2$: die Fläche des Quadrates mit der Seite d ist also doppelt so groß wie die Fläche des Quadrats mit der Seite a.

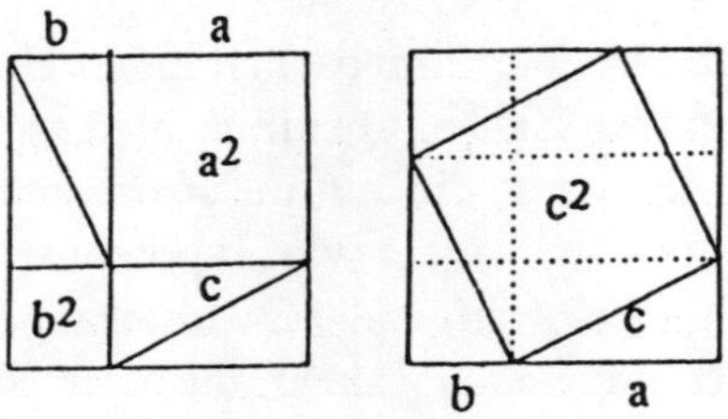

Die oben illustrierte Methode ist weniger simpel und gleicht schon eher einem Beweis. Man zieht ein Quadrat mit der Seite (a+b). Auf den ersten Blick ist zu erkennen, daß seine Fläche $(a+b)^2$ gleich der Summe der Fläche der Quadrate mit den Seiten a (also a^2) und b (also b^2) plus der Fläche der beiden Rechtecke ab und ba ist. Die Diagonale der beiden Rechtecke nennen wir c und nun arrangieren wir die Figur so, daß wir ein Quadrat mit der Seite c erhalten; dann ist die Fläche der vier, das innere Quadrat einschließenden rechtwinkligen Dreiecke gleich der Summe der Flächen der beiden Rechtecke ab und ba der ersten Figur. Daraus folgt, daß die Fläche des Quadrats mit der Seite c gleich der Fläche des Quadrates mit der Seite (a+b) ist, also $(a+b)^2$ minus der Fläche der beiden Rechtecke, also 2ab. Daraus folgt: $c^2 = (a+b)^2-2ab = (a^2+2ab+b^2)-2ab = a^2+b^2$

Das Quadrat über der Hypotenuse ist in rechtwinkligen Dreiecken also gleich der Summe der Quadrate über den beiden Katheten. Setzt man in dieser Figur a = b, hat man, wenn man die Diagonalen des Quadrats zieht, dieselbe Anordnung wie im »ägyptischen Pflaster«.

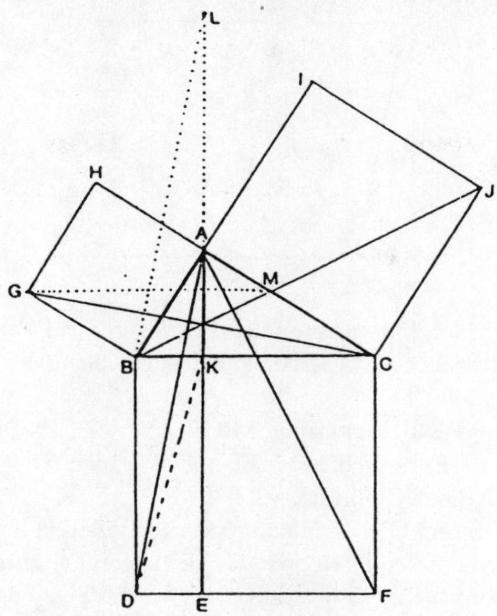

Schließlich folgt der von Euklid in seinen *Elementen* aufgeführte Beweis. Gegeben ist das rechtwinklige Dreieck ABC, über dessen Seiten die Quadrate BCDF, ABGH und ACIJ konstruiert werden. Dann ziehe man AE parallel zu BD und BL parallel zu AD.

Die Dreiecke BGC und BAD sind kongruent: sie stimmen in zwei Seiten und dem von diesen Seiten gebildeten Innenwinkel überein: GB = AB und BC = BD; ∢GBC = ∢ABD = 90° + ∢ABC.

Das Dreieck BAD ist gleich der Hälfte des Parallelogramms BDAL, das seinerseits flächengleich ist mit dem Rechteck BDEK, denn wie Satz 35 im 1. Buch der *Elemente* besagt, sind Parallelogramme mit derselben Basis und zwischen denselben Parallelen flächengleich (siehe unten). Also ist das Dreieck GBC, das kongruent zu BAD ist, auch gleich der Hälfte von BDEK.

Konstruiert man GM parallel und gleichlang zu BC, sieht man, daß das Dreieck GBC die Hälfte des Parallelogramms BCMG ist, das seinerseits flächengleich ist mit dem Quadrat ABGH nach Satz 35 im 1. Buch des Euklid: BCMG und ABGH haben dieselbe Basis GB und sind zwischen denselben Parallelen GB und HC konstruiert. Da das Quadrat ABGH gleich dem doppelten Dreieck BGC und damit auch gleich dem doppelten Dreieck BAD ist, und da das doppelte Dreieck BAD gleich dem Rechteck BDEK ist, ist das Quadrat ABGH gleich dem Rechteck BDEK.

Auf dieselbe Weise kann man nachweisen, daß das Quadrat ACIJ gleich dem Rechteck CKEF ist.

Das Quadrat BCFD ist gleich der Summe der Rechtecke BDEK und CKEF; folglich ist es auch gleich der Summe der Quadrate ABGH und ACIJ, womit der Satz des Pythagoras bewiesen ist.

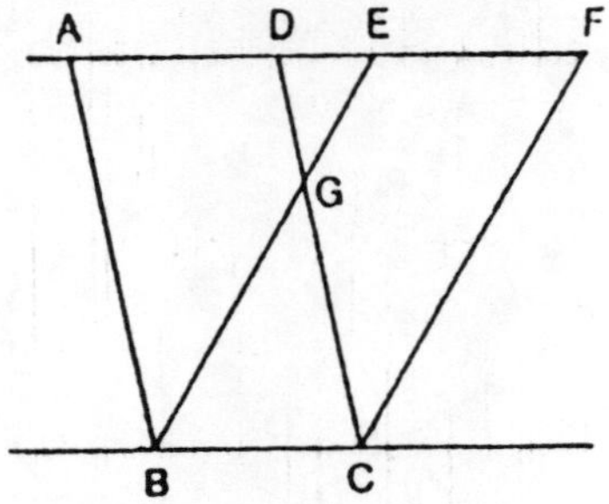

Satz 35 im 1. Buch der *Elemente* von Euklid besagt, daß Parallelogramme mit derselben Basis und zwischen denselben Parallelen flächengleich sind, was sich folgendermaßen beweisen läßt.

Gegeben sind die Parallelogramme ABCD und EBCF. Qua Definition gilt, AD = BC und BC = EF, folglich AD = EF und also auch AE = DF.

Andererseits ist AB = DC und BE = CF.

Die Dreiecke AEB und DFC sind kongruent (da sie drei gleiche Seiten haben).

Zieht man nun von diesen Dreiecken das kleine gemeinsame Dreieck DEG ab, erhält man zwei kongruente Trapeze EGCF und ABGD. Fügt man jedem von ihnen das gemeinsame Dreieck BGC hinzu, erhält man zwei gleiche Parallelogramme ABCD und EBCF (denn sie haben eine gemeinsame Basis, BC, und sind zwischen denselben Parallelen, BC und AF, konstruiert).

Dem Inhalt nach war der Satz des Pythagoras in Mesopotamien schon seit 1500 v.Chr. bekannt. Ebenso haben ihn vielleicht auch die Ägypter gekannt, und er könnte zur Zeit des Pythagoras (womöglich von ihm selbst) in Griechenland eingeführt worden sein. Uns geht es hier jedoch nicht so sehr um die praktische Kenntnis dieses Lehrsatzes als vielmehr um seine allgemeine Formulierung und seinen Beweis, was nach allgemeiner Ansicht auf Pythagoras oder auf einen der ersten Pythagoreer zurückgeht. Wie der Satz ursprünglich formuliert und bewiesen wurde, läßt sich aber wohl schwerlich genau angeben.

Die Methode der kleinen Quadrate ist genau genommen kein Beweis, kann aber mit der pythagoreischen Zahlenfiguration in Zusammenhang gebracht werden. Der Spezialfall der Diagonale des Quadrats, der bereits in Mesopotamien bekannt war (siehe Kasten 34, Seite 82) und auch dem Motiv der ägyptischen Pflasterung entspricht, könnte Pythagoras durchaus als Anregung gedient haben. Und die darauffolgende Methode ist genau besehen nur eine Variation davon, wird das einbeschriebene Quadrat doch lediglich so gelegt, daß die Ecken nicht mehr mit der Mitte der Seiten des umschriebenen Quadrats zusammenfallen. Sie könnte beim Versuch, den Sonderfall der Diagonale des Quadrats zu verallgemeinern, entdeckt worden sein. Jedenfalls ist sie so einfach, daß sie schon früh bekannt gewesen und de facto von Pythagoras eingeführt worden sein könnte.

137. KONSTRUKTION VON FLÄCHEN

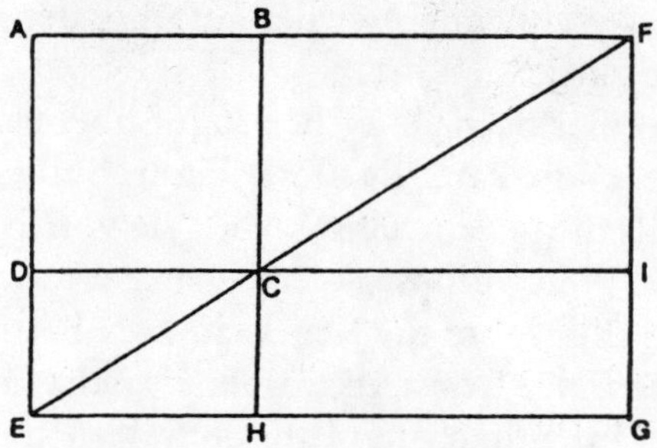

Gegeben ist das Rechteck ABCD; konstruiert werden soll ein flächengleiches Rechteck über einer gegebenen Strecke.

Man verlängert die Seite AD des Rechtecks um die gegebene Strecke DE, verbindet E und C durch eine Gerade, deren Verlängerung die Verlängerung von AB in F schneidet und konstruiert das Rechteck AEFG.

Die Dreiecke AEF und EFG sind kongruent (die Diagonale teilt das Rechteck in zwei gleiche Hälften). Aus demselben Grund sind die Dreiecke CBF und CIF sowie DCE und CEH kongruent. Daraus folgt, daß die Vierecke ABCD und CIGH flächengleich sind – sie sind das Resultat zweier Subtraktionen, deren Terme gleich sind:
ABCD = AEF-CBF-DCE
CIGH = EFG-CIF-CEH

Das Rechteck CIGH ist also die gesuchte Figur: ein Rechteck, das flächengleich mit ABCD ist und die gegebene Strecke DE als Seite hat – daß CH und GI gleich mit DE sind, ist augenfällig.

Die letzte Methode schließlich, die uns aus Euklids *Elementen* bekannt ist, erscheint für das Werk eines frühen Pythagoreers zu ausgefeilt; aber nichts spricht dagegen, sie auf einen späteren Schüler zurückzuführen – die Tatsache, daß sie sich in den *Elementen* findet, bedeutet keineswegs, daß Euklid, der Ende des 4., Anfang des 3. Jahrhunderts v. Chr. lebte, der Autor sein muß; vielmehr hat er in diesem Werk größtenteils Erkenntnisse aus früherer Zeit zusammengetragen und systematisch geordnet.

Die Pythagoreer konnten zweifellos seit den Anfängen über einer gegebenen Strecke mit Hilfe von Lineal und Zirkel eine zu einer gegebenen Figur (Rechteck oder Parallelogramm) flächengleiche Figur (Rechteck oder Parallelogramm) konstruieren (siehe Kasten 137). Interessant daran ist unter anderem, daß sich mit dieser Methode Flächen verschiedener Figuren auf einfache Weise vergleichen lassen – bei zwei Rechtecken werden über der gegebenen Strecke zwei andere

Rechtecke konstruiert, deren Flächen sich wie ihre nicht vorgegebenen Seiten verhalten; Vielecke werden dagegen in Dreiecke zerlegt, diese in Rechtecke verwandelt – die Seiten der Rechtecke bestehen aus der Höhe und der halben Basis der Dreiecke – und diese schließlich wieder auf über der vorgegebenen Strecke konstruierte Rechtecke zurückgeführt.

Diese Konstruktion einer flächengleichen Figur über einer gegebenen Strecke nannten die Pythagoreer »die Parabel« dieser Figur. Sollte die zu konstruierende Figur größer werden als die gegebene, sprachen sie von ihrer »Hyperbel«, sollte sie kleiner werden, von ihrer »Ellipse« – erst später wurden die Bezeichnungen, Parabel, Hyperbel und Ellipse auf die Kegelschnitte übertragen.

Eine solche geometrische Konstruktion entspricht der geometrischen Lösung einer Gleichung. Im einfachsten Fall, dem der Parabel, sind die Fläche F und die Strecke a gegeben. Gesucht wird x durch die Gleichung $F = ax$. Je nachdem, ob es sich um eine Hyperbel oder eine Ellipse handelt, je nach Figur und eingeführten Einschränkungen wird die Gleichung abgewandelt. Hier stoßen wir also wieder auf die bereits erwähnte Verknüpfung von Geometrie und Arithmetik. Besonders deutlich wird dies bei etwas komplizierteren Problemen, beispielsweise der Konstruktion eines zu einem gegebenen Rechteck flächengleichen Quadrats – allerdings kann man hier im Grunde nicht von einer Flächenanlegung sprechen, da keine Strecke als Seite der zu konstruierenden Figur vorgegeben ist. Diese Aufgabe wird durch die Konstruktion des geometrischen Mittels (siehe Kasten 128) zwischen den beiden Seiten des Rechtecks gelöst; dieses Mittel ergibt die Seite des Quadrats. Ein solches Problem entspricht der geometrischen Lösung einer Gleichung zweiten Grades $x^2 - ab = 0$, bei der x die Seite des gesuchten Quadrats und a und b die Seiten des gegebenen Rechtecks sind.

Probleme wie die Quadrat- oder Würfelverdoppelung, die gleichfalls mittels kombinierter arithmetisch-geometrischer Methoden gelöst wurden, haben wir bereits im Abschnitt über die Arithmetik behandelt und brauchen deshalb hier nicht noch einmal darauf zurückzukommen. Merken wir nur noch an, daß sie der Flächenanlegung verwandt sind, insofern es sich um die Konstruktion von Figuren handelt, die hinsichtlich Form oder Dimensionen in einem bestimmten Verhältnis zu einer gegebenen Figur stehen sollen, und insofern sie zugleich arithmetisch (beziehungsweise algebraisch) und geometrisch sind.

Neben Dreieck, Quadrat, Rechteck und anderen Vielecken war auch der Kreis Gegenstand zahlreicher Untersuchungen der Pythagoreer – für eine primitive Geometrie ein reichlich kompliziertes Unterfangen, wirft die Berechnung von Kreisumfang und -fläche doch schwierige Probleme auf, weitaus schwierigere Probleme als einbeschriebene Polygone und deren Eigenschaften, die sich zu einem guten Teil auf die konstante Entfernung eines Punktes vom Kreisumfang zum Mittelpunkt, den Radius, gründen. Was Wunder also, daß man von Anfang an versuchte, den Kreis durch eine rein geometrische Konstruktion (mit Lineal und Zirkel) auf ein Vieleck, mit Vorliebe auf ein Quadrat, zurückzuführen – die Quadratur des Kreises.

Die Ägypter benutzten zur Berechnung der Kreisfläche eine näherungsweise Kreisquadratur: ein Quadrat, dessen Seite 8/9 des Kreisdurchmessers betrug, wurde als flächengleich mit dem zugehörigen Kreis gesetzt. Die Mesopotamier hatten sich mit einem schlechteren Näherungswert zufrieden gegeben; bei ihren Methoden der Berechnung von Kreisumfang und -flächen hatte π den Wert 3. Dagegen packten die Griechen das Problem auf andere Weise an.

Antiphon der Sophist, der im 5. Jahrhundert v.Chr. lebte, versuchte den Kreis mit einem regelmäßigen Vieleck gleichzusetzen; dabei machte er sich die Eigenschaften einbeschriebener Polygone zunutze. Er begann mit dem gleichseitigen Dreieck, kam durch Multiplikation der Seiten mit 2 zum Sechseck, von diesem zum Zwölfeck und immer so weiter. Seiner Überzeugung nach brauchte er diese Operation nur lange genug fortzusetzen, um ein mit dem Kreis flächengleiches Polygon zu erhalten. Dieses Polygon hätte eine unendliche Anzahl von Seiten haben müssen; immerhin aber war die Annäherung um so größer, je größer die Anzahl der Seiten des Vielecks war. Bryson von Herakleia verfolgte diesen Weg Ende des 5. Jahrhunderts v.Chr. weiter und benutzte gleichzeitig ein- und umschriebene Polygone mit der gleichen Anzahl von Seiten, wobei er davon ausging, daß der Kreis dem Mittelwert beider Polygone entspräche – etwa zwischen dem einbeschriebenen und dem umbeschriebenen Zwölfeck. Diese beiden noch rudimentären Methoden bereiteten immerhin die Arbeiten vor, die es hundertfünfzig Jahre später Archimedes ermöglichten, π durch ein Polygon mit 96 Seiten zu berechnen.

Noch Ende des 5. Jahrhunderts erfand Hippias von Elis eine Kurve zur Lösung der Quadratur des Kreises: die sogenannte Quadratrix (die auch zur Dreiteilung von Winkeln dient, siehe Kasten 138). Mit Hilfe dieser Kurve wird in einem ersten Schritt ein Kreis beschrieben, dessen Umfang gleich dem Umfang eines Quadrates ist; doch zur Quadratur dieses Kreises – also zur Entdeckung des zu diesem Kreis flächengleichen Quadrates – ist noch ein zweiter Schritt erforderlich, den Hippias jedoch noch nicht getan haben kann, da er die Kenntnis einer Eigenschaft des Kreises voraussetzt, die erst Archimedes gewonnen haben soll. Kasten 138 zeigt, wie diese Kurve konstruiert wird und wie mit ihrer Hilfe ein Kreis beschrieben werden kann, dessen Umfang gleich dem Umfang des gegebenen Quadrates ist; anschließend wird die Kritik erläutert, auf die diese Konstruktionen gestoßen sind. Diese ist allerdings »sophistisch« – Hippias war wie Antiphon und Bryson eher Sophist als Pythagoreer (vergleiche das folgende Kapitel). Höchstwahrscheinlich gehen die Konstruktion und die Beweise nicht allein auf Hippias zurück. Er dürfte die Konstruktion der Quadratrix entdeckt und intuitiv erkannt haben, welche Möglichkeit sie hinsichtlich der Quadratur des Kreises bietet.

138. DIE QUADRATRIX

(Nach Heath 1981)

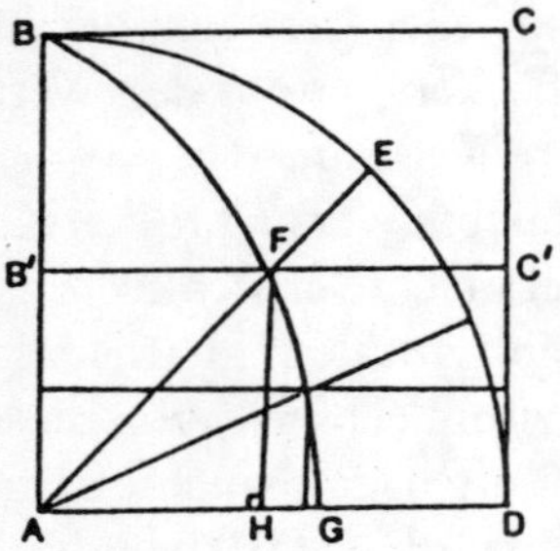

Gegeben sei das Quadrat ABCD. Nun stelle man sich vor, daß sich die Seite BC mit konstanter Geschwindigkeit nach unten bewegt, bis B in A und C in D angelangt sind, und daß sich die Seite AB in der gleichen Zeit um A dreht, bis B nach Beschreibung eines Viertelkreises in D anlangt. Die Geschwindigkeit dieser Bewegung ist also darauf abgestimmt, daß B im selben Augenblick in D anlangt wie C – B durchläuft den Viertelkreis BD also im gleichen Zeitraum, den C braucht, um sich auf der Seite CD – und B auf der Seite BA – nach unten zur Basis des Quadrats zu bewegen.

Bei diesen Bewegungen schneiden sich der Radius AB und die Seite BC in einem Punkt F, der eine bestimmte Kurve beschreibt, und diese Kurve ist die Quadratrix. Sie geht von B aus und schneidet die Seite AD in G.

Da sich AB und BC gleich schnell bewegen, gilt für jeden Punkt F der Quadratrix folgendes (der Ausdruck »Bogen BED« mißt die Länge des Kreisbogens BED und nicht den Winkel):

$$\frac{\text{Winkel BAD}}{\text{Winkel EAD}} = \frac{\text{Bogen BED}}{\text{Bogen ED}} = \frac{AB}{FH}$$

Mit Hilfe des Unmöglichkeitsbeweises beweist man nun: $\frac{\text{Bogen BED}}{AB} = \frac{AB}{AG}$

Sind diese beiden Verhältnisse nämlich nicht gleich, ist das erste notwendig gleich einem Verhältnis AB/AK, wobei AK größer oder kleiner sein kann als AG.

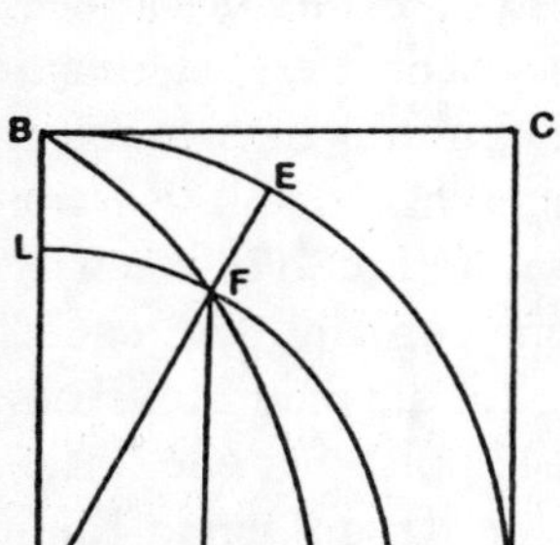

Nehmen wir an, AK sei größer als AG und schlagen wir einen Kreis um A mit dem Radius AK. Dieser Kreis schneidet die Quadratrix in F und AB in L. AF schneidet den Kreis um A mit dem Radius AB in E. Nun fälle man von F das Lot FH auf AD.

Wie oben angenommen, sollen die Verhältnisse gleich sein:

$$\frac{\text{Bogen BED}}{AB} = \frac{AB}{AK}$$

Da der Kreisbogen (und damit auch der Viertelbogen) proportional zu seinem Radius ist, folgt daraus, daß das Verhältnis des Viertelkreises BED zu seinem

Radius AB gleich ist dem Verhältnis des Viertelkreises LFK zu seinem Radius AK:

$$\frac{\text{Bogen BED}}{\text{AB}} = \frac{\text{Bogen LFK}}{\text{AK}}$$

Daraus kann aufgrund der voraufgehenden Gleichung geschlossen werden, daß AB gleich dem Bogen LFK ist.

Die Eigenschaft der Quadratrix aber bedingt:

$$\frac{\text{AB}}{\text{FH}} = \frac{\text{Bogen BED}}{\text{Bogen ED}} = \frac{\text{Bogen LFK}}{\text{Bogen FK}}$$

Wenn nun aber, wie oben behauptet, AB = Bogen LFK, muß der Bogen FK gleich FH sein, was unmöglich ist. Also kann AK nicht größer sein als AG.

Auf dieselbe Weise beweist man, daß AK nicht kleiner sein kann als AG.

Daraus aber folgt, daß AK nur gleich AG sein kann, und so ist bewiesen, daß

$$\frac{\text{Bogen BED}}{\text{AB}} = \frac{\text{AB}}{\text{AG}}$$

Der Viertelbogen BED verhält sich damit zu seinem Radius AB wie AB zu AG, ob AG nun der Radius eines Kreises mit dem Viertelumfang AG ist oder ob der Kreis um A mit dem Radius AG einen Umfang gleich dem Umfang des Quadrates ABCD (also 4 AB) hat.

Bei der eigentlichen Quadratur des Kreises – um also ein mit einem Kreis flächengleiches Quadrat zu erhalten – macht man sich die Eigenschaft zunutze, daß die Kreisfläche gleich der eines rechtwinkligen Dreiecks ist, dessen Katheten gleich dem Radius beziehungsweise dem Umfang sind. Die Fläche des Kreises um A mit dem Radius AG ist also gleich der eines rechtwinkligen Dreiecks mit den Katheten AG und 4AB, also gleich der Fläche eines Rechtecks von der Länge 2AB und der Breite AG; dieses Rechteck kann mit Hilfe der Methode des geometrischen Mittels in ein flächengleiches Quadrat umgewandelt werden – die Seite des Quadrats ist das geometrische Mittel aus Länge und Breite des Rechtecks. Die Flächengleichheit von Kreis und rechtwinkligem Dreieck findet sich in den Arbeiten des Archimedes über den Kreis, könnte aber schon früher, wenn nicht Hippias, so zumindest den Mathematikern des 4. Jahrhunderts v. Chr. bekannt gewesen sein.

Schon im Altertum wurden gegen diese Methode der Quadratrix zwei Einwände erhoben. Erstens, daß die Konstruktion der Kurve selbst die Kenntnis dessen voraussetzt, was gesucht wird, wenn sie fordert, daß die lineare Geschwindigkeit von B auf dem Viertelkreis BED und die von C auf der Seite CD in dem gesuchten Verhältnis zueinander stehen: denn die Länge dieses Kreisbogens und sein Radius werden im gleichen Zeitraum durchlaufen, also mit linearen Geschwindigkeiten, die sich genauso zueinander verhalten wie diese Längen, deren Verhältnis aber π beinhaltet. Der zweite Einwand lautet, daß die Strecken AB und BC mit AD verschmelzen, sich also nicht in einem Punkt G schneiden, da der Punkt B nach Durchlaufen des Viertelkreises in D anlangt, und der Punkt C, nachdem er seine Seite CD durchlaufen hat, ebenfalls in D – also die Quadratrix in diesem Punkt G »nicht existiert«.

Diese Einwände lassen sich zum Teil zurückweisen, wenn man den Punkt G mit folgender Methode sucht: Man zieht die Winkelhalbierende des Winkels BAD und die Linie B'C' so, daß B' die Strecke BA und C' die Strecke CD halbiert; diese Linien schneiden sich in einem Punkt F, von dem man das Lot FH auf AD fällt (H liegt also auf AD); dann wiederholt man die Operation, halbiert den Winkel FAD, zieht die Linie B''C'' mit B'' in der Mitte von AB' und C'' in der Mitte von DC', erhält einen neuen Punkt F und einen neuen Punkt H und fährt so ad infinitum fort. Mit jeder solchen Operation nähert sich H dem Punkt G weiter an, ohne ihn jedoch je zu erreichen, es sei denn das Verfahren wird bis ins Unendliche wiederholt. Mit einer rein geometrischen Methode kann die Quadratur also offensichtlich nie vollständig realisiert, aber doch näherungsweise erreicht werden.

Wenn man die Punkte I und I' auf der Geraden FH so aufträgt, daß FI = II' = I'H, und die Punkte J und J' auf der Quadratrix so setzt, daß IJ und I'J' parallel zu AD sind, wird der Winkel ∢EAD in drei gleiche Winkel geteilt – ∢EAJ = ∢JAJ' = ∢J'AD. Diese gleichfalls Hippias zugeschriebene Dreiteilung des Winkels geht direkt auf die Konstruktion der Quadratrix zurück und läßt sich auf jede Teilung des Winkels ∢EAD ausdehnen.

Mag Hippias auch einer Schimäre nachgelaufen sein und mit seiner Kurve bestenfalls eine Annäherung an die Quadratur des Kreises erreicht haben, so gelang es Hippokrates von Chios (5. Jahrhundert v. Chr.) immerhin, die Quadratur der Möndchen (oder zumindest bestimmter Möndchen) zu demonstrieren. Unter einem Möndchen versteht man die von zwei Kreisbogen mit verschiedenen Mittelpunkten und Radien gebildete Figur (vergleichbar dem zunehmenden oder abnehmenden Mond). Nun kann man zeigen, daß sich die Möndchen unter bestimmten Bedingungen auf ein Quadrat zurückführen lassen – Hippokrates selbst führte sie auf eine Dreiecksfläche zurück, die man jedoch auf ein Quadrat zurückführen kann. Eine Quadratur ist möglich, wenn in der Gleichung $(\sin x)\sqrt{m} = \sin mx$ mit $2x$ beziehungsweise $2mx$ als Winkelmaßen des Innen- beziehungsweise Außenbogens des Möndchens $m = 2, 3, 3/2, 5$ und $5/3$, was Hippokrates von Chios jedoch nicht wußte. Er quadrierte die Möndchen mit Werten von m gleich 2, 3 und 3/2, was den Werten 45° und 90°, 34°15' und rund 102°45', 53°30' und rund 80°15' für x bzw. mx entspricht. Vermutlich ist er auf diese drei Fälle, in denen eine Quadratur möglich ist, durch Zufall gestoßen. Eine ausführliche Darlegung der Quadratur der Möndchen mit $m = 2$, $2x = 90°$ und $2mx = 180°$ findet sich in Kasten 139.

139. DIE QUADRATUR DER MÖNDCHEN

(Nach Caveing 1982, Heath 1981)

Die von Hippokrates von Chios verwendete Methode der Quadratur der Möndchen ist uns in zwei leicht voneinander abweichenden Fassungen von Alexander von Aphrodisias und Eudemos von Rhodos überliefert. Letzterer beschreibt alle drei von Hippokrates behandelten Fälle, Alexander nur den ersten. Beide beschreiben anschließend die Extrapolation auf den ganzen Kreis, Alexander in einer recht summarischen Art, Eudemos geht komplexer vor. Aufgrund der Länge und des vielfach hohen Schwierigkeitsgrades dieser »Demonstrationen« führen wir hier nur die von Alexander und Eudemos überlieferten Methoden zur Behandlung des ersten Falls an und streifen dann noch kurz, wie die von Eudemos berichtete Methode auf den 2. und 3. Fall ausgedehnt werden kann. Weitere Einzelheiten finden sich bei Caveing 1982 und Heath 1981.

Die von Alexander von Aphrodisias überlieferte Methode

Gegeben sei der Halbkreis ACB mit dem Mittelpunkt D und dem Durchmesser AB. Dann sind AC und CB die Seiten des in den Halbkreis einbeschriebenen Halbquadrats.

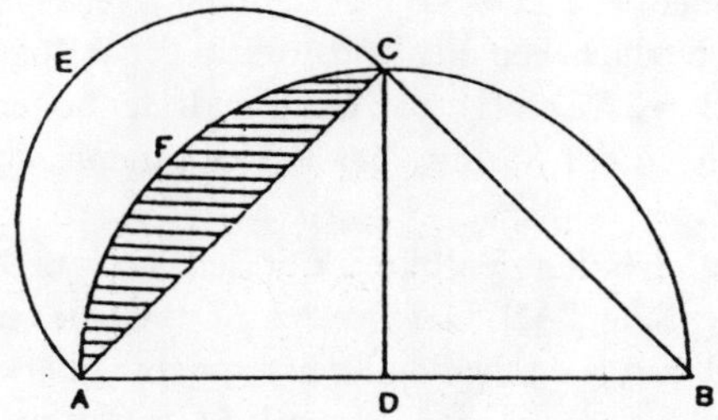

$AB^2 = 2AC^2$, nach dem Satz des Pythagoras, angewandt auf das rechtwinklige Dreieck ACB (in dem AC = CB).

Nun macht sich der Beweis die Eigenschaft zunutze, daß sich die Flächen zweier Kreise so zueinander verhalten wie die Quadrate ihrer Durchmesser – eine Eigenschaft, die Hippokrates von Chios bekannt gewesen sein dürfte. Offensichtlich gilt diese Eigenschaft auch für Halbkreise: Also hat der Halbkreis mit dem Durchmesser AB die doppelte Fläche des Halbkreises mit dem Durchmesser AC, da ihre Durchmesser im Verhältnis $AB^2 = 2\ AC^2$ zueinander stehen.

Andererseits ist der Halbkreis ACB gleich 2 Viertelkreisen ACD. Also ist der Halbkreis mit dem Durchmesser AC gleich einem Viertelkreis ACD. Wenn nun von beiden der gemeinsame Teil subtrahiert wird – also das in der Figur schraffierte Kreissegment AFC –, sehen wir, daß das Möndchen AECF die gleiche Fläche hat wie das Dreieck ACD, das man leicht in ein Quadrat verwandeln kann.

Die von Eudemos von Rhodos überlieferte Methode

Gegeben sei der Halbkreis ACB und das wie oben in ACB einbeschriebene Halbquadrat. Nun ziehe man den inneren Kreisbogen der Sehne AB derart, daß er in Grad die gleiche Länge hat wie jeder der Bögen AC und CB (das heißt in Grad ausgedrückt gleich 90°) und man wird bemerken, daß das so gewonnene Möndchen dem Möndchen AECF der obigen Figur ähnlich ist.

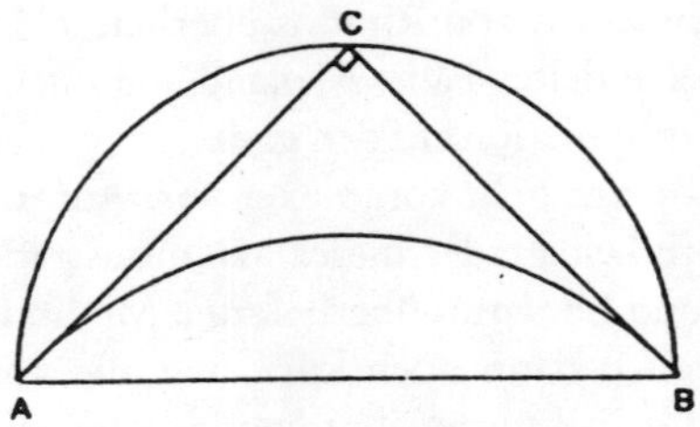

Der Beweis verwendet die Eigenschaft, daß sich Kreissegmente (die Fläche zwischen dem Bogen und seiner Sehne), die ähnlich sind – deren Bögen in Grad ausgedrückt die gleiche Bogenlänge haben –, zueinander genau so verhalten wie die Quadrate ihrer Sehnen. Diese Eigenschaft muß Hippokrates von Chios also gekannt haben; vielleicht hat er sie nicht bewiesen: sie leuchtet intuitiv ein unter Benutzung der Proportionalität der Kreisfläche zum Quadrat des Kreisdurchmessers und die Proportionalität des Kreisumfangs zu diesem Durchmesser.

Das Kreissegment über der Sehne AB ist jedem der Kreissegmente über den Sehnen AC und CB ähnlich (alle haben qua Konstruktion eine Bogenlänge von 90°).

Aus $AB^2 = AC^2+CB^2 = 2AC^2$ folgt, daß das vom Innenbogen und der Sehne AB begrenzte Segment gleich der Summe der Kreissegmente über den Sehnen AC und CB ist.

Das Möndchen ist gleich dem Halbkreis mit dem Durchmesser AB minus des Kreissegments über der Sehne AB. Das Dreieck ACB ist gleich dem Halbkreis mit dem Durchmesser AB minus der beiden Kreissegmente über den Sehnen AC und CB. Also ist das Möndchen gleich dem Dreieck ACB (das man leicht in ein Quadrat verwandeln kann).

Diese zweite Methode wird dann auch bei den Figuren angewandt, bei denen die Sehne des durch den Innenbogen des Möndchens begrenzten Kreissegments dergestalt sein soll, daß ihr Quadrat gleich der Summe der Quadrate der 3 Sehnen sein soll, die gleiche Kreissegmente begrenzen, deren Bogen also jeweils ein Drittel des äußeren Kreisbogens des Möndchens ausmachen. Dann verhalten sich die Quadrate dieser Sehnen wie 2 zu 3. Die Hauptschwierigkeit bestand in der Konstruktion dieser Figuren, zumal Hippokrates nicht wußte, daß es sich um Sonderfälle handelt, in denen die Möndchen »quadrierbar« sind.

Hippokrates hielt die erste Gleichung für repräsentativ für Möndchen, deren Außenbogen gleich dem Halbkreis ist, die zweite für Möndchen, deren Außenbogen größer als der Halbkreis ist, und die dritte für Möndchen, deren Außenbogen kleiner als der Halbkreis ist. (Doch damit verallgemeinerte er seine Entdeckung zu Unrecht; in Wirklichkeit stellen sie nur Sonderfälle der Quadrierbarkeit von Möndchen dar.) Davon ausgehend glaubte er durch die geometrische Kombination von Möndchen die »Quadrierbarkeit« des Kreises bewiesen zu haben – ein Irrtum, der uns jedoch nicht den Blick für die Geschicklichkeit seines Vorgehens bei der Quadratur bestimmter Möndchen trüben sollte.

Die vielen verschiedenen Versuche von Antiphon, Bryson, Hippias und Hippokrates von Chios, den Kreis zu »quadrieren«, zeigen, daß die Quadratur des Kreises im vorsokratischen Griechenland (aber auch noch später) zu den Hauptthemen der Geometrie zählte. Obgleich ein solches Unterfangen ein bißchen der Jagd auf Schimären gleicht, war es doch Anreiz, neue Wege zu beschreiten und hat den Anstoß zu einem wichtigen Fortschritt in der Geometrie gegeben. Das Problem gehört in eine Reihe mit Fragen wie der Flächenanlegung – der Konstruktion einer zu einer gegebenen Figur flächengleichen Figur, hier eines Quadrats von der Fläche eines Kreises –, aber auch mit der Inkommensurabilität und der Proportionenlehre, die ja ihrerseits mit der Flächenanlegung verknüpft sind: es fügt sich also ganz in das in sich geschlossene Gebäude der pythagoreischen Mathematik ein.

Als letztem Thema der pythagoreischen Geometrie wollen wir uns noch kurz den regelmäßigen und in eine Kugel einbeschreibbaren Körpern (oder Polyedern) zuwenden. Es gibt nur 5 Polyeder, die diese Anforderung erfüllen (siehe Kasten 140): das Tetraeder (mit 4 Seiten aus gleichseitigen Dreiecken), den Würfel oder das Hexaeder (mit 6 Seiten aus Quadraten), das Oktaeder (mit 8 Seiten aus gleichseitigen Dreiecken), das Dodekaeder (mit 12 Seiten aus Fünfecken) und das Ikosaeder (mit 20 Seiten aus gleichseitigen Dreiecken). Wir wollen im folgenden grob umreißen, wie sich die Pythagoreer dem Problem (anfangs zweifellos intuitiv) genähert haben.

Höchstwahrscheinlich waren diese Polyeder und ihre Konstruktion schon früh bekannt; entdeckt wurden sie vermutlich durch die Feststellung, daß ein Punkt auf einer Fläche nur von drei Arten von regelmäßigen Polygonen eingeschlossen werden kann, von 6 gleichseitigen Dreiecken, von 4 Quadraten oder von 3 Sechsecken. Da die Ecke eines Vielecks oder Polyeders der Schnittpunkt von mindestens 3 Polygonen ist, folgt daraus erstens, daß die Sechsecke entfallen, da 3 Sechsecke um einen Punkt eine Fläche und nicht einen Körper bilden, daß zweitens eine Ecke nur von 3 Quadraten begrenzt werden kann, denn 4 bilden eine Fläche, und daß drittens eine Ecke nur von 3, 4 oder 5 gleichseitigen Dreiecken begrenzt werden kann, denn 6 bilden eine Fläche. Nachdem diese Ecken so zu Vielecken zusammengesetzt worden sind, daß der Würfel nur 8, das Tetraeder 4, das Oktaeder 6 und das Ikosaeder 12 Ecken hat, erhält man den Würfel (3 Quadrate begrenzen eine Ecke), das Tetraeder (3 Dreiecke begrenzen eine Ecke), das Oktaeder (4 Dreiecke begrenzen eine Ecke) und das Ikosaeder (5 Dreiecke begrenzen eine Ecke).

Bleibt der Fall des Dodekaeders mit seinen 12 Fünfecken und 20 Ecken. Im allgemeinen nimmt es in der Literatur eine Sonderstellung ein – einer Überlieferung zufolge ging Hippasos elendiglich zugrunde, weil er die Konstruktion und Einbeschreibbarkeit des Dodekaeders verraten hatte, und auch Platon, der in seinem von den Pythagoreern inspirierten *Timaios* die vier Elemente Erde, Wasser, Feuer und Luft den vier regelmäßigen Polyedern gleichsetzt, behält dem Dodekaeder eine Sonderrolle vor. Dies wird dadurch verständlich, daß die Entdekkung und die Konstruktion des Dodekaeders auch auf andere Weise erfolgt sein dürfte als die von Tetraeder, Würfel, Oktaeder und Ikosaeder. Wie das im einzelnen geschah, läßt sich schwer sagen, aber die Pythagoreer konnten höchstwahrscheinlich schon sehr früh ein regelmäßiges Fünfeck konstruieren: Das Pentagramm ⛤, eine »Variation« des Fünfecks, diente den Sektenmitgliedern als Erkennungszeichen. Da sie zweifelsohne auch schon recht früh die Winkelsumme regelmäßiger Vielecke zu berechnen verstanden (*2n-4* rechte Winkel, wobei *n* für die Anzahl der Seiten steht; siehe Seite 357), konnten sie auch den Wert des einzelnen Winkels des Fünfecks bestimmen, nämlich 6/5 eines rechten Winkels = 108°, so daß eine Ecke durch 3 Fünfecke begrenzt werden kann (108 × x3 = 324°, also weniger als der Flächenwinkel von 360°); die Kombination dieser Ecken führte zum Dodekaeder.

140. DIE REGELMÄSSIGEN, IN EINE KUGEL EINBESCHREIBBAREN POLYEDER

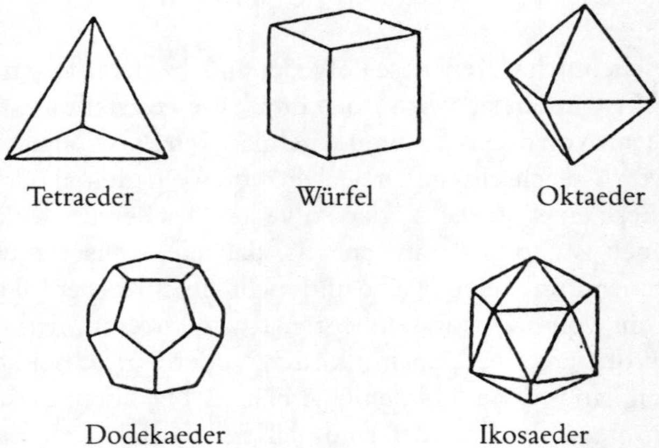

All das dürfte sowohl im Fall des Dodekaeders als auch bei den vier anderen regelmäßigen Polyedern lange Zeit aus der Anschauung abgeleitet worden sein. Die strengen Konstruktionsmethoden und der Beweis, daß alle diese Polyeder einen von allen Ecken gleichweit entfernten Mittelpunkt besitzen und sich deshalb in einen Kreis einbeschreiben lassen, werden im allgemeinen erst Theaitetos (Anfang des 4. Jahrhunderts v. Chr.) zugeschrieben, ebenso manchmal die Entdeckung des Dodekaeders und des Ikosaeders, die vermutlich jedoch schon vorher bekannt waren, so daß Theaitetos in ihrem Fall lediglich die Konstruktionsmethoden ausgearbeitet hätte – die einfacheren für Tetraeder, Würfel und Oktaeder waren in Ansätzen schon vor Theaitetos vorhanden.

So hat die Geometrie im Lauf des 6. und 5. Jahrhunderts v. Chr. beträchtliche Fortschritte gemacht, die man aller Wahrscheinlichkeit nach den Pythagoreern oder doch von ihnen inspirierten Mathematikern zuschreiben darf. In dieser Zeit wird die Geometrie als autonome, »zweckfreie«, um logischen Zusammenhalt und logische Beweisführung bemühte Wissenschaft geboren. Auf ihre engen Beziehungen zur Arithmetik haben wir schon hingewiesen, die zweifelsohne vor allem auf die Betonung des Maßes und damit letztlich auch auf die Zahlenmystik zurückgehen, also auf das Bestreben, alles in Zahlenverhältnissen auszudrücken – das Maß einer Strecke im Verhältnis zu einer anderen Strecke entspricht dem Verhältnis einer Zahl zur Einheit. Aus diesen Bemühungen resultiert auch das Unbehagen über die Inkommensurabilität und die Irrationalität. Doch darauf werden wir noch ausführlicher in der Bilanz der pythagoreischen Mathematik zurückkommen, während in Kasten 141 die bedeutendsten Mathematiker des 6. und 5. vorchristlichen Jahrhunderts vorgestellt werden, gleichviel, ob sie als Pythagoreer gelten oder nicht.

141. GRIECHISCHE MATHEMATIKER DES 6. UND 5. JAHRHUNDERTS

(Nach Michel 1950)

Die meisten griechischen Mathematiker der Antike sind in der pythagoreischen Tradition verwurzelt; einige Ausnahmen gibt es allerdings doch. Im Rahmen dieses kurzen Überblicks aber sollen Pythagoreer und nichtpythagoreische Mathematiker des 6. und 5. Jahrhunderts vorgestellt werden (mehr über sie und die griechischen Mathematiker des 4. und 3. Jahrhunderts sowie eine zugehörige Bibliographie findet sich bei Michel 1950). Merken wir noch an, daß die Mathematik für diese antiken Denker im allgemeinen nur eine Beschäftigung unter anderen war.

Anaxagoras von Klazomenai: Philosoph und pluralistischer »Physiker« aus dem 5. Jahrhundert (siehe 5. Kapitel); von seinem mathematischen Werk ist nichts erhalten, der Überlieferung zufolge aber soll er die Quadratur des Kreises und die Probleme der Perspektive in bezug auf Bühnenbilder studiert haben.

Anaximander: Physiologe aus dem 6. Jahrhundert, dem auf sehr hypothetische Weise eine Abhandlung über die Geometrie zugeordnet wird, von der nichts erhalten ist, was Rückschlüsse auf ihren Inhalt zuließe (siehe 2. Kapitel).

Antiphon der Sophist: Sophistischer Philosoph aus dem 5. Jahrhundert, der das Problem der Kreisquadratur mit Hilfe eines regelmäßigen Polygons mit unendlich vielen Seiten zu lösen suchte (siehe Kasten 155, Seite 448).

Archytas von Tarent: Pythagoreischer Philosoph, Gelehrter und Staatsmann (Ende 5., Anfang 4. Jahrhundert). Von ihm sind einige Fragmente von zweifelhafter Authentizität erhalten. Er soll die pythagoreische Mathematik in 4 Sparten eingeteilt haben: Arithmetik, Geometrie, Musik und Astronomie (oder »Sphärisches«). Außer musiktheoretischen Arbeiten ist von ihm die geometrische Lösung des Problems der zwei mittleren Proportionalen bekannt, eine Methode, Quadratwurzeln mit Hilfe der babylonischen Proportion zu ziehen. Außerdem soll er als erster die mathematischen Prinzipien auf die Mechanik angewandt und eine Reihe von Erfindungen gemacht haben: die archimedische Schraube, der Flaschenzug und eine »Holztaube«, die in die Höhe flog, oben dann aber sitzen blieb – blockierte der Mechanismus oder funktionierte er wie der Hirsch des Kanachos?

Aristaios von Kroton: Hörer und Schüler des Pythagoras, angeblich sein Schwiegersohn und unmittelbarer Nachfolger (Anfang 5.Jahrhundert). Ihm wird die Untersuchung der musikalischen (oder babylonischen) Proportion zugeschrieben.

Bryson von Herakleia (oder *Bryson der Sophist*): Ende 5. Jahrhundert; er befaßte sich mit der Quadratur des Kreises. Von ihm soll die Annahme stammen, daß die Differenzen zwischen dem Kreis und seinem einbeschriebenen und dem Kreis und seinem umschriebenen Vieleck gleich sind, so daß der Kreis also das Mittel zwischen beiden ist.

Demokrit von Abdera: Philosoph und »Physiker« vom Ende des 5., Anfang des 4. Jahrhunderts, begründete zusammen mit Leukipp die Atomistik (siehe 5. Kapitel). Demokrit gilt als Verfasser zahlreicher verlorengegangener mathematischer Werke, in denen unter anderem Kreis- und Kugeltangente, Pyramiden- und Kegelvolumen sowie die Eigenschaften von Zahlen behandelt werden.

Hippasos von Metapont: Einer der ersten Schüler des Pythagoras (Ende 6., Anfang 5. Jahrhundert). Er soll wegen der Enthüllung, daß sich das Dodekaeder in eine Kugel einbeschreiben läßt, oder wegen der Aufdeckung der Irrationalität der Quadratwurzel aus 2 aus der Sekte der Pythagoreer ausgestoßen worden sein – die Unterweisung sollte auf die Eingeweihten beschränkt bleiben. Wie Heraklit, der sich seiner Sicht angeschlossen haben mag, sah er im Feuer den Ursprung aller Dinge.

Hippias von Elis: Sophist aus der zweiten Hälfte des 5. Jahrhunderts; von seinen Schriften ist nichts erhalten, aber er gilt als Erfinder der Quadratrix – einer Kurve, die die Quadratur des Kreises ermöglichen soll (siehe Kasten 138, Seite 364; weitere Details in Kasten 155, Seite 448).

Hippokrates von Chios: (Nicht zu verwechseln mit dem Arzt Hippokrates von Kos; siehe 6. Kapitel.) Mathematiker aus dem 5. Jahrhundert, der zweifellos mit der pythagoreischen Geometrie vertraut war. Autor der ersten (vollständig verlorengegangenen) *Elemente* der Mathematik – einer Klassifizierung der einschlägigen Erkenntnisse und deren Zusammenfassung zu einem einheitlichen Ganzen. Er beschäftigte sich mit der Verdoppelung des Würfels (Einschaltung zweier mittlerer Proportionaler) und der Geometrie des Kreises (Quadratur der Möndchen). Außerdem soll er zur Bezeichnung eines (nach pythagoreischer Art) über einer gegebenen Geraden konstruierten Quadrats den Begriff »Potenz« eingeführt haben, der dann in der Folge verallgemeinert wurde (Quadrat-, Kubikzahlen, 4. Potenz). Hippokrates befaßte sich auch mit Astronomie.

Klinias von Tarent: Pythagoreer vom Ende des 5. Jahrhunderts. Er teilte die pythagoreische Mathematik in eine unbewegliche (Arithmetik und Geometrie) und eine bewegliche Mathematik (Musik und Astronomie) ein. Klinias soll die Zerstörung von Demokrits Werken durch Platon verhindert haben.

Lasos von Hermione: Dichter aus dem 6. Jahrhundert: Er gilt als Verfasser der ersten Musikschrift des griechischen Altertums. Lasos selbst war kein Pythagoreer, soll aber mit unterschiedlich gefüllten identischen Vasen akustische Versuche angestellt, durch Klopfen die jeweilige Tonhöhe festgestellt und durch Vergleich der Töne herausgefunden haben, daß »sich die Leerräume bei der Oktave wie 2 zu 1, bei der Quint wie 3 zu 2 und bei der Quart wie 4 zu 3 verhalten«.

Mamerkos (oder *Mamertinos oder Ameristos*): Mathematiker, von Proklos als Nachfolger von Thales erwähnt. Außer seinem Namen ist nichts von ihm bekannt.

Oinopides von Chios: Mathematiker und Astronom aus dem 5. Jahrhundert. Über sein mathematisches Werk ist wenig bekannt, außer daß er Methoden entwickelt haben soll, wie sich von einem Punkt außerhalb einer Geraden das Lot auf diese fällen und an eine Strecke ein einem gegebenen Winkel entsprechender Winkel antragen läßt. Außerdem betätigte er sich als Astronom und gab die Länge des Jahres mit 365 und 22/59 Tagen und das »Große Jahr« (Sonne-Mond-Zyklus) zu 59 Jahren an.

Philolaos: Mathematiker und pythagoreischer Philosoph aus der zweiten Hälfte des 5. Jahrhunderts. Von seinem Werk sind nur wenige Fragmente von zweifelhafter Echtheit erhalten. Außer einer Astronomie, in der die Erde nicht mehr den Mittelpunkt des Alls einnimmt (siehe unten), scheint er Schriften über die Musik und die Zahlen verfaßt zu haben.

Pythagoras: Philosoph, Mathematiker und Begründer der pythagoreischen Sekte des 6. Jahrhunderts; ihm werden außer einer mystischen Zahlenlehre und einer darauf aufbauenden Philosophie der nach ihm benannte Lehrsatz, vielleicht der Beweis der Irrationalität der Quadratwurzel aus 2 und verschiedene Betrachtungen über die Proportionen zugeschrieben.

Thales: Philosoph, Mathematiker und Physiologe aus Milet, 6. Jahrhundert. Obwohl ein Lehrsatz seinen Namen trägt und er verschiedene Eigenschaften von Kreis und Dreieck entdeckt haben soll, besteht sein Hauptverdienst vermutlich in der Einführung der ägyptischen und/oder mesopotamischen Mathematik in Griechenland (siehe 2. Kapitel).

Theaitetos: Mathematiker vom Ende des 5., Anfang des 4. Jahrhunderts. Der Platon- oder Sokratesschüler könnte seinerseits an der Akademie Mathematik gelehrt haben. Seine Arbeiten kreisten hauptsächlich um die Irrationalität und die Konstruktion regelmäßiger Polyeder.

Theodoros von Kyrene: Mathematiker und Arzt aus dem 5. Jahrhundert mit pythagoreischer Ausbildung. Theodoros lehrte Geometrie, Arithmetik, Musik und Astronomie und gilt als Vermittler zwischen der pythagoreischen Lehre und der Platonischen Akademie. Er soll die Irrationalität der ganzzahligen Quadratwurzeln bis 17 mit Ausnahme der Quadratzahlen bewiesen haben (2, 3, 5 . . .17).

Timaios von Lokroi: Philosoph, Mathematiker und Astronom aus dem 5. Jahrhundert. Seine Existenz ist nicht nachgewiesen; sein Name ist nur aus dem nach ihm benannten Platonischen Dialog bekannt, als dessen Vorlage die Überlieferung pythagoreische Bücher benennt, die der verarmte Philolaos angeblich an Platon verkauft hat.

Zenon von Elea: Eleatischer Philosoph aus dem 5. Jahrhundert, berühmt durch seine vier Aporien bei den Fragen der Pluralität und der Teilbarkeit, der Kontinuität und des unendlich Kleinen (siehe 4. Kapitel).

Bilanz und allgemeine Konzeption der Mathematik

Anstatt hier die größtenteils von Pythagoreern angehäuften mathematischen Kenntnisse des 6. und 5. Jahrhunderts noch einmal zu rekapitulieren, sollen an dieser Stelle die allgemeinen Grundlagen dieser Mathematik herausgearbeitet werden.

Da schon mehrfach angemerkt wurde, daß die griechische Wissenschaft dieser Zeit mathematische Eigenschaften erstmals streng bewiesen, gegliedert und zu einem zusammenhängenden Ganzen zusammengefaßt hat, mag hier der Hinweis genügen, daß aus dieser Epoche (also lange vor Euklid) auch die ersten *Elemente* der Mathematik stammen. Verfasser dieser *Elemente* war Hippokrates von Chios, dem wir schon bei der Würfelverdoppelung und der Quadratur der

Möndchen begegnet sind. Unter *Elementen* hat man eine geordnete Sammlung der bereits etablierten mathematischen Kenntnisse zu verstehen, denen der Autor nach Belieben auch seine eigenen Erkenntnisse angliedern konnte. Die *Elemente* enthalten eine als kohärentes Ganzes präsentierte mathematische Konzeption, streng gegliedert und mehr als ein bloßes Nebeneinander einzelner Lehrsätze. Von diesen ersten *Elementen* des Hippokrates von Chios ist nichts erhalten, zweifelsohne weil sie in die späteren Abhandlungen – vornehmlich die des Euklid – aufgenommen wurden und darin aufgingen – in originaler Form oder überarbeitet. Durch die späteren Traktate also »überholt«, mußten sie nicht unbedingt in ihrer ursprünglichen Form bewahrt werden. In Anbetracht der Kenntnisse aber, die die Hippokrates von Chios zugeschriebenen Beweise voraussetzen, dürften seine *Elemente* mindestens die beiden ersten Bücher der Euklidschen *Elemente* ganz sowie einen großen Teil des 3. und des 4. Buches und wohl auch schon einen Teil des 6. Buches samt einigen Lehrsätzen aus anderen Büchern (8, 12, 13) enthalten haben.

Auch auf den losgelösten und den autonomen Charakter der Mathematik dieser Epoche haben wir schon aufmerksam gemacht. Es geht nicht mehr um praktische Belange und angewandte Berechnungen wie in der mesopotamischen und der ägyptischen Mathematik; vielmehr werden ihre verschiedenen Sparten mehr oder weniger mit einer die Welt transzendierenden Reinheit-Wahrheit gleichgesetzt – auch wenn der Begriff der »Transzendenz«, wie sich im Kapitel über die pythagoreische Physik zeigen wird, hier etwas überzogen ist. Diese Ablösung der Mathematik aber hindert nicht, daß die Zahlen und Zahlenverhältnisse die Dinge »beherrschen« und in eine Zahlenmystik integriert werden.

Dieser mystische Aspekt zeigt sich vor allem in der Beziehung, die zwischen den Zahlen und den Dingen hergestellt wird. In der reinen Mathematik dagegen tritt er weitgehend hinter der Strenge der Konstruktionen und Beweisführungen zurück. Gleichwohl sind auch bestimmte Aussagen über die Zahlen und ihre Eigenschaften stark mystisch eingefärbt, sofern nicht allein schon die Strenge des Vorgehens als Zeugnis göttlichen Wirkens gilt. Dies betrifft auch die Sonderstellung der Zahl 10, genannt *Tetractys*, die von den Pythagoreern als die vorzüglichste Zahl schlechthin betrachtet wird: die 10 ist die Basis des Zahlensystems, sie enthält ebensoviele gerade wie ungerade Zahlen, sie ist die Summe aus 1, 2, 3 und 4 – Zahlen, auf denen die harmonische Proportion in der Musik aufbaut und die in der Geometrie die drei Dimensionen verkörpern (1 den Punkt, 2 die Linie, 3 die Fläche und 4 den Raum – denn 2 Punkte definieren eine Linie, 3 nicht in einer Linie aufgereihte Punkte eine Fläche und 4 Punkte, die sich nicht in der gleichen Ebene befinden, einen Raum). Das folgende zitierte Fragment des Speusippos erläutert dies ausführlich – Speusippos, ein Philosoph aus dem 4. vorchristlichen Jahrhundert, Platons Neffe und Nachfolger als Leiter der Akademie, steht im Ruf, stark von den Pythagoreern beeinflußt gewesen zu sein.

Speusippos spricht aber folgendermaßen: »Es ist aber die Zehn die vollkommene Zahl, und mit Recht und ganz natürlicherweise begegnen wir (Menschen) uns in dieser, Griechen und alle Völker, die auf alle mögliche Art zählen, indem wir selber dabei nichts mit Absicht tun. Denn sie hat viele Eigentümlichkeiten, wie das bei einer so vollkommenen Zahl in der Ordnung ist; viele Eigenschaften aber sind ihr nicht spezifisch eigentümlich; sie muß aber (auch) diese als vollkommene Zahl besitzen.

Erstens nun muß sie eine gerade Zahl sein, damit in ihr in gleicher Weise die ungeraden und die geraden Zahlen enthalten sind und nicht solche, die Produkte aus ungleichen Faktoren sind. Denn da stets die ungerade Zahl früher als die gerade ist, wird, wenn nicht die schließende Zahl gerade wäre, die andere mehr haben. Sodann muß sie die ersten und unzusammengesetzten [*Primzahlen, 1, 2, 3, 5, 7*] und die zweiten und zusammengesetzten [*4, 6, 8, 9, 10*] in gleicher Weise enthalten. Das aber ist bei der Zehnzahl der Fall, dagegen bei keiner anderen Zahl, die kleiner ist als zehn, wohl aber einer größeren (wie bei der Zwölf und einigen andern), aber Grundzahl von ihnen ist die Zehnzahl. Und sie hat als erste, die diese Eigenschaft hat, als die kleinste von denen, die diese Eigenschaft haben, eine gewisse Vollendung, und das ist ihr gewissermaßen eigentümlich, daß in ihr als erster unzusammengesetzte und zusammengesetzte Zahlen in gleicher Anzahl zur Erscheinung kommen. Andererseits jedoch begnügt sie sich nicht damit, die erste zu sein, die ebensoviele unzusammengesetzte wie zusammengesetzte Zahlen enthält; sie schließt auch, und auch dies wieder in gleicher Anzahl, Vielfache und Teile ein, deren Vielfache ihrerseits Vielfache sind. Von Teilen schließt sie die Zahlen 1 bis 5 und von den Vielfachen dieser Teile die Zahlen 6 bis 10 ein. Indessen muß die Zahl 7 ausgenommen werden, da sie nicht das Vielfache einer anderen Zahl ist; da aber umgekehrt die Zahl 4 (der ersten Gruppe) als ein Vielfaches (von 2) ebenfalls ausgenommen werden muß, bleibt die Anzahl von Vielfachen und Teilen doch gleich [*das heißt, daß 4 zugleich das Vielfache von 2 und der Teil von 8 ist, während 1, 2, 3 und 5 nur Teile der Vielfachen 6, 8, 9 und 10 sind; 7 ist weder ein Vielfaches noch ein Teil; man beachte, daß 2, 3 und 5 nicht als Vielfache von 1 betrachtet werden*]. Darüber hinaus aber sind in der Zahl 10 auch alle anderen Beziehungen enthalten: Gleichheit, Überlegenheit, Unterlegenheit, Überparteilichkeit [*vgl. dazu »epimor« Seite 345*] etc. sowie die Linien-, Flächen- und Raumzahlen. In der Tat ist 1 der Punkt, 2 die Linie [*2 Punkte definieren eine Linie*], 3 das Dreieck [*3 nicht auf einer Linie angeordnete Punkte definieren eine Fläche*] und 4 die Pyramide [*Tetraeder, 4 nicht in einer Ebene angeordnete Punkte definieren ein Volumen*]; alle diese Zahlen treten hier erstmals in Erscheinung und begründen Zahlenfamilien, denen jede der folgenden Zahlen angehört. Mehr noch, sogar die erste aller mathematischen Folgen findet sich hier: die Zahl 10 ist das letzte Glied einer arithmetischen Folge, bei der die Differenz zwischen einem Glied und dem vorhergehenden Glied gleich ist [*in der Tat ist 10 die Summe aus 1, 2, 3, 4, die mit einer arithmetischen Folge gleichgesetzt werden können, vgl. dazu den Abschnitt über die Musik*].

Bei Flächen und Volumen sind die Grundelemente der Punkt, die Linie, das Dreieck und die Pyramide: sie alle enthalten die Zahl 10 und verdanken ihr ihre Vollkommenheit. Bei der Pyramide beherrscht die Zahl 4 die Zahl der Winkel und Flächen, die Zahl 6 die Zahl der Kanten, was zusammen 10 ergibt [*das Tetraeder hat 4 Flächen, 4 Ecken und 6 Kanten*]. (Beim Dreieck) herrscht die Zahl 4 bei den Abständen und den Grenzen von Punkt und Linie [*zur Konstruktion eines Dreicks braucht man eine Linie, einen außerhalb von ihr gelegenen Punkt sowie die beiden Geraden, die diesen Punkt mit zwei auf der Linie angenommenen*

Punkten verbinden, also 4 Elemente], die Zahl 6 bei den Seiten und Winkeln des Dreiecks [*3 Winkel + 3 Seiten*], was zusammen ebenfalls 10 ergibt.«

[*Auf ganz ähnliche Weise werden in diesem von Pseudoiamblichos in den Theologoumena arithmetica berichteten Fragment die verschiedenen Dreiecke und Volumen abgehandelt.*]

Wie man aus diesem langen Fragment ersehen kann, schreckten die Pythagoreer, wenn sie Mathematiker waren, nicht vor »mystischen Analogieschlüssen« zurück. Zwar müssen die beiden Richtungen nicht von den gleichen Leuten vertreten worden sein, aber auch Philolaos erfand in dem ihm zugeschriebenen astronomischen Traktat ohne zu zögern einen neuen Stern, die Anti-Erde, nur um bei den Himmelskörpern die Zahl 10 voll zu machen (siehe unten). Außerdem weihte besagter Philolaos laut Proklos die Winkel der Polygone den Göttern: die Winkel im Dreieck dem Kronos, dem Hades, dem Ares oder auch dem Dionysos – vielleicht aufgrund ihres Wertes, sicher aber spielten auch astronomische Überlegungen herein, denn Philolaos bediente sich in seiner Astronomie der Polygone (siehe unten) –, die im Quadrat (90°) Rhea, Demeter oder Hestia, die im Zwölfeck (150°) Zeus etc. (vergleiche dazu die vergöttlichten Zahlen der Mesopotamier). Demnach existierten für die Pythagoreer neben den streng bewiesenen mathematischen Eigenschaften also auch rein mystische, nicht bewiesene »mathematische Eigenschaften«, die sie sogar eigens zur Untermauerung einer mystischen Behauptung (der Perfektion der 10) erfanden. Diese mystischen Beziehungen, die sie zwischen den Zahlen, den geometrischen Figuren etc. herstellten, sind die andere Seite der pythagoreischen Mathematik; sie kann in eine Reihe mit der Bewertung bestimmter Zahlen als »vollkommene« oder als »Freunde« gestellt werden, denn selbst wenn solche Qualifizierungen auf mathematische Eigenschaften hinweisen, legen sie doch auch so etwas wie eine Personifikation der Zahlen nahe.

Die Beziehungen zwischen Arithmetik und Geometrie, denen im Gegensatz zu den oben angeführten nichts Mystisches anhaftet, erscheinen uns heute rein mathematisch und durch und durch natürlich. Gleichwohl aber kann man auch aus ihnen Rückschlüsse auf die Hauptanliegen der Pythagoreer ziehen, und letztlich sind auch sie nicht ohne Bezug auf die Zahlenmystik (wenn dieser auch durchaus rational bleibt). Im Grunde sind die meisten geometrischen Kenntnisse der Pythagoreer eine direkte Übersetzung analoger arithmetischer Probleme, die hauptsächlich um Proportionen kreisen. Beispielsweise sind die Flächenanlegung, die Quadratur des Kreises, die Verdoppelung des Würfels und sogar der Satz des Pythagoras vor allem Proportionsaufgaben, Anwendungen bestimmter numerischer Beziehungen auf die Geometrie. Nach Meinung der Pythagoreer beherrschen die Zahlen und ihre Verhältnisse die Dinge, und eben das läßt sich mit Hilfe der Geometrie im Hinblick auf den Raum darlegen.

Im Gegensatz zu den Zahlen und ihren Eigenschaften (die Gegenstand der Arithmetik sind), werden die geometrischen Figuren und ihre Eigenschaften (die

Gegenstand der Geometrie sind) konkret wahrgenommen; ihre Existenzebene ist nicht, wie die der Zahlen, über-natürlich. So gesehen ist die Geometrie gewissermaßen eine Naturwissenschaft, eine Art »Physik des Raums«, denn ihre Objekte sind sinnlich wahrnehmbar, mögen sie auch noch so abstrakt sein wie Dreiecke, Kreise etc., es geht ja nicht um dreieckige Felder oder kreisrunde Bassins. Um so erstaunlicher ist, daß sie strengen, leicht verständlichen und beweisbaren Gesetzen folgen und daß sich die Eigenschaften der Zahlen anhand geometrischer Darstellungen am einfachsten entdecken lassen. Der Raum ist das (natürliche) »Ding«, an dem die Pythagoreer als erstes ihren Zahlenbegriff, ihre Überzeugung, daß die Zahlen alle Dinge beherrschen, ausprobieren und demonstrieren konnten (als zweites »Ding« wählten sie die Musik). Ermöglicht wurde dies durch den Begriff des Maßes: Das Maß ist das Verhältnis einer Größe (einer Länge, einer Fläche, eines Volumens, eines Winkels, eines Bogens) zu einer anderen Größe gleicher Art, wie ja auch die Zahl das Verhältnis einer Vielheit zu einer Einheit ist. Daraus resultiert die Bedeutung, die die Pythagoreer den Proportionen und ihrer geometrischen Anwendung beimaßen – einer im großen und ganzen rationalen Anwendung, auch wenn gelegentlich mehr oder weniger mystische Vorstellungen hereinspielten, wie beispielsweise bei der Definition des Würfels als Inbild geometrischer Harmonie, weil er mit seinen 6 Seiten, 8 Ecken und 12 Kanten die Zahlen 6, 8 und 12 der harmonischen Proportion verkörpert. Begreiflich, daß die Entdeckung der Inkommensurabilität und der irrationalen Zahlen unter diesen Umständen eine beträchtliche Verwirrung auslösen mußte: Offensichtlich gab es also Größen, die kein gemeinsames Maß besaßen und sich mithin auch nicht zueinander in Beziehung setzen ließen; es gab Zahlen, die nicht als Verhältnis zweier anderer Zahlen aufgefaßt werden konnten – was uns zu der Frage nach dem Zahlenbegriff der Pythagoreer überhaupt veranlaßt.

Ließ sich die Vorstellung, daß alle Dinge – von den Fällen der Inkommensurabilität einmal abgesehen – von den Zahlen und ihren Verhältnissen bestimmt werden, auf den Raum recht gut anwenden, so war das bei der Physik nicht der Fall, mit Ausnahme der Musik. Um zu verstehen, wie die Pythagoreer diese Konzeption trotzdem in die Physik einbezogen, indem sie sie mit einer Physik der Gegensätze verbanden (ähnlich der, die sich später bei Heraklit findet) und mit Begriffen des Begrenzten und des Unbegrenzten vermischten – wie sie Anaximander und Anaximenes, ein Zeitgenosse des Pythagoras, verwandten –, muß zuerst der allgemeine Zahlenbegriff zu dieser Zeit in Griechenland vorgestellt werden.

Bezeichnend für diesen Zahlenbegriff, den Aristoteles (*Metaphysik*, Bücher *A,6* und *M,7*) zwar den Platonikern zuschreibt, der aber zweifellos schon früher existierte, ist der Gedanke, daß die Zahlen durch Verdoppelung entstehen. Spuren dieser Vorstellung finden sich in der griechischen Metrologie (Kasten 111, Seite 266). Außerdem erinnert sie stark an die ägyptische Multiplikations- und Divisionsmethode, das Prinzip des Horusauges (Kasten 69, Seite 164) und die sumerischen Bezeichnungen für 1 und 2, *gesch* und *min*, Mann und Frau (Kasten 11, Seite 48). Danach entstehen die Zahlen durch die Einwirkung einer unbestimmten Dyas (Zweiheit) auf die Einheit. Diese unbestimmte Dyas ist eine Art multiplikative Potenz, während die Einheit bestimmt ist und als determinierende Kraft wirkt; so ergibt sich aus der Einwirkung der Einheit auf die unbestimmte Dyas die Zahl 2, eine determinierte, aus zwei determinierten Einheiten gebildete Zahl. Auf dieselbe Weise, nämlich durch schrittweise Verdoppelung, entstehen auch die anderen Zahlen. Allerdings erfaßt diese Methode die ungeraden Zahlen nicht; sie müssen offensichtlich den Einheiten an die Seite gestellt und in die Kategorie der determinierenden Kräfte eingereiht werden. Diese ist zugleich die »männliche« Kategorie im Gegensatz zur »weiblichen« der geraden Zahlen, der wie der unbestimmten Dyas die Funktion der Vermehrung zufällt: Sie bringt unter Einwirkung des männlichen Prinzips, der Einheit, mit der determinierenden Kraft, durch Multiplikation, Reproduktion die Zahlen hervor. So ist das Paar Einheit/Zweiheit, das die Zahlen erzeugt, zugleich auch der Archetyp der Paare Ungerade/Gerade, Bestimmt/Unbestimmt, Begrenzt/Unbegrenzt, Männlich/Weiblich; im Abschnitt über dic pythagoreische Physik werden wir auf weitere Gegensatzpaare dieser Art stoßen. Hier genügt der Hinweis, daß eine solche Sicht der Entstehung der Zahlen durch Verdoppelung, durch die Einwirkung des determinierenden Prinzips der Einheit auf die unbestimmt vermehrende Kraft der Dyas, die Einbeziehung der Zahlen, der Gegensatzpaare, des Unbestimmten und des Bestimmten, in die Physik ermöglicht.

Doch ehe wir uns dieser Physik zuwenden, noch ein Wort zur Musik, die für die Pythagoreer wie die Arithmetik, die Geometrie und die Astronomie – oder das »Sphärische«, wie die Astronomie auch bezeichnet wurde – ein Zweig der Mathematik war. Eine solche Einteilung stimmt mit dem überein, was wir über die pythagoreische Geometrie als Anwendung der Arithmetik auf den Raum gesagt haben, ist die Musik doch eine Anwendung eben dieser Arithmetik auf die Welt der Klänge, und die Astronomie eine Anwendung nicht nur der Geometrie, sondern auch der Arithmetik und sogar der Musik auf die Himmelserscheinungen.

Die Musik

Mag man über die Deutung der pythagoreischen Geometrie als Anwendung der Arithmetik auf den Raum als »natürliches Ding« streiten können – auch wenn sie die allgemeine Richtung dieser Geometrie recht gut umschreibt –, aber daß die Musik von den Pythagoreern arithmetisch interpretiert wurde, vielleicht vermittelt über die Geometrie mittels eines Längenvergleichs der Lyrasaiten, steht jedenfalls außer Frage.

Auf die Beziehung zwischen der harmonischen Proportion 12, 8, 6 und der Musik haben wir schon hingewiesen. Bei der Oktave verhalten sich die Frequenzen der Töne wie 12/6 = 2, bei der Quinte wie 12/8 = 3/2 und bei der Quarte wie 8/6 = 4/3. Diese Verhältnisse erhält man im übrigen durch die Kombination der Zahlen 1, 2, 3 und 4, deren Summe die Tetractys (10) ergibt, eine aus der Summe der ersten vier aufeinanderfolgenden ganzen Zahlen zusammengesetzte Dreieckszahl:

4/3

3/2 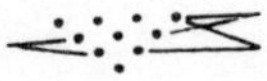 4/2 = 2

Doch ehe wir der Frage nachgehen, wie die Pythagoreer (wo nicht Pythagoras selbst, so doch seine ersten Anhänger) diese Verhältnisse entdeckt haben, sollen in Kasten 142 einige physikalische Kenntnisse zur Musik und vor allem über schwingende Saiten zusammengefaßt werden.

142. PHYSIKALISCHE GRUNDLAGEN DER MUSIK

Der Ton ist eine Luftschwingung, die das Trommelfell in Bewegung versetzt. Wie jede Schwingung ist er durch eine Amplitude und eine Frequenz gekennzeichnet. Die Schallstärke ist um so größer, je größer die Amplitude der Schwingung ist, dagegen steigt die Tonhöhe mit zunehmender Frequenz (Töne mit einer Frequenz zwischen 20 und 20000 Schwingungen pro Sekunde fallen in unseren Hörbereich).

Die musikalische Wirkung des Zusammenklangs zweier Töne hängt vom Verhältnis ihrer Frequenzen, dem sogenannten Intervall, ab, aber nicht von den absoluten Werten dieser Frequenzen. Die Töne mit den Frequenzen N_1 und N_2 haben ein Intervall $i = N_1/N_2$.

Die Tonleiter setzt sich aus 7 Noten zusammen, die durch Intervalle von einem Ton beziehungsweise einem Halbton voneinander getrennt sind:

do re mi fa sol la si do
1 1 1/2 1 1 1 1/2

Ein Halbton entspricht einem Intervall von $\sqrt[12]{2}$, also 1,059 – wenn zwei Noten um einen Halbton differieren, haben sie ein Frequenzverhältnis $i = N_1/N_2 = 1{,}059$. Ein Ton (und ein Halbton) wird durch ein Verhältnis und nicht durch eine Anzahl von Schwingungen bestimmt – die einem Ton entsprechende Differenz der Frequenzen N_1-N_2 variiert mit den Noten; beispielsweise ist sie für do-re nicht dieselbe wie für sol-la, während die Verhältnisse der Frequenzen do/re und sol/la durchaus dieselben sind.

Da nur die Verhältnisse der Frequenzen und nicht deren absolute Werte zählen, ist die Festlegung der Frequenz einer Note »willkürlich«; entsprechend der Konvention wählt man für das dreigestrichene la_3 (die Note »la« der 3. Oktave) gewöhnlich eine Frequenz von 435 Schwingungen pro Sekunde, wonach sich für die anderen Noten folgende Werte ergeben:

$Do_3 = 260$ $Re_3 = 293$ $Mi_3 = 326$ $Fa_3 = 345$ $Sol_3 = 390$
$La_3 = 435$ $Si_3 = 490$ $Do_4 = 520$
Oktave = $Do_4/Do_3 = 520/260 = 2$
Quinte = $Sol/Do = 390/260 = 3/2$
Quarte = $Fa/Do = 345/260 = 4/3$

Um zu begreifen, worin der Klang eines Tons besteht, müssen wir die Physik der schwingenden Saiten betrachten und bei dieser Gelegenheit die Begriffe Grundton und Harmonik oder mitklingender Ton einführen.

Versetzt man eine gespannte Saite in Schwingung – sei es durch Zupfen wie bei der Gitarre, sei es durch Anschlagen wie beim Klavier oder durch Streichen wie bei der Geige, so gibt sie einen Ton von sich. Die Frequenz dieses Tons ist:

$$N = \frac{K}{2L}\sqrt{\frac{P}{\mu}}$$

wobei L die Länge der Saite in Metern, P die Spannung der Saite in Newton (1 Kilopond = 9,81 Newton) und μ die Masse der Saite pro Längeneinheit in kg/m angibt.

K ist eine ganze Zahl, die man sich folgendermaßen zu erklären hat: Der Ton, den eine schwingende Saite erzeugt, setzt sich aus verschiedenen einfachen Tönen zusammen, von denen jeder seine eigene Frequenz und seine eigene Amplitude hat. In obiger Formel nun werden diese verschiedenen Töne angegeben, indem man $K = 1$, $K = 2$, $K = 3$ etc. setzt. Wird in die Formel $K = 1$ eingesetzt, so handelt es sich um den Grundton, bei den anderen ($K = 2$, $K = 3$ etc.) handelt es sich um die Töne, die bei diesem Grundton mitklingen.

Der Klang eines zusammengesetzten Tons (bei einfachen Tönen macht der Begriff »Klang« keinen Sinn) ergibt sich aus der Art und Weise, wie der Grundton und seine Obertöne in ihm vertreten sind, das heißt aus der relativen Stärke der einzelnen Töne, aus denen sich der Klang zusammensetzt.

Für das Studium der pythagoreischen Musik und der Rolle der harmonischen Proportion in dieser Musik ist vor allem von Bedeutung, daß bei einer gegebenen Saite bei gleichem Material und gleicher Spannung die Frequenz des Grundtons umgekehrt proportional zur Länge ist: je kürzer die Saite, desto höher ist der Ton – zum Beispiel ist die Saite, die den Ton Do_4 gibt, nur halb so lang wie diejenige, die den Ton Do_3 gibt, da die Frequenzen 520 beziehungsweise 260 betragen.

Die Pythagoreer kannten weder die genaue Natur der Töne noch den Begriff der Frequenz des Tons noch seinen Zusammenhang mit der Tonhöhe. Wie konnten sie dann die oben aufgezeigten Beziehungen entdecken? Die Überlieferung berichtet von verschiedenen Experimenten. So ist von Hämmern von unterschiedlichem Gewicht die Rede, die auf einen Amboß geschlagen wurden und bei einem Verhältnis der Gewichte von 2, 3/2 und 4/3 Töne in der Oktave, der Quinte und der Quarte ergaben; das gleiche Ergebnis wurde durch Anschlagen an gleichgroße, im Verhältnis 2, 3/2 und 4/3 mit Wasser gefüllte Gefäße erzielt, durch das Anhängen von Gewichten in diesem Verhältnis an gleichlange Saiten oder durch Veränderung der Länge von Saiten mit derselben Spannung in diesen Verhältnissen. Wahrscheinlich ist allerdings nur das letztgenannte Experiment, das vorletzte ist sogar unmöglich, da die Tonhöhe nicht zur Spannung der Saite, sondern zu deren Quadratwurzel proportional ist; Kasten 142 zeigt deutlich, daß die Frequenz des Grundtons einer schwingenden Saite um so höher ist, je kürzer die Saite ist. Vermutlich entdeckten die Pythagoreer diese Verhältnisse also im Anschluß an die Beobachtung, daß bei vier in Material, Durchmesser und Spannung ähnlichen Saiten von unterschiedlicher, den angegebenen Verhältnissen entsprechender Länge das Intervall von der kürzesten zur längsten eine Oktave, von der zweitlängsten zur längsten eine Quinte und von der drittlängsten zur längsten eine Quarte beträgt. Dasselbe Experiment kann man auch mit einer einzigen Saite durchführen, wenn man die Länge des schwingenden Teils durch Blockierung an den entsprechenden Stellen variiert.

Nachdem dieser Punkt geklärt ist, erhebt sich die Frage, warum von allen Verhältnissen gerade Quarte, Quinte und Oktave beibehalten wurden. Dies geht vermutlich darauf zurück, daß die griechische Lyra anfangs nur aus 4 Saiten bestand (Tetrachord), die in den Stufen Quarte, Quinte und Oktave zur ersten gestimmt waren, wobei der Stimmton der Epoche in diesem Zusammenhang keine Rolle spielt, sondern lediglich der relative Wert der Frequenzen.

In der Folge nahm die Zahl der Saiten zu, tauchten kleinere Intervalle auf (vornehmlich der Ton), aber die Intervalle Quarte, Quinte und Oktave behielten ihre ursprüngliche Bedeutung.

Falls die musikalischen Thesen in Kasten 143, die Philolaos laut Stobaeus und Boethius vertreten haben soll, authentisch sind, entsprach ein Ganzton-Intervall im 5. vorchristlichen Jahrhundert einem Frequenzverhältnis von 9/8, also 1,125, und der Halbton damit 1,06066. Nun wurde aber die Quarte mit 2,5 Tönen, die Quinte mit 3,5 und die Oktave mit ihrer Summe (2,5 + 3,5) gleichgesetzt. Um die charakteristischen Verhältnisse 4/3, 3/2 und 2 beibehalten zu können, mußte der Halbton auf 256/243 (beziehungsweise 1,05349) reduziert werden; andernfalls wäre die Quarte keine 2 + 1/2, die Quinte keine 3 + 1/2 und die Oktave keine 5 Töne + 2 Halbtöne mehr gewesen. Dieser reduzierte Halbton wurde dann als »Diesis« oder »kleinerer Halbton« bezeichnet. Als »Komma« wurde das Intervall zwischen zwei Noten definiert, die ausgehend von einer Bezugsnote einen Ton bzw. zwei kleinere Halbtöne darstellen.

Doch ob diese Begriffe nun von Philolaos stammen (was zweifelhaft erscheint) oder nicht, die Anwendung der Zahlen und ihrer Proportionen jedenfalls ist typisch pythagoreisch. Dabei ist schwer zu sagen, ob die Intervalle von Ton und »Diesis« vor ihrer »Mathematisierung« existierten – ob also die Zahlenkombinationen 9/8 und 256/243 *a posteriori*, also erst nachträglich gefunden wurden –, oder ob sie rein mathematische Schöpfungen sind, die anschließend auf die Musik angewandt wurden –, oder ob die mathematische Form in der musikalischen Praxis bereits mehr oder weniger gut definierte Intervalle fixierte. In jedem Fall war die Musik für die Pythagoreer mathematisch vollständig erfaßbar, weshalb sie sie wie die Arithmetik, die Geometrie und die Astronomie zu einem Zweig der Mathematik erklärten. Allem Anschein nach sahen sie in der Mathematik hier wie auch sonst (beispielsweise in der Astronomie) nicht nur ein Werkzeug zur Analysierung von Naturerscheinungen – so man die Musik zu den Naturphänomenen zählen will –, sondern auch einen Ausdruck der gesetzgeberischen Kraft der Zahlen. Diese Mathematik diente nicht nur zur Erforschung einer bereits praktizierten Musik, sondern konnte dieser Musik auch *a priori* ihre Gesetze diktieren, ob diese bereits existierten oder erst erschaffen werden mußten – eine Überzeugung, die die Physik auf den Weg des mathematischen Rationalismus führen sollte, allerdings auch auf manche Irrwege, so etwa zu der Einbildung, Erkenntnisse allein durch Überlegungen *a priori* gewinnen zu können.

143. PHILOLAOS ÜBER DIE MUSIK

(Nach Dumont 1988, Capelle 1953)

1. Der Harmonie (*Oktave 1:2*) Größe umfaßt die Quarte (*3:4*) und Quinte (*2:3*). Die Quinte ist aber um einen Ganzton (*8:9*) größer als die Quarte. Denn von der Hypate (*E*) bis zur Mese (*A*) ist eine Quarte, von der Mese zur Nete (*E'*) eine Quinte, von der Nete zur Trite (*H, später Paramese*) eine Quarte, von der Trite (*H*) zur Hypate (*E*) eine Quinte. Zwischen Trite (*H*) und Mese (*A*) liegt ein Ganzton. Die Quarte aber hat das Verhältnis 3:4, die Quinte 2:3, die Oktave 1:2. So besteht die Oktave aus fünf Ganztönen und zwei Halbtönen, die Quinte aus drei Ganztönen und einem Halbton, die Quarte aus zwei Ganztönen und einem Halbton. (*Stobaeus, in: Capelle 1953, I, 409–410)* [*Die hier als höchste Saite bezeichnete Hypate erzeugt den tiefsten, die als tiefste Saite bezeichnete Nete den höchsten Ton; die Angaben des Stobaeus beziehen sich nicht auf die Tonhöhe, sondern auf die Anordnung der Lyrasaiten.*]

2. Der Pythagoreer Philolaus versuchte den Ganzton auf andere Weise zu theilen. Er stellte nämlich den Anfang des Ganztones von der Zahl auf, die den ersten

Cubus von der ersten ungleichen bewirkte (welches Verfahren bei den Pythagoreern sehr angesehen war). Die Zahl 3 ist nun die erste ungleiche Zahl und 3 x 3 = 9; wenn man diese Zahl dreimal nimmt, so erhebt man sie nothwendig zu 27, welche zur Zahl 24 um einen Ganzton entfernt ist [*27/24 = 9/8 = 1,125 für einen Ganzton bzw. 1,06066 für einen Halbton*] und dieselbe Differenz 3 bewahrt (27 – 24 = 3). Denn 3 ist von 24 der 8te Theil und dieser (also 3), zu der ersten Zahl (also 24) hinzugefügt, giebt den Cubus von 3 = 27. Hieraus gewinnt Philolaus 2 Theile; den einen, der grösser als die Hälfte ist, nennt er »Apotome«, den andern, der kleiner ist als die Hälfte, nennt er »Diesis«, welche die späteren Theoretiker »kleineren Halbton« und die Differenz beider »Comma« genannt haben. Und zuerst meint er, dass die Diesis in 13 Einheiten bestehe, deswegen, weil diese Zahl als Differenz zwischen 256 und 243 erschien. [*Die Diesis wird hier mit 256/243 = 1,05349 gleichgesetzt, ist also kleiner als der für einen Ton von 9/8 mit 1,06066 errechnete Halbton; die Wahl eines kleineren Halbtons – d.h. kleiner als der »wirkliche« Halbton – erklärt sich durch die Notwendigkeit, die mit 2 Ganztönen und einem Halbton bzw. drei Ganztönen und einem Halbton bzw. fünf Ganztönen und zwei Halbtönen für Quarte, Quinte und Oktave angesetzten Verhältnisse 3/4, 2/3 und 1/2, wiederherzustellen, was mit dem »wirklichen« Halbton nicht möglich ist.*] Dieselbe Zahl 13 nämlich besteht aus 9, 3 und der Einheit, welche die Stelle eines Punktes einnimmt, während 3 [*die erste ungerade Primzahl nach 1*] die der ersten ungleichen Linie, 9 die des ersten ungleichen Quadrates behauptet. Da er also aus solchen Ursachen 13 als »Diesis« bezeichnet, was Halbton genannt wird, so stellt er den übrigen Theil von der Zahl 27, der aus 14 Einheiten besteht, als »Apotome« hin. Weil nun zwischen 13 und 14 die Einheit die Differenz bewirkt, so meint er, dass die Einheit an Stelle des Commas zu setzen sei [*das Komma ist 1/9 des Ganztons*]. Den Ganzton aber stellt er in 27 Einheiten auf, deswegen, weil zwischen 216 und 243, welche Zahlen um einen Ganzton von einander entfernt sind, die Differenz 27 ist [*243/216 = 9/8 – um mittels der Zahl 27 das Ganztonverhältnis auszudrücken, hätte Philolaos demnach die Zahl gesucht, deren 9. Teil 27 ist, nämlich 243, davon dann 27 abgezogen, ergibt 216; danach hätte er die Diesis errechnet: 243 + 13 = 256, also ist 256/243 = 1 Diesis*]. (*Boetius, Fünf Bücher über die Musik, III, S. 81–82*)

Philolaus fasst nun diese, gleichwie die kleineren Zwischenräume, in folgende Definitionen zusammen. »Diesis«, sagt er, »ist das Intervall, um welches die Sesquiterz-Proportion grösser ist, als 2 Ganztöne. Comma aber ist das Intervall, um welches die Sesquioctav-Proportion grösser ist als 2 Diesen, d.h. als 2 kleinere Halbtöne [*ein Ton ist gleich zwei Diesen – oder kleinere Halbtöne – und ein Komma. Da der Ganzton 9/8, die Diesis 256/243, bzw. 1,125 und 1,05349, sind, verhalten sich zwei durch zwei Diesen getrennte Noten wie (256 × 256) : (243 × 243) = 1,10986 und zwei durch ein Komma getrennte Noten wie 1,125 : 1,10986 = 1,01364*]. Schisma ist die Hälfte des Commas. Diaschisma aber die Hälfte der Diesis, d.h. des kleineren Halbtones.« [*Ebd., III, S. 83*]

[*Stobaeus und Boethius lebten beide Ende des 5. / Anfang des 6. nachchristlichen Jahrhunderts, also 9 Jahrhunderte nach Philolaos, den sie hier kommentieren. Trotzdem scheinen die Texte den Geist der Pythagoreer konserviert zu haben, auch wenn man den Wortlaut bezweifeln kann. Anderen Doxographen zufolge soll Archytas ähnliche Betrachtungen angestellt haben.*]

ANORDNUNG DER LYRASAITEN UND IHRE BEZEICHNUNG

(Nach Chaignet 1873, Rey 1939)

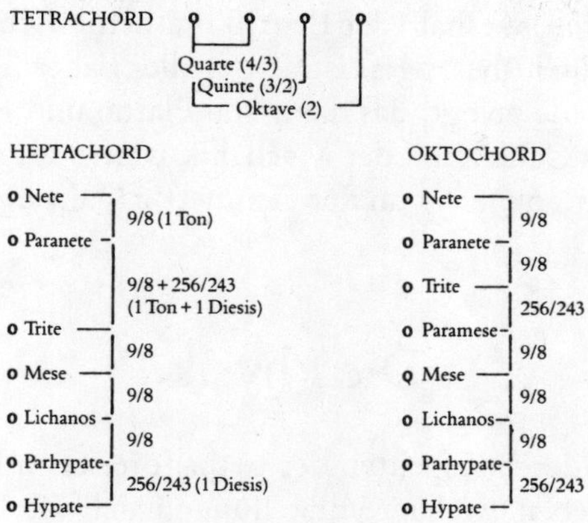

Diese Übereinstimmung von Musik und Mathematik sollte das Paradigma für die Erforschung der Natur liefern, aufgrund der Vorstellung, daß die Zahlen die Natur beherrschen. In gewisser Hinsicht kann schon die Geometrie als Anwendung dieser Auffassung auf den Raum als »natürliches Ding« betrachtet werden; letztlich aber waren die geometrischen Figuren noch zu abstrakt und die Geometrie als mathematische Wissenschaft doch schon zu eigenständig, um der Verallgemeinerung und Ausweitung der Zahlenmystik auf die Physik wirklich als Schrittmacher zu dienen. Diese Rolle sollte die Musik übernehmen. Dagegen kann man nun natürlich einwenden, daß die Musik nichts von der Natur Hervorgebrachtes, sondern eine Schöpfung des Menschen ist; andererseits aber dürften die Pythagoreer und die Menschen der Antike ganz allgemein die Schönheit bestimmter Tonkombinationen der Natur oder, wahrscheinlicher noch, den Göttern beziehungsweise den die Welt beherrschenden Prinzipien zugeschrieben haben: Musik ist in aller Welt häufig Bestandteil religiöser Riten. Die Nachbarschaft von Musik und Göttlichem, die Entdeckung der den Tonkombinationen in der Musik zugrundeliegenden Zahlenproportionen, all das mußte die Annäherung der Zahlen an das Göttliche erleichtern und damit die Zahlenmystik stärken. Gleichzeitig aber gehört die Musik dem Bereich der Sinne, der Physik, an, in der die Herrschaft der Zahlen über die Dinge auf diese Weise eine sinnlich wahrnehmbare, konkrete Form annimmt. Und so wird die Musik zum Paradigma der mathematischen Physik oder zumindest des Bestrebens, die Arithmetik auf das Naturstudium anzuwenden – hier hat die Arithmetik als die Wissenschaft von den Zahlen, die die Welt beherrschen, Priorität vor der Geometrie wie in der mesopotamischen Astronomie.

Diese Anwendung der Mathematik auf das Studium der Natur hat nicht viel mit der mathematischen Physik gemein, wie wir sie heute kennen und die sich mehr auf die Geometrie stützt. Die Pythagoreer lassen sich bei ihren physikalischen Betrachtungen mehr von den mystischen als von den logischen Aspekten ihrer Mathematik leiten, weshalb der Begriff mathematischer Rationalismus für diese Physik auch etwas überzogen ist. Trotz allem aber haben sie den Grundstock zu einem Gebäude gelegt, das dann von Platon und seiner Akademie, vor allem aber später von Galilei und der Mechanik weiter ausgebaut werden sollte, auch wenn die Arithmetik nun von der Geometrie überflügelt wurde.

Die Physik

Wie schon bei den anderen Aspekten der pythagoreischen Lehre, läßt sich auch hier nur schwer angeben, welche Vorstellungen sich die Pythagoreer der verschiedenen Generationen von der Physik im einzelnen machten. Noch schwerer lassen sich bestimmte Ideen bestimmten Autoren zuordnen. Im Grunde kann man nur die allgemeinen Prinzipien einer pythagoreischen Physik skizzieren, und selbst da weiß man nicht immer, wie sie zusammenhängen oder welche am Anfang standen und welche erst später ausgearbeitet wurden. Die in Kasten 144 wiedergegebenen physikalischen Konzeptionen werden Philolaos (Ende des 5. Jahrhunderts v.Chr.) zugeschrieben; im einzelnen scheint ihre Authentizität reichlich zweifelhaft, in groben Linien aber tragen sie den Stempel pythagoreischer Denkweise und dürften wohl auch ungefähr aus dieser Epoche stammen.

Kommentaren antiker Autoren aus und nach der Zeit der ersten Pythagoreer darf man entnehmen, daß die Physik der Sekte um drei Hauptthemen kreiste: das Problem des Begrenzten (Endlichen, Determinierten) und des Unbegrenzten (Unendlichen, Nichtdeterminierten), um die Zahlen und die Harmonie als »beherrschende« Prinzipien, denen die Dinge unterworfen sind; und um die Gegenüberstellung von Gegensätzen. Diese Themen wollen wir uns der Reihe nach anschauen und dann versuchen, einen Zusammenhang herzustellen.

Die Frage des Grenzebildenden, Begrenzten, und des Grenzenlosen, Unbegrenzten, ist für die Pythagoreer eng mit der des »Weltatems« verknüpft. So schreibt Aristoteles: »Auch die Pythagoräer nahmen das Leere an und meinten, es ginge in den Himmel ein aus dem unendlichen Atem, wie wenn er das Leere miteinatme, das die Dinge scheidet. Sie meinen also, das Leere sei eine Art Scheidewand zwischen benachbarten Dingen und deren Abgrenzung.« (*Physik*, IV, 213 b, S. 130). Halten wir zunächst einmal fest, daß die ersten Pythagoreer den Begriff des Leeren noch nicht kannten, da er erst später von den Atomisten eingeführt wurde, und daß sie unter »Himmel« die Region unter dem Mond verstanden (vergleiche dazu den nachfolgenden Abschnitt über die pytha-

144. PHILOLAOS ÜBER DIE PHYSIK

(Nach Dumont 1988, Capelle 1953)

1. [*Auszug aus dem Buch: Echte Fragmente über die Natur von Philolaos*] Notwendig müssen die vorhandenen *Dinge* alle entweder grenzebildend oder grenzenlos oder beides zugleich sein. Dagegen nur grenzenlos ‹oder nur grenzebildend› können sie wohl nicht sein. Da sie also offenbar weder aus lauter Grenzebildendem bestehen noch aus lauter Grenzenlosem, so ist doch klar, wie die Weltordnung und, was in ihr ist, aus grenzebildenden und grenzenlosen *Stücken* zusammengefügt wurde. Das beweist auch die Beobachtung in der Wirklichkeit. Denn diejenigen von den wirklichen *Dingen*, welche aus grenzebildenden *Stücken bestehen*, sind *auch* grenzebildend, aber die aus grenzebildenden und grenzenlosen sind sowohl grenzebildend wie grenzenlos, dagegen die aus grenzenlosen werden *auch* grenzenlos erscheinen. (*Stobaeus, Blütenlese (Anthologie in 4 Bänden) I, XXI, 7a*) Und in der Tat hat ja alles was man erkennen kann Zahl. Denn es ist nicht möglich, irgend etwas mit dem Gedanken zu erfassen oder zu erkennen ohne diese. (*Ebd., I, XXI, 7b*) Die Zahl fürwahr hat zwei besondere Formen, Ungrades und Grades, und eine dritte aus beider Mischung entstandene, Grad-Ungrades. Jede der beiden Formen aber hat viele Gestalten, die jedes *Ding* selbst von sich aus anzeigt. (*Ebd., I, XXI, 7c*)

2. Darum bleibt [*der Kosmos*] auch unvergänglich und unbezwinglich die unendliche Ewigkeit hindurch. Denn weder wird sich eine andere von innen wirkende Ursache finden lassen, die stärker wäre als sie [*die Weltseele?*], noch eine von außen wirkende, welche ihn vernichten könnte. Vielmehr war dieser Kosmos von Ewigkeit her und wird bis in Ewigkeit bleiben, Einer, von Einem gelenkt (...). Auch hat der Kosmos als einzig, zusammenhängend und von der Natur durchweht und umgedreht den Anfang der Bewegung und Veränderung von Anfang an. Und zwar ist der eine Teil von ihm unveränderlich, der andere ist in Veränderung. Und zwar wird ihr unveränderlicher Teil von der das All umschließenden Seele bis zum Monde abgegrenzt [*der äußere Teil der Welt, denn die Weltseele schließt sie ein*] der veränderliche vom Monde bis zur Erde. [*Vergleiche dazu Heraklits Ansicht, derzufolge sich der Mond nicht in der reinen Region befindet, siehe Fragment 5 seiner Doxographie, Kasten 122, Seite 318*]. Da nun auch das Bewegende von Ewigkeit zu Ewigkeit die Umdrehung bewirkt und das Bewegte so, wie das Bewegende führt, bestimmt wird, so muß notwendigerweise (...) das eine der Aufenthaltsort (?) der Vernunft und Seele, das andere der Entstehung und Veränderung, das eine der Bedeutung (Potenz) nach primär und überragend, das andere sekundär und überragt (sein). Was aus diesen beiden *Prinzipien*, dem stets laufenden Göttlichen und dem ewig sich verändernden Sterblichen, besteht, das ist der Kosmos. (...) Und dieser bleibt einer bis in Ewigkeit in ein und derselben Verfassung, die Kreaturen aber entstehen und vergehen in Fülle. Und diese, obwohl der Vergänglichkeit unterworfen, bewahren doch ihre Eigentümlichkeiten und Gestalten und bringen auf dem Wege der Zeugung wiederum dieselbe Gestalt hervor wie sie der Vater und Demiurg geschaffen (...). (*Stobaeus, Blütenlese, I, XX, 2*)

3. Man muß die Werke und das Wesen der Zahl nach der Kraft beurteilen, die in der Zehnzahl liegt. Denn sie ist groß, allvollendend, allwirkend und göttlichen und himmlischen sowie menschlichen Lebens Anfang und Führerin. Sie nimmt teil (...) kraft auch der Zehnzahl. Ohne diese aber ist alles grenzenlos und undeutlich und unklar.

Denn erkenntnisspendend ist die Natur der Zahl und führend und lehrend für jeglichen in jeglichem, das ihm zweifelhaft oder unbekannt ist. Denn nichts von den Dingen wäre irgendwem klar weder in ihrem Verhältnis zu sich noch zu einander, wenn die Zahl nicht wäre und ihr Wesen. Nun aber bringt diese innerhalb der Seele alle Dinge mit der Wahrnehmung in Einklang und macht sie dadurch erkennbar und einander entsprechend nach des ›Zeigers‹ (gnomon) Natur [*das heißt der Zahl, die, wenn sie einer figurierten Zahl angefügt wird, eine andere Zahl gleicher Form ergibt*], indem sie ihnen Leiblichkeit verleiht und die Verhältnisse der Dinge jegliches für sich scheidet, der grenzenlosen ebenso wie der grenzebildenden.

Du kannst aber nicht nur in den dämonischen und göttlichen Dingen die Natur der Zahl und ihre Kraft wirksam sehen, sondern auch überall in allen menschlichen Werken und Worten und auf dem Gebiet aller technischer Verrichtungen und auf dem der Musik.

Lug aber nimmt gar nicht die Natur der Zahl und die Harmonie in sich auf. Denn er ist ihnen nicht eigen. Der Natur des Unbegrenzten und Unsinnigen und Unvernünftigen ist der Lug und der Neid eigen. (*Stobaeus, ebd., Vorwort, 3*)

Mit Natur und Harmonie verhält es sich so: Das Wesen der Dinge, das ewig ist, und die Natur gar selbst erfordert göttliche und nicht menschliche Erkenntnis, wobei es freilich ganz unmöglich wäre, daß irgend etwas von den vorhandenen *Dingen* von uns auch nur erkannt würde, wenn nicht das Wesen der Dinge zugrunde läge, aus denen die Weltordnung zusammentrat, sowohl der grenzebildenden wie der grenzenlosen. Da aber diese Prinzipien (1 und 2) als ungleiche und unverwandte zugrunde lagen, so wäre es offenbar unmöglich gewesen mit ihnen eine Weltordnung zu begründen, wenn nicht Harmonie dazu gekommen wäre, auf welche Weise diese auch immer zustande kam. Das Gleiche und Verwandte bedurfte ja durchaus nicht der Harmonie, dagegen muß das Ungleiche und Unverwandte und ungleich Geordnete notwendigerweise durch eine solche Harmonie zusammengeschlossen sein, durch die sie imstande sind in einer Weltordnung niedergehalten zu werden. (*Ebd., I, XXI, 7d*)

4. Von den göttlicheren (Dingen) werden die geringeren überwältigt und ein einziger Kosmos vollendet, der aus entgegengesetzten (Prinzipien) zusammengefügt ist, der nach der Lehre des Philolaos aus Begrenzendem und Unbegrenztem gebildet ist. (*Proklos zu Platons Timaios, I, 176, 27*) Harmonie ist des viel Gemischten Einigung und des verschieden Gesinnten Sinnesverbindung. (*Nikomachos aus Gerasa, Introductio arithmetica, II, XIX, 115,2*) Laut Philolaos ist die Zahl das allmächtige, durch sich selbst gezeugte Band, das in alle Ewigkeit die Dinge dieser Welt vereint. (*Iamblichi in Nicomachi arithmeticam introductionem liber, 10,22*)

5. Philolaos aber sagt, daß die mathematische Größe, die dreigeteilt ist [*das Volumen*], in der Vierzahl (gegründet sei) [*1 ist der Punkt, 2 (Punkte) bilden die Linie, 3 (nicht*

in einer Linie liegende Punkte) die Fläche und 4 (nicht in einer Ebene angeordnete Punkte) den Raum]; Qualität und Farbe, wie es die Natur gezeigt hat, in der Fünfzahl, die Beseelung in der Sechszahl; Vernunft, Gesundheit und das von ihm sogenannte »Licht« in der Siebenzahl. Und dann sagt er, daß Liebe und Freundschaft und Rat und Absicht auf Grund der Achtzahl den Dingen zugeteilt worden seien. (*Bendoiamblichos, Theologische Zahlenlehre, S. 74, 10*) Zu Recht nennt Philolaos die Siebenzahl die »mutterlose« und jungfräuliche Nike: Sie ist in der Tat die einzige, die weder zeugt noch gezeugt wurde [*präziser müßte es heißen, sie ist nicht nur eine ungerade Zahl, die nicht mit Hilfe der Dyas gezeugt werden kann, sondern auch eine Primzahl*]. (*Johannes von Lydien, Liber de mensibus, II, 12*)

6. Und zwar sind die Körper (Elemente) der Weltkugel fünf: die in der Kugel: Feuer, Wasser, Erde und Luft, und was der Kugel Lastschiff(?) ist, das fünfte. (*Theon von Smyrna, Expositio rerum mathematicarum, 18, 5*) Nach Pythagoras [*gemeint ist hier die pythagoreische Schule*] besteht von den fünf mathematischen Körpern aus dem Würfel die Erde, aus der Pyramide [*Tetraeder*] das Feuer, aus dem Oktaeder die Luft, aus dem Ikosaeder das Wasser, aus dem Dodekaeder die Kugel des Weltganzen. (*Aetius, Placita, II, VI,5)* [*Vgl. Platons Timaios, dessen Niederschrift der Überlieferung zufolge der Kauf pythagoreischer Bücher von Philolaos voraufgegangen sein soll.*]

7. Die Seele tritt in den Leib ein dank der Zahl und dank der unsterblichen und zugleich körperlosen Harmonie (...) Die Seele hängt am Leib, weil sie durch ihn den Gebrauch der Sinne erlangt. Und nachdem der Tod sie vom Leib getrennt hat, führt die Seele ein körperloses Dasein in der Welt. (*Claudianus Mamertinus, Von der Seele, II,7*) Es bezeugen aber auch die alten Gotteskünder und Seher, daß infolge bestimmter (?) Strafanordnungen die Seele mit dem Körper zusammengejocht und wie in einem Grabe in ihm bestattet ist. (*Clemens von Alexandrien, Stromata, III,II*) [*Man vergleiche dazu Heraklit, Seite 325, sowie die Vorstellung von der Metempsychose und der Läuterung, die die Seele im Lauf ihrer verschiedenen Verkörperungen durch die Erkenntnis erlangt.*]

[*Ob die verschiedenen in diesen Fragmenten Philolaos zugeschriebenen Ansichten tatsächlich alle von ihm stammen, sei dahingestellt, in groben Umrissen jedoch handelt es sich zweifellos um die pythagoreischen Vorstellungen der damaligen Zeit, die gelegentlich durch spätere Ideen – Platon, Aristoteles, Stoa, Christentum etc. – gewisse Veränderungen erfahren haben.*]

goreische Astronomie). Die Vorstellung eines unendlichen und grenzenlosen Atems erinnert an Anaximander und Anaximenes. Bei Anaximenes ist die quantitativ und qualitativ undefinierte Luft der Urstoff und die Matrix, in die die Welt eingebettet ist, die Stütze der Gestirne etc. Durch Verdichtung oder Verdünnung dieser unbestimmten Luft entstehen die verschiedenen Dinge. Andererseits erhält die Luft die Welt in derselben Weise wie der Atem die Lebewesen. Ähnliche Ideen finden sich offensichtlich auch bei den Pythagoreern. Indessen scheint die Atmung der Welt ihrer Ansicht nach vom Prozeß der Verdichtung-Verdünnung unabhängig zu sein. Sie wird vielmehr als Eindringen der undefinierten Luft (die

die Welt jenseits des Himmels einhüllt) ins Innere einer vorher einheitlichen Welt aufgefaßt; durch dieses Eindringen werden die verschiedenen Dinge in dieser Welt getrennt, ähnlich wie eine ursprünglich homogene Masse durch einen Riß. So werden die verschiedenen Dinge durch die undefinierte Luft differenziert und begrenzt – das Unendliche, das seinerseits keine präzise Form hat, scheidet also die Dinge und begrenzt sie durch einen präzisen Umriß. Der grenzenlosen, undefinierten und unendlichen Luft kommt also die Funktion der Begrenzung zu; die definierten Dinge werden demnach durch das Nichtbegrenzte, die Luft, begrenzt. Den ersten Pythagoreern war die erst von Empedokles und Anaxagoras entdeckte Körperhaftigkeit der Luft noch nicht bekannt – was vielleicht erklärt, warum Aristoteles im obigen Zitat davon wie von Leere spricht; diese grenzenlose Luft war infolgedessen nah mit der Luft bei Anaximenes verwandt, einer Konkretisierung des *apeiron*. Es scheint, daß diese Konzeption des Begrenzten und Unbegrenzten auf die ersten Pythagoreer zurückgeht und damit sehr alt ist.

Das Unbegrenzte hat somit paradoxerweise die Funktion, begrenzte und differenzierte Dinge hervorzubringen. Diese Konzeption aber ist nicht ganz einfach mit der zu vereinbaren, daß »die Dinge die Zahlen imitieren« oder »die Dinge Zahlen sind«, von uns (nicht allzu untreu) übersetzt als »die Zahlen beherrschen die Dinge«. In dieser Sicht hätten Zahl und Harmonie eine »begrenzende« Funktion, würden das Unbegrenzte in eine Form bringen, während dem Unbegrenzten seinerseits nun die Rolle des undeterminierten Substrats zufiele, der Materie, die der Begrenzung und Formung durch die Zahl unterworfen wäre.

Wie gut sich die Arithmetik auf die Musik anwenden läßt, haben wir bereits gesehen. Daß sie sich ebenfalls recht gut auf die astronomischen Phänomene anwenden läßt, werden wir in der Folge sehen. Auf die Erscheinungen, die sich im sublunaren Teil der Welt abspielen, das heißt auf die meteorologischen Phänomene und die verschiedenen physikalischen Vorgänge auf der Erde, trifft das jedoch nicht zu. Über dem Mond befindet sich der Kosmos, das heißt die Welt der Ordnung, die Welt der regelmäßigen Bewegung der Gestirne (*kosmos*, Κόσμος bedeutet »Ordnung«, »geziemende Anordnung«, aber auch »Anstand, Sittsamkeit«). Unter dem Mond befindet sich der Himmel, wo schon keine so vollkommene Ordnung mehr herrscht: Der Himmel, das ist Uranos, der Gott, der Monster statt Ordnung hervorbringt, der Gott, der von seinem Sohn Kronos kastriert wurde und dessen Glied, ins Meer geworfen, Aphrodite gebar, die Göttin der Liebe, die durch die Gesetze der Zeugung wieder eine Ordnung einführte. Man vergleiche damit Fragment 2 aus Kasten 144, das über dem Mond den unveränderlichen und unter dem Mond den veränderlichen Teil der Welt annimmt, durch das Prinzip der Zeugung jedoch auch in den Wandel eine gewisse Ordnung bringen läßt und Wesen, die geboren werden und vergehen, letztlich doch die Bewahrung ihrer Eigentümlichkeiten und Gestalt gestattet. Bei Heraklit strahlt der Mond keine Wärme aus, weil er sich in einer unreinen Region bewegt (Fragment 5 der Doxographie, Kasten 122, Seite 318); mit dieser Ansicht nähert sich Heraklit der pythagoreischen Konzeption an – wobei der Mond bei den Pythagoreern die Grenze bildet und unklar bleibt, zu welchem Teil der Welt er selbst gehört. Ursache dieser Unreinheit der sublunaren Welt ist die Veränderung, der Wandel; die Welt verschmilzt nicht mit der Harmonie der Zahlenproportionen, der numerischen Harmonie, die die Wahrheit und Reinheit ist. Die Welt der Gestirne ist unveränderlich, weil sie sich in aller Ewigkeit und Regelmäßigkeit nach dieser Harmonie bewegt, in einer Bewegung, die nichts mit dem Wandel zu tun hat, der die sublunare Welt verändert. Auf diese vollkommene Bewegung der Sterne als Gegenstück zur Unreinheit der sublunaren Welt werden wir später bei der Besprechung der Astronomie und der biologischen Prinzipien Alkmaions von Kroton noch einmal zurückkommen. Hier haben wir diese Frage nur gestreift, um dem Prinzip, daß die Dinge von den Zahlen beherrscht werden, erste Grenzen zu ziehen: Mit Ausnahme der Musik – die selbst fast göttlich ist –, befolgen die sublunaren Dinge dieses Prinzip weit weniger strikt als die Gestirne jenseits des Mondes.

Doch das konnte die Pythagoreer nicht davon abhalten, das Prinzip auch auf das anzuwenden, was wir heute als Physik bezeichnen; Versuche dazu gibt es auf ganz verschiedenen Ebenen und unterschiedlichster Art. Anfangs dürften diese noch recht »ungeschickt« gewesen sein; aber Musik und Astronomie (zumindest die mutmaßlichen Importe aus Ägypten und Mesopotamien) und sogar die Geometrie als »Naturwissenschaft« des Raums legten eine Einwirkung der Zahlen auf Naturerscheinungen nahe. Auf welche Weise diese vor sich gehen sollte, war freilich nicht wirklich zu klären, so daß auch der Status der Zahlen nicht exakt zu präzisieren war. Bis jetzt haben wir den Eindruck erweckt, als ob die Zahlen nach Ansicht der Pythagoreer einem die Welt kontrollierenden, transzendenten Prinzip entsprängen, einer von dieser Welt getrennten Seele. Doch dies ist die moderne Darstellung einer Idee, die bei den ersten Pythagoreern zweifelsohne noch nicht so deutlich entwickelt war. Letztlich können wir nicht einmal sicher sein, daß die Griechen dieser Epoche in einem Gott wirklich ein transzendentes, von der Natur getrenntes Prinzip sahen und nicht eher eine Kraft dieser Natur, an der er teilhat. So setzt Heraklit – der später lebte als Pythagoras – das Weltprinzip gleich mit dem Feuer nicht nur als Urgrund, sondern auch als »vernunftbegabter Kraft« und deutet die menschliche Seele als eine Art Funken von diesem Feuer. In der pythagoreischen Astronomie lenkt ein mehr oder weniger vergöttlichtes zentrales Feuer die Bewegung der Gestirne gemäß einer Harmonie. In beiden Fällen ist das Prinzip, das die Naturphänomene beherrscht, nicht wirklich von der Natur getrennt, geht nicht wirklich über sie hinaus. Und ähnlich dürften die Pythagoreer den Status der Zahlen gesehen haben; die uns überlieferten Formulierungen »die Dinge ahmen die Zahlen nach« und »die Dinge sind Zahlen«, spiegeln die Doppeldeutigkeit dieser Konzeption deutlich wider. Nach pythagoreischer Auffassung »befiehlt« die Zahl den Dingen (oder die Dinge ahmen die

Zahlen nach), aber wie das geschieht, bleibt unklar und damit auch der Status der Zahl: transzendiert sie die Natur – dazu müßte der Begriff der Transzendenz entwickelt sein –, und wenn ja, wie beherrscht sie diese Natur, von der sie getrennt ist? Oder gehört sie zu dieser Natur (wenn der Begriff der Transzendenz noch nicht herausgearbeitet ist), und welchen Platz nimmt sie dann in ihr ein, um sie beherrschen zu können?

Ein erster Versuch bestand darin, den Dingen und abstrakteren Begriffen Zahlen zuzuordnen. Eine solche Zuordnung ist nicht einfach und leuchtet uns heute auch nicht in allen Fällen ein. Die naivste Form leitet sich zweifellos von der geometrischen Darstellung der figurierten Zahlen ab; wie bestimmte Zahlen als Quadrate, Dreiecke, Würfel etc. dargestellt werden, so haben umgekehrt Quadrat, Dreieck und Würfel etc. ihre Zahlen, und in Analogie dazu werden auch verschiedene Dinge nach der Zahl der »Punkt-Einheiten«, die man braucht, um sie zu »zeichnen«, mit Zahlen bedacht. Ende des 5. Jahrhunderts ordnete Eurytos beispielsweise Mensch und Pferd jeweils eine bestimmte Zahl zu, indem er ihre Silhouette mit kleinen Kieselsteinen legte (für den Menschen brauchte er 250) – eine solche Methode kann wenig Brauchbares liefern und wurde bald wieder aufgegeben. Gleichwohl hat eine solche (oder doch nah verwandte) Konzeption den Anstoß dazu gegeben, daß die pythagoreische Physik eine Art Atomismus entwickelte.

In der Tat führt ein solches Verfahren dazu, den Einheiten, aus denen sich die Zahlen, aber auch die Dinge zusammensetzen, Ausdehnung und Stofflichkeit zuzuschreiben – zwei Begriffe, zwischen denen man damals noch nicht streng unterschied. Daraus entwickelten die Pythagoreer eine Konzeption, wonach die Einheit und die Zahlen, die sich aus ihr zusammensetzen, keine Abstraktion darstellen, sondern ein Partikel von einer bestimmten Dicke und Konsistenz. Auch wenn dies noch nicht als Atomismus bezeichnet werden kann, nimmt die Idee, daß die Dinge aus Teilchen zusammengesetzt sind, diesen doch in gewisser Weise bereits vorweg. Man denke an Platons Dialog *Timaios*, der deutlich den Stempel der Pythagoreer trägt: Hier werden die vier Elemente Erde, Wasser, Feuer und Luft zurückgeführt auf kubische Teilchen (Erde), auf zwanzigflächige Partikel (Wasser), auf achtflächige (Luft) und auf fünfflächige (Feuer); der fünfte regelmäßige Körper, das Dodekaeder, wird der Welt als Sphäre zugeordnet. So stoßen wir unter dem geometrischen Gewand der regelmäßigen Polyeder auf einen partikularistischen Materiebegriff, der genausogut von den Pythagoreern stammen und aus der Zuordnung einer Zahl zu einem Ding hervorgegangen sein könnte – die Einheit wird durch Ableitung aus der pythagoreischen Darstellung der Zahlen durch eine geometrische Anordnung der Punkte zum Partikel.

Für die Verbindung abstrakter Begriffe wie Gesundheit, Gerechtigkeit oder Freundschaft mit einer Zahl läßt sich nicht einmal der Ansatz zu einer Erklärung wie der für die konkreten Dinge vorgeschlagenen finden. Wir werden nie wissen, warum beispielsweise 5 die Zahl der Farbe oder der Qualität, 6 die des lebendigen, beseelten Körpers, 7 die der Vernunft, 8 die der Freundschaft und 9 die der Medizin ist (Fragment 5, Kasten 144, Seite 388), wobei auch die Entstehungszeit dieser Zuordnungen unklar bleibt. Am ehesten könnte man sich noch vorstellen, daß diese Zahlenzuordnung, da ja die meisten dieser abstrakten Begriffe irgend etwas mit Verhältnissen zu tun haben, mit der Erkenntnis der notwendigen Harmonie zusammenhängt, die alle ungleichen und durch das Grenzenlose geschiedenen Dinge zu einer Weltordnung zusammenschließt (Fragment 3, Kasten 144). Das brächte uns zu der durch Zahlen etwas ungeschickt ausgedrückten Idee zurück, daß die Dinge, wie die verschiedenen Noten in der Musik, untereinander gemäß einer Harmonie verbunden sind. Auf diese Frage der Harmonie werden wir bei der Behandlung der Gegensätze in der pythagoreischen Physik wieder stoßen; vielleicht ist die Harmonie hier als die verbindende Kraft zu verstehen, die der durch das Grenzenlose hervorgerufenen Trennung entgegenwirkt (womit wir uns dem Begriff einer Harmonie nähern, die dem Widerstreit der Gegensätze bei Heraklit Grenzen zieht).

Noch auf einem zweiten Weg versuchten die Pythagoreer, die Natur mit Hilfe der Zahlen zu erklären: durch ihre Einteilung in gerade und ungerade. Diesen beiden Kategorien fügte die Tradition noch eine dritte hinzu: die »geraden-ungeraden« Zahlen. Diese werden von den einen als Spezialfall der geraden Zahlen interpretiert, jener Zahlen, die durch zwei geteilt eine ungerade Zahl ergeben. Für andere dagegen ist es die Einheit; wenn sie zu einer geraden Zahl addiert wird, erzeugt sie eine ungerade Zahl und umgekehrt – dies zeigt, daß die Einheit an der Natur sowohl des Geraden als auch des Ungeraden teilhat. Doch beide Argumente sind nicht eben überzeugend. Bliebe noch die Möglichkeit, die »geraden-ungeraden« Zahlen mit den irrationalen Zahlen gleichzusetzen und sie als Extrapolation des Beweises der Irrationalität der Quadratwurzel aus 2 aufzufassen, wo dieser Charakter des gleichzeitig geraden und ungeraden eine Rolle spielt (Kasten 131, Seite 349). Träfe diese Deutung zu, und würden die geraden-ungeraden Zahlen die Dinge zusammen mit den geraden und ungeraden Zahlen »beherrschen«, so hätten die Pythagoreer die Krise, in die sie die Entdeckung der irrationalen Zahlen gestürzt hatte, zur Zeit des Philolaos (?) wieder überwunden und die irrationalen Zahlen wie die rationalen in ihre die Welt beherrschende Mathematik der Wahrheit und Reinheit eingegliedert.

Doch kehren wir zu dem einfacheren Fall der Aufteilung der Zahlen in gerade und ungerade zurück. Die geraden Zahlen wurden von der pythagoreischen Tradition mit dem Unbegrenzten (und gleichzeitig mit dem Weiblichen), die ungeraden mit dem Begrenzten (und dem Männlichen) assoziiert. Auch hierfür wurden verschiedene Erklärungen vorgebracht: So soll die Assoziation der geraden Zahlen mit dem Unbegrenzten darauf beruhen, daß gerade Zahlen unendlich durch 2 teilbar sind (was auf die ungeraden aber ebenfalls zutrifft). Andere stellen die durch Punkte dargestellten figurierten Zahlen in den Vordergrund: Eine durch eine Aneinanderreihung von Punkten figurierte gerade Zahl läßt sich durch 2 exakt teilen, und zwischen den beiden Hälften bleibt ein nicht durch Punkte begrenzter Zwischenraum; dies ist bei ungeraden Zahlen nicht der Fall, so daß aus diesem Grund die geraden Zahlen mit dem Unbegrenzten verknüpft werden. Doch all das klingt nicht überzeugend; wahrscheinlicher ist, daß die Assoziation der geraden Zahlen mit dem Grenzenlosen auf die Übertragung der Unbestimmtheit der Dyas als vermehrende, die Zahlen hervorbringende Kraft auf alle geraden Zahlen zurückgeht – denn unbegrenzt bedeutete nicht nur unendlich, ohne Grenzen, sondern auch unbestimmt, ohne Form, ohne Eigenschaft. Vermutlich sind die Zahlen der ursprünglichen griechischen Konzeption zufolge durch die Vereinigung der unbestimmten, multiplikativen Potenz der Dyas mit der determinierenden Kraft der Einheit entstanden – so wie dem männlichen Geschlecht eine bestimmende Einwirkung auf die Vermehrungsfähigkeit des weiblichen zugeschrieben wird. Dies könnte auf die geraden und ungeraden Zahlen als Vertreter der Dyas beziehungsweise der Einheit ausgedehnt worden sein; daraus würde auch die Gleichsetzung der geraden Zahlen mit dem Weiblichen und der ungeraden mit dem Männlichen folgen. Der Archetyp des Männlichen bliebe die Einheit, die als Vater aller Dinge gilt.

All das könnte in die Erklärung der Natur eingeflossen sein, vielleicht als Parallele zur Wirkungsweise des Grenzenlosen, das durch sein Eindringen in die Einheit der Welt die begrenzten und determinierten Dinge hervorbringt (auch wenn das Unbegrenzte in diesem Fall eher als die die uranfängliche Einheit teilende Kraft und nicht so sehr als multiplikative Kraft erschiene). Auch hier zeigt sich wieder, daß der Status der Zahl nicht eindeutig festgelegt ist. Die Art, wie der gerade oder ungerade Charakter der Zahlen durch ihre Assoziation mit dem Grenzenlosen beziehungsweise dem Grenzebildenden (oder dem Weiblichen und dem Männlichen) auf die Natur einwirkt, ist keineswegs so einleuchtend zu begründen wie die Anwendung der harmonischen Proportion auf die Musik. Sie bleibt der Analogie und der Mystik verhaftet, und die Zahl ist gleichzeitig Abstraktion und Naturkraft. So führt Zitat 3 in Kasten 144 die Erkenntnis der Dinge durch die Zahlen, die geraden, ungeraden oder geraden-ungeraden an; die pythagoreische Physik aber geht über die einfache Vorstellung, in der die Zahl ein Mittel zur Erkenntnis ist, hinaus: sie sieht in der Zahl ein die Natur beherrschendes Prinzip, das der Natur manchmal zuzurechnen, manchmal aber auch über sie zu stellen ist, dessen Status in den meisten Fällen jedoch doppeldeutig bleibt.

Das dritte Hauptthema der pythagoreischen Physik ist die Gegenüberstellung von Gegensätzen. Allem Anschein nach handelt es sich dabei um eine Vorstellung, die die Sekte schon sehr früh, mindestens zur Zeit des Alkmaion von Kroton, der als einer der ersten Pythagoreer gilt, konzipiert hat.

Andere von derselben Schule nehmen zehn Prinzipien an, die sie in korrespondierenden Reihen einander gegenüberstellen, nämlich

Grenze und Unbegrenztes,
Ungerades und Gerades,
Eins und Vielheit,
rechts und links,
Männliches und Weibliches,
Ruhiges und Bewegtes,
Gerades und Krummes,
Licht und Finsternis,
gut und bös,
Quadrat und Rechteck.

Dieselbe Auffassung scheint auch Alkmäon von Kroton gehabt zu haben, und entweder muß er von jenen oder müssen jene von ihm diese Bestimmungen entlehnt haben, er war nämlich ein jüngerer Zeitgenosse des Pythagoras, und seine Sätze lauten ganz ähnlich wie die der anderen: nach ihm sind nämlich die Dinge in der Welt fast durchaus zweifach, womit er die Gegensätze meint, die er aber nicht, wie die anderen, scharf bestimmt, sondern beliebig sein läßt, wie weiß und schwarz, süß und bitter, gut und bös, groß und klein. Während nun aber Alkmäon über die weiteren Fragen nur einige unbestimmte Bemerkungen hingeworfen hat, haben die eigentlichen Pythagoreer sich auch über die Zahl und die Art dieser Gegensätze näher erklärt. Von beiden also kann man so viel entnehmen, daß die Gegensätze die Prinzipien des Seienden sind. (*Aristoteles, Metaphysik, 1. Buch, 5. Kapitel, S. 23–24*)

Man wird bemerkt haben, daß sich Aristoteles über die Beziehung zwischen Alkmaion und der pythagoreischen Sekte nicht ganz sicher scheint. Im allgemeinen wird die Aufstellung der Liste der zehn Gegensatzpaare Philolaos zugeschrieben – man beachte die Zahl der Paare: 10; auch hier stößt man in Gestalt der Tetractys wieder auf die Zahlenmystik. Vermutlich gab es in der Physik anfangs in der Wahl der zu untersuchenden Gegensatzpaare, wie Aristoteles auch im Zusammenhang mit Alkmaion meint, gewisse Ungenauigkeiten, und die Auswahlkriterien – die wir später noch diskutieren werden – wurden erst in einem zweiten Anlauf entwickelt.

Einer Physik der Gegensätze begegnen wir bereits bei Anaximander (der vor Pythagoras lebte) und dann wieder bei Heraklit (der nach Pythagoras und zweifellos auch nach Alkmaion, aber vor Philolaos lebte). Es ist die unmittelbarste Art von Physik, sind doch beim Studium der Natur bestimmte fundamentale Eigenschaften und deren Veränderung bis hin zu ihrer Verdrängung durch ihr Gegenteil (kalt-warm, trocken-feucht) nicht zu übersehen: Eine Physik der Qualitäten ist zunächst eine Physik der Gegensätze. Zu dieser Gegenüberstellung von Gegensätzen muß eine Harmonie treten, um die Gegensätze zu beherrschen und innerhalb bestimmter Grenzen zu halten; daraus resultiert die Bildung der verschiedenen Dinge. Der pythagoreische Harmoniebegriff fügt sich in diese Konzeption bestens ein. Der Harmonie begegnen wir übrigens auch bei Heraklit, wohingegen Anaximander an ihre Stelle die Ungerechtigkeit setzt – ein Begriff, der sich begreiflicherweise weder bei Heraklit noch bei den Pythagoreern durchsetzen konnte, stand für sie die Welt der differenzierten Dinge doch im Zeichen des göttlichen Logos beziehungsweise der der Wahrheit-Reinheit entsprungenen mystisch-mathematischen Prinzipien. Demgemäß sahen sie in der Erkenntnis in erster Linie die Erkenntnis dieses Logos beziehungsweise dieser Mathematik; eine solche Mystik der Erkenntnis aber vertrug sich nicht mit Anaximanders Pessimismus.

Bleibt noch die Auswahl der Gegensatzpaare durch Philolaos (?) zu kommentieren. Die Auswahl der beiden ersten Paare, Grenze-Unbegrenztes und Ungerades-Gerades, erklärt sich aus dem oben Gesagten. Dasselbe gilt für das Paar Männliches-Weibliches, das mit den beiden voraufgehenden Paaren verknüpft ist. In gleicher Weise versteht sich das Paar Einheit-Vielheit – der Einheit, dem Männlichen und Ungeraden, steht die Vielheit gegenüber, die mit der geraden, weiblichen, vervielfältigenden Dyas assoziiert wird. Das Paar Quadrat-Rechteck ist direkt mit dem Paar Ungerade-Gerade verknüpft: die Summe aufeinanderfolgender ungerader Zahlen ergibt ein Quadrat, die gerader Zahlen ein Rechteck. Nicht so rational lassen sich dagegen die Paare rechts-links, gerade-gekrümmt, gut-schlecht und die Verknüpfung des jeweiligen ersten Teils mit dem Ungeraden (Männlichen, der Einheit) und des zweiten mit dem Geraden (Weiblichen, der Vielheit) erklären; hier muß ein Bezug auf ältere mystische Betrachtungen hergestellt werden. Das Paar Ruhiges-Bewegtes wird zu dem Paar Einheit-Vielheit in Beziehung gesetzt, da die Bewegung eher der Vielheit als der Einheit zugehörig empfunden wird. Was das Paar Licht-Finsternis betrifft, muß es, abgesehen von seiner Beziehung zur Rolle des Feuers bei den Pythagoreern (siehe weiter unten), anscheinend dem Paar Grenze-Unbegrenztes angenähert werden: das Licht wird mit der Abgrenzung der Dinge assoziiert, während sie durch die Finsternis ihre festen Konturen verlieren. Doch hier stoßen wir auf eine Doppeldeutigkeit, denn nach Ansicht der Pythagoreer wird das Unbegrenzte durch die Zahl »begrenzt« und geformt, so wie dieses Unbegrenzte umgekehrt seinerseits die Dinge scheidet und abgrenzt, so daß das Licht ebensogut der Seite des Grenzebildenden wie der des Grenzenlosen zugeordnet und als eine Art »heller Dampf« betrachtet werden könnte, der sich zwischen die Dinge schiebt, ihnen Kontur verleiht und sie sichtbar macht.

Die Auswahl bestimmter Paare wirft also etwas Licht auf die Funktionsweise der mit dem Prinzip der Harmonie gekoppelten Physik der Gegensätze; alles in allem aber bleibt vieles im Dunkeln, zumal diese Art Physik wenig mit dem zu tun hat, was wir heute darunter verstehen – die pythagoreische Mathematik und Musik scheinen uns wesentlich näher zu stehen.

Nach der Überlieferung sollen die Pythagoreer, allen voran Hippasos, in ihrer Physik dem Feuer eine Sonderstellung eingeräumt haben. Ein Beispiel dafür liefert die Astronomie; abgesehen davon finden sich jedoch kaum präzise Anhaltspunkte dafür. Parmenides, der wenig nach Pythagoras lebte und pythagoreisch ausgebildet worden sein soll, mißt den Paaren Feuer-Erde, Licht-Finsternis, warm-kalt besonderes Gewicht bei (siehe 4. Kapitel); Empedokles stellt das Feuer häufig den drei anderen Elementen (Erde, Wasser, Luft) gegenüber (siehe 5. Kapitel), und Platon bezeichnet in *Timaios*, seinem pythagoreisch inspirierten Dialog, Erde und Feuer als Grundstoffe, Wasser und Luft dagegen als »Mittelglieder« zwischen Erde und Feuer: um Körper miteinander zu verbinden, sind zwei Mittelglieder erforderlich – die mit den Polyederteilchen assoziierten »Raum«-Zahlen (vergleiche zum geometrischen Mittel zwischen zwei Würfeln Seite 344) –, so daß sich das Feuer zur Luft verhält wie die Luft zum Wasser und das Wasser zur Erde. Diese Sonderrolle, die die auf Pythagoras folgenden, häufig von seiner Schule inspirierten Autoren dem Feuer gegenüber der Erde beziehungsweise gegenüber den drei anderen Elementen einräumen, könnte zur Klärung dieser Frage beitragen; dabei sollte auch Heraklit nicht vergessen werden. Möglicherweise stoßen wir hier auf die Spuren eines mythischen (orphischen?) Einflusses, vergleichbar dem, dem Heraklit ausgesetzt war. Vielleicht wird das Feuer einfach als konkrete Form des Lichts aufgefaßt, das die aus Erde, Wasser und Luft zusammengesetzten Dinge begrenzt und festlegt. Wäre es demnach dem Unbegrenzten, das die Dinge scheidet, zu vergleichen, also ein heller Dunst, der sich zwischen sie schiebt? Oder im Gegenteil eine determinierende, männliche Kraft, die der Erde, dem weiblichen Element und »noch ungeformten« Stoff, Begrenzung und Form auferlegt? Eine Frage, die im Grunde nicht zu beantworten ist.

Die drei Hauptanliegen der pythagoreischen Physik – Grenze/Unbegrenztes, die Rolle der Zahl, die Gegenüberstellung von Gegensätzen – in einen augenfälligen oder sinnvollen Zusammenhang zu bringen, ist nicht einfach. Immerhin aber zieht sich quer durch alle drei – dadurch eine gewisse Einheit gewährleistend – der Gegensatz gerade/ungerade (unbegrenzt/begrenzt, weiblich/männlich). Außerdem sind die Rolle der Zahl und die Physik der Gegensätze durch die Harmonie verknüpft, die darüber hinaus noch als »gestaltende« Kraft des unbegrenzten Substrats hereinspielen oder als verbindende Kraft und Gegengewicht zur trennenden Kraft des Grenzenlosen die differenzierten Dinge zu den gegebenen (»harmonischen«) Gebilden zusammenschließen könnte. Allgemein betrachtet scheint dieser Physik jedoch eine logische Einheitlichkeit zu fehlen; sie ist weitgehend mystisch und weit weniger konkret als die Physik der Milesier.

So kennt sie offensichtlich auch nicht die Suche nach einem Urgrund; die unbestimmte Luft, die die Welt atmet, könnte vielleicht wie bei Anaximenes das Substrat aller Dinge sein, aber sie ist gleichzeitig auch das Unbegrenzte, das die Dinge trennt und begrenzt. Im Vergleich dazu nehmen sich die Vorstellungen der Milesier, die allerdings den Begriff der Materie als abstrakten, von der Form losgelösten und von den jeweiligen Eigenschaften des Substrats unabhängigen Begriff noch nicht kannten, mit ihrer auf einem Urgrund aufbauenden Physik äußerst konkret aus. Die Physik der Pythagoreer nähert sich den konkreten Gegebenheiten nur in einem einzigen Punkt an: durch eine Art Vorform der Teilchenphysik, die den nicht weiter teilbaren Einheiten (aus denen sich Zahlen und

Dinge zusammensetzen) Ausdehnung und Konsistenz zuspricht, also Atome postuliert. Diese Konzeption – angeblich ein Werk des Ekphantos, eines Pythagoreers vom Ende des 5. vorchristlichen Jahrhunderts, dessen Existenz jedoch nicht gesichert ist – vereint Pythagorismus und Atomismus, scheint jedoch nicht sehr entwickelt gewesen zu sein und verrät vor allem eine Unsicherheit hinsichtlich des Status der Zahl zwischen Abstraktion und konkreter Realität: Wie kann die Zahl, falls sie eine Abstraktion ist, die Natur beherrschen, der sie gar nicht angehört?

Ohne Zweifel haben die Pythagoreer trotz ihrer weitgehend mystischen Grundhaltung einen bewundernswerten Beitrag zur Geburt und Entwicklung der Mathematik geleistet. Ihrer Physik dagegen hat diese »pan-mathematische« Mystik geschadet; von wenigen Ausnahmen wie der Musik abgesehen, ist es ihnen nicht gelungen, die mathematischen Prinzipien wie später Galilei auf die Natur zu übertragen. Dennoch haben wir ihnen die Erfindung eines mathematischen Rationalismus in der Physik zu verdanken, der manchmal jedoch mißbraucht wurde:

> Gleichzeitig mit den bisher genannten Philosophen (den *Atomisten* Leukippos und Demokritos) und auch schon vor ihnen traten die sogenannten Pythagoreer auf. Diese befaßten sich mit der Mathematik und waren die ersten, die diese Wissenschaft weiter entwickelten. Da sie nun ganz in ihr lebten und webten, so kamen sie auf den Gedanken, die Prinzipien des Mathematischen seien zugleich auch die Prinzipien alles Seienden. In der Mathematik ist aber die Zahl natürlicherweise das Erste, und in der Zahl glaubten sie nun vielfache Ähnlichkeit mit dem Seienden und Werdenden zu finden, mehr als im Feuer oder in der Erde oder im Wasser, sofern nämlich die und die bestimmte Erscheinungsform der Zahl als Gerechtigkeit gefaßt wurde, eine andere als Seele oder Vernunft, wieder eine andere als günstige Gelegenheit u.s.f. nach dieser Analogie. Sodann sahen sie in der Zahl auch die Erscheinungsformen und Verhältnisse der Musik, und da sie nun so in den übrigen Dingen nach ihrer wesentlichen Beschaffenheit ein Abbild der Zahl fanden und die Zahl ihnen für das Erste in der ganzen Natur galt, so nahmen sie an, die Elemente der Zahlen seien auch die Elemente alles Seienden, und der ganze Himmel sei Harmonie und Zahl. Wo sie demzufolge in den Zahlen und Harmonien etwas aufzeigen konnten, das mit den Erscheinungsformen und den Teilen und der Gesamteinrichtung des Weltgebäudes korrespondierte, da stellten sie es zusammen und suchten es aufeinander zu passen, und wo etwa eine Lücke im System war, da war es ihr ängstliches Bemühen, sie auszufüllen und eine strenge Einheit in ihre ganze Theorie zu bringen. (*Aristoteles, Metaphysik, 1. Buch, 2. Kapitel, S. 22–23*)

Ein Beispiel für dieses ängstlich bemühte Ausfüllen einer Lücke werden wir in der Astronomie kennenlernen, während an dieser Stelle nur die Vorliebe für eine einheitliche Theorie und den Primat der mathematischen Prinzipien sogar über die Natur selbst festgehalten werden soll – es wurden der Natur sogar Elemente hinzugefügt, damit sie der Theorie entspricht. Diese Einheitlichkeit ist jedoch nicht völlig rational, sondern beruht auch auf Analogien und nicht zuletzt auf der Mystik. Bei allen Unzulänglichkeiten ist die pythagoreische Lehre dennoch die zweite große Gedankenströmung, die bei der Geburt der Wissenschaft Pate stand. Die Milesier hatten die Erklärung der Natur vom Mythos gelöst und eine äußerst konkrete, »natürliche« Physik entwickelt. Die Pythagoreer scheinen den Mythos über den Umweg einer mathematischen Mystik zwar wieder ins Naturstudium eingeführt zu haben; gerade dadurch aber haben sie ein äußerst brauchbares Werkzeug entwickelt, auch wenn es vor Galilei niemand wirklich sinnvoll einzusetzen verstand. Außerdem haben sie Platons Ideenlehre und dem Rationalismus den Weg geebnet und darin die Schule von Milet ergänzt, so daß man von nun an mit Fug und Recht von einem wissenschaftlichen Denken sprechen kann.

Die Astronomie

Wie bei der Mathematik und der Physik lassen sich auch bei der Astronomie die verschiedenen Konzeptionen nur schwer auf bestimmte Autoren zurückführen, und oft ist es schon schwer, aus den wenigen überlieferten Andeutungen präzise Rückschlüsse auf die astronomischen Theorien der Pythagoreer zu ziehen – ganz zu schweigen von der Möglichkeit, daß die astronomischen Theorien nicht ganz einheitlich waren und sich im Lauf der von uns behandelten zwei Jahrhunderte verändert haben dürften.

Deshalb wollen wir uns damit begnügen, einige den Pythagoreern zugeschriebene Fragmente vorzustellen und uns dann dem von Philolaos aufgestellten allgemeinen Modell der Bewegung der Gestirne zuwenden.

Bereits einer der ältesten Pythagoreer, Alkmaion von Kroton, soll überzeugt gewesen sein, daß die Planeten eine Kreisbewegung beschreiben, und zwar gegenläufig zu der des Himmelsgewölbes (der »Fixsterne«), und daß sich aus der Kombination dieser beiden Bewegungen die Bahn der »Wandelsterne« erklären lasse. Wie eine solche Annahme zu bewerten ist, erhellt aus dem Vergleich mit der Konzeption des Anaximenes, eines vielleicht etwas älteren Zeitgenossen des Alkmaion. Nach der Überlieferung machte Anaximenes für die gestörte oder unregelmäßige Bewegung der Planeten den Luftwiderstand verantwortlich, während sie für Alkmaion die Kombination zweier verschiedener Bewegungen darstellt. Die beiden Thesen sind charakteristisch für die beiden Schulen – im einen Fall eine sehr konkrete und materiebezogene Physik (der Luftwiderstand), im anderen ein mathematischer Rationalismus (die geometrische Kombination zweier Bewegungen).

Pythagoras selbst wird die Entdeckung der Identität von Abend- und Morgenstern (Venus) zugeschrieben, doch diese war in Mesopotamien, und vielleicht auch in Ägypten, schon seit langem bekannt. Pythagoras hat sie zweifellos nur in Griechenland eingeführt.

Höchstwahrscheinlich wurden im Laufe des 5. Jahrhunderts v.Chr. und womöglich sogar schon früher auch andere Begriffe wie die Ekliptik und der Tierkreis sowie die Aufteilung des Himmels in verschiedene Zonen (Himmelsäquator, Wendekreise) importiert. Gestützt wird diese Annahme durch die Reisefreudigkeit des Pythagoras, aber auch anderer Philosophen sowie durch die Kontakte der griechischen Welt mit Ägypten (durch den Handel) und mit Mesopotamien (durch die Ausdehnung des Perserreichs). Genaueres über die Rolle des Pythagoras und der Pythagoreer in diesem Prozeß läßt sich natürlich nicht sagen. Jedenfalls wird der berühmte »Beweis« der Unendlichkeit des Universums einem (allerdings jüngeren) Pythagoreer, Archytas, zugeschrieben:

> Nach Darstellung des Eudemus formulierte Archytas das Problem so: »Angenommen, ich stünde an der äußersten Grenze des Himmels, mit anderen Worten, auf der Fixsternsphäre – könnte ich da die Hand oder einen Stock hinaushalten oder nicht? (Zu behaupten), ich könnte es nicht, ist fraglos ungereimt; gelänge es mir jedoch, so setzte das die Existenz eines Außerhalb, sei es Körper oder Ort, voraus.« (...) Man stieße demnach durch Wiederholung der Frage unaufhörlich in immer gleicher Weise an die Grenze vor, und da das, was der Stock erreichen würde, stets ein Anderes wäre, müßte notwendig auch dieses Andere unbegrenzt sein. (*Simplicius, Commentaria in Aristotelem graeca, 467, 26*)

Höchstwahrscheinlich geht auch die Vorstellung von der Kugelgestalt der Erde und der Gestirne ganz allgemein auf die Pythagoreer zurück, auch wenn Alkmaion bestimmten Texten zufolge die Gestirne als Scheibe aufgefaßt zu haben scheint, und die Idee der Kugelgestaltigkeit der Erde – wie der ganzen Welt – auch Parmenides zugeschrieben wird; da letzterer jedoch als Schüler der Pythagoreer gilt, könnte er in diesem Punkt auch nur die astronomischen Kenntnisse der Sekte wiedergegeben haben. Im übrigen scheinen die Pythagoreer die Kugelgestalt auf das ganze Universum ausgedehnt zu haben, wobei die Kugelgestalt von Universum, Erde und Sternen nicht auf astronomische Beobachtungen zurückgeht, sondern darauf, daß die Kugel als vollkommene Form galt – also auf eine rein mathematische Ästhetik. Aus ähnlichen Gründen hatte schon Anaximander die Erde in den Mittelpunkt der Welt gerückt. Diese Ästhetik entsprang in gewisser Hinsicht dem mathematischen Rationalismus aber auch der mystischen Grundeinstellung der Pythagoreer.

Gleichfalls den Pythagoreern verdanken wir die Entdeckung der Erdrotation. In diesem Zusammenhang werden die Namen von Philolaos und Hiketas von Syrakus genannt. Philolaos läßt die Erde um ein Zentralfeuer kreisen, spricht aber nicht von einer Rotation um die eigene Achse. Diese Bewegung soll Hiketas von Syrakus entdeckt und mit ihrer Hilfe die Rotation des Himmels erklärt haben – dies bleibt jedoch sehr hypothetisch, zumal in diesem Zusammenhang manchmal auch Ekphantos genannt wird. Mit ziemlicher Sicherheit dagegen steht fest, daß die Vertreibung der Erde aus dem Mittelpunkt des Alls und ihr Kreislauf um ein Zentralfeuer auf Philolaos zurückgehen. Dieses Modell ist zweifelsohne nicht ohne Einfluß geblieben, so unter anderem auf Herakleides Pontikos (4. Jahrhundert v.Chr.: die Erde dreht sich im Mittelpunkt der Welt um sich selbst), Aristarch von Samos (3. Jahrhundert v.Chr.: die Erde dreht sich um die eigene Achse und um die Sonne) und Kopernikus (der den Einfluß der Pythagoreer selbst einräumte). Bevor dieses Modell im einzelnen vorgestellt wird, findet sich in Kasten 145 eine Auswahl astronomischer Fragmente des Philolaos.

145. DIE ASTRONOMIE NACH PHILOLAOS

(Nach Dumont 1988, Capelle 1953)

1. Der Kosmos ist einheitlich. Er fing an zu entstehen von der Mitte aus, und zwar von der Mitte in denselben Abständen nach oben wie nach unten. Denn was oben liegt von der Mitte aus verhält sich zu dem, was unten liegt, entgegengesetzt. Denn für die ganz unten liegenden Dinge bilden die in der Mitte liegenden das Oberste und das Übrige dem entsprechend. Denn im Verhältnis zum Mittelpunkt sind beide Richtungen gleich, nur umgedreht. (*Stobaeus, Blütenlese, I, XV, 7*) [*Vielleicht stellt dieses schwerverständliche Fragment den Versuch dar, eine kugelförmige Welt zu beschreiben, deren Mittelpunkt sowohl geschichtlich – als Entstehungspunkt des Kosmos – als auch strukturell – denn auf ihn ist alles bezogen – die Hauptrolle spielt.*]

2. Philolaos behauptet, daß das Feuer in der Mitte um den Mittelpunkt (der Welt) herum liege; er nennt es »Herd des Weltganzen« und »Haus des Zeus« und »Mutter und Altar der Götter« und »Zusammenhalt und Maß der Natur«. Und außerdem nimmt er ein zweites Feuer an, das zuoberst (die Welt) umgibt. Von Natur zuerst aber sei die Mitte; um diese kreisten zehn göttliche Körper: (nach der Fixsternsphäre), die fünf Planeten, danach die Sonne, unter dieser der Mond, unter ihm die Erde, unter ihr die Gegenerde, und nach all diesem käme das Feuer, das die Stelle des Herdes im Mittelpunkt (der Welt) einnähme. Den obersten Teil der Umgebenden nun, in dem die Reinheit der Elemente sei, nennt er Olympos; das Reich unterhalb der Bahn des Olympos aber, in dem die fünf Planeten mit Sonne und Mond ihren Platz erhalten hätten, Kosmos; die Region unter diesen aber, unterhalb des Mondes und in der Umgebung der Erde, in der das Reich des den Wechsel liebenden Werdens sei, Himmel. Und von den Dingen in der Höhe, die dem Bereiche der Ordnung angehörten, entwickele sich die Weisheit, dagegen von der Unordnung der Sphäre des Werdens die »Tugend«; jene sei vollkommen, diese unvollkommen. (*Aetius, Placita, II, 7,7*) Der Pythagoreer Philolaos setzt das Feuer in der Mitte an (...), zu zweit die Gegenerde, zu dritt die (von uns) bewohnte Erde, die (jener) gegenüberliege und sich zugleich mit der Gegenerde herumbewege. Infolgedessen würden auch die (Wesen) auf jener von den (Menschen) auf dieser nicht gesehen. (*Ebd., III, 11,3*) Der Pythagoreer Philolaos erklärte die Sonne für einen glasartigen (Körper), der den Widerschein des Feuers im Kosmos aufnähme (...). (*Ebd., II, 20, 12*) Einige Pythagoreer, zu denen auch Philolaos gehört, behaupten, der Mond scheine erdartig zu sein, weil er, wie unsere Erde, ringsum

bewohnt würde, jedoch von größeren und schöneren Lebewesen und Pflanzen. (*Ebd. II, 30, 1*)

3. (Philolaos habe zuerst) behauptet, daß sich die Erde im Kreise bewege; andere sagen, das habe Hiketas von Syrakus behauptet. (*Diogenes Laertios, Leben und Meinungen berühmter Philosophen, VIII, 84*) Die andern Philosophen lehren, daß die Erde in ihrer Ruhelage verharre; der Pythagoreer Philolaos aber behauptet, daß sie sich im Kreise um das Feuer bewege, und zwar in einem schiefliegenden Kreise, in ähnlicher Weise wie Sonne und Mond. (*Aetius, Placita, III, 13, 1f.*) [*Demzufolge würde die Erde nach Philolaos um ein zentrales, nicht mit der Sonne identisches Feuer kreisen; Cicero glaubt laut Theophrast, bei der von Hiketas von Syrakus ersonnenen Rotation handle es sich um die Umdrehung der Erde um die eigene Achse, und zwar offenbar im Mittelpunkt eines unbewegten Universums. Hippolyt schreibt diese Vorstellung einer zentralen, um sich selbst rotierenden Erde dem Ekphantos zu – zu vergleichen mit der Astronomie des Herakleides Pontikos, den Aetius in die Nachbarschaft des Ekphantos rückt; gleichfalls laut Aetius soll Hiketas den von Philolaos gebrauchten Begriff der Gegenerde gekannt haben.*]

4. Philolaos lehrte, daß das natürliche Jahr 364 1/2 Tage hätte. (*Censorinus, De die natali liber, 19,2*) Es gibt auch ein »Jahr« des Pythagoreers Philolaos, das aus 69 (gewöhnlichen) Jahren besteht; in diesem gibt es 21 Schaltmonate. (*Ebd., 18,8*) [*59 Mondjahre zu 354 Tagen (das heißt zu 12 Monaten von 29,5 Tagen) plus 21 Mondmonate zu 29,5 Tagen ergeben 21 505,5 Tage oder 59 Jahre zu 364,5 Tagen; wurde ein solcher Zyklus im Kalender zu Lebzeiten von Philolaos tatsächlich benutzt?*]

Wie schon im Abschnitt über die Physik angemerkt, scheint Philolaos im Universum mehrere Bereiche unterschieden zu haben (Fragment 2, Kasten 145): den obersten mit den Fixsternen, den sogenannten Olymp als Sitz der Götter; darunter den des Kosmos (das heißt des Geordneten) mit den Planeten samt Sonne und Mond, und schließlich die sublunare Region, den eigentlichen Himmel. Eine solche Auffassung aber läßt sich eher mit einer geozentrischen Sicht vereinbaren als mit der Philolaos zugeschriebenen Sicht einer dezentralisierten Erde, die um ein Zentralfeuer kreist. Es ist also durchaus möglich, daß es sich hier um eine ältere pythagoreische These handelt, die Philolaos irrtümlicherweise zugeschrieben wurde; allgemein wird angenommen, daß Pythagoras selbst ein geozentrisches Weltbild hatte. In diesem Zusammenhang ist auch an Heraklit zu erinnern, der ebenfalls älter als Philolaos war und eine »unreine« sublunare Zone postulierte, das heißt einen Bereich, der aus pythagoreischer Sicht nicht der mathematischen Regelmäßigkeit der Sternenbahnen entsprach. Hätte Philolaos dieses Weltbild vertreten, hätte sich das zentrale Feuer in der sublunaren Region befunden; als Sitz der Gottheit kann dieses Feuer jedoch nicht »unrein« sein. Insofern wird man die Dreiteilung in Olymp, Kosmos und Himmel wohl eher als ältere pythagoreische These betrachten müssen.

Doch schauen wir uns das Philolaos zugeschriebene Modell nun einmal im einzelnen an (zur Darstellung vergleiche Kasten 146): Im Mittelpunkt des Universums wird ein von der Sonne unterschiedenes Feuer angenommen, dann folgen der Reihe nach Gegenerde, Erde, Mond, Sonne, die fünf Planeten und schließlich die Sphäre der Fixsterne. Alle diese Gestirne kreisen um das zentrale Feuer – gelegentlich ist auch von einem Feuer am Rande des Universums die Rede, jenseits der Fixsterne, das durch diese in Erscheinung tritt. Sämtliche Sterne müssen sich, damit das Modell tatsächlich die regelmäßige Bewegung der Himmel widerspiegelt, offensichtlich mit ganz bestimmten Geschwindigkeiten bewegen, die in einem bestimmten mathematischen Verhältnis zueinander stehen, ebenso auch die Durchmesser ihrer Bahnen. Im folgenden soll jeder dieser Sterne beschrieben werden.

Das Feuer im Mittelpunkt des Alls ist nicht die Sonne, liefert dieser aber das Licht. Es ist der Sitz einer je nach Quelle variierenden Gottheit, die die Bewegungen im Universum aufeinander abstimmt. Der Vergleich mit Heraklits Feuer, das als eine Art Logos die Welt regiert, liegt offensichtlich nahe. Über die Art und Weise, wie sich diese Welt gebildet hat, wird nichts ausgesagt; immerhin aber kann man Fragment 1 von Kasten 145 entnehmen, daß die Entwicklung vom Zentrum ausgegangen ist. Falls diese These authentisch ist, und man dieses Zentrum als Ausgangspunkt zu betrachten hat, stößt man hier wieder auf die von Heraklit wie auch von dem Pythagoreer Hippasos vertretene Tradition, die im Feuer den Urgrund der Welt sah – eine Konzeption mit vielleicht mythischem Ursprung. Konkret jedoch wird man sich fragen, wie sich erklärt, daß dieses zentrale Feuer von der Erde aus nicht zu sehen ist – eine Frage, auf die wir bei der Untersuchung der Erdbewegung noch einmal zurückkommen werden.

Zwischen der Erde und dem zentralen Feuer befindet sich die Gegenerde oder zumindest ihre Bahn, denn die jeweilige Lage des Planeten hängt offensichtlich von seiner Bahngeschwindigkeit ab. Aristoteles zufolge wurde die Gegenerde erfunden, um bei den Sternen die Zahl 10 (die Tetractys) zu erreichen – die Sphäre der Fixsterne zählte in diesem Fall als Gestirn, das zentrale Feuer nicht. Dies könnte durchaus zutreffen, aber ebensogut könnte sie erfunden worden sein, um die Mond- und Sonnenfinsternisse zu erklären. Das Prinzip dieser Finsternisse, die Verdeckung der Sonne durch den Mond (oder die Erde), sowie die Tatsache, daß der Mond lediglich das Sonnenlicht reflektiert, hatte vor Philolaos schon Anaxagoras entdeckt; er hatte außerdem die Existenz dunkler Körper als Ursache weiterer Verfinsterungen angenommen. Eine ganz ähnliche Rolle könnte bei Philolaos die Gegenerde gespielt haben. Aber wie schon beim zentralen Feuer, stellt sich auch hier die Frage, warum die Gegenerde von der Erde aus nicht zu sehen ist. Darauf ließen sich verschiedene Antworten vorstellen: Entweder befindet sie sich stets zwischen der Erde und dem zentralen Feuer und verdeckt dieses – und da sie kein eigenes Licht ausstrahlt, also nur das Licht des Feuers reflektiert, wäre auch sie selber bei dieser Position für die Erde unsichtbar –, oder sie steht im Gegenteil von der Erde aus gesehen stets hinter dem zentralen Feuer, so daß das von ihr reflektierte Licht die Erde ebenfalls nicht erreicht – nur erhebt sich in diesem Fall die Frage, warum man dann das zentrale Feuer auf der Erde nicht sieht; schließlich wäre noch dieselbe Erklärung möglich wie bei der Unsichtbarkeit des Zentralfeuers (siehe unten).

146. DAS UNIVERSUM DES PHILOLAOS

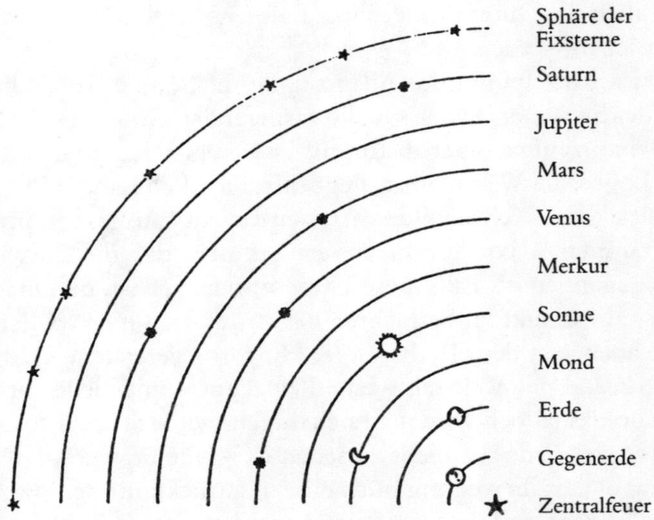

(Die Entfernungen zwischen den Planeten wurden nicht maßstabsgetreu wiedergegeben.)

Auf die Gegenerde folgt die Erde. Es handelt sich um das erste Weltbild, bei dem die Erde nicht im Mittelpunkt ruht, sondern eine Kreisbahn beschreibt. Von einer Drehung um die eigene Achse ist bei diesem Modell nicht die Rede; dennoch würde eine solche Rotation die Unsichtbarkeit des zentralen Feuers am plausibelsten erklären. Man bräuchte lediglich anzunehmen, daß nur eine Seite der Erde bewohnt wäre, nämlich die vom zentralen Feuer abgewandte, weshalb wir dieses auch nicht zu Gesicht bekämen, und daß sich die Erde in der gleichen Zeit, in der sie einmal ihre Bahn durchläuft, auch um ihre eigene Achse drehte, so daß sie dem zentralen Feuer stets dieselbe Seite zukehrte – wie wir auch nur eine Seite vom Mond sehen, weil er sich im selben Zeitraum um die Erde und um sich selbst dreht. Auf dieselbe Weise ließe sich auch die Unsichtbarkeit der Gegenerde erklären. Welche Erklärung Philolaos selber gab, falls er überhaupt eine gab, wissen wir nicht. Sollte es die letztgenannte gewesen sein, hätte er die Drehung der

Erde um die eigene Achse entdeckt (oder genauer, wäre er der erste gewesen, der diese Hypothese formulierte).

Wenn man Aetius glauben darf (Fragment 2, Kasten 145), unterschieden sich Erde und Mond in Philolaos' Modell im wesentlichen nur durch ihre Dimensionen. Demnach hatte für Philolaos also auch der Mond kein eigenes Licht, sondern reflektierte das des Zentralfeuers. Da der Mond schon bei Anaxagoras das Licht der Sonne zurückstrahlte, hätte Philolaos diese Idee also lediglich auf das Zentralfeuer zu übertragen brauchen.

Das ist um so wahrscheinlicher, als in Philolaos' Modell auch die Sonne selbst nur das Licht des zentralen Feuers reflektiert (Fragment 2, Kasten 145). Daraus könnte man ableiten, daß sich bei einer Sonnenfinsternis entweder Gegenerde oder Erde oder Mond zwischen Sonne und Zentralfeuer schiebt. Dringlicher aber als die Frage nach dem Ursprung des Lichts der Sonne ist das Problem ihrer Position und ihrer Bewegung: Wie läßt sich unter diesen Umständen der Wechsel von Tag und Nacht erklären? Man muß dazu ein entsprechendes Verhältnis zwischen den Bahngeschwindigkeiten von Erde und Sonne annehmen, das nicht nur den Wechsel von Tag und Nacht, sondern auch die variierende Länge der Tage berücksichtigt. In der Tat weiß man, daß den Sternen in diesem Modell unterschiedliche Geschwindigkeiten zugeschrieben wurden, aber nur zur Erklärung einer Sphärenharmonie und nicht von Tag und Nacht. Abgesehen davon jedoch ist uns nichts geblieben, woraus wir auf Philolaos' Meinung in dieser Frage schließen könnten.

Ebenso wenig wissen wir, wie er das »Umherwandern« der Planeten, der Wandelsterne, erklärt haben könnte – vielleicht übernahm er Alkmaions Konzeption von der gegenläufigen Bewegung zu den Fixsternen.

Was den Radius der Sternbahnen betrifft, so gibt Plutarch, setzt man den Radius für das zentrale Feuer mit 1 an, für die Bahnradien folgende Werte an: 3 für die Gegenerde, 9 für die Erde, 27 für den Mond, 81 für Merkur, 243 für die Venus, 729 für die Sonne – 729 ist zugleich eine Quadrat- und eine Kubikzahl, 27^2 und 9^3, daher auch die Bezeichnung der Sonne als Quadratkubus –, und so setzt sich die Reihe, mit 3 multipliziert, weiter fort. Dabei fällt auf, daß die Anordnung der Gestirne nicht dem Philolaos zugeschriebenen Modell entspricht, wonach die fünf Planeten (in welcher Reihenfolge auch immer) über der Sonne stehen: Hier nehmen Merkur und Venus eine Sonderstellung zwischen Mond und Sonne ein. Möglicherweise stammt diese Anordnung von Philolaos, zumindest ist es nicht ausgeschlossen – vergleiche die mesopotamische Astronomie; mit Sicherheit jedoch läßt es sich nicht behaupten. Auch hier stoßen wir wieder auf Spuren der Zahlenmystik: Die Radien der Sternbahnen sind entsprechend einer geometrischen Folge mit dem Quotienten 3 aufgebaut – aus völlig irrationalen Gründen: sei es der mathematischen Ästhetik, sei es der Mystik oder der Übereinstimmung mit der Sphärenharmonie zuliebe (bei Anaximander verhielten sich die Bahnen der Fixsterne, des Mondes und der Sonne wie 9 zu 18 zu 27). Gleichfalls

147. DIE HARMONIE DER SPHÄREN

(Nach Baccou 1951)

Von der Erde nahe der Mitte (des Kosmos) geht der tiefe Ton der Hypate [*Saite der Leier*] aus.
Von der Sternensphäre die ihr antwortende Nete [*Saite der Leier*];
Die Sonne läßt inmitten der Wandersterne die Mese [*Saite der Leier*] erklingen,
Und der eisige Kreis [*die Fixsternsphäre in der »gefrorenen Luft«*] bildet den Akkord der Quarte;
Um einen vollen Halbton entspannt sich Phainon [*Saturn*],
Der sich ebenso weit von Phaeton [*Beiname des Planeten Jupiter*] entfernt wie von diesem der mächtige Ares [*Mars*],
Dann einen Ton tiefer befindet sich Helios [*die Sonne*], das Gestirn, das die Sterblichen entzückt.
Vom Glanz der Sonne bis zu Kythere [*Venus*] liegt dreier Halbtöne Raum;
Einen Halbton tiefer zieht Hermes [*Merkur*], das funkelnde Gestirn seine Bahn,
Mene [*der Mond*] sodann, die Natur mit den vielgestaltigen Umrissen tönend;
Schließlich die Erde, der im Verhältnis zur Sonne der Quintakkord zufällt.
Fünf Regionen zeigt sie, vom Nebel (der Pole) bis zu den Flammen (der Wendekreise) [*gemeint sind die von den Wende- und den Polarkreisen begrenzten Regionen*]
Und paßt sich der glühenden Hitze wie der eisigen Kälte gleichermaßen an.
Der Himmel vollendet diese Oktave mit sechs Tönen;
So also ist die Sirene beschaffen, die Hermes harmonisch stimmt,
Die siebensaitige Kithara, Abbild des göttlichen Alls.

[*Diese Ordnung der Töne und Halbtöne hat – dichterische Freiheit? – wenig mit der musikalischen Harmonie zu tun; vergleiche Kasten 143.*]

Fixsterne (Nete)		Quarte	Oktave
	.... 1/2 Ton		
Saturn			
	.... 1/2 Ton		
Jupiter			
	.... 1/2 Ton		
Mars			
	.... 1 Ton		
Sonne (Mese)		Quinte	
	.... 3/2 Ton		
Venus			
	.... 1/2 Ton		
Merkur			
	.... 1/2 Ton		
Mond			
	.... 1 Ton		
Erde (Hypate)			

im Rahmen dieser mathematischen Mystik scheint Philolaos versucht zu haben, bestimmte astronomische Erscheinungen durch Einbeschreibung verschiedener regelmäßiger Polygone in den Kreis der Umlaufbahnen zu erklären. So werden die 12 Zeichen des Tierkreises durch ein Zwölfeck, zwei Sechsecke, drei Quadrate oder vier gleichseitige Dreiecke umrissen, die Neigung der Ekliptik wird durch den Winkel des Fünfzehnecks dargestellt – mit 24° etwas über dem wirklichen Wert – etc. So wie die Dezentrierung und die Bewegung der Erde Kopernikus inspirieren konnten, so erinnert die Rolle der Polygone in Philolaos' Astronomie an Keplers regelmäßige Polyeder, die gleichfalls in die »Sphären« der Planeten einbeschrieben sind oder sie umschreiben.

Von einem solchen Einfluß zeugt allein schon der Titel von Keplers Werk *Harmonice Mundi* (Weltharmonik, 1619). In der Tat geht die Vorstellung einer himmlischen Harmonie oder einer Harmonie der Sphären auf die Pythagoreer zurück – zumindest in dem Modell, das Eudoxos im 4. Jahrhundert v. Chr. propagierte, waren die Sterne an Sphären befestigt. Nach pythagoreischer Überzeugung gab ein bewegtes Objekt einen Ton von sich, der proportional zur Geschwindigkeit der Bewegung stieg. Die Töne der Gestirne waren nach Ansicht der Pythagoreer also eine Funktion der Geschwindigkeit und damit auch des Bahnradius, an den diese Geschwindigkeit geknüpft war. Laut Aristoteles glaubten die Pythagoreer, daß der Mensch diese Töne nicht mehr höre, weil er sie seit eh und je gewöhnt sei, so wie der Schmied schließlich taub werde gegen das Hämmern in der Schmiede.

Diese Sternentöne sollten zu einer Harmonie verschmelzen. Doch dieser Punkt dürfte Philolaos einige Schwierigkeiten bereitet haben, da eine »Harmonie« (Oktave) nur 8 Noten hatte, sein Modell aber 10 bewegliche Gestirne aufwies. Es wurden verschiedene Versuche unternommen, diese beiden Gegebenheiten miteinander in Einklang zu bringen, aber keiner war überzeugend. In Kasten 147 findet sich ein Gedicht von Alexander Aetolos (3. Jahrhundert v. Chr.) über diese Harmonie samt R. Baccous Kommentar zu den mit den verschiedenen Gestirnen assoziierten Tönen (man beachte, daß auch hier Merkur und Venus von den oberen Planeten unterschieden werden und die Gegenerde verschwunden ist).

Es ist wenig wahrscheinlich, daß die Konzeption von Philolaos genau so ausgesehen hat. Doch wie dem auch sei, jedenfalls paßt die Vorstellung einer himmlischen Harmonie zu einer Astronomie, die zusammen mit der Musik, der Arithmetik und der Geometrie zur Mathematik gezählt wurde. Darüber hinaus macht sie deutlich, wie weit die Pythagoreer die Mathematisierung des Universums trieben und welcher Methode sie sich dabei – mit der Musik als Paradigma der mathematischen Physik – bedienten. Und schließlich zeigt sie deutlich, daß das pythagoreische Weltbild über den einfachen mathematischen Rationalismus weit hinausging und in eine Mystik der Mathematik mündete, aber auch in eine Mystik der Erkenntnis und Läuterung, die den Weg zu der in der Ordnung des Universums manifestierten Wahrheit öffnete.

Biologie und Medizin

Weniger berühmt sind die Leistungen der pythagoreischen Schule auf dem Gebiet der Biologie und der verwandten Wissenschaften. Theophrast berichtet in seiner *Pflanzenkunde* über verschiedene botanische und agronomische Betrachtungen eines Pythagoreers namens Menestor, der die Pflanzen anhand verschiedener Kriterien wie Art des Bodens, Widerstandsfähigkeit gegen Frost, Laubabwurf etc. in kalte und warme einteilte. Nach Censorinus entwickelte Hippon von Metapont eine Theorie über die Bedeutung der Zahl 7 im Leben des Menschen, die sich in der hippokratischen Sammlung (siehe 6. Kapitel) wiederfindet: Am 7. Tag nach der Empfängnis ist der Embryo fertig, im 7. Monat der Fötus »ausgereift«, im 7. Monat nach der Geburt kommen die Milchzähne, die das Kind im 7. Jahr wieder verliert; mit 14 setzt die Pubertät ein etc. Und Philolaos, zweifelsohne der Pythagoreer mit der umfassendsten enzyklopädischen Bildung, soll nach Aussagen des Aristotelesschülers Menon das Warme als das Prinzip des Körpers betrachtet haben, wobei der Atmung die Rolle der Abkühlung zukommt. Außerdem vertrat Philolaos ebenfalls nach Menon Ansichten, die an die Säftetheorie seines Zeitgenossen Hippokrates erinnern, und laut Pseudoiamblichos stattete er den Menschen mit vier »Prinzipien« aus:

> Kopf (Gehirn) *ist das Prinzip* des Verstandes, Herz das der Seele und Empfindung, Nabel das des Anwurzelns und Emporwachsens des Embryo, Schamglied das der Samenentleerung und Zeugung. Das Gehirn aber (bezeichnet) das Prinzip des Menschen, das Herz das des Tieres, der Nabel das der Pflanze, das Schamglied das aller zusammen, denn alles blüht und wächst aus Samen heraus. (*Pseudoiamblichos, Theologoumena arithmetica*)

Der Großteil der überlieferten pythagoreischen Konzeptionen biologischer und medizinischer Art geht jedoch auf Alkmaion von Kroton zurück, »der, als Pythagoras bereits hoch in Jahren stand, noch ein junger Mann war« (der also Ende des 6., Anfang des 5. Jahrhunderts v.Chr. gelebt hat). Er wird gemeinhin der Schule der Pythagoreer zugeordnet, obwohl man nicht weiß, ob er ihr wirklich angehörte oder ob er nur einen parallelen, gelegentlich vielleicht auch gemeinsamen Weg verfolgte. Wie die meisten Gelehrten dieser Epoche hatte er sich nicht auf ein bestimmtes Gebiet spezialisiert. Er war der erste, der die Bahn der Planeten aus dem Zusammenspiel ihrer Eigenbewegung nach Osten und der allgemeinen Himmelsbewegung nach Westen zu erklären versuchte; vor allem aber haben ihn seine biologischen Theorien berühmt gemacht, die ältesten, die zusammen mit Anaximanders Thesen auf diesem Gebiet aus Griechenland erhalten sind, und von denen einige über Hippokrates von Kos bis zur Renaissance lebendig blieben. In Kasten 148 finden sich verschiedene Fragmente alter Autoren dazu.

Man nimmt an, daß Alkmaion Sektionen vornahm und als erster beobachtete, daß die Arterien eines Kadavers im Gegensatz zu den Venen blutleer waren – was allerdings voraussetzt, daß man das Tier hatte ausbluten lassen. Da die Gefäßwand bei den Arterien starr ist, bleiben diese nach der Opferung des Tieres geöffnet (und voll Luft), während sie bei den Venen geschmeidig ist, so daß diese, wenn der Druck wegfällt, erschlaffen und der geringe verbliebene Blutrest sie zu füllen scheint. Allerdings kann auch bei einem nicht ausgebluteteten Kadaver gelegentlich ein Unterdruck auftreten, der das Blut in die Venen saugt, wodurch sich die Arterien, wenn sie geöffnet werden, mit Luft füllen. Falls Alkmaion tatsächlich eine solche Beobachtung gemacht haben sollte, würde das einen durchgängigen Irrtum der griechischen Medizin vor allem bei Empedokles und Hippokrates erklären, die die Arterien mit den Atemwegen (Luftröhre und Bronchien) gleichsetzte und so Blutkreislauf und Atmungssystem in eine direkte Verbindung brachte – so durch die Erklärung, die Empedokles für die Bewegungen des Blutes gibt (vergleiche 5. Kapitel) oder die Rolle, die Hippokrates den Arterien zudenkt: die Versorgung der Organe mit Luft (vergleiche 6. Kapitel). Da sich die Alkmaion zugeschriebene Definition von Gesundheit und Krankheit in der gesamten griechischen Medizin und insbesonders bei Empedokles und Hippokrates wiederfindet, könnte er auch gut als Quelle dieses Irrtums in Frage kommen.

148. BIOLOGIE UND MEDIZIN BEI ALKMAION

(Nach Dumont 1988, Capelle 1953)

1. Alkmaion gehört zu denen, die die Wahrnehmung nicht durch das Gleiche (die Wirkung vom Gleichen auf Gleiches) erklären [*wie Empedokles, siehe weiter unten*]. Alkmaion behauptet, daß sich der Mensch von den übrigen Wesen dadurch unterscheide, daß er allein denkt, während die anderen Wesen zwar Sinneswahrnehmung haben, aber nicht denken. Denn Denken und Sinneswahrnehmungen haben, ist nicht ein und dasselbe (...). Er behauptet, daß wir mit den Ohren hören, weil in ihnen ein Hohlraum vorhanden sei; denn dieser töne (wir sprechen ja auch vermittels eines Hohlraumes), die Luft aber töne dagegen. Wir riechen mit der Nase zugleich mit der Einatmung, indem wir den Atem bis zum Gehirn einziehen. Mit der Zunge aber unterscheiden wir die Geschmäcke. Denn sie sei warm und weich und bringe daher durch ihre Wärme (die Geschmäcke) zum Schmelzen. Infolge ihrer lockeren und zarten Natur nähme sie sie dann auf und gäbe sie weiter (zum Gehirn). Die Augen sähen durch das sie umgebende Wasser. Daß sie aber Feuer enthalten, sei klar. Denn wenn das Auge ein Schlag träfe, dann sprühe es (das Feuer im Auge) Funken. Wir sehen aber vermittels des Leuchtenden und Durchsichtigen, wenn es (das Licht) widerstrahlt. Und je reiner es ist, um so mehr. (Er lehrte), daß sämtliche Sinnesvermögen irgendwie mit dem Gehirn zusammenhängen. Daher litten sie auch Schaden, wenn dieses erschüttert würde und seine Lage verändere. Denn es ziehe »die Poren« in Mitleidenschaft, durch die die Sinnesvermögen (vermittelt würden). Alkmaion sagt nichts über den Tastsinn noch wie

oder durch welches Sinnesorgan man tastet. (*Theophrast, Von den Sinneswahrnehmungen, 25–26*)

2. Es ist daher die Natur des Auges klarzumachen, über die sowohl viele andere wie insbesondere Alkmaion von Kroton, ein bewährter Naturforscher, der es zuerst gewagt hat, eine Sektion vorzunehmen, und Kallisthenes, der Schüler des Aristoteles und Herophilos, viele herrliche Entdeckungen gemacht haben. [*Die nun folgende summarische Beschreibung der Augen und Sehnerven Alkmaion zuschreiben zu wollen, wäre gewagt, auch wenn er vielleicht tatsächlich Sektionen vorgenommen hat.*] (*Chalcidius, Kommentar zu Platons Timaios*)

3. Für Alkmaion ist (der Samen) ein Teil des Gehirns. (*Aetius, Placita, V, III,3*) [*Censorinus behauptet, Alkmaion habe die Vorstellung, der Samen sei ein Ausfluß des Marks, verworfen*] Das Vorherrschende [*das Bewußtsein*] hat seinen Sitz im Gehirn. (*Ebd., IV, VII,1*) Im Kopf sitzt der wichtigste Teil der Seele, (der sich im Mutterleib als erster bildet). (*Ebd., V, XVII, 3*) (Der Embryo) ernähre sich durch den ganzen Körper; in der Tat sauge sein Leib wie ein Schwamm aus der Nahrung das auf, was seiner Ernährung dienlich ist. (*Ebd., V, XVI, 3*) Alkmaion behauptet, der Rückstrom des Blutes in den Adern rufe den Schlaf hervor, das Erwachen (hingegen) falle mit dem Strömen des Blutes zusammen: der Tod bestehe im endgültigen Rückstrom des Blutes. (*Ebd., V, XIII, 1*) Das Geschlecht des Neugeborenen richtet sich laut Alkmaion nach dem Elternteil mit dem reichlichsten Samen. (*Censorinus, De die natali liber, VI, 4*)

4. Alkmaion behauptet, die Gesundheit werde durch das Gleichgewicht der Kräfte erhalten: des Feuchten und Trockenen, Kalten und Warmen, Bitteren und Süßen etc. Die »Alleinherrschaft« einer unter ihnen sei die Ursache der Krankheit. Denn die Alleinherrschaft einer von ihnen beiden sei verderblich. Krankheit stelle sich ein, was ihren Ursprung anbetreffe, infolge von Übermaß von Wärme oder Kälte; was aber ihren Anlaß beträfe, infolge von Übermaß oder Mangel an Speisen; was aber das »Wo?« angehe, so habe sie entweder im Blut oder im Mark oder im Gehirn ihren Sitz. Zuweilen aber entständen hier Krankheiten auch aus äußeren Ursachen: infolge der Beschaffenheit des Wassers oder des Landes oder infolge von Überanstrengung oder Foltern oder dergleichen. Die Gesundheit dagegen beruhe auf der gleichmäßigen Mischung der Qualitäten. (*Aetius V, 30, 1*) [*Diese Definitionen von Gesundheit und Krankheit klingen ganz unverkennbar an die des Hippokrates von Kos an, sei es, daß Hippokrates in diesem Punkt lediglich eine ältere Tradition fortführt, sei es, daß Aetius Alkmaion auf anachronistische Weise hippokratische Vorstellungen in den Mund legt. Man beachte im übrigen auch die aristotelisch eingefärbte Terminologie.*]

5. Alkmaion (...) behauptet, (die Seele) sei unsterblich, weil sie den unsterblichen (Wesen) gleiche. Das aber sei der Fall, weil sie in ewiger Bewegung begriffen sei. Denn auch sämtliche göttliche (Wesen) seien in ewigwährender Bewegung: Mond, Sonne, Sterne und der ganze Himmel. (*Aristoteles, Von der Seele I, 2, 405 a 29ff.*) Alkmaion behauptet, daß die Menschen deswegen zugrunde gehen, weil sie nicht imstande sind, den Anfang mit dem Ende zu verknüpfen. (*Pseudoaristoteles, Probleme, 17, 3.916 a 33ff.*)

Was die Alkmaion zugeschriebenen Kenntnisse im einzelnen betrifft (siehe Kasten 148), so befaßt sich ein großer Teil mit der sinnlichen Wahrnehmung, die er laut Theophrast von der Vernunft unterschied; diese ist nur dem Menschen eigen, während die Tiere lediglich ihre Sinne besitzen. Auf dieses Thema wird man öfter stoßen, vornehmlich bei Empedokles und Anaxagoras. Im Gegensatz zu diesen beiden aber, die auf diesem Gebiet »abstrakter« bleiben, packt Alkmaion das Problem auf eine sehr konkrete, »natürliche« Weise an, indem er weniger das theoretische Prinzip der Sinneswahrnehmung ganz allgemein als vielmehr die je unterschiedliche Arbeitsweise der Sinne zu beschreiben versucht. Mit seinen Erklärungen kommt er der Wirklichkeit zumindest in groben Zügen schon recht nah, außer beim Gesichtssinn, dem kompliziertesten von allen Sinnen, wo er mit der Idee eines Feuers im Auge eine langlebige Theorie begründet. Diese Betonung der Sinneswahrnehmung und ihrer Beziehung zur Vernunft – die er im Gehirn ansiedelt, während sie später vielfach ins Herz verlegt wird –, geht über den Rahmen einfacher medizinisch-biologischer Betrachtungen hinaus und nähert sich bereits dem, was wir heute als Erkenntnistheorie bezeichnen würden. Dafür spricht unserer Ansicht nach auch die Tatsache, daß Empedokles, Anaxagoras und andere die Prinzipien der sinnlichen Wahrnehmung zu formulieren suchten, ohne sie wirklich in Zusammenhang mit der Biologie zu bringen. Im übrigen braucht man sich in Anbetracht der Sonderstellung, die die pythagoreische Philosophie der Erkenntnis als läuternder Tätigkeit einräumt, über das Interesse an der sinnlichen Wahrnehmung und ihrer Beziehung zur Vernunft als Mittel der Erkenntnis nicht zu wundern. Die Unterscheidung zwischen sinnlicher Wahrnehmung und Vernunft ist aus pythagoreischer Sicht sehr wohl begreiflich, gerade aufgrund der Betonung der Mathematik und einer Art mathematischem Rationalismus *a priori*, die beim Studium der Natur angewandt werden. Der pythagoreischen Lehre liegt, wenn auch unausgesprochen, die Idee zugrunde, daß die Erkenntnis ein Akt der reinen Vernunft und damit der mathematischen Vernunft ist und daß die sinnliche Wahrnehmung aufgrund der Unreinheit der sublunaren Welt diese Erkenntnis nur behindert, was außerdem in Zusammenhang mit verschiedenen religiösen Zwängen der Sekte gebracht werden muß.

Typisch für die Pythagoreer ist auch die Idee einer unsterblichen Seele (man denke nur an die von ihnen propagierte Seelenwanderung), die, wie die Gestirne, einen Zyklus durchläuft. Gelegentlich ist in diesem Zusammenhang auch vom Körper die Rede, der sterblich ist, weil es ihm nicht gelingt, Anfang und Ende zusammenzubringen und so am ewigen Kreislauf der Gestirne teilzuhaben. So stoßen wir hier wieder auf die Vollkommenheit des Kosmos (Seele) und die Unvollkommenheit der sublunaren Welt (Körper), aber auch auf die Gleichsetzung der Seele mit der Bewegung der Gestirne und damit auch auf eine mathematische Harmonie.

Am längsten konnte sich zweifelsohne Alkmaions Definition von Gesundheit und Krankheit behaupten. Er nimmt eine Reihe von Dualismen im Menschen an, die vielleicht unter dem Einfluß der vier Wurzeln des Empedokles: Erde, Wasser, Luft, Feuer häufig auf trocken/feucht und kalt/warm eingeschränkt werden. Gesundheit ist gleichbedeutend mit dem Gleichgewicht zwischen diesen Gegensätzen, Krankheit mit dem Ungleichgewicht zugunsten eines Teils. Diese Auffassung machte sich nicht nur die gesamte griechische Medizin zu eigen, in Gestalt der »Säftetheorie« (Hippokrates) lebte sie in der abendländischen Medizin sogar bis zur Renaissance fort. Auf eine solche Gegenüberstellung von Gegensätzen sind wir schon in der pythagoreischen Physik und bei Heraklit und Anaximander gestoßen; nah verwandt ist die Gesundheit als Gleichgewicht auch der »Harmonie«, die die Gegensätze in einer bestimmten Form verknüpft. Und auch der Begriff der Demokratie könnte dem angenähert werden, wobei die Krankheit ein Ungleichgewicht zugunsten der Monarchie oder Aristokratie wäre. Doch allzu direkt und naiv darf man die Parallele nicht ziehen: Die pythagoreische Sekte, der Alkmaion angehört haben könnte, trat politisch für eine Aristokratie ein. Außerdem war den Pythagoreern der Kampf der Gegensätze weniger wichtig als die Harmonie, die sie nach bestimmten Proportionen verknüpft und zusammenhält – was ganz zu einer »Aristokratie des Wissens« passen würde, wenn man die Parallele zwischen der Darstellung der natürlichen und der sozialen Welt aufrechterhalten wollte. Es wäre deshalb auch vorstellbar, daß die der Gesundheit zugrundeliegende Harmonie mit einer Zahl assoziiert wurde, die sie auf mystische Weise verköpert hätte: mit der Zahl 7, die laut Philolaos ja auch für Vernunft und Licht stand; aber nach welchen Kriterien wurde sie ausgewählt?

Außer diesen Thesen des Alkmaion sind keine biologisch-medizinischen Konzeptionen erhalten, die für die Pythagoreer charakteristisch wären.

Zusammenfassung

Hauptanliegen der pythagoreischen Schule war einerseits die Entwicklung der Mathematik und andererseits die Anwendung dieser Mathematik auf das Naturstudium. Eingebettet war das Ganze in eine Zahlenmystik, so daß sich rationale und mystische Vorstellungen verwoben. Heute sehen wir diese Schule als Ergänzung zur Schule von Milet – letztere scheint abgesehen von den Thales zugeschriebenen Lehrsätzen, die er aber wahrscheinlich nur importierte, keine Mathematik entwickelt zu haben; das Studium der Natur wurde sehr konkret, sehr »erdnah« betrieben und das sinnlich Wahrnehmbare bevorzugt. Dagegen hat die Schule der Pythagoreer eine Art mathematischen Rationalismus in das Naturstudium eingeführt – wobei die Ansätze der babylonischen Astronomen systematisiert wurden –, das Vernunftgemäße betont und in einer Zahlenmystik vergöttlicht. Und wie der Schule von Milet trotz aller möglichen Kritik an der ionischen Physiologie das Verdienst bleibt, als erste den Versuch gewagt zu haben, die Natur auf nichtmythische Weise zu erklären, so bleibt der pythagoreischen Schule aller möglichen Kritik am mystischen Aspekt ihrer Thesen zum Trotz das Verdienst, als erste die Mathematik ins Naturstudium eingeführt zu haben. Der Primat, den die Pythagoreer dem Verständlichen, der Ratio einräumten, mußte sich allerdings an der Frage der irrationalen Zahlen, mit denen die Mathematik der Epoche noch nicht umzugehen verstand, und am Problem des Unendlichen – vornehmlich des unendlich Kleinen, der Folge der bis ins unendliche fortgesetzten Teilung durch zwei – stoßen. Daran entzündete sich die Kritik der Schule von Elea, der wir uns im nächsten Kapitel zuwenden wollen.

4. KAPITEL

Xenophan und die Eleaten

Thales, Anaximander, Anaximenes, Pythagoras und die ersten Pythagoreer gelten als die »Gründerväter« der griechischen Wissenschaft und Philosophie. Sämtliche Autoren, die in diesem und im folgenden Kapitel behandelt werden, gehören dagegen dem 4. vorchristlichen Jahrhundert an, also einer späteren Generation, ausgenommen Xenophan, der eine gewisse Sonderstellung einnimmt und sowieso mehr zu den Philosophen als zu den Wissenschaftlern zählt – sofern man zu dieser Zeit eine solche Unterscheidung überhaupt treffen kann. Alle diese Autoren müssen also in Bezug zu den »Gründervätern« gesetzt und ihre Werke in dieser Perspektive gesehen werden.

Xenophan fassen wir aufgrund ähnlicher Sichtweisen und verwandter Gedankengänge mit den Hauptvertretern der Eleaten (Parmenides, Zenon und Melissos) in einem Kapitel zusammen, obwohl er entgegen allen philosophischen Übereinstimmungen vermutlich nicht der Gründer dieser Schule war, womöglich die italienische Stadt Elea – etwas südlich von Neapel gelegen – überhaupt nur auf der Durchreise betrat.

Xenophan von Kolophon

Um 570 v.Chr. in Kolophon an der ionischen Küste (in der Nähe von Milet und Ephesos) geboren, war Xenophan ein Zeitgenosse von Anaximenes, Pythagoras und dem alten Anaximander, dessen Schüler er gewesen sein könnte. Im Alter von 25 Jahren verließ er seine Heimatstadt (um vor den Persern zu flüchten?) und führte von da an ein langes Wanderleben als Rhapsode (laut Fragment 1, Kasten 149, wäre er mindestens 92 Jahre alt geworden). Seine Reisen führten ihn vor allem durch Großgriechenland (Süditalien und Sizilien), wo er mit der pythagoreischen Lehre bekannt geworden sein könnte. Mehr Dichter, ja sogar satirischer Dichter, als Gelehrter und Philosoph, hinterließ er mit seinen kritischen Betrachtungen ein moralistisch-theologisches Werk. Dagegen haben seine physikalischen Vorstellungen in der Geschichte der Wissenschaft und der Philosophie kaum Spuren hinterlassen. Von seinem Werk sind eine Reihe von Fragmenten erhalten, von denen wir die für uns interessantesten in Kasten 149 zusammengestellt haben; Kasten 150 enthält eine ausgewählte Doxographie.

149. AUSGEWÄHLTE FRAGMENTE VON XENOPHAN

(Nach Dumont 1988, Diels 1959)

1. Siebenundsechzig Jahre aber sind es bereits, die meine Sorge durch das Hellenische Land auf und ab treiben. Von meiner Geburt gerechnet aber waren es damals fünfundzwanzig, wenn ich denn hierüber der Wahrheit gemäß zu berichten weiß.
2. Und es heißt, als er (Pythagoras) einmal vorüberging, wie ein Hündchen mißhandelt wurde, habe er Mitleid empfunden und dieses Wort gesprochen: »Hör auf mit deinem Schlagen. Denn es ist ja die Seele eines Freundes, die ich erkannte, wie ich ihre Stimme hörte.« [*Kritik an der pythagoreischen Metempsychose*]
3. Ein einziger Gott, unter Göttern und Menschen am größten, weder an Gestalt den Sterblichen ähnlich noch an Gedanken.
4. *Gott* ist ganz Auge, ganz Geist, ganz Ohr.
5. Doch sonder Mühe erschüttert er alles mit des Geistes Denkkraft.
6. Stets aber am selbigen Ort verharrt er sich gar nicht bewegend, und es geziemt ihm nicht hin- und herzugehen bald hierhin bald dorthin.
7. Doch wenn die Ochsen *und Rosse* und Löwen Hände hätten oder malen könnten mit ihren Händen und Werke bilden wie die Menschen, so würden die Rosse roßähnliche, die Ochsen ochsenähnliche Göttergestalten malen und solche Körper bilden, wie *jede Art* gerade selbst ihre Form hätte.
8. Die Äthiopier *behaupten, ihre Götter* seien stumpfnasig und schwarz, die Thraker, blauäugig und rothaarig.
9. Und das Genaue freilich erblickte kein Mensch und es wird auch nie jemand sein, der es weiß (erblickt hat) in bezug auf die Götter und alle Dinge, die ich nur immer erwähne; denn selbst wenn es einem im höchsten Maße gelänge, ein Vollendetes auszusprechen, so hat er selbst trotzdem kein Wissen davon; Schein (meinen) haftet an allem.
10. Wahrlich nicht von Anfang an haben die Götter den Sterblichen alles enthüllt, sondern allmählich finden sie suchend das Bessere.
11. Dieses obere Ende der Erde erblickt man zu seinen Füßen, wie es an die Luft stößt, das untere dagegen erstreckt sich ins Unermeßliche.

12. Denn aus Erde ist alles, und zur Erde wird alles am Ende.
13. Erde und Wasser ist alles, was da wird und wächst.
14. Denn wir alle wurden aus Erde und Wasser geboren.
15. Und was sie Iris benennen, auch das ist seiner Natur nach nur eine Wolke, purpurn und hellrot und gelbgrün zu schauen.
16. Wenn Gott nicht den gelblichen Honig erschaffen hätte, so würde man meinen, die Feigen seien viel süßer (als sie uns jetzt erscheinen).
17. Aber, wenn einer mit der Schnelligkeit der Füße den Sieg gewönne oder im Fünfkampf, dort wo des Zeus heilige Flur ist am Pisaquell in Olympia, oder im Ringen oder auch weil er die Kunst des schmerzensreichen Faustkampfs besitzt oder eine gewisse schreckliche Kampfart, die sie Allkampf (Pankration) benennen, so wäre er zwar für die Bürger glorreicher anzuschauen *als zuvor*, er erwürbe den weithin sichtbaren Ehrensitz bei den Kampfspielen und die Speisung auf öffentliche Kosten von der Stadt und eine Gabe, die ihm ein Kleinod wäre; und auch wenn er mit seinen Rossen (den Sieg gewönne), so erhielte er alle diese *Ehren*; und doch wäre er nicht (= keiner) so würdig wie ich. Denn besser als Männer- und Rossekraft ist doch unser Wissen. Vielmehr ist das eine gar grundlose Sitte, und es ist nicht gerecht die Stärke dem tüchtigen Wissen vorzuziehen. Denn wenn auch ein tüchtiger Faustkämpfer unter den Bürgern wäre oder wer im Fünfkampf oder in der Ringkunst hervorragte, oder auch in der Schnelligkeit der Füße, was ja den Vorrang hat unter allen Kraftstücken, die sich im Wettkampfe der Männer zeigen, so wäre doch um dessentwillen die Stadt nicht in besserer Ordnung. Nur geringen Genuß hätte die Stadt davon, wenn einer an Pisas Ufern den Wettsieg gewönne; denn das macht die Kammern der Stadt nicht fett.

150. AUSGEWÄHLTE DOXOGRAPHIE ZU XENOPHAN

(Nach Dumont 1988, Capelle 1953)

1. Daß der Urgrund eins sei oder daß das Seiende das All-Eine (und weder begrenzt noch unbegrenzt, weder bewegt noch ruhend) sei, vermutet Xenophanes von Kolophon, der Lehrer des Parmenides; das (jedenfalls) behauptet Theophrast, der (mit uns) darin übereinstimmt, daß sich diese Auffassung aus einem anderen Bereich als dem der Naturforschung herleitet. Denn Xenophanes hielt dieses All-Eine für Gott und glaubte, sein All-Eins-Sein erhelle sich aus der Tatsache, daß er alle Dinge beherrsche. Denn, so erklärt er, gäbe es mehrere Götter, so müßten sie notwendig alle Dinge gleicherweise beherrschen. Gott aber ist der Herrschgewaltigste und Mächtigste von allen. Er bewies, daß er nicht gezeugt wurde, anhand der Tatsache, daß das Gezeugte entweder von Gleichem oder von Ungleichem herrühren muß. Doch einerseits, so verkündet er, dürfe Gleiches nicht aufgrund der

Tatsache des Gleichseins leiden; es gehe in der Tat ebensowenig an, daß Gleiches Gleiches zeuge wie daß es von Gleichem gezeugt werde. Würde es aber umgekehrt von Nicht-Gleichem gezeugt, so ginge das Seiende aus dem Nicht-Seienden hervor. Und auf diese Weise demonstrierte er, daß er nicht gezeugt, sondern ewig ist. Und er ist weder unbegrenzt noch begrenzt, da einerseits das Nicht-Seiende unbegrenzt ist, insofern es weder Anfang noch Mitte noch Ende besitzt, und das Vielfache sich andererseits gegenseitig begrenze. Auf gleiche Weise verwirft er auch Bewegung und Ruhe. Wenn er daher von dem Einen sagt: »Immer verharrt er am selbigen Ort, sich gar nicht bewegend; ziemt es sich doch nicht für ihn, zu gehen hierhin und dorthin«, so meint er damit nicht, er verharre reglos im Sinne der Ruhe als Gegenteil der Bewegung, sondern im Sinne der Beständigkeit, die mit Bewegung und Ruhe nichts zu tun hat. (*Simplicius, Kommentar zur Physik des Aristoteles, 22, 22*)

2. Xenophanes sagte, die Welt sei ungezeugt, ewig und unvergänglich. (*Aetius, Placita, II, IV, 11*) Aus glühend gewordenen Wolken entständen die Gestirne. Sie verlöschten aber mit jedem Tage und glühten nachts wieder auf wie die Kohlen. Denn die Auf- und Untergänge (der Gestirne) seien Entzündungen und Verlöschen (von Feuer). (*Ebd., II, 13, 14*) Die Sonne bestehe aus glühend gewordenen Wolken. Theophrast aber berichtet in seiner Physik (als Meinung des Xenophanes), (sie entstehe) aus Feuerteilchen, die sich aus der feuchten Ausdünstung ansammelten und so die Sonne bildeten. (*Ebd., II, 20, 3*) Xenophanes sagte, (die Sonnenfinsternis oder vielmehr, der Sonnenuntergang) gehe auf ein Verlöschen zurück, woraufhin im Osten wieder eine neue Sonne entstehe. Er erklärte, eine Sonnenfinsternis habe einen Monat gewährt, und außerdem sei sie total gewesen, so daß am Tage Nacht geherrscht habe. (*Ebd. II, XXIV, 4*) Es gebe viele Sonnen und Monde, je nach den (geographischen) Breiten und Abschnitten und Zonen der Erde; zu einem bestimmten Zeitpunkt aber verliere sich die Scheibe (der Sonne oder des Mondes) in einem Abschnitt der Erde, der nicht von uns bewohnt würde, und verursache so, indem sie gleichsam ins Leere gerate, den Anschein einer Verfinsterung. Die Sonne gehe nämlich auf ihrer Bahn ins Unendliche weiter, erwecke aber infolge ihrer Entfernung den Anschein eines Kreislaufs. (*Ebd., II, XXIV, 9*) Der Mond sei eine verdichtete Wolkenmasse. (*Ebd., II, XXV, 4*) Er habe eigenes Licht. (*Ebd., II, XVIII,1*) Und sein monatliches Verschwinden erfolge infolge von Verlöschen. (*Ebd., II, XXIX,5*) All solche Erscheinungen (wie Kometen und Meteore) seien Zusammenballungen oder Bewegungen glühend gewordener Wolken. (*Ebd., III, II, 11*) Blitze entständen dadurch, daß die Wolken infolge ihrer Bewegung erleuchtet würden. (*Ebd., III, III, 6*) Die Vorgänge in der Atmosphäre erfolgten infolge der Sonnenwärme als bewegender Ursache. Wenn nämlich aus dem Meere die Feuchtigkeit emporgezogen würde, dann würden (deren) süße Bestandteile infolge ihrer Feinteiligkeit ausgeschieden und bildeten, indem sie sich wie Nebel verdichteten, Wolken und ließen infolge von Verdichtung Regenschauer niedergehen und die Winde sich aufmachen. Tatsächlich schreibt (Xenophanes) wörtlich: »Quelle des Wassers ist das Meer.« (*Ebd., III, IV, 4*) Manche Philosophen behaupten, der untere Teil der Erde erstrecke sich ins Unendliche, indem sie erklären, sie wurzele im Unendlichen. (*Aristoteles, Vom Himmel, II, 13, 294*)

3. (Xenophanes) lehrt, daß nichts entstehe, verderbe oder sich bewege und daß das All eins sei und keiner Änderung ausgesetzt. Er behauptet auch, Gott sei ewig, eins, überall gleich, begrenzt, kugelförmig und mit Empfindung begabt in allen Teilen. Die Erde sei (nach unten hin) unbegrenzt und würde weder von der Luft noch vom Himmel umfaßt. Die Zahl der Sonnen und Monde sei unbegrenzt, und alle Dinge hätten ihr Sein von der Erde. Er erklärte, das Meer sei salzig, da viele Zutaten in ihm zusammenströmten. Metrodoros jedoch meinte, das Meer werde vom Durchströmen der Erdentiefe salzig. Xenophanes glaubt, daß eine Vermischung der Erde mit dem Meere stattfinden und daß jene im Lauf der Zeit von den feuchten Elementen aufgelöst werden würde. Er behauptet, er habe Beweise dafür, weil mitten im Binnenlande und auf den Bergen Muscheln gefunden würden; und er sagt, daß in Syrakus in den Steinbrüchen Abdrücke von Fischen und Robben gefunden seien, in Pharos aber ein Abdruck einer Sardelle in der Tiefe des Gesteines und auf Malta Abdrücke von allen möglichen Seetieren. Er sagt, dies sei geschehen, als alles voreinst zu Schlamm geworden war und daß der Abdruck in dem Schlamm dann hart geworden sei. Es würden aber sämtliche Menschen umkommen, wenn die Erde in das Meer rutsche und dann zu Schlamm würde. Danach aber beginne sie wieder mit ihrer Entstehung, und diesem Wandel seien sämtliche Welten unterworfen. (*Hippolyt, Widerlegung aller Häresien, I, 14, 5f.*)

4. Auch Parmenides und Xenophanes ziehen in eben nicht gar guten Versen gleichsam zornentbrannt gegen die Anmaßung derer los, welche zu behaupten wagen, sie wissen etwas, da doch alles Wissen unmöglich sei. (*Cicero, Akademische Untersuchungen, II, XXIII, 74*)

5. Xenophanes (der aus Kolophon gebürtige Sohn des Orthomenes), der die eleatische Sekte begründet hat, behauptete, das All sei eins, kugelförmig und begrenzt, nicht entstanden, sondern ewig und durchaus unbewegt. Doch entgegen diesen Behauptungen meinte er, alles habe seinen Ursprung von der Erde genommen. (*Theodoret, Heilung der heidnischen Krankheiten, IV, 5*)

Am berühmtesten von seinem Werk ist bis zum heutigen Tag die Kritik an den anthropomorphen Göttern geblieben (Fragment 7 und 8, Kasten 149). Dem anthropomorphen Polytheismus seiner Zeit setzt Xenophan eine ihrem Wesen nach monotheistische Konzeption entgegen, auch wenn es ihm in Fragment 3, Kasten 149, mehr um den Vorrang eines Gottes als um dessen Einmaligkeit zu gehen scheint. Gott ist nicht mehr nach dem Bild des Menschen gemacht, sondern allwissend, allmächtig, kraft seines Geistes Herr über alle Dinge (Fragment 5); er ist ein Gott, der mit seinem ganzen Sein wahrnimmt – allein aufgrund seines Daseins, ohne wie der Mensch irgendwelcher Sinnesorgane zu bedürfen – ein Gott, der darüber hinaus unbeweglich stets am selben Ort verharrt, denn Bewegung läßt sich mit seiner Göttlichkeit nicht vereinbaren – was zweifellos mit seiner Allwahrnehmung allein aufgrund seines Seins zu tun hat, ist er doch überall gegenwärtig –, ein Gott, der nicht erschaffen und der ewig ist.

Die Doxographie ist stellenweise zweideutig, insofern als die Eigenschaften der Gottheit (zumindest die der Unbewegtheit, der Nichterschaffenheit, der Ewigkeit) auch dem »Einen«, dem »Sein«, dem »All« zugeordnet werden. Doch solche Thesen dürften eher auf Parmenides zurückgehen und auf Xenophan nur übertragen worden sein. Fragment 1, Kasten 150, präzisiert im übrigen sogar, daß Xenophan von Gott und nicht von der Natur sprach – zumindest nach Theophrast, dessen Zeugnis aufgrund seiner zeitlichen Nähe zu den Vorsokratikern, aber auch aufgrund seiner Stellung in der griechischen Philosophie als vertrauenswürdig gelten kann. Falls das zuträfe, wäre die Kritik der Doxographen unberechtigt (beispielsweise Fragment 5, Kasten 150), die die von Xenophan postulierte Nichterschaffenheit seiner physikalischen Konzeption, wonach die Dinge aus Erde und Wasser erschaffen sind, gegenüberstellen: Die Nichterschaffenheit bezieht sich auf Gott; die Physik dagegen auf die Natur. Dasselbe gälte, falls man Gott und das All nicht gleichsetzt, für Thesen wie »nichts wird geboren, nichts verdirbt« (Fragment 3, Kasten 150), die Xenophan zugeschrieben werden, aber besser in Parmenides' Konzept passen.

Der Allwissenheit Gottes stellt Xenophan die Unvollkommenheit und Relativität der menschlichen Erkenntnis gegenüber. Auch wenn die Götter den Menschen nicht alle Dinge von Anfang an enthüllt haben, so können diese doch das Beste suchen (Fragment 10, Kasten 149); eine gesicherte Erkenntnis aber, fügt er an, wird kein Mensch je erlangen, weder über die Götter noch über die Natur (Fragment 9, Kasten 149). In Fragment 16, Kasten 149, geht er beim Vergleich der Süße der Feigen und des Honigs bis zum Relativismus. Hatte in den Lehren der Milesier die Sinneswahrnehmung, in denen der Pythagoreer die Einsicht durch Vernunft dominiert, so scheint bei Xenophan radikale Skepsis zu walten: Er relativiert nicht nur die Sinneswahrnehmung, sondern auch die Erkenntnisfähigkeit der Vernunft ist ihm suspekt, da dem Menschen jede gesicherte Erkenntnis verschlossen bleibt. Und sollte ihm durch Zufall eine wirkliche Erkenntnis zuteil werden, so vermag er sich dessen nicht einmal bewußt zu werden. Gleichwohl ordnet Simplicius Xenophan in Fragment 1 der Doxographie eine logische Rechtfertigung der Eigenschaften Gottes wie der Einmaligkeit, der Nichterschaffenheit etc. zu, während Fragment 9, Kasten 149, besagt, daß dem Menschen gesichertes Wissen über die Götter für immer versagt ist. Offenbar haben wir es hier also mit zwei verschiedenen Bereichen zu tun, dem des Naturstudiums und dem der Theologie; auf die Gottesvorstellung aber dürfte Xenophan seine Kritik wohl kaum ausgedehnt haben, da diese sehr allgemein gehalten ist und ohnehin nur das Unvermögen des Menschen bestätigt, die Götter genauer zu charakterisieren. Xenophan begnügt sich also nicht damit, Sinneswahrnehmung und Vernunfterkenntnis oder Werden und Sein einander gegenüberzustellen; er gibt Gott die gesicherte Erkenntnis und den Menschen eine Meinung (Fragment 9, Kasten 149). Ein solcher Skeptizismus paßt durchaus zu seiner Kritik an den anthropomorphen Göttern; weniger einleuchtend scheint dagegen der

Vorschlag einer Physik, nachdem er dem Menschen jede gesicherte Erkenntnis abgesprochen hat.

Ehe wir uns dieser Physik selbst zuwenden, sollten die Beziehungen zwischen ihr und den soeben dargelegten Thesen Xenophans geklärt werden. Dabei ist festzustellen, daß nichts gegen eine Physik spricht, wenn die Unbeweglichkeit, die Nichterschaffenheit und das Nichtwerden Eigenschaften Gottes, aber nicht des Universums sind. Aber selbst wenn sie auf das Universum ausgedehnt werden, bliebe eine Physik im Bereich des Möglichen, wenn sie auch, wie jede menschliche Erkenntnis, nur eine Meinung wäre. Wozu aber bräuchte man in diesem Fall überhaupt eine Physik? Fragment 17, Kasten 149 läßt eine Erklärung ahnen. In diesem Fragment, das Xenophan als Moralisten ausweist, werden die Verdienste des Athleten mit denen des Weisen – wohl Xenophan selbst – verglichen und auf diese Art die Aufgaben des Weisen und die Funktion seiner Konzeptionen umrissen – auch wenn sie nur Meinungen und keine gesicherten Erkenntnisse sind: dem Gemeinwesen gute Gesetze zu geben und die Speicher zu füllen – was damals bei den schwierigen Lebensbedingungen, als Überfluß ein unbekanntes Wort war, keineswegs als »vulgäre« Beschäftigung galt. Zwar sind die Menschen außerstande, jemals gesicherte Erkenntnisse zu erlangen – das ist ein Vorrecht Gottes –, gleichwohl aber können sie suchen und mit der Zeit auch herausfinden, was das Beste für sie ist: gute Gesetze für die Stadt und volle Speicher, um dem Hunger vorzubeugen (Fragment 10, Kasten 149). Xenophan ist zwar Skeptiker, andererseits aber (denn das eine schließt das andere keineswegs aus) auch Pragmatiker. Dazu paßt im übrigen der Inhalt seiner ausgesprochen konkreten und darin den Naturbetrachtungen der Milesier nahestehenden Physik. Schließlich macht sich eines der ihm zugeschriebenen Fragmente (Fragment 2, Kasten 149) über Pythagoras und den Glauben an die Seelenwanderung lustig; ihm wird außerdem der Satz »die Welt atmet nicht«, der ja offensichtlich ebenfalls auf die pythagoreische Physik abzielt, in den Mund gelegt. Überdies kann man sich fragen, ob die These von der Unfähigkeit des Menschen, weder Gott noch die Natur wirklich zu erkennen, nicht ebenfalls die Pythagoreer und ihr Bestreben, die Wahrheit über Gott und die Natur mit Hilfe der Zahlen zu erkennen, im Visier hat. So hätten wir es im Grunde nur mit einer gelegentlich satirischen Reaktion auf den mystischen Intellektualismus der Pythagoreer zu tun, und nicht mit dem Bestreben, gegen die hinter dem Gebrauch der Zahlen der pythagoreischen Sekte vermuteten Vielzahl die Einheit der Welt – oder Gottes – zu behaupten. Das ist um so wahrscheinlicher, als die pythagoreische Lehre zu Xenophans Lebzeiten noch in den Kinderschuhen steckte und keineswegs schon die Überzeugungskraft besaß, die ihr durch die Entwicklung der Mathematik zuwachsen sollte.

Xenophans Physik – ein Teil der erhaltenen Fragmente findet sich in Kasten 149 und 150 – erinnert in mehr als einem Punkt an die der Milesier; immerhin war Xenophan ein Zeitgenosse des Anaximenes und mag in seiner Jugend an der ionischen Küste sogar ein Schüler von Anaximander gewesen sein. Laut Xenophan gehen alle Dinge aus der Erde hervor und kehren auch wieder in sie zurück. Für ihn ist die Erde der Urstoff – ob im selben Sinn wie das Wasser, das *apeiron* und die Luft für die Milesier oder das Feuer für (den etwas jüngeren) Heraklit, ist schwer zu sagen. Man darf es vielleicht annehmen, obwohl er sich über das Prinzip der Umwandlung dieses Urstoffs, also der Erde, nicht genauer äußert. In Fragment 5 (Kasten 149) heißt es allerdings, Gott erschüttere alles kraft seines Geistes, was nahelegt, daß die Umwandlungen des Urstoffs von diesem allwissenden und allmächtigen Gott abhängen. Aber ganz so einfach liegen die Dinge vermutlich nicht. Die Milesier und Heraklit haben »fließende« Elemente (Wasser, *apeiron*, Luft, Feuer) als Ausgangsstoff angenommen, sich also für eine Physik des Werdens entschieden – was einen geschmeidigen, leicht umzuwandelnden Urstoff voraussetzt. Xenophan dagegen wählt mit der Erde ein festes Element, das Element mit der größten Dichtigkeit und der höchsten Stabilität. Auch wenn die Eigenschaften der Unbewegtheit und Unbeweglichkeit eher für Gott als für das Universum charakteristisch sind, scheint aufgrund der Wahl des Urstoffs Erde doch auch Xenophans Physik von dem Gedanken der Dauerhaftigkeit, Beständigkeit beherrscht. Zur Erklärung des Werdens (der »Dinge, die geboren werden und wachsen«) bringt Xenophan anstelle eines die Umwandlungen beherrschenden Prinzips das Wasser ins Spiel, gerade als wollte er die Erde verflüssigen und formbar machen (Fragmente 12 und 13, Kasten 149). Darin mag man ein Wiederaufleben der Mythen sehen, in denen Gott, der Schöpfer, einem Töpfer gleichgesetzt wird, der den Ton modelliert; genausogut aber kann man die Einbeziehung des Wassers auch als Extrapolation der »physikalischen« Beobachtung deuten, daß Geburt und Wachstum der Pflanzen Erde und Wasser erfordern. In beiden Fällen aber nähern wir uns der Schule von Milet und vornehmlich Thales und dürfen deshalb eine solch konkrete, erdnahe Konzeption, gestützt auf eine mythische Tradition, die so alt ist wie die Welt selbst, wohl als Reaktion auf den mystischen Intellektualismus der Pythagoreer betrachten. Tritt Xenophan hier nicht als gemäßigter, skeptischer und pragmatischer Weiser auf, der sich angesichts einer in einer intellektuellen Mystik verwurzelten, auf die »Mysterien« (der Orphik) zurückgreifenden geistigen Strömung als Vertreter des »gesunden Menschenverstands« gibt? Schließlich war Xenophan in erster Linie Dichter, ja sogar satirischer Dichter, und die Satire kennt durchaus eine gewisse »anti-intellektuelle« Tradition, man denke zum Beispiel an die Komödien des Aristophanes.

Xenophans Astronomie-Meteorologie erinnert ebenfalls an die der Milesier. Allerdings fällt auch hier von allem Anfang an eine Betonung des Beständigen und der Bezug auf einen »erdnahen gesunden Menschenverstand« auf. Laut Xenophan ist die Erde nach oben durch die Luft begrenzt, während sie sich nach unten unbegrenzt ausdehnt. Umgekehrt könnte man ergänzen, auch wenn es nicht ausdrücklich gesagt wird, daß die Luft nach unten durch die Erde begrenzt ist, während sie sich nach oben unbegrenzt ausdehnt. Eine solche Sicht appelliert an die ganz unmittelbaren Vorstellungen des »gesunden Menschenverstands« in seiner unmittelbarsten Ausformung. Da sich die Sonne in diesem Weltbild nicht um die Erde drehen kann – setzt sich diese doch nach unten unendlich fort –, wird ihr eine lineare Bewegung zugeschrieben; der Eindruck, daß sie im Kreis laufe, wird durch die Entfernung erklärt (Fragment 2, Kasten 150), und ihr Auf- und Untergang als immer neues Entzünden und Verlöschen. Dieselbe Erklärung wird auch für die Mondphasen und -finsternisse herangezogen. Auch hier kann man sich wieder fragen – selbst wenn Xenophans Schriften ein ganzes Stück vor Philolaos' Astronomie entstanden –, ob er mit solchen Konzeptionen nicht die pythagoreischen Thesen karikieren will, die Philolaos später formulieren sollte: die Kugelgestalt der Sterne, also auch der Erde, die aus dem Zentrum gerückt und beweglich gedacht wird, etc. Jedenfalls erscheinen Xenophans Thesen als das genaue Gegenstück dazu.

Einzelheiten über Xenophans Astrologie und Meteorologie finden sich in den Kästen 149 und 150. Die Verwandtschaft mit den milesischen Thesen ist unverkennbar: Sie sind äußerst konkret und auf die gängige Erfahrung bezogen; zweifelsohne war Xenophan in seiner ionischen Jugend mit ihnen (oder ganz ähnlichen) bekannt geworden und hat dann später auf sie zurückgegriffen, um der intellektuellen Mystik der Pythagoreer entgegenzutreten.

Indessen sollten seine physikalischen, astronomischen und meteorologischen Betrachtungen in der Geschichte des Denkens keine große Rolle spielen – sei es, weil sie lediglich als Varianten der ionischen Thesen betrachtet wurden, noch dazu mittelmäßigen verglichen mit den zeitgenössischen von Anaximenes, sei es, weil sie als Sarkasmen eines satirischen Dichters ohnedies nicht ernst genommen wurden. Weit mehr Erfolg war seiner Kritik am anthropomorphen Polytheismus und den Thesen von Gottes Einmaligkeit, Einheit, Unbewegtheit, Nichterschaffenheit etc. beschieden. Allerdings dürften diese, der Doxographie nach zu schließen, mehr oder weniger mit den Thesen des Parmenides (dem man Xenophan als Lehrer zuordnet) vermindert worden sein.

Was nun die Frage angeht, wie man dem Menschen jede gesicherte Erkenntnis absprechen und dennoch bestimmte physikalische Ansichten äußern kann – ein ganz ähnliches Problem wird uns auch bei Parmenides wieder begegnen –, so liegt die Antwort im Skeptizismus und Pragmatismus. Dagegen könnte man einwenden, daß eine solche Physik wohl kaum von praktischem Wert sei; aber zum einen macht sie nur einen Teil von Xenophans Werk aus (und gewiß nicht den bedeutendsten), und zum andern muß man sie als (freilich über das Ziel hinausschießendes) Gegenstück zur intellektuelleren und abstrakteren Physik der Pythagoreer sehen. Es scheint, als wollte Xenophan durch den Rückgriff auf alte konkrete Vorstellungen aus seiner Jugendzeit – die der Milesier oder doch sehr ähnliche, die sich der »gesunde Menschenverstand« inzwischen zu eigen gemacht hatte – sagen: »Dieser gesunde Menschenverstand und diese Einfachheit genügen uns, wir brauchen diese intellektuelle Zahlenmystik nicht, zumal jede gesicherte Erkenntnis ein Vorrecht der Götter ist und dem Menschen verschlossen bleibt.«

Natürlich ist nicht zu beweisen, daß Xenophans Thesen eine Reaktion auf den

Pythagorismus darstellen (auch wenn es Fragment 2, Kasten 149 nahelegen mag); gleichwohl erscheint diese Interpretation als die einleuchtendste Möglichkeit, sie zu einem zusammenhängenden Ganzen zusammenzuschließen.

Letztlich war Xenophan mehr Dichter, mehr Moralist und Satiriker als Philosoph oder Leiter einer Schule und Förderer neuer Konzeptionen. Sein »Monotheismus« ist vor allem eine Kritik am naiven anthropomorphen Polytheismus, eine Satire, eher das Werk eines Moralisten als eines Theologen; die lange Beweisführung, die ihm Simplicius über die Eigenschaften der Einmaligkeit und Unbewegtheit Gottes in den Mund legt (Fragment 1, Kasten 150), ist zweifellos apokryph und von den Thesen des Parmenides inspiriert.

Parmenides

Nach allgemeiner Meinung ist Parmenides um 515 v. Chr. geboren und nach 450 gestorben, was ihn zu einem etwas jüngeren Zeitgenossen von Heraklit macht. Mit Sicherheit hat Parmenides in Elea, in Unteritalien, politische Verantwortung übernommen und der Stadt gute Gesetze gegeben.

Daß er von den einen als Xenophan-Schüler, von den anderen als Pythagoreer dargestellt wird, zeigt nur, daß sich in seinem Werk Spuren von beiden Lehren finden, so gegensätzlich diese auch sind. Da Xenophan mehr fahrender Sänger als Leiter einer Schule war und Unteritalien und Sizilien damals unter dem Einfluß der Pythagoreer standen, könnte Parmenides ursprünglich durchaus Pythagoreer gewesen sein, dennoch aber ein offenes Ohr für Xenophans Kritik an der Sekte gehabt haben, sich schließlich von ihr abgewandt und (vielleicht nach dem Vorbild der Pythagoreer) eine eigene Schule in Elea gegründet haben.

Von seinem Werk sind verschiedene Fragmente erhalten, an deren Echtheit kein Zweifel besteht. Wie Xenophan und etwas später Empedokles präsentiert auch Parmenides seine Schriften in Form eines Gedichts (zirka 155 Verse sind erhalten), mit einem entsprechend bilderreichen und oft komplizierten Stil. Dieser hatte zusammen mit den schwer verständlichen Thesen eine Vielzahl von Interpretationen zur Folge. So ist Parmenides zusammen mit Heraklit der meistuntersuchte Vorsokratiker, auch wenn er modernen Autoren häufig nur als Vorwand zur Entfaltung ihrer eigenen Philosophien dient.

Eine der Schwierigkeiten des Gedichts beruht auf seiner Zweiteilung in einen »Weg der Wahrheit« und einen »Weg der Meinung«, wie die beiden Teile gewöhnlich bezeichnet werden. Die meisten modernen Untersuchungen beschäftigen sich mit dem Weg der Wahrheit beziehungsweise mit der Verknüpfung der beiden Teile. Der Weg der Meinung dagegen – der gleichzeitig pythagoreischen und ionischen Einfluß verrät, während der Weg der Wahrheit Xenophans Stempel trägt – wird im allgemeinen links liegen gelassen.

151. AUSGEWÄHLTE DOXOGRAPHIE ZU PARMENIDES

(Nach Dumont 1988, Capelle 1953)

1. Parmenides von Elea, der Sohn des Pyres (...), beschritt zwei Wege. Tatsächlich behauptet er, das Universum sei ewig, und bemüht sich, über die Entstehung der vorhandenen Dinge Rechenschaft abzulegen, ohne doch diesen beiden Aspekten seiner Theorie gegenüber die gleiche Einstellung zu beziehen; so geht er einerseits unter dem Blickwinkel der Wahrheit von einem einheitlichen, nicht entstandenen, kugelförmigen Universum aus; und nimmt andererseits mit Rücksicht auf die Meinung der Mehrheit, um die Entstehung der Erscheinungen zu erklären, zwei Prinzipien, Feuer und Erde an, dieses als Stoff, jenes als Wirkursache. (*Alexander von Aphrodisias, Kommentar zur Metaphysik des Aristoteles*)

2. Er war es, der zuerst die Lehre von der Kugelgestalt der Erde und von ihrer Lage in der Mitte des Weltalls aufstellte. (*Diogenes Laertios, Leben und Meinungen berühmter Philosophen, IX, 21*) Er scheint zuerst die Identität des Abendsternes und des Morgensternes entdeckt zu haben (...) (*Ebd., IX, 23*) [*Andernorts schreibt Diogenes Laertios diese Entdeckung Pythagoras zu, der im übrigen auch als Urheber der Vorstellung von der Kugelgestalt der Erde gilt.*] Parmenides sagte, es gebe konzentrische Ringe aus Flechtwerk, von denen der eine aus dem Dünnen, der andere aus dem Dichten gebildet sei. Dazwischen befänden sich Ringe aus einem Gemisch von Licht und Dunkel [*vergleiche dazu die Wagenräder mit hohlem Felgenkranz in der Astronomie Anaximanders*]. Sie alle würden von etwas Festem, Wallähnlichem umfaßt, unter dem sich ein Feuerring befinde; und in der Mitte von alledem befinde sich ein Festes, das wiederum von einem Feuer(ring) umgürtet sei. Der innerste der aus dem Gemisch entstandenen Ringe sei für alle (Prinzip) und (Ursache) der Bewegung und Entstehung und wird von ihm als alles lenkende Gottheit bezeichnet (...). Die Luft bilde sich aus einer Absonderung der Erde und gehe auf eine durch heftige Zusammenziehung bewirkte Verdunstung zurück, während Sonne und Milchstraße eine Ausdünstung des Feuers seien; der Mond sei eine Mischung aus diesen beiden Ausdünstungen, der der Luft und der des Feuers. (*Aetius, Placita, II, VII, 1*)

3. Für Parmenides wird (die Sinnesempfindung) durch Gleichartiges hervorgerufen (...). Allerdings hat sich Parmenides über diesen Punkt nicht ganz klar geäußert, sondern sich auf den Hinweis beschränkt, daß sich das Bewußtsein jeweils nach dem überwiegenden von zwei Elementen richte. Denn sowie das Warme oder das Kalte auch nur im geringsten überwiege, verändere sich auch die Wahrnehmung, wobei der vom Warmen hervorgerufene (Eindruck) deutlicher und reiner sei. Doch müsse ein bestimmtes Verhältnis gewahrt bleiben: Denn je nachdem wie ein jeder besitzt die Mischung der vielfach irrenden Glieder, so tritt (*oder* steht) der Geist den Menschen zur Seite. Denn dasselbe ist es, was denkt, die innere Beschaffenheit der Glieder bei den Menschen allen und jedem: nämlich das Mehr (vom Licht- oder Nachtelement) ist der Gedanke. [*Der Geist stellt sich als Mischungs-*

verhältnis der leiblichen Komponenten dar, so daß das Denken gewissermaßen dem vorherrschenden Element – Wärme, Kälte etc. – entspräche.] Denn er hält Empfinden und Denken für ein und dasselbe. Deshalb erwachsen aus ihnen auch je nach Mischung Erinnerung oder Vergessen. Ob es aber, wenn sich die beiden Elemente die Waage halten, zum Denken kommt oder nicht, wußte er nicht mit Sicherheit zu sagen (...). Daß er die Empfindung vom Gegenteil an sich abhängig macht, beweist seine Äußerung, der Leichnam besitze kein Empfinden für Licht, Wärme und Klang, weil er des Feuers beraubt sei. Dagegen spricht er ihm ein Gefühl für Kälte, Stille und die anderen Gegensätze zu. Im übrigen besitze jedes Wesen im allgemeinen ein gewisses Erkenntnisvermögen. (*Theophrast, Von der Sinneswahrnehmung, 1 und 3*)

4. Parmenides meint, wenn der Samen aus dem rechten Hoden komme, glichen die Söhne ihrem Vater, wenn aus dem linken, ihrer Mutter. (*Censorinus, De die natali liber, IV, 8*) Parmenides hat die Erklärung aufgebracht, derzufolge beim Kampf zwischen weiblichem und männlichem Prinzip der Sproß dem siegreichen Prinzip gleicht. (*Ebd., VI, 5*) Parmenides dachte, wenn sich der Embryo von der rechten Seite der Gebärmutter löse, gleichen die Kinder ihrem Vater, wenn sie sich dagegen von der linken Seite lösten, ihrer Mutter. (*Aetius, Placita, V, XI, 2*) Parmenides verlegte das Vorherrschende in die gesamte Brust. (*Ebd., IV, V, 12*). Parmenides behauptete, das Alter(n) rühre von der fortschreitenden Abnahme der Wärme her. (*Ebd., V, XXX, 4*) Empedokles und Parmenides meinten, der Schlaf sei eine Abkühlung. (*Tertullian, Von der Seele, 45*)

152. AUSGEWÄHLTE FRAGMENTE VON PARMENIDES

(Nach Dumont 1988, Capelle 1953)

Der Weg der Wahrheit

1. Wohlan, so will ich denn sagen (nimm du dich aber des Wortes an, das du hörtest), welche Wege der Forschung allein zu denken sind: der eine Weg, daß IST *ist* und daß Nichtsein nicht ist, das ist die Bahn der Überzeugung (denn diese folgt der Wahrheit), der andere aber, daß NICHT IST *ist* und daß Nichtsein erforderlich ist, dieser Pfad ist, so künde ich dir, gänzlich unerkundbar; denn weder erkennen könntest du das Nichtseiende (das ist ja unausführbar) noch aussprechen.
2. Denn dasselbe ist Denken und Sein.
3. Nötig ist zu sagen und zu denken, daß *nur* das Seiende ist; denn Sein ist, ein Nichts dagegen ist nicht; das heiße ich dich wohl beherzigen. Denn das ist der erste Weg der Forschung, von dem ich dich fernhalte. Aber dann auch von jenem, auf dem da nichts wissende Sterbliche einherschwanken, Doppelköpfe. Denn Ratlosigkeit steuert in ihrer Brust den hin und her schwankenden Sinn.

Sie aber treiben dahin stumm zugleich und blind, die Verblödeten, unentschiedene Haufen, denen das Sein und Nichtsein für dasselbe gilt und nicht für dasselbe und für die es bei allem eine gegenstrebige Bahn gibt.

4. Aber nur noch Eine Weg-Kunde bleibt dann, daß IST *ist*. Auf diesem sind gar viele Merkzeichen: weil ungeboren ist es auch unvergänglich, denn es ist ganz in seinem Bau und unerschütterlich sowie ohne Ziel und es war nie und wird nie sein, weil es im Jetzt zusammen vorhanden ist als Ganzes, Eines, Zusammenhängendes (Kontinuierliches). Denn was für einen Ursprung willst du für dieses ausfindig machen? Wie, woher sein Heranwachsen? Auch nicht *sein Heranwachsen* aus dem Nichtseienden werde ich dir gestatten auszusprechen und zu denken. Denn unaussprechbar und undenkbar ist, daß NICHT IST *ist*. Welche Verpflichtung hätte es denn auch antreiben sollen, später oder früher mit dem Nichts beginnend zu entstehen? (...) Entschieden ist aber nun, wie notwendig, den einen Weg als undenkbar, unsagbar beiseite zu lassen (es ist ja nicht der wahre Weg), den anderen aber als vorhanden und wirklich-wahr zu betrachten. Wie könnte aber dann Seiendes zugrunde gehen, wie könnte es entstehen? Denn entstand es, so ist es nicht und ebensowenig, wenn es *erst* in Zukunft einmal sein sollte. So ist Entstehen verlöscht und verschollen Vergehen.
5. Auch teilbar ist es nicht, weil es ganz gleichartig ist. Und es gibt nicht etwa *hier oder* da ein stärkeres Sein, das seinen Zusammenhang hindern könnte, noch ein geringeres; es ist vielmehr ganz von Seiendem erfüllt. Darum ist es ganz zusammenhängend (...). Aber unbeweglich – unveränderlich liegt es in den Grenzen gewaltiger Bande ohne Ursprung, ohne Aufhören; denn Entstehen und Vergehen wurden weit in die Ferne verschlagen (...), und als Dasselbe und in Demselben verharrend ruht es für sich und so verharrt es standhaft an Ort und Stelle.
6. Aber da eine letzte Grenze vorhanden, so ist es vollendet von (und nach) allen Seiten, einer wohlgerundeten Kugel Masse vergleichbar, von der Mitte her überall gleichgewichtig. Es darf ja nicht da oder dort etwas größer oder etwas schwächer sein.
7. Damit beschließe ich für dich mein verläßliches Reden und Denken über die Wahrheit. Aber von hier ab lerne die menschlichen Schein-Meinungen kennen, indem du meiner Worte trügliche Ordnung hörst.

Der Weg der Meinung

8. Sie (die Sterblichen) haben nämlich ihre Ansichten dahin festgelegt, zwei Formen zu benennen (von denen man *freilich* eine nicht *ansetzen* sollte, in diesem Punkte sind sie in die Irre gegangen); und sie schieden die Gestalt gegensätzlich und sonderten ihre Merkzeichen voneinander ab: hier das ätherische Flammenfeuer, das milde, gar leichte, mit sich selber überall identisch (...) aber auch jenes für sich, gerade entgegengesetzt: die lichtlose Nacht, ein dichtes und schweres Gebilde. Diese Welteinrichtung teile ich dir als wahrscheinlich-einleuchtende in allen Stücken mit; so ist es unmöglich, daß dir irgendeine Ansicht der Sterblichen jemals den Rang ablaufe.

9. Aber nachdem alle *Dinge* Licht und Nacht benannt und das was ihren Kräften gemäß ist diesen und jenen als Name zugeteilt worden, so ist alles voll zugleich von Licht und unsichtbarer Nacht, die beide gleichgewichtig; denn nichts ist möglich, *was* unter keinem von beiden *steht*.
10. Du wirst aber erfahren das Äther-Wesen und alle Sternbilder im Äther und der reinen klaren Sonnenfackel versengendes Wirken, und woher sie entstanden, und das umwandernde Wirken und Wesen des rundäugigen Mondes wirst du erkunden, wirst aber auch erfahren vom rings umfassenden Himmel, woher er entsproß und wie ihn führend Notwendigkeit festband (zwang), die Grenzen der Gestirne zu halten.
11. Denn die engeren *Ringe* wurden angefüllt mit ungemischtem Feuer, die auf diese folgenden mit Nacht, dazwischen aber stürzt der Flamme Anteil. Und inmitten von diesen ist die Daimon (Göttin), die alles lenkt. Denn überall regt sie grausige Geburt und Paarung an, indem sie dem Männlichen das Weibliche zur Paarung sendet und umgekehrt wieder das Männliche dem Weiblichen.

Diese Unterscheidung der zwei Wege in Parmenides' Gedicht erinnert an Xenophans Unterscheidung zwischen der gesicherten Erkenntnis der Götter und der Meinung der Menschen, ohne sich indessen vollständig mit ihr zu decken, geht es doch auch nicht ganz um denselben Gegenstand. Doch ehe wir uns einer eingehenderen Untersuchung zuwenden, sei noch angemerkt, daß Parmenides' Physik (im Weg der Meinung), wie die Xenophans, von der Nachwelt nicht als etwas Eigenständiges betrachtet wurde und Parmenides ausschließlich als »Denker des Seienden« in die Geschichte der Ideen eingegangen ist.

Der Weg der Wahrheit

Der Weg der Wahrheit erinnert an Xenophans Argumente zugunsten eines einzigen, unbeweglichen, unbewegbaren, unerschaffenen und ewigen Gottes – sei es, daß Xenophan diese selbst in Gänze entwickelt, sei es, daß er sie nur skizziert hat und sie schließlich in der von Parmenides gefundenen Form auf ihn zurückübertragen wurden. Aber bei Parmenides beziehen sich diese Argumente nicht auf Gott, sondern auf das Seiende. Was ist nun dieses Seiende? Bei den Milesiern war es fraglos die Natur, bei den Phythagoreern die Mathematik, mystisch gedeutet als transzendente Wahrheit-Reinheit – auch wenn diese Transzendenz nicht immer begründet scheint – und als das die Natur beherrschende Prinzip, auch wenn die Beziehungen zwischen Mathematik und Natur aufgrund der Verquikkung von Mystischem und Rationalem nicht immer einleuchten. Was aber ist das Seiende für Parmenides – ist es die Natur, ein die Natur beherrschendes Prinzip, ein Gott wie der Xenophansche oder ein neuer philosophischer Begriff?

Zweifelsohne ist es etwas Neues, und die Schwierigkeit besteht gerade in der

Definition. Intuitiv erfaßt man, daß das Seiende einen Bezug zur Existenz (in der gängigen Bedeutung des Wortes) hat, aber zu einer Existenz ohne bestimmte Merkmale – wie wenn man im allgemeinsten Sinn von Materie spricht, ohne ihr irgendwelche Eigenschaften zuzuordnen, obwohl sie offensichtlich gerade durch solche Eigenschaften – fühlbare, sichtbare und andere – für den Menschen in Erscheinung tritt. Man kann sich dem Seienden aber auch noch auf andere Weise zu nähern versuchen, indem man sich Heraklits Satz »Die Natur liebt es, sich zu verbergen« ins Gedächtnis ruft. Dann wäre das Seiende die verborgene Seite der Natur; nicht eine verborgene Seite, die es zu entdecken gälte wie die Rückseite des Mondes, die uns also aufgrund mangelnder, von uns jedoch zu erlangender Kenntnisse verborgen wäre; sondern eine Seite, die uns verborgen bliebe, weil sie die Kehrseite der Erscheinungen oder genauer, weil sie das wäre, was die Erscheinungen offenbaren, das, was sie zugleich enthüllen und verdecken – ähnlich wie im obigen Vergleich die sinnlich wahrnehmbaren Eigenschaften der Materie – also ihre Erscheinung – diese Materie zwar offenbaren, zugleich aber auch verbergen, was sie hinter diesen Eigenschaften ist. Das Seiende wäre demnach das, was sich in der sinnlich wahrnehmbaren Natur manifestiert; es wäre das, was hinter den sinnlich wahrnehmbaren Qualitäten im üblichen Sinn des Wortes »existiert« und diese zugleich trägt. Mithin ist es jedenfalls offensichtlich nicht mehr die Natur der Milesier – also nicht mehr die weitgehend sinnlich wahrnehmbare Natur –, aber auch nicht Xenophans Gott oder das Prinzip der Pythagoreer.

Umgekehrt ist das Seiende aber auch nicht ohne Bezug zur *arché* der Milesier – wie diese liegt es der sinnlich wahrnehmbaren Natur zugrunde –, zu Xenophans Gott – wie dieser ist es einmalig in seiner Art, unbeweglich, unbewegbar, ungezeugt und ewig –, und auch nicht ohne Bezug zum mathematischen Prinzip der Pythagoreer – denn wie dieses steht es über den Erscheinungen, liegt es der sinnlich wahrnehmbaren Natur zugrunde und ist wie dieses für die menschliche Vernunft erfaßbar.

Die Begriffe Einmaligkeit, Unbeweglichkeit, Unbewegbarkeit, Nichterschaffenheit, Unvergänglichkeit und selbst die Vorstellung der Kontinuität des Seins sind offensichtlich von den Attributen abgeleitet, mit denen Xenophan seinen Gott ausstattete. Aber während Xenophan dem Menschen jede gesicherte Erkenntnis absprach, ist sie für Parmenides der Pfad der Wahrheit; denn für ihn ist das »Seiende« in erster Linie mit der Vernunft zu erfassen (siehe Fragment 2, Kasten 152: »Denn dasselbe ist Denken und Sein«). Das, was hinter den Erscheinungen ist, was diese gleichzeitig offenbaren und verhüllen, bleibt den Sinnen verschlossen, denn es ist einzig und allein der reinen Vernunft zugänglich. Darin wieder nähert sich Parmenides dem mathematischen Prinzip der Pythagoreer an, der im Bereich des reinen Denkens und des Mathematischen angesiedelten Wahrheit-Reinheit, die jenseits der Gegebenheiten der Sinne liegt; nur daß bei Parmenides der mathematische Aspekt infolge von Xenophans Kritik am pythagoreischen Prinzip verschwunden ist: Es scheint, als hätte Parmenides die Argumente der Einmaligkeit und Unbeweglichkeit Gottes bei Xenophan auf das pythagoreische Konzept einer den Dingen zugrundeliegenden, vom Verstand erkennbaren Wahrheit angewandt. Nur daß den Erscheinungen laut Parmenides nicht mehr ein mathematisches Prinzip zugrunde liegt, mit den stillschweigend inbegriffenen Vorstellungen von Vielheit, Teilbarkeit und Erzeugung, sondern das Seiende, das einzigartige, unbewegliche und ewige Seiende. Da dieses Seiende jedoch begreifbar ist, kann die gesicherte Erkenntnis auch kein göttliches Vorrecht mehr sein; Parmenides teilt Xenophans Skeptizismus also nicht.

Das nach Ansicht der Pythagoreer der Natur zugrundeliegende mathematische Prinzip wird den Fakten nicht selten ohne ernst zu nehmende vernünftige Begründung übergestülpt; wirklich anwendbar ist es im Grunde nur auf die Musik und die Astronomie. Wo man dennoch von einem mathematischen Rationalismus der Pythagoreer sprechen kann, ist er noch sehr unvollkommen und mystisch geprägt. Nicht so bei Parmenides, bei dem dieser mystische Aspekt verschwindet. Das Seiende ist kein abstraktes Prinzip, das die Natur beherrscht, es ist, auch wenn es den Sinnen verborgen bleibt, durchaus konkret und mit der Vernunft zu erfassen, es ist also verständlich. Deshalb kann Parmenides es auch beschreiben und ihm Eigenschaften wie Kugelgestalt, Kontinuität, Begrenzung etc. geben, die zu einem Gott (selbst dem Xenophans) oder zu einer mathematischen Abstraktion schlecht passen würden. Dies läßt sich anhand der oben gezogenen Parallele zum Begriff der Materie verdeutlichen: Die Idee des Seienden geht der Vorstellung einer ganz allgemein verstandenen, auch vom Begriff der Form losgelösten Materie voraus. Das Seiende des Parmenides ist ein räumlich-materielles Kontinuum, das man intuitiv und unmittelbar erfaßt, wenn man sich die Welt als etwas Seiendes, Existierendes, unabhängig von irgendwelchen Eigenschaften denkt. Raum und Materie sind nicht getrennt – der Begriff der Leere, das heißt eines Raums ohne Materie, kommt erst mit den Atomisten auf (siehe 5. Kapitel); aber Parmenides will Raum und Materie in ihrer ganzen Allgemeinheit verstanden wissen, das heißt unabhängig von allen Eigenschaften, die sie dem Menschen enthüllen können. So betrachtet ist das Seiende zweifellos eine Abstraktion; dennoch behält es einen konkreten Aspekt, den weder Xenophans Gott noch das mathematische Prinzip der Pythagoreer besitzen. Wenn es auch jenseits der sinnlichen Erscheinungen ist, so ist es doch nicht jenseits der Natur – es transzendiert die Natur nicht wie die mathematische Reinheit-Wahrheit der Pythagoreer oder der nicht erkennbare und allwissende Gott Xenophans. Es ist die milesische *arché*, nur aus dem Bereich der Sinne in den der Vernunft versetzt.

Allerdings können wir bloß einen sehr begrenzten Ausschnitt begreifen; von der Grundthese aus, daß das Seiende ist und das Nicht-Seiende nicht ist, kann Parmenides auf die Eigenschaften des Nicht-Erzeugten, Ewigen, Unbeweglichen, Unveränderlichen und Kontinuierlichen schließen, da die entgegengesetzten Qualitäten die Existenz des Nicht-Seienden voraussetzen (da aber das Nicht-Seiende nicht ist, kann man auch nicht darüber sprechen, entzieht es sich dem Denken). Als eine Art Raum-Materie muß das Seiende einen konkreten (materiellen) und einen der Vernunft begreifbaren Aspekt (den Raum und die Geometrie) miteinander aussöhnen, was unmöglich ist und zu jener »Physiko-Ontologie« führt, die sich auf das Verständliche, für die Vernunft Faßliche, auf die Frage nach dem »Sein des Seienden« und dem »Nicht-Sein des Nicht-Seienden« beschränkt.

Doch was man auch von solchen Schlußfolgerungen halten mag, im Vergleich zur Physik der Milesier und der Pythagoreer stellen sie einen Fortschritt dar. Die Milesier haben die Physik vom Mythos gelöst und das Übernatürliche daraus verjagt, aber trotz aller Nähe zur Sinneswahrnehmung ist diese Physik noch weitgehend metaphorisch; zwar fußt sie auf Beobachtungen, aber sie bedient sich ihrer noch, um eine Art »Fabel« zu konstruieren und die Natur durch einfache Analogien zu erklären – zum Beispiel durch die Verdichtung und Verdünnung der Luft bei Anaximenes. Die Pythagoreer wiederum haben eine »reine«, von jeder praktischen Anwendung losgelöste Mathematik erarbeitet und zum Weltprinzip erheben wollen, dann jedoch diese Mathematik, und vornehmlich die Zahlen, der Natur in willkürlicher und irrationaler Weise übergestülpt. So findet sich weder bei den einen noch bei den anderen eine ausschließlich von der Vernunft geleitete Naturbetrachtung – vorausgesetzt, eine solche ist überhaupt möglich. Parmenides nun versucht, die Natur rein vom Denken her, allein durch logische Schlußfolgerungen zu begreifen, ohne sich um die Gegebenheiten der Sinne oder eine metaphorische Fabel zu kümmern und ohne dieser Natur willkürlich ein mathematisches Prinzip überzustülpen. Eine solche Naturbetrachtung führt zum Seienden als dem zugleich materiellen und räumlichen Kontinuum, das man intuitiv und unmittelbar erfaßt. Und das ist vermutlich unter dem Einfluß von Xenophans theologischen Thesen das Thema, das Parmenides beschäftigt. Man darf Parmenides nicht als abstrakten und ätherischen Philosophen sehen; er spricht von der Natur, er versucht, in rein rationaler Weise davon zu sprechen, ohne Bilder und ohne Mystik. Er ist der erste, der diesen Versuch wagt und auch sogleich auf ein unüberwindbares Hindernis stößt.

Die Merkmale, die Parmenides dem Seienden zuschreibt (Ewigkeit, Nicht-Erzeugtsein, Unbewegtheit, Kontinuität etc.), entspringen einem Sophismus: Abgesehen von der Schwierigkeit, in Begriffen der Existenz (oder des Seienden) zu denken, ist der Begriff des Seienden viel zu verschwommen und undefinierbar, als daß man sich auf ihn stützen könnte. Die indoeuropäischen Sprachen, so auch das Griechische, machen es nicht leichter, da das Verbum *sein* drei Funktionen erfüllt: Es drückt die Identität aus (*Gott ist Jehova*: um ein Beispiel zu nehmen, das nicht ohne Bezug zur Frage des Seins ist, wenn es auch aus einer hier nicht behandelten Kultur stammt), es fügt die Attribute an (*Gott ist ewig*) und es drückt die Existenz aus (*Gott ist*, also Gott existiert). Daß der Möglichkeit, die Natur über den Begriff des Seienden rein mit dem Verstand zu erkennen, Grenzen gezogen sind, ist mit Sicherheit auch Parmenides nicht entgangen; hier könnte sogar eine Erklärung für die Aufgliederung seines Gedichts in zwei Teile liegen (siehe unten). Daß der Weg des Seienden und des durch den Verstand Erkennbaren der Weg der Wahrheit ist, stand für ihn aber deshalb nie in Frage. Es geht hier nicht mehr um eine Erkenntnis in dem Sinn, in dem die Mathematik bei den Pythagoreern erkennbar ist. Es geht um die Erkenntnis der Natur und nicht darum, ihr ein der Vernunft einleuchtendes Modell überzustülpen, denn Parmenides geht es um das Sprechen über die Natur – was zwar gelegentlich in Vergessenheit gerät, durch den Gegenstand des zweiten Teils seines Gedichts, eine Physik, aber eindeutig bewiesen wird.

Wahrheit und Meinung

Auf ein ähnliches Problem sind wir schon bei Xenophan gestoßen: Auch er ließ sich durch die Annahme, daß die gesicherte Erkenntnis einzig Gott vorbehalten ist, an der Aufstellung einer Physik nicht hindern. Und genauso beschreitet Parmenides, nachdem er den Weg der Wahrheit aufgezeigt hat, den Weg der Meinung mit einer physikalischen Theorie. Dennoch kann man diesen doppelten Weg nicht wie bei Xenophan mit Pragmatismus und Skepsis gegenüber dem Pythagorismus erklären. Der letzte Satz von Fragment 8, Kasten 152, scheint darauf hinzudeuten, daß Parmenides seine Zuhörer und Leser über die Meinung der Sterblichen informieren und sie gewissermaßen warnen will.

Die Frage nach dem Zusammenhang dieser beiden Wege ist aufs unterschiedlichste beantwortet worden – sei es, daß man den Weg der Meinung als Anfang der Philosophie des Parmenides betrachtete, auf den er später wieder zurückgekommen wäre, sei es, daß man darin eine Konzeption sah, die Parmenides im Weg der Wahrheit kritisierte, sei es, daß man den Weg der Meinung als den Weg unserer trügerischen Sinne auffaßte. Vermutlich wird dieser Punkt immer im dunkeln bleiben, und vielleicht gibt es nicht nur eine, sondern mehrere Lösungen.

Wir möchten folgende Lösung vorschlagen, die Parmenides Xenophan annähert, denn in gewisser Hinsicht spricht auch er dem Menschen die gesicherte Erkenntnis ab. Ist nämlich der Weg des Nicht-Seienden unmöglich – weil man das Nicht-Seiende nicht denken kann, von der Aussage, daß es nicht ist einmal abgesehen –, so ist der Weg des Seienden eine »Sackgasse« der Erkenntnis, läßt sich darüber doch kaum mehr sagen, als daß das Seiende ist (bestenfalls lassen sich ihm noch die Merkmale der Ewigkeit, des Nicht-Erzeugtseins, der Kontinuität und Unbeweglichkeit zuordnen). Ist das Seiende das, was hinter den Erscheinungen ist, das, was diese zugleich enthüllen und verbergen, dann ist der Weg der Wahrheit den Göttern vorbehalten und der Mensch muß sich mit dem Weg der Meinung begnügen. Aber dieser Weg wird nicht durch Pragmatismus oder als Ironie gegenüber den Pythagoreern gerechtfertigt, auch wenn bei Parmenides wie bei Xenophan ein Großteil des Werkes als Reaktion auf diese Sekte begriffen werden kann.

Nun ist die *doxa* (δόξα) zwar die Meinung, aber sie ist auch die Erscheinung und darüber hinaus sogar die falsche, die unwahre Erscheinung, falsch allerdings nur in bezug auf den Weg der Wahrheit. Aber auch wenn sie falsch sein mag, so ist sie doch nicht irreführend. Dieser falschen Erscheinung steht keine »wahre Erscheinung« gegenüber; sie ist lediglich insofern falsch, als sie das zugrundeliegende Seiende verdeckt. Andererseits ist sie jedoch auch das, wodurch sich das Seiende den Menschen offenbart, und insofern ist sie auch »verpflichtend« für sie. Wenn Parmenides also eine Physik präsentiert und dem Weg der Wahrheit gegenüberstellt, so geschähe das in dieser Sicht nicht so sehr, um sie als Irrweg zu brandmarken, sondern weil er in ihr eine Erscheinung sieht, durch die sich das Seiende manifestiert, eine Erscheinung, die dieses Seiende (oder die Wahrheit) zwar nicht ist, wohl aber ein Weg, der in dem Maße verpflichtend ist, als sich der Weg der Wahrheit als »Sackgasse« erweist. Statt von einer Verpflichtung sollte man vielleicht besser davon sprechen, daß dieser Weg dem Menschen bestimmt ist, und vielleicht sollte man den Singular durch den Plural ersetzen: Es gibt Wege der Meinung, so wie es je nach Sichtweise verschiedene Erscheinungen gibt, aber es gibt nur einen einzigen Weg der Wahrheit.

Damit tritt Parmenides in Xenophans Fußstapfen. Letztlich läßt auch er dem Menschen nur die Meinung und die Erscheinungen – vorausgesetzt, daß er sich der engen Grenzen seines Wegs der Wahrheit bewußt war. Im Unterschied zu Xenophan jedoch, für den die Meinung weder durch logische Schlüsse noch durch Sinneswahrnehmungen begründet ist, während die nicht näher definierte gesicherte Erkenntnis – durch den Verstand, durch die Sinne? – nur Gott zusteht, erteilt Parmenides seinerseits dem Verstand den Vorrang, indem er ihm den Weg der Wahrheit zuschreibt, so kurz dieser auch sei. So gesehen, hätte Parmenides den Weg der Meinung oder besser den Weg der Erscheinungen nicht aus Pragmatismus aufgezeigt, sondern lediglich, weil sich das Seiende dem Menschen auf diesem Weg offenbart.

Offen bleibt freilich, warum es nötig war, den Weg der Erscheinungen überhaupt darzulegen, wenn er ohne Wahrheit bleibt und je nach Gesichtspunkt variieren kann. Es hätte genügt, den Weg der Wahrheit aufzuzeigen und die verschiedenen Physiken der Zeit (die milesischen und die pythagoreischen) in den Bereich der Meinungen zu verweisen. Wenn Parmenides den Weg der Erscheinungen dennoch für aufzeigenswert befand, so zweifelsohne, um ihn der pythagoreischen Physik entgegenzusetzen, die ja den Anspruch erheben konnte, mit ihrer mathematischen Form wie der Weg der Wahrheit ins Reich des Verstandes vorzustoßen. Und in der Tat ist man allgemein der Ansicht, daß der Weg der Meinung ein Bild der pythagoreischen Physik zur Zeit des Parmenides entwirft, was zweifellos zutrifft, auch wenn diese Naturlehre eine Reihe von Zügen enthält, die auf die ionische Physik zurückverweisen. Bemerkenswerterweise jedoch haben in dieser zumindest teilweise auf die Pythagoreer zurückgreifenden Physik weder die Zahlen noch die Mathematik im allgemeinen Platz. Nun sind zwar nur einige Fragmente erhalten, und es ist nicht auszuschließen, daß sich in den verlorengegangenen Partien ein Hinweis auf die Mathematik fände. Wahrscheinlicher aber ist, daß dieses demonstrative Fehlen der Mathematik eine Kritik an den pythagoreischen Thesen darstellt. Denn so einleuchtend – da vom Denken bestimmt – die Mathematik auch sein mag, kann sie keinen Weg der Wahrheit darstellen, da sie stillschweigend die Vielheit, die Diskontinuität etc. einschließt, also lauter Dinge, die mit dem Seienden nicht vereinbar sind – das mathematische Prinzip der Pythagoreer ist arithmetisch, kennt also keine Kontinuität und hat durch die Entdeckung der irrationalen Zahlen zudem eine beträchtliche Krise erlebt. Nach der Aufzeigung des Wegs der Wahrheit legt Parmenides den dem Menschen vorbehaltenen Weg der Erscheinungen dar, streng darauf bedacht, jegliche Mathematik als einen dem Verstand zugänglichen Bereich auszuklammern, um einer Vermengung mit dem Weg der Wahrheit vorzubeugen. Hierin folgt er Xenophan, aber während dieser die pythagoreische Physik in Bausch und Bogen ablehnte und eine grobe, quasi »anti-intellektuelle« Konzeption präsentierte, legt Parmenides eine seiner Zeit durchaus angemessene Physik vor, ein Gemisch aus ionischen und pythagoreischen Thesen unter vollständigem Ausschluß der Mathematik.

Im übrigen sucht man auch bei den anderen Eleaten vergeblich nach der Mathematik. Die Argumentation Zenons, eines Parmenides-Schülers, kann ebensogut als Versuch aufgefaßt werden, die Nichtanwendbarkeit der Mathematik auf die Natur nachzuweisen. Welche Stellung die eleatische Schule der zu dieser Zeit aufstrebenden Mathematik genau einräumte, geht weder aus den erhaltenen Fragmenten der Eleaten selbst noch aus ihrer Doxographie hervor. Denkbar jedenfalls wäre, daß Xenophan und die Schule von Elea sich mehr oder weniger aus religiösen Motiven, also in einer Art religiöser Reaktion, gegen den Aufstieg der Mathematik gewandt hatten, die damals unter dem Einfluß der pythagoreischen Sekte in Großgriechenland stark mythisch eingefärbt war. Einer Reaktion, die zunächst bei Xenophan noch reichlich grob ausgefallen war, dann aber angesichts des Fortschritts der Mathematik und der durch die Entdeckung der irrationalen Zahlen aufgeworfenen Probleme durch Parmenides und Zenon wesentlich verfeinert wurde. So gesehen, hätte es sich anfangs und in erster Linie um eine Reaktion auf den Versuch einer Mathematisierung der Physik nach folgendem Motto gehandelt: Mag auch die Mathematik selbst eine Angelegenheit des Verstandes sein, ihr Verhältnis zur Natur ist durch Denken nicht zu erschließen. Die Natur kann vom Verstand nur über den Weg des Seienden erfaßt werden. Möglicherweise hielten die Eleaten, wie wir auch bei Zenon sehen werden, die Mathematik aufgrund der Entdeckung der irrationalen Zahlen sogar für einen »Irrweg des Verstandes«, für widersprüchliches Denken.

Der Weg der Meinung

Der Weg der Meinung zerfällt in zwei große Teile, in die eigentliche Physik und in die Astronomie. Beide sind nach allgemeiner Auffassung durchaus repräsentativ für die pythagoreischen Konzeptionen zu Parmenides' Zeit, nur eben ohne Mathematik. Die Astronomie erinnert außerdem stark an Anaximander, was keinen Widerspruch zur pythagoreischen Astronomie bedeutet.

Im Gegensatz zu den Ioniern leitet Parmenides alle Dinge aus zwei Elementen statt aus einem ab: aus der Erde und aus dem Feuer. Diese Elemente scheint er mehr oder weniger mit Dunkelheit und Licht, Dichtem und Leichtem, Kaltem und Warmem zu assoziieren. Darin darf man wohl den Einfluß des pythagoreischen Dualismus sehen, auch wenn sich diese Gegenüberstellung von Gegensätzen schon bei Anaximander und Heraklit findet, der etwas älter war als Parmenides. Laut Doxographie teilt Parmenides der Erde die Rolle der leblosen Materie zu, dem Feuer aber die der formgebenden Kraft. Es hat damit eine ähnliche Funktion wie bei Heraklit, der im Feuer nicht nur den Urstoff, sondern auch den Logos sah. Auch bei den ersten Pythagoreern nahm das Feuer – wie später in der Astronomie des Philolaos – eine Sonderstellung ein – doch wissen wir nicht genau, welche. Wenn die Physik des Parmenides auf den Pythagoreern aufbaut, haben diese dann das Feuer als formgebende Kraft der aus der Erde, dem leblosen Element, abgegrenzten Dinge betrachtet – eine Art Rückkehr zum Töpfermythos?

Parmenides' Astronomie erinnert stark an die Anaximanders. Wie dieser glaubt er laut einem (in Kasten 151 nicht aufgenommenen) Fragment des Aetius, daß die Erde unbeweglich ist und durch den gleichen Abstand von allen Dingen im Gleichgewicht gehalten wird. Anders als Anaximander aber hält er die Erde für eine Kugel (statt für einen Zylinder) – die Kugelgestalt ist ebenfalls eine pythagoreische Idee – und geht von mehr und andersartigen Feuerkreisen aus. Parmenides setzt statt der drei Feuerkreise für Sonne, Mond und Fixsterne bei Anaximander eine nicht näher bestimmte Zahl von Feuerkreisen, dunklen Kreisen und gemischten Kreisen. Die Feuerkreise entsprechen den verschiedenen Sternen, wobei das Prinzip dasselbe bleibt wie bei Anaximander, nicht aber die Anordnung: Sonne und Mond nähern sich der Erde auf Kosten der Fixsterne. Die dunklen Kreise stehen für die Nacht, die diese Sterne trennt, und die gemischten Kreise bilden die Milchstraße, in der das Feuer der Gestirne und die Finsternis eng miteinander verwoben sind.

Außerdem soll Parmenides erkannt haben, daß Abend- und Morgenstern mit dem Planeten Venus identisch sind – dies wird jedoch auch Pythagoras zugeschrieben. Pythagoreisch ist ferner die Idee einer »beherrschenden Gottheit« im Mittelpunkt der Welt (Fragment 2); in Kasten 151 finden sich verschiedene Ansichten antiker Autoren zu diesem Thema.

Wie schon im vorausgegangenen Kapitel aufgezeigt, hatte die pythagoreische

Astronomie des Philolaos bestimmte Züge mit der Astronomie des Anaximander gemein, so daß man sich leicht vorstellen kann, daß die Astronomie des Parmenides eine Art Zwischenstufe zwischen Anaximander und Philolaos darstellt, daß diese drei Astronomien – von Anaximander, Parmenides, Philolaos – also eine mehr oder minder folgerichtige historische Entwicklungsreihe bilden. Allerdings steht Parmenides' Astronomie der Anaximanders näher als der des Philolaos, während Parmenides rein chronologisch Philolaos wesentlich näher steht als Anaximander. Wenn nun Parmenides' Astronomie tatsächlich für die pythagoreische Astronomie seiner Zeit repräsentativ war, muß Philolaos in kurzer Zeit einen beträchtlichen Beitrag geleistet haben – vornehmlich, indem er die Erde aus dem Mittelpunkt des Universums rückte und in Bewegung setzte. Allerdings mögen ihm dabei Konzeptionen von Anaxagoras – der grob gesprochen ein Zeitgenosse des Parmenides war – zustatten gekommen sein, so die korrekte Erklärung der Finsternisse und die Reflexion des Sonnenlichts durch den Mond.

Schließlich hat Parmenides noch einige biologische Konzeptionen hinterlassen, die jedoch höchstens von anekdotischem Interesse sind. Merken wir gleichwohl an, daß er das Denken, die Intelligenz des Menschen, der Art und Weise gleichgestellt zu haben scheint, in der der Körper aufgebaut ist, einschließlich der Seele, die die verschiedenen Teile des Körpers zu einer bestimmten Form verbindet. Vielleicht stand diese Konzeption mit jener in Zusammenhang, wonach der Verstand das Mittel darstellt, das hinter den Erscheinungen verborgene Seiende zu erfassen – eine Annäherung an die Verknüpfung von Denken und Logos bei Heraklit (Fragment 3, Kasten 151).

Wie Xenophans Physik gilt (wenn auch aus anderen Gründen) die des Parmenides nicht als bedeutender Abschnitt der Geschichte des Denkens. War Xenophan zu grob und rückwärtsgewandt, so reicht Parmenides' Darstellung nicht über die Physik seiner Zeit hinaus. Kein Wunder also, daß er nur als »Denker des Seienden« berühmt wurde.

Bedeutung des Parmenides

Milesier und Pythagoreer ergänzen einander. Die Milesier haben sich mit der sinnlich wahrnehmbaren Natur beschäftigt und die Physik vom Mythos befreit, indem sie, von Beobachtungen ausgehend, eine Art analoger Fabeln konstruierten. Die Pythagoreer haben die Wahrheit als Domäne der Vernunft betrachtet, eine Mathematik entwickelt und diese der Natur in der Hoffnung übergestülpt, so eine arithmetisierte Physik zu schaffen. Parmenides dagegen will die Natur verständlich machen, was weder durch die analoge Physik der Milesier noch durch die Anwendung des mathematischen Prinzips seitens der Pythagoreer geglückt war. Sein Ziel ist die Anwendung der Ratio auf die Wirklichkeit. Daraus resultiert auch die Hinwendung zum Begriff des Seienden, einem im Gegensatz zur *arché* der Milesier von der Sinneswahrnehmung unabhängigen, nur von der Vernunft zu erfassenden Begriff jenseits der Erscheinungen, aber im Gegensatz zum pythagoreischen Prinzip nicht jenseits der Natur.

Allerdings mag es übertrieben erscheinen, in seinem Fall von einer Forderung nach Rationalität zu sprechen, da gewisse Behauptungen des Weges der Wahrheit eher in den Bereich der Sophistik als in den einer korrekten Schlußfolgerung fallen. In der Tat beschäftigt sich Parmenides auch weniger mit dem Begriff der Rationalität als mit der Frage, was man überhaupt erfassen und ausdrücken, worüber man sprechen und worüber man nicht sprechen kann (siehe zum Beispiel Fragment 1, Kasten 152); den Weg des Nicht-Seienden kann es schon deshalb nicht geben, weil »das Nicht-Seiende unerkundbar und unaussprechlich bleibt«. Nun besteht ja offensichtlich eine Beziehung zwischen der Rationalität und dieser Möglichkeit des Erfassens und Ausdrückens; das griechische Wort *logos* bedeutet unter anderem Wort, Sprache, aber auch Vernunft, Fähigkeit, Schlüsse zu ziehen, und darüber hinaus Beziehung und Proportion, wie umgekehrt das Irrationale sowohl in der gängigen als auch in der mathematischen Bedeutung gleichzusetzen ist mit dem Unausdrückbaren. Ganz dasselbe aber ist es nicht, denn die Möglichkeit des Erfassens und Ausdrückens ist viel umfassender und unbestimmter als die Rationalität. In gewisser Hinsicht kann man hier von einer ersten Skizzierung der Logik sprechen, einer noch sehr sprachbezogenen und außerordentlich eingeengten Logik, insofern sie noch nicht als reiner Formalismus, sondern als »Physiko-Ontologie« aufgefaßt wird; ihre Wahrheit besteht nicht in vom Inhalt abgelösten Formeln, sie betrifft die Welt unmittelbar.

Und eben darin liegt die Bedeutung von Parmenides: Er war der erste, der die Welt durch den Filter der Sprache, durch ein rein diskursives Denken erfassen wollte (oder zumindest der erste, der darin den Weg der Wahrheit sah). So hat er das abendländische Denken begründet, gleichzeitig aber auch eingeengt, indem er seine Grenzen sah: Der Mensch muß den Weg der sinnlich wahrnehmbaren Erscheinungen einschlagen.

Natürlich hat Parmenides nicht in solchen Begriffen gedacht; gleichwohl liegen sie seinem Denken zugrunde. Ebensowenig haben ihn offensichtlich seine unmittelbaren Zeitgenossen so aufgefaßt, da er als Denker des Seienden tradiert wurde. Trotzdem dürfte sein Beispiel und das seines Schülers Zenon die Entwicklung der Philosophie und Wissenschaft durch die Forderung der Rationalität beeinflußt haben. Umgekehrt kann Parmenides allerdings auch als Vater der Sophisten betrachtet werden, die die Bedeutung der Sprache sehr wohl erfassen – Antiphon propagierte sogar eine Sprachtherapie, die an die Psychoanalyse erinnert – und es vorzüglich verstehen, durch Entwicklung von Beredsamkeit und Dialektik ihre Ansichten und sich selbst ins rechte Licht zu rücken; Zenon gilt häufig als Erfinder der Dialektik und der Eristik, der Kunst des Streitgesprächs (siehe Kasten 155).

Aufgrund dieser doppelten Vaterschaft, der Forderung nach Rationalität und der Sophistik, läßt sich Parmenides' Einfluß nur schwer abstecken. Natürlich hatte er Schüler, darunter Zenon und Melissos als die berühmtesten, eine Weiterentwicklung aber – wie die ionische Physik sie von Thales bis Anaximenes oder die Mathematik von Pythagoras bis zu Hippokrates von Chios erfahren hat – war seinen Gedanken nicht beschieden. Zenons Beitrag beschränkte sich auf Argumente zur Untermauerung seiner Thesen, und Melissos, ohnehin kein überragender Denker, begnügte sich im großen und ganzen damit, diese Thesen aufzugreifen und leicht abzuwandeln. Parmenides' Lehre ist ein in sich geschlossenes Ganzes. Er hat gezeigt, welches für ihn der Weg der Wahrheit ist, und diesen in seiner ganzen Länge durchmessen. Er hat aber auch das Ende gesehen: Das Seiende manifestiert sich nur durch die Erscheinungen, die es verbergen. Seinen Nachfolgern blieben nur Variationen über dieses Thema. Parmenides' Bedeutung beruht auch weniger auf dem Inhalt seiner Philosophie – das Seiende ist, das Nicht-Seiende ist nicht, dazu eine wenig eigenständige Physik – als auf seinem Vorgehen: dem Bestreben, die Analogien der milesischen Fabeln und die Mystik der pythagoreischen Mathematik durch ein echtes Naturverständnis zu überwinden. Diesem Schritt hat er seinen Platz in der Geschichte der Wissenschaft und der Philosophie zu verdanken. In der Tat hat Parmenides im Weg der Wahrheit als erster das spätere Ideal abendländischen Denkens vorgeführt, die Welt auf gänzlich diskursive Weise, durch Logik, zu erfassen (Platon zog später die Geometrie vor). Konsequent zu Ende gedacht aber nötigt ihn dieser Gedanke, auf den Weg der Erscheinungen zurückzukehren: Die Dinge sind nicht die Wörter.

Zenon von Elea

Zenon, Parmenides' bedeutendster Schüler, lebte wie sein Meister (dessen Adoptivsohn oder Busenfreund er gewesen sein soll) in Elea. Sein genaues Geburts- und Sterbedatum ist nicht bekannt, aber man darf annehmen, daß er ungefähr zwischen 480 und 430 lebte. Wie Parmenides war er politisch aktiv. Laut Diogenes Laertios soll er beim Versuch, einen Tyrannen zu stürzen, ums Leben gekommen sein. Allerdings findet sich bei Diogenes auch noch eine andere Version, derzufolge der Tyrann getötet worden sein soll; über die Identität des Tyrannen ist sich Diogenes nicht ganz sicher, er gibt zwei Namen, Nearchos und Diomedon, an.

Von seinem Werk, in dem er gegen die zu Felde zieht, die Parmenides verächtlich zu machen suchten, sind einige Fragmente (Kasten 153) erhalten; darüber hinaus werden ihm noch vier in der Geschichte der Philosophie bis heute berühmte Argumente zugeschrieben, die wir im Anschluß an die Fragmente und deren Kommentar der Reihe nach entwickeln und erklären wollen.

153. AUSGEWÄHLTE FRAGMENTE VON ZENON

(Nach Dumont 1988, Capelle 1953)

1. (Er zeigte zuerst, daß) wenn das Seiende keine Größe besitze, es auch nicht sei. (...) Wenn es aber ist, so muß notwendigerweise ein jeder Teil eine gewisse Größe und Dicke und Abstand der eine vom anderen haben. Und von dem vor jenem liegenden Teile gilt dieselbe Behauptung. Auch dieser wird nämlich Größe haben und es wird ein anderer vor ihm liegen. Die gleiche Behauptung gilt nun ein für allemal. Denn kein derartiger Teil desselben (des Ganzen) wird die äußerste Grenze bilden, und nie wird der eine ohne Beziehung zum anderen sein. Wenn also viele Dinge sind, so müssen sie notwendig zugleich klein und groß sein; klein bis zur Nichtigkeit, groß bis zur Grenzenlosigkeit.
2. Denn würde es zu einem anderen Seienden zugefügt, so würde es dieses um nichts vergrößern. Denn wird eine Größe, die nichts ist, einer anderen hinzugefügt, so kann diese an Größe nichts gewinnen. Und so wäre denn bereits hiernach der Zuwachs gleich nichts. Wenn ferner durch Abziehen einer Größe die andere um nichts kleiner und andererseits durch Zufügen nicht größer werden wird, so war offenbar das Zugefügte wie das Abgezogene gleich nichts.
3. Wenn Vieles ist, so müssen notwendig gerade soviele Dinge sein als wirklich sind, nicht mehr, nicht minder. Wenn aber soviele Dinge sind als eben sind, so dürften sie (der Zahl nach) begrenzt sein.

   Wenn Vieles ist, so sind die seienden Dinge (der Zahl nach) unbegrenzt. Denn stets sind andere zwischen den seienden Dingen und wieder andere zwischen jenen. Und somit sind die seienden Dinge (der Zahl nach) unbegrenzt.

[*Diese drei Fragmente hat Simplicius in seinem »Kommentar zur aristotelischen Physik« überliefert.*]

4. Die Frage des Zenon erheischt eine Antwort. Wenn nämlich alles an einem Ort ist, dann muß es auch einen Ort des Ortes geben, und so ins Unendliche. (*Aristoteles, Physik, IV, 209 a, S. 115*) Was Zenon so beunruhigte, daß der Raum, wenn es ihn gäbe, in einem weiteren sein müsse, läßt sich nun leicht erklären. Der ursprüngliche Ort kann sehr wohl in oder an einem andern sein, freilich nicht wieder als an seinem Ort (...) (*Ebd., IV, 210 b, S. 119–120*)

Die ersten drei Fragmente (Kasten 153) kreisen um die Frage der Vielheit oder Teilbarkeit. Zenon will beweisen, daß die Dinge nicht teilbar sind. Dazu setzt er zwei Fälle: Als ersten, daß die Dinge unendlich teilbar sind und die Elemente, aus denen sie sich zusammensetzen, folglich ohne Größe und Dicke, und als zweiten, daß die Dinge sich aus einer begrenzten Anzahl unteilbarer Elemente von einer gewissen Dicke und Größe zusammensetzen. Im ersten Fall ist das Ganze Null:

denn die Summe unendlich kleiner Elemente kann für Zenon keine endliche Größe geben, die nicht Null ist, was er damit begründet, daß durch Hinzufügen oder Abziehen eines solch unendlich kleinen Elements der Sache nichts hinzugefügt und nichts abgezogen wird. Im zweiten Fall ist das Ganze unendlich groß, da die unteilbaren Elemente ja durch etwas voneinander getrennt sein müssen; die Leere kann diese Funktion nicht übernehmen, da sie vor den Atomisten nicht bekannt war – für die Eleaten wäre die Leere ein Nicht-Seiendes und existierte mithin auch nicht. Also müssen andere Elemente diese ersten Elemente trennen und wieder andere diese trennenden Elemente trennen und so fort bis ins Unendliche, und da in diesem Fall die Elemente eine Größe und Dicke haben, wäre das Ganze unendlich groß. Fragment 3 führt denselben Beweisgang anhand der Dinge selbst (anstelle der Elemente) durch. Auf diese Weise beweist Zenon, daß die Annahme der Vielheit der Dinge zu zwei einander ausschließenden Schlüssen führt (es gibt eine begrenzte Anzahl, es gibt eine unbegrenzte Anzahl); folglich kann es eine Vielheit der Dinge ebensowenig geben wie eine Teilbarkeit, weder in endlicher Weise in begrenzte Elemente noch in unendlicher Weise in unendlich kleine Elemente. Daraus folgt, daß die Welt eine Einheit und ein Kontinuum ist. Die Vielheit, die Teilbarkeit (die Vielheit der Dinge ist gleichzusetzen mit der Teilbarkeit der Welt) sind lediglich Erscheinungen, denen Zenon die Schärfe der Urteilskraft des reinen Denkens gegenüberstellt – womit wir wieder bei den Thesen des Parmenides wären.

Diese Argumente erscheinen uns heute mehr oder weniger sophistisch. Zenon fehlt noch der Begriff der Leere; er verwechselt das unendlich Kleine mit Null und in seiner Beweisführung unterscheidet er nicht zwischen physischer und mathematischer (idealer) Teilbarkeit. Und damit sind wir zweifelsohne beim springenden Punkt angelangt. Eine solche Argumentation wird im Grunde nur als Reaktion gegen die Thesen der Pythagoreer verständlich. Zenon polemisiert hier gegen die von den Pythagoreern verwendeten Begriffe der Vielheit und Teilbarkeit. Die Vorstellung, daß die Dinge durch »etwas« (aber eben nicht die Leere) voneinander getrennt werden, erinnert an die unbegrenzte Luft der Pythagoreer, die die Erde atmet und die die Dinge voneinander scheidet. Die Frage nach der Dimension der Elemente, aus denen sich die Dinge zusammensetzen (samt dem Beweis, daß sie weder begrenzt noch unbegrenzt sein können), zielt auf den Begriff der Einheit der Pythagoreer – einer ungenau definierten Einheit, die manchmal als mathematischer Punkt, manchmal aber auch als physisches Element auftritt, was zu solchen Verirrungen wie bei Eurytos führen konnte, der Pferd oder Mensch eine bestimmte Zahl zuordnete. Vor allem aber hat Zenon hier – vielleicht im Rahmen der Krise der irrationalen Zahlen – die irrationale Verwendung der Mathematik in der Physik durch die Pythagoreer aufs Korn genommen.

Der Beweis mit den Hirsekörnern, den Simplicius in Form eines (zweifelsohne imaginären) Dialogs zwischen Zenon und Protagoras in Szene setzt, geht genau in dieselbe Richtung:

> »Sage mir doch, Protagoras (spricht Zenon), bewirkt ein einziges Hirsekorn, das niederfällt, einen Schall oder (sogar) das Zehntausendstel eines Hirsekorns?« Als Protagoras dies verneinte, sagte Zenon: »Bewirkt ein Scheffel von Hirsekörnern, der niederfällt, einen Schall oder nicht?« Als Protagoras erwiderte, ja, das tue er, sagte Zenon: »Besteht etwa nicht ein (gewisses) Verhältnis zwischen dem Scheffel Hirse und dem einzelnen Hirsekorn und dem Zehntausendstel eines solchen?« Als Protagoras dieses zugab, erwiderte Zenon: »Werden nicht auch dieselben Verhältnisse unter den (verschiedenen) Schallwirkungen zueinander bestehen? Denn wie die schallverursachenden Gegenstände, so müssen sich auch die Schallwirkungen derselben zueinander verhalten. Wenn das aber der Fall ist, dann wird, wenn der ganze Scheffel (beim Niederfallen) einen Schall bewirkt, auch das einzelne Hirsekorn, ja das Zehntausendstel eines solchen, einen Schall hervorbringen.« Das ist das Argument, das Zenon bei der Befragung in Rede und Gegenrede ins Treffen führte. (*Aristoteles, Physik VI, 250 a, 19ff.*)

Auch hier wieder dasselbe Argument, das über die Teilbarkeit auf die Anwendung der Mathematik in der Physik abzielt. Das akustische Beispiel dürfte Zenon im übrigen nicht von ungefähr gewählt haben, haben die Pythagoreer doch die Musik bekanntlich in den Rang eines Zweigs der Mathematik erhoben und diese Musik zum Paradigma für die Beziehungen zwischen Mathematik und Physik gemacht. Die Parallele zwischen den Beziehungen der Schallwirkungen und den Beziehungen der schallverursachenden Gegenstände (hier der Hirsekörner) erinnert stark an die von den Pythagoreern zwischen der Länge der Lyrasaiten, den unterschiedlich gefüllten Gefäßen etc. und den durch diese produzierten Tönen hergestellten Beziehungen. Zenon greift hier also nicht nur die Teilbarkeit an, um die Einheit und Kontinuität des Seienden zu demonstrieren, sondern auch – und zwar direkt, über die Akustik – die von den Pythagoreern zwischen der Mathematik und der Physik aufgestellte Beziehung. Da die Pythagoreer weder die Theorie der Saitenschwingung noch die des Tons im allgemeinen kannten, fehlte ihren musikalischen Vorstellungen die solide Basis, abgesehen von den Beobachtungen beim Stimmen der Lyra, wobei die Saiten hinsichtlich Material, Durchmesser und Spannung identisch sein mußten und nur hinsichtlich der Länge differieren durften – Voraussetzungen, die in Unkenntnis der elementaren Prinzipien nicht ganz einfach zu erfüllen gewesen sein dürften. Der Vergleich mit den Hirsekörnern war also vermutlich alles andere als zufällig gewählt. In Anbetracht der Bedeutung der Musik für die Sekte zielte Zenons Attacke zweifellos auf das Prinzip der Beziehungen zwischen Mathematik und Physik. Er fügte damit den oben besprochenen »theoretischen« noch ein gegen das experimentelle Argument der Lyrasaiten gerichtetes »experimentelles« Argument an.

In Fragment 4, Kasten 153, geht es Zenon um eine andere Frage, um den Raum (oder den »Ort«). Allem Anschein nach möchte er hier beweisen, daß es keinen Raum gibt, was folgendermaßen zu begreifen ist: Ins Fadenkreuz der Kritik gerät diesmal die Unterscheidung zwischen dem Körper und dem von ihm eingenommenen Raum, eine Unterscheidung, die im Raum etwas vom Körperlichen

Unabhängiges sieht – also etwas, das auch vom Seienden unabhängig ist, denn bei Parmenides ist das Seiende gleichzeitig stofflich und räumlich –, mit anderen Worten einen leeren Raum. Demnach würde sich das Argument gegen die Leere richten: gegen die Leere, die die Trennung der Dinge und damit die Vielheit und die Teilbarkeit ermöglichen würde, gegen die Leere, die auch die Bewegung ermöglichen würde, wohingegen das Seiende für die Eleaten doch ebenso unbeweglich wie unteilbar und kontinuierlich ist, und gegen die Leere, die mehr oder weniger mit der unbegrenzten Luft der Pythagoreer gleichgesetzt werden könnte, jenem unbegrenzten Medium, das nicht nur die Dinge scheidet, sondern auch die Welt umgibt. Möglicherweise war ein Angriff auf die Kugelgestalt des Seienden bei Parmenides voraufgegangen: Wenn dieses Seiende endlich ist, muß es von etwas umgeben sein, der unbegrenzten Luft oder einem leeren Raum – hier kann der Beweis der Unendlichkeit des Universums durch Archytas, der nach Zenon lebte, herangezogen werden (Seite 400); Melissos, wie schon erwähnt ein Zeitgenosse Zenons und wie dieser ein Schüler des Parmenides, neigt seinerseit der Unendlichkeit des Seienden zu.

Außer diesen Fragmenten sind uns von Zenon durch verschiedene Autoren, vornehmlich durch Aristoteles (*Physik*), vier Beweise gegen die Bewegung überliefert worden: Die Dichotomie, Achilles, der fliegende Pfeil und das Stadion oder die Rennbahn (Kasten 154).

154. DIE VIER BEWEISE DES ZENON

(Nach Aristoteles, Physik)

Die Dichotomie

Vier Beweise über die Bewegung stammen von Zenon (...) Der erste besagt, es könne sich nichts bewegen, weil der fliegende Körper immer zuerst bis zur Hälfte des Weges gekommen sein müsse, ehe er ans Ende käme ›und so fort‹ (...) (*Aristoteles, Physik, VI, 239 b, S. 215*)

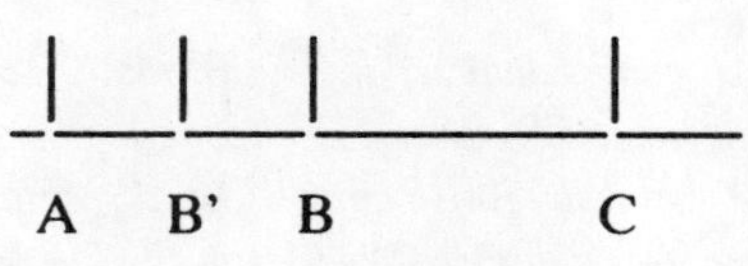

[*Ein fliegender Körper muß, um von A nach C zu gelangen, B passieren, das sich in der Mitte zwischen A und C befindet; um aber in B anzukommen, muß er B' passieren, das sich in der Mitte zwischen A und B befindet und immer so fort bis ins unendliche. So aber wird er niemals in endlicher Zeit in C anlangen.*]

Der Beweis des Achilles

Der zweite Beweis ist der sogenannte Achilleus, daß nämlich auch das langsamste Tier im Laufe nicht eingeholt werden könne vom schnellsten, da der Verfolger immer erst dahin kommen müsse, von wo das fliehende Tier fortgelaufen ist, so daß das langsamere immer einen Vorsprung behalte. (*Aristoteles, Physik, VI, 239 b, S. 215*)

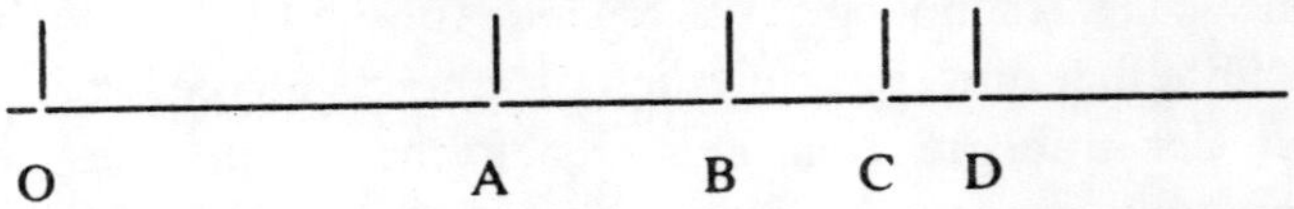

[*Befindet sich eine Schildkröte in A, wenn Achilles in O aufbricht, wird sie in B sein, wenn er A erreicht; wenn Achilles B erreicht, wird sie in C sein und immer so fort. So wird sich Achilles der Schildkröte zwar unaufhörlich nähern, sie aber nie einholen können.*]

Der Pfeil

(Zenon macht einen Fehlschluß. Er behauptet nämlich:) wenn alles sich bewegen oder ruhen muß, und wenn es ruht, sobald es in gleichem Verhältnis bleibt, und wenn ein fliegender Körper immer in einem Jetzt ist, so müsse der Pfeil auf seiner Bahn ruhen. (*Aristoteles, Physik, VI, 239b, S. 214–215*)

[*Der fliegende Pfeil befindet sich in Ruhe. Denn wenn alles, was sich in Ruhe befindet, einen ihm gleichen Raum einnimmt, und wenn ein fliegender Körper stets einen ihm gleichen Raum einnimmt, kann er sich nicht bewegen.*]

Die Rennbahn

Der vierte (Beweis) geht davon aus, daß in einer Rennbahn zwei Ketten aus gleichen Gliedern entgegengesetzt an ebensolchen vorbeilaufen, wobei die letztgenannten am Ende der Bahn beginnen (C), ›nämlich die stehenbleibenden‹, die andern (B) aber in der Mitte, und zwar mit gleicher Geschwindigkeit, wobei nach seiner Meinung herauskommt, daß die doppelte Zeit gleich der halben sei. (*Aristoteles, Physik, VI, 239 b*)

$$\begin{array}{rl} A_1\,A_2\,A_3\,A_4 & \qquad A_1\,A_2\,A_3\,A_4 \\ B_4\,B_3\,B_2\,B_1 \rightarrow \qquad & \qquad B_4\,B_3\,B_2\,B_1 \\ \leftarrow C_1\,C_2\,C_3\,C_4 & \qquad C_1\,C_2\,C_3\,C_4 \end{array}$$

[*Die linke Figur stellt die Ausgangssituation dar. Die Bs und Cs bewegen sich mit derselben Geschwindigkeit in entgegengesetzter Richtung. Die rechte Figur zeigt den Endzustand. Die Reihe A verharrt die ganze Zeit unbeweglich an ihrem Ort. B_1 passiert also im selben Zeitraum zwei Glieder von A (A_3 und A_4) und vier Glieder von C. Da die Ketten gleich lang sind, kommt Zenon zu dem Schluß, daß B im gleichen Zeitraum zwei ungleiche Entfernungen zurückgelegt hat. Der Trugschluß basiert, wie man auf den ersten Blick erkennen kann, darauf, daß Zenon das Gesetz der Zusammensetzung der Geschwindigkeiten außer acht läßt (B bewegt sich im Verhältnis zu C doppelt so schnell wie im Verhältnis zu A); daneben gibt es aber auch noch eine subtilere Deutung (siehe im allgemeinen Text).*]

Diese vier Argumente wurden vielfach als Beweis gegen die Wirklichkeit der Bewegung aufgefaßt. Jede Zeit hat versucht, sie zu widerlegen und ihren sophistischen Charakter aufzuzeigen. Der Trugschluß des vierten, des Stadion- oder Rennbahn-Beweises, soll etwas später behandelt werden. Das Pfeil-Argument, auf das wir ebenfalls noch einmal zurückkommen wollen, beruht darauf, daß die Definition des Ruhezustands auf den der Bewegung übertragen wird; auf diese Weise ist es ein Leichtes nachzuweisen, daß sich der fliegende Pfeil im Zustand der Ruhe befindet. Die beiden ersten Beweise (die Dichotomie und Achilles) sind subtiler; der Nachweis ihrer Nichtigkeit (falls man glaubt, sie wollten wirklich beweisen, daß Achilles die Schildkröte nie einholen oder der fliegende Körper niemals von A nach C gelangen kann) fällt in den Bereich der Infinitesimalrechnung, die Zenon noch nicht kannte. Im einen wie im anderen Fall werden die Entfernungen, die zu dem Ziel durchlaufen werden müssen, immer kleiner und infolgedessen auch die Zeiten zum Durchlaufen immer kürzer; denn wenn der Raum unendlich teilbar ist, ist es auch die Zeit, so daß die endliche Entfernung auch in einer endlichen Zeit durchmessen werden kann.

Doch ehe wir weiter ins Detail gehen, erst noch ein Wort zu Anordnung und Aufbau der Beweise. Der erste und dritte betreffen die absolute Bewegung, sie bringen nur einen bewegten Körper ins Spiel. Der zweite und vierte betreffen die relative Bewegung zweier bewegter Körper im Verhältnis zueinander. Im ersten und zweiten geht es darum, den durchlaufenen Raum durch eine unendliche Reihe von Teilungen zu zerlegen, im dritten und vierten wird im Gegenteil die Zeit geteilt, um zu zeigen, daß eine Reihe von Augenblicken der Ruhe keine Bewegung ergibt, beziehungsweise daß zwei bewegte Körper, die sich mit derselben Geschwindigkeit bewegen, im gleichen Zeitraum verschiedene Entfernungen zurücklegen. Diese vier Beweise bilden ein wohldurchdachtes Ganzes; versuchen wir nun herauszufinden, was sie sagen wollen.

Offensichtlich weiß Zenon, daß der von A gestartete Körper in einer endlichen Zeit in C anlangen wird, daß Achilles die Schildkröte einholt und daß der Pfeil fliegt. Er versucht demnach nicht einfach zu beweisen, daß Bewegung unmöglich ist. Glaubt man Platons *Parmenides*, so hat Zenon sein Buch zur Verteidigung der Thesen seines Meisters geschrieben und um zu zeigen, daß sich die Verfechter der Vielheit in widersprüchliche Folgerungen verwickeln. Deshalb muß man die Beweise unter dem Blickwinkel sehen, daß Zenon wie schon in den Fragmenten die Vielheit beziehungsweise die Teilbarkeit kritisiert und nicht die Unmöglichkeit von Bewegung beweisen will. Sein Hauptanliegen ist, zu demonstrieren, daß Parmenides' Verleumder, die die Teilbarkeit und die Bewegung verteidigen, nicht folgerichtig denken, da sich Teilbarkeit und Bewegung nicht miteinander vereinbaren lassen.

Mit den beiden ersten Argumenten (Dichotomie und Achilles) möchte er beweisen, daß unter der Annahme einer unendlichen Teilbarkeit des Raums Bewegung in bezug auf einen festen Punkt oder auf einen zweiten bewegten Körper unmöglich ist: Wenn sich die Strecke aus einer unendlichen Zahl von Punkten zusammensetzt, kann sie von einem bewegten Körper nicht in einer endlichen Zeit durchlaufen werden, da dieser die unendliche Anzahl von Punkten, die er passieren müßte, um ans Ende der Strecke zu gelangen, nie bewältigen kann. Zenon berücksichtigt hier nicht, wie oben schon angemerkt, daß die Zeit ihrerseits unendlich geteilt werden kann, und daß der aus zahllosen Punkten zusammengesetzten begrenzten Strecke ein aus zahllosen Augenblicken zusammengesetzter begrenzter Zeitraum entsprechen kann.

Im dritten Beweis geht es Zenon nicht mehr um die Teilbarkeit des Raums, sondern um die der Zeit. Auch hier wieder will er beweisen, daß Bewegung unmöglich ist, wenn die Zeit unendlich teilbar ist, daß also die Anhänger der Bewegung und der Teilbarkeit (oder Vielheit) mit sich selbst in Widerspruch geraten. Das Argument erscheint in der Formulierung noch trügerischer als die voraufgehenden, ist aber nach demselben Muster gebaut. Wenn die Zeit in eine unendliche Anzahl von Momenten teilbar ist, nimmt der Pfeil in jedem dieser Augenblicke einen Raum so groß wie er selbst ein, ist also unbeweglich – mit dieser Gleichsetzung des Pfeilvolumens und des von ihm eingenommenen Raums will Zenon zum Ausdruck bringen, daß der Pfeil in einer unendlich kurzen Zeit nicht eine endliche Strecke überfliegen kann und folglich in seinem Raum bleibt. So wenig wie die Summierung dieser Momente unendlich kurzer Zeiten eine Dauer ergeben kann, so wenig kann die Summierung der »sukzessiven Unbeweglichkeiten« des Pfeils eine Bewegung ergeben. Auch hier berücksichtigt Zenon wieder nur einen der Faktoren: Wenn die Zeit unendlich teilbar ist, ist es der Raum auch, und dementsprechend durchmißt der Pfeil in einem unendlich kurzen Zeitraum auch einen unendlich kurzen Raum. In allen drei Beweisen setzt Zenon also eine unendlich kurze Entfernung oder Zeit gleich null.

Das vierte Argument erscheint besonders sophistisch; wir folgen in unserer Interpretation A. Rey (1939), der seinerseits Brochards Deutung aufgegriffen hat. Betrachten wir die Glieder A, B, und C als räumlich unteilbar und ebenso die Zeit als aus unteilbaren Elementen zusammengesetzt. In der Ausgangsfigur (Kasten 154) ist B_1 unter A_2 und wird nach einem unteilbaren »Zeitelement« unter A_3 sein, das an A_2 grenzt. Im selben unteilbaren Zeitelement wird C_1, das ausgangs unter A_3 war, unter A_2 kommen. B_1 und C_1 müssen sich also in ihrer Bewegung notwendig kreuzen und werden einen Augenblick lang in einem Punkt zwischen A_2 und A_3 untereinander sein. Wenn nun aber die Zeit aus unteilbaren Elementen zusammengesetzt ist und sich B_1 in einem einzigen solchen Zeitelement von A_2 nach A_3 und C_1 von A_3 nach A_2 bewegen, kann es einen solchen Augenblick, in dem sich B_1 und C_1 kreuzen, nicht geben. Dieselbe Schlußfolgerung gilt für den Punkt zwischen A_2 und A_3, den Kreuzungspunkt, da ja auch die Raumelemente unteilbar sind und aneinandergrenzen, das heißt, dasselbe Argument ist nun nicht mehr auf die Zeit, sondern auf den Raum angewandt. Sobald man demnach die Zeit (oder den Raum) in ihrerseits nicht mehr weiter teilbare Elemente – in eine Vielheit unteilbarer Elemente – unterteilt, wird Bewegung unmöglich. Dieser Beweis ergänzt also die drei voraufgehenden, die sich mit der unendlichen Teilbarkeit von Raum und Zeit befaßten.

Zenons Argumente sollten nicht einfach als Beweis gegen die Wirklichkeit der Bewegung betrachtet werden. Der sinnfällige Gegenbeweis durch Laufen wäre ein Leichtes gewesen – nach der Überlieferung soll ihn Diogenes der Kyniker oder Antisthenes auch de facto angetreten haben; in diesem Fall hätte Zenon sicher versucht, seinen Beweis mit Hilfe der Teilbarkeit zu führen, die von den Eleaten genauso bestritten wurde wie die Bewegung. Die vier Argumente sollen beweisen, daß Parmenides' Gegner inkonsequent sind und ihre Behauptung der Bewegung und der Teilbarkeit zu absurden Folgen führt – den vier Argumenten folgend sind Teilbarkeit und Bewegung unvereinbar. Wenn Zenon nur die Unmöglichkeit der Bewegung, der Teilbarkeit und der Vielheit hätte beweisen wollen, so hätte er sich nicht dieser Argumente, sondern der Beweise des Parmenides oder der in Kasten 153 aufgeführten Schlüsse bedient. Die vier Argumente – und das gilt es festzuhalten – sind keine Beweise der eleatischen Thesen über die Bewegung oder die Teilbarkeit, sondern Beweise der Inkonsequenz der Verfechter der Bewegung und der Teilbarkeit (oder der Vielheit), insofern diese unvereinbar sind. Wen also nimmt Zenon damit ins Visier?

Zweifelsohne die Pythagoreer, vielleicht aber auch die Pluralisten Empedokles und Anaxagoras und den Atomisten Leukippos, die alle in etwa Zenons Zeitgenossen sind – Anaxagoras und Leukippos waren wohl etwas älter als er, aber etwas jünger als Parmenides. Da die Pluralisten und Atomisten im folgenden Kapitel behandelt werden, wollen wir uns hier mit der Anmerkung begnügen, daß sie die Teilbarkeit postulierten – die unendliche wie Anaxagoras oder die endliche wie Leukippos – und Zenon dadurch Anlaß zur Kritik boten. Nun wird man einwenden, daß wir der Doxographie wie bei Parmenides und Xenophan – von dessen Bemerkung über den pythagoreischen Seelenwanderungsglauben abgesehen – nicht mit Sicherheit entnehmen können, gegen wen sich die Angriffe richteten. Die Gegner werden von den Texten nur als Verfechter der Vielheit bezeichnet. Zu Parmenides' Lebzeiten waren dies die Pythagoreer, zu Zenons Zeit nach wie vor die Pythagoreer, aber auch Anaxagoras, Empedokles und Leukippos.

Wie bei Parmenides fehlt auch bei Zenon die Mathematik. Und wie bei Parmenides kommt dieses Fehlen einer Kritik an ihrer Anwendung auf die Physik gleich. In der Tat können Aussagen Zenons als Anprangerung pythagoreischer Mißbräuche verstanden werden, als Kritik an der Anwendung numerischer Prinzipien auf die Natur, an der mangelhaften Definition von »Einheit« – die für die Pythagoreer gleichzeitig abstrakte Zahl, mathematischer Punkt und materielles Teilchen von einer gewissen Dicke und Größe mit fließenden Übergängen vom einen zum andern war – und an dem daraus resultierenden unzulänglichen Begriff der Teilbarkeit etc.; dies muß verknüpft werden mit der Frage der irrationalen Zahlen und der Inkommensurabilität von Quadratseite und –diagonale. Diese Inkommensurabilität ist mit dem Problem der unendlichen Teilbarkeit eng verwandt, ist sie doch eine Folge des Nichtvorhandenseins eines gemeinsamen Teilers zweier Größen.

Es mag erstaunlich erscheinen, daß weder Parmenides noch Zenon daran dachten, dieses Argument der Inkommensurabilität gegen die pythagoreischen Thesen ins Feld zu führen. Die irrationalen Zahlen und die Inkommensurabilität der Quadratseite und -diagonale dürften zur Zeit des Parmenides und erst recht zu der des Zenon trotz der Geheimhaltung der Arbeiten der Pythagoreer in der Öffentlichkeit bekannt gewesen sein. Man könnte sich vorstellen, daß sich die Kritik der Eleaten erst im Anschluß an die Krise, die diese Begriffe in der pythagoreischen Mathematik und Physik ausgelöst haben müssen, richtig entfaltet hat. Daß bei Parmenides und Zenon jeder Hinweis auf diese Begriffe fehlt, könnte ähnlich zu deuten sein wie ihre vollständige Ausklammerung der Mathematik: Sie könnten die Mathematik aufgrund dieser Krise als in sich widersprüchlich und mithin als ungeeignet für eine Argumentation betrachtet haben; ihre Kritik sollte durch die Klärung der Begriffe des Unendlichen und des Kontinuums zum Fortschritt dieser Mathematik beitragen. Falls dies zutrifft, richtete sich die Forderung der Eleaten nach Rationalität nicht nur gegen die mißbräuchliche Anwendung der Mathematik auf die Physik durch die Pythagoreer, sondern auch gegen diese durch die Entdeckung der irrationalen Zahlen in Frage gestellte Mathematik selbst. Die Wahrheit konnte nicht mehr von der Mathematik kommen, nicht nur, weil diese außerstande war, das Verhältnis zwischen Quadratseite und -diagonale zu bestimmen, geschweige denn über komplizierte physikalische Probleme Rechenschaft abzulegen, sondern auch weil sie in sich selbst widersprüchlich war – zum Beispiel die gleichzeitig geraden und ungeraden Zahlen beim Beweis der Irrationalität der Wurzel aus 2. Aus diesem Grund könnte Parmenides, der zweifellos eine pythagoreische Ausbildung genossen hatte, beschlossen haben, die Konzeptionen der Sekte fallenzulassen und eine vollkommen rationale, vom Verstand her faßbare, verständliche »Physiko-Ontologie« zu entwickeln: den Weg der Wahrheit – samt den Grenzen, die er entdecken mußte. So gesehen könnte die Kritik der Eleaten ein Produkt aus der Forderung nach Rationalität und der Krise sein, die diese Rationalität und Verständlichkeit in der Mathematik in Frage zu stellen schien, und die sie vom Sockel der »Wahrheit-Reinheit« gestürzt hatte. Dieser Ursprung, bei Parmenides nicht ohne weiteres zu erkennen, da er Xenophans Argumente zum Teil unverändert übernahm, zum Teil weiter entwickelte und verbesserte, tritt bei Zenon mit der in den Fragmenten und Beweisen aufgeworfenen Frage der Teilbarkeit deutlicher zutage.

Auch Melissos von Samos wird der Schule von Elea zugerechnet. Wie dieser griff er die Thesen von Parmenides auf und änderte sie da und dort etwas ab – so schrieb er dem Seienden, das bei Parmenides kugelgestaltig und endlich war, Unendlichkeit zu. Außerdem interessierte er sich für die Luft, weshalb er gelegentlich als Schüler des Anaximenes betrachtet wird. Da aber das Seiende seiner Ansicht nach weder verdichtet noch verdünnt werden kann, weil beide Prozesse die Existenz der Leere voraussetzen würden, kann es auch nicht mit der Luft gleichzusetzen sein, die Anaximenes als *arché* betrachtete – ungefähr zur gleichen Zeit demonstrierten Anaxagoras und Empedokles die Körperhaftigkeit der Luft anhand ihrer Fähigkeit zur Kompression. Melissos gilt allgemein als wenig bedeutender Denker, obwohl er von manchen als Bindeglied zwischen den Eleaten und Platon angesehen wird, da er dem realen Seienden anscheinend eine ideale Natur zuschrieb.

Zusammenfassung

Trotz des etwas sophistischen Charakters ihrer Argumente haben die Eleaten aufgrund ihrer Forderung, die Natur mit Hilfe der Vernunft zu untersuchen, in der Geschichte des Denkens eine Rolle gespielt. Jeder von ihnen hat seine besonderen Verdienste, die zentrale, vollständige Lehre aber ist das Werk des Parmenides. Xenophan ist sein Vorläufer, Zenon und Melissos ergänzen ihn und entstellen ihn teilweise wohl auch. Die Forderung nach Rationalität findet sich weder in den analogen Fabeln der Milesier noch in der mathematischen Mystik der Pythagoreer; sie manifestiert sich erstmals in dem Willen zur unmittelbaren geistigen Einsicht in die Welt, einer Einsicht, die mit der Erfassung der Welt durch die Sprache verschmilzt.

Die Schwierigkeit – um nicht zu sagen, die Unmöglichkeit –, die Natur in einer Physiko-Ontologie unmittelbar zu erfassen, rückt den Eleatismus nahe an die Sophistik. Die Schlußfolgerungen sind scheinbar logisch, enthalten in Wirklichkeit jedoch Trugschlüsse. Die Sprache, der Streit mit Worten, aber auch das Jonglieren mit Worten werden zur Grundlage des Denkens. Aber selbst wenn man Zenon den Vater der Dialektik nennt – ein Beispiel dieser Dialektik liefert seine Methode bei den vier Beweisen, den inneren Widerspruch in der gegnerischen These aufzudecken –, selbst wenn man ihn gelegentlich beschuldigt, für seine Vorlesungen Geld genommen zu haben – ein in seinem Fall vielleicht gar nicht berechtigter Vorwurf, der von Sokrates und Platon aber gern gegen die Sophisten erhoben wurde –, kann man die Eleaten doch nicht als Sophisten einstufen. Zwar ist ihre Art zu argumentieren, ihre »Sprachtrunkenheit« den Methoden der Sophisten nah verwandt oder gar deren direkter Ursprung. In ihren philosophischen Ansichten aber stehen die Sophisten den Eleaten trotzdem fern, so wenig homogen sie als Schule durch ihren Sensualismus, Skeptizismus, Empirismus etc. auch sein mögen. Daß sie, zum Teil wohl zu Unrecht, einen so schlechten Ruf genossen, haben sie Sokrates und Platon zu verdanken, die die Bezahlung ihrer Vorlesungen mit Prostitution gleichsetzten. Tatsächlich sind die Thesen der Sophisten jedoch alles andere als uninteressant (vergleiche Kasten 155).

155. DIE SOPHISTEN

(Nach Dumont 1969)

Antiphon der Sophist (479–411 v.Chr.), von dessen mathematischem Werk im Zusammenhang mit der Quadratur des Kreises (Kasten 141, Seite 376) bereits die Rede war, kann in gewisser Hinsicht auch als Erfinder der Psychoanalyse gelten: Er betätigte sich nicht nur wie gemeinhin die Wahrsager seiner Zeit als Traumdeuter, sondern »eröffnete in Korinth ein auf die Agora hinausgehendes Beratungszimmer und setzte Handzettel des Inhalts in Umlauf, er verfüge über Mittel und Wege, Schmerzgeplagte mit Hilfe der Sprache zu heilen; die Kranken brauchten ihm nur die Gründe ihrer Leiden zu offenbaren, damit er ihnen Linderung verschaffe« (*Pseudoplutarch*). Im übrigen vertrat er die Auffassung, daß »für alle Menschen der Geist der Führer ihres Körpers (ist), auch zur Gesundheit und Krankheit und allem anderen« (*Galen*). Des weiteren kennt man von ihm verschiedene Thesen über Biologie, Medizin – darunter namentlich die Vorstellung von der Urzeugung – und Astronomie, aber auch philosophische und politische Texte (Vorrang der Erziehung, Gebrauch des Eigentums, Gleichheit der Menschen etc.). Antiphon, der Lehrer des Kritias (siehe weiter unten) und des Geschichtsschreibers Thukydides, mußte wegen Vaterlandsverrats den Schierlingsbecher trinken – er erlitt also das gleiche Schicksal wie zwölf Jahre später sein Widersacher Sokrates.

Bryson von Herakleia: s. Kasten 141, Seite 376

Gorgias aus Leontinoi (485–380 v.Chr.), auf Sizilien geboren und dem Vernehmen nach ein Schüler des Empedokles (der nicht wesentlich älter gewesen sein dürfte), ist das Inbild eines Sophisten: Er perfektionierte die Rhetorik und trieb diese Kunst bis zu der gegen die Eleaten gerichteten Argumentation, daß nichts existiert; wenn etwas existiert, so ist es doch für den Menschen nicht erkennbar; wenn es erkennbar wäre, könnte man es niemandem mitteilen und erklären. Sextus Empiricus gibt diese Thesen samt zugehöriger Beweisführung in seinen *Skeptischen Schriften* in aller Ausführlichkeit wieder.

Hippias von Elis lebte in der 2. Hälfte des 5. Jahrhunderts v.Chr.; neben seinen bereits erwähnten mathematischen Arbeiten und der Erfindung der Quadratrix (Kasten 138 und 141) schreibt man ihm auch die Entwicklung mnemotechnischer Methoden zu. Sein Ideal war, alles zu wissen und zu tun und so sich selbst zu genügen. Er war vor allem als Gesandter auch politisch aktiv und soll nach Darstellung Tertullians wegen Verschwörung gegen sein Vaterland zum Tode verurteilt worden sein.

Kritias (450–403 v.Chr.), ein Schüler Antiphons (und angeblich auch des Sokrates), außerdem mit Solon und Platon verwandt, ist mehr als Politiker denn als Denker bekannt: Er zählt zu den Dreißig Tyrannen, die die demokratische Ordnung in Athen zeitweilig abschafften. Erhalten sind Texte in Versen (Gedichte, verschiedene Fragmente) und politische Gespräche.

Lykophron (5. Jahrhundert v. Chr.?) definierte Wissenschaft als Gemeinschaft von Wissen und Seele, betrachtete das Gesetz als Vertrag zwischen den Mitgliedern des Gemeinwesens und nicht als Mittel, die Bürger zur Gerechtigkeit zu erziehen und zu bessern, und verwarf den Gebrauch von »sein«, um durch die verschiedenen, Verwirrung stiftenden Funktionen dieses Verbs (Identität, Eigenschaft oder Existenz) nicht die Vielfalt ins Sein einzuführen.

Prodikos aus Keos (5. Jahrhundert v. Chr.) wirkte als Gesandter seiner Insel in Athen, wo der ehemalige Protagorasschüler (siehe unten) eine Schule gründete. Er genoß aufgrund seines Wissens hohes Ansehen, stand aber auch im Ruf, sich seine Lehrtätigkeit bezahlen zu lassen. Über seine Thesen ist nichts Genaueres bekannt; man weiß lediglich, daß er bei der Wahl seiner Begriffe auf größtmögliche Präzision achtete.

Protagoras (Ende des 5. Jahrhunderts v. Chr.) stammte aus Abdera, wo er laut Überlieferung als Lastträger gearbeitet haben soll, bis er nach einer Begegnung mit Demokrit dessen Schüler wurde. In der Folge ging er nach Athen, lehrte dort gegen Entgelt, mußte aber, der Gottlosigkeit angeklagt, fliehen; seine Bücher sollen von den Athenern sogar verbrannt worden sein. Seine berühmteste These betrifft den Relativismus, zusammengefaßt in dem Aphorismus, der Mensch sei das Maß aller Dinge. Dieser Relativismus war mit Skepsis gepaart: »Von den Göttern vermag ich nichts festzustellen, weder, daß es sie gibt, noch, daß es sie nicht gibt.« Protagoras soll außerdem die Eristik, die Kunst des wissenschaftlichen Redestreits, entwickelt haben.

Thrasymachos, der als Schüler Platons und des Isokrates gilt, demnach also später als die oben genannten Sophisten lebte, befaßte sich hauptsächlich mit der Rhetorik.

Xeniades (5. Jahrhundert v. Chr.?) soll laut Sextus Empiricus behauptet haben, Erkenntnis sei unmöglich, alles Seiende stamme vom Nicht-Seienden ab und verderbe wieder zu Nicht-Seiendem – Thesen, die zweifellos in Beziehung zur eleatischen Lehre stehen.

Wie Kasten 155 zeigt, nähern sich die Sophisten der Schule von Elea nicht nur durch ihre Sprachtrunkenheit, sondern auch durch die Wahl ihrer Themen, scheinen in ihrem Skeptizismus und in ihrem Relativismus jedoch häufig auf Xenophan zurückgegriffen zu haben. Alles in allem dürften sie sich der Rolle der Sprache deutlicher bewußt gewesen sein als die Eleaten, was in zweierlei Hinsicht zum Ausdruck kommt: in der Verfeinerung der sprachlichen Überredungskünste und im Lehrplan (Beredsamkeit, Dialektik, Eristik, Rhetorik; nahezu alle Sophisten erteilten Unterricht gegen Bezahlung), darüber hinaus aber auch in dem Skeptizismus und Relativismus, die man wohl als Folge dieser allzu starken Betonung der Sprachwissenschaft betrachten darf – Protagoras soll als erster behauptet haben, jedem Argument ein gleichwertiges entgegenhalten zu können, so daß alles und sein Gegenteil bewiesen werden kann. Damit sind die Sophisten weit davon entfernt, wie Parmenides in dem mit dem Verstand Erfaßbaren, das man in Sprache ausdrücken kann, den Weg der Wahrheit zu sehen. Allerdings hatte auch Parmenides, falls unsere Deutung zutrifft, in Erkenntnis der Kürze des Wegs der Wahrheit den Sterblichen schon den Weg der Erscheinungen ans Herz gelegt. Dieses Bewußtsein der Bedeutung der Sprache geht bei den Sophisten so weit, daß man in Antiphon bereits eine Art Vorläufer der Psychoanalyse sehen kann.

Allgemein bezeichnend für diese geistige Strömung und zwar für Eleaten wie Sophisten, zumindest für deren Relativismus und Skeptizismus, ist die Erkenntniskritik, die wir bei den Milesiern und den Pythagoreern noch vergeblich suchen (lediglich bei Heraklit, einem Zeitgenossen von Parmenides, finden sich einige Ansätze). Erkenntniskritik besteht in der Frage nach der Gültigkeit der Erkenntnis, nach den Mitteln, zu Erkenntnissen zu gelangen und allem voran natürlich in der Frage nach der Möglichkeit von Erkenntnis überhaupt – wohingegen es Milesiern und Pythagoreern in erster Linie um die Erweiterung der Erkenntnis zu tun war, oft auch auf erkenntnistheoretisch fragwürdige Weise.

5. KAPITEL

Pluralisten und Atomisten

Trotz unübersehbarer Unterschiede haben die Konzeptionen der Pluralisten (Anaxagoras und Empedokles) und der Atomisten (Leukippos und Demokrit) eines gemeinsam: Sie gehen von mehreren Urelementen aus – im Gegensatz zu den Ioniern, die nur ein Urelement annehmen, und zu den Pythagoreern mit ihrem auf die Gegenüberstellung von Gegensatzpaaren gegründeten Dualismus, von der Physiko-Ontologie der Eleaten mit ihrem Dogma der Einheit und Einmaligkeit des Seienden ganz zu schweigen.

Drei dieser Autoren, Anaxagoras, Empedokles und Leukippos, waren in etwa Zeitgenossen von Parmenides und Zenon; der etwas jüngere vierte, Demokrit, dürfte der Generation von Sokrates, Philolaos, des Mathematikers Hippokrates aus Chios und seines Namensvetters, des Arztes aus Kos, angehört haben.

Obwohl vermutlich rund ein Dutzend Jahre älter als Empedokles, hat Anaxagoras sein Werk nach allgemeiner Ansicht erst nach ihm veröffentlicht. Trotzdem wollen wir uns seinen Thesen zuerst zuwenden, da sie für die Entwicklung der Wissenschaft (und der Philosophie) eine weitaus geringere Rolle spielten als die des Empedokles, dessen Physik über Aristoteles mehr oder minder die gesamte Naturwissenschaft bis hin zur Renaissance beeinflußte.

Was Leukippos und Demokrit betrifft, so müssen wir uns mit der Darlegung von Demokrits Theorien begnügen, da von dessen Lehrer Leukippos so gut wie nichts erhalten blieb. Der antike Atomismus wurde als Demokrits Theorie überliefert, und nachträglich herauszufinden, was Demokrit selbst und was sein Meister Leukippos dazu beigetragen haben, ist praktisch unmöglich. Deshalb werden wir den Atomismus als den Ausbau der Leukippschen Thesen durch Demokrit betrachten.

Anaxagoras von Klazomenai

Anaxagoras wurde um das Jahr 500 v.Chr. in Ionien geboren, in Klazomenai, etwas nördlich von Milet, in der Nähe von Kolophon und Ephesos, den Vaterstädten Xenophans und Heraklits. Gelegentlich wird er als Anaximenes-Schüler bezeichnet, was aufgrund der Daten jedoch unmöglich ist; vielleicht soll damit auch lediglich auf seine milesische Ausbildung hingewiesen werden. Mit Sicherheit jedenfalls ließ er sich um 480, also zur Zeit, als die Perser unter Xerxes gegen Griechenland zogen, in Athen nieder. So wurde er zum ersten attischen Philosophen; vor ihm waren die bedeutendsten Philosophen in Ionien (Milet, Ephesos) und Unteritalien (Kroton, Elea) beheimatet gewesen. In Athen wurden Euripides und Perikles seine Schüler, vielleicht auch Sokrates. Außerdem bot ihm Perikles politischen Schutz, bis er selbst in Ungnade fiel; um 430 wurde Anaxagoras wegen Gottlosigkeit der Prozeß gemacht. Einer anderen – dieser Darstellung nicht widersprechenden, sondern sie präzisierenden – Tradition zufolge soll den Anstoß dazu seine Lehre von der Natur der Sonne als einer glühenden Steinmasse gegeben haben; interessant ist in diesem Zusammenhang, daß er nach einer weiteren Überlieferung den im Jahr 468 bei Aigospotamoi niedergegangenen Meteor gesehen haben soll. Jedenfalls mußte er aufgrund eines Urteils oder um sich einer schwereren Strafe zu entziehen nach Lampsakos (am Hellespont in der heutigen Türkei) ins Exil gehen, wo er eine Schule gründete und im Jahr 428 starb.

Anaxagoras soll lediglich ein Buch geschrieben und gegen Ende seines Lebens veröffentlich haben. Von dieser Schrift sind eine Reihe von Fragmenten erhalten. Da jedoch die Publikation von Empedokles' Werk, wie schon gesagt, nach allgemeiner Meinung früher anzusetzen ist, dürfte, falls von Beeinflussung überhaupt die Rede sein kann, Empedokles eher Anaxagoras beeinflußt haben als umgekehrt. Von seinen Schülern, die sein Werk fortsetzten, ist vor allem Archelaos zu nennen, der seinerseits der Lehrer des Sokrates gewesen sein soll. Kasten 156 und 157 enthalten eine ausgewählte Doxographie und eine Auswahl der Fragmente des Anaxagoras.

156. AUSGEWÄHLTE DOXOGRAPHIE ZU ANAXAGORAS

(Nach Dumont 1988, Capelle 1953)

1. Anaxagoras bezeichnete als Prinzip des Alls Geist und Stoff, den Geist [νοῦς, *Nus*] als aktives, den Stoff als passives Prinzip. Der Geist hat die vorhandene Masse geordnet. Die Urstoffe sind unendlich zahlreich und unendlich klein. (*Hippolyt, Widerlegung aller Häresien, I, 8,1*) Anaxagoras, des Hegesibulos' Sohn aus Klazomenai, der an der Philosophie des Anaximenes teilgenommen hat, hat zuerst die Ansichten über die Prinzipien geändert und die fehlende Ursache ergänzt, indem

er die stofflichen (Prinzipien) als unendlich viele annahm. Denn all die gleichteiligen Substanzen, wie Wasser, Feuer oder Gold, seien unentstanden und unvergänglich; sie schienen (nur) zu entstehen und zu vergehen, ein Vorgang, der nur auf Vereinigung und Trennung (von Urteilchen) beruhte, da alles in allem enthalten sei, ein jedes Ding aber, entsprechend dem in ihm überwiegenden (Stoff) von dem Menschen bezeichnet würde. Denn als »Gold« erscheint uns jene Masse, in der überwiegend Goldteilchen vorhanden sind, obgleich alle Stoffe darin enthalten sind. (...) Des weiteren nahm Anaxagoras den Geist als Urheber der Bewegung und der Entstehung hinzu, sagte er doch, daß unter dem Einfluß der durch den Geist bewirkten Ausscheidung (die Homöomerien) die Welten wie auch die Substanz der anderen Dinge erzeugten. (*Simplicius, Kommentar zu Aristoteles' Physik, 27, 2*) Aber zu einer solchen Ansicht kam Anaxagoras, weil er glaubte, daß nichts aus dem Nichts entsteht und alles von dem (ihm) Gleichen ernährt wird. Da er nun sah, daß jedes aus jedem wird, wenn auch nicht unvermittelt, sondern in einer bestimmten Reihenfolge (wird doch aus Feuer Luft und aus Luft Wasser und aus Wasser Erde und aus Erde Stein und aus Stein wieder Feuer, und wenn (uns) ein und dieselbe Nahrung, wie z.B. Brot, zugeführt wird, entstehen viele ungleiche Dinge, wie Fleisch, Knochen, Adern, Sehnen und Nägel und, wenn es sich so trifft, Gefieder und Hörner; es wächst aber das Gleiche auf Grund des Gleichen). Deswegen nimmt er an, daß in der Nahrung und auch im Wasser, falls durch dieses die Bäume ernährt wurden, Holz, Rinde und Frucht vorhanden seien. Daher behauptete er, daß alles in allem gemischt sei und daß die Entstehung auf dem Wege der Ausscheidung (von Stoffen) erfolge. (*Ebd., 460, 4*)

2. Auch die Himmelskörper bewegen sich in geordneter, kreisförmiger Bewegung. Das Feste, das Flüssige, das Dunkle, das Kalte und alles Schwere sammelt sich in der Mitte und bildet einen festen Körper, die Erde. Was diesen entgegengesetzt ist, das Warme, das Lichte, das Trockene und das Weite, strebt in die Ätherferne. Die Erde hat eine platte Form und bleibt in der Schwebe infolge ihrer Größe und weil es keinen leeren Raum gibt. Und so erhält die Luft mit ihrer starken Tragfähigkeit die Erde in der Schwebe. Aus der Feuchtigkeit und aus dem Wasser auf der Erde ist das Meer entstanden; durch dessen Ausdünstungen und durch die niederströmenden Flüsse hat die Erdoberfläche ihre Gestalt erhalten. Die Flüsse haben sich durch die Regengüsse und durch das Erdwasser gebildet; die Erde ist nämlich hohl und enthält in den Höhlungen Wasser [*Erklärung der Quellen*]. Der Nil schwillt zur Sommerzeit an, wenn die Wasser aus dem antarktischen Schneegebiet herabfließen. Sonne, Mond und Sterne sind feurige Steine, die die Umdrehung des Äthers mitmachen. Unterhalb der Sterne sind für uns unsichtbare Himmelskörper, die sich mit Mond und Sonne bewegen. Die Wärme der Sterne empfindet man wegen ihrer großen Entfernung von der Erde nicht (...). Die Sonne übertrifft den Peloponnes an Größe. Der Mond hat kein eigenes Licht, sondern erhält es von der Sonne (...). Der Mond verfinstert sich, wenn sich die Erde oder ein anderer unter ihm befindlicher Himmelskörper (zwischen Sonne und Mond) stellt, die Sonne aber beim Neumond, wenn der Mond sich zwischen Sonne und Erde stellt. Die Sonnen- und Mondwenden treten dadurch ein, daß diese Gestirne durch die Luft

zurückgestoßen werden [*bei jeder Sonnenwende erreicht die Sonne einen der Wendekreise und kehrt, wie Anaxagoras vermutet, infolge des Luftwiderstandes zum anderen zurück; vgl. dazu die rückläufige Bewegung der Planeten bei Anaximenes*]. (*Hippolyt, Widerlegung aller Häresien, I, 8, 1*) (Über die Milchstraße) sagt Anaxagoras, wenn sich die Sonne unterhalb der Erde befinde und nicht alle Sterne bescheine, falle der Erdschatten auf diesen Teil des Himmels. (*Aetius, Placita, III, I, 5*) Diogenes und Anaxagoras behaupteten, nachdem die Welt entstanden und die Lebewesen aus der Erde hervorgegangen waren, habe sich die Welt durch Zufall nach Süden zu geneigt, aber vielleicht auch durch Vorsehung, damit infolge von Frost, Hitze und gemäßigtem Klima manche Teile unbewohnbar, andere hinwiederum bewohnbar würden [*Neigung des Äquators zur Ekliptik*]. (*Ebd., II, VIII, 19*)

3. (Anaxagoras und Empedokles) beweisen (...), daß die Luft wirklich da ist, indem sie Schläuche zusammendrücken und zeigen, welche Kraft die Luft hat, und indem sie Luft in den Wasseruhren abschließen. (*Aristoteles, Physik, IV, 213 a, S. 128*)

4. [*Zahlreiche Zeugnisse deuten auf eine der milesischen nahestehende Meteorologie hin.*]

5. Anaxagoras meint, (die Sinnesempfindungen) würden durch ihr jeweiliges Gegenteil bewirkt, da Gleiches nicht durch Gleiches affiziert werde (...). Das Sehen komme durch einen Lichteindruck auf die Pupille zustande und dieser Eindruck könne nicht auf Gleichfarbiges, sondern nur auf Andersfarbiges erfolgen (...). Tatsächlich stehe die Farbe der Nacht der der Augen grundsätzlich näher: Deshalb vollziehe sich der Lichteindruck am Tage, da das Licht an seinem Zustandekommen beteiligt sei; doch übe die vorherrschende Farbe stets einen stärkeren Eindruck auf die andersfarbige Pupille aus. Das gleiche gelte auch für Tastsinn und Geschmack: Man könne nämlich feststellen, daß das, was (hinsichtlich Wärme oder Kälte) dieselbe Temperatur wie (die Haut) aufweise, bei der Annäherung keinerlei Wärme- oder Kälteempfindung auslöse, und daß süße oder saure Papillen Süßes oder Saures nicht wahrnähmen; dagegen nehme das warme Organ Kaltes, das salzige Genießbares, das saure Süßes wahr, da jedem (die gegenteilige Beschaffenheit) fehle. Tatsächlich sind in uns nach Aussage des Philosophen alle Dinge vorhanden. Und ebenso verhalte es sich beim Geruchssinn und beim Gehör: beim einen durch das Einatmen, beim anderen dadurch, daß der Ton bis zum Gehirn dringe, da der gewölbte Schädelknochen einen Hohlraum bilde, in dem der Ton widerhalle. Als Folge seiner Annahme aber könnte gelten, daß jede Sinnesempfindung von Schmerz begleitet werde, da die Berührung mit allem Unähnlichen Schmerz verursacht. Dies liegt auf der Hand, sobald man Sinneseindrücke von übermäßiger Dauer und Intensität betrachtet; denn blendende Farben oder überlaute Töne rufen Schmerz hervor, so daß man sie unmöglich lange ertragen kann. Die größten Tiere besitzen die feinsten Sinne, da die Sinnesempfindung einfach von der Größe (der Sinnesorgane) abhängt. (*Theophrast, Von der Sinneswahrnehmung, 27–29*)

157. AUSGEWÄHLTE FRAGMENTE VON ANAXAGORAS

(Nach Dumont 1988, Diels 1959)

1. Beisammen waren alle Dinge, grenzenlos nach Menge wie nach Kleinheit; denn das Kleine war grenzenlos. Und solange alle beisammen waren, war nichts deutlich erkennbar infolge der Kleinheit. Denn alles hielt Dunst und Äther nieder, beides grenzenlose Stoffe. Denn dies sind die größten Stoffe, die in der Gesamtmasse enthalten sind, ebenso an Menge wie an Größe.
2. Denn weder gibt es beim Kleinen ja ein Kleinstes, sondern stets ein noch Kleineres (denn es ist unmöglich, daß das Seiende (durch Teilung?) zu sein aufhöre) – aber auch beim Großen gibt es immer ein Größeres. Und es ist dem Kleinen an Menge gleich; für sich ist aber jedes Ding sowohl groß wie klein. [*Bekräftigung der unendlichen Teilbarkeit*]
3. Und da gleichviel Teile vom Großen und vom Kleinen vorhanden sind [*unendliche Teilbarkeit*], auch so betrachtet dürfte in allem alles enthalten sein. Auch kann es kein Sonderdasein geben, sondern alles hat an allem seinen Anteil. Da kein Kleinstes sein kann [*Bekräftigung der unendlichen Teilbarkeit*], so könnte es sich nicht absondern, auch nicht für sich sein, sondern wie anfangs so auch jetzt muß alles beisammen sein. In allen Dingen aber sind viele Stoffe enthalten und von den (aus der Urmischung) sich abscheidenden Stoffen die gleiche Menge in den größeren wie in den kleineren Dingen.
4. Nicht gesondert voneinander sind die in dieser einen Weltordnung vorhandenen Stoffe (Bestandteile), auch nicht mit dem Beile voneinander abgehauen, weder das Warme vom Kalten noch das Kalte vom Warmen.
5. Denn wie sollte aus Nicht-Haar Haar entstehen können und Fleisch aus Nicht-Fleisch?
6. Vom Entstehen und Vergehen aber haben die Hellenen keine richtige Meinung. Denn kein Ding entsteht oder vergeht, sondern aus vorhandenen Dingen mischt es sich und es scheidet sich wieder. Und so würden sie demnach richtig das Entstehen Mischung und das Vergehen Scheidung nennen.
7. In jedem ist von jedem ein Teil enthalten, außer vom Geist [νοῦς, *Nus*]; in einigen aber ist auch Geist enthalten.
8. Das Übrige hat Anteil an allem, Geist aber ist etwas nicht durch Grenze Bestimmtes und Selbstherrliches und ist vermischt mit keinem Dinge, sondern ist allein, selbständig, für sich. Denn wenn er nicht für sich wäre, sondern vermischt mit irgend etwas anderem, so hätte er an allen Dingen teil, wenn er vermischt wäre mit irgend etwas. Denn in allem ist von allem ein Teil enthalten, wie ich im Vorigen gesagt habe; auch würden ihn die beigemischten Stoffe hindern, so daß er über kein Ding die Herrschaft in gleicher Weise ausüben könnte wie wenn er allein für sich ist. Denn er ist das feinste aller Dinge und das reinste und er besitzt von allem alle Kenntnis und hat die größte Kraft. Und was nur Seele hat, die größeren wie die kleineren Wesen, über alle hat der

Geist die Herrschaft. Auch über die gesamte Umdrehung hat der Geist die Herrschaft angetreten, so daß er dieser Umdrehung den Anstoß gab. Und zuerst fing diese Umdrehung von einem gewissen kleinen Punkte an, die Umdrehung greift aber weiter und wird noch weiter greifen. Und das was sich da mischte und abschied und voneinander schied, alles erkannte der Geist. Und wie es werden sollte und wie es war, was jetzt nicht mehr ist, und alles was jetzt ist, und wie es sein wird, alles ordnete der Geist an, und auch diese Umdrehung, die jetzt vollführen die Gestirne, die Sonne, der Mond, der Dunst und der Äther, die sich abscheiden. Gerade diese Umdrehung aber bewirkte, daß sie sich abschieden. Und es scheidet sich vom Dünnen das Dichte, vom Kalten das Warme, vom Dunkeln das Helle, vom Feuchten das Trockene. Dabei sind der Teile viele von vielen Stoffen vorhanden. Vollständig aber scheidet sich nichts ab oder auseinander, das eine vom andern, nur der Geist. Geist aber ist allemal von gleicher Art, der größere wie der kleinere. Sonst aber ist nichts dem anderen gleichartig, sondern wovon am meisten in einem Dinge enthalten ist, dies als das deutlichst Erkennbare ist und war das eine Einzelding.

9. Denn Dunst und Äther scheiden sich von der umgebenden Vielheit, und dieses Umgebende ist grenzenlos der Menge nach.
10. (...) während diese Stoffe sich so umdrehen und sich abscheiden infolge der Wucht und Schnelligkeit. Wucht aber schafft die Schnelligkeit. Ihre Schnelligkeit aber läßt sich mit der Schnelligkeit keines der jetzt unter Menschen vorhandenen Dinge vergleichen, sondern ist durchaus ein Vielfaches davon.
11. Aus diesen sich abscheidenden Mengen (ver)festigt sich die Erde. Denn aus den Wolken scheidet sich das Wasser ab, aus dem Wasser die Erde, aus der Erde festigen sich die Steine unter Einwirkung des Kalten, diese aber drängen sich noch mehr heraus als das Wasser.
12. Die Sonne verleiht dem Monde seinen Glanz.
13. Regenbogen aber nennen wir den Widerschein der Sonne in den Wolken. Das ist nun ein Sturmvorzeichen. Denn das um die Wolke sich ergießende Wasser pflegt Wind zu erregen oder Regen auszugießen.
14. Infolge ihrer (der Sinne) Schwäche sind wir nicht imstande das Wahre zu unterscheiden.
15. Sicht des Nichtoffenbaren; das Erscheinende [*was sich zeigt, ist eine Vision des Unsichtbaren*].

Doch bevor wir Anaxagoras' Vorstellungen, wie sie sich uns in Doxographie und Fragmenten präsentieren, im einzelnen untersuchen, sei noch einmal darauf hingewiesen, daß Anaxagoras zusammen mit Empedokles, der sich allerdings einer anderen Methode bediente, als erster mit Hilfe eines Experiments die Körperhaftigkeit der Luft bewiesen haben soll: Angeblich hat er Lederschläuche mit Luft gefüllt, verschlossen und unter Druck gesetzt, und als sie dem Druck widerstanden, daraus auf die Körperhaftigkeit der eingefüllten Luft geschlossen (Fragment

3, Kasten 156). Damit kommen wir zur letzten Erscheinungsform des räumlich und qualitativ Unbestimmten der Milesier und der Pythagoreer, das weder Grenzen hatte, die ihm eine Form gaben, noch unter normalen Umständen irgendwelche sinnlich wahrnehmbaren Eigenschaften besaß; solche Eigenschaften erlangte es nur durch Bewegung, durch Erwärmung etc. Seit Anaxagoras und Empedokles aber ist die Luft für die Griechen nicht länger dieses Unbestimmte, sondern ein Körper und kommt damit unserem Begriff Gas nahe.

Dieses Experiment ist offensichtlich in Zusammenhang mit der Ausbildung des Anaxagoras zu sehen. In der Tat kann man sich fragen, ob er damit ursprünglich nicht die Thesen seines Lehrers Anaximenes beweisen wollte, vornehmlich die, daß die verschiedenen Dinge durch Verdünnung der Luft (zu Feuer) beziehungsweise durch Verdichtung (zu Wasser, Erde) entstanden seien. Erst das Mißlingen des Experiments – als durch »Kondensieren« bzw. Komprimieren der Luft im Lederschlauch kein Wasser entstand – hätte ihn demnach zu dem Schluß veranlaßt, daß die Luft kein unendliches Element ist, das sich durch Verdichtung und Verdünnung verwandelt und die verschiedenen Dinge hervorbringt, wie Anaximenes gelehrt hatte, sondern ein endlicher Stoff. Darüber hinaus hätte der Ausgang des Experiments seine Vorstellung vom Werden durch Umwandlung von Dingen in andere dahingehend beeinflussen können, daß er es nicht mehr als Folge dieser Verdichtung-Verdünnung eines Urelements, sondern als unterschiedliche Mischungen von Qualitäten betrachtete.

Weisen wir noch darauf hin, daß sich der Widerstand der Luft gegen den Druck, wenn man der Doxographie glauben darf, auch noch an verschiedenen Punkten von Anaxagoras' Astronomie und Meteorologie findet. So zum Beispiel erklärt er die Wendekreise der Sonne auf diese Weise – vergleiche dazu Anaximenes' Deutung der Planetenbahnen als Folge des Luftwiderstands – oder die Erdbeben mit der schlagartigen Befreiung der im Erdinneren komprimierten Luft. Alles in allem erinnern die Thesen des Anaxagoras in diesem Bereich stark an die der Milesier.

Wie die meisten Denker seiner Zeit war Anaxagoras kein spezialisierter Gelehrter, sondern beschäftigte sich mit allen Disziplinen. So soll er (im Gefängnis) auch mathematische Studien über die Quadratur des Kreises angestellt und sich den Kopf über die Perspektive zerbrochen haben (genauer, über den Bau von Theaterkulissen – für seinen Freund Euripides?). Doch von diesen mathematischen Arbeiten ist nichts erhalten. Dafür sind alle anderen Disziplinen (Physik, Kosmologie, Astronomie, Meteorologie, Biologie) in seinen Fragmenten und seiner Doxographie vertreten. Im folgenden wollen wir seine Thesen, so weit sie zu rekonstruieren sind, in den einzelnen Bereichen ausführen und anschließend versuchen, Anaxagoras den ihm gebührenden Platz in der Geschichte des Denkens anzuweisen.

Die Physik

Von der Kritik der Eleaten hat Anaxagoras übernommen, daß das Seiende nicht aus dem Nicht-Seienden entstanden sein kann (und umgekehrt), von Melissos – der zwar etwas jünger war, sein Werk aber schon vor dem des Anaxagoras veröffentlicht haben mag –, daß Verdichtung und Verdünnung den leeren Raum voraussetzen, den es als Nicht-Seiendes aber nicht geben kann. Eigene Experimente haben ihn vermutlich gelehrt, daß die Luft dem Druck einen Widerstand entgegensetzt und sich nicht in Wasser verwandelt. Daher ist er, wie die Eleaten, der Meinung, daß Entstehen und Vergehen als solche nicht existieren. Im Gegensatz zu ihnen aber versucht er, diese Behauptung mit der alltäglichen Erfahrung in Einklang zu bringen und setzt an die Stelle von Entstehen Zusammensetzung und an die Stelle von Vergehen Trennung; das Werden von Dingen erklärt sich demnach als Trennung und Wiederzusammensetzung der Bauelemente. Er entwirft damit ein Werden, das ohne das Nicht-Seiende auskommt.

Im Gegensatz zu den Eleaten verficht Anaxagoras die Teilbarkeit des Seienden und sogar eine unendliche Teilbarkeit, während die Atomisten bei unteilbaren Teilchen, den Atomen, haltmachen und damit die Existenz des leeren Raums postulieren. Im Gegensatz zu Zenon verwechselt er unendlich klein nicht mit der Größe Null, wie aus Fragment 2 (Kasten 157) hervorgeht: »Denn weder gibt es beim Kleinen ja ein Kleinstes, sondern stets ein noch Kleineres.« Die Dinge sind – und das ist ein ganz wichtiger Punkt seiner Physik – aus unendlich kleinen Elementen zusammengesetzt.

Diese unendlich kleinen Elemente besitzen jeweils alle Eigenschaften, wenn auch in unterschiedlichem Ausmaß. Heute würden wir das etwa so ausdrücken: Die Dinge setzen sich aus einer unendlichen Anzahl unendlich kleiner geometrischer Punkte zusammen, und jeder dieser Punkte ist durch *n* Koeffizienten charakterisiert, die *n* Eigenschaften entsprechen, durch die die Natur beschrieben werden kann – für Anaxagoras wären das in erster Linie das Trockene, das Feuchte, das Warme, das Kalte, das Helle, das Dunkle, aber zweifelsohne auch alle anderen vermutlich zahllosen Eigenschaften. Keiner dieser Koeffizienten kann null sein, denn so weit man die Dinge auch teilt, stets enthalten die Teile alle verschiedenen Eigenschaften, wenn auch in unterschiedlichen Graden, was Anaxagoras durch den Satz ausdrückt, daß alles alles enthält. Jeder dieser Koeffizienten, die also in keinem Fall null sein können, kann aber verstärkt auftreten, so daß jedes Ding durch das, was es in größter Menge enthält, in Erscheinung tritt (Fragment 1, Kasten 156). So wird ein Ding aus Elementen mit einem verstärkten Koeffizienten für die Eigenschaft »warm« auch warm erscheinen; trotzdem ist sein Koeffizient für die Eigenschaft »kalt« nicht gleich null, denn alles ist in allem, und das Kalte und das Warme sind nicht wie mit dem Beil getrennt (Fragment 4, Kasten 157).

Das ermöglicht die Vorstellung eines Werdens infolge von Scheidung und Wiederzusammensetzung beziehungsweise Mischung der Elemente, die zwar sämtliche Qualitäten enthalten, aber in unterschiedlichen Graden. Bleibt noch zu erklären, wie dieses Trennen und Zusammensetzen vor sich geht. Vorher jedoch wenden wir uns dem Sonderfall des Nus (νοῦς) zu – des Geistes, der Denkkraft. Allem Anschein nach setzt auch er sich aus unendlich vielen kleinen Elementen zusammen, die allerdings im Gegensatz zu den anderen Elementen rein, nicht vermischt sind, also nichts anderes, keine Eigenschaft außer der »geistigen« enthalten (Fragment 8, Kasten 157). Andererseits scheint jedes dieser Elemente den Nus in Gänze zu enthalten; so heißt es in Fragment 8: »Geist aber ist allemal von gleicher Art, der größere wie der kleinere« – Zafiropulo (1948) übersetzt diese Stelle sogar folgendermaßen: »Was den Geist anbetrifft, so ist er vollständig mit sich selbst identisch, ob er nun riesig ist oder winzig.« Fragment 7 schließlich präzisiert, daß sich der Nus in bestimmten Stoffen findet, während er selbst rein ist und nichts anderes, keine anderen Qualitäten außer der geistigen, enthält. Dieses Fragment scheint man dahingehend auslegen zu dürfen, daß die Dinge, die Elemente des Nus enthalten – und damit diesen ganz, wenn jedes seiner Elemente gleich dem Ganzen ist –, die Lebewesen sind. Anderen Texten zufolge aber ist der Nus auch dort anzutreffen, wo alles andere auch ist, was durch Anaxagoras' Kosmologie bestätigt wird, in der dem Nus die Rolle des ordnenden Prinzips zufällt. Dadurch nähert er sich Heraklits Logos an: wie der Logos würde der Nus dann die Welt beherrschen, während gleichzeitig ein Teil von ihm, in dem er aber ganz vorhanden wäre, in den Lebewesen, vor allem im Menschen, wohnte (wo nicht eingesperrt wäre). Durch dieses Den-Dingen-Innewohnen hätten die Lebewesen teil an diesem Nus, was ihr Vermögen, die Welt zu erkennen, erklären würde.

Bleibt noch die Frage, wie sich diese unendlich kleinen konstituierenden Elemente zusammensetzen, wie sie sich trennen und zu neuen Formen mischen können. Gelenkt wird dieser Vorgang offensichtlich vom Nus, wie sich im Abschnitt über die Kosmologie zeigen wird. Hier geht es uns darum, Fragment 1 der Doxographie (Kasten 156) zu verstehen, also wie Anaxagoras das Wachstum des Körpers durch die Ernährung zu erklären oder vielleicht auch metaphorisch auszudrücken versucht: Wie können sich Haare oder Fleisch aus Brot bilden? Ermöglicht wird das anscheinend dadurch, daß »alles in allem ist«, und daß Brot folglich auch »Haar«- oder »Fleisch«-Elemente enthält. Es handelt sich dabei um eine Art mehr oder weniger metaphorischen Beweis der Behauptung, daß alles in allem ist; versucht man dagegen, der Frage etwas auf den Grund zu gehen, so stößt man auf Schwierigkeiten. Zunächst können wir davon ausgehen, daß der im Körper enthaltene Nus das »Auseinandersortieren« der Brotelemente besorgt, so daß sich Haare oder Fleisch von den ihnen entsprechenden Elementen ernähren können. Aber müssen die verschiedenen Qualitäten, aus denen sich die »Brot«-Elemente zusammensetzen, nicht erst einmal getrennt werden, damit sie überhaupt auseinandersortiert werden können? Das Brot besteht aus einer unendlichen

Anzahl unendlich kleiner Elemente, die die für Brot charakteristischen Qualitäten in entsprechendem Ausmaß besitzen. Nun sind diese Elemente aber miteinander identisch, wie die Verwendung des Begriffs »Homöomerien« in der Doxographie nahelegt. Dieser vermutlich erst nach Anaxagoras von Aristoteles geprägte Begriff bezeichnet gleichteilige Substanzen, das heißt Stoffe, die ihre Eigenschaften behalten, in welch kleine Teilchen sie auch zerlegt werden. Um aus Brot Haare zu machen, müßten diese »Brot«-Elemente also aufgespalten und die für den Aufbau der »Haar«-Elemente erforderlichen Qualitäten extrahiert werden. Voraussetzung wäre also eine Trennung der Qualitäten vor ihrer Wiederzusammensetzung zu neuen Elementen. Eine solche Scheidung in »reine« Qualitäten (oder »reine Stoffe«) aber scheint den Prinzipien der Theorie von Anaxagoras zu widersprechen, wonach einzig der Nus rein ist. Demnach müßte man entweder den Widerspruch eingestehen oder die Frage der Ernährung des Körpers durch Speisen lediglich als eine metaphorische Annäherung betrachten, quasi als Illustration des Satzes, daß alles in allem enthalten ist.

Manche Interpretationen (vor allem die Zafiropulos 1948) gehen bei der Zusammensetzung der Stoffe von verschiedenen Ebenen aus: von unendlich kleinen Elementen mit nur einer einzigen Qualität einerseits und von Elementen, die ebenso unendlich klein sind, sich aber in unterschiedlichen Graden aus mehreren Elementen mit nur einer Qualität zusammensetzen, andererseits. Die Elemente dieser zweiten Ebene müssen also, soll der Satz, daß alles in allem ist, Geltung behalten, für jede Qualität jeweils mindestens ein Element der ersten Ebene besitzen, es können aber auch mehr sein. Mit diesen zwei Ebenen läßt sich das Wachstum der Körper tatsächlich erklären: Die qualitativ reinen Elemente der ersten Ebene gruppieren sich in den neuen Elementen – die mehr oder minder den Homöomerien gleichzusetzen wären – der zweiten Ebene neu. Manche Interpretationen fügen dem sogar noch das Prinzip hinzu, wonach Gleiches Gleiches anzieht; in diesem Fall werden die Elemente der zweiten Ebene als eine Art »Samen« betrachtet, die ähnlich wie Kristallisationskerne Elemente von gleicher Zusammensetzung anziehen.

Diese Interpretation mit den zwei Ebenen ist – ob mit oder ohne Prinzip der Anziehung von Gleichem durch Gleiches – wesentlich kohärenter als die oben ausgeführte; allerdings erscheint es zweifelhaft, ob sie Anaxagoras' These wirklich entspricht. Immerhin präzisieren die verschiedenen Fragmente, daß die »Qualitäten« unmöglich geschieden werden können, daß alle Stoffe in jedem Stoff sind und daß einzig der Nus rein ist – was sich (außer beim Nus) schlecht mit der Vorstellung eines unendlichen kleinen Elements mit nur einer einzigen Eigenschaft vereinbaren läßt. Ein solches Element entspräche nicht mehr dem in der Doxographie auftauchenden Begriff der Homöomerie: Da ein solches Element nur eine einzige Qualität besäße, könnte es nicht von gleicher Art wie der Körper mit seinen verschiedenen Eigenschaften sein, an dessen Zusammensetzung es beteiligt ist.

Keine dieser Interpretationen befriedigt wirklich. Vielleicht sollte man den Begriff der Homöomerie fallen lassen und annehmen, daß die Brotteilchen weder untereinander identisch noch dem »ganzen« Brot vergleichbar sind; die einen könnten beispielsweise reicher an »Haar«-Qualitäten sein als die anderen und beim Aussortieren dazu bestimmt werden, zu Haaren zu werden. Dasselbe gälte für das Fleisch und so fort. Nur wäre in diesem Fall das Problem, woher das Brot seinen Brot-Aspekt erhalten würde.

Die These von Anaxagoras hält also einer detaillierten Analyse kaum stand. Es läßt sich nicht verhehlen, daß es ihr an Kohärenz fehlt. Allerdings darf man nicht vergessen, daß sie ursprünglich sicher komplexer war, und daß uns nur einige Bruchstücke sowie wenige mehr oder minder sichere Zeugnisse erhalten blieben, um sie zu rekonstruieren. Doch wie dem auch sei, Anaxagoras bleibt immerhin das Verdienst, den Begriff des unendlich Kleinen von dem des Nichts, der Null, unterschieden zu haben – eine Antwort auf Zenon? Falls er seine These vor Empedokles entwickelt hat, bliebe ihm auch noch der Ruhm, als erster das Werden als Zusammenspiel von Mischung und Scheidung von Elementen konzipiert zu haben – andernfalls gebührte das Verdienst Empedokles oder vielleicht auch Leukippos. Unzweifelhaft war dies eine Antwort auf den Sophismus der Eleaten, die das Werden negierten, da es das Nicht-Seiende voraussetzt. Deutet man Werden als Zusammensetzung-Trennung, läßt es sich mit der Negation von Geburt – der Entstehung des Seienden aus dem Nicht-Seienden – und von Vergehen – dem Wandel des Seienden zu Nicht-Seiendem – sowie mit der Unveränderbarkeit des Seienden ganz allgemein vereinbaren.

Kosmologie und Astronomie

Zu dieser Physik gehört natürlich eine Kosmologie, die die Entstehung der Welt und sogar ihre fortdauernde Evolution auf der Grundlage ihrer konstituierenden Elemente erklärt. Ursprünglich bilden sämtliche Elemente eine homogene Mischung; differenzierte Stoffe gibt es nicht. Die Differenzierung erfolgt erst unter der Einwirkung des Nus, der eine Wirbelbewegung in Gang setzt. Dieser in seinen Ausmaßen zunächst begrenzte Wirbel dehnt sich zunehmend aus und erfaßt einen immer größeren Teil der ursprünglich undifferenzierten Masse. Dadurch werden die Elemente nach ihren vorherrschenden Qualitäten getrennt: Die dichten, kalten, dunklen Teilchen konzentrieren sich im Herzen des Wirbels, wohingegen die leichten, warmen, hellen an die Peripherie getragen werden. Diese Kosmologie steht Anaximander nahe, woran auch die Doxographie erinnert, nur daß bei diesem die Einwirkung des Nus fehlt. Allerdings spielt der Nus, obwohl ja alles seiner Herrschaft unterstellt ist, in diesem Fall auch bei Anaxagoras keine allzu große Rolle, da sich die Trennung nach Ingangsetzung der Bewegung durch eine Art umgekehrte Zentrifugalkraft vollzieht – das Dichte in den

Mittelpunkt, das Leichte an den Rand. Manche Fragmente deuten darauf hin, daß Anaxagoras, wie vielleicht auch Anaximander, an die Existenz mehrerer unserer Erde ähnlicher Welten glaubte, entstanden durch weitere Wirbelstürme im Schoß der undifferenzierten Urmischung. Fragment 9 (Kasten 157) unterscheidet zwischen der Luft beziehungsweise dem Äther als Substanz des nichtatmosphärischen Himmels und dieser undifferenzierten Urmischung als der umgebenden Vielheit, in der sich der Wirbel bildet. Bringt man dieses Detail nun in Zusammenhang mit der von Anaxagoras nachgewiesenen Körperhaftigkeit der Luft, so zeigt sich, daß seine Luft dem *apeiron*, aus dessen Schoß Anaximanders Welt hervorging oder das die Welt der Pythagoreer atmete, nicht mehr gleichgesetzt werden kann. Mag also Anaxagoras' Kosmologie der des Anaximander auch in mancherlei Hinsicht ähneln, so kann doch die undifferenzierte Urmischung – die zweifelsohne auch ein *apeiron* ist – nicht mehr als Luft konkretisiert werden, wie es bei Anaximenes durch Verdichtung-Verdünnung möglich war.

Dieser Kosmologie ist über den Wirbel, der nicht nur die Welt ordnet, sondern auch die Bewegung der Himmel erklärt, eine Astronomie angegliedert. Die Gestirne, von dieser Wirbelbewegung, deren Achse die Erde mit dem himmlischen Nordpol verbindet, mitgerissen, bestehen aus glühenden Gesteinsmassen. Hier entfernt sich Anaxagoras von Anaximander und seinen Feuerkreisen – zweifelsohne unter dem Eindruck des Meteors, den er hatte beobachten können und der seine Vorstellung von der Natur der Sterne geprägt hatte. Von ihrer Größenordnung hat er offensichtlich noch keinen rechten Begriff: Die Sonne hält er für einen Stein, der größer als die Peloponnes ist, und die Sterne anscheinend für Felsmassen, die durch den Wirbel von der Erde losgerissen und zum Glühen gebracht wurden. Die von ihnen ausgestrahlte Wärme kann aufgrund ihrer Entfernung von der Erde von uns nicht mehr wahrgenommen werden, ausgenommen einzig die der Sonne, die uns nah genug ist; auf den Mond kommen wir später zu sprechen. Verglichen mit der Astronomie des Parmenides stellen diese Konzeptionen einen Fortschritt dar, auch wenn sie aufgrund des Einflusses der milesischen Physik noch allzusehr der Meteorologie verhaftet sind, so bei den irrigen Größenvorstellungen und der Erklärung der Umkehr der Sonne an den Wendekreisen durch den Luftwiderstand. Jedenfalls aber dürfte sich Philolaos bei der Entwicklung seines Modells diesen Fortschritt zunutze gemacht haben.

Im Vergleich zu der von den Pythagoreern und Parmenides konzipierten Kugelgestalt der Erde dagegen mutet Anaxagoras' Weltbild rückständig an. Auch hier kommt wieder seine ionische Ausbildung zum Vorschein, wenn er im Anschluß an Anaximenes eine scheibenförmige Erde annimmt, die von der Luft getragen wird. Bestärkt wurde er in diesem Rückgriff auf die Lösung des Anaximenes – auf Kosten der zu diesem Zeitpunkt bereits »erfundenen« Kugelgestalt – zweifellos durch seine Experimente über den Widerstand der Luft gegen Druck, die gezeigt hatten, daß die Luft ein beträchtliches Gewicht tragen kann. Der

Zusammenhang zwischen Schwerkraft und Erdanziehungskraft war noch nicht entdeckt worden, also bestand das Problem in der Tragfähigkeit der Luft; so gab man der Erde intuitiv die Form einer großen, flachen Scheibe, die leichter auf der Luft »schweben« kann als eine Kugel. Präziser als Anaximenes fügt Anaxagoras noch an, diese flache Erde habe sich zur Achse des Wirbels geneigt, um zu erklären, warum die Achse, die durch den Polarstern läuft, nicht senkrecht auf dieser flachen Erde steht. Fragment 2 der Doxographie (Kasten 156) ruft zur Erklärung dieser Neigung, die die verschiedenen Klimazonen der Erde verursacht, die Vorsehung an; allerdings scheint diese Interpretation kaum authentisch zu sein. Einer anderen Konzeption zufolge, die Empedokles zugeschrieben wird (siehe unten), obwohl sie auf der Linie von Anaxagoras' Astronomie liegt, wird die Luft im Süden von der Sonne dergestalt erwärmt und verdünnt, daß ihre Tragfähigkeit nachläßt, was ein Absinken der Erde an dieser Stelle und damit auch eine Neigung der Achse zur Folge hat.

Anaxagoras' größter astronomischer Erfolg aber betrifft die Erklärung der Mond- und Sonnenfinsternisse und den Mond selbst. Diesen betrachtet er nicht, wie die anderen Gestirne, als glühende Gesteinsmasse, sondern als eine Art Erde mit Bergen und Tälern und vor allem als einen Himmelskörper ohne eigenes Licht, der von der Sonne erhellt wird. Daher lassen sich in Verbindung damit, daß die Sterne um die Erde kreisen, die Finsternisse durch ein Dazwischentreten der Erde zwischen Sonne und Mond erklären. So kann Anaxagoras den Neumond als Erdschatten auf der Mondscheibe deuten; vielleicht muß diese Deutung auch auf die verschiedenen Mondphasen ausgedehnt werden. Jedenfalls würde das erklären, warum Anaxagoras auch noch andere, dunkle und deshalb unsichtbare Himmelskörper auf ihrer Bahn zwischen Sonne und Mond oder vielleicht auch zwischen Erde und Mond treten und diesen ganz (oder teilweise) verdecken läßt. Ebenso erklärt Anaxagoras die Sonnenfinsternis laut Doxographie durch das Dazwischentreten des Mondes zwischen Sonne und Erde; aber hier kommt er ohne dunkle Himmelskörper aus, da die Sonne keine »Phasen« hat und eine Verfinsterung bei ihr seltener zu beobachten ist als beim Mond.

Ebenfalls laut Doxographie soll Anaxagoras dieses Prinzip des Dazwischentretens und des Schlagschattens auch zur Erklärung der Milchstraße herangezogen und diese als Folge des Erdschattens auf dem Himmelsgewölbe gedeutet haben. In dem durch den Erdschatten verdunkelten Teil des Himmelsgewölbes leuchten die Sterne nämlich heller als in den angrenzenden Zonen, wo sie – bis auf die allerhellsten – durch das Licht der Sonne, die sich »hinter« der Erde befindet, mehr oder weniger verdeckt werden. Diese Erklärung mag naiv anmuten, ist aber gleichwohl recht raffiniert und vor allem aufschlußreich für die Tendenz, eine bestimmte Erklärung (in diesem Fall die der Finsternisse) auf andere astronomische Phänomene auszudehnen. Wie wir schon im 3. Kapitel gesehen haben, hat ja auch Philolaos das Prinzip eines von fremdem Licht erleuchteten Himmelskörpers ohne eigenes Licht ohne zu zögern vom Mond auf die Sonne übertragen und diese als eine Art Reflektor des zentralen Feuers betrachtet; allgemein dürfte Philolaos' Astronomie Anaxagoras viel zu verdanken haben. Auf die Entwicklungslinie Anaximander-Parmenides-Philolaos und den Einfluß der Pythagoreer (Kugelgestalt der Sterne) haben wir schon hingewiesen; nun dürfen wir eine von Anaximander über Anaximenes und Anaxagoras zu Philolaos führende Linie hinzufügen, die die Kugelgestalt allerdings nicht kennt. Damit haben wir die beiden von der Astronomie im vorsokratischen Griechenland eingeschlagenen Wege, die sich schließlich im Modell des Philolaos vereinigen sollten.

Dieser Physik, Kosmologie und Astronomie fügt Anaxagoras schließlich noch verschiedene Bemerkungen über meteorologische Fragen und Naturphänomene an. Diese Meteorologie erinnert in vielem an die der Milesier (Regenbogen, Schnee, Hagel), und auch wenn er die milesischen Vorstellungen gelegentlich modifiziert (Blitz, Erdbeben), so stellt er doch nie das für die ionischen Philosophen so charakteristische Prinzip der »Natürlichkeit« und der »Entmythologisierung« in Frage. Darüber hinaus liefert Anaxagoras eine Erklärung für die Nilschwelle (durch die Schneeschmelze in den äthiopischen Bergen) und für den Salzgehalt des Meeres – durch die Auslaugung der Erde und die Verdunstung, was die Existenz von Salzminen und stark mineralhaltigen Quellen voraussetzt. All das »riecht« förmlich nach der Physiologie der Milesier und hat sich weit von der mathematischen Physik der Pythagoreer entfernt. Dabei könnte Anaxagoras' Physik mit ihren unendlich kleinen Elementen besonders geeignet für eine Mathematisierung erscheinen; dennoch ist sie ihrer ganzen Konzeption nach nicht mathematisch, sondern eher mit der milesischen Physik verwandt, die den Prozeß des Werdens durch die Umwandlung eines Urstoffs zu erklären versucht, einer milesischen Physik, die die Kritik der Eleaten verinnerlicht hat.

Die Biologie

Wie die Milesier nimmt auch Anaxagoras die Entstehung der Lebewesen aus dem Feuchten an; in der Folge pflanzen sie sich dann durch Zeugung fort. Was diese betrifft, so soll er laut Doxographie – wie praktisch alle Denker der Zeit – die Theorie vertreten haben, das Geschlecht des Kindes hänge davon ab, von welcher Seite der Samen stamme; die Pythagoreer zogen ganz allgemein eine Parallele zwischen rechts/links und männlich/weiblich. Ob Anaxagoras diese Ansicht wirklich vertrat, ist ungewiß. Dasselbe gilt für die These, daß sich beim Embryo als erstes das Gehirn entwickle.

Seine Vorstellung vom körperlichen Wachstum durch Ernährung und die Art und Weise, wie sich aus Brot und anderen Nahrungsmitteln Knochen und Haare bilden können, haben wir bereits kennengelernt. Falls es sich dabei nicht nur um eine Illustration der These, daß »alles in allem ist«, handelt, ist es (trotz der aufgezeigten Mängel) eine durchaus originäre Ansicht. Ebenso originär ist entgegen allem Anschein auch seine Deutung des Schlafes als Folge körperlicher Ermüdung und nicht aufgrund psychischer und damit »seelischer« Ursachen, zumal er den Schlaf dem Tod gegenüberstellt, der Leib und Seele trennt. Unverkennbar ist hier das Bestreben, den Schlaf zu naturalisieren, eine einfache, nichtmythologische Erklärung zu finden. Vorher galt der Schlaf als Gott, und es gab eine Vielzahl übernatürlicher Erklärungen, vor allem in Zusammenhang mit den Träumen. Diese körperliche Ermüdung ist im übrigen auch dem Schlaf als Abkühlung der Seele bei Heraklit oder Empedokles gegenüberzustellen.

Vor allem die Theorien des Anaxagoras über die Wahrnehmung sind berühmt geworden (Fragment 5 der Doxographie). Sie beruhen auf zwei Prinzipien: Die Wahrnehmung erfolgt durch Gegensätze, und jede Wahrnehmung ist von Schmerz begleitet; beide Prinzipien sind miteinander verknüpft. Die Rolle der Gegensätze für die Wahrnehmung beruht auf der Notwendigkeit des Kontrastes, wobei Anaxagoras aber nicht nur den Kontrast zwischen Objekt und Hintergrund meint (welcher Art die Wahrnehmung auch sei), also jene notwendige Voraussetzung für eine deutliche Wahrnehmung des Objekts überhaupt, sondern auch den Gegensatz zwischen dem wahrnehmenden Subjekt und dem wahrgenommenen Objekt. Diesem Gegensatz kommt die Aufgabe zu, den Unterschied, die Trennung des Wahrgenommenen vom Wahrnehmenden zu unterstreichen; die Wahrnehmung ist sogar in erster Linie die Wahrnehmung dieses Andersseins, dieses Unterschieds, dieser Trennung zwischen Objekt (Wahrgenommenem) und Subjekt (Wahrnehmendem). Diese Wahrnehmung der Trennung ist laut Anaxagoras mit Schmerz verbunden und wird nach Theophrast durch starke, schwer zu ertragende Reize wie laute Geräusche, blendendes Licht etc. verursacht. Ohne Zweifel kann man diesen Schmerz der Wahrnehmung, den Schmerz der Trennung, in eine Reihe mit dem Pessimismus Anaximanders stellen, der allein schon die Existenz differenzierter Dinge (getrennt von dem, was sie nicht sind) als Ungerechtigkeit betrachtete. Ganz anders dagegen Empedokles' Konzeption, derzufolge Gleiches durch Gleiches wahrgenommen wird.

Ebenfalls laut Theophrast soll Anaxagoras die These aufgestellt haben, daß große Tiere die Reize besser wahrnehmen als kleine. Interessanter jedoch ist – falls sie authentisch ist – die von Aetius überlieferte Theorie (in Kasten 157 nicht aufgeführt), wonach die Stimme durch den Aufprall des Atems auf die Luft und das Hören durch einen symmetrischen Prozeß zustande kommen sollten, was Aetius mit dem Echo verglich. Abgesehen davon, daß sich diese Theorie recht gut mit dem Widerstand der Luft vereinbaren ließe, würde sie die Alkmaion zugeschriebene Theorie der Funktionsweise des Gehörs fortführen. Außerdem war Anaxagoras ein Zeitgenosse des Diogenes von Apollonia, der erklärt hatte: »Zum Hören kommt es, wenn die außen erzeugte Bewegung der Luft über die Ohren bis ins Gehirn eindringt« (Theophrast).

Die Untersuchung der sinnlichen Wahrnehmung führt uns zur Epistemologie des Anaxagoras, also zu dem, was er über die Erkenntnis dachte. Vor allem hält er die Sinne für trügerisch, wofür seine physikalische Theorie eine einfache Erklärung liefert: Da die konstituierenden Elemente der Dinge unendlich klein sind, entziehen sie sich unserer Wahrnehmung; wir nehmen nur die in diesen Elementen am meisten vertretene Qualität wahr. So heißt es in Fragment 15 (Kasten 157): »Sicht des Nichtoffenbaren; das Erscheinende«, während Fragment 14 uns aufgrund der Schwäche unserer Sinne für unfähig erklärt, die konstituierenden Elemente, also die Wirklichkeit hinter den Dingen, zu erkennen. Auch Parmenides hatte die Sinne trügerisch genannt, da bei ihm die Wirklichkeit, die sie enthüllen, gleichzeitig verbergen. Dagegen handelt es sich bei Anaxagoras lediglich um zwei verschiedene Ebenen: Die wahrgenommenen Qualitäten sind sekundärer Art, die sich aus der Kombination der ihrerseits nicht wahrnehmbaren primären Qualitäten ergeben. Bei ihm verbergen die Erscheinungen nicht das Seiende; das, was sich uns zeigt, ist vielmehr ein Aspekt des Unsichtbaren. Anaxagoras geht es demnach eher um ein Problem der Sinnesphysiologie – die Elemente selbst sind zu klein, um wahrgenommen zu werden, wir sehen nur ihre Mischungen in den Dingen – als um eine ontologische Betrachtung, worin er seinem ionischen Ursprung treu bleibt. Man könnte sogar sagen, daß wir letztlich das, was uns im Werdeprozeß als Entstehen oder Vergehen erscheint (anstatt als Mischung und Scheidung), nur wahrnehmen, weil sich die letzten Elemente unserer Sinneswahrnehmung entziehen.

Doch die Erkenntnis beschränkt sich nicht auf die Sinneswahrnehmung, wobei Anaxagoras die Sinne laut Doxographie dem Gehirn unterstellt – ein Punkt, über den seine Zeit geteilter Meinung war: nach Ansicht anderer waren sie von der Brust oder vom Herzen abhängig. Aus dem Umstand, daß der Nus im Menschen zu existieren scheint und daß dieser Nus eben jener Geist ist, der das Universum beherrscht, könnte man schließen, daß die Erkenntnis, der (den trügerischen Sinnen gegenübergestellte) Geist, als eine Art Teilhabe an der Ordnung der Welt zu verstehen ist, denn der Nus ist sich in jedem seiner Teile wie in seiner Totalität selber gleich. Mit dieser Konzeption nähert sich Anaxagoras Heraklits Logos, der nicht nur die Welt regiert, sondern auch ihre wahre Erkenntnis ermöglicht. Nach Aetius läßt Anaxagoras den Geist von außen eindringen; man vergleiche dazu Heraklit. Ganz allgemein haben alle Lebewesen teil an diesem Nus, nicht nur der Mensch; der Nus ist auch über das ganze Universum verteilt (vergleiche dazu oben im Abschnitt über die Physik das Problem der Lokalisierung und dazu wiederum Heraklits Konzeption des die Welt durchwaltenden, teilweise im Menschen eingesperrten Logos). Nun sagt aber Aristoteles: »Anaxagoras behauptet, der Mensch sei das klügste der Lebewesen, weil er Hände habe« (*Von den Teilen der Tiere* IV, 10) – also nicht, weil er am Nus teilhat. Eine schwierige Entscheidung; Aristoteles hat mehr Gewicht, aber Aetius' Aussage klingt verführerischer. Man könnte sich allerdings auch vorstellen, daß sich beide Aussagen durchaus miteinander vereinbaren ließen, wenn man dem Nus im Menschen die Doppelfunktion zuschriebe, ihm die Erkenntnis zu ermöglichen und seinen Körper zu organisieren – wenn man in ihm also nicht nur das Ordnungsprinzip des Universums, sondern auch das Strukturprinzip, die »Seele«, der Lebewesen sähe. Dann wären die körperliche Gestalt des Menschen (und damit vor allem der Besitz von Händen) und seine Erkenntnisfähigkeit miteinander verknüpft, da beide vom Nus in ihm abhingen (vergleiche dazu Parmenides, Fragment 3, Kasten 151).

Zusammenfassung

Bei Anaxagoras stoßen wir also auf den Versuch, die Schulen, die wir im voraufgehenden untersucht haben, in einer Synthese zusammenzufassen. Von der ionischen Schule von Milet hat er das Interesse am Werden sowie seine »naturalistische« Betrachtungsweise übernommen; von den Eleaten die Negierung von Entstehen und Vergehen und damit auch den Willen, das Werden ohne Rückgriff auf das Nicht-Seiende zu erklären. An die Stelle der Verdichtung-Verdünnung der Luft bei Anaximenes setzt Anaxagoras das Prinzip der Zusammensetzung-Trennung unendlich kleiner Urelemente und an die Stelle eines Unendlichen, Unermeßlichen, die körperhafte Luft. Heraklits Logos scheint Anaxagoras zur Konzeption des Nus angeregt zu haben, der wie der Logos des Ephesers dem weltbeherrschenden mathematischen Prinzip der Pythagoreer gleichfalls verwandt sein dürfte. Der mathematische Aspekt fehlt allerdings bei Anaxagoras, es sei denn, man deutete die Vorstellung des unendlich Kleinen, das nicht gleich null ist, mathematisch – eine Konzeption, in der sich Anaxagoras mit den Eleaten trifft und den Pythagoreern annähert, auch wenn diese selbst einen solchen Begriff nicht entwickelt zu haben scheinen. Anaxagoras zählt nicht mehr zu den »Gründervätern«, die sich – abgesehen von dem mutmaßlichen Beitrag aus Mesopotamien und Ägypten – nur auf den Mythos stützen konnten. Ihm steht bereits eine philosophische und wissenschaftliche griechische Tradition zur Verfügung und – falls Empedokles sein Werk vor ihm veröffentlichte – außerdem auch bereits ein erster Versuch, diese Tradition in einer Synthese zusammenzufassen.

Empedokles von Akragas

Empedokles wurde um 480 v. Chr. in Akragas (Agrigent) auf Sizilien geboren. Über seinen Tod um das Jahı 430 sind mindestens drei verschiedene Versionen in Umlauf: Die bekannteste – daß er sich in den Krater des Ätna gestürzt haben soll – ist zweifellos eine Legende; nach einer anderen soll er sich erhängt haben und nach der dritten (der wahrscheinlichsten) auf der Peloponnes gestorben sein, wo er politisches Exil gefunden hatte. Tatsächlich weiß man, daß er die demokratische Partei vehement verteidigte und aufgrund seiner vielseitigen Talente allenthalben großes Ansehen genoß – vor allem weil er die Stadt Selinunt vor einer Pestepidemie gerettet hatte, indem er auf seine Kosten zwei Flüsse umleiten und die sumpfige Umgebung trockenlegen ließ.

Als Politiker, Arzt, Hygieniker, Gelehrter, Magier und Wundertäter, Scharlatan und Dichter ist Empedokles die farbigste Persönlichkeit der antiken Philosophie. Ursprünglich zweifelsohne in der pythagoreischen Lehre ausgebildet, trennte er sich in der Folge von ihr, bewahrte aber zumindest den Gedanken der Seelenwanderung und behauptete sogar, sich an seine früheren Existenzen zu erinnern. In einem Fragment heißt es: »Knabe bin ich bereits vor Zeiten gewesen und Mädchen, / Strauch und Vogel und Fisch, der aus dem Meere emporschnellt.« Gestützt auf diese Erfahrung fühlte er sich als eine Art zur Irrfahrt auf der Erde verdammter Unsterblicher und verstand es, sich dementsprechend in Szene zu setzen. Im großen und ganzen präsentierte er sich eher als Magier denn als Gelehrter und Philosoph in der modernen Bedeutung des Wortes. Außer dem Glauben an die Seelenwanderung übernahm er von den Pythagoreern auch noch verschiedene mystische Verbote, so das des Blutopfers und vielleicht (im Rahmen der Seelenwanderungslehre) auch das des Fleischgenusses. In anderen Fragmenten heißt es: »Sich der Lorbeerblätter gänzlich enthalten. – Unselige, ganz Unselige! Haltet von den Bohnen eure Hände zurück! – Von fünf Brunnen schneidend (das heißt schöpfend) in (?) unverwüstlichem Erze, wascht euch die Hände.«

Doch diese Seite des Empedokles soll hier nicht weiter beleuchtet werden; wir wollen uns vielmehr damit begnügen, das in seinem Buch *Über die Natur* dargelegte Weltbild zu rekonstruieren. Dabei sollten wir jedoch den Mystiker und sogar den Scharlatan, der er auch war, nie ganz aus den Augen verlieren. Diese Seite seiner Persönlichkeit, wie es bei der Betrachtung seiner Theorien gewöhnlich geschieht, gänzlich außer acht zu lassen, wäre eine etwas künstliche Trennung. Seine Theorien wurden nicht nur in der Geschichte der Wissenschaften, sondern auch in den Wissenschaften selbst über Jahrhunderte hin bewahrt; seine Physik konnte sich in mehr oder weniger modifizierter Form bis zu den Anfängen der modernen Chemie behaupten.

Von keinem der bisher behandelten Denker besitzen wir so viele Fragmente wie von Empedokles – etwa 450 von vermutlich insgesamt 5000 Versen (wie Parmenides schrieb er in Versen). Kasten 159 enthält eine Auswahl vor allem von Fragmenten über die Natur, Kasten 158 eine Auswahl aus der Doxographie.

158. AUSGEWÄHLTE DOXOGRAPHIE ZU EMPEDOKLES

(Nach Dumont 1988, Capelle 1953)

1. Empedokles, das Haar mit einem prächtigen Purpurband umwunden, wandelte majestätisch auf den Straßen der griechischen Städte umher und sang Hymnen, in denen er die künftige Gottwerdung des Menschen verkündete. (*Philostratus aus Lemnos, Biographie des Wundertäters Apollonius von Tyana, VIII, 7*)

2. Seine Lehre war folgende: Der Elemente sind vier: Feuer, Wasser, Erde, Luft; Freundschaft ist die Macht, die sie zusammenführt, Zwietracht die, welche sie trennt. Seine Worte lauten: »Zeus, der Helle, und Here, die segnende und Aïdoneus / Und die durch ihre Tränen die Menschen befeuchtende Nestis.« Dabei meint er mit Zeus das Feuer, mit Here die Erde, mit Aïdoneus die Luft und mit Nestis das Wasser. Von ihnen sagt er: »Und in beständigem Wechsel geht eines ins andere über«, denn diese Weltordnung ist eine ewige; daher heißt es weiter: »Jetzt vereinigt sich alles zu einem in Liebe, dann wieder / Sondert sich alles, im Hasse des Streits auseinander getrieben.« Die Sonne nennt er eine große Feuermasse, die größer sei als der Mond; den Mond aber bezeichnet er als scheibenförmig und den Himmel selbst als kristallartig. Die Seele, meint er, gehe in alle möglichen Gestaltungen von Lebewesen und Pflanzen ein, so sagt er: »Knabe bin ich bereits vor Zeiten gewesen und Mädchen, / Strauch und Vogel und Fisch, der aus dem Meere emporschnellt.« (*Diogenes Laertios, Leben und Meinungen berühmter Philosophen, VIII, 76–77*)

3. Empedokles setzt als die stofflichen Elemente vier an: Feuer, Wasser, Luft und Erde, die ewig sind und sich in größerer oder geringerer Menge infolge von Vereinigung und Trennung wandeln; als die Prinzipien im eigentliche Sinne aber, von denen jene in Bewegung gesetzt werden, die Liebe und den Streit. Denn es müssen die Elemente dauernd umschichtig in Bewegung gesetzt werden: bald werden sie von der Liebe vereint, bald vom Streit getrennt – so daß es nach Empedokles (in Wahrheit) sechs Prinzipien gibt. Denn bald gibt er dem Streit und der Liebe gestaltende Kraft (...), bald stellt er auch diese beiden mit den vier (Elementen) als in die gleiche Reihe gehörig zusammen. (*Simplicius zu Aristoteles, Physik, XXV, 21*) Empedokles behauptete, daß es vor den vier Elementen kleinste Splitter (dieser) gäbe, gleichsam als Urelemente vor den Elementen aus gleichen Teilen. (*Aetius, Placita, I, XIII, 1*)

4. Nach der Trennung des Äthers entwichen Luft und Feuer nach oben, und der Himmel, der sich ringsum bewegte, fand sich zum gewaltigen Raume gebildet. Das Feuer, das ein wenig unter dem Himmel war, wurde in den Sonnenstrahlen verdichtet. Die Erde, die sich zu einem Ding gesammelt hat und so geschaffen wurde, erschien im Mittelpunkt und ließ sich dort nieder. Hierauf begann sich der Äther, da er viel leichter war, ohne Unterlaß um sie zu drehen. Ihr [*der Erde*] Beharren geht auf Gott zurück und rührt nicht von der Vielzahl der Sphären her, die sich

im Wechsel über ihr befinden und deren Konturen durch die Umdrehungen geglättet sind, weil rings um sie her ein Wirbel von bestimmter Art kreist, wahrlich wunderbar, der seine Kraft aus seiner großen und vielgestaltigen Form schöpft und der bewirkt, daß die Erde weder hierhin noch dorthin fällt. (*Philon, Von der Vorsehung, II, 60*) Empedokles sagt, daß der Äther sich zuerst loslöste, an zweiter Stelle das Feuer und nach diesem die Erde, aus der, wie sie durch die Wucht des Umschwunges, von allen Seiten gar zu heftig zusammengepreßt wurde, das Wasser hervorsprudelte. Aus ihm verdunstete die Luft, und aus dem Äther entstand der Himmel. Das Feuer aber, das etwas niedriger als der Himmel geblieben war, ballte sich ebenfalls zusammen, und zwar zu den Strahlen der Sonne, und durch Verdichtung der anderen bildete sich die irdische Hülle. (*Aetius, Placita, II, 6,3*)

5. Empedokles behauptet, als die Luft dem Andrange der Sonne nachgegeben habe, da hätten sich die Erdpole geneigt, und zwar hätten sich die nördlichen Gegenden erhöht, die südlichen eine tiefere Lage eingenommen, wie das auch bei dem ganzen Kosmos der Fall sei [*Neigung der Erdachse zur Ekliptik*] (*Aetius, Placita, II 8,2*) Empedokles behauptet, daß die Sonne von der sie umgebenden (Welt-)Kugel und von den Wendekreisen gehindert werde, bis ins Unendliche geradeaus zu laufen, und (infolgedessen) ihre Wenden vollziehe (*Ebd., II, XXIII, 3*) Empedokles sagt, der Himmel sei ein festes Gewölbe aus Luft, die unter Einwirkung des Feuers fest wie Eis geworden sei, und er umfasse das Feurige und das Luftartige in jeder seiner beiden Halbkugeln. (*Ebd., II, XI 2*) Empedokles behauptet, die Sterne bestünden aus Feuer und rührten von dem feurigen Element her, das die Luft in sich barg und bei der ersten Trennung aus sich ausstieß. (*Ebd., II, XIII, 2*) Empedokles lehrte, daß die Fixsterne am Himmelsgewölbe festsäßen, während die Planeten sich frei bewegen könnten. (*Ebd., II, XXIII, 11*) Die Sonne verfinstere sich, wenn der Mond unter ihr durchliefe. (*Ebd., II, XXIV, 7*). Es gibt aber zwei Halbkugeln, die sich im Kreise um die Erde herumbewegten, die eine ganz aus Feuer, die andere aus Luft und wenig Feuer gemischt, welch letztere er für die Nacht [*mit ihren Sternen*] hält. Der Anfang der Bewegung aber sei dadurch erfolgt, daß irgendwo die Ansammlung von Feuer erfolgt sei, das mit unwiderstehlicher Wucht vordrang. Die Sonne aber ist ihrer Substanz nach kein Feuer, sondern (nur) ein Widerschein des Feuers, ähnlich dem, der vom Wasser verursacht wird. Der Mond, behauptet er, habe sich aus der Luft für sich gesondert zusammengeballt, die durch das Feuer abgeschnitten war. Denn diese sei eine feste Masse geworden, gerade wie auch der Hagel. Sein Licht aber habe er von der Sonne. (*Pseudoplutarch, Stromateis bei Eusebius, I, 8, 10*)

6. Empedokles lehrt, daß die ersten Entstehungen der Tiere und Pflanzen keineswegs vollständig erfolgt seien, sondern zuerst wären nur voneinander getrennte Teile entstanden; dagegen seien im zweiten Stadium infolge Zusammenwachsens der Teile abenteuerliche Bildungen entstanden, im dritten solche von ganzen Körpern, im vierten dagegen nicht mehr aus der Mischung der Elemente wie Erde und Wasser, sondern bereits durcheinander, bei den einen infolge von reichlicher Nahrung, bei den andern dadurch, daß sie auch die schöne Gestalt der Frauen zur Vermählung reizte. [*Die erste Generation bestand also aus voneinander getrennten Teilen, die*

zweite vereinte diese Teile »nach dem Zufall«, wodurch Wesen entstanden, die Phantasieprodukten glichen, die dritte bewahrte die Lebewesen, die ein zusammenhaltendes Ganzes bildeten, und die vierte entstand nicht mehr aus Elementen – in Urzeugung –, sondern durch geschlechtliche Fortpflanzung.] Es seien aber die Gattungen sämtlicher Lebewesen voneinander geschieden infolge der besonderen Mischungen (der Elemente ihres Körpers), den einen sei mehr der Trieb zum Wasser angeboren; die anderen, die mehr feuriges Element in sich enthielten, hätten sich in die Lüfte erhoben, die schwereren dagegen hätten sich zum Leben auf der Erde gewendet; die aber eine gleichmäßige Mischung der Elemente hätten, die seien befähigt, in allen Regionen zu leben. (*Aetius, Placita, V,XIX,5*) Nach Empedokles seien zuerst einzelne Glieder aus der Erde, als wenn diese schwanger wäre, allenthalben hervorgekommen, danach seien sie zusammengewachsen und hätten den Stoff eines ganzen Menschen gebildet, der zugleich aus Feuer und Wasser gemischt sei. (*Censorinus, De die natali liber, IV, 7*)

7. Parmenides und Empedokles und Platon lassen die Sinnesempfindung auf Grund des Gleichen entstehen (...). Empedokles äußert sich über die Ursachen der Wahrnehmungen sämtlicher Sinne in ähnlicher Weise; er behauptet, daß auf Grund des Hineinpassens (der Ausflüsse) in die Poren jedes einzelnen Sinnesorgans die Wahrnehmung erfolge. Daher könnte auch der eine Sinn nicht die Objekte des anderen erkennen, weil die Poren der einen zu weit, die der anderen zu eng seien, um das Objekt wahrnehmen zu können; daher drängen die einen (Ausflüsse), ohne die Wandungen der Poren zu berühren, durch diese hindurch, die anderen dagegen vermöchten überhaupt nicht in sie einzudringen. Er versucht auch das Sehen zu erklären, das heißt wie es zustande kommt. Er behauptet, daß das Innere des Auges Feuer sei, daß dagegen die das Innere umgebenden Stoffe Wasser, Erde und Luft wären; und durch diese (Stoffe) dringe das Feuer infolge seiner feinen Substanz hindurch, wie das Licht in den Laternen. Es seien aber die Poren des Feuers und des Wassers umschichtig gelagert, und wir sähen vermittels der Poren des Feuers die weißen, vermittels derer des Wassers die schwarzen Gegenstände. Denn es paßten die einen in diese, die anderen in jene hinein. Das Farbensehen käme durch den Ausfluß zustande. Empedokles behauptet, daß nicht alle Augen in gleicher Weise zusammengesetzt seien (...) und daß die einen das Feuer in der Mitte, die anderen außerhalb hätten. Daher könnten auch die einen Lebewesen bei Tage, die anderen bei Nacht schärfer sehen. Diejenigen Augen, die weniger Feuer enthalten, sähen bei Tage besser. Denn es würde ihnen das innere Licht von dem äußeren ausgeglichen. (...) Das Hören erfolge infolge der von außen kommenden Geräusche, wenn die Luft, die von der Stimme in Bewegung gesetzt ist, im Inneren (des Ohres) widerhallt. (...) Die Lust entsteht durch Gleiches, sowohl in den Teilen als auch in der Mischung, der Schmerz durch Gegensätzliches. Auf gleiche Weise erklärt er auch Erkenntnis und Nichterkennen. Die Erkenntnis erfolge auf Grund des Gleichen, das Nichterkennen infolge des Ungleichen (...), so daß die Erkenntnis beinahe mit dem Gefühl identisch ist. (...) Daher denken wir auch vor allem mit dem Blut. Denn in diesem seien am meisten die Elemente gemischt. (*Theophrast, Von der Sinneswahrnehmung, 1 und 7–10*)

159. AUSGEWÄHLTE FRAGMENTE VON EMPEDOKLES

(Nach Dumont 1988, Diels 1959, Capelle 1953)

1. Denn die vier Wurzelkräfte aller Dinge höre zuerst: Zeus der schimmernde und Here die lebenspendende sowie Aidoneus und Nestis, die durch ihre Tränen irdisches Quellwasser fließen läßt.
2. Denn aus gar nicht Seiendem kann unmöglich etwas entstehen und ebenso ist, daß Seiendes ausgetilgt werde, unvollziehbar und unerhört; denn jedesmal wird es da sein, wo es einer jedesmal hinstellt.
3. Doch ein anderes will ich dir verkünden. Geburt ist (gibt es) von keinem einzigen unter allen sterblichen Dingen auch nicht ein Ende im verwünschten Tode, sondern nur Mischung und Austausch der gemischten Stoffe ist: Geburt wird nur dafür bei den Menschen als üblicher Name gebraucht.
4. Ein Doppeltes will ich verkünden. Bald wächst nämlich Eines zu alleinigem Sein aus Mehrerem heran, bald scheidet es sich auch wieder, Mehreres aus Einem zu sein. Doppelt ist der sterblichen Dinge Entstehung, doppelt ist auch ihre Abnahme. Denn die eine zeugt und zerstört die Vereinigung aller Stoffe, die andere, eben herangewachsen, fliegt wieder auseinander, wenn sie sich wieder trennen. Und dieser beständige Tauschwechsel hört nimmer auf: bald vereinigt sich alles durch Liebe zu Einem, bald auch trennen sich wieder die einzelnen Stoffe im Hasse des Streites. Insofern nun so Eines aus Mehrerem gelernt hat zu entstehen und wiederum aus dem zergangenen Einen Mehreres hervorgeht, insofern werden sie, und das Leben bleibt ihnen nicht unverändert; sofern aber ihr ständiger Tauschwechsel nimmer aufhört, insofern sind sie stets unerschütterte Wesen während des Kreislaufes. (...) Jene Elemente und Kräfte nämlich sind alle gleichstark und gleichalt von Abstammung, doch jedes von ihnen hat ein verschiedenes Amt, jedes seine besondere Art, und abwechselnd gewinnen sie die Oberhand im Umlauf der Zeit.
5. Und im Groll regt sich alles verschiedengestaltet und zwiespältig, doch es eint sich in Liebe und sehnt sich zueinander.
6. Wie wenn Maler Weihetafeln bunt verfertigen, Männer, die sich auf Kunst infolge ihrer Begabung wohl verstehen, und nachdem sie nun vielfarbige Gifte mit ihren Händen ergriffen und harmonisch gemischt haben, das eine mehr, das andere weniger, bereiten sie daraus Gestalten, die allem möglichen gleichen, indem sie Bäume schaffen und Männer sowie Frauen und Tiere und Vögel und wassergenährte Fische, und auch Götter, langlebige, an Ehren reichste: so soll dir nicht Trug den Sinn bezwingen, anderswoher (als aus den Elementen) stamme die Quelle aller sterblichen Dinge, soviele – unzählige – offenbar geworden sind. Nein, dies wisse genau, da du von der Gottheit [*der Muse des Empedokles*] die Rede vernahmst.
7. Und nichts vom All ist leer noch übervoll.

8. Aber er, von allen Seiten sich selber gleich und überall endlos, Sphairos [*das kugelgestaltige All*], der kugelförmige, über die ringsum herrschende Einsamkeit von frohem Stolz erfüllt.
9. Wohlan, so will ich Dir verkünden (die ersten und gleichursprünglichen Elemente?), aus denen offenbar wurde, was wir jetzt betrachten, alles: die Erde sowohl wie das Meer, das wogenreiche, und die feuchte Luft und der Titan Äther, der umschnürt rings den Kreis in seiner Gesamtheit.
10. Der Mond deckte ihr (der Sonne) die Strahlen ab, während sie darüber hinging, und verdunkelte von der Erde so viel, als die Breite des glanzäugigen Mondes betrug.
11. Ein kreisrundes, fremdes Licht dreht sich um die Erde. [*Der die Erde umkreisende Mond hat kein eigenes Licht.*]
12. Nacht aber die Erde schafft, indem sie sich den Sonnenstrahlen von unten entgegenstellt.
13. Iris [*der Regenbogen*] aber bringt aus dem Meere Wind oder großen Regenguß.
14. Viele Feuer aber brennen unter dem Boden. [*Vulkanismus*]
15. Der Erde Schweiß, das Meer.
16. Da (heißt es) wuchsen viele Geschöpfe hervor mit doppeltem Gesicht und doppelter Brust, Kuhsprößlinge mit Menschenvorderteil, andere wieder tauchten umgekehrt auf als Menschengeschöpfe mit Ochsenköpfen, Mischwesen, hier von Männern, dort nach Frauen Art mit beschatteten Schamgliedern versehen.
17. Denn bei wärmerem Stoff ist der Leib (?) Erzeuger von Männlichem, und schwärzer sind deshalb und von kräftigeren Gliedern die Männer und haariger.
18. Dasselbe sind Haare und Blätter und der Vögel dichte Federn und Schuppen, die auf den kräftigen Gliedern entstehen.
19. So Süßes nach Süßem griff, Bitteres auf Bitteres losstürmte, Saures auf Saures stieg und Heißes ritt auf Heißem.
20. Wasser fügt sich dem Weine mehr ein, aber mit Öl will es sich nicht verbinden.
21. Also aber atmet alles ein und aus: Allen sind blutarme Fleischröhren über die Oberfläche des Körpers hin gespannt, und an ihren Mündungen ist mit vielen Ritzen durchweg durchbohrt der Haut äußerste Oberfläche, so daß zwar das Blut drinnen geborgen bleibt, der Luft aber freier Zutritt durch die Öffnungen gebahnt ist. Wenn von hier nun dann wegstürzt das dünne Blut, so stürmt die Luft brausend nach in rasendem Schwalle, wenn es dagegen zurückspringt, so weht die Luft wieder heraus, wie wenn ein Mädchen mit einer Klepsydra (einem Wasserheber) spielt aus glänzendem Erze: Solange es des Halses Mündung gegen die wohlgeformte Hand gedrückt hält und so die Klepsydra in den weichen Bau des silbernen Wassers eintaucht, tritt kein Naß in das Gefäß ein, sondern dies hindert der Luft Gewicht, die von innen stürzt auf die dichtgefügten Löcher (des Siebes), bis das Mädchen durch Abdecken befreit den verdichteten Luftstrom; aber dann, da die Luft eine Lücke läßt, tritt ein das entsprechende Maß Wasser. Ebenso aber, wenn Wasser füllend bedeckt den Bauch des Erzgefäßes, während der Hals und auch die Mündung verstopft ist

durch die menschliche Haut, die Luft aber, die (von) außen nach innen strebt, hält das Naß zurück, da sie an den Toren des gurgelnden Siebes die Oberfläche beherrscht, bis das Mädchen die Klepsydra mit der Hand freigibt; dann läuft, umgekehrt wie früher, während die Luft von oben einstürzt, unten das entsprechende Maß Wasser aus. Ebenso aber das zarte Blut, das durch die Glieder rauscht: wenn es rückwärts gewandt wegstürzt nach dem Innern, so geht sofort der Luftstrom hinab in wogendem Schwalle, wenn es dagegen zurückspringt, so geht beim Ausatmen ein gleicher Luftstrom wieder zurück. [*Empedokles vergleicht die Bewegung des Blutes und der Luft in den Gefäßen, die sich durch Poren auf der Haut öffnen, mit der Bewegung der Luft und des Wassers in einer Klepsydra, die ein kleines Mädchen in Wasser taucht und wieder heraushebt, wobei es die obere Öffnung abwechselnd schließt und öffnet: Wenn es die obere Öffnung mit dem Finger verschließt und das Gefäß senkrecht ins Wasser taucht, kann sich dieses trotz der Öffnungen am Boden nicht mit Wasser füllen, da die Luft, die es ausfüllt, nicht entweichen kann. Nimmt das Mädchen den Finger von der oberen Öffnung, entweicht die Luft und Wasser dringt in das Gefäß ein. Verschließt das Mädchen nun die obere Öffnung wieder und hebt die mit Wasser gefüllte Klepsydra aus dem Becken, in das sie eingetaucht war, kann sie sich trotz der unteren Öffnungen nicht entleeren; erst wenn das Mädchen den Finger von der oberen Öffnung nimmt, kann das Wasser durch die unteren Öffnungen auslaufen und die Luft durch die obere Öffnung eindringen.*]

22. Denn durch Erde schauen wir die Erde, durch Wasser das Wasser, durch Äther den göttlichen Äther, aber durch Feuer das vernichtende Feuer; die Liebe ferner durch unsere Liebe und den Haß durch unseren traurigen Haß. [*Wahrnehmung von Gleichem durch Gleiches*]
23. Denn sie (die Gottheit, im besonderen Apollon) ist auch nicht mit menschähnlichem Haupte an den Gliedern versehen, nicht schwingen sich fürwahr vom Rücken zwei Zweige, nicht Füße, nicht schnelle Kniee, nicht behaarte Schamglieder, sondern ein Geist, ein heiliger und übermenschlicher, regt sich da allein, der mit schnellen Gedanken den ganzen Weltenbau durchstürmt. [*Vergleiche Xenophan*]

Auf die inhaltliche Verwandtschaft zwischen Empedokles und Anaxagoras haben wir schon verschiedentlich hingewiesen. Hier fallen vor allem die unterschiedlichen Formen auf, in denen ihre Gedanken zum Ausdruck kommen. Während sich Anaxagoras wie die Milesier (vor allem Anaximenes) relativ einfach und direkt ausdrückt, bedient sich Empedokles der Gedichtform mit einem gewundenen und oft dunklen Stil. Während Anaxagoras ein Denker »klassischen« Stils ist und eine Schule gründet, gibt sich Empedokles eher als Magier, Sektenoberhaupt, exaltierter Mystiker, der durch den Glauben an die Seelenwanderung und die oben zitierten Verbote stark an Pythagoras erinnert. So verkörpert jeder eine Seite der griechischen Welt: Anaxagoras durch die Betonung der Sinnenwelt und des Natürlichen die der ionischen Küste einerseits und Empedokles durch die

Betonung des rein Gedanklichen und des Mystischen die Siziliens und Unteritaliens andererseits – nur Heraklit kann hier nicht eingeordnet werden.

Doch bevor wir uns Empedokles' Thesen zuwenden, sei noch einmal daran erinnert, daß er wie Anaxagoras als erster die Körperhaftigkeit der Luft bewiesen haben soll. Seine Methode findet sich in Fragment 21 von Kasten 159, wo er sie als Bild benutzt, um seine Vorstellung vom »Blutkreislauf« und der Beziehung zwischen diesem und der Atmung zu erläutern. Sie ist sehr einfach und bedarf keiner weiteren Erklärung. Im allgemeinen sind Experimente in der antiken Wissenschaft äußerst selten – der Begriff der experimentellen Methode existierte noch nicht; das Experiment des Empedokles bildet zusammen mit den aufgepumpten Lederschläuchen des Anaxagoras eine Ausnahme.

Physik und Kosmologie

Auch in der Physik des Empedokles finden sich keine weiteren Experimente, und möglicherweise soll auch der Hinweis auf die Klepsydra nur ein Bild sein, hinter dem letztlich womöglich gar kein Experiment steht. Jedenfalls gehören seine Theorien durchweg eher ins Reich der Spekulation als in das der experimentellen Wissenschaft. Das Hauptanliegen seiner Physik ist das gleiche wie bei Anaxagoras: der Versuch, die Kritik der Eleaten und die tägliche Erfahrung des Entstehens und Vergehens miteinander auszusöhnen. Auch seine Lösung erinnert an Anaxagoras: durch Annahme der Teilbarkeit das Werden *im* Seienden – und nicht *des* Seienden – durch Zusammensetzung und Scheidung von Elementen, aus denen die Welt erbaut ist, zu erklären. Dies bedingt die Annahme einer Verschiedenheit in der Natur dieser Elemente.

Empedokles sagt wie Anaxagoras klar und deutlich (Fragment 3, Kasten 159 zum Beispiel): Es gibt weder Entstehen noch Vergehen, sondern lediglich eine Veränderung in der Zusammensetzung der Dinge. Aber während Anaxagoras eine sehr große (um nicht zu sagen unendliche) Zahl verschiedener Elemente annimmt, beschränkt sich Empedokles auf vier Wurzeln: Feuer, Luft, Wasser und Erde. Der Ursprung dieser vier Wurzeln ist nicht schwer zu erraten – jede hat schon dem einen oder anderen früheren Philosophen als Weltengrund gedient: Wasser dem Thales, Luft dem Anaximenes, Feuer sowohl Heraklit als auch den Pythagoreern und die Erde Xenophan. Bei Empedokles ist jedes dieser Elemente oder »Wurzeln« wie bei den Eleaten ewig und unveränderlich und außerdem mit einem Gott (Zeus, Hera, Aidoneus, Nestis) assoziiert. Alle sind einander gleich an Quantität und Größe. Dennoch hat man den Eindruck, daß Empedokles gelegentlich dem Feuer den Vorrang gibt – so behandelt er beispielweise nach zwei in Kasten 158 nicht zitierten doxographischen Fragmenten den Schlaf als Abkühlung und den Tod als Ausscheidung des feurigen Elements – und es den anderen drei Wurzeln gegenüberstellt. Dadurch führt er eine Art Dualismus ein, bei welchem dem Feuer die Rolle der treibenden Kraft und der belebenden Seele zufällt, da sich beim Tod das Feuer von den drei anderen Elementen des Körpers trennt; dies erinnert wiederum an die pythagoreischen Vorstellungen und Heraklit (beziehungsweise Parmenides). Unklar ist, ob Empedokles diese vier Wurzeln als verschiedene Stoffe oder aber als verschiedene Qualitäten einstuft; der Begriff der von Qualitäten unterschiedenen Materie scheint noch nicht ausgearbeitet gewesen zu sein. Es handelt sich jedoch um eine Physik der Qualitäten und die Wurzeln wurden ohne jeden Zweifel als verstofflichte Qualitäten aufgefaßt. Diese unscharfe Definition wird bei der Frage, wie sich die vier Wurzeln mischen, damit die verschiedenen Stoffe entstehen, einige Schwierigkeiten aufwerfen.

In der Tat setzen sich die Dinge aus veränderlichen Anteilen dieser vier Wurzeln zusammen, und die Veränderung dieser Anteile erklärt das Werden. Um die Mischungen und ihre Entstehung zu erläutern, führt Empedokles zwei Prinzipien ein: die Liebe und den Streit. Wie diese Prinzipien »funktionieren«, ist nicht einfach zu verstehen. Allem Anschein nach jedoch bewirkt die Liebe eine Anziehung des Ungleichen durch das Ungleiche – die Anziehung einer Wurzel durch eine andere –, während der Streit umgekehrt verfährt, nämlich eine Abstoßung des Ungleichartigen durch das Ungleichartige zur Folge hat; dies bedeutet im Endergebnis, wenn schon nicht im Prozeß, die Anziehung des Gleichen durch das Gleiche. Andererseits stellt Empedokles Liebe und Streit in eine Reihe mit den vier Wurzeln (Fragment 3, Kasten 158). Die Natur von Liebe und Streit bleibt also doppeldeutig: Sind es Kräfte oder Elemente wie das Feuer, die Luft, das Wasser und die Erde?

Weitere Schwierigkeiten wirft die Frage auf, wie sich die vier Wurzeln vermischen. Einerseits kann man diese Mischung, wenn man die Wurzeln lediglich als Qualitäten betrachtet, als rein qualitativ auffassen. Der Vergleich mit dem Maler, der seine Farben mischt, in Fragment 6 (Kasten 159) legt eine rein qualitative Deutung nahe: Wie durch die Mischung der Grundfarben andere Farben entstehen, so würden sich durch die Mischung der vier Wurzeln neue Qualitäten ergeben; der Vergleich berücksichtigt allerdings lediglich den visuellen qualitativen Aspekt und klammert die physikalische Erklärung der Teilchennatur der vermischten Farben aus. Andererseits deuten die Doxographie und gewisse Fragmente an, daß die Wurzeln selber aus Teilchen und Poren bestehen. Zum Beispiel heißt es in Fragment 3 der Doxographie: »Empedokles behauptete, daß es von den vier Elementen kleinste Splitter (dieser) gäbe, gleichsam als Urelemente vor den Elementen aus gleichen Teilen.« Dieses Zeugnis von Aetius kann in Zweifel gezogen werden, doch Theophrast, ein vertrauenswürdigerer Autor, äußert sich in einem ganz ähnlichen Sinn (Fragment 7 der Doxographie), ebenso einige Fragmente von Empedokles selbst. Damit scheint folgende auf Teilchen und Poren gestützte Rekonstruktion nicht ganz unwahrscheinlich zu sein.

Empedokles zufolge fließen die Elemente eins durchs andere. Das aber legt nahe, daß diese Elemente aus Teilchen bestehen, und daß es zwischen diesen Teilchen Poren gibt, die im übrigen häufiger erwähnt werden als die Teilchen selbst und auch in Empedokles' Biologie eine große Rolle spielen. Bekanntlich greift Platon im *Timaios* die vier Wurzeln des Empedokles, Feuer, Luft, Wasser und Erde, auf und weist ihnen nicht nur explizit eine Teilchennatur zu, sondern präzisiert sogar ihre verschiedenen Formen: Tetraeder, Oktaeder, Ikosaeder, Würfel; Feuer, Luft und Wasser können sich dabei durch Neukombination der Dreicke, aus denen sich ihre Teilchen zusammensetzen, ineinander umwandeln, nicht aber die Erde, da ihre Teilchen Kuben bilden. Empedokles dagegen läßt nicht nur die Form der Teilchen offen – vorausgesetzt, er hätte diese Teilchennatur eingeräumt-, sondern erklärt die Wurzeln für ewig und für unfähig, sich ineinander umzuwandeln. Was die Form der Teilchen angeht, scheint er immerhin einzuräumen, daß die Feuerteilchen feiner sind als die von Luft oder Wasser – Platon hat für sie die Form des Tetraeders als die spitzeste und schärfste gewählt.

Mischung und Trennung der vier Wurzeln hängt jeweils von der Größe der Poren und Teilchen ab. So fließt ein Element, dessen Teilchen sehr fein sind, leicht durch ein Element mit großen Poren, doch diese Poren werden es nicht zurückhalten, und so findet keine Mischung statt. Sind dagegen die Teilchen zu groß für die Poren des anderen Elements, werden sie nicht eindringen, und die Mischung findet ebenfalls nicht statt. Damit es überhaupt zu einer Mischung kommen kann, müssen also Poren und Teilchen größenmäßig aufeinander abgestimmt sein, was gerade in ein und demselben Element der Fall ist. Bei ähnlichen Körpern passen die Teilchen in die Poren (die in einem Element etwa die gleiche Größe haben wie die Teilchen), so daß sie sich leicht mischen. Dies entspricht wieder dem Prinzip der Anziehung des Gleichen durch das Gleiche (so beispielsweise in den Fragmenten 19 und 20 in Kasten 159, die diese Affinität des Gleichen für das Gleiche sowie die Mischbarkeit illustrieren).

Eine solche Konzeption wirft allerdings einige Probleme auf. Vor allem widerspricht die Anziehung des Gleichen durch das Gleiche (auf die wir auch bei der Theorie der Wahrnehmungsfähigkeit wieder stoßen werden) dem Prinzip der Liebe, die eine Anziehung des Ungleichartigen durch das Ungleichartige bewirkt. Dafür aber läßt sie sich vom Ergebnis, wenn schon nicht vom Prinzip her, mit der Wirkung des Streites vergleichen – eine Doppeldeutigkeit, die die Theorie außerordentlich kompliziert. Andererseits scheint nicht festzustehen, ob die Wurzeln wirklich aus Teilchen (Homöomerien) bestehen. Fragment 20 (Kasten 159) äußert sich dazu nicht eindeutig; man hat eher den Eindruck, daß hier von Wasser-, Wein- und Ölteilchen die Rede ist, was auf eine Vielzahl hinausliefe, ähnlich wie bei Anaxagoras. Außerdem schweigt sich Empedokles über den Inhalt der Poren aus – leerer Raum kann es nicht sein, da er dessen Existenz bestreitet (zum Beispiel in Fragment 7, Kasten 159). Gefüllt aber dürfen sie auch nicht sein, da sie sonst nicht mehr zu gebrauchen wären – es sei denn, sie wären als Spalten in der Materie zu verstehen, die sich nur öffneten, um andere Teilchen eindringen zu lassen. Wenn man annehmen darf, daß Anaxagoras, falls er sein Werk erst gegen Ende seines Lebens veröffentlichte, mit der Abgrenzung des unendlich Kleinen gegen die Null auf Zenon antwortete, könnte er mit der Frage, was die Teilchen trenne, wenn man das Seiende als geteilt betrachte, sehr wohl Empedokles kritisiert haben.

Falls es Empedokles also (möglicherweise vor Anaxagoras) darum ging, die Möglichkeit des Werdens *im* Seienden durch die Mischung von ewigen und unveränderlichen Elementen zu erklären, um die gängige Erfahrung mit der Kritik des Parmenides auszusöhnen, erscheint uns dieser Versuch nicht völlig überzeugend. Zumindest in den Augen eines Europäers des 20. Jahrhunderts fehlt es ihm, wie schon der von Anaxagoras vorgeschlagenen Lösung, an Kohärenz. Bestehen aber bleibt gleichwohl, daß die Grundgedanken dieser Theorie, vor allem die These von den vier Wurzeln und ihrer Mischung, durch die Vermittlung von Platon, Aristoteles und der Alchimie bis in die Neuzeit die Grundlagen der Chemie bildeten und über die Säftetheorie einen fast ebenso dauerhaften Einfluß auf die Medizin ausübten (siehe dazu das folgende Kapitel).

Die Prinzipien dieser Physik finden sich auch in der Kosmologie des Empedokles wieder. Zunächst sei festgehalten, daß er die Entstehung der Welt aus dem Nichts und ihre Vernichtung ebenso ablehnt wie die Eleaten; die vier Wurzeln sind ewig und unerschaffen. Die Welt hat also weder Anfang noch Ende. Außerdem hat sie, wie die des Parmenides, Kugelgestalt (*Sphairos*). Im Gegensatz zu den Eleaten aber geht Empedokles vom Werden aus, das er als Zyklus, bestehend aus vier Abschnitten, darstellt. Im ersten Abschnitt ist die Liebe allmächtig, im zweiten verliert sie zugunsten des Streites an Boden, im dritten herrscht der Streit, der im vierten zugunsten der Liebe zurückgeht. So vollendet sich der Kreislauf durch die Rückkehr in den ersten Abschnitt, in dem die Liebe dominiert, und ein neuer Zyklus beginnt.

Unter der Herrschaft der Liebe sind die Elemente auf homogene Weise gemischt, denn die Liebe verhindert die Anziehung des Gleichen durch das Gleiche. Die Dinge sind also undifferenziert in einem Urbrei, der an die Urmasse, den Ursprung aller Dinge, bei Anaxagoras (oder auch Anaximander) erinnert.

In der zweiten Periode bringt der Streit Heterogenität, was nur durch die Anziehung des Gleichen durch das Gleiche möglich ist, ausgehend von der homogenen Masse; so können nun differenzierte Dinge in Erscheinung treten.

Im dritten Stadium hat der Streit alle Elemente getrennt und in vier konzentrische Sphären geschieden: Im Zentrum befindet sich die Sphäre der Erde, dann folgen die Wasser-, Luft- und schließlich die Feuersphäre; die Homogenität jeder Sphäre geht nicht nur auf den Triumph des Streits zurück, sondern auch auf die Anziehung des Gleichen durch das Gleiche. Wie man sieht, schreitet diese konzentrische Anordnung, wie bei Anaxagoras und Anaximander, vom Dichtesten (der Erde im Zentrum) zum Leichtesten (dem Feuer am Rande) fort. Dies kommt einer Astronomie nahe, die die Erde (mit dem Wasser der Meere) in den Mittelpunkt der Welt rückt, wobei die Erde von einer Luftsphäre eingehüllt und schließlich durch die Sphäre des himmlischen Feuers der Gestirne umschlossen wird. Wenn der Streit so vollkommen dominiert und die Heterogenität total ist – die vier Wurzeln sind vollständig getrennt –, sind auch alle differenzierten Dinge verschwunden.

In der vierten Phase schließlich zerstört die zunehmende Liebe die totale Heterogenität, vermischt die Wurzeln wieder und schafft das symmetrische Pendant zur zweiten Phase: Differenzierte Dinge werden wieder möglich.

Gegenwärtig können wir uns also nur in der zweiten oder der vierten Phase befinden. Empedokles scheint eher der zweiten zuzuneigen, der des zunehmenden Streits, auch wenn manche biologischen Vorstellungen eher in die vierte, die der zunehmenden Liebe, passen würden.

Da die Wurzeln in konstanter Quantität vorhanden sind, ewig, ungeworden und unzerstörbar, und da es in der Welt keinen leeren Raum gibt und Liebe und Streit sowohl Wurzeln als auch Kräfte sind, kann man sich fragen, was aus der Liebe wird (oder wo sie ist), wenn der Streit allmächtig ist und umgekehrt. Allem Anschein nach ist der Streit in der ersten Phase an den Rand hinausgedrängt, während die Liebe im Verein mit den vier Wurzeln die ganze Sphäre der Welt einnimmt. Danach dringt der Streit ein und drängt die Liebe ins Zentrum der Weltsphäre zurück, bis er alles einnimmt; daraufhin kehrt sich die Bewegung um, die zusammengepreßte Liebe dehnt sich wieder aus und drängt den Streit an den Rand zurück.

Die Scheidung der Elemente in der zweiten Phase durch das Vordringen des Streits erfolgt laut Doxographie in dieser Reihenfolge: zuerst trennen sich Äther, dann Luft und Feuer und schließlich die Erde, aus der das Wasser (vielleicht durch die Drehbewegung) wie aus einem zusammengepreßten Schwamm hervorsprudelt. Nun kann man sich aber fragen, ob sich nicht vielleicht das Feuer als erstes trennt, so daß wir das Feuer am Rand und das Luft-Wasser-Erde-Gemisch (wie bei Anaximander) im Zentrum hätten, und ob Erde, Wasser und Luft dann nicht durch eine Art Druck auf das kalte Gemisch differenziert werden könnten; so könnte beispielsweise das Wasser – anstatt durch Verdichtung der Luft – durch Kompression der wassergetränkten Luft in Form von Regen durch die Poren aus ihr herausgepreßt werden. Diese Konzeption hätte den Vorteil, das Feuer den drei anderen Wurzeln gegenüberzustellen, was gut zu Empedokles' sonstigen Äußerungen passen würde. Was den Äther betrifft, der in der späteren griechischen Philosophie als Element des göttlichen (nicht des atmosphärischen) Himmels auftritt, so scheint er sich nicht gut in das übrige System einzufügen, es sei denn, man setzte ihn mit dem vom »gemeinen« Feuer unterschiedenen Feuer der Sterne gleich; allerdings scheint Empedokles den Äther manchmal mit der Luft zu verschmelzen.

Im Gegensatz zu Anaxagoras führt Empedokles keinen »Geist«, keinen weltordnenden Nus oder Logos, ein. Bei ihm ergibt sich diese Ordnung aus der Notwendigkeit, mit der sich die Wurzeln unter der Einwirkung von Liebe und Streit (und/oder der Anziehung des Gleichen) mischen. Diese Notwendigkeit ist offenbar zyklisch, was an das Prinzip des Großen Jahres bei Heraklit erinnert. Deswegen schon von einer »mechanistischen Vorstellung« zu sprechen, mag übertrieben sein; ein Ansatz zu einer solchen Konzeption aber ist im Vergleich zu Anaxagoras und seinem Nus zweifelsohne gegeben, was sich in der Biologie noch deutlicher zeigen wird. Abgesehen vom Wechsel von Liebe und Streit würden sich die Dinge nur aufgrund der »mechanischen« Mischung der Wurzeln nach den erwähnten Prinzipien und ohne die Kontrolle durch einen allmächtigen »Geist« differenzieren und entwickeln. Dementsprechend findet sich bei Empedokles auch keine Erkenntnistheorie (wie bei Anaxagoras oder Heraklit durch Teilhabe der menschlichen Seele am Nus oder Logos), sondern nur eine Theorie der Sinneswahrnehmung (das Gleiche durch das Gleiche), die laut Theophrast (Fragment 7, Kasten 158) auf unzulängliche Weise auf die Erkenntnis überhaupt ausgedehnt wurde.

Die Astronomie

Von Empedokles' Astronomie ist nicht viel erhalten geblieben und das wenige, das uns überliefert ist, ist reichlich heterogen. Den Himmel stellt sich Empedokles als festes Gewölbe aus kristallisierter Luft vor, an dem die Sterne festgemacht sind. Diese sind aus Feuer, der Mond dagegen besitzt als Scheibe aus »zusammengeballter« Luft kein eigenes Licht, was der Lehre von Anaxagoras entspricht.

Am bemerkenswertesten aber ist seine Vorstellung von der Sonne und vom Wechsel von Tag und Nacht, den er nicht mit der Sonne in Verbindung bringt – sie hat kein eigenes Licht. Vielmehr besteht der Himmel aus zwei Halbkugeln, einer hellen aus Feuer, dem Tag, und einer dunklen aus einem Luft-Feuer-Gemisch, der Nacht mit ihren Sternen, den hellen Feuern in der dunklen Luft. Durch die Bewegung des Himmels gelangt abwechselnd die eine oder die andere dieser Halbkugeln über uns, was den Wechsel von Tag und Nacht erklärt. Auf eine ähnliche Konzeption vom Licht als einer Art heller Dunst und von der Dunkelheit als einem dunklen Dunst sind wir schon gestoßen. Die Sonne selbst wird nur als Reflektor aufgefaßt, in dem sich das Feuer der hellen Halbkugel konzentriert. Abgesehen davon, daß sich diese Auffassung schlecht mit den übrigen Angaben der Doxographie über Empedokles' Astronomie verträgt (die Sterne sind aus Feuer), fällt auf, daß diese reflektierende Sonne die Rolle der Sonne bei Philolaos (Spiegelung des zentralen Feuers) vorwegzunehmen scheint. Vermutlich hat hier die wohl eher Anaxagoras zuzuschreibende These Pate gestanden, daß der Mond kein eigenes Licht besitzt. Dieses Merkmal könnte Empedokles übernommen und ausgeweitet haben, ohne zu fragen, wie es zu seinen übrigen astronomischen Annahmen paßt – sofern nicht die Doxographen für diese inkohärente Mischung verantwortlich zeichnen.

Die Biologie

Im Gegensatz zu seiner Astronomie hat die Biologie des Empedokles, genau wie seine Physik, bis zur Renaissance vornehmlich über die Medizin und die Säftetheorie einen großen Einfluß ausgeübt. Anders als die Astronomie ist diese Biologie recht gut auf die Physik der vier Wurzeln und die zugehörige Kosmologie abgestimmt. Sie unterscheidet sich kaum von ihr, da die Lebewesen nicht viel anders abgehandelt werden als die unbelebten Dinge, also gleichfalls eher mechanistisch.

Genau wie die leblosen Objekte bestehen die Lebewesen aus einer Mischung der vier durch die Liebe vereinten Wurzeln. Wachstum und Entfaltung sind, wie schon im Zusammenhang mit Anaxagoras dargelegt, über das bei der Ernährung wirksame Prinzip der Anziehung des Gleichen durch das Gleiche gewährleistet; bei Empedokles kommt noch das System Teilchen-Poren dazu.

Gesundheit definiert Empedokles in Anlehnung an Alkmaions These als Gleichgewicht zwischen den vier Wurzeln, die mehr oder weniger den beiden zweifellos auch schon für Alkmaions Medizin wichtigsten Gegensatzpaaren trocken/feucht und warm/kalt entsprechen, Krankheit demgemäß als Ungleichgewicht zwischen diesen vier Grundelementen. Eine besondere Bedeutung mißt Empedokles allerdings dem Feuer bei: Der Schlaf ist ein vorübergehendes, der Tod ein definitives Erkalten durch die Ausscheidung des im Körper enthaltenen feurigen Elements. Hätte man demnach in diesem Ausscheiden die Trennung eines Körpers von irdener Natur (oder richtiger, eines Körpers aus Erde, Wasser und Luft) und einer aus Feuer bestehenden Seele (die an Heraklit und an die Pythagoreer erinnert) zu sehen? Fiele dem Feuer als Gegenspieler zur passiven irdenen Materie wie im Gedicht des Parmenides im Weg der Meinung die aktive Rolle einer belebenden, gestaltenden Kraft zu? In diesen Zusammenhang wäre auch Fragment 17 (Kasten 159) einzubeziehen, in dem Empedokles die männlichen Embryonen im wärmsten Bereich des Mutterleibes entstehen läßt.

Während die geschlechtliche Fortpflanzung der Lebewesen von Empedokles ganz ähnlich wie von seinen Zeitgenossen kommentiert wird, erklärt er ihr Erscheinen auf der Erde mit einer ausgefallenen Theorie. Da die Macht des trennenden Streites noch nicht vollständig gebrochen war, erschienen die verschiedenen Teile der Tiere voneinander getrennt. Mit dem zunehmenden Erstarken der Liebe vereinigten sich diese Teile dann zu unterschiedlichen Körpern; aber diese Vereinigung erfolgte rein zufällig und willkürlich. Das Ergebnis waren Monster aus den verschiedensten Teilen der Tiere; erhalten aber blieben letztlich nur lebensfähige Wesen, die sich von nun an unter dem Einfluß der Liebe durch geschlechtliche Fortpflanzung vermehrten. Diese Theorie mit ihren darwinistischen Anklängen lieferte unter anderem auch eine Erklärung für die Ungeheuer, mit denen die Mythologie die Vergangenheit bevölkert hatte. Bemerkenswert daran aber ist vor allem ihr mechanistischer Charakter. Nirgends ist die Rede von einer Seele oder einem Prinzip, das die Lebewesen erklären könnte, sondern lediglich von einer zufälligen Vereinigung getrennter Teile. Bei der Auswahl der erhaltenswerten Wesen aus der Vielzahl dieser Gebilde dürfte wohl das Prinzip des für die Gesundheit notwendigen Gleichgewichts eine Rolle gespielt haben. Daneben gibt es aber auch noch eine etwas andere Interpretation, die die Differenzierung der Arten und der beiden Geschlechter dem Anwachsen des Streits zuschreibt, wobei die Pflanzen schon vor der Trennung in Geschlechter entstanden sein sollen; und der Streit soll außerdem erklären, warum die Lebewesen nicht mehr spontan gebären können, sondern sich geschlechtlich fortpflanzen müssen. Aber wie dem auch sei, die Theorie bleibt so oder so reichlich mechanistisch und ohne erkennbare Zielsetzung, was ihr die Kritik des Aristoteles eintrug.

Ehe wir uns den beiden anderen großen biologischen Theorien des Empedokles zuwenden, sollen noch einige interessante Einzelheiten erwähnt werden – beispielsweise, daß die Bäume ebenso Teil der Erde sind wie der Embryo Teil der Mutter ist, und auch auf dieselbe Weise ernährt werden. Das Abwerfen des Laubs wird durch den Wasserverlust im Sommer erklärt, wobei die immergrünen Bäume wasserreicher sind. Früchte sind der von den Pflanzen irgendwie ausgesonderte Überschuß an Wasser und Feuer; ihr unterschiedlicher Geschmack geht auf den Boden beziehungsweise ihren Standort zurück, wie beim Wein auf die verschiedenen Lagen. Gleichfalls interessant ist die Theorie von Fragment 18 (Kasten 159), die Haare, Federn und Schuppen (aber auch Blätter) gleichsetzt, sowie daß Empedokles als Sitz der wahrnehmenden und denkenden Seele nicht, wie Anaxagoras, das Gehirn, sondern das Blut annimmt.

Die Theorie der Sinneswahrnehmung des Empedokles – daß Gleiches durch Gleiches wahrgenommen wird – ist das genaue Gegenteil von der des Anaxagoras. Auf psychologischer Ebene befriedigt sie weniger als die des Anaxagoras, der zwischen wahrnehmendem Subjekt und wahrgenommenem Objekt unterschied; wie die gesamte Biologie des Empedokles ist sie reichlich mechanistisch: Die verschiedenen Dinge sondern »Ausflüsse« ab, nicht nur Gerüche, sondern auch visuelle (ein hier nicht aufgenommener doxographischer Text erklärt sogar, wie sie vom Spiegel zurückgeworfen werden); diese Ausflüsse werden von den Sinnesorganen aufgefangen. Damit sie auf diese einwirken können, müssen sich ihre Bestandteile, also die kleinen Teilchen der Ausflüsse, den »wahrnehmenden« Poren anpassen können, und so wird das Gleiche durch das Gleiche wahrgenommen – Poren und Teilchen zweier gleicher Körper sind, wie oben dargelegt, aufeinander abgestimmt. In Fragment 7 der Doxographie erklärt Theophrast die verschiedenen Sinne und schlägt eine Ausweitung auf den Erkenntnisprozeß vor.

Abschließend wollen wir noch eine letzte biologische These des Empedokles besprechen, die die Bewegung des Blutes mit der Atmung in Verbindung bringt. Wie schon bei Alkmaion und Diogenes von Apollonia erklärt, setzten die alten

Griechen Arterien und Atemwege gleich – fehlgeleitet durch die strukturelle Ähnlichkeit von Arterien und Atemwegen im Gegensatz zu den geschmeidigen Gefäßen der Venen, aber auch durch die falsch gedeutete Beobachtung, daß die Arterien bei Leichen mit Luft gefüllt sind. Auf der Grundlage dieser Konzeption baut Empedokles (Fragment 21, Kasten 159) seine Theorie auf, daß die Gefäße in Poren auf der Oberfläche des Körpers münden, die zwar die Luft, aber nicht das Blut passieren lassen (dazu sind sie zu fein). Er verknüpft dabei die Bewegung von Blut und Luft in diesen Gefäßen. Fließt das Blut von der Oberfläche ins Körperinnere zurück, wird durch die Poren Luft in die Gefäße gesaugt; strömt das Blut an die Körperoberfläche zurück, wird die Luft durch die Poren hinausgepreßt. Auf diese Weise koppelt er die Bewegung des Bluts mit der Atmung über die Poren der Haut. Möglicherweise hat sich Empedokles solche Poren auch auf der Lunge vorgestellt; immerhin soll er Sektionen vorgenommen haben, wobei er die Verbindung zwischen dem Gefäßsystem und der Lunge beobachtet und sie mit Hilfe seiner Porentheorie interpretiert haben könnte. Auch hier erklärt Empedokles einen physiologischen Prozeß, ausgeschmückt durch den Vergleich mit der in Wasser getauchten Klepsydra, durchaus mechanistisch. Diese Verknüpfung der Bewegung des Blutes mit der Bewegung der Luft findet sich wieder bei Hippokrates von Kos, der darin wohl von Empedokles beeinflußt war.

Zusammenfassung

Wie vielleicht schon vor ihm Anaxagoras hat auch Empedokles versucht, die Kritik der Eleaten und die alltägliche Erfahrung des Werdens miteinander auszusöhnen. Wie dieser hat er ein Werden *innerhalb* des Seienden durch die Kombination von Elementen angenommen, von denen jedes unveränderbar und ewig ist. Allerdings beschränkt er die Zahl dieser Elemente auf vier, indem er offenbar die von seinen Vorgängern einzeln oder paarweise benutzten wieder aufnimmt. Nun könnte eine solch begrenzte Anzahl nahelegen, je nach Gegenstand und seiner Entwicklung unterschiedliche Mischungsverhältnisse der vier Wurzeln anzunehmen – was bei Anaxagoras' unendlicher Anzahl von Qualitäten und der These, daß alles in allem ist, wesentlich schwieriger wäre. Doch dieser quantitative Aspekt scheint Empedokles, wiewohl in der Lehre der Pythagoreer vorgebildet (die sich ja bekanntlich stark für die Frage der Proportionen interessierten), nicht weiter beschäftigt zu haben. Der einzige einschlägige Hinweis findet sich bei Aetius: Das Fleisch ist zu gleichen Teilen aus den vier Wurzeln zusammengesetzt, die Nerven zu einem Teil aus Feuer und zu zwei Teilen aus Wasser und die Knochen zu zwei Teilen aus Wasser, zu zwei Teilen aus Erde und zu vier Teilen aus Feuer. Anaxagoras kommt mit seinem den undifferenzierten Urbrei ordnenden Nus der Frage der Proportionen weitaus näher. Dies hängt zweifellos damit zusammen, daß Anaxagoras im Ruf steht, sich mit Mathematik befaßt zu haben, auch wenn keine diesbezüglichen Arbeiten erhalten blieben, während Empedokles nichts von einem Mathematiker an sich hat, nicht einmal den Ruf.

Wie in der Physik des Anaxagoras fehlt auch bei Empedokles eine gewisse Kohärenz; und wenn die Physik des Empedokles im Gegensatz zu der des Anaxagoras trotzdem die Jahrhunderte überdauert hat, so doch nur in ihren Grundlinien. Wohl hatten beide die Notwendigkeit begriffen, die Grundelemente in größerer oder kleinerer Zahl – entgegen dem Monismus der Milesier – zu mischen und die Sinne aufgrund ihrer Unfähigkeit, die Zusammensetzung der Mischung zu erkennen, für »trügerisch« zu erklären, da sie lediglich das Ergebnis als allgemeinen Eindruck wahrnehmen. Aber keinem von beiden ist es gelungen, die Art und Weise, wie die Mischung der Elemente zustande kommt, wirklich befriedigend zu erklären. Haupthindernis für den einen wie den anderen war die Negierung der Leere. Anaxagoras, der eine unendliche Teilbarkeit vertrat, scheint keine Notwendigkeit gesehen zu haben, die verschiedenen Qualitäten zu trennen und in einer begrenzten Anzahl von Kategorien zu klassifizieren. Und Empedokles hat zwar die Qualitäten getrennt und daraus die vier Wurzeln gemacht, aber weder die Frage nach der (endlichen oder unendlichen) Teilbarkeit dieser Wurzeln eindeutig beantwortet noch ihre aus Teilchen und Poren bestehende Natur präzise formuliert. Deshalb erscheinen uns beide Thesen, beziehungsweise das, was davon überliefert wurde und was wir aus der Doxographie ergänzen können, nicht wirklich befriedigend. Uns trennen fast 25 Jahrhunderte von diesen Schriften, und ein Europäer des 20. Jahrhunderts denkt zweifelsohne anders als ein Grieche des 5. vorchristlichen Jahrhunderts, aber eine ähnliche Kritik taucht schon bei den Beinahe-Zeitgenossen von Anaxagoras und Empedokles –vornehmlich bei Aristoteles – auf. Ihre Kritik richtet sich genau gegen das, was uns wenig kohärent erscheint; also kann es wohl nicht nur an unseren Schwierigkeiten liegen, die Rechtfertigungen dieser Inkohärenzen zu verstehen.

Schließlich fällt neben dem recht gegensätzlichen Stil (hier traditioneller Physiologe, dort Magier und Wundertäter) noch ein gravierender Unterschied zwischen Anaxagoras und Empedokles auf: Anaxagoras entscheidet sich mit seinem Nus für eine heute als finalistisch einzuschätzende Konzeption, während der andere mit seinen Elementen, Wechselwirkungsprinzipien und der zyklisch funktionierenden kosmischen Maschine eine stark mechanistische Auffassung vertritt. Erstaunlich ist nur, daß sich ausgerechnet der Magier und Mystiker für das mechanistische Prinzip entscheidet, obwohl er doch durch die pythagoreische Schulung eine andere Orientierung (auf ein abstraktes, weltdurchwaltendes Prinzip) hätte erhalten haben müssen, während Anaxagoras durch den milesischen Einfluß eigentlich zum Anhänger einer mechanistischen Auffassung hätte werden müssen – was aber vielleicht Heraklit und sein Logos verhindert haben.

Beiden Wegen – dem Finalismus und dem Mechanismus – war in der Antike ein ungleiches Schicksal bestimmt. Während sich die hier so benannte »finalistische« Richtung mit Platon und Aristoteles weiterentwickelte und über Jahrhunderte hinweg die gesamte Philosophie und Wissenschaft beherrschte, fand die mechanistische Auffassung in der Antike nur wenige Anhänger, darunter vor allem die Atomisten.

Leukippos und Demokrit von Abdera

Leukippos und sein Schüler Demokrit, die Begründer der atomistischen Schule, sind zugleich auch ihre wichtigsten Vertreter. Über Leukippos ist uns fast nichts bekannt. Falls er überhaupt existierte, was wahrscheinlich ist, wurde er um 490 in Milet geboren. Um 450 soll er die Stadt verlassen und in Abdera (am Ägäischen Meer im Norden Griechenlands) eine Schule eröffnet haben. Möglicherweise aber kam er auch aus Unteritalien, da er ein Parmenides-Schüler gewesen sein soll, oder sogar aus Abdera selbst. Da wir so schlecht über ihn informiert sind und auch nicht wissen, welcher Teil der Lehre auf ihn zurückgeht und welcher auf Demokrit, werden wir uns bei der Darlegung des Atomismus um die Frage des Verfassers im einzelnen nicht weiter kümmern. Wenn Demokrit trotzdem als der wichtigere erscheint, so lediglich, weil seine historische Existenz besser belegt ist.

Demokrit wurde um 460 in Abdera geboren und starb hochbetagt um 360. Er war also ein Zeitgenosse des Sokrates (den er überlebte) und des Arztes Hippokrates von Kos, den er persönlich kannte. Er war ein Schüler des Leukippos und unternahm Reisen nach Ägypten, Chaldäa und vielleicht sogar nach Indien, wo er »Gymnosophisten« (»nackte Weise«, das heißt Fakire) getroffen haben soll. Er soll ein enzyklopädisches Wissen besessen haben, aber materiell in großen Schwierigkeiten gelebt haben – er war verarmt und wurde von seinem Bruder unterhalten. Von seinem äußerst vielschichtigen Werk sind verschiedene, meist moralische Fragmente erhalten, aber nur relativ wenige über die eigentliche atomistische Theorie, so daß wir bei ihrer Rekonstruktion vor allem auf die Doxographie angewiesen sind. Auch über die anderen »wissenschaftlichen« Vorstellungen Demokrits (Astronomie, Biologie, Mathematik) liegen nur wenige Fragmente vor, und die Aussagen der Doxographie sind ebenso vage wie zur atomistischen Theorie. Unter Demokrits Schülern sind vor allem Protagoras, der Sophist, und Nausiphanos zu nennen, der Lehrer Epikurs, des berühmtesten antiken Atomisten.

Kasten 160 und 161 enthalten ausgewählte Fragmente von Leukippos und Demokrit sowie eine Auswahl aus der einschlägigen Doxographie.

160. AUSGEWÄHLTE FRAGMENTE VON LEUKIPPOS UND DEMOKRIT

(Nach Dumont 1988, Diels 1959)

Leukippos

1. Kein Ding entsteht planlos, sondern alles aus Sinn und unter Notwendigkeit.

Demokrit

[*Zwar sind von Demokrit wesentlich mehr Fragmente erhalten als von Leukippos, aber die meisten beschäftigen sich mit moralischen Betrachtungen, die in gewisser Hinsicht bereits Epikur vorwegnehmen. Wir beschränken uns im folgenden auf einige »wissenschaftliche« oder »erkenntnistheorische« Fragmente.*]

1. Der gebräuchlichen Redeweise nach gibt es Farbe, Süßes, Bitteres, in Wahrheit aber nur Atome und Leeres.
2. Wir aber erfassen in Wahrheit nichts Untrügliches, sondern nur was wechselt entsprechend der Verfassung unseres Körpers und der ihm zuströmenden oder entgegenwirkenden Atome.
3. Von der Erkenntnis aber gibt es zwei Formen, die echte und die dunkle (unechte); und zur dunklen gehören folgende allesamt: Gesicht, Gehör, Geruch, Geschmack, Getast, die andere aber ist die echte, von jener abgesondert. Wenn die dunkle nicht mehr ins Kleinere sehen oder hören oder riechen oder schmecken oder in der Berührung wahrnehmen kann, sondern (die Untersuchung) ins Feinere (geführt werden muß, dann tritt an ihre Stelle die echte, die ein feineres Erkenntnisorgan besitzt).
4. Denn alles, was sich der Sicht der Augen entzieht, geht auf die geistige Schau zurück.
5. Armer Verstand, von uns (den Sinnen) nahmst du die Beweisstücke und willst uns damit niederwerfen? Ein Fall wird dir der Niederwurf.
6. Wenn ein Kegel unmittelbar an der Grundfläche mittels einer Ebene geschnitten wird, wie soll man sich die entstehenden Schnittflächen denken [*das heißt die Fläche, die den oberen Teil des unteren Kegelstumpfes begrenzt und die Fläche, die die Basis des oberen Kegels bildet, siehe Figur*], gleich oder ungleich (kongruent oder inkongruent)? Sind sie ungleich, dann werden sie den Kegel ungleichmäßig machen, da er viele stufenartige Einschnitte und Vorsprünge erhält [*»Treppen«*]; sind sie dagegen gleich, so werden auch die Schnitte gleich sein und der Kegel wird die Erscheinung des Zylinders darbieten, da er aus gleichen, nicht aus ungleichen Kreisen bestehen wird, was doch sehr ungereimt ist. [*Hier schneidet Demokrit das Problem des unendlich Kleinen und der Infinitesimalrechnung an; überdies schreibt ihm Archimedes, was in diesem Zusammenhang ebenfalls erwähnenswert scheint, die Entdeckung zu, daß das Kegel- und Pyramidenvolumen gleich 1/3 des Volumens eines Zylinders bzw. eines Prismas ist, mit der gleichen*

Basis und der gleichen Höhe – was bereits die Ägypter und vielleicht auch schon die Mesopotamier wußten.]

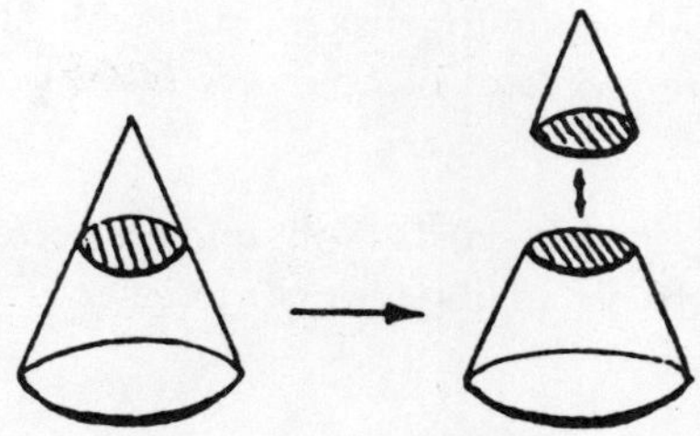

161. AUSGEWÄHLTE DOXOGRAPHIE ZU LEUKIPPOS UND DEMOKRIT

(Nach Dumont 1988, Capelle 1953)

1. Leukippos stammte aus Elea, nach andern aus Abdera, nach einigen aus Milet; er hörte den Zenon. Seine Lehre ging dahin: Die Gesamtheit der Dinge sei unendlich und alles verändere sich durch Übergang ineinander, das All sei leer und voll (von Körpern) [*den Atomen*]. Die Welten bilden sich dadurch, daß die Körper in den leeren Raum hineinsinken und sich miteinander verflechten. Bei sich steigernder Anhäufung der Körper entsteht aus ihrer Bewegung die Sternenwelt (...). Er hat zuerst Atome als das Ursprüngliche hingestellt. (...) Das Ganze nennt er unendlich (...). Dieses ist teils voll, teils leer, mit welchen Ausdrücken er die Elemente bezeichnet. Daraus entstehen unzählige Welten und lösen sich auch wieder in die Elemente auf. Die Welten aber entstehen auf folgende Weise: Nach Maßgabe der Ablösung von dem Unendlichen bewegen sich zahlreiche Körper von mannigfachster Gestaltung in den großen leeren Raum hinein, die zusammengeballt einen einzigen großen Wirbel ausmachen, durch den sie, gegeneinander stoßend und mannigfach im Kreise sich umschwingend, in der Weise gesondert werden, daß sich das Gleiche zum Gleichen gesellt. Wenn sie nun nach hergestelltem Gleichgewicht sich wegen der Menge nicht mehr im Kreise umschwingen können, entweichen die feineren (leichteren) in der Richtung nach dem äußeren Leeren als wären sie durchgesiebt, die übrigen bleiben beisammen, halten, sich miteinander verflechtend, die gleiche Bahn ein und bilden so die erste kugelförmige Massengestaltung. Diese sondert von sich gleichsam eine Haut aus, die in sich Körper mannigfacher Art einschließt; wenn diese vermöge des Gegendruckes der Mitte in Umschwung gesetzt werden, verdünnt sich die umhüllende Haut, indem immer die weiter sich anschließenden Teile gemäß der Berührung mit dem Wirbel zusammenfließen. Und so ist die Erde entstanden, indem die nach der Mitte geführten Teile beisammen blieben. Die hautartige Umhüllung selbst hinwiederum ver-

stärkt sich durch den Hinzutritt der ausgesonderten Körper. (...) Von diesen verflechten sich einige untereinander und bilden ein zusammengehöriges Ganzes, das, anfangs feucht und lehmartig, allmählich abtrocknend und durch die Drehung des Ganzen in Umschwung gehalten, sich schließlich entzündet und die Sternenwelt bildet. (*Diogenes Laertios, Leben und Meinungen berühmter Philosophen, IX, 30–32*)

2. Leucippus (nimmt als Prinzipien) das Volle und das Leere (an); Demokritus, der sich ihm hierin anschließt, ist im übrigen gehaltreicher. (*Cicero, Akademische Untersuchungen, II, XXXVII, 118*)

3. Demokrit, der Sohn des Hegesistratos, nach andern des Athenokritos, nach noch anderen des Damasippos, stammte aus Abdera oder, wie einige behaupten, aus Milet. Er genoß Unterricht bei einigen Magiern und Chaldäern, die der König Xerxes seinem Vater als Lehrer zurückgelassen hatte, nachdem er sein Gast gewesen war, wie auch bei Herodot zu lesen. Von ihnen wurde er, noch ein Knabe, mit theologischen und astronomischen Lehren bekannt gemacht. Weiterhin aber trat er mit Leukippos in nähere Verbindung und mit Anaxagoras, wie einige berichten, der ihm um vierzig Jahre im Alter voraus war. (...) Es berichtet Demetrios in den Homonymen und Antisthenes in den Philosophenfolgen, er sei auch nach Ägypten gereist, um von den Priestern sich in der Geometrie unterweisen zu lassen, und zu den Chaldäern nach Persien und ans Rote Meer. Auch mit den Gymnosophisten in Indien soll er Umgang gehabt haben und auch nach Äthiopien gekommen sein. (...) Seine Lehre aber faßt sich in folgende Sätze zusammen: Urgründe des Alls sind die Atome und das Leere, alles andere ist nur schwankende Meinung. Es gibt unendlich viele Welten, entstanden und vergänglich. Nichts wird aus dem Nicht-Seienden und nichts vergeht in das Nicht-Seiende. Auch die Atome sind unendlich an Größe und Menge; sie bewegen sich im All wirbelartig und erzeugen so alle Zusammensetzungen, Feuer, Wasser, Luft, Erde, denn auch diese sind Verbindungen bestimmter Atome. Die Atome aber sind frei von Leiden (Beeinflussungen) und unveränderlich infolge ihrer Starrheit. Sonne und Mond haben sich aus solchen glatten und runden Atomenhaufen gebildet und die Seele gleicherweise; sie und die Vernunft sind eins. Unser Sehen ist eine Folge des Eindringens von Bildern. Alles geschieht gemäß der Notwendigkeit, denn die Wirbelbewegung ist die Ursache von allem Geschehen und diese heißt eben Notwendigkeit. (*Diogenes Laertios, Leben und Meinungen berühmter Philosophen, IX, 34 und 44–45*)

4. Demokrit meint, daß das Wesen der ewigen (Körper) unzählige kleine Substanzen seien. Für diese nimmt er einen anderen Raum an [*Trennung von Raum und Materie, das heißt Anerkennung des Leeren*], der unendlich groß ist. Er bezeichnet diesen Raum mit folgenden Ausdrücken: dem »Leeren«, dem »Nichts« und dem »Unendlichen«. Jeden dieser Urkörper nennt er das »Ichts«, das Feste und das Seiende [*die Atome*]. Er glaubt aber, daß die Urkörper so klein seien, daß sie von unseren Sinnen nicht erfaßt werden könnten. Und sie hätten allerlei Gestalten und allerlei Formen; auch an Größe wären sie verschieden. Aus diesen (Urkörpern) nun läßt er gerade wie aus Elementen die sichtbaren und die überhaupt von unse-

ren Sinnen wahrnehmbaren Körper entstehen und sich zusammenfinden. Sie wären aber in Zwist miteinander und bewegten sich im leeren Raum infolge ihrer Unähnlichkeit und der anderen genannten Unterschiede. Infolge ihrer Bewegung aber stießen sie aufeinander und verflöchten sich derartig miteinander, daß sie einander berührten und nahe beieinander wären; aber er läßt aus ihnen keinerlei wirkliche Einheit werden. Denn es wäre ja völlig töricht (anzunehmen), daß zwei oder mehr Dinge jemals ein einziges würden. Als Grund dafür aber, daß die Atome eine Zeitlang miteinander zusammenbleiben, gibt er ihre wechselseitige Verschränkung und ihr Haften aneinander an. Denn die einen von ihnen seien schief, die anderen hakenförmig, die einen mit muldenförmigen Vertiefungen, die anderen gewölbt, die anderen mit (anderen) unzähligen Unterschieden. Nach seiner Meinung haften sie nun so lange aneinander und bleiben beisammen, bis irgendein stärkerer Zwang, der aus der äußeren Umwelt auf sie einwirkt, sie durcheinanderschüttelt, trennt und zerstreut. Nach seiner Meinung gibt es aber Entstehung und – ihr entgegengesetzt – Auflösung nicht nur von Tieren, sondern auch von Pflanzen und von Welten und überhaupt von sämtlichen mit unseren Sinnen wahrnehmbaren Körpern. Wenn nun Entstehung Vereinigung, Vergehen Trennung von Atomen ist, dann wäre nach Demokrit die Entstehung eine Veränderung. (*Simplicius zu Aristoteles, Vom Himmel, 294, 33*)

5. Demokrit, der es ablehnt, von einer Zweckursache zu sprechen, führt alles (Geschehen), dessen sich die Natur bedient, auf die Notwendigkeit zurück. (*Aristoteles, Von der Entstehung der Tiere V, VIII, 789 b 2*) Es gibt sogar Denker [*Demokrit und Leukippos*], die für den Himmel und die ganze Welt um uns herum den Zufall verantwortlich machen wollen. Von ungefähr sei ein Wirbel entstanden und damit die Bewegung, die die Sonderung eingeleitet und alles in die gegenwärtige Ordnung gebracht habe. Dies ist ganz erstaunlich, weil sie dabei lehren, die Tiere und die Pflanzen könnten durch Zufall weder sein noch werden, sondern daran sei entweder Natur oder Vernunft oder sonst dergleichen schuld, denn es entstehe ja nicht irgend etwas aus einem Samen, sondern aus dem einen ein Ölbaum, aus dem andern ein Mensch; der Himmel dagegen und das Göttlichste, was wir sehen [*die Gestirne*], soll von ungefähr entstanden sein, ohne solche Ursache wie sie bei Tieren und Pflanzen annehmen. (*Aristoteles, Physik II, 196 a, S. 70–71*)

6. Schwer und leicht unterscheidet Demokrit auf Grund der Größe (der Atome?). Denn wenn jedes Ding in seine einzelnen Teile zerlegt würde, dann würden, wenn sie sich auch der Form nach unterschieden, die Atome ein Gewicht auf Grund der Größe haben. Aber freilich unter den gemischten (Körpern) sei derjenige leichter, der mehr Leeres enthalte; schwerer dagegen der, der weniger davon habe (...). Ganz ähnlich äußert er sich auch über das Harte und Weiche: Das Dichte ist hart, das fein Verteilte weich und genauso unterscheiden sich auch Mehr und Weniger. Daß aber das (sinnlich Erfaßbare) hart, weich, schwer oder leicht ist, geht auf gewisse Unterschiede in der Anordnung und Unterteilung der Leerräume zurück; das erklärt auch, warum Eisen hart, Blei dagegen schwer ist, denn das Eisen besitzt eine unregelmäßige Beschaffenheit und schließt vielerorts große Leerräume ein, was (zwar) nicht hindert, daß es an gewissen Stellen dicht ist, insgesamt jedoch enthält es mehr Leeres.

Das Blei hingegen schließt wenig Leeres ein und ist aufgrund seiner regelmäßigen, gänzlich einheitlichen Struktur schwerer, gleichzeitig aber auch weicher als das Eisen (...). Das Saure ist kantig von Gestalt [*besteht aus kantigen Atomen*] voller Krümmungen, klein und fein; dank seiner Feinheit gelangt es unverzüglich überallhin, und dank seiner Rauheit und (seines kantigen Erscheinungsbildes) vereinigt es und zieht zusammen. Deshalb erwärmt es auch den Körper durch Bildung von Leerräumen, denn was die meiste Leere enthält, erwärmt sich am stärksten. Das Süße besteht aus gerundeten, nicht zu kleinen Formen. [*Ähnlich wird auch das Adstringierende, das Scharfe, das Salzige, Herbe etc. erklärt*] (...) Was die Farben anlangt, so geht er von vier reinen aus. Das Glatte ist weiß, denn da das Glatte weder uneben noch einschwärzbar ist noch dem Durchdrungenwerden Widerstand entgegensetzt, ist alles Glatte glänzend [*Atome von weißer Farbe sind glatt, so daß die Oberfläche der betreffenden Körper keine (schwarzen) Schatten wirft wie bei rauher Beschaffenheit, der Grund, warum sie auch glänzen*]. (...) Brüchige und zerbrechliche weiße Körper bestehen aus gerundeten Figuren [*Atomen*], die jedoch überkreuz und paarweise, im übrigen aber aufs einheitlichste angeordnet sind; in Anbetracht dieser Eigenschaften ihrer Figuren sind sie brüchig, weil die Berührungsfläche zwischen diesen sehr klein ist (...). Das Schwarze hinwiederum besteht aus den entgegengesetzten, d.h. rauhen, ungleichseitigen, uneinheitlichen Figuren. Daher kann es das Dunkel anziehen [*die Schatten, die sich durch die Unebenheiten der Atome auf der Oberfläche der Körper bilden*]. (...) Das Rote wiederum besteht aus genau den gleichen Figuren [*Atomen*] wie das Warme, nur daß sie größer sind [*anschließend wird als vierte reine Farbe Grün untersucht, dann folgen die übrigen Farben, die durch eine Art »Mischung« der bereits genannten entstehen, wie Purpur, Lauchgrün, Indigoblau, Hellblau, etc.*]. (*Theophrast, Von der Sinneswahrnehmung, 61–65 und 73–75*)

7. Was (aber) die Sinneswahrnehmung angeht, so läßt Demokrit die Frage, ob sie durch Gegensätzliches oder durch Gleiches zustande kommt, offen. (...) Er läßt nun das Sehen auf Grund der Spiegelung erfolgen. Über diese aber hat er eine besondere Meinung. Die Spiegelung erfolge nämlich nicht sofort in der Pupille, sondern es empfange die Luft zwischen dem Auge und dem gesehenen Gegenstand von dem Gegenstand und dem Sehenden einen »Eindruck«, indem sie sich zusammenziehe. Denn von jedem Ding erfolge ständig ein Ausfluß. Alsdann spiegele sich diese, die fest und andersfarbig sei, in den Augen, die feuchter Natur seien. Und das Feste nähmen sie nicht auf, das Feuchte dagegen ließen sie hindurch. Daher seien auch die feuchten Augen besser als die trocknen zum Sehen befähigt. (...) Was das Hören betrifft, so erklärt er es auf dieselbe Weise wie die anderen Philosophen. Denn indem die Luft auf die Leere [*im Ohr, im Körper?*] trifft, erzeugt sie innerlich eine Erschütterung, die zwar den ganzen Körper durchdringt, am besten und stärksten aber durch die Ohren eingeht, weil die Luft hier den reichlichsten [*umfangreichsten*] Leerraum durchläuft und sich in keiner Weise staut; deswegen nimmt das Ohr als einziger Körperteil Schallempfindungen auf. (...) Was die Erkenntnis betrifft, so verstieg er sich zu der Behauptung, sie komme dann zustande, wenn die Seele eine der Mischung entsprechende Verfassung aufweise [*vgl. dazu Parmenides und Empedokles*]. (*Theophrast, Von der Sinneswahrnehmung, 49–50, 55 und 58*)

Ehe wir uns der eigentlichen Atomistik zuwenden, sei noch angemerkt, daß Demokrit auch mit seiner Sittenlehre als Vorläufer Epikurs (342–270 v.Chr.) gelten kann und deshalb nicht nur (zusammen mit Leukippos) als Erfinder der Atomistik, sondern auch als Begründer einer wichtigen philosophischen Strömung betrachtet werden sollte. Darüber hinaus war Demokrit auch noch Mathematiker; er verfaßte Abhandlungen über die Geometrie, die Zahlen, über inkommensurable Linien und beschäftigte sich mit der Frage nach der Tangente zwischen einem Zylinder und einer einbeschriebenen Kugel. In Kasten 160 findet sich ein Fragment, in dem er sich mit der Frage nach der Kongruenz der beiden Schnittflächen eines parallel zur Grundfläche durchschnittenen Kegels befaßt. Laut Archimedes soll er außerdem die Formeln zur Berechnung des Pyramiden- und Kegelvolumens entdeckt haben.

Und schließlich wird ihm vor allem von Diogenes Laertios eine ganze Reihe nicht erhaltener Werke über die unterschiedlichsten Themen wie Ethik, Psychologie, Logik, Medizin, Landwirtschaft, Malerei und den Kampf mit schweren Waffen zugeschrieben.

In die Geschichte der Wissenschaften und der Philosophie aber ist er zusammen mit seinem Meister Leukippos offensichtlich als Erfinder der Atomistik eingegangen – und in die Philosophie auch als Vater des sogenannten Epikurismus.

Die Entstehung der Atomistik läßt sich mit der des Pluralismus vergleichen: Wie Anaxagoras und Empedokles geht es auch Demokrit darum, der Kritik der Eleaten Rechnung zu tragen, ohne deswegen die alltägliche Erfahrung des Werdens zu leugnen. Wie Anaxagoras und Empedokles sucht erst Leukippos (ein Zeitgenosse von Anaxagoras und Empedokles) und dann der etwas jüngere Demokrit die Lösung in einer Mischung vieler verschiedenartiger Elemente – nur auf eine viel kühnere Weise und ohne die bei Anaxagoras und Empedokles beobachtbaren Mängel.

Die Welt ist aus unteilbaren Teilchen und aus Leere gemacht. Diese unteilbaren Teilchen oder Atome sind sehr klein, zu klein für die sinnliche Wahrnehmung; sie bewegen sich im Leeren, prallen zusammen, haken sich nach bestimmten Modalitäten aneinander fest, wodurch die verschiedenen Dinge differenziert werden, die ihrerseits wahrnehmbar sind und je nach ihrer Zusammensetzung bestimmte fühlbare Qualitäten besitzen.

Damit wird erstmals die Leere als solche anerkannt und in eine Theorie eingebaut. Die Atomisten stimmen den Eleaten also dahingehend zu, daß Bewegung ohne das Nicht-Seiende unmöglich ist; im Gegensatz zu ihnen aber nehmen sie die Existenz dieses Nicht-Seienden in Form eines leeren Raumes an. Die Welt ist also teilbar und mithin kein Kontinuum; sie enthält leeren Raum.

Welche Eigenschaften besitzen diese Atome nun? Vor allem sind sie, wie schon die Etymologie des Wortes besagt, physikalisch unteilbar. Sie sind sehr klein und sehr hart und alle aus demselben Stoff, unterscheiden sich jedoch nach Form und zweifelsohne auch nach Größe. Von ihrem Gewicht ist bei Demokrit noch nicht die Rede; erst Epikur und Lukrez ziehen es zur Erklärung der Bewegung heran, wonach die Atome unter dem Einfluß der Schwerkraft fallen, aber gelegentlich auch von ihrer Bahn abweichen und sich zufällig vereinen, um das *clinamen* zu bilden. Bei Demokrit tanzen die Atome wie Staubkörner in einem Sonnenstrahl, anscheinend von Ewigkeit zu Ewigkeit, ohne daß es einer Erklärung bedürfte. Aristoteles kritisiert Demokrit darin, daß er diese Bewegung der Atome nicht erklärt. Nach Meinung einiger Kommentatoren bewegen sich die Atome, weil sie keinen Grund haben, sich an einem bestimmten Ort aufzuhalten; demnach wäre die Bewegung eine Folge ihrer nicht determinierten Position. Ob das Demokrits Ansicht entsprach oder was er über diesen Punkt genau dachte, läßt sich schwer sagen; bemerkenswert ist jedenfalls, daß sich die letztgenannte Annahme mit der der Bewegung der Atome im leeren Raum verknüpfen ließe: Zu Demokrits Zeiten dürfte der Raum in erster Linie als Ort der Körper betrachtet worden sein, ein leerer Raum aber entzieht sich dieser Definition, ein leerer Raum kann nicht der Ort eines Körpers sein – deshalb diese nicht festgelegte Position der Atome und ihre Bewegung.

Diese Atome unterscheiden sich durch verschiedene Eigenschaften voneinander, die Aristoteles in seiner *Metaphysik* mit Gestalt, Anordnung und Position oder Lage umschreibt. Es bleibt jedoch unklar, welche Eigenschaften über die verschiedenen Formen und die unterschiedliche Art und Weise der Vereinigung hinaus hier gemeint sein könnten. Denn offensichtlich bilden die Atome durch ihre Verbindung die verschiedenen Dinge; die wahrnehmbaren Eigenschaften dieser Dinge aber sind eine Funktion des Verhältnisses ihrer verschiedenen Bauteile oder Atome (Formen und Größen) und zweifelsohne auch der Art und Weise ihrer Verbindung (oder »Ordnung«, um mit Aristoteles zu sprechen). Atome mit unregelmäßigen Konturen (»hakenförmige« Atome) verhaken sich leicht, wenn sie aufeinanderprallen, ebene und runde Atome dagegen gleiten voneinander ab. Auf diese Merkmale wie Form, Größe und Anordnung, die mehr oder weniger leeren Raum lassen, stoßen wir auch bei der Erklärung der verschiedenen wahrnehmbaren Qualitäten der Dinge (Dichte, Farbe etc.) wieder; eine ausführlichere Erörterung findet sich bei Theophrast (Fragment 6 der Doxographie, Kasten 161). Offensichtlich können sich diese Atomverbindungen auch wieder trennen (beispielsweise durch Stöße), denn die Atome werden durch die Kombination mit anderen Atomen nicht verändert; vielmehr können sie danach auch wieder neue Verbindungen eingehen.

Bemerkenswert an dieser Konzeption ist ihr vollständig mechanistischer Charakter; nirgends ist ein Zweck zu entdecken, nirgends taucht ein Logos oder Nus auf – die Atome treffen sich im Zuge ihrer Bewegungen zufällig und verbinden sich, wenn es ihre Form zuläßt. Der Satz »Alles, was im Weltall existiert, ist die Frucht von Zufall und Notwendigkeit«, den Jacques Monod seinem Werk *Zufall und Notwendigkeit* vorangestellt und Demokrit in den Mund gelegt hat, ist in Wirklichkeit apokryph, entspricht aber durchaus dem Geist, der die antike Atomistik beseelt zu haben scheint. Für die Rolle des Zufalls tadelt Aristoteles Demokrit in seiner *Physik* (Fragment 5, Kasten 161); man erfährt bei dieser Gelegenheit, daß die Atomisten die Lebewesen von diesem Zufallsgeschehen ausnehmen und ihre Entstehung einer »Vernunft oder sonst dergleichen« zuschreiben – aus Beliebigem entsteht nicht Beliebiges, sondern es gibt eine biologische Ordnung, womit Monods Motto etwas relativiert wird. In den Sternen dagegen sehen die Atomisten sehr wohl ein Produkt aus Zufall und Notwendigkeit, im Gegensatz zu den Pythagoreern, die die Gestirne – anders als die Lebewesen der sublunaren Welt – mit Mathematik, also mit Ordnung assoziierten.

Diese Hauptthemen der Physik kehren auch in der Kosmologie wieder, die auch den Wirbel der voraufgehenden Kosmologien kennt. In dieser Wirbelbewegung trennen sich die Atome und finden sich in verschiedenen Kategorien zusammen, die größten (die schwersten?) im Zentrum und die kleinsten an der Peripherie. Ein doxographischer Kommentar (in Kasten 161 nicht aufgenommen) erklärt diesen Vorgang durch einen Vergleich mit der Brandung, die die Kiesel nach ihrer Form aussondert, oder dem Getreidesieb, das die Spreu vom Weizen scheidet. Wir stoßen hier also auf eine neue Erklärung des Prinzips, demzufolge Gleiches Gleiches anzieht. Daß Demokrit das Gewicht der Atome nicht erwähnt, legt nahe, daß bei dieser Trennung lediglich ihre Größe (und/oder ihre Form) eine Rolle spielen soll; das Gewicht wäre gewissermaßen die Folge des Verbleibs im Zentrum der Wirbelbewegung, also eine Folgeerscheinung von Form und Größe.

Fragment 1 der Doxographie (Kasten 161) liefert eine ausführliche Beschreibung dieser Wirbelbewegung und der Art und Weise, wie Erde und Sterne entstanden sind. Daraus geht vor allem hervor, daß die Atome im Zentrum des Wirbels durch fortschreitende Zusammenballung eine zunächst schlammige, feuchte Masse bilden, die dann im ausgetrockneten Zustand unsere heutige Erde ergibt. Auf ganz ähnliche Weise scheinen die Gestirne entstanden zu sein, nur daß diese aufgrund ihrer Rotationsbewegung (vom Wirbel mitgerissen) dazuhin noch glühen. Das und vieles andere erinnert stark an Anaxagoras; wie dieser hält Demokrit die Erde für eine Scheibe und das Licht des Mondes für eine Reflexion des Sonnenlichts. Wirklich Neues findet sich nicht, abgesehen von dem Prinzip der Vereinigung der durch den Wirbel getrennten Atome und der Tatsache, daß dieser Wirbel nicht wie bei Anaxagoras durch einen Nus erklärt wird, sondern einzig und allein von der Eigenbewegung der Atome abhängt – und damit gar nicht erklärt wird, es sei denn auf die oben angedeutete Weise. Die Erklärung ist vollkommen mechanistisch, ohne jede Spur einer lenkenden Intelligenz, wie sie Demokrit laut Aristoteles (Fragment 5, Kasten 161) immerhin bei den Lebewesen am Werk sah.

Über die Biologie des Demokrit (geschweige die des Leukippos) ist praktisch nichts bekannt. In Fragment 7 der Doxographie beschreibt Theophrast, wie sich Demokrit die Sinneswahrnehmung vorstellt (vergleiche dazu auch Fragment 6 der Doxographie). Beim Vorgang des Hörens greift er mit einigen wenigen Abänderungen auf die seit Alkmaion bereits traditionelle These der Resonanz im Ohr zurück. Beim Sehen scheint Empedokles' Theorie der Ausflüsse in anderem Gewand wiederzukehren: Von jedem Ding erfolgt ständig ein Ausfluß, den das Auge aufnimmt; diesem Grundgedanken fügt Demokrit noch ein paar Details über die Weichheit und Dichte des Auges an. Laut Aetius nimmt Demokrit eine doppelte Seele an: einen vernünftigen Teil in der Brust – in der Antike wird neben dem Gehirn häufig auch das Herz als Sitz der Intelligenz betrachtet – und einen über den ganzen Körper verteilten Teil ohne Vernunft. Dieser ist zweifelsohne das Prinzip, das im biologischen Bereich für Ordnung sorgt und über das Aristoteles sagt, die Lebewesen würden von den Atomisten nicht als Zufallsprodukt, sondern als das Produkt einer Art »Vernunft« eingestuft – eines seiner selbst nicht bewußten, über den ganzen Körper als Ordnungs- oder Strukturprinzip verteilten Geistes.

Wie die anderen in diesem Kapitel untersuchten Autoren, nur besser als sie, haben Leukippos und Demokrit die Kritik der Eleaten mit der alltäglichen Erfahrung des Werdens in Einklang zu bringen versucht. Dabei haben auch sie sich desselben Prinzips bedient und das Werden *im* Seienden und nicht das Werden *des* Seienden ins Auge gefaßt. Im Gegensatz zu ihren Vorgängern aber haben sie die Existenz des Leeren eingeräumt und sich dezidierter als Empedokles für eine mechanische Erklärung bar jeglicher Finalität entschieden. Das hat ihnen den Ruf antiker Vorläufer des Materialismus eingetragen, einem Ruf, zu dem außer der Negierung der Finalität auch, so paradox das erscheinen mag, ausgerechnet die Annahme der Existenz des Leeren beigetragen hat. In der Tat war der Begriff der Materie bis dahin nicht in seiner ganzen Allgemeinheit erfaßt worden – die Welt galt noch als eine Art räumlich-stoffliches Kontinuum, sie war voll; Raum und Materie waren noch nicht geschieden: Es gab Körper, und der Raum war der Ort dieser Körper. Nun aber trennen die Atomisten Raum und Materie durch die Annahme des Leeren und durch die Annahme, daß alle Atome aus demselben unveränderlichen Stoff gemacht sein und sich nur durch die Form unterscheiden sollen – mit einemmal existiert ein Raum ohne Materie, also die Leere. Und diese Leere stellen sie einem Vollen (den Atomen) gegenüber, das nur durch eine Eigenschaft gekennzeichnet ist (die Stofflichkeit als Gegensatz zur Leere), und dieses Volle ist die Substanz, die Materie. Die sinnlich wahrnehmbaren Eigenschaften der Dinge sind sekundär; sie ergeben sich aus der Kombination der Atome in bestimmten Verhältnissen und zu bestimmten Formen. Die Verteilung von unterschiedlich geformten, unterschiedlich großen Materieteilchen und Leerem im Raum bildet die Welt; die Variationen dieser Verteilung stellen das Werden dieser Welt dar und das Ganze funktioniert rein mechanisch.

Die Schwäche von Demokrits System liegt darin, daß es – wie das des Empedokles – keine Erklärung für die Erkenntnis liefert, während der Nus des Anaxagoras eine Erkenntnis der Welt durch Teilhabe der menschlichen Seele am alldurchwaltenden Geist ermöglicht. Demokrit selbst scheint der Erkenntnis gegenüber eine Haltung eingenommen zu haben, die der der Sophisten nicht sehr fern stand, und sie ähnlich skeptisch betrachtet zu haben wie Protagoras. Die Fragmente 3 und 5 (Kasten 160) bringen sein Mißtrauen gegenüber den Sinnen zum Ausdruck: In seiner Theorie sind die sinnlich wahrnehmbaren Aspekte der Dinge nur die Art und Weise, wie sich die sinnlich nicht wahrnehmbare Realität der Atome und ihrer Kombinationen manifestiert. Wie aber läßt sich diese sinnlich nicht wahrnehmbare Realität ihrerseits erfassen? Durch die Vernunft? In Fragment 5 legt Demokrit den Sinnen die Worte in den Mund: »Armer Verstand, von uns (den Sinnen) nahmst du die Beweisstücke und willst uns damit niederwerfen? Ein Fall wird dir der Niederwurf.«

Zusammenfassung

Pluralisten (Anaxagoras und Empedokles) und Atomisten (Leukippos und Demokrit) unterscheiden sich von vornherein von den im voraufgehenden untersuchten Philosophen insofern, als sie nicht mehr wirklich zu den Gründervätern zählen. Mit den drei großen Schulen (Milesier, Pythagoreer, Eleaten) und den »Unabhängigen« (Heraklit, Xenophan, Sophisten) hat sich in Griechenland bereits eine Tradition herausgebildet, auf die sie sich stützen. Sie sind Zeitgenossen der großen Vertreter dieser Schulen (Anaxagoras, Empedokles und Leukippos sind Zeitgenossen Zenons und kaum jünger als Parmenides) und beziehen sich deutlich auf diese. Pluralisten und Atomisten haben als erste den Versuch einer Synthese aus diesen Schulen gewagt – einer Synthese, in der die verschiedenen Strömungen in unterschiedlichem Ausmaß vertreten sind.

Der Einfluß der Eleaten äußert sich in der Negierung von Entstehen und Vergehen, an deren Stelle Pluralisten und Atomisten Mischung (bzw. Zusammensetzung) und Scheidung von unvergänglichen, ewigen konstituierenden Elementen setzen. Von eleatischem Einfluß, aber auch von dem Xenophans, zeugt ebenfalls die Abwertung des sinnlich Erfahrbaren. Wie Anaxagoras sagt: »Die sichtbaren Dinge bilden die Grundlage der Erkenntnis des Unsichtbaren« – die Wirklichkeit ist die der unsichtbaren Elemente; die Erscheinungen sind nur das, was unsere Sinne von den Kombinationen dieser Elemente erfassen: So weit wie bei den Eleaten geht die Abwertung der Sinneserfahrung also nicht. Der Einfluß der Milesier äußert sich in dem Bestreben, das Werden aus einem Urelement, einer Art Substrat, abzuleiten, mit dem Unterschied, daß es nun in einer Vielzahl auftritt. Weniger leicht zu entdecken ist der Einfluß der Pythagoreer, zweifelsohne aufgrund der von Pluralisten und Atomisten beherzigten Kritik der Eleaten an der pythagoreischen Lehre. Auch die Mathematik spielt bei Anaxagoras und Demokrit, obwohl beide im Rufe von Mathematikern stehen, in der Physik keine Rolle

– es sei denn, man wollte Anaxagoras' Vorstellung des unendlich Kleinen mathematisch nennen. Und ein geistiges (und geistig erfaßbares) Prinzip »hinter« den Dingen nimmt nur Anaxagoras an, aber sein Nus hat Heraklits Logos mehr zu verdanken als dem mathematischen Prinzip der Pythagoreer. Möglicherweise besteht eine Beziehung zwischen der Teilchenkonzeption der Atomisten und einer Form der pythagoreischen Physik, in der die Dinge mit Zahlen gleichgesetzt werden und die Einheit, Größe und Substanz hat; nicht auszuschließen ist jedoch, daß diese pythagoreische Konzeption im Gegenteil erst später aufkam und umgekehrt vom Atomismus inspiriert wurde. Und schließlich stößt man bei Pluralisten und Atomisten da und dort (in der Astronomie oder der Biologie) auf Details, die nachweislich von der einen oder anderen dieser drei Schulen stammen.

Jede dieser Schulen wurde mehr oder weniger erfolgreich fortgeführt; die der Milesier zum Beispiel von Diogenes von Apollonia, die der Eleaten von den Sophisten (wenn auch vielfach mit einem Skeptizismus, den man bei Parmenides vergeblich sucht), die der Pythagoreer – zumindest was die Mathematik betrifft – von Philolaos, Hippokrates von Chios, Archytas etc.

Im Grunde jedoch haben sich diese Schulen eher überlebt als weiterentwickelt. Ihre Synthese, von den Pluralisten und den Atomisten eingeleitet, wurde bald darauf von Platon und Aristoteles wieder aufgegriffen und fortgeführt. Damit aber wurden sie unfehlbar ins zweite Glied verwiesen und zu »Vorläufern« abgestempelt. Ein Beweis dafür ist die Art und Weise, wie Aristoteles im 1. Buch seiner *Metaphysik* die Vorstellungen der »ersten Philosophen« – wenn nicht gar schon der »alten Philosophen« – zusammenfaßt und analysiert.

6. KAPITEL

Die hippokratische Schriftensammlung*

> Das Leben ist kurz, die Kunst lang, die Gelegenheit flüchtig, die Erfahrung unsicher, das Urteil schwierig. Nicht bloß der Arzt muß bereit sein, das Erforderliche zu leisten, sondern auch der Kranke selbst und seine Pfleger und die äußeren Lebensbedingungen.
>
> *Hippokrates, Die Lehrsätze (Aphorismen) I, 1*

Die Ärzteschulen in Griechenland

Wie in Mesopotamien und Ägypten wurde die Medizin zunächst auch in Griechenland in einem magisch-religiösen Rahmen praktiziert. Apollon und später auch Asklepios waren die für diese in ihren Tempeln und von ihren Priestern ausgeübte Kunst zuständigen Gottheiten. Eine der bemerkenswertesten medizinischen Praktiken war die Inkubation: Nach den erforderlichen Reinigungsriten (Fasten, Waschungen etc.) und der Darbringung der vorgeschriebenen Opfergaben verbrachte der Kranke eine Nacht im Tempel zu Füßen der Statue des Gottes, der ihm im Traum die angezeigte Therapie offenbarte. Nach dem Erwachen erzählte der Kranke sein Traumgesicht dem Priester, der nach seiner wohl weitgehend freien Interpretation die empfohlene Behandlung einleitete. Im allgemeinen bestand diese in einer Diät, in Bädern, Massagen oder anderen diätetischen oder hydrotherapeutischen Maßnahmen, wie sie im alten Griechenland, wie wir noch sehen werden, üblich waren.

Diese Tempel haben, ob sie nun regelrechte Ärzteschulen unterhielten oder nicht, medizinische Kenntnisse aller Art gesammelt und weitergegeben. Auch Hippokrates wird, obwohl er eine rein weltliche Medizin praktizierte, dem Geschlecht der Asklepiaden zugezählt, also den Nachkommen des Gottes der Heilkunst – die Legende weiß es noch genauer und bezeichnet ihn als Nachfahren des Herkules in der 19. und des Asklepios in der 20. Generation. Da es niemals gelingen wird, die Verflechtungen zwischen Tempelmedizin und hippokratischer Heilkunst zu entwirren und sich somit unter Berufung auf dieses oder jenes Detail praktisch alles behaupten läßt, gehen wir hier davon aus, daß sich die magisch-religiöse Heilkunst

* Alle Zitate der folgenden Kapitel stammen aus der deutschen Ausgabe der hippokratischen Schriften von H. Kapferer (1934–38).

zunächst lediglich aufgrund der Erfahrung, dann mit Hippokrates durch den Einsatz von Vernunft und Erfahrung verweltlicht hat. Auf welchen Wegen dies im einzelnen geschah, muß offenbleiben – ob durch die Einsicht, daß gewisse therapeutische Praktiken auch ohne jeden religiösen Hintergrund funktionierten, oder durch die Notwendigkeit, diese Praktiken in eine systematische Ordnung zu bringen, ob durch den Einfluß philosophischer Strömungen (in der hippokratischen Sammlung finden sich zum Beispiel Anklänge an Anaximenes, Empedokles und Anaxagoras) oder durch gesellschaftspolitische Faktoren wie die Verweltlichung des sozialen Lebens im Zuge der Demokratisierung. Mit Sicherheit hat jedenfalls hereingespielt, daß die Medizin, ihrem Wesen nach mehr Technik als Wissenschaft, mit einem Mindestmaß an Effizienz aufwarten mußte.

Neben der religiösen Heilkunst, und vielleicht aus ihr hervorgegangen, gab es in Griechenland verschiedene Ärzteschulen – in chronologischer Reihenfolge entstanden die Schule von Kroton, die Schule von Sizilien, die Schule von Knidos und die Schule von Kos (Hippokrates); daneben gab es unabhängige Ärzte, in späterer Zeit etwa die medizinischen Sophisten. Auch von einem späten Vertreter der Schule von Milet, Diogenes von Apollonia, ist eine medizinische Schrift überliefert: eine Beschreibung des Gefäßsystems (Kasten 121, Seite 313) .

Begründer und Hauptexponent der Schule von Kroton war Alkmaion, ein Vertreter der pythagoreischen Schule. Zu seinen bekanntesten Schülern zählten Timotheos von Metapont und vor allem Demokedes, der laut Herodot Leibarzt des Perserkönigs Dareios war und Königin Atessa von einem Brusttumor heilte; die Thesen dieser Schule finden sich im Abschnitt über Alkmaion (Seite 408–412). Hier sei nur noch einmal an die Definition der Gesundheit als Gleichgewicht (Isonomie) zwischen den in Gegensatzpaare eingeteilten konstituierenden Elementen des Körpers und der Krankheit als Störung dieses Gleichgewichts erinnert.

Diese These findet sich auch in der von Empedokles begründeten Schule von Sizilien wieder; Einzelheiten dazu enthält der Abschnitt über Empedokles' Biologie (Seite 681–483). Zwischen dieser Schule und der von Kroton gibt es keine großen Unterschiede; beide stehen für ähnliche Tendenzen, die eine baut auf der anderen auf und führt sie fort. Zu den Empedokles-Schülern zählt der Arzt Akron, der um 430 auf dem Höhepunkt seiner Karriere stand, den Einfluß von Luft und Winden auf die Gesundheit untersuchte und die Athener bei der Pest von 425–420 betreute. Ein weiterer berühmter Schüler des Empedokles war der Sophist Gorgias von Leontinoi, der zwar die ärztliche Kunst nicht selbst ausübte, aber laut Suidas einen Arzt namens Herodikos zum Bruder gehabt haben soll.

Mit den beiden anderen Schulen, Knidos und Kos, verlassen wir Unteritalien und Sizilien und begeben uns auf die andere Seite der griechischen Welt, zur ionischen Küste – die Insel Kos liegt direkt gegenüber dem Vorgebirge, auf dem die Stadt Knidos, etwas südlich von Milet, lag. Diese beiden Schulen, wiewohl vielfach als gegensätzlich eingestuft, stehen sich mindestens ebenso nahe wie die medizinischen Thesen des Alkmaion denen des Empedokles.

162. DAS LEBEN DES HIPPOKRATES

Hippokrates, um 460 v. Chr. auf der Insel Kos als Sproß des Geschlechts der Asklepiaden (laut Überlieferung in der 20. Generation nach Asklepios) geboren, soll bei seinem Vater Herakleides, vielleicht auch bei Herodikos von Knidos in die Lehre gegangen sein und womöglich einen Teil seiner Ausbildung im ägyptischen Memphis erhalten haben.

Als Wanderarzt unternahm Hippokrates zahlreiche Reisen durch Griechenland, auf denen er unter anderem auch Demokrit kennenlernte.

Schon zu Lebzeiten war Hippokrates ein weithin berühmter, hochgeehrter Arzt. Der Perserkönig Artaxerxes bot ihm sogar den Posten eines Leibarztes an, den er jedoch ausschlug.

Um 425 soll er seine Schule in Kos gegründet und seitdem weltliche Schüler ausgebildet haben. Im Alter trat er die Leitung an seinen Schwiegersohn Polybios ab.

Hochbetagt soll er im Alter zwischen 90 und 100 Jahren auf einer Reise in Larissa in Thessalien gestorben sein.

Die Schule von Knidos soll in der ersten Hälfte des 5. vorchristlichen Jahrhunderts von Euryphon und Herodikos (dem Bruder des Gorgias?), also etwas vor der Zeit des Hippokrates (460–370), gegründet worden sein. Dieser gilt seinerseits als Begründer der Schule von Kos (zu seinem Leben siehe Kasten 162); mit Sicherheit aber hat sie ihm ihre ganze Bedeutung zu verdanken (ein weiteres bedeutendes Mitglied war sein Schwiegersohn und Nachfolger Polybios). Der Schule von Knidos wirft Hippokrates einen allzu engstirnigen Empirismus vor; er beanstandet ihre Praxis, sich bei der Beschreibung der Symptome unkritisch in Details zu verlieren und so die Zahl der Krankheiten unnötig zu erhöhen – etwa drei Formen von Wundstarrkrampf, drei Formen der Schwindsucht und vier der Gelbsucht zu unterscheiden –, und übt Kritik an ihrer zu einseitig auf Purgative (Abführmittel), Milch und Molke gestützten Therapie. Von diesen Unterschieden in der medizinischen Praxis abgesehen, dürften sich die beiden Schulen, was die theoretischen Grundlagen betrifft, jedoch nicht allzu ferngestanden sein. Hier wie dort spielen im allgemeinen vier Körpersäfte – Blut, Schleim, gelbe Galle, schwarze Galle, wobei die Zahl auch variieren kann – eine zentrale Rolle, hier wie dort wird Gesundheit als Zustand des Gleichgewichts dieser Säfte und Krankheit dementsprechend als Störung des Säftegleichgewichts definiert. Ähnliche Begriffe finden sich schon bei Alkmaion und Empedokles, was auf eine gewisse Einheitlichkeit der medizinischen Thesen in Griechenland überhaupt hinweist.

Wir werden hier nicht versuchen, historischen Beziehungen zwischen den verschiedenen Schulen nachzuspüren oder Gegensätze zwischen ihnen herauszuarbeiten. Wir begnügen uns damit, das bedeutendste Corpus medizinischer Texte der griechischen Antike, ja des Altertums überhaupt, vorzustellen: die hippokratische Schriftensammlung – unseres Erachtens die beste Möglichkeit, das Wesen der griechischen Medizin dieser Epoche ins Licht zu rücken. Ob diese Kenntnisse nun diesem oder jenem Arzt beziehungsweise dieser oder jener Schule zuzuschreiben sind, ist für die Geistesgeschichte zweifelsohne sehr wichtig; die Hinweise aber, die uns zur Verfügung stehen, sind dergestalt fragmentarisch und im Lauf der Zeit durch so viele Hände gegangen, daß man jeden einzelnen mit einem hochspezialisierten kritischen Apparat versehen müßte, was den Rahmen eines Werkes wie des vorliegenden sprengen würde.

Allgemeine Vorbemerkungen zur hippokratischen Sammlung

Die hippokratische Sammlung umfaßt rund 60 Abhandlungen – je nach Zusammenfassung der verschiedenen Texte etwas mehr oder weniger. Kasten 163 enthält die Titel, gefolgt von einer kurzen Inhaltsangabe in der Reihenfolge der von H. Kapferer (1934–38) besorgten deutschen Ausgabe.

Wiewohl jahrhundertelang Hippokrates selbst zugeschrieben, stammen die Traktate in Wirklichkeit keineswegs alle von ein und demselben Autor. In Kasten 163 werden sie im Anschluß an den französischen Herausgeber und Übersetzer E. Littré (1839) teils Hippokrates selbst, teils seinem Schwiegersohn Polybios, überwiegend aber anderen Mitgliedern der Schule von Kos zugeordnet.

Die Abhandlungen weisen nicht nur eine unterschiedliche Länge auf – *Die Anatomie* umfaßt eine Druckseite, *Die Frauenkrankheiten* und *Die Unfruchtbaren* zusammen über 200 Druckseiten –, sie unterscheiden sich außerdem in der Form: Einfache Notizensammlungen wie *Die epidemischen Krankheiten* stehen neben ausführlichen Einzeldarstellungen wie *Die Frauenkrankheiten* und *Die Unfruchtbaren*, Abrisse wie *Das Buch vom Hebel* neben volkstümlichen Ratgebern wie *Die Leiden* und physiologischen Erörterungen wie *Die Natur des Menschen*. Gelegentlich stößt man auf Widersprüche: So stellt die Abhandlung *Die Winde* die Luft als einzige Krankheitsursache hin, was in *Die altbewährte Heilkunst* explizit kritisiert wird.

Aufgrund ihres Umfangs – die französische Ausgabe von Littré umfaßt zehn dicke Bände, die deutsche 26 Teile – und ihrer Verschiedenartigkeit ist die hippokratische Schriftensammlung ein schwer entwirrbares Sammelsurium. Wir wollen uns indessen auf diese Fragen hier nicht weiter einlassen; uns genügt, daß sich die Texte im großen und ganzen auf den Zeitraum zwischen 450 und 350 (also teilweise auch auf die Zeit vor bzw. nach Hippokrates selbst) datieren lassen und mithin als repräsentativ für die griechische Medizin dieser Periode samt all ihren Widersprüchen und ihren verschiedenen miteinander konkurrierenden Strömungen gelten können.

163. DIE HIPPOKRATISCHE SAMMLUNG

(Nach Littré 1839, Kapferer 1934–38)

Zuordnung der Schriften nach Littré:
(H): von Hippokrates selbst,
(P): von Polybios,
(K): von einem anderen Vertreter der Ärzteschule von Kos verfaßt.

Teil I

Der (Ärzte-)Eid (H): formuliert die ärztliche Standesethik. Wiedergabe im vollen Wortlaut siehe Kasten 164.

Das Gesetz (für Ärzte) (H): Voraussetzungen für die Ausübung des Arztberufs (Unterweisung, Pflichtenlehre).

Das ehrbare (ärztliche) Verhalten: Empfehlungen unterschiedlicher Art für Ärzte.

Vorschriften (für Ärzte): Grundregeln der Medizin: auf Erfahrung gegründete Überlegung, Pflichtenlehre.

Der Arzt: Überlegungen, welche Kenntnisse vom Arzt zu fordern sind und wie er auftreten sollte. Allgemeine praktische Ratschläge (Verbände, Aderlässe, Kauterisation, Schröpfköpfe etc.)

Teil II

Die altbewährte Heilkunst (H): Polemisiert gegen jene Ärzte, die *a priori* Systeme konstruieren und betont die Notwendigkeit eines vernunftgeleiteten Empirismus. Gesundheit beruht auf der richtigen Mischung der Säfte, Krankheit erwächst aus deren Mißverhältnis.

Die Kunst (K): Polemische Abhandlung gegen diejenigen, die die Existenz der Medizin bestreiten und ihre Erfolge als puren Zufall abtun.

Teil III

Die Diät (Lebensordnung), 4 Bücher (K):

1. Buch: Zusammenhang zwischen Ernährung und körperlicher Betätigung. Einer in diesem Buch erläuterten Theorie zufolge bestehen die Lebewesen aus Feuer und Wasser, vollzieht sich die Ernährung dadurch, daß die Nahrungsmittel Teile all dessen enthalten, woraus sich der Körper zusammensetzt, gibt es in Wirklichkeit weder Entstehen noch Vergehen, sondern nur ein Sich-Binden und Sich-Trennen (hier macht sich vermutlich der Einfluß des Anaxagoras bemerkbar).

2. Buch: Behandelt die Auswirkungen von Umgebung, Luft, Nahrungsmitteln, Getränken, Bädern etc. auf den Körper.

Teil IV

Die Diät (Lebensordnung):

3. Buch: Anzeichen für eine Störung des Gleichgewichts zwischen Ernährung und körperlicher Betätigung.

4. Buch: Die Träume: Es gibt Träume göttlichen und solche körperlichen Ursprungs; für die erstgenannten ist der Seher, für die zweiten der Arzt zuständig (vergleiche dazu den alten Brauch der Inkubation, bei der der Kranke eine Nacht im Tempel zu Füßen des Standbildes der Gottheit zubrachte, um von ihr im Traum Anweisungen für die Behandlung zu empfangen).

Die gesunde Lebensordnung (P): Abhandlung über Ernährung (verschiedene Diäten unter Berücksichtigung des jeweiligen Falls, der Jahreszeiten, Altersstufen, Aktivitäten, zum Zunehmen, Abnehmen etc.).

Teil V

Die Winde (H? K?): Sophistische Abhandlung, die nachzuweisen sucht, daß Krankheiten von der Luft, insbesondere der im Körper enthaltenen, verursacht werden (entspricht den Theorien des Anaximenes und des Diogenes von Apollonia).

Die heilige Krankheit (K): Sämtliche Erkrankungen, auch die heilige Krankheit (Epilepsie), erwachsen aus natürlichen Ursachen. Verstand und Moral haben ihren Sitz im Gehirn (und nicht in der Brust).

Teil VI

Luft, Wasser und Ortslage (H): Einfluß der lokal beobachtbaren Sonneneinstrahlung und Windverhältnisse, der Wasserqualität und der Jahreszeiten auf Gesundheit und Krankheit in einer Stadt.

Teil VII

Die Natur (Konstitution) des Menschen (P): Darstellung der Lehre von den vier Körpersäften. Enthält außerdem eine Beschreibung des Adernsystems.

Die Nahrung: Physiologie der Ernährung – die Venen verteilen, von der Leber ausgehend, das Blut und mit ihm die Nährstoffe, die vom Herzen ausgehenden

Arterien die Luft in alle Körperbereiche – über die Wechselwirkung zwischen Luft und Nahrungsmitteln wird nichts ausgesagt. Arterien, Luftröhre und Bronchien werden mehr oder weniger unterschiedslos als eine einzige Klasse von Gefäßen den Venen gegenübergestellt; dies geht auf die Beobachtung zurück, daß bei Leichen die Arterien mit Luft, die Venen mit Blut gefüllt sind.

Die Säfte: In lockerer Folge aneinandergereihte Bemerkungen zur hippokratischen Humoralpathologie (normale Mischung der Säfte, Säftekrankheiten, Säfteflüsse etc.).

Teil VIII

Die Drüsen: Mandeln, Halsdrüsen, Achsel- und Leistendrüsen, Drüsen an den Gedärmen und am Netz, Drüsen der Nieren, Brustdrüsen und das drüsenähnliche Gehirn.

Die Stellen am Menschen (K): Theoretische Abhandlung mit anatomischem Abriß.

Die Flüssigkeiten und ihre Anwendung: Anwendungsmöglichkeiten von warmem und kaltem Süß- und Salzwasser, Wein und Essig. (Zweifellos die Zusammenfassung eines verlorengegangenen bedeutenderen Werkes.)

Teil IX

Die Diät (Lebensordnung) in akuten Krankheiten, 1. und 2. Buch (K): Beschreibt die bei verschiedenen akuten Erkrankungen angebrachte Diät und kritisiert die knidische Ärzteschule. Das 2. Buch reiht eine Fülle von Einzelbeobachtungen und Notizen aneinander.

Teil X

Die Krisen. Die kritischen Tage: Kompilation von Sentenzen aus anderen Traktaten.

Prognostikon (H): Beschäftigt sich mit den richtigen Untersuchungsmethoden, der Bedeutung und den Wechselbeziehungen der Symptome, der Beurteilung des Krankheitsverlaufs etc.

Teil XI

Die epidemischen Krankheiten (Volkskrankheiten) in 7 Büchern: Notizen, die die Wanderärzte auf ihren Reisen aufzeichneten, wobei es nicht um »Epidemien« im heutigen Sinne geht (griechisch *epidemos* = was da und dort auftritt, unter der Bevölkerung grassiert).

1.–3. Buch (H): Das 1. und 3. Buch, die den geschlossensten Aufbau aufweisen, enthalten neben Beobachtungen über die von Jahreszeit und Wetterlage abhängige Gesundheitssituation in bestimmten Gegenden verschiedene Krankengeschichten. Das 2. Buch gleicht im Charakter den Büchern 4–7.

Teil XII

Die epidemischen Krankheiten (Volkskrankheiten) in 7 Büchern:

4.–7 Buch: Locker aneinandergereihte Notizen zu den unterschiedlichsten Themen (jahreszeitlich bedingte Erkrankungen, Krankengeschichten etc.).

Teil XIII

Vorhersagen (vorhippokratisch):

1. Buch (Prorrhetikon alpha): Folge isolierter Lehrsätze, die sich fast ausnahmslos auch in den koischen Vorhersehungen finden.

Koische (»aus Kos stammende«) Vorhersehungen: Folge unterschiedlichster Lehrsätze aus vorhippokratischer Zeit.

Teil XIV

Die hippokratischen Lehrsätze (Aphorismen) (H): In 8 Abschnitte gegliederte Sammlung von Lehrmeinungen über unterschiedlichste Themen ohne wechselseitigen Zusammenhang.

Teil XV

Die Anatomie: Sehr summarische Aufzählung der inneren Organe.

Die Natur der Knochen: Anatomische Abhandlung über Knochen, verschiedene Organe und besonders das arterielle und venöse System (vergleiche auch Beiheft zu Teil XIX).

Das Fleisch: Eine Art Abhandlung über theoretische Physiologie, die der Zahl 7 große Bedeutung beimißt.

Vorhersagungen 2. Buch (Prorrhetikon beta): Kritik an der angeblichen Genauigkeit der Diagnosen; Bemerkungen über verschiedene Krankheiten, ihre Diagnose und Prognose.

Teil XVI

Der Samen – Das Werden des Kindes: Physiologische Abhandlung, die das Werden des Lebewesens und die Ursachen der Krankheiten nach der Säftelehre erklärt (vergleiche auch *Die Krankheiten*, 4. Buch).

Das Herz: Recht gute Anatomie und (falsche) Physiologie des Herzens (hier wird die linke Herzkammer als Sitz des Verstandes bezeichnet und nicht mehr, wie im Traktat über *Die heilige Krankheit*, das Gehirn.

Die Geistestörung – Die Tollwut – Die Nieswurzanwendung.

Teil XVII

Die Leiden (K): Allgemeinverständliche medizinische Abhandlung mit einfacher Erklärung der medizinischen Theorien.
Die Krankheiten, 4 Bücher:
1. Buch (K): Allgemeine Überlegungen zu Krankheitsverlauf und Behandlungsmethoden.

Teil XVIII

Die Krankheiten:
2. und 3. Buch (K): Erläuterungen zu verschiedenen Erkrankungen und ihrer Behandlung; zweifellos knidischen Ursprungs.

Teil XIX

Die inneren Krankheiten: Entspricht dem 2. und 3. Buch der Krankheiten.
Die Abführmittel
Das Sehen: Verschiedene Augenleiden und ihre Behandlung.
Teil XIX enthält außerdem als Beiheft die nach inhaltlichen Grundsätzen geordnete und mit Erläuterungen versehene Abhandlung.
Die Natur der Knochen (vergleiche Teil XV).

Teil XX

Die Krankheiten:
4. Buch: Schließt sich inhaltlich unmittelbar an die Schriften *Der Samen* und *Das Werden des Kindes* an. Humoralpathologie.
Die Siebenzahl: Bedeutung der Sieben für den Aufbau der Welt und die menschliche Konstitution.

Teil XXI

Die ärztliche Werkstätte: Ratschläge zur Einrichtung der Arztpraxis. Anleitungen zum Anlegen von Verbänden (und Beschreibung ihrer verschiedenen Bestandteile) sowie zum Einrichten von Knochenbrüchen.
Die Wunden (K): Inhalt entspricht dem Titel.
Die Verletzungen am Kopf (H): Beschreibung des Schädels und seiner Nähte; verschiedene Kopfverletzungen, ihre Untersuchung, Prognose und Behandlung.
Die Hämorrhoiden (K): Inhalt entspricht dem Titel.
Die (Mastdarm-) Fisteln (K): Inhalt entspricht dem Titel.
Die Knochenbrüche (H): Allgemeine, nach Körperteilen gegliederte Übersicht über das Einrichten, Bandagieren und Schienen von Knochenbrüchen und Verrenkungen (Luxationen).

Teil XXII

Die Einrenkung der Gelenke (H): Behandlung bei verschiedenen Verrenkungen, Knochenbrüchen und Wirbelverkrümmungen, bei Klumpfuß und Abtrennung von Gliedmaßen durch Unfall.

Das Buch vom Hebel (H?): Abriß der beiden voraufgehenden Abhandlungen mit kurzer Erläuterung der einschlägigen anatomischen Begriffe.

Teil XXIII

Die Frauenkrankheiten, 2 Bücher

1. Buch: Gynäkologische Abhandlung (vergleiche Teil XXIV), in der unter anderem die Theorie aufgestellt wird, Hysterie gehe auf eine Verlagerung der Gebärmutter zurück.

Die Krankheiten der Jungfrauen: Hysterie, Epilepsie etc. bei pubertierenden jungen Mädchen.

Teil XXIV

Die Frauenkrankheiten:

2. Buch: *Die Unfruchtbaren*: Untersucht die verschiedenen Ursachen der Sterilität und die Mittel zu ihrer Behebung.

Teil XXV

Die Natur der Frau: Gynäkologische Abhandlung; Zusammenfassung der Traktate über *Die Frauenkrankheiten*.

Das Siebenmonatskind. Das Achtmonatskind (K): Versuch einer Erklärung, warum Frühgeburten von 7 Monaten überleben können, während Achtmonatskinder angeblich lebensunfähig sind. Das Ende des 9. Monats bildet den normalen Abschluß der Schwangerschaft. Mit der Niederkunft für den Fötus verbundene Schmerzen und Schwierigkeiten.

Die Überfruchtung: Auszüge aus den Abhandlungen über *Die Frauenkrankheiten*.

Die Zerstückelung des Embryos: Exzision abgestorbener Föten.

Das Zahnen: Das Zahnen der Kinder und damit verknüpfte Erkrankungen.

Ergänzungsteil

Die Briefe des Hippokrates: Verschiedene, Hippokrates zugeschriebene oder mit ihm in Verbindung gebrachte Briefe, Reden und andere Texte beschließen die Sammlung.

Allgemeine Ausrichtung der hippokratischen Medizin

Hauptmerkmal der hippokratischen Medizin ist ihr durch und durch weltlicher Charakter: Sie ist gänzlich unabhängig von Religion und Magie. Die Ärzte sind keine Priester mehr, die bei der Gottheit den Vermittler spielen und von Opfergaben leben, sondern Männer, die einen Beruf ausüben und dafür vom Kranken selbst oder von der Stadt, der Polis, bezahlt werden. Und ebenso ist die Medizin nicht länger eine priesterliche Funktion, sondern eine Technik und eine Kunst. Die Krankheitsursachen haben nichts Übernatürliches mehr an sich, nicht einmal bei der heiligen Krankheit (der Epilepsie) und den Geisteskrankheiten. Nur noch wenigen Träumen wird ein göttlicher Ursprung zugestanden; die Mehrzahl wird auf körperliche Ursachen zurückgeführt, und auch diese werden im Traktat *Die Träume* in den Bereich der Weissagung verwiesen. Die Praxis der Inkubation, bei der der Gott dem Kranken im Traum erschien, um ihm die Behandlung zu enthüllen, ist in weite Ferne gerückt.

Wie die Ursachen, so sind nun auch die empfohlenen Heilmittel durchweg natürlicher Art; nach Beschwörungen, Exorzismen und ähnlichen Verfahren sucht man vergeblich. Außer auf chirurgische Behandlungen greift die hippokratische Medizin auf verschiedene mineralische, pflanzliche und tierische Substanzen in Form von Heiltränken, Salben, Umschlägen etc. zurück und verordnet Diäten, Bäder und Massagen.

Grundlage dieser Verweltlichung (ob Ursache oder Folge, läßt sich schwer sagen) sind die Prinzipien der ärztlichen Praxis selbst. Einerseits kritisiert Hippokrates in der Medizin einen Rationalismus *a priori*: Man darf die Krankheiten nicht zu verstehen, geschweige denn zu heilen versuchen, indem man *a priori* von einem Prinzip ausgeht und darauf allein mit Hilfe von Schlußfolgerungen ein ganzes System aufbaut (wie zum Beispiel der Verfasser des Traktats *Die Winde* die Luft als Prinzip setzt und darauf *a priori* ein System entwickelt, das sämtliche Krankheiten erklärt). Genausowenig aber darf man ins andere Extrem, einen reinen Empirismus, verfallen. So wirft Hippokrates den knidischen Ärzten in *Die altbewährte Heilkunst* vor, es mit der Beobachtung allzu genau zu nehmen, nicht zwischen wirklich wichtigen und nebensächlichen, eher dem Einzelfall als der Krankheit als pathologischem Geschehen zuzuordnenden Symptomen zu unterscheiden und auf diese Weise viel zu viele Krankheiten zu konstruieren.

Statt *a priori* ins Leere hinein zu theoretisieren oder sich von den unmittelbaren Beobachtungen am Krankenbett allzusehr beeindrucken zu lassen, soll sich der Arzt an die vernunftgemäße Erfahrung halten:

> Folglich, wer dies weiß, muß ärztlich so tätig sein, daß er sich nicht zum voraus an eine zuverlässige Überlegung (Theorie) hält, sondern an die vernunftgemäße Erfahrung (= Praxis).

Die Überlegung besteht nämlich in der Erinnerung der wahrgenommenen und im Gedächtnis festgehaltenen Dinge. Denn der Wahrnehmungssinn, der zuerst durch die Dinge berührt wird und sie dem Verstand übermittelt, besitzt ein wirkliches Vorstellungsvermögen. Der Verstand andererseits, der (Eindrücke) aufnimmt, beobachtet oft das Wodurch, das Wann und das Wie (der Ereignisse), er nimmt (Eindrücke) in sich auf und behält sie so in der Erinnerung.

Ich lobe also auch die Überlegung, wenn sie ihren Ausgang von dem (einzelnen) zufälligen Ereignis nimmt und wenn sie die Abstraktion aufgrund der sichtbaren Vorgänge regelrecht ausführt. Denn wenn die Überlegung ihren Ausgang von den wirklichen Ereignissen nimmt, so wird man finden, daß sie in der Macht des Verstandes steht, der seinerseits selbst alles einzelne von den anderen Dingen her empfängt.

Es ist folglich anzunehmen, daß die Natur von den vielen und mannigfachen Dingen bewegt und belehrt wird, und zwar unter Einwirkung einer zugrundeliegenden Kraft. Der Verstand aber, der, wie gesagt, von der Natur aufnimmt, führt es dann in die Wirklichkeit über.

Wenn die Überlegung dagegen ihren Ausgang nicht von einem wirklichen Vorgang, sondern von einer bestechenden Vorspiegelung nimmt, so schafft sie oft eine schwierige und unerfreuliche Lage. (...) Aus dem, was nur durch den Verstand zustande kommt, wird man keinen Nutzen ziehen, dagegen aus dem, was durch eine Tat bewiesen ist. Denn eine Versicherung, die in vielen Worten besteht, ist trügerisch und bringt leicht zu Fall.

Aus diesem Grunde muß man sich allgemein an die Sachlage halten und hauptsächlich sich mit ihr befassen, falls man sich eine leichte und fehlerlose Fertigkeit in jener Kunst, die wir die ärztliche Kunst nennen, aneignen will. (*Vorschriften für Ärzte, I/41–42*)

Ein gutes Beispiel für diese von der Erfahrung geleiteten Überlegungen liefern die in den hippokratischen Schriften empfohlenen Untersuchungs-, Diagnose- und Prognosemethoden:

Wisse, daß wir mit den Augen, mit den Ohren, mit der Nase, mit der Hand die Krankheitsentscheidungen beurteilen, und so auch mit Hilfe aller anderen Sinne, durch die wir erkennen. Der Kranke klagt, der Untersuchende urteilt, indem er berührt oder riecht oder schmeckt oder mit anderen Mitteln prüft: Haare, Hautfarbe, Hautbeschaffenheit, Adern, Sehnen, Muskeln, Fleisch, Knochen, Mark, (...) Zitterbewegungen, Krämpfe, Schluchzen, jede Veränderung in der Atmung, Ausscheidungen, alles das sind Mittel zur Erkennung. (*Die epidemischen Krankheiten (Volkskrankheiten), 4. Buch, XII/23. Bei diesem Buch handelt es sich wohlgemerkt um eine unredigierte Notizensammlung.*)

Krankenuntersuchung; sie beginnt bei der Entstehung und beim Anlaß der Krankheit, geht dann über zu den vielerlei Berichten und zur Sammlung und Überlegung aller kleinen Feststellungen, ob sie miteinander übereinstimmen, ob es hingegen Unstimmigkeiten gibt, ob sie zu anderen so stimmen, daß aus den Unstimmigkeiten eine einzige Übereinstimmung werde. Das möchte der Weg der ärztlichen Untersuchung sein; so führt er zur Prüfung des Richtigen und zur Ausscheidung des Unrichtigen. (...) Nicht ins Blaue hinein; nichts gering achten! Mit bedächtiger Steigerung das Entgegengesetzte herbeiführen und dazwischen Pausen machen! (*Die epidemischen Krankheiten (Volkskrankheiten), 6. Buch, XII/62*)

Man hat den Krankheitszustand von den ersten Anfängen an zu erschließen: aus dem, was ausgeschieden wird, aus der Beschaffenheit des Urins, aus dem Grad der Schwäche, aus der Veränderung der Farbe, aus der Abnahme der Atmung, auch alles übrige hat man gleichzeitig zu betrachten.

Man muß ferner wissen, ob die Ausscheidungen entsprechend sind [*denen des Gesunden entsprechen*]: die Entleerungen des Darms, der Urinabgang, die Uterusausscheidungen, die Sputa, die Nasensekrete, die Augenbutter, der Schweiß, die Sekretionen aus Entzündungen, Wunden und Ausschlägen, ferner ob die Ausscheidungen von selbst oder ob sie künstlich vor sich gehen. (*Die Säfte, VII/74*)

Bei den akuten Krankheiten muß man seine Beobachtungen folgendermaßen anstellen.

Zuerst beobachte man das Gesicht des Kranken, ob es so wie bei Gesunden ist, besonders ob es so wie sonst [*wie beim Gesunden*] aussieht, denn in diesem Fall stünde es am besten; ist es aber ganz gegenteiliger Art wie sonst, dann (steht es) am schlimmsten. Das wäre folgender Fall:

Spitze Nase, tiefliegende Augen, eingesunkene Schläfen, kalte und geschrumpfte Ohren, zurückgebogene Ohrläppchen, spröde, gespannte und trockene Gesichtshaut, gelbe oder dunkle, bläuliche oder bleierne Farbe des ganzen Gesichts. (...) Wenn (die Augen) nämlich das helle Licht scheuen, unwillkürlich tränen oder sich verdrehen oder wenn das eine Auge kleiner als das andere wird oder das Weiße des Auges rot oder fahlbläulich ist oder wenn sich in demselben dunkle Äderchen zeigen oder Augenbutter an den Augen auftritt (...), der Blick trüb und glanzlos oder die Farbe des ganzen Auges verändert ist, so hat man das alles für schlimm und verderbenbringend anzusehen. [*Es folgen Ausführungen über Lage und Verhalten des Kranken, die Temperatur der verschiedenen Körperteile, über normale und krankhafte Handbewegungen, über Schweißausbrüche, den Zustand des Hypochondriums, Schlaferscheinungen, Stuhl- und Urinentleerungen etc.*] (*Prognostikon, X/54*)

Wie man diesen Zitaten entnehmen kann, wird eine gründliche Untersuchung des Kranken empfohlen, die seinen Allgemeinzustand ebenso berücksichtigt wie die spezifischen Symptome. Anschließend sollten die Beobachtungen zueinander in Beziehung gesetzt, mit dem Zustand des Gesunden verglichen werden und so fort. Läßt die direkte Beobachtung keine unmittelbaren Schlüsse zu, muß das Problem auf Umwegen angegangen werden wie im folgenden Fall, in dem es herauszufinden gilt, ob eine Kopfverletzung einen Schädelbruch zur Folge hatte oder nicht (der erwähnte Schaber ist ein chirurgisches Instrument zum Abschaben der Knochen):

(...) wenn man (...) nicht unterscheiden kann, ob der Knochen gebrochen oder zersplittert oder beides ist, auch im übrigen durch die Besichtigung nicht, so muß man den Knochen mit dem ganzen schwarzen lösbaren Mittel übergießen, die Wunde mit dem aufgelösten »schwarzen Mittel« einreiben, ein Stück mit Öl getränkte Leinwand darüber legen, dann mit Gerstenbrei einen Aufschlag machen und einen Verband anlegen. Am folgenden Tag löse man den Verband und reinige die Wunde und schabe dann (den Knochen).

Wenn nun der Knochen nicht heil, sondern entweder gebrochen oder zersplittert ist, so wird der übrige Teil des Knochens beim Abschaben weiß sein, die gebrochene und zersplitterte Stelle dagegen, die nach dem Zergehen des Mittels das schwarze Mittel in sich aufgenommen hat, wird inmitten des übrigen weißen Knochens schwarz erscheinen. Dann muß man wieder diese schwarz erscheinende Bruchstelle in die Tiefe abschaben; wenn man durch das Abschaben die Bruchstelle beseitigt und unsichtbar gemacht hat, so ist eine größere oder kleinere Splitterung des Knochens eingetreten, die gerade den durch den Schaber zum Verschwinden gebrachten Bruch erzeugt hat. Wenn der Bruch zum Verschwinden gebracht wird, so wird er weniger Gefahr und weniger Arbeit mit sich bringen. Wenn der Bruch dagegen in die Tiefe geht und beim Abschaben nicht weggehen will, so führt ein derartiger Unfall bereits zur Schädeldurchsägung. (*Die Verletzungen am Kopf, XXI/68*)

Anhand dieser Beobachtungen wird nicht nur die Diagnose gestellt, sondern auch der weitere Krankheitsverlauf prognostiziert und erörtert, welche Indizien für eine positive oder negative Entwicklung sprechen:

Zwangsläufig tritt folgendes ein, wenn es eintritt: lahm wird man, wenn bei Verletzungen die dicken Nerven verletzt werden, desgleichen wenn die Muskelköpfe verletzt werden, besonders an den Schenkeln; sterben muß man, wenn bei einem (Menschen) Gehirn, Rückenmark, Leber, Zwerchfell, Blase, Blutader oder Herz verletzt werden; man stirbt dagegen nicht an der Verletzung von Stellen, wo derartige Organe nicht liegen, sondern die so weit wie möglich (von den genannten Organen) entfernt liegen.

Was die Krankheiten anlangt, so führen folgende mit Naturnotwendigkeit zum Tode, falls sie auftreten: die Schwindsucht, die Hautwassersucht, bei einer schwangeren Frau Lungenentzündung, Brennfieber, Brustfellentzündung, Gehirnentzündung oder ein Erysipel in der Gebärmutter. Folgende Krankheiten aber sind hinsichtlich des tödlichen oder nicht tödlichen Ausgangs zweifelhaft: Lungenentzündung, Brennfieber, Gehirnentzündung, Brustfellentzündung. (...) Folgende Krankheiten verlaufen, falls nicht irgend etwas hinzukommt, nicht tödlich: abgesperrte Flüsse, Melancholie, Podagra, Ischias, Stuhldrang (...); doch werden in vielen Fällen die Menschen durch diese (Krankheiten) mit Gebrechen behaftet: (nämlich) Lähmung der Hände und Füße, Verlust der Herrschaft über die Stimme, Schlagfluß durch die schwarze Galle, Lähmung durch Ischias, Augen- und Ohrenschäden durch sich (in ihnen) festsetzenden Schleim. (...)

Zu dem einen Übel muß sich ein anderes gesellen in folgenden Fällen: wenn einen Frost befällt, muß ihn Fieberhitze befallen; wenn ein Nerv durchschnitten wird, Zusammenziehung (Krampf), auch wächst er nach Durchschneidung nicht wieder zusammen und entzündet sich stark; wenn das Gehirn erschüttert wird oder durch den Schlag erkrankt, so verliert der Betreffende notwendigerweise alsbald die Sprache und kann weder sehen noch hören; falls es aber verletzt wird, so muß Fieber und Erbrechen von Galle hinzutreten, irgendein Körperteil lahm werden und (der Betreffende) sterben. Wenn das Netz vorfällt, muß es vereitern, und wenn sich aus einer Wunde oder einer Ader Blut in die Brusthöhle ergießt, so muß es zu Eiter werden.

Wenn bei einem, der an Brustfellentzündung oder Lungenentzündung erkrankt ist oder ein Empyem hat, eine Darmstörung (Diarrhöe) auftritt, so ist es schlimm; wenn hingegen bei einem Fierbernden oder bei einem Verwundeten der Leib (Darm) trocken wird, so ist es schlimm. Wenn bei einem Wassersüchtigen, sowohl einem Milzleidenden wie einem von der weißen Schleimkrankheit Befallenen, eine starke Darmstörung (Diarrhöe) eintritt, so ist es gut.

Wenn ein an der Körperoberfläche sich ausbreitendes Erysipel sich nach innen wendet, so ist es schlimm, wenn sich dagegen ein über das Innere sich ausbreitendes Erysipel nach außen wendet, so ist es gut.

Wenn bei einem an heftigem Durchfall Erkrankten Erbrechen eintritt, so ist es gut (...). (*Die Krankheiten, 1. Buch, XVII/71–72, 75–76*)

All das setzt aber voraus, daß die Beobachtungen sorgfältig aufgezeichnet, gesammelt und miteinander verglichen werden. Nur so lassen sich die Prinzipien erkennen, die den Krankheitsverlauf bestimmen, und die Gesetze, die die Erstellung einer Diagnose und Prognose anhand der Symptome erlauben. Zweifellos wurde in den Tempeln so verfahren und das Verfahren von der Schule von Kos dann noch verfeinert; *Die epidemischen Krankheiten (Volkskrankheiten)* sind eine Sammlung solcher Krankengeschichten, von denen wir im folgenden einige kürzere zitieren wollen. Daneben gibt es wesentlich detailliertere, beispielsweise über das Empyem und die Trepanation (Kasten 166, Seite 532; Kasten 168, Seite 542).

Meton wurde von Fieberglut befallen; er klagte über sehr schmerzhafte Schwere in den Lenden. Am zweiten Tage bekam er bei etwas reichlichem Wassertrunk einen ordentlichen Stuhlgang. Am dritten hatte er Schwere im Kopf, dünne gallige rötliche Darmabgänge. Am vierten Tage steigerte sich alles; aus dem rechten Nasenloch floß ihm zweimal kurz hintereinander Blut. Die Nacht war mühselig, die Darmabgänge wie am dritten Tage, der Harn etwas dunkel mit einer etwas dunklen, schwimmenden, zertrennten Trübung, gab keinen Bodensatz. Am fünften Tage stürzte aus dem linken Nasenloch ungestüm ungemischtes Blut; der Kranke fiel in Schweiß, die Krankheit wurde entschieden. Nach der Entscheidung blieb er schlaflos, redete Unsinn, ließ dünnen, etwas dunklen Harn. Er bekam Kopfbegießungen, schlief ein und erwachte mit klarem Verstand. Dieser Kranke bekam keinen Rückfall, sondern hatte nach der Entscheidung noch mehrmals Nasenbluten. (*Die epidemischen Krankheiten (Volkskrankheiten), 1. Buch, XI/42–43*)

Der Aufseher auf dem großen Schiff erlitt am Leckfinger [*Zeigefinger*] und am Knochen der rechten Hand durch den Anker eine Quetschung; es kam Entzündung hinzu und Absterben des Knochens und Fieber. Am fünften Tage mäßige Reinigung nach unten; die Fieberhitze und die Schmerzen ließen nach. Vom Finger fiel ein Stück ab. Nach dem siebenten Tag zog der Wundsaft gebührlich ab. Danach klagte er über seine Zunge, er könne nicht alles hervorbringen; unsere Vorhersage lautete: Rückenstarrkrampf [*Tetanus*]. Jetzt zogen sich die Kiefer zusammen, dann ging es in das Genick, am dritten Tage wurde der ganze Körper nach rückwärts zusammengezogen mit Schweiß. Am sechsten Tage starb der Kranke, gemäß unserer Voraussage. (*Die epidemischen Krankheiten (Volkskrankheiten), 7. Buch, XII/103–104*)

Doch die Traktate über *Die epidemischen Krankheiten (Volkskrankheiten)* enthalten nicht nur Krankengeschichten, sondern auch regelrechte, vornehmlich von den jeweiligen Witterungsverhältnissen ausgehende Gesundheitsbilanzen für ganze Regionen:

Auf Thasos gab es im Herbst, um die Tagundnachtgleiche und solange noch die Schiffersterne sichtbar waren [*das heißt noch rund 50 Tage nach dem Herbstäquinoktium*], viel milden anhaltenden Regen bei Südwetter. Der Winter hatte Südstimmung; kleine Nordwinde mit Trockenheiten; im ganzen war die Witterung des Winters frühlingsmäßig. Der Frühling war bei Südwetter kühl mit kleinen Niederschlägen. Im Sommer gab es fast immer bewölkten Himmel; regenlose Zeiten. Die Hundstagwinde bliesen spärlich, schwach, unterbrochen.

Nachdem also der ganze Wetterzug südliches Gepräge mit einfallenden Trockenheiten gehabt hatte, schlug mit Frühlingsbeginn die vorhergegangene Witterung beinahe ins Gegenteil um und ging in eine nördliche über.

Jetzt entstanden bei einzelnen Menschen Brennfieber, und zwar durchaus gutartige; auch bekamen wenige dieser Kranken Nasenbluten, unter ihnen gab es keine Todesfälle.

Viele aber bekamen Geschwülste in der Ohrgegend, einseitige und doppelseitige; dabei blieben die meisten fieberfrei und gingen umher; einzelne auch gab es, die ein wenig dazu fieberten. Bei allen zerteilten sich die Geschwülste ohne Nachteil und bei keinem einzigen kamen sie zur Vereiterung, wie es die Ohrdrüsengeschwülste, die aus anderen Anlässen entstehen, zu tun pflegen. Die Geschwülste waren weich, groß, ausgedehnt, ohne Entzündung, schmerzlos; sie verschwanden bei allen spurlos. Sie entstanden bei Knaben, Jünglingen, vollkräftigen Männern; unter ihnen am meisten bei solchen, die am Ringplatz und bei Nacktübungen verkehrten. Von Weibern wurden nur wenige befallen. Viele der Kranken bekamen trockenen Husten, sie husteten und warfen nichts aus; ihre Stimme war rauh. Nicht lange hernach oder auch nach Verlauf einiger Zeit bekamen sie schmerzhafte Entzündungen des einen oder anderen Hodens oder beider Hoden. Dabei fieberten die einen, die anderen nicht. Die meisten hatten durch die genannten Zufälle große Beschwerden.

Im übrigen blieben die Leute auf Thasos, soweit sie ärztliche Hilfe in unsrer Werkstätte in Anspruch zu nehmen pflegen, von inneren Krankheiten verschont. (*Die epidemischen Krankheiten (Volkskrankheiten), 1. Buch, XI/21–22*)

Auf der Grundlage solcher Gesundheitsbilanzen und Krankengeschichten läßt sich auch die Wahrscheinlichkeit des Auftretens dieser oder jener Krankheit nach Jahreszeiten und klimatischen Verhältnissen abschätzen und die Anfälligkeit des einzelnen je nach Alter, Konstitution, Art der Beschäftigung etc. für eine bestimmte Krankheit beurteilen:

Was die verschiedenen Jahreszeiten angeht, so befinden sich im Frühling und zum Sommerbeginn die Kinder und die Jugendlichen vortrefflich und bleiben zumeist gesund; im Sommer hingegen und bis in den Herbst hinein die Greise; im Spätherbst und im Winter die mittleren Lebensstufen.

Sämtliche Krankheiten können zu jeder Jahreszeit entstehen, jedoch gibt es solche, die zu gewissen Jahreszeiten häufiger entstehen und sich verschlimmern.

Und zwar im Frühling die Erkrankungen mit Raserei (mania) und die mit Schwermut (melancholia) und mit Fallsucht, und Blutflüsse und Halsbräune und Schnupfen (...); und Blutschwären (phyma) und Gelenkleiden (arthritis).

Im Sommer häufen sich neben einigen der genannten Störungen anhaltende Fieber und Brennfieber und Drittagfieber in großer Zahl, Erbrechen (...).

Im Herbst setzen sich viele von den vorhergenannten Sommerkrankheiten fort; hierzu kommen Vierttagsfieber und unregelmäßige Wechselfieber und Milzschwellung und Wassersucht (...) und Tobsucht und Schwermut.

Im Winter herrschen vor Seitenstechen, Lungenentzündung, Schnupfen, Heiserkeit, Husten (...).

Was die verschiedenen Lebensalter angeht, so kommen in ihnen die folgenden Krankheiten vor: Die neugeborenen Kinder und Säuglinge leiden an Mundschwämmchen, Erbrechen, Husten, Schlaflosigkeit, Schreckanfällen, Nabelentzündung, Ohrenfluß.

Zur Zeit der Zahnung Jucken im Zahnfleisch, Fieber, Muskelkrämpfe, Durchfälle, besonders dann, wenn sie die Hundszähne hervorbringen, und am meisten die sehr dicken Kinder und die hartleibigen.

Bei älter gewordenen Kindern gibt es Mandelschwellungen, Nackenwirbelsenkungen, Engbrüstigkeit, Blasensteinbeschwerden, Spulwürmer, Springwürmer (...).

Bei noch älteren Kindern, die sich der Geschlechtsreife nähern, kommen viele der genannten Krankheiten vor und dazu noch Fieber, besonders Dauerfieber und Nasenbluten.

Die meisten Kinderkrankheiten werden binnen vierzig Tagen entschieden; andere binnen sieben Monaten; andere binnen sieben Jahren; andere ziehen sich bis zur Geschlechtsreife hin. Was aber davon etwa aus der Kindheit zurückbleibt und bei den Knaben nicht zur Zeit der Mannbarkeit, bei den Mädchen nicht mit dem Eintritt der Monatsblutung erlischt, pflegt dauerhaft zu werden.

Bei jungen Leuten (21- bis 25jährigen) gibt es Blutspeien, Schwindsucht, hitzige Fieber, Fallsucht und andere Krankheiten; am meisten aber die eben genannten.

Bei denen, die über die Jugendblüte hinaus sind, gibt es Engbrüstigkeit, Seitenstechen, Lungenentzündung, Schlaffieber (...).

Bei den alten Leuten Atemnot, Schleimhusten, Harnstrenge, Harnzwang, Gelenkleiden, (...) grauer Star, Schwerhörigkeit. (*Die hippokratischen Lehrsätze (Aphorismen), 3. Abschnitt, 18–31, XIV/37–40*)

Natürlich läßt sich über diesen oder jenen Punkt streiten und sein wissenschaftlicher Wert in Frage stellen; bestehen aber bleibt, daß die allgemeine Orientierung der hippokratischen Medizin in der Methode, wenn schon nicht im Detail ihrer Anwendung, unserer heutigen wissenschaftlichen Medizin doch sehr nahekommt. Als mögliche Krankheitsursache werden äußere Faktoren wie Klima und Witterungsverhältnisse anerkannt: Der Kranke wird also nicht isoliert betrachtet, sondern auch als Teil seiner Umwelt verstanden:

Wer die Heilkunst in rechter Weise zu erlangen suchen will, hat folgendes zu tun.

Zuerst muß er erwägen, welche Wirkung jede einzelne Jahreszeit auszuüben vermag, denn diese gleichen einander in nichts, vielmehr sind sie unter sich und auch in ihren Wechseln (Übergängen) ganz verschieden.

Alsdann muß er auf die Winde, auf die warmen wie auf die kalten achten, und zwar insbesonders auf die, von welchen alle Menschen beeinflußt werden, nächstdem aber auch auf die, welche jedem Land eigentümlich sind.

Er muß sodann auch die wirksamen Eigenschaften der Gewässer in Betracht ziehen; denn so wie sie sich im Geschmack und Gewicht unterscheiden, so ist auch die Wirkung jedes einzelnen Wassers ganz verschieden.

Man muß demnach, wenn man in eine Stadt kommt, die man nicht kennt, genau darauf achten, welche örtliche Lage sie einerseits zu den Winden, andererseits zu den

Sonnenaufgängen hat. Eine nach Norden zu gelegene Stadt übt nämlich auf den Menschen nicht denselben Einfluß aus wie eine nach Süden zu gelegene und eine nach Sonnenaufgang zu gelegene nicht denselben Einfluß wie eine nach Sonnenuntergang zu gelegene Stadt.

Darauf hat man also so gut wie möglich zu achten, ferner auf die Gewässer, wie (die Bewohner mit ihnen) daran sind, ob sie sumpfiges, weiches oder hartes, sei es von hochgelegenen und gebirgigen Gegenden kommendes oder sei es salziges und nicht zu erweichendes Wasser haben. Ferner, ob das Land kahl und wasserarm oder dicht bewachsen und wasserreich ist, außerdem ob es muldenförmig und drückend heiß oder hochgelegen und kalt ist.

Und dann hat man die Lebensweise, welche die Bewohner bevorzugen, ins Auge zu fassen, ob sie gern trinken, nur einmal essen und sich nicht plagen oder ob sie körperliche Bewegung und Arbeit lieben und dabei gern essen, aber nicht trinken. (*Luft, Wasser und Ortslage, VI/23–24*)

164. ÄRZTLICHE STANDESPFLICHT UND HIPPOKRATISCHER EID

Abgesehen von den allgemeinen Grundsätzen des Laizismus und des vernunftgeleiteten Empirismus richtet der hippokratische Arzt sein Wirken auch nach ethischen und deontologischen Prinzipien aus. Das geht aus dem hippokratischen Eid hervor, den wir hier im vollen Wortlaut wiedergeben (man beachte die sonderbare Ausklammerung des Steinschnitts, das heißt der Entfernung von Blasensteinen, eine Einschränkung, die die einen mit den Gefahren dieses Eingriffs begründen, während andere einen Übersetzungsfehler – »Schnitt« statt »Kastration« – vermuten). Im übrigen wird das korrekte Verhalten des Arztes im Umgang mit seinem Patienten auch in anderen Texten der Sammlung, und zwar sowohl in rein deontologischen Traktaten als auch in entsprechenden, in die fachbezogenen Abhandlungen eingestreuten Bemerkungen umrissen. So soll er auf die Schamhaftigkeit des Kranken Rücksicht nehmen, ihm nicht als erstes Geld abfordern, kein überhöhtes Honorar verlangen, Arme auch kostenlos behandeln und die Behandlung so durchführen, daß sie keine Schäden hinterläßt – beispielsweise Beinbrüche so einrichten, daß der Patient nicht hinterher hinkt. Mag ein derartiger Eid ursprünglich dem Schutz des Kranken vor der Allmacht des in der Volksphantasie noch dem Zauberer nahestehenden Arztes gedient haben, so war das in hippokratischer Zeit mit ihrer offenbar bereits klar umrissenen ärztlichen Ethik und Standespflicht nicht mehr der Fall.

Der (Ärzte-)Eid

Ich schwöre bei dem Heilgott Apollo und bei Asklepios, bei Hygieia und Panakeia sowie bei allen Göttern und Göttinnen, und ich rufe sie als Zeugen dafür an, daß ich, soweit es in meiner Macht und in meinem Verständnis liegt, folgenden Schwur und folgende Verpflichtung erfüllen werde:

Ich werde meinen Lehrer in dieser Kunst so hoch wie meine Eltern achten, er soll teilhaben an meinem Hab und Gut, und im Fall der Not werde ich ihm geben, was er bedarf. Seine Söhne werde ich als meine Brüder betrachten und sie in der Heilkunst unterrichten, wenn sie sie lernen wollen, ohne Entgelt und ohne Vertrag.

Ich werde die Lehre, sowohl die mündliche Unterweisung wie alles, was zu diesem Fach gehört, an meine Söhne und an die Söhne meines Lehrers, ferner an die Schüler weitergeben, die auf das ärztliche Gesetz schriftlich verpflichtet und vereidigt sind, an sonst aber niemand.

Meine ärztlichen Verordnungen werde ich zum Nutzen der Kranken geben, soweit ich es vermag und verstehe. Was Verderben und Schaden bringt, will ich von ihnen fernhalten.

An niemand werde ich ein tödlich wirkendes Gift abgeben, auch dann nicht, wenn man mich darum bittet, ich werde auch keinen solch verwerflichen Rat erteilen, ebensowenig werde ich einem Weib ein Mittel zur Vernichtung des keimenden Lebens geben.

Lauter und gottgefällig will ich mein Leben und meine Kunst bewahren.

Ich werde niemals an Steinleidenden den Steinschnitt selbst vornehmen, sondern solches Tun Leuten überlassen, die besondere Übung darin haben.

In alle Häuser, in wieviele ich auch kommen mag, werde ich zum Heil der Kranken eintreten und mich jeden vorsätzlichen Vergehens und jeder schädlichen Handlung enthalten, insbesondere geschlechtlicher Handlungen, sowohl gegenüber dem weiblichen wie dem männlichen Geschlecht, den Freien gegenüber wie den Sklaven.

Über alles, was nicht außerhalb weitererzählt werden soll, mag ich es während der Behandlung sehen oder hören, oder mag ich außerhalb meines Wirkens etwas im gewöhnlichen Leben erfahren, werde ich Stillschweigen bewahren und derartiges als Geheimnis ansehen.

Wenn ich diesen Schwur halte und nicht breche, so möge ich den verdienten Lohn für mein Leben und Wirken ernten und ich möge geachtet sein unter meinen Mitmenschen für alle Zeit.

Übertrete ich aber diesen Schwur und werde ich meineidig, so soll das Gegenteil davon mir widerfahren.

(*Der (Ärzte-)Eid, I/21–23*)

Der hippokratische Arzt soll demnach nicht nur ein »Universalgelehrter«, sondern auch ein »Ehrenmann« sein. Um eine Krankheit richtig diagnostizieren und heilen zu können, muß er »alles« kennen: den Ort und seine Lage, das Klima, die Jahreszeit, die Wasser- und Windverhältnisse, das Alter des Patienten, seine Konstitution, seine Tätigkeit und seine Ernährung, ohne die Auslöser der Krankheit, die peinlich genaue Beobachtung der Symptome und den Allgemeinzustand des Kranken zu vergessen; all das muß zueinander in Beziehung gesetzt und dann zwischen wichtigen Faktoren und Begleiterscheinungen unterschieden werden. Erst danach können Diagnose und Prognose gestellt und die Behandlung eingeleitet werden. Es stellt sich nun die Frage, ob zur wirksamen Durchführung dieser Aufgabe auch eine medizinische Theorie existierte.

Anatomie, Physiologie und medizinische Theorie

Die hippokratische Sammlung umfaßt einige im großen und ganzen ziemlich summarische anatomische Beschreibungen, die teilweise aber doch wie die folgende Beschreibung des Herzens und seiner Klappen einen solchen Grad an Präzision aufweisen, daß der Gedanke an sachkundig durchgeführte Sektionen naheliegt. Möglicherweise existierten detaillierte Abhandlungen, die uns nur in abgekürzter Form überliefert sind wie im *Buch vom Hebel* oder im Traktat *Die Anatomie*; allerdings stützt sich die hippokratische Medizintheorie nur selten auf eine exakte Anatomie und konnte insofern wohl darauf verzichten. Nachfolgend zwei Auszüge, die zu den besten anatomischen Beschreibungen der ganzen Sammlung zählen.

Das Herz ist seiner Form nach so wie eine Pyramide, seiner Farbe nach ist es sattrot.

Es ist von einer glatten Hülle umgeben; in dieser befindet sich eine geringe Menge urinartiger Flüssigkeit, so daß du meinen möchtest, das Herz bewege sich in einer (gefüllten) Blase hin und her. Das ist deswegen (so), damit es gleichsam an geschützter Stelle schlage. (Diese Blase) enthält ungefähr ebensoviel Flüssigkeit als wie zugleich zur Linderung des Feuers, welches (das Herz) erhitzt, (nötig ist). Diese Flüssigkeit schwitzt durch (diese Hülle) hindurch, das Herz saugt sie an, nimmt sie auf und verbraucht sie. Es schlürft den Trank der Lunge gierig auf. (...) Das Herz ist ein äußerst kräftiger Muskel, nicht durch die Sehnen, sondern durch die Polster seines Fleisches.

Es besitzt zwei voneinander gesonderte Räume in einer einzigen Umfassung, den einen da, den anderen dort, sie gleichen sich aber keineswegs. Der auf der rechten (Seite) nämlich liegt nach vorn zu, in Verbindung mit der einen der beiden Adern – ich meine den rechten (Raum) der linksseitig gelegenen (Räume); das ganze Herz liegt nämlich auf dieser (linken Seite). Dieser (Raum auf der rechten Seite) ist aber sowohl sehr weit als auch viel schlaffer als der andere (linke), er hat keinen Anteil an dem äußersten Ende des Herzens, sondern läßt das unterste Ende frei, er ist wie außen (an den linken) angeheftet.

Der andere (linke Raum) dagegen liegt gerade darunter und direkt an der linken Brustwarze, wo sich der Herzschlag zeigt. (...)

[*Aortenklappen*:]. Es gibt ferner von diesen Öffnungen ein Paar, an denen an jeder (Höhle) 3 Häutchen angebracht sind, die an ihrer Peripherie wie Halbschnitte eines Kreises gerundet sind und die beim Zugehen die Öffnungen, der Aorten unteres Ende, wunderbar schließen.

Wenn jemand, der den alten Ritus kennt, das Herz eines Gestorbenen herausnimmt, die eine Art (dieser Häutchen) aufstützt, die andere niederdrückt, so wird weder Wasser noch ein darauf treffender Luftzug in das Herz durchtreten, und zwar noch mehr bei den (Häutchen) der linken (Höhle) [*d.h. der eigentlichen Aorta; bei der anderen »Aorta« handelt es sich um die Lungenschlagader, die ebenfalls eine Klappe besitzt*]. So sind denn diese mit

> Recht genauer (schließend) verfertigt, denn die Geist-Seele des Menschen befindet sich in der linken (Herz-)Höhle und herrscht über die übrige Psyche. (*Das Herz, XVI/63, 65, 68*)

Ähnlich treffend ist die Beschreibung des Skeletts im *Buch vom Hebel*:

> Natur der Knochen. An den Fingern (Zehen) sind sowohl Knochen wie Gelenke einfach, in der (Mittel-)Hand und dem (Mittel-)Fuß dagegen vielfach, die einen (sind) so, die anderen zusammengefügt; am größten sind die ganz oben. An der Ferse (gibt es) einen (Knochen), der sich außen (=hinten) zeigt; zu ihm ziehen sich die hinteren Sehnen hin.
>
> Am Unterschenkel (gibt es) zwei (Knochen), die oben und unten zusammenstoßen, in der Mitte aber ein wenig voneinander abstehen. Der äußere [*das Wadenbein*] nach der kleinen Zehe zu ist eine kurze Strecke dünner, hierin erstreckt er sich am weitesten, in einer geringfügigen Biegung nach dem Knie zu; von ihm geht die Sehne außen längs der Kniekehle aus. (Beide Knochen) haben unten einen gemeinsamen Fortsatz, an dem sich der Fuß bewegt, oben haben sie einen anderen Fortsatz, in dem sich das Gelenk des Oberschenkels bewegt (...) [*In ähnlicher Weise werden im weiteren Verlauf des Textes die Hauptteile des Skeletts beschrieben.*] (*Das Buch vom Hebel, XXII/ 113*)

Im Bereich der Physiologie und der auf ihr fußenden Medizintheorie herrscht die an die Vorstellungen von Alkmaion und Empedokles anknüpfende »Säftelehre« vor, deren sich die gesamte Medizin bis zur Renaissance und sogar noch einige Zeit darüber hinaus bedienen sollte. Der Körper setzt sich aus im allgemeinen vier verschiedenen Säften zusammen; Gesundheit besteht im Gleichgewicht (der Isonomie) dieser Säfte, Krankheit tritt dann auf, wenn einer von ihnen das Übergewicht bekommt, ein Mißverhältnis, das die Medizin ausgleichen muß. Ein derartiges Ungleichgewicht kann auf äußere oder innere Ursachen zurückgehen, wobei der äußere Grund meist in den Klimaverhältnissen, der innere in einer der Konstitution, dem Alter, der Tätigkeit etc. des Patienten unzuträglichen Ernährung gesucht wird – von den durch Verletzungen unterschiedlicher Art verursachten und vielfach chirurgisch behandelten Beschwerden abgesehen.

Der folgende lange Auszug aus der Abhandlung *Die Natur (Konstitution) des Menschen* erklärt diesen Sachverhalt besser als alle Kommentare:

> Der Körper des Menschen enthält in sich Blut, Schleim, gelbe und schwarze Galle, und diese (Säfte) machen die Natur (Konsitution) seines Körpers aus und wegen dieser (Säfte) ist er krank bzw. gesund.
>
> Gesund ist er besonders dann, wenn diese (Säfte) nach Wirkungskraft und Menge im richtigen Verhältnis zueinander stehen und vollständig miteinander vermischt sind; krank aber ist er, wenn irgendeiner von diesen in geringerer oder größerer Menge im Körper vorhanden ist oder sich vom Körper absondert und wenn einer nicht mit allen (Säften) vermischt ist.
>
> Notwendigerweise wird nämlich, wenn sich irgendeiner davon absondert und für sich allein auftritt, nicht allein die Stelle, von wo er seinen Ausgang nahm, krank, sondern auch die Stellen, wo er zum Stehen kommt und wohin er sich ergießt, müssen durch die übergroße Anschoppung Schmerz und Krankheit verursachen. Ferner, wenn

irgendeiner dieser (Säfte) in größerer Menge aus dem Körper ausfließt als (davon) zuströmt, so verursacht die Entleerung desselben Schmerz, und wenn diese wiederum im Innern (des Körpers) eine Entleerung, eine Veränderung und Absonderung von den übrigen (Säften) hervorgerufen haben, so besteht bei dem Betreffenden die starke Notwendigkeit, daß das nach dem Gesagten doppelten Schmerz verursacht, sowohl an der Stelle, von wo der Saft ausgegangen ist, wie an der, wo er die Oberhand bekommen hat. (...)

Der Schleim nimmt im Menschen während des Winters zu, denn er ist von allen im Körper enthaltenen (Säften) dem Winter am meisten entsprechend, er ist nämlich am kühlsten. (...) [*Daher die »Verschleimungen« – wobei sich das Übermaß an Schleim beispielsweise in häufigerem Schneuzen äußert, ein Vorgang, durch den der überschüssige Schleim wieder ausgeschieden wird.*]

Im Frühjahr ist der Schleim im Körper noch stark und das Blut nimmt zu. (...) [*Frühjahrserkrankungen: Ruhr, Blutungen etc.*]

Im Sommer hat das Blut noch Kraft, und die Galle erhebt sich im Körper und das zieht sich bis zum Herbst hin. (...) [*galliges Erbrechen*]. Der Schleim dagegen ist im Sommer verhältnismäßig am unbedeutendsten, denn diese Jahreszeit ist ihm seiner Natur nach entgegengesetzt, weil sie trocken und heiß ist.

Das Blut aber wird im Herbst am wenigsten im menschlichen Körper; denn der Herbst ist trocken und beginnt bereits den Menschen abzukühlen. Die schwarze Galle hingegen ist während des Herbstes in größter Menge vorhanden und am stärksten wirksam. (...)

Alle diese (Säfte) enthält also der Körper des Menschen zu jeder Zeit, aber infolge des Einflusses der Jahreszeit werden sie bald verhältnismäßig stärker, bald schwächer (wirksam), ein jeder nach der Reihe und nach seiner Natur. Wie nämlich das Jahr als Ganzes an allen Eigenschaften, an Warm und Kalt, Trocken und Feucht seinen Anteil hat – nichts könnte nämlich auch nur die kürzeste Zeit ohne all das, was in dieser Welt ist, fortbestehen, sondern wenn auch nur etwas fehlte, würde alles verschwinden; denn auf Grund der gleichen Naturnotwendigkeit ist alles zusammengesetzt und ernährt sich alles gegenseitig – so würde auch, wenn aus dem Menschen etwas von diesen (Säften), die sich zu seiner Entstehung vereinigt haben, fehlte, der Mensch nicht weiter leben können. (...)

Unter solchen Umständen müssen folglich alle die Krankheiten, die sich im Winter entwickeln, im Sommer vergehen, und alle, die sich im Sommer entwickeln, im Winter aufhören. (...) Bei all den Krankheiten aber, welche im Frühjahr entstehen, hat man für den Herbst ihr Nachlassen zu erwarten, und bei den Herbstkrankheiten muß das Nachlassen notwendig in das Frühjahr fallen. (...)

Der Arzt muß die Krankheiten dementsprechend behandeln, wie ein jeder dieser (Säfte) im Körper das Übergewicht hat, entsprechend der Jahreszeit, die dem (Kranken) seiner Konstitution nach am meisten entspricht. (...)

Man muß aber dazu auch folgendes wissen: Diejenigen Krankheiten, welche (Säfte-) Anfüllung erzeugt, heilt Entleerung, die durch Entleerung (eines Saftes) entstehen, heilt Anfüllung, die Krankheiten, die durch Anstrengungen entstehen, heilt Ruhe, und die Krankheiten, die zu starker Müßiggang hervorruft, heilt Anstrengung. (...)

Um es allgemein zu erfassen: der Arzt muß sich gegenüber den vorliegenden Krankheiten, der Körperbeschaffenheit, den Jahreszeiten und den Altersstufen entgegengesetzt verhalten, das, was zusammenzieht, lösen und das Gelöste zusammenziehen. Auf diese Art wird sich nämlich die erkrankte Stelle am besten erholen und darin scheint mir eben die Heilung zu liegen.

Die Krankheiten entstehen teils durch die Lebensweise, teils durch die Luft(-nahrung), durch deren Einatmung wir leben. Diese beiden Gattungen hat man auf folgende Art zu diagnostizieren.

Wenn von ein und derselben Krankheit viele Menschen gleichzeitig befallen werden, so muß man dem die Schuld beimessen, was (allen) am gemeinsamsten ist und was wir alle in erster Linie in uns aufnehmen, das ist aber das, was wir einatmen. (...)

Wenn die Krankheiten hingegen verschiedenartig werden zu der gleichen Zeit, so ist es klar, daß die Lebensweise jedes einzelnen an den einzelnen (Krankheiten) schuld ist.

Diejenigen Krankheiten, welche von dem kräftigsten Teil der Glieder (des Körpers) ausgehen, die sind am furchtbarsten; wenn sie nämlich an der Stelle bleiben, wo sie entstanden sind, muß notwendig, da der kräftigste Teil der Glieder erkrankt ist, der gesamte Körper leiden. Und wenn von dem stärksten Organ zu den schwächeren etwas gelangt, gestaltet sich die Befreiung (von der Krankheit) schwierig. Diejenigen Krankheiten hingegen, die von den schwächeren Gliedern zu den kräftigeren übergehen, sind leichter zu lösen, denn infolge der Stärke (der Glieder) wird das Zuströmende leicht abgeriegelt. (*Die Natur (Konstitution) des Menschen, VII/20–21, 23–29*)

Ähnliche Auffassungen finden sich auch in vielen anderen Traktaten der hippokratischen Sammlung mehr oder weniger präzis und ausführlich erläutert. Auf den wichtigen Zusammenhang zwischen Witterungsverhältnissen und Erkrankungen wurde bereits hingewiesen; von der Rolle der Ernährung soll weiter unten im Teil über die Therapie noch die Rede sein. Kasten 166 über das Pleuraempyem (Seite 532) vermittelt eine Vorstellung, wie sich eine Erkrankung – in diesem Fall die feuchte Rippenfellentzündung mit ihrem Eitererguß innerhalb des Pleuraraumes – mit der Bewegung der Säfte erklären ließ.

Was aber hat man sich unter diesen Säften im einzelnen vorzustellen? Handelt es sich um reale Stoffe oder um abstrakte Begriffe? Und in welcher Beziehung stehen sie zur Erfahrung des Arztes? Bei zwei Säften liegt die Antwort auf der Hand: Blut und gelbe Galle scheinen klar definierte und nachweisbare Substanzen. Und unter dem »Schleim« (Phlegma) hat man offenbar Körperflüssigkeiten wie Speichel, Nasenschleim und Tränen, aber auch Lymphe und Blutplasma zu verstehen, wobei sich Speichel, Tränen etc. als Exkrete dieser Lymphe deuten lassen. Anders liegen die Dinge bei der schwarzen Galle: Es fällt schwer, sie als konkreten »Körpersaft« auszumachen.

Verständlich ist die Behauptung, »der Schleim nimmt im Menschen während des Winters zu«: In keiner anderen Jahreszeit läuft den Leuten so häufig die Nase, was als Übermaß an Schleim – als Ungleichgewicht der Säfte zugunsten dieses einen – gedeutet wird. Das Überwicht der anderen drei Säfte in den restlichen Jahreszeiten ist weniger einleuchtend, es sei denn, man führt es auf das Bedürfnis nach Symmetrie zurück: vier Körpersäfte und vier Jahreszeiten, ergibt einen Saft pro Jahreszeit.

Derartige Betrachtungen haben bei der Ausarbeitung der Säftelehre zweifellos eine Rolle gespielt. Aber diese Lehre geht weit darüber hinaus, wenn sie behauptet, der Körper setze sich aus den vier Säften zusammen, Gesundheit bestehe im Gleichgewicht und außerdem in der Mischung der Säfte, die sich nicht voneinander scheiden dürften. Der Satz »Der Körper des Menschen enthält in sich Blut, Schleim, gelbe und schwarze Galle, und diese (Säfte) machen die Natur (Konstitution) seines Körpers aus«, der Satz, der das Vorhandensein der vier Säfte im Körper konstatiert und sie als dessen Grundbestandteile bezeichnet, erinnert an die Theorie des Empedokles von den vier Wurzeln oder Elementen und deren Gleichberechtigung. Und ebenso erinnert die Behauptung, die Säfte müßten »vollständig miteinander vermischt« sein und dürften sich nicht voneinander absondern und für sich allein auftreten, an die Vorstellung von Liebe und Streit bei Empedokles, derzufolge die Liebe die vier Wurzeln vereinigt und vermischt, während der Streit sie trennt und voneinander isoliert; die Liebe entspricht damit der Gesundheit, der Streit der Krankheit.

Die Säftelehre scheint demnach eine Anwendung des von Empedokles aufgestellten physikalischen Weltbildes auf medizinische Beobachtungen wie den oben erläuterten Zusammenhang zwischen Schleim und Winter darzustellen. Warum aber fiel die Wahl ausgerechnet auf diese Säfte? Diese Frage ist kaum zu beantworten, zumal die von der späteren Medizin vielfach als Milzsekret eingestufte schwarze Galle eine mehr oder minder erfundene Flüssigkeit zu sein scheint. Demnach aber läßt sich das Wesen der Säfte keineswegs so einfach klären, wie es angesichts des konkreten Vorhandenseins von Blut, Galle oder Lymphe scheinen mochte. Denn wie die vier Wurzeln des Empedokles zugleich Stoffe und Qualitäten (verstofflichte Qualitäten) sind, so lassen sich auch die vier hippokratischen Säfte als reale Stoffe und als diesen verstofflichten Qualitäten nahestehende abstrakte Gegebenheiten deuten. Bei der Bewegung der Säfte kann es sich sowohl um Verlagerungen von Flüssigkeiten als auch um qualitative Veränderungen handeln: So rührt das im Winter beobachtbare Übermaß an Schleim weniger von einer Verlagerung dieses Körpersaftes und seiner Konzentration im Nasen- und Augenbereich her als von einer qualitativen Veränderung in der Zusammensetzung des Körpers, die eine Loslösung und Ausscheidung dieses Saftes nach sich zieht. Die Störung des Gleichgewichts ist ebensogut qualitativ wie quantitativ zu verstehen, wie aus den Überlegungen zum Zusammenhang zwischen Körpersäften und Jahreszeiten hervorgeht: Wir stoßen auf die beiden Gegensatzpaare warm/kalt und trocken/feucht, wobei offensichtlich jedem dieser Begriffe ein Saft zugeordnet wird. Wie sich ein Temperaturanstieg (als qualitative Veränderung) im Rahmen einer Physik der Qualitäten als Ungleichgewicht zugunsten des warmen Elementes als verstofflichter Qualität darstellen ließe, so könnte man Krankheit als qualitative Veränderung aufgrund eines Ungleichgewichts zugunsten des einen oder anderen Saftes deuten, wobei den Säften die Rolle verstofflichter Qualitäten (dem Warmen, Kalten, Trockenen, Feuchten nahestehend) zufiele. »Der Schleim«, so lesen wir, »nimmt im Menschen während des Winters zu, denn er ist von allen im Körper enthaltenen (Säften) dem Winter am meisten entsprechend, er ist nämlich am kühlsten«: Wird der Temperaturrückgang (ein qualitativer Vorgang) mit der Zunahme des kalten Elementes als verstofflichter Qualität erklärt, so muß diese dem Körper durch die winterliche Umwelt mitgeteilte Temperatursenkung zur Zunahme der entsprechenden verstofflichten Qualität, nämlich des Schleims, der »von allen im Körper enthaltenen (Säften) am kühlsten« ist, führen. Diese Zunahme muß demnach weder mit einer Flüssigkeitsverlagerung noch mit der Produktion besagter Flüssigkeit durch die anderen Körpersäfte erklärt werden; die Kälte verursacht sie durch einen Prozeß der »Sympathie« oder löst zumindest physikalisch den Schleim aus der Vermischung mit den anderen drei Säften und isoliert ihn: dieser Saft ist ebensogut (wenn nicht mehr) verstofflichte Qualität wie physiologische Flüssigkeit.

Die Säftelehre muß demnach im Zusammenhang mit der Physik der Qualitäten, der Physik der Gegensätze und den Vorstellungen des Empedokles gesehen werden. Die Körpersäfte sollten also nicht ausschließlich mit organischen Flüssigkeiten gleichgesetzt werden, deren reale Bewegung Krankheiten auslöst. Natürlich zeigt die laufende Nase ein Übermaß an Schleim, die Blutung ein Übermaß an Blut an; doch dieses Übermaß ist gleichzeitig Symptom und Ursache der Erkrankung: Symptom, weil die Feststellung, daß die Nase läuft, und die Feststellung, daß ein Übermaß an Schleim vorliegt, auf das gleiche hinauslaufen, und Ursache, weil man die Erkrankung, deren Symptom die laufende Nase bildet, mit einem Ungleichgewicht der Säfte zugunsten des Schleimes deutet. Dabei erklärt sich dieses Ungleichgewicht durch seine »Sympathie« mit der Kälte oder vielmehr durch die Zunahme der Kälte, die als nah mit dem Schleim verwandte verstofflichte Qualität betrachtet wird. Wie die Wurzeln bei Empedokles sind die Säfte mithin Substanzen und Qualitäten, und zwar bald das eine, bald das andere, bald beides zusammen.

Therapie

Wie aber läßt sich, wenn Krankheit mit dem Ungleichgewicht und/oder der Trennung der Säfte begründet wird, die Heilung erklären? Im wesentlichen durch »Kochen« der Säfte, einen Vorgang, der den Überschuß an einem Saft durch Vermischung und »Zusammenkochung« mit den übrigen neutralisieren soll. Die folgenden Zitate verdeutlichen, worum es sich dabei handelt und wo der Ursprung dieser Erklärung zu suchen ist: nämlich in der sich wandelnden Beschaffenheit von Auswurf und Säften bei den Erkrankungen von Nase, Hals und Augen.

> Wenn nämlich einer von uns einen Schnupfen bekommt und aus der Nase Ausfluß erfolgt, so bringt dieser, weil er weit schärfer als der sonstige und täglich aus der Nase kommende Ausfluß ist, die Nase zum Schwellen und ruft in ihr Hitze und Brennen im

höchsten Grad hervor. Wenn man (oft) die Hand daran bringen würde und (der Schnupfen) länger anhält, so wird auch die Stelle, die fleischlos und fest ist, wund. Solange der Ausfluß und die Entzündung bestehen, hört das Brennen in der Nase nicht auf, sondern erst dann, wenn der Ausfluß dicker und weniger scharf abfließt, wenn er gekocht und mit dem früheren (normalen) mehr vermischt ist. (...)

Alle Flüsse, die sich gegen die Augen hinwenden, machen, weil sie stark wirkende und mannigfache scharfe (Stoffe) mit sich führen, die Augenlider wund, zerfressen bei einigen die Wangen und die Stelle unter dem Auge da, wohin sie sich eben ergießen, sie durchbrechen die das Auge umgebende Haut und zerfressen sie. Schmerzen, Brennen und hochgradige Entzündung halten so lange an, bis die Ausflüsse gekocht sind und dicker werden und aus ihnen sich Augenbutter bildet. Die Kochung aber erfolgt durch Mischung, gegenseitige Milderung und durch Zusammenkochung (der entgegengesetzten Eigenschaften). [*Es folgen ähnliche Überlegungen zu den Flüssen, »die sich nach der Kehle zu wenden« und »Heiserkeit, Halsbräune, Schlundrose und Rippenfellentzündung« verursachen.*]

Solange aber diese (Stoffe) in der Schwebe bleiben, ungekocht und unvermischt sind, solange gibt es kein Mittel, um die Schmerzen oder das Fieber zu beheben. (*Die altbewährte Heilkunst, II/29–31*)

Beim »Kochen« handelt es sich demnach um einen Vorgang, der die Säfte erneut vermischt und sie so durch wechselseitige Einwirkung neutralisiert, also im Rahmen der Physik der Qualitäten um jenen Prozeß, der die Gegensätze zu einem neutralen, weil im Gleichgewicht befindlichen Ganzen zusammenschließt; dieser neutrale Zustand wirkt der Schärfe entgegen, die jeder der gegensätzlichen Säfte, für sich allein genommen, an sich hat.

Was muß nun der Arzt unternehmen, um diese »Kochung« auszulösen und so das Säftegleichgewicht und damit die Gesundheit wiederherzustellen?

Vor allem soll er behutsam zu Werke gehen und sich, da seinen Möglichkeiten Grenzen gesetzt sind, auf keine unbedachten Behandlungsmethoden einlassen:

Denn nur in Fällen, die wir durch die Werkzeuge der Natur oder der Kunst zu beherrschen vermögen, können wir unsern Beruf ausüben, in anderen Fällen aber nicht. Wenn also jemand an einem Übel leidet, das stärker ist als die Hilfsmittel der ärztlichen Kunst, so ist nicht zu hoffen, daß es von der ärztlichen Kunst bezwungen wird. (*Die Kunst, II/52*)

Der Arzt muß sich von der Natur leiten lassen, denn:

Die Heilerin in Krankheiten ist die Lebenskraft (physis, natura). Die Lebenskraft findet aus sich selber die Wege und Mittel; nicht mit Überlegung. (...) Ohne Erziehung wirkt die Lebenskraft und ohne Schule leistet sie das Notwendige. (*Die epidemischen Krankheiten (Volkskrankheiten), 6. Buch, 5. Heft, XII/70*)

Mit dieser Vorstellung der *natura medicatrix* soll indessen, wie die Abhandlung *Die Kunst* beweist, die Kunst des Arztes keineswegs als unnütz abgetan werden. Denn da er die Natur des Menschen und der Krankheiten studiert hat, kann er auf Wiederherstellung der Gesundheit, des Säftegleichgewichtes, hinwirken.

Wie es in dem langen Zitat aus der Abhandlung *Die Natur (Konstitution) des Menschen* hieß (Seite 518): »Diejenigen Krankheiten, welche (Säfte-)Anfüllung erzeugt, heilt Entleerung, die durch Entleerung (eines Saftes) entstehen, heilt Anfüllung, die Krankheiten, die durch Anstrengungen entstehen, heilt Ruhe, und die Krankheiten, die zu starker Müßigang hervorruft, heilt Anstrengung.« Und zuvor war im selben Traktat festgestellt worden, daß im Winter zunehmende Erkrankungen im Sommer abflauen, und dasselbe gelte auch für die übrigen Jahreszeiten. In der Regel wird der Arzt also das Gleichgewicht wiederherstellen, wie das folgende Zitat ausführlich erläutert – obwohl er in einem Fall das »Ähnliche« und nicht das Unähnliche machen soll:

> Erweitern, zusammenziehen? Im einen Falle ja, im anderen nein! Körpersäfte, die einen austreiben, die anderen austrocknen, die anderen zuführen; im einen Falle auf diesem Wege, im andern auf anderen Wegen. Verdünnen, verdichten, den ganzen Körperbau, die Haut, das Fleisch und die anderen Teile, die einen ja, die anderen nein.
>
> Glätten, rauh machen, härten, erweichen? Im einen Falle ja, im anderen nein!
>
> Aufwecken, einschläfern und so weiter, alles Hergehörige.
>
> Durchspülen, nachgeben, wieder ausspannen, Angespanntes nachgiebig machen.
>
> Wenn der eine Saft fließt, nicht den anderen antreiben; dem fließenden zum Ausfließen helfen.
>
> Ähnliches mit Ähnlichem beeinflussen, wie ein Schmerz den anderen Schmerz stillt; oder mit Unähnlichem, also was nach oben drängt und ausfließt, nach unten leiten. Oder mit dem Gegenteil, zum Beispiel Reinigung des Kopfes durch Aderlaß; vorausgesetzt, daß das alles nicht ins Blaue hinein geschieht. *(Die epidemischen Krankheiten (Volkskrankheiten), 4. Buch, XII/59–60)*

Um die erwünschten Wirkungen zu erzielen, verfügt der Arzt über verschiedene Behandlungsmöglichkeiten wie Aderlässe, Schröpfköpfe, Kauterisation, Massagen, Bäder, Arzneitränke aus verschiedenen Drogen, Umschläge, Salben, Zäpfchen etc. Kasten 165 vermittelt anhand einer Reihe von Beispielen einen gewissen Überblick über die angewandten Methoden (mit Ausnahme der chirurgischen Eingriffe, die weiter unten gesondert behandelt werden sollen).

Als wichtigstes Element der Therapie galt jedoch die Ernährung, vor allem deshalb, weil man die Medizin aus der Diätetik ableitete, genauer gesagt, sie als Verlängerung der Bemühungen der Urmenschen um eine Veredelung ihrer Kost betrachtete, um die Entwicklung besser aufbereiteter und zuträglicherer Nahrungsmittel als sie die Natur im derben Rohzustand bereitstellt. Dies erläutert der folgende Text:

> Im Anfang wäre die ärztliche Kunst weder entdeckt noch nach ihr geforscht worden – denn man brauchte sie nicht –, wenn es den Kranken nützen würde, das zu sich zu nehmen, was die Gesunden essen und trinken, und wenn es ihnen, auch was ihre übrige Lebensweise betrifft, zuträglich wäre, die gleiche zu führen wie die Gesunden, d.h. wenn es keine bessere (Kost und Lebensweise) gäbe als die der Gesunden.

165. EINIGE BEHANDLUNGSMETHODEN UND HEILMITTEL DER HIPPOKRATISCHEN MEDIZIN

Bei jeder frischen Wunde, ausgenommen (die Wunden) am Leib, ist es zuträglich, wenn sogleich Blut aus der Wunde ausfließt, (besser) mehr als weniger; denn die Wunde selbst und ihre Umgebung entzündet sich dann weniger. (*Die Wunden, XXI/33*)

(Mittel) gegen fressende Wunden. Alaun von Ägypten, geröstet, und Alaun von Melos. Zuvor pudere man mit gerösteter Soda und tupfe mit einem Schwamm (die Stelle) ab. Auch geröstetes Kupfervitriol; dieses röste man so lange, bis es feuerrot wird. (*Die Wunden, XXI/43–44*)

Blutstillungsmittel: Man lege mit Feigensaft getränkte Wolle innen auf die Ader oder man drehe Labkügelchen und stopfe sie in die Nase oder man streue Chalkitis* auf den Finger, drücke sie (in die Nase) und drücke von beiden Seiten von außen her die (Nasen-)Knorpel zusammen. Man öffne den Leib mit gekochter Eselsmilch, schere den Kopf ab und wende, wenn es in die heiße Jahreszeit fällt, Kühlmittel an ihm an. (*Die Diät (Lebensordnung) in akuten Krankheiten, 2. Buch, IX/91*)

Meerwasser (ist) für Leute mit (Haut-)Jucken und Beißen (dienlich), sowohl zum Baden wie zu heißen Dampfungen. Bei den (Menschen), die (daran) nicht gewöhnt sind, reibt man etwas Fett ein.

Für Brand- und Schürfwunden und ähnliche ist es schädlich, dagegen zuträglich für reine (Wunden). Es ist ferner dazu gut, ein gutes Austrocknen (Verkleinern der Wunden) herbeizuführen, wie es bei den Wunden der Fischer der Fall ist; diese vereitern (...) nämlich nicht, falls man sie nicht berührt. (Es dient) ferner für die (Anfeuchtung der) unteren Binden und bringt die fressenden (Geschwüre) zur Ruhe und zum Stillstand.

Ebenso wie das Salz(-wasser wirken) die Salzlake und das Laugensalz. Bei Verwendung in kleiner (Dosis) sind alle diese (Salzanwendungen) Reizmittel, bei durchgreifender Anwendung aber von guter (Wirkung). Für die meisten (Zwecke) ist das warme (Salzwasser) besser. (*Die Flüssigkeiten und ihre Anwendung, VIII/104*)

Wenn man Schnupfen hat, verreibe man Myrrhe fein, mische Honig bei, richte ein Stück feine Leinwand zu (d.h. man trage die Paste auf) und reibe die Nasenlöcher damit ab. (*Die Frauenkrankheiten, 1. Buch, XXIII/131*)

Bei Erkrankung der Kehle laß warme Wassergüsse über den Kopf machen, wofern der Kranke nicht kalt ist; im anderen Falle gib ihm möglichst warmen Mehlbrei und ungemischten Wein. (*Die epidemischen Krankheiten (Volkskrankheiten), 2. Buch, XI/73*)

Wenn eine Mandelentzündung auftritt, schwellen die hinter dem Kiefer auf bei-

* Kupfererz, Kupferstaub oder ein steiniger, leicht zerreibbarer Stoff (etwa Schwefelkies) oder etwa Galmei, ein Gemenge von Zinkspat mit Zinksilikaten (Kieselzinkerz).

den Seiten gelegenen (Organe) an; wenn man sie von außen befühlt, sind sie hart. Auch das Zäpfchen entzündet sich im ganzen.

Unter solchen Umständen führe man den Finger ein und drücke die Mandeln auseinander. Auf das Zäpfchen streiche man trockene Kupferblüte und lasse den Kranken mit dem in der Sonne erwärmten (Absud)* aus den (oben bezeichneten) Blättern gurgeln. Von außen her mache man auf der Seite, wo eine Anschwellung auftritt, einen Aufschlag mit der lauwarmen »rohen Lösung«, in Wein und Öl gekocht. Sobald einem aber die Entzündungsgebilde weich geworden zu sein scheinen, steche man sie, nachdem man sie von innen befühlt hat, mit einem Messerchen unten ein; manche gehen aber auch von selbst zurück.

Für die Augen. Gewaschene Asche, mit Fett geknetet wie nicht flüssiger Teig, zerreibe man zu feinem Pulver, feuchte mit dem Saft herber Weintrauben an, lasse es in der Sonne trocknen und feuchte es dann so an, daß eine Salbe entsteht. Wenn es wieder trocken geworden ist, verreibe man es zu einem feinen, trockenen Pulver, reibe die Augen damit und streue es in die Augenwinkel. (*Die Diät (Lebensordnung) in akuten Krankheiten, 2. Buch, IX/93*)

Eine Augensalbe: Ofenruß 12 Teile, Safran 5, Weihrauch 1, Bleiweiß 1, Myrrhenharz 1. – Kalte Wassergüsse auf den Kopf; Knoblauch mit Gerstenbrot als Kost. (*Die epidemischen Krankheiten (Volkskrankheiten), 2. Buch, XI/72*)

Bei Ohrenschmerz gieße Milch ein. (*Ebd.*)

Bei sehr heftigem Ohrenschmerz stülpe einen Schröpfkopf auf. (*Ebd., 75*)

Falls es aber angezeigt scheint, (einen von diesen) mit Arzneien zu behandeln, so reinige getrost mit weißer Nieswurz nach oben, nach unten aber führe bei keinem von diesen ab. Am besten ist es, den Kranken zum Urinieren, zum Schwitzen und zum Gehen zu bringen. (*Die Diät (Lebensordnung) in akuten Krankheiten, 2. Buch, IX/90*)

Man zerreibe auch Mohn, schütte Wasser darüber, seihe durch und rühre Mehl daran, backe Kuchen daraus, schütte gekochten Honig darüber und gebe das den an Wassersucht Erkrankten zu essen. Dazu gebe man süßen, mit Wasser versetzten Wein oder gewässerten Honigmischtrank zu trinken. Oder man sammle Mohnmilch, verwahre sie und behandle damit. (*Die Diät (Lebensordnung) in akuten Krankheiten, 2. Buch, IX/94*)

(Harntreibendes Mittel?) Drei Spatel voll Kupferspäne und Sommerweizenmehl, alles das zerreibe man, forme daraus Pillen und gebe diese ein. Dieses Mittel führt das Wasser nach unten ab. (*Ebd., 94*)

Bei Ruhr. Man mische etwa 1 Vietteil gereinigte Saubohnen ohne Hülsen und 12 zerstoßene Krappstengel, koche sie und gebe sie mit Fett versetzt als Latwerge. (*Ebd., 93*)

---

* Der zum Gurgeln empfohlene Absud entspricht dem bei Mandelentzündung verschriebenen: Als Gurgelmittel bereite man dem Betreffenden (solche von) Dosten, Raute, kretischem Bohnenkraut, Sellerie, Minze und ein wenig Salpeter, hierzu mische man mit Wasser versetzten Honigtrank und träufle ein wenig Weinessig hinein. Man verreibe dann die Blätter und den Salpeter fein, lasse es damit durchziehen, mache es lauwarm und damit gurgle (der Kranke). (*Die Krankheiten, 2. Buch, XVIII/41*)

Bei Magenzerrüttung gib gekochte Saubohnen, falls der Magen nicht überfüllt ist; sonst laß Kümmel mit den Bohnen kauen. (*Die epidemischen Krankheiten (Volkskrankheiten), 2. Buch, XI/73*)

Stockt das Erbrechen, so gib warmes Wasser zu trinken, und es kommt wieder in Gang. (*Ebd., 72*)

Ein Trank für einen Wassersüchtigen. (Man nehme) 3 Blasenkäfer, reiße den Kopf, die Füße und Flügel ab und zerreibe ihren Rumpf in 3 Kyathen (= 0,113 l) Wasser.

Wenn derjenige, der davon getrunken hat, Schmerzen bekommt, so salbe man ihn zunächst und übergieße ihn dann mit warmem (Wasser). Man soll den Trank nüchtern nehmen und warmes, in Fett getunktes Brot essen. (*Die Diät (Lebensordnung) in akuten Krankheiten, 2. Buch, IX/91*)

Leidet ein Wassersüchtiger an Husten und fällt plötzlich in Ohnmacht, so mache alle erdenklichen warmen Anwendungen; wird er nicht ohnmächtig, so laß ihn sich berauschen mit ungemischtem Wein und sich anfüllen mit Speisen und mach Aderlässe an den Beugeseiten. (*Die epidemischen Krankheiten (Volkskrankheiten), 2. Buch, XI/71*)

Bildet sich nach einer Zerrüttung des Bauches oder nach Husten ein Krebsschaden, so wird der Mund bitter. Man muß Springgurkensaft [*Saft von Momordica elatherium*] zwei- oder dreimal reichen, solange der Kranke nicht abgezehrt ist. Auf den Krebs lege Kupferblüte, die so lange ätzen muß, bis die Stelle feurig ist und dann einen Schwamm, solange der Kranke nicht abgezehrt ist. (*Ebd., 75*)

Bei Mehlflechten und bei Schuppenflechten Kalk in Wasser gelöscht! Aber Vorsicht, daß keine Verschwärung entsteht. (*Ebd., 72*)

Wenn einer über Brennen in der Herzgrube klagt, gib warmes Brot mit ungemischtem Wein durchfeuchtet. (*Ebd., 72*)

Bei Blähsucht Aderlaß! (*Ebd., 71*)

Nagelfalzgeschwür wird durch schwarzen Gallapfel in Honig geheilt. (*Ebd., 75*)

[*Hämorrhoiden*:] Wenn man mit Zäpfchen behandeln will, so nehme man die Rückenschale eines Tintenfisches, ein Drittel Bleiwurz, Asphalt, Alaun, ein wenig (Kupfer-)Blüte, Galläpfel, ein wenig Grünspan, schütte gekochten Honig darüber, mache davon einen ziemlich langen Zapfen und lege diesen so lange ein, bis man (die Hämorrhoiden) zum Verschwinden gebracht hat. (*Die Hämorrhoiden, XXI/83*)

Ein vom Monatsfluß reinigendes Mittel. Aus Kuhfladen forme man eine Art Gienmuschel; man mische Cypressenschabsel bei und verrühre das. Man trockne das in der Sonne und tue die zur aromatischen Bedampfung dienenden Bestandteile hinein. (*Die Frauenkrankheiten, 1. Buch, XXIII/121–122*)

Um beim Weibe den Monatsfluß zu hemmen, setze einen möglichst großen Schröpfkopf über das Euter. (*Die epidemischen Krankheiten (Volkskrankheiten), 2. Buch, XI/74*)

Damit eine Frau empfange, gib ihr Tintenfisch, über dem offenen Feuer geröstet, möglichst heiß und recht viel von dem Halbverbrannten zu knuspern; bereite aus ägyptischem Laugensalz und Koriander und Kümmel rundliche Zäpfchen und führe sie in die Scham ein. (*Ebd., 75–76*)

Die Frühlingszeit ist die beste Zeit für eine Schwängerung. Der Mann sei nicht betrunken und trinke auch keinen Weißwein, sondern möglichst starken und unvermischten Wein; er genieße die kräftigsten Speisen, meide warme Bäder, sei gut bei Kräften, sei gesund und enthalte sich der Speisen, die dem Vorhaben nicht förderlich sind. (*Die Unfruchtbaren, XXIV, 115*)

Mittel zur Verhütung der Schwängerung. Wenn eine Frau nicht schwanger werden soll, so lasse man Misy* von der Größe einer Saubohne in Wasser zergehen und gebe das zu trinken. Sie wird sozusagen ein Jahr lang nicht schwanger. (*Die Frauenkrankheiten, 1. Buch, XXIII/103*)

Wenn eine Wöchnerin in Krampfsucht fällt, so laß das Herdfeuer anzünden; dann spritze in die Harnblase Wachsöl und mache einen großen lauwarmen Einlauf in den Darm. (*Die epidemischen Krankheiten (Volkskrankheiten), 2. Buch, XI/71*)

Spülungen zum Reinigen der Gebärmutter für den Fall, daß sie infolge einer Geburt oder einer Entzündung geschwürig geworden ist. Man nehme unreife Winterfeigen, schütte Wasser darüber, koche das, fülle es ab und lasse es stehen; hierauf schütte man lauwarmes Olivenöl zu und mische es. Man spüle höchstens mit 2 Kotylen (= 0,454 Liter). (*Die Frauenkrankheiten, 1. Buch, XXIII/111–112*)

Wenn bei einer Wöchnerin von der Nachgeburt Reste zurückgeblieben sind, gib Nieswurz in die Nase, um Niesen zu erregen, und schließe ihr, sobald sie niesen muß, die Nase und den Mund. (*Die epidemischen Krankheiten (Volkskrankheiten), 2. Buch, XI/72*)

Ein anderes Mittel zum Austreiben, bestehend in einer Eingießung in die Gebärmutter, für den Fall, daß der (...) abgetötete (Embryo) in Fäulnis übergegangen ist. (...) Man verreibe (...) Safran in Gänsefett fein, mache damit eine Eingießung und lasse das möglichst lange Zeite darin. (*Die Frauenkrankheiten, 1. Buch, XXIII/109–110*)

Wenn man Haare vom Körper vertreiben will, reibe man mit Rebstockharz mit Olivenöl ein. Will man auch das Auge (von Haaren befreien), so reiße man sie aus und reibe ein. – Man verbrenne Eisvogelkraut, reibe es hierauf fein, lasse es in Wein zergehen und streiche das auf, und (die Haare) werden mit einer dünnen Haut weggehen und (die betreffende Stelle) wird rot aussehen und eine gute Farbe haben. (*Ebd., 131*)

Wenn die Haare ausfallen, so verreibe man Baumharz zusammen mit Rosen- oder Liliensalbe und streiche es mit Wein zusammen auf. – Oder (man streiche) Töpfererde mit Wein oder mit Rosenöl oder mit dem Saft unreifer Oliven oder mit Akazienauszug (auf). – Wenn die Haare ausfallen, lege man Kümmel, Taubenkot oder verriebenen Rettich auf; oder man reibe mit Zwiebel, Runkelrüben oder Brennessel ein. (*Die Frauenkrankheiten, 2. Buch, XXIV/82*)

[*All diese Rezepte weisen eine unverkennbare Ähnlichkeit mit der ägyptischen bzw. mesopotamischen Medizin auf.*]

---

* Vitriolerz, gelber Atramantstein.

So aber hat die Not die Menschen dazu gebracht, nach der ärztlichen Kunst zu forschen und sie zu entdecken, weil den Kranken die Speisen der Gesunden nicht bekamen, wie sie ihnen auch heute nicht bekommen.

Darüber hinaus glaube ich, daß auch die gegenwärtige Lebensweise und Kost der Gesunden nicht entdeckt worden wäre, wenn dieselbe Nahrung und dasselbe Getränk, die das Rind, das Pferd und alle anderen Lebewesen mit Ausnahme des Menschen zu sichen nehmen – nämlich die Gewächse der Erde, (Feld-)Früchte, Sträucher und Gras – auch für den Menschen genügt hätten. (Die Tiere) nämlich ernähren sich und gedeihen durch diese und leben ohne Beschwerden, sie brauchen keine andere Nahrung.

Der Mensch aber, glaube ich, hat anfangs dieselbe Nahrung zu sich genommen (wie das Tier). Die jetzige Ernährungsweise aber ist, glaube ich, im Verlauf von langer Zeit erfunden und vervollkommnet worden. (Die Menschen) bekamen nämlich von der schweren tierischen Kost viele und ernste Beschwerden, solange sie sie in rohem, ungemischtem Zustand in sehr stark (auf den Körper) einwirkender Form genossen, wie man auch heute (noch) von einer solchen (Kost) Beschwerden bekommen, von argen Schmerzen und Krankheiten befallen und bald sterben würde.

Damals natürlich hatten sie zwar weniger (darunter) zu leiden, weil sie (an die tierische Kost) gewöhnt waren, trotzdem litten sie auch damals schon erheblich darunter. Sicher gingen die meisten Menschen von schwächerer Konstitution zugrunde, während die an Kraft jenen Überlegenen widerstandfähiger waren. So ist es auch heute noch, die einen werden nach (dem Genuß von) schweren Speisen leicht mit ihnen fertig, die anderen nur unter vielen Beschwerden und Schmerzen.

Aus diesem Grunde haben die Menschen, glaube ich, eine ihrer Konstitution entsprechende Ernährung gesucht und die gefunden, die wir noch jetzt zu uns nehmen. Die Weizenkörner weichten sie auf, enthülsten, mahlten und siebten sie, kneteten es und buken daraus Brot. Aus Gerste aber bereiteten sie Gerstenbrei.

Um die Ernährung haben sie sich (auch sonst) eifrig bemüht, sie kochten, rösteten und vermischten kräftige und rohe (Nahrungsmittel) mit leichteren, indem sie alles entsprechend der menschlichen Konstitution und Kraft verarbeiteten, in der Überzeugung, daß von dem Genuß von Speisen, die die Natur nicht vertragen könne, wenn sie (zu) kräftig seien, Schmerzen, Krankheiten und Tod herrührten, daß andererseits der Genuß von Speisen, die (die Natur) bewältigen könne, zur (guten) Ernährung, zu Gedeihen und Gesundheit führen würde.

Welch geziemenderen oder passenderen Namen könnte man dieser Erfindung und Erforschung geben als den »Heilkunst«? Diese Erfindung ist ja zwecks Gesundheit, Rettung und Ernährung des Menschen gemacht worden, als Mittel zur Befreiung von jener Kost, die Schmerzen, Krankheiten und Tod zur Folge hatte. (*Die altbewährte Heilkunst, II/14–16*)

Das alles ist denkbar weit von magisch-religiöser Heilkunst entfernt: Dem Ursprung der Medizin haftet nichts Übersinnliches oder Göttliches an, sie geht einfach auf die Bemühungen der Urmenschen um Verbesserung ihrer Lebensverhältnisse, insbesondere ihrer Ernährung, zurück. Daß man der Ernährungsweise so große therapeutische Bedeutung beimaß, erklärt sich gleichfalls aus der Annahme, Krankheit gehe u.a. auf eine der Konstitution des einzelnen unzuträgliche, für seine Art der Tätigkeit, die Jahreszeit etc. ungeeignete Kost zurück. Es galt demnach also zunächst einmal, diese Fragen im Hinblick auf die Gesunden zu untersuchen, die Auswirkungen von Ernährungsumstellungen zu klären und zu ermitteln, welche Kost sich für die entsprechende Jahreszeit, das Alter und die Konstitution empfahl:

> Man muß sich (...) durch die Diät noch gesunder Menschen Kenntnis darüber verschaffen, was zuträglich ist. Denn wenn sogar für Gesunde diese oder jene Diät sowohl sonst als auch bei Veränderungen offensichtlich große Unterschiede ausmacht, wie sollten da gar bei Krankheiten keine großen Unterschiede bestehen und darunter bei den akutesten die allergrößten?
>
> Ja fürwahr, es ist leicht zu begreifen, daß eine einfache Lebensweise im Essen und Trinken, die sich immer gleich bleibt, im allgemeinen stets mehr Gewähr für die Erhaltung der Gesundheit gibt, als wenn man plötzlich eine große Änderung nach einer anderen, besseren Lebensweise hin eintreten läßt. Es rufen ja sowohl bei denen, die zweimal am Tag essen als auch bei denen, die nur eine Mahlzeit einnehmen, plötzliche (Diät-)Änderungen Schäden und Krankheitszustände hervor.
>
> Die nicht an ein Frühstück Gewöhnten macht nämlich etwaiges Frühstücken sofort kraftlos, es verursacht Schwere im ganzen Körper, Schwäche und Unlust. Wenn diese aber auch ihre Hauptmahlzeit einnehmen, so bekommen sie saures Aufstoßen, bei manchen tritt sogar Durchfall ein, weil bei ihnen der Leib, der an geringe Füllung und nicht an zweimaliges Ausweiten und auch nicht an zweimaliges Kochen (= Verdauen) der Speisen gewohnt war, gegen die Gewohnheit belastet worden ist. (*Die Diät (Lebensordnung) in akuten Krankheiten, 1. Buch, IX/31*)
>
> Die Allgemeinheit soll ihre Lebensweise folgendermaßen einrichten:
>
> Im Winter soll man möglichst viel essen, dagegen möglichst wenig trinken. Das Getränk sei möglichst unvermischter Wein, die Nahrung bestehe aus Brot und Fleisch, aber alles gebraten. Gemüse esse man in dieser Jahreszeit dagegen möglichst wenig. Denn so wird der Körper am ehesten trocken und warm sein.
>
> Wenn der Frühling herankommt, dann muß man reichlicher Getränke zu sich nehmen, den Wein mehr mit Wasser versetzen, und zwar schluckweise. Man genieße weichere und weniger Speisen, schränke das Brot ein und nehme dafür Gerstenbreikuchen, auch das Fleisch beschränke man entsprechend und bereite alles gekocht zu, anstatt es zu braten. Man esse im Frühling auch schon etwas Gemüse, um sich durch die weicheren Speisen, gekochtes Fleisch, gekochtes und rohes Gemüse, auf den Sommer einzustellen. Dasselbe gilt hinsichtlich der Getränke, die möglichst stark gewässert und möglichst reichlich sein sollen, jedoch soll der Übergang nicht zu groß sein, man soll das nur nach und nach, nicht plötzlich tun.
>
> Im Sommer soll man sich von weichem Breikuchen, von gewässertem und reichlichem Getränk und von lauter gekochtem Fleisch ernähren. Man soll dies, wenn es Sommer ist, tun, damit der Körper frisch und elastisch (weich) sei. Die Jahreszeit ist nämlich warm und trocken und sie erfüllt den Körper mit Hitze und Trockenheit. Folglich muß man sich durch eine solche Lebensweise dagegen schützen.
>
> Wie vom Winter auf den Frühling, so wird man sich entsprechend (vom Frühling) auf den Sommer umstellen, nämlich durch Abzug von Speisen und Zusetzen an Getränk. Und so soll man sich, indem man das Gegenteil tut, vom Sommer auf den Winter umstellen.
>
> Im Herbst aber gestalte man wieder die Nahrung reichlicher und trockener und auch

das Fleisch entsprechend, an Getränken dagegen genieße man weniger und weniger gemischt, damit der Winter gut anschlägt, indem der Mensch durchhält mit ungemischteren und weniger Getränken und möglichst vielen und möglichst trockenen Speisen. So wird man nämlich am ehesten gesund bleiben und am wenigsten frieren müssen, denn die(se) Jahreszeit ist gar kalt und feucht. [*Es folgen Diätvorschriften für verschiedene Konstitutionen, Altersgruppen, Tätigkeiten etc.*] (*Die gesunde Lebensordnung, IV/73–74*)

Abgesehen von den Aufschlüssen, die sie uns über die Eßgewohnheiten der alten Griechen (und deren Verdauungsprobleme) liefern, rücken diese Zitate erneut die Grundregel der hippokratischen Medizin ins Licht, durch Einwirkung von Gegensätzlichem ein gewisses Gleichgewicht (der Säfte, aber auch ganz allgemein) und sogar einen gewissen Neutralitätszustand zu erzielen – so wirkt man der jahreszeitlich bedingten Feuchtigkeit mit trockener Kost, der Hitze mit kühlenden Nahrungsmitteln entgegen und umgekehrt. Die Behandlung der Krankheiten entspricht weitgehend dem Versuch, diesem Prinzip des Ausgleichs zwischen Jahreszeiten und Ernährungsweisen Geltung zu verschaffen, krankhafte Veränderungen in Analogie zu den durch die wechselnden Klimaverhältnisse und/oder Ernährungsgewohnheiten verursachten Veränderungen zu verstehen – wobei dem Alter, der Tätigkeit, der körperlichen Verfassung etc. Rechnung getragen werden muß – und gegen diese Veränderungen (da sich gegen das Klima nichts unternehmen läßt) durch eine entsprechende Diät oder eine andere Behandlung von mutmaßlich gleicher Wirkung anzugehen. Das wiederum setzt die Kenntnis der verschiedenen Nahrungs- und Arzneimittel und ihrer Eigenschaften voraus:

Was die Gemüse anlangt, so ist der Knoblauch sowohl gekocht wie gebraten harntreibend, abführend und die weibliche Regel befördernd. Die Zwiebel wirkt günstig auf die Harnausscheidung ein, denn ihr Saft zeigt eine gewisse Schärfe, so daß die Ausscheidung eintritt. Dazu hat man diese (Gemüse) zu verwenden, aber den Kranken darf man sie nicht verabreichen.

Sellerie ist gekocht wie roh harntreibend, und zwar haben von den Selleriearten die wildwachsenden eine stärkere Wirkung als die angebauten. Der Koriander stärkt den Magen und ist abführend, sowohl gekocht wie roh. Basilienkraut ist feuchtmachend und kühlend und stärkt den Magen. Porree ist gekocht harntreibend und befördert den Stuhlgang, roh hingegen wirkt er hitzend und schleimanhäufend. Der Granatapfel gibt Kräfte und befördert die Schleimanhäufung; mitsamt dem Kern wirkt er verstopfend, ohne den Kern führt er ab. (*Die Leiden, XVII/53*) [*Dieser Text mutet wie ein volksmedizinisches Werk an, das die Medizintheorie der Zeit auf einfache Art erläutert – möglicherweise handelt es sich um einen auf das damalige Publikum zugeschnittenen Diätratgeber.*]

Was die Verwendung von süßem und starkem Weiß- und Rotwein, Honigwasser, Wasser und Essighonig in den akuten Krankheiten betrifft, so muß man diese auf Grund ihrer folgenden Eigenschaften sondern.

Der süße Weißwein verursacht weniger Schwere im Kopf als der starke und er zieht die Sinne weniger in Mitleidenschaft; er führt etwas mehr durch die Eingeweide ab als der andere, andererseits wirkt er vergrößernd auf Milz und Leber.

Er ist folglich für solche nicht zuträglich, die bittere Galle in sich haben, denn bei diesen erregt er ja auch noch Durst. (...) Das Trinken von Honigwasser während der ganzen Dauer der Krankheit ist bei den akuten Krankheiten in der Regel für Leute mit bitterer Galle und angeschwollenen Eingeweiden weniger zuträglich als für solche, bei denen das nicht der Fall ist.

Es ist dagegen weniger Durst erregend als der süße Wein; es wirkt nämlich lösend auf die Lunge, es fördert das Auswerfen gehörig und lindert den Husten. (...)

Das Essighonig genannte Getränk wird man bei dieser Art Krankheiten in vielfacher Weise wohl verwendbar finden; es befördert nämlich den Auswurf und erleichtert die Atmung. (...) (*Die Diät (Lebensordnung) in akuten Krankheiten, 1. Buch, IX/41–45*)

Diese Regeln, die in Verbindung mit den zugehörigen, auf die jeweilige Jahreszeit abgestimmten Diätvorschlägen an gewisse »makrobiotische« Vorstellungen östlicher Herkunft erinnern, zeugen fraglos von einem auf Erfahrung beruhenden Grundwissen und von über ziemlich lange Zeiträume hin zusammengetragenen Beobachtungen, liegen derartige Untersuchungen doch für eine erstaunliche Vielzahl von Nahrungsmitteln und Getränken vor. Auch in diesem Punkt ist man von magischen Heilpraktiken und der Anwendung mehr oder weniger ungewöhnlicher Arzneimittel denkbar weit entfernt. Es fällt jedoch auf, daß bei diesen Ernährungs- und Diätfragen die im voraufgehenden erläuterte Medizintheorie kaum ein Rolle spielt; der Lauch wird zwar als schleimanhäufend bezeichnet, doch dürfte diese Bemerkung höchstwahrscheinlich von der schnupfenähnlichen Wirkung ausgehen, die er in rohem Zustand – nur in diesem Fall erzeugt er Schleim – auf die Nasenschleimhäute ausübt. Es handelt sich um einen einfachen Analogieschluß – im Gegensatz zu der Aussage, gekocht genossen sei er harntreibend und fördere den Stuhlgang, denn diese Feststellung setzt längere Beobachtungen bzw. entsprechende Experimente voraus.

Kasten 166 über das Pleuraempyem (die feuchte Rippenfellentzündung mit ihrer Eiteransammlung in der Pleurahöhle) liefert gewissermaßen eine kurze Zusammenfassung der oben erläuterten Vorstellungen über Krankheit und Behandlung. Unter den hier wiedergegebenen Zitaten, die aus verschiedenen Teilen der hippokratischen Schriftensammlung stammen, sich aber alle auf das gleiche Leiden beziehen, findet man eine Krankengeschichte, eine Erklärung der Krankheit nach der Säftelehre sowie Anleitungen zur Behandlung.

166. DAS PLEURAEMPYEM

(Pleuritis purulenta)

Krankengeschichte

Der Knabe des Antiphanes erkrankte im Winter mit Schmerz in der rechten Brustseite, Husten und Fieber. Bei mäßiger Fieberwärme behielt er die Eßlust, wandelte umher; er sah aus wie einer, dem innerlich etwas zerrissen ist [*ein Lungenäderchen?*]. Am neunten Tage ließ das Fieber nach, aber setzte nicht aus. Viel Husten, dicker, schaumiger Auswurf; an den Rippen Schmerz. Um den vierzehnten Tag und wieder um den zwanzigsten Tag schien die Fieberhitze nachzulassen, dann nahm sie wieder zu; indessen war die Wärme mäßig und setzte eine kurze Weile aus. Der Husten setzte bald aus, bald war er übermäßig mit viel Erstickungsnot, bald ließ er nach. Nach diesen Tagen räusperte er reichlich aus unter Stickhusten, auch eiterige Massen, die im Spucknapf gärten und schäumten. Im Rachen pfiff es von vielem trockenem Röcheln; Brustbeklemmung beständig; dabei die Atmung beschleunigt, selten frei und leicht. Nach dem vierzigsten Tage, näher dem sechzigsten, denke ich, erblindete das linke Auge mit Schwellung ohne Schmerz, ein wenig später auch das rechte; die Augenbildchen (core, pupilla) wurden weiß und trokken. Und er starb nicht viel später als sieben Tage nach der Erblindung, unter Röcheln und vielem Faseln. (*Die epidemischen Krankheiten (Volkskrankheiten), 7. Buch, XII/100–101*)

Erklärung der Krankheit nach der Säftelehre

Diejenigen, die in der Lunge, der Brust- oder Leibeshöhle ein Empyem bekommen, die in der Brust- oder Leibeshöhle oder in der Lunge ein entzündliches Geschwür oder Geschwüre im Innern haben, Blut erbrechen oder auswerfen oder irgendeinen Schmerz in der Brust oder an den hinteren Stellen im Rücken haben, die leiden an dem allem, was die im Körper liegenden (Ursachen) anlangt, infolge von Galle und Schleim, was die von außen kommenden (Ursachen) anlangt, infolge der (warmen und kalten) Luft, die sich der (dem Körper) angeborenen Wärme beimengt, dann auch infolge von Anstrengungen und Verwundungen.

Bei denjenigen, die in der Lunge ein Empyem bekommen, tritt dieses aus folgenden Gründen auf; wenn ein von Lungenentzündung Befallener an den kritischen Tagen keine Reinigung (von Auswurf) erfährt, sondern Auswurf und Schleim in der Lunge zurückbleiben, so bekommt er ein Empyem. Wenn er sogleich behandelt wird, übersteht er die Krankheit meistens, wenn er aber vernachlässigt wird, so geht er zugrunde; zugrunde geht er auf folgende Weise:

Wenn der Schleim sich in der Lunge festsetzt und faulig wird, so entzündet sich die Lunge und wird eitrig, sie kann fernerhin weder einen nennenswerten Teil der (Luft-)Nahrung in ihr Inneres einziehen, noch irgend etwas aus derselben nach oben entleeren, sondern (der Kranke) bekommt Erstickungsanfälle und atmet immer noch schwerer, er röchelt beim Einatmen und atmet von da an mit der oberen Brusthälfte, schließlich tritt bei ihm eine Verstopfung (der Luftwege) ein und er stirbt.

Es entsteht auch dann ein Empyem, wenn bei jemand Schleim aus der Kopfhöhle nach der Lunge hinabfließt. Anfänglich bleibt das Herabfließen meistens unbemerkt, es verursacht einen leichten Husten, der Speichel ist ein wenig bitterer als gewöhnlich und von Zeit zu Zeit ist eine leichte (Fieber-)Hitze vorhanden; wenn die Zeit aber weiter vorangeschritten ist, wird die Lunge rauh, sie entzündet sich innen infolge des sich dort festsetzenden und darin verfaulenden Schleims, er verursacht in der Brust ein Gefühl der Schwere und heftigen Schmerz an der vorderen und hinteren Seite, auch suchen den Körper heftigere Hitzeanfälle heim.

Die Lunge zieht infolge ihrer Erwärmung aus dem Körper Schleim in sich und zwar besonders aus der Kopfhöhle. Die Kopfhöhle andererseits, die erhitzt wird, zieht aus dem Körper Schleim herbei.

Diesen faul werdenden Schleim wirft der Kranke in etwas dickem Zustand aus. Je mehr die Zeit voranschreitet, (um so mehr) wirft der Kranke reinen Eiter aus, die Fieberanfälle werden heftiger, der Husten wird häufig und stark und das Nichtessen bringt (den Kranken) langsam um. Schließlich tritt im Unterleib eine Darmstörung (Durchfall) ein. Diese Störung erfolgt durch den Schleim; der Schleim kommt aus der Kopfhöhle herab. Der Kranke muß, wenn es so weit gekommen ist, sterben, wie im vorausgehenden gesagt ist, weil die Lunge durch und durch eitrig und faul geworden ist oder der Unterleib sich auflöst. (*Die Krankheiten, 1. Buch, XVII/78–80*)

[*Es folgen weitere Begründungen für die Entstehung von Empyemen, vor allem durch Reißen von Äderchen in der Lunge.*]

Behandlung des Empyems

[*Durch Kauterisation*:] Dem Aristodemos wurde die Brust gebrannt. Ebenso dem Kinde des Philis; derselbe Verlauf; auch bei ihm die Erkrankung infolge eines Sturzes; aber schon einige Zeit vorher hatte er über etwas Schmerz geklagt. (*Die epidemischen Krankheiten (Volkskrankheiten), 4. Buch, XII/3*)

[*Durch Medikamente*:] Den an Empyemen Erkrankten purgiere man die Kopfhöhle nicht mit starken Mitteln, sondern leite (den Fluß) allmählich nach der Nase ab und gebe gleichzeitig abführende Speisen. Wenn die Krankheit nicht mehr im Anfangsstadium ist, vielmehr der Fluß sich schon (irgendwohin) gewandt hat, so rufe man Auswerfen hervor und erzeuge Husten, man verwende flüssige Arzneimittel und gleichzeitig auch (solche) Speisen. Wenn man aber Auswerfen hervorrufen muß, so gebe man mehr Speisen, salzige und fette, auch herben Wein, und rufe, wenn sich (der Kranke) in diesem Zustand befindet, Husten hervor. (*Die Stellen am Menschen, VIII/67*)

Für die, die ein Empyem haben, schneide man eine Meerzwiebel in Scheiben, koche sie in Wasser, lasse sehr gut abkochen und gieße ab, schütte frisches darüber und koche von neuem, bis die Meerzwiebel beim Anfassen durchgekocht und weich scheint; hierauf zerreibe man sie fein, mische sie mit gedörrtem Kreuzkümmel, weißem Sesam und gestoßenen Mandeln, verrühre in Honig und gebe das als Latwerge [*breiiges Arzneimittel*] und dazu noch süßen Wein.

Zur Schleimsuppe zerreibe man ein Schüsselchen voll weißen Mohns, lasse ihn in Wasser erweichen oder koche ihn in dem Abguß von Sommerweizenmehl, bringe Honig hinzu und lasse das den Kranken lauwarm genießen und ihn dann den Tag so durchhalten. Hierauf reiche man ihm unter Berücksichtigung des Verlaufs auch das Nachtessen. (*Die Diät (Lebensordnung) in akuten Krankheiten, 2. Buch, IX/92–93*)

Chirurgie

Neben medizinischen Behandlungen im engeren Sinn enthält die hippokratische Schriftensammlung auch Anleitungen zu verschiedenen Operationen und zugehörigen Verfahren (wie Aderlaß und Kauterisation) sowie zur Versorgung von Knochenbrüchen und Verrenkungen, die wir gleichfalls der Chirurgie zurechnen. Zunächst einige Beispiele für chirurgische »Routineeingriffe«.

Bei den akuten Leiden wird man den Aderlaß anwenden, wenn die Krankheit heftig auftritt, die von ihr Ergriffenen in der Vollkraft der Jahre stehen und bei Kräften sind. (...) Falls einem (von diesen Kranken) eine Blutentziehung zuträglich ist, so muß man zuvor den Leib stopfen und hierauf abzapfen, man lasse ihn fasten und entziehe ihm den Wein. Hierauf behandle man ihn im übrigen mit Hilfe der Diät und feuchten Bähungen. Falls dir aber der Leib sehr hart zu sein scheint, so gib ein erweichendes Klistier. (*Die Diät (Lebensordnung) in akuten Krankheiten, 2. Buch, XI/66 und 90*)

Eine andere Art der Heilung der Hämorrhoiden. Man muß sich eine Röhre, dem zu Zäunen verwendeten Rohr ähnlich, anfertigen lassen, ein gut dazu passendes Eisen einfügen, darauf die Röhre in den After einführen, das bis zur Weißglut erhitzte Eisen in sie einfügen und häufig wieder zurückziehen, damit der Kranke die Hitze besser aushält; dann wird er einerseits keine Wunde durch die Hitze bekommen, andererseits werden die kleinen Adern dadurch, daß sie ausgetrocknet werden, heilen. (*Die Hämorrhoiden, XXI/82–83*)

Wenn sich in der Nase ein Polyp bildet, so wird er wie ein Hindernis ein- und ausgeatmet und es ragt ein Tumor seitwärts aus der Nase heraus. (Der Polyp) wird entfernt, indem man ihn mittels einer Schlinge aus der Nase in den Mund herunterzieht, andere faulen ihn durch Arzneimittel weg. Der Polyp bildet sich durch den Schleim. (*Die Leiden, XVII/25*)

Ein anderer Polyp: Die Nase füllt sich mit Fleisch(massen). Das Fleisch scheint beim Befühlen hart. (Der Kranke) kann nicht durch die Nase atmen.

Unter solchen Umständen muß man eine Röhre einführen und (das harte Fleisch) mit drei oder vier Eisenstäben brennen. Nachdem man gebrannt hat, bringe man zerriebene schwarze Nieswurz hinein. Wenn das Fleisch verfault und abgefallen ist, bestreiche man die Leinwandtampons mit Honig und (Kupfer-)Blüte und führe sie ein. Sobald die Wunde in Heilung übergeht, lege man die mit Honig bestrichenen Bleistangen ein, bis (der Kranke) genesen ist. (*Die Krankheiten, 2. Buch, XVIII/47–48*)

Diese Wundbehandlung mit Honig und Kupfer erinnert in manchem an die ägyptischen Praktiken, und wie die Ägypter verstanden sich auch die hippokratischen Ärzte auf die Behandlung von Knochenbrüchen und Luxationen, wobei sie ihre Verfahren wesentlich anschaulicher schildern als die Ägypter die ihren im Papyrus Smith. Als erstes muß das Bandagieren der verletzten Gliedmaßen erlernt werden. In der Abhandlung *Die ärztliche Werkstätte* wird das Anlegen der Binden und Verbände technisch bis in alle Einzelheiten beschrieben:

> Für das gute Anlegen des Verbandes (sind) zwei Punkte (maßgebend). [*Punkt eins: Stärke*:] Seine Stärke (wird erzielt) entweder durch Druck oder durch die Menge der Bandagen. Einesteils bewirkt dieser Verband selbst die Heilung, andernteils unterstützt er die die Heilung bewirkenden Mittel.
>
> Hierzu gilt als Gesetz – darin liegt die Hauptsache beim Verband: Druck so, daß die aufgelegten Binden weder abstehen noch sehr einschnüren, sondern anschließen, ohne angezwängt zu sein, weniger am äußersten Teil, am wenigsten in der Mitte. (...) [*Punkt zwei: guter Sitz*:] Man beachte freilich wohl, daß ein jeder Verband nach den abfallenden und sich zuspitzenden Stellen hin nachgibt, wie z.B. der obere Teil des Kopfes, der untere Teil des Unterschenkels.
>
> Man lege den Verband auf der rechten Seite nach links zu, auf der linken Seite dagegen nach rechts zu an, abgesehen vom Kopf; hier (lege man den Verband) in senkrechter Richtung (an). (...) An den Bewegungsstellen, z.B. den Gelenken, wo die Beugung vor sich geht, möglichst wenig und mit den schmalsten Binden verbinden, z.B. die Kniekehle, wo aber gestreckt wird, mit einfachen (= glatt liegenden) und breiten, z.B. die Kniescheibe. (*Die ärztliche Werkstätte, XXI/16–17*)

Das Einrichten von Knochenbrüchen und Einrenken von Luxationen wurde durch Vorrichtungen erleichtert, die die Knochen in die gewünschte Stellung bringen und sie darin fixieren sollten; Kasten 167 zeigt Rekonstruktionen einiger dieser Apparaturen und erläutert ihre Anwendungsweise. Die Existenz derartiger Vorrichtungen – und nicht nur von Geräten wie Skalpell, Trepan oder Kürette, die sich unmittelbar aus Alltagsgeräten wie Messer, Stichel, Säge oder Löffel ableiten lassen – zeigt, welch hohen Entwicklungsstand die griechische Medizin und im besonderen die Chirurgie zur Zeit des Hippokrates erreicht hatte.

Um einen Begriff von der Anwendung dieser Techniken zu vermitteln bzw. um aufzuzeigen, woran der hippokratische Arzt die Unbehandelbarkeit eines Falles erkannte, finden sich im folgenden einige Beispiele für Armbruch, Klumpfuß und Rückgratverkrümmung; interessant ist hier auch ein Vergleich mit den Ausführungen des Papyrus Smith über Frakturen der Gliedmaßen und Verformungen der Wirbelsäule (Kasten 100, Seite 233).

> [*Bruch des Unterarms*:] Bei den Knochen des Vorderarmes ist, falls nicht beide gebrochen sind, die Heilung dann leichter, wenn der obere Knochen [*die Speiche*] verletzt ist, wennschon dieser der dickere ist, einmal deshalb, weil (ihm) der gesunde, darunter sich hinziehende Knochen zum Stützpunkt wird, gleichzeitig aber deshalb, weil sich (der

167. GERÄTE ZUM EINRICHTEN VON KNOCHENBRÜCHEN UND ZUM EINRENKEN VON LUXATIONEN UND IHRE ANWENDUNG

(Nach Littré 1839)

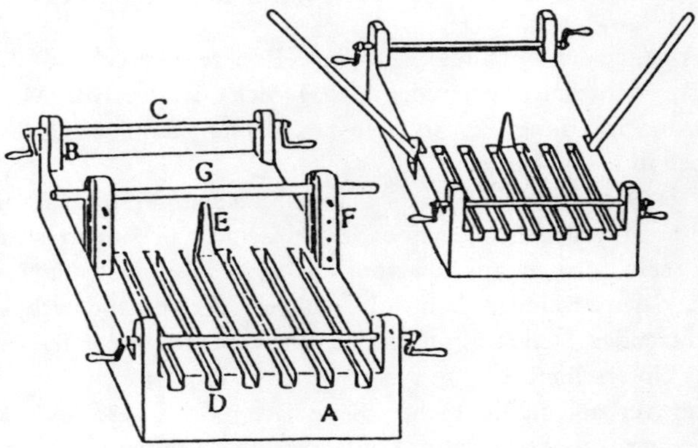

Zwei geringfügig voneinander abweichende Versionen der »Bank des Hippokrates«

A – vierkantiger Holzblock von 6 Ellen Länge, 2 Ellen Breite und 1 Spanne Dicke
B – fest eingelassene, kurze starke Pfosten für die Kurbelwelle
C – mit Handkurbeln gedrehte Welle
D – im Abstand von 4 Fingern angebrachte, jeweils 3 Finger tiefe und breite Nuten, in die Hebel eingeschoben werden können, um auf verschiedene Körperpartien des Patienten einzuwirken
E – in der Mitte des Gerätes in eine viereckige Vertiefung eingelassener, oben abgerundeter kleiner Holzzapfen, der – zwischen die Oberschenkel des Patienten gegen den Damm geschoben – während der Betätigung der Kurbeln und Hebel ein Rutschen des Körpers verhindern soll
F – Pfosten von 1 Fuß Breite
G – auf den beiden Pfosten F aufliegende Querstange, die sich mittels in die Pfosten gebohrter Löcher in unterschiedlicher Höhe feststellen läßt

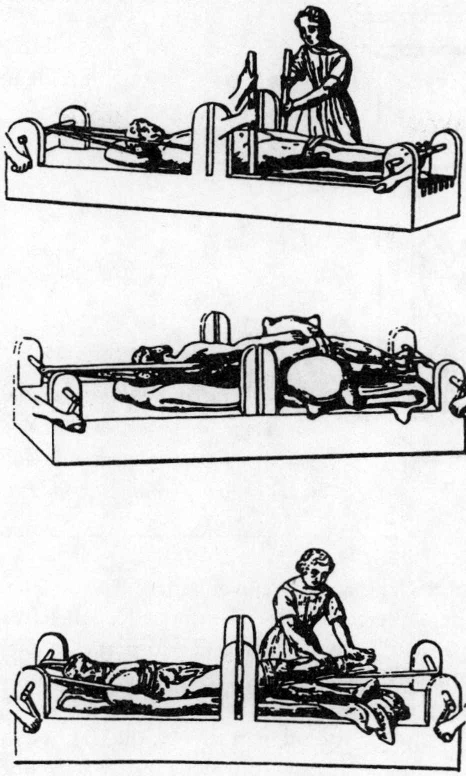

Drei Einsatzmöglichkeiten der Bank des Hippokrates zur Einrenkung einer Oberschenkelluxation.

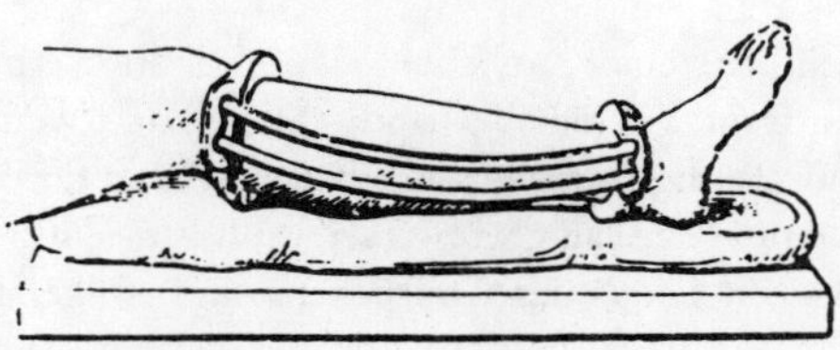

Streckvorrichtung aus zwei gepolsterten Lederringen und vier hölzernen Spannstäben zur Ruhigstellung eines gebrochenen Beins.

Einrenkung einer Schulterluxation; das 2 Ellen lange, am einen Ende aufgebogene Holzbrett A wird zwischen Rippen und Oberarmknochen in die Achselhöhle geschoben und der Arm darauf festgebunden.

Bruch) besser verbergen läßt, außer wenn er in der Nähe der Handwurzel ist; denn der Fleischansatz ist an dem oberen Teil dick, der untere Knochen [*das Ellenbogenbein*] hingegen ist fleischlos und nicht gut verborgen und erfordert eine stärkere Streckung. Wenn aber nicht dieser, sondern der andere Knochen [*die Speiche*] gebrochen ist, so genügt die schwächere Streckung, wenn jedoch beide gebrochen sind, so erfordert das die stärkste Streckung. (...) Man muß, während man streckt, die Ballen fest auflegen und so wieder einrichten. Nachdem man hierauf (die Stelle) mit Wachssalbe bestrichen hat, nicht mit sehr viel, damit die Verbandstücke nicht hin- und hergleiten, verbinde man so, daß man das Handende nicht unterhalb des Ellenbogens hält, sondern etwas oberhalb, damit nicht das Blut dem Ende (der Hand) zuströme, sondern vielmehr (davon) abgesperrt wird. Alsdann verbinde mit der Leinwandbinde, indem man ihren Anfang auf die Bruchstelle bringt und dabei zwar anzieht, aber nicht stark preßt. (*Die Knochenbrüche, XXI/106*)

Die Merkmale dafür, daß einer gut behandelt und richtig verbunden worden ist, sind diese: wenn man ihn fragt, ob (der Verband) anliegt, und wenn er antwortet, daß er zwar drücke, aber nur mäßig stark, besonders wenn er es für die Bruchstelle aussagt. Daß solches also beständig der Fall gewesen sei, muß der richtig Verbundene aussagen.

Für den angemessenen Grad (des Andrückens sind) folgendes die Anzeichen: der Betreffende muß den Tag über, an dem ihm der Verband angelegt wurde, und die Nacht über selbst den Eindruck haben, daß der Druck nicht zu gering, sondern zu groß ist; am folgenden Tag muß sich vorn an der Hand eine kleine, weiche Schwellung eingestellt haben, denn das ist das Anzeichen für mäßigen Druck. Wenn sich der Tag aber dem Ende zuneigt, soll er den Eindruck haben, als wenn der Verband zu wenig angedrückt sei; am dritten Tag soll es einem vorkommen, als wenn der Verband locker sei. [*Nach dem dritten Tag muß neu verbunden, drei Tage nach diesem zweiten Verband geschient werden.*] (*Die Knochenbrüche, XXI/107*)

[*Rückgratverkrümmung*:] Bei denen aber, bei denen sich die Wirbel infolge eines Sturzes oder weil irgend etwas Schweres auf sie aufgefallen ist, nach innen verbiegen, tritt in den meisten Fällen kein einzelner Wirbel bedeutend von den übrigen weg; wenn aber einer oder auch mehrere Wirbel beträchtlich wegtreten, so führt das zum Tode. Wie schon oben erwähnt, erfolgt auch diese Verschiebung kreisbogenförmig. Bei solchen wird der Urin und der Stuhl mehr verhalten als bei solchen, bei denen die Verkrümmung nach außen eingetreten ist, die Füße und die ganzen Beine werden in höherem Grad kalt, und diese Erscheinungen führen (bei diesen) leichter den Tod herbei als bei jenen; auch wenn sie mit dem Leben davonkommen, geht bei ihnen der Urin mehr ab und die Beine sind kraftloser und gefühlloser. Wenn aber die Verkrümmung mehr oben zustande gekommen ist, so ist bei den Betreffenden der ganze Körper ohne Kraft und wie betäubt. Ich für meine Person kenne kein Verfahren, wie man einen solchen in seinen früheren Zustand zurückbringen soll (...). (*Die Einrenkung der Gelenke, XXII/61*)

[*Der Klumpfuß*:] Da es möglich ist, auch bei den von Geburt an eingetretenen Verrenkungen, wenn die Verrenkung geringfügig ist, in einigen Fällen den natürlichen Zustand herzustellen, und zwar vor allem bei den Gelenken des Fußes, bei denen, die von Geburt an einen krummen Fuß haben, so sind die meisten dieser Fälle heilbar, es müßte denn die Verbiegung mehr bedeutend sein oder dieses Unglück bei Kindern eingetreten sein, die bereits im Wachstum weit vorgeschritten waren. Am besten ist es also, wenn man derartige Zustände möglichst rasch ärztlich behandelt, noch bevor ein sehr bedeutender Schwund an den Knochen des Fußes und an den Weichteilen des Unterschenkels eingetreten ist. Es gibt nun aber nicht bloß eine einzige Art der Krummfüßigkeit, sondern mehrere, doch sind dies zum größten Teil nicht vollständige Ausrenkungen, sondern Verkrümmungen des Fußes, bei denen dieser sich in einer zur Gewohnheit gewordenen Stellung sozusagen festgehalten findet.

Man muß bei der Behandlung folgendes beachten: man muß den außen an den Knöcheln gelegenen Knochen des Unterschenkels [*das Wadenbein*] nach innen zurückdrängen und an die richtige Stelle bringen, zugleich aber den innen in derselben Richtung gelegenen (Knochen) der Ferse durch einen Gegendruck nach außen drängen, um die in der Mitte und an der Seite des Fußes hervorragenden Knochen einander entgegenzustellen; hierauf neige man wiederum alle Zehen, einschließlich der großen Fußzehe, nach innen zu und halte sie so gewaltsam fest. Man lege aber einen Verband von Wachspflaster, das gehörig mit Harz vermischt ist, darum, ferner Bäusche und weiche Leinwandbinden in ziemlicher Anzahl, ohne allzu sehr zu drücken. Die Windungen des Verbandes lege man in derselben Richtung, in der auch die Einrichtung des Fußes durch die Hände stattgefunden hat, damit der Fuß etwas mehr auswärts gekehrt erscheint.

Man muß ferner eine Sohle entweder von nicht allzu hartem Leder oder aus Blei herstellen lassen und diese daraufbinden, jedoch nicht in der Weise, daß man sie (unmittelbar) auf die Haut auflegt, sondern daß man sie erst dann befestigt, wenn man bereits dabei ist, die letzten Lagen der Leinwandbinden anzulegen. Nachdem (der Kranke) bereits verbunden ist, muß man das Endstück einer der Leinwandbinden, mit denen er verbunden worden ist, in der Richtung der kleinen Zehe an die auf der Unterseite des Fußes befindlichen Verbandstücke festnähen; hierauf muß man das Endstück so weit nach oben straffziehen, wie es den Verhältnissen entsprechend erscheint, und es oberhalb der Wade herumwickeln, so daß es, derart straff angezogen, liegen bleibt. Man muß, um es mit einem Wort zu sagen, wie ein Wachsbildner die in widernatürlicher Weise verbogenen und verzerrten Teile in ihre richtige natürliche Lage zurückführen, indem man mit den Händen und ebenso mit dem Verband die Einrichtung bewirkt. Man darf dabei aber nicht gewaltsam zu Werke gehen, sondern muß es behutsam machen. Die Leinwandbinden muß man in der Weise annähen, wie es für das Schweben von Vorteil ist; denn die verschiedenen Arten von Lahmheit erfordern eine verschiedene Art von Schwebehaltung. Man verfertige einen kleinen Schuh aus Blei, den man außen auf dem Verband aufbindet, von der Gestalt, wie sie die Schuhe von Chios besitzen. Jedoch, man hat diesen dann durchaus nicht nötig, wenn man mit den Händen in richtiger Weise einrenkt; mit den Leinwandbinden richtig verbindet, aber auch die Schwebelage richtig herstellt.

Dieses ist also die Behandlung, und es bedarf durchaus nicht eines Eingriffes mit dem Messer oder dem Glüheisen oder sonst irgendeines künstlichen Verfahrens. Denn solche (Übel) weichen dem ärztlichen Eingriff eher als man meinen könnte. Gleichwohl muß man mit Hilfe der Zeit den Sieg zu erringen suchen, bis der Körper in gehöriger Form an Umfang zugenommen hat. Wenn es aber dazu kommt, daß man Schuhe anlegen will, so sind die Halbschuhe am geeignetsten, die »Lehmtreter« genannt werden. Diese Art von Schuhen gibt nämlich dem Fuß am wenigsten nach, zwingt ihn vielmehr zum Nachgeben. Zweckentsprechend ist aber auch die kretische Schuhform. (*Die Einrenkung der Gelenke, XXII/81–83*)

Dieses Zitat mag man als zu langatmig und zu technisch empfinden: es erscheint uns jedoch nicht zuletzt deshalb bemerkenswert, weil es zeigt, wie unerschrocken die hippokratischen Ärzte auch schwierige, auf Anhieb kaum durchführbar erscheinende Operationen in Angriff nahmen. Unserer Darstellung der hippokratischen Chirurgie vom Einfachen zum Komplizierteren folgend, geben wir nun einen gravierenderen (und blutigeren) Eingriff wieder, der allerdings einen Sonderfall bildet – die Zerstückelung des abgestorbenen Fötus zwecks Exzision aus der Gebärmutter –, eine Operation, die sich in der hippokratischen Sammlung in zwei geringfügig voneinander abweichenden Varianten beschrieben findet.

Bei denjenigen Embryonen, die abgestorben sind und entweder ein Bein oder einen Arm herausstrecken, ist es am besten, sie, wenn das möglich ist, nach innen zurückzustoßen und auf den Kopf zu wenden [*d.h. durch Drehen in eine andere Lage zu bringen*].

Ist das nicht möglich, sondern ist eine Schwellung (an ihnen) aufgetreten, so greife man zum Messer, und zwar auf folgende Weise. Man spalte den Kopf mit einem Messerchen, drücke ihn mit dem Quetscher zusammen, damit er keine Verletzung hervorruft, ziehe die Knochen mit der Knochenzange heraus, ziehe, damit er Halt findet, am Schlüsselbein und zwar nicht stark, sondern nach und nach, indem man nachläßt und dann wieder Kraft anwendet. Hat man diese Teile herausgezogen, liegt aber (der Embryo) auf den Schultern, so muß man die beiden Arme zusammen mit den Schultern in den Gelenken abschneiden. Hat man diese herausbefördert, so ziehe man auch die übrigen Teile, falls sie vorrücken können, unverzüglich heraus. Wenn sie nicht nachgeben wollen, so spalte man die Brust ganz bis auf die Schlachtadern, hüte sich aber dabei, daß man nicht die Leibeshöhle anschneide und so irgendeinen (inneren) Teil des Embryos frei lege; denn es würden der Magen, die Därme und der Kot heraustreten; fällt irgend etwas derartiges heraus, so bereitet der Fall mehr Schwierigkeiten. Man zerquetsche die Rippen, bringe die Schulterblätter zusammen, und dann wird der übrige Embryo leicht vorrücken, es müßte denn der Leib bereits aufgetrieben sein. Liegt freilich ein solcher Fall vor, so ist es besser, die Leibeshöhle des Embryos behutsam anzubohren; denn es geht dann bloß Wind aus der Leibeshöhle ab, und so wird (der Körper) leicht von der Stelle rücken.

Wenn nach dem Tod des Embryos ein Arm oder ein Bein herausgefallen ist, so muß man, wenn das möglich ist, in beiden Fällen den (betreffenden) Teil nach innen zurückdrängen und den Embryo richtig wenden. Das ist das Beste. Ist es unmöglich, das auszuführen, so muß man den vorstehenden Teil möglichst weit oben abschneiden und im übrigen die Hand einführen, den Embryo vorstoßen und auf den Kopf wenden.

Wenn man sich anschickt, die Wendung oder den Eingriff mit dem Messer am Kindchen vorzunehmen, muß man sich die eigenen Fingernägel beschneiden; das Messer, mit dem man den Schnitt ausführen will, muß mehr gebogen als gerade sein und man muß dessen Spitze mit dem Zeigefinger verdecken, indem man diesen einführt und voranschiebt und sich dabei hütet, die Gebärmutter (damit) zu berühren. (*Die Frauenkrankheiten, 1. Buch, XXIII/92–93*)

[*Im Traktat »Die Zerstückelung des Embryos« findet sich eine kürzere Beschreibung der gleichen Operation samt Anweisungen für die Nachbehandlung*:] Hierauf übergieße man mit viel warmem Wasser, salbe mit Olivenöl, heiße (die Frau) mit gekreuzten Beinen ruhig liegen bleiben und lasse sie süßen Weißwein, ziemlich wenig mit Wasser vermischt, nachtrinken. Man verreibe auch Harz mit Honig, mische es mit dem Wein und gebe (dies) zu trinken. [*Außerdem wird dem Operateur empfohlen*:] Zunächst muß man ein Tuch über die Frau legen, dieses oberhalb der Brüste festbinden und ihren Kopf mit dem Tuch verhüllen, damit sie nicht beim Anblick dessen, was man tut, erschrickt. (*Die Zerstückelung des Embryos, XXV/117*)

Der Prüfstein für das technische Können der Chirurgen aber ist – oder scheint zumindest in der Vorstellung der Wissenschaftshistoriker – die Trepanation. Sie spielt für die Geschichte der antiken Medizin eine ähnliche Rolle wie der Lehrsatz des Pythagoras für die Mathematik, und so wollen wir unseren kurzen Überblick über die hippokratische Schriftensammlung mit ihr beschließen. Im Kasten 168 finden sich Fälle, in denen sie erforderlich war, die Begründung ihrer Notwendigkeit sowie die in der Abhandlung *Die Verletzungen am Kopf* beschriebene Operationstechnik. Trepanationen wurden schon seit dem frühen Altertum vorgenommen – bereits Schädelfunde aus frühester Zeit zeigen ihre Spuren, ein Loch im Knochen mit eindeutig vernarbten Rändern statt der rohen Bruchstellen, wie sie bei tödlichen Kopfverletzungen zurückbleiben. Der vorliegende Text stellt jedoch zweifelsohne die erste (oder zumindest die älteste erhaltene) schriftliche Schilderung der angewandten Technik dar. Vermutlich handelte es sich bei den in hippokratischer Zeit eingesetzten Geräten um sogenannte Kronentrepane, kleine Zylinder mit Sägezähnen am unteren Ende, die entweder mittels einer um die Achse gewickelten Schnur oder mit Hilfe eines Bogens in Drehung versetzt wurden (Kasten 168). Ziel der nur bei kleineren Verletzungen angewandten Trepanation (bei schweren Schädelverletzungen erübrigte sie sich, vgl. Kasten 168) war die Verhütung versteckter Infektionen im Schädelinneren, zweifellos aber auch die Ableitung des Rückenmarkwassers, um nach einem Trauma den Druck dieser Flüssigkeit aufs Gehirn zu verhindern. In diesem Zusammenhang sei auch daran erinnert, daß die damalige Medizin keine Betäubungsmittel kannte, vielleicht mit Ausnahme des Opiums.

168. DIE TREPANATION

Krankengeschichten (Die epidemischen Krankheiten (Volkskrankheiten), 5. Buch, XII/35–36)

Der elfjährige Pferdeknecht des Palamedes in Larissa erhielt auf der Stirne über dem rechten Auge einen Schlag von einem Pferdehuf; der Knochen schien nicht unverletzt, auch tröpfelte ein wenig Blut hervor. Man sägte ihm ein großes Knochenstück weg bis auf die Markhöhle (Diploë) und behandelte ihn nach Wegnahme des ausgesägten Stückes mit Salbe. Der Knochen wurde trocken. Zwanzig Tage später begann eine Anschwellung beim Ohr und Fieberhitze mit Schüttelfrost. Am selben Tage schwoll die Geschwulst weiter an und wurde schmerzhafter; es gab Fieberanfälle nach Schüttelfrost; die Augen schwollen und die Stirn und das ganze Gesicht; alles das zunächst auf der rechten Kopfseite; es kam die Geschwulst aber auch auf die linke Seite, doch blieb sie ohne Schaden. Schließlich wurde das anhaltende Fieber geringer. So dauerte es acht Tage. Er blieb am Leben, nachdem er gebrannt und nach einem Abführtrank gereinigt war und auf die Anschwellung Umschläge bekommen hatte. Die Wunde war nicht schuld an den üblen Zufällen. [*Laut Beschreibung wurde keine Totaltrepanation, sondern lediglich eine Schädeleröffnung bis zur Diploë vorgenommen, die zweifelsohne nur dazu diente, den durch den Hufschlag beschädigten oberen Knochenteil zu entfernen und durch eine tiefgehende Säuberung eine Infektion der Wunde zu verhüten. Die in Ohrnähe beobachtete Schwellung ging fraglos auf Anschwellen der Lymphknoten zurück, hervorgerufen durch eine durch die geschilderte Säuberung lediglich begrenzte Infektion.*]

Trepane

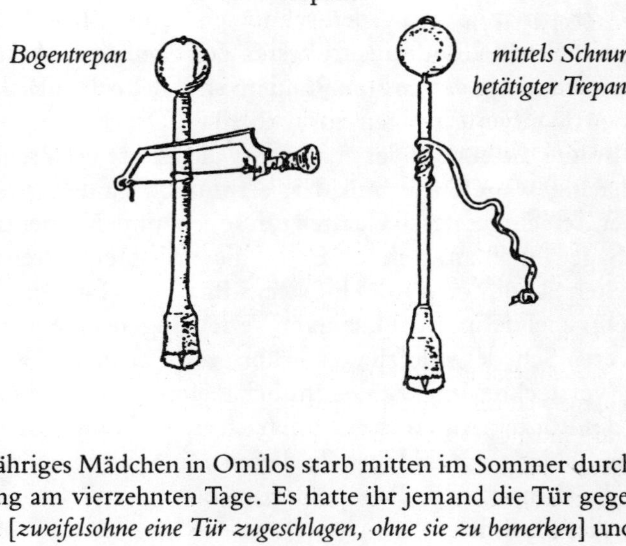

Ein zwölfjähriges Mädchen in Omilos starb mitten im Sommer durch eine Kopfverwundung am vierzehnten Tage. Es hatte ihr jemand die Tür gegen den Kopf geschlagen [*zweifelsohne eine Tür zugeschlagen, ohne sie zu bemerken*] und damit den

Knochen zerquetscht und zerbrochen. Man sah die Knochennähte in der Wunde. Die Notwendigkeit, den Knochen auszusägen, wurde richtig erkannt; aber man sägte nicht so weit aus, wie nötig war, und in dem, was man zurückließ, entstand Eiterung. Am achten Tage überkam sie Schüttelfrost und Fieberhitze. Die Kranke fühlte sich nicht so, wie sie in ihrem Zustande sich fühlen mußte. Am neunten Tage wurde der Knochenrest weggesägt; man sah sehr wenig Eiter mit Blut; die Hirnhaut war rein. Es trat Schlaf ein, aber das Fieber ließ nicht mehr nach; ein Krampf ergriff die linke Seite, denn die Wunde war mehr auf der rechten Kopfseite. [*Man beachte den letzten Satz: Die Ärzte wußten damals bereits, daß sich bei Verletzungen der rechten Hirnhälfte aufgrund der vielfältigen Nervenüberkreuzungen linksseitig Beschwerden einstellen und umgekehrt; diese Beobachtung findet sich in der hippokratischen Schriftensammlung mehrfach erwähnt.*]

Wann ist eine Trepanation angezeigt?

Die Schädelbrüche: Wenn der Knochen (nur) gebrochen und beschädigt ist, so besteht keine Gefahr. Man muß einen solchen (Bruch) mit feuchtmachenden Mitteln behandeln.

Wenn aber ein Bruch erfolgt und eine vollkommene Spalte entstanden ist, so besteht Gefahr. Bei einem solchen säge man den Schädel (durch), damit nicht die durch die Spalte des Knochens fließende Jauche die Hirnhaut zum Verfaulen bringt; denn da sie durch eine enge Stelle ein-, aber nicht wieder austritt, so verursacht sie bei dem Menschen Beschwerden und führt zu Geistesstörungen. Man muß bei einem solchen (den Knochen durch)sägen, damit die Jauche nicht nur einen Eingang, sondern auch einen Ausgang erhält. Nachdem man eine ausgedehnte Trepanation vorgenommen hat, verwende man solche Mittel, die die Feuchtigkeit an sich ziehen, ferner Bäder. (*Die Stellen am Menschen, VIII/75–76*)

Bei diesen Arten des Knochenbruches [*am Schädel*] kommt es zur Schädeldurchsägung, einmal bei der Zersplitterung, sei es daß sie für das Auge unbemerkbar, sei es daß sie irgendwie erkennbar ist, zum anderen beim Bruch, sei es daß er für das Auge unbemerkbar, sei es daß er erkennbar ist. Sowohl dann, wenn, während ein Eindruck des Wurfgegenstandes im Knochen entstanden ist, zu dem Eindruck ein Bruch und eine Zersplitterung hinzutritt, als auch dann, wenn ausschließlich eine Zersplitterung ohne Bruch zu dem Eindruck hinzutritt, kommt es ebenfalls zur Schädeldurchsägung.

Der aus seiner natürlichen Lage heraus und nach innen eingedrückte Knochen bedarf aber nur bei wenigen von vielen Fällen der Schädeldurchsägung. Die größten Eindrückungen und die größten Brüche – diese bedürfen am wenigsten der Durchsägung. Auch der Eindruck an sich, wenn er ohne Bruch und Zersplitterung auftritt, auch dieser erfordert nicht die Durchsägung, und selbst der Durchschlag (Diakope), wenn er groß und breit ist, auch dieser nicht; denn Durchschlag (Diakope) und Eindruck (Hedra) ist ein und dasselbe. (...) In solchen Fällen muß man in der Regel die Schädeldurchsägung anwenden, doch darf man nicht die Nähte selbst durchsägen, sondern muß, falls man sägt, die Durchsägung in einem Abstand von ihnen in dem nahegelegenen Knochenteil vornehmen. (*Die Verletzun-*

gen am Kopf, XXI/60, 64) [*Zur Diagnose der Schädelverletzungen vgl. auch das aus der gleichen Abhandlung stammende Zitat auf Seite 509.*]

Trepanationstechnik

Über die Schädeldurchsägung muß man, wenn die Notwendigkeit eintritt, bei einem den Schädel anzusägen, folgendes wissen. Wenn man die Behandlung von Anfang an übernommen hat und sägt, darf man den Knochen nicht gleich ganz bis auf die Hirnhaut durchsägen; denn es ist nicht zuträglich, wenn die Hirnhaut lange Zeit vom Knochen entblößt und somit Schädigungen ausgesetzt ist, sondern sie würde irgendwie schließlich schwammig werden. Es besteht auch noch eine andere Gefahr, wenn man sofort den Knochen, nachdem man ihn bis auf die Hirnhaut ausgesägt hat, entfernen wollte, nämlich die, bei dem Eingriff mit der Säge die Hirnhaut zu verletzen.

Man muß vielmehr beim Sägen dann, wenn der Knochenteil beinahe ganz durchgesägt ist und sich bereits zu bewegen anfängt, mit dem Sägen einhalten und den Knochenteil sich von selbst loslösen lassen. Denn an einem angesägten Knochen, bei dem man mit dem Sägen innegehalten hat, kann nicht wohl ein Schaden entstehen; wird doch das übriggelassene Stück nunmehr dünn. (...)

Beim Sägen muß man die Säge wegen der Erhitzung häufig aus dem Knochen herausnehmen und in kaltes Wasser tauchen. Die durch die Umdrehung erhitzte Säge erhitzt und trocknet nämlich den Knochen aus, versengt ihn und bewirkt so, daß sich der die Sägestelle umgebende Knochen auf eine größere Strecke hin, als er es tun sollte, davon ablöst. (...) Wenn man die Behandlung jedoch (...) von einem anderen übernimmt (...) so muß man sofort mit einer schärfer gezähnten Säge den Knochen bis auf die Hirnhaut durchsägen, dabei aber unter wiederholtem Herausnehmen der Säge sowohl sonstwie als auch mit Hilfe der Sonde rings um die Bahn der Säge herum untersuchen. Die Durchsägung des Knochens geht nämlich bedeutend schneller vonstatten, wenn sich zu der Zeit, zu der man sägt, bereits Eiter unter dem und in dem ganzen Knochen gebildet hat, und oft ist der Knochen zufällig hervorstehend, zumal dann, wenn sich die Wunde an einer Stelle des Kopfes befindet, wo der Knochen zufällig eher dünn als dick ist. (*Die Verletzungen am Kopf, XXI/73, 74*)

Zusammenfassung

Die hippokratische Schriftensammlung gilt vielen als wahre Fundgrube von beträchtlichem Umfang, in der alles mögliche, zum Teil auch Widersprüchliches, zu finden ist. So gesehen könnte die von uns präsentierte Auswahl leicht eine falsche Vorstellung erwecken, war es doch nur allzu verlockend, lediglich die in unserem Zusammenhang interessantesten Passagen herauszugreifen und die Widersprüche und nebulösen Spekulationen beiseite zu lassen. Dennoch halten wir die voraufgehenden Seiten nicht für eine Verfälschung, geht es uns hier doch in erster Linie darum, aus den Abhandlungen das für den Stand und die allgemeine Orientierung des Denkens Charakteristische auszuwählen, und weniger darum, eine erschöpfende Darstellung oder Rezension der medizinischen Kenntnisse des vorsokratischen Griechenlands zu liefern. Auch die Fülle der Zitate erscheint uns gerechtfertigt, einmal aufgrund der Qualität der Texte, zum anderen, weil die wiedergegebenen Auszüge den Vergleich mit entsprechenden mesopotamischen und ägyptischen Texten und damit auch einen Vergleich der Medizin der drei Kulturen ermöglichen.

Was bei einem Vergleich mit der mesopotamischen und der ägyptischen Heilkunst am meisten ins Auge springt, ist die absolute Verweltlichung der hippokratischen Medizin: Sämtliche Krankheiten haben eine natürliche Ursache, und ebenso bedient sich auch die Behandlung natürlicher Mittel; nie nimmt der Arzt seine Zuflucht zu Dämonenaustreibung oder Beschwörung. Diese neue, durch und durch weltliche Deutung entspricht in groben Zügen der von der Schule von Milet in Physik und Kosmologie eingeführten Betrachtungsweise; im übrigen ist Kos nicht weit von Milet entfernt, und auch sonst lassen sich an verschiedenen Stellen der hippokratischen Traktate Spuren des Einflusses der milesischen Physiologen nachweisen. Diese Verweltlichung schließt die Suche nach einer Erklärung, also nach einer Theorie, die ausschließlich natürliche Faktoren berücksichtigt, mit ein, und so kommen nach Ausklammerung von Göttern und Dämonen neben der natürlichen Umwelt (mit Klima, Wasser, Luft, Jahreszeiten) noch Alter und Tätigkeiten sowie der wenig explizierte, gleichwohl natürliche Faktor der Konstitution (oder körperlichen Anlage) des Patienten ins Spiel.

Aber wenn sich in der Sammlung auch ein typisch milesischer Zug findet, so fehlt ihr dafür jedes typisch pythagoreische Element. Das soll nun nicht heißen, daß sich nicht Spuren pythagoreischer Lehren, wie der des Alkmaion oder der Zahlenmystik, fänden – die Bedeutung der Zahl 7 wird beispielsweise von verschiedenen Traktaten hervorgehoben; es ist vielmehr der rationalistische Aspekt der pythagoreischen Thesen, den man vergeblich sucht. Hippokrates propagiert einen vernunftgeleiteten Empirismus, wobei sich seine Kritik weniger gegen einen reinen Empirismus als gegen rein rationale Spekulationen und nur auf Vernunftschlüssen aufgebaute Systeme richtet. Die hippokratische Methode räumt der Erfahrung breitesten Raum ein, und sie baut dort auf die Rationalität, wo Symptome ermittelt und Krankheitsursachen gesucht werden, nicht aber in der eigentlichen medizinischen Theorie, der Physiologie und der Erklärung der Krankheiten mit Hilfe dieser Physiologie. Ihre theoretische Untermauerung ist reichlich rudimentär, was kein Werturteil darstellen soll, sind doch die pythagoreische Physik und Astronomie gleichfalls noch recht rudimentär, aber der rudimentäre Charakter beruht bei Hippokrates auf seiner Absage an theoretische Spekulationen überhaupt (von der Schwierigkeit, in der Biologie und der Medizin eine Theorie aufzustellen, noch ganz zu schweigen).

Welcher Stellenwert der Säftetheorie in der hippokratischen Sammlung zukommt, läßt sich schwer sagen. Zwar wird sie als Physiologie und Medizintheorie präsentiert, aber es ist kaum zu bestimmen, welche Beziehung zwischen den theoretischen Erklärungen der Krankheiten einerseits und der jeweils angewandten Therapie andererseits besteht. In den Krankengeschichten und Therapievorschlägen wird die Säftelehre – obwohl sie doch die Krankheit erklären und die Behandlung rechtfertigen soll – vielfach mit keinem Wort erwähnt. So gewinnt man alles in allem den Eindruck, daß die Säftetheorie einer an ihr wenig interessierten medizinischen Praxis einfach übergestülpt wird. Dies ist im übrigen begreiflich, da die Medizin eher eine Technik und eine Kunst als eine Wissenschaft darstellt und vom Arzt eher Heilung als Erklärung erwartet wird; eine Erklärung aber zählt nur dort, wo sich ihre Anwendung als wirksam erweist. Und so gesehen erscheint es fraglich, ob die Säftelehre einer magisch-religiösen Erklärung der Krankheiten viel voraus hat, ob die Aktivierung bestimmter Säfte und die Austreibung von Dämonen für die Behandlung nicht dieselbe Bedeutung haben – schon in Ägypten entbanden die Beschwörungen den Arzt nicht von einer materielleren – und empirischeren – Behandlung, deren Wirksamkeit sie lediglich verstärken konnten.

Abgesehen von der Diätetik unterscheidet sich die griechische Therapeutik nicht wesentlich von der mesopotamischen oder ägyptischen, von denen sie zweifellos auch die eine oder andere Behandlung übernommen hat. Die Untersuchung des Kranken und die Erstellung einer Diagnose setzen eine bereits in Ägypten erkennbare Tendenz fort und verstärken diese noch. Die rein weltliche und natürliche Erklärung der Krankheit bedeutet zwar einen Bruch mit der Vergangenheit; aber die Auswirkungen dieses Bruchs auf die Therapeutik sind, abgesehen vom Wegfall von Exorzismen und Beschwörungen, die schon in Ägypten lediglich noch Begleiterscheinungen der Behandlung waren, nicht ohne weiteres zu erkennen. Man hat eher den Eindruck, als sei die Säftelehre eine Art Lückenbüßer für die aufgegebene magische Erklärung, ein »Füllsel« ohne besonderen Eigenwert, um das durch den Verzicht auf die Magie entstandene Loch zu stopfen. Zweifelsohne hielten die griechischen Mediziner sie für richtig und für eine brauchbare Erklärung, zumal sie der Theorie des Empedokles nahestand und sich deshalb auch in die umfassenderen physikalischen Konzeptionen einfügen ließ; festzuhalten bleibt aber, daß die Theorie hier neben der Praxis steht, ohne ihr als tragfähige Grundlage zu dienen, daß sie eher einen Kommentar zu dieser Praxis als eine erklärende Theorie im eigentlichen Sinn liefert. De facto beruht die medizinische Praxis auf Empirismus und auf der Ansammlung von Beobachtungen und Erfahrungen der Tempel- und Schulmedizin sowie fraglos auch der mesopotamischen und ägyptischen Traditionen. Aber dennoch konnte sich diese unerschöpfliche Säftelehre über die Jahrhunderte hin mehr oder minder unverändert behaupten.

SCHLUSS
Wissenschaft und Demokratie

Haben wir am Beispiel Mesopotamiens und Ägyptens den »Weg der Gegenstände« studieren können, so hat uns das vorsokratische Griechenland die wichtigsten Etappen in der Entwicklung des »wissenschaftlichen Denkens« präsentiert.

Der gegenstandsbezogene Weg – der, wie sich an den Jahrtausenden mesopotamischer und ägyptischer Kultur zeigt, für sich allein nicht zur Wissenschaft führt – ist praxisbezogen und zweckgebunden; in seinen höchsten Errungenschaften aber geht er über die Bedürfnisse des Alltags hinaus und gehört in den Bereich der Mystik, der Zahlenmystik oder der Astrologie.

Der Weg des wissenschaftlichen Denkens verläuft weniger geradlinig. Er hat drei verschiedene Wurzeln: die Schule von Milet hat die Erklärung der Natur entmythologisiert, die pythagoreische Schule die Mathematik an sich erfunden und auf die Erforschung der Natur anzuwenden versucht, und die Schule von Elea hat beide Bestrebungen (vornehmlich die der Pythagoreer) einer radikalen Kritik unterzogen und bei der Erklärung der Welt vollkommene Verständlichkeit gefordert, was auf eine »Physiko-Ontologie« abzielte, die sich sowohl gegen die ionische Physiologie als auch gegen die pythagoreische Mathematik abgrenzte. Die Pluralisten und Atomisten schließlich unternahmen dann erste tastende Versuche, diese drei grundlegenden Strömungen in einer Synthese zusammenzufassen.

Dagegen geht die Medizin ihren eigenen Weg einer Technik, die sich nach und nach von der Magie löst. Diese Tendenz zeichnet sich bereits in der mesopotamischen und der ägyptischen Kultur ab und tritt nun in der hippokratischen Sammlung noch deutlicher zutage. Diese hat sich von magischen Erklärungen von Krankheiten und Therapien endgültig befreit und sie durch eine an der Physik der Milesier und den Thesen des Empedokles orientierte »naturalistische« Theorie ersetzt. Die verordneten Behandlungen lassen sich mit dieser »naturalistischen«

Konzeption (der Säftetheorie) allerdings nicht ohne weiteres vereinbaren, bleiben sie doch weitgehend der Erfahrung verpflichtet. Wissenschaftlich betrachtet steht die hippokratische Medizin also etwa auf derselben Stufe wie der Weg der Gegenstände nach Ausschaltung und Verdrängung der Magie durch einen nach dem Vorbild der Physik theoretisch verbrämten Empirismus, also auf derselben Stufe wie die über ein Jahrhundert früher anzusetzende Schule von Milet. Demnach aber ist sie immer noch höher einzustufen als die ägyptische Medizin, deren Erklärungen im Grunde nach wie vor magisch-religiös eingefärbt sind und dem Empirismus letztlich nichts hinzufügen.

Ist der Fortschritt auf dem gegenstandsbezogenen Weg auf die Befriedigung praktischer Bedürfnisse zurückzuführen – und zwar der praktischen Bedürfnisse im weitesten Sinn, zu denen auch die Astronomie gehört, insofern sie das Bedürfnis nach Zukunftsvoraussage befriedigt, um entsprechend handeln zu können –, so genügt eine solche Erklärung für den Fortschritt auf dem Weg des wissenschaftlichen Denkens nicht, zumal die Thesen der von uns untersuchten bedeutendsten griechischen Schulen keinerlei unmittelbare praktische Anwendung finden. In nicht einmal drei Jahrhunderten hat die griechische Welt die Erfindung des Alphabets, des Geldes und der Demokratie (mit verfassunggebenden Gesetzen!) erlebt – drei Ereignisse, die man, auch wenn jede dieser Erfindungen ihre eigenen geschichtlichen Wurzeln hat, im Zusammenhang mit der Geburt der Wissenschaft und der Philosophie sehen muß.

Im ersten Kapitel des zweiten Teils haben wir eine Parallele zwischen der Erfindung des Geldes und der des Alphabets gezogen. Mit der Einführung des Alphabets haben die Griechen ein für allemal darauf verzichtet, die Bedeutung schriftlich zu fixieren und sich ausschließlich auf die Laute konzentriert, im Gegensatz zu den ideographischen Schriften, die in erster Linie die Bedeutung und weniger die Laute notieren. Das alphabetische System erfordert nur eine Konvention, die den einzelnen Lauten je einen Buchstaben zuordnet. Ein ähnliches Prinzip liegt dem Geld zugrunde. Vor seiner Erfindung beruhte der Handel auf dem Tauschhandel oder einem »Geld« wie dem Stück Vieh, dem Getreidemaß, dem Metallbarren etc.; dieses »Geld« bestand aus Dingen, die unabhängig vom Handel einen eigenen Gebrauchswert hatten. Nicht so das eigentliche Geld, denn die Münze spielt nur im Handel eine Rolle, auch wenn das Metall, aus dem sie geprägt ist, noch anderweitig verwendet werden könnte. Hier stoßen wir also ebenfalls auf eine »Konvention«, das Preissystem, das den verschiedenen Handelswaren einen entsprechenden Münzwert zuordnet. Die Parallele Alphabet-Münze liegt in den Parallelen Lautwert-Tauschwert und Bedeutungswert-Gebrauchswert. Wie das Alphabet die Entwicklung der Schrift durch die Trennung von Laut und Bedeutung vollendet, so die Münze die Entwicklung des Handelsprinzips durch die Trennung von Gebrauchs- und Tauschwert der Güter und Werkstoffe. Damit sind im einen wie im anderen Bereich die Grundlagen gelegt, auf denen alle weiteren Entwicklungen aufbauen, und in einem ganz ähnlichen Prozeß kristallisiert sich auch die Rolle der Sprache heraus.

Die Welterfahrung des frühen Altertums war im wesentlichen mythisch-magischer Art. Der Mensch hatte durch seine Handlungen und seine Riten unmittelbar teil an der Welt; selbst spezialisierte Techniken wie die Metallurgie wurden von mystisch-magischen Ritualen begleitet und hatten Vorbilder in der Mythologie (Schmiedegötter wie Hephaistos – aber auch Töpfergötter, die Wesen und Dingen aus Lehm erschufen). Ein solches Erfassen läuft nicht über die Sprache, es wird unmittelbar erlebt; die Sprache versucht lediglich Rechenschaft abzulegen, indem sie mythische Fabeln erfindet, die diese gelebte Erfahrung oft durch Analogien anhand von Göttern und Helden erklären, deren Abenteuer in einer nicht näher bestimmten, aber immer noch fortwirkenden Vergangenheit ein Paradigma für die menschliche Erfahrung oder für die Naturerscheinungen liefern.

Nach und nach geht diese unmittelbare in eine mittelbare Teilhabe an der Welt über. Die zahlenmäßig kleine soziale Gruppe genügt sich immer weniger selbst und nimmt Kontakt zu immer entfernteren benachbarten Gruppen auf. Die Technik hat Fortschritte zu verzeichnen, der Ertrag steigt, die Gruppe vergrößert sich. Anstelle des für die unmittelbare Teilhabe an der Welt bezeichnenden direkten Konsums (Ernährung, Behausung) tritt der Konsum von technisch produzierten Gütern – landwirtschaftlichen Erzeugnissen anstelle von Erjagtem und Gesammeltem, selbst erbauten Häusern anstelle eines natürlichen Unterschlupfs. Das aber bedeutet eine erste Distanzierung von der Welt. Parallel dazu entsteht durch die Entwicklung des »Handels« eine Vorstellung vom Tauschwert der Güter, die über ihren Wert für den sofortigen Konsum hinausgeht – ein Prozeß, der in der Erfindung des Geldes gipfelt und eine weitere Distanzierung einleitet. Die Welt wird immer weniger unmittelbar, immer weniger mythisch-magisch als unmittelbarer Lieferant der konsumierten Güter erfahren. Das Handelssystem mit dem Begriffspaar Tauschwert-Gebrauchswert verdrängt die ursprüngliche Erfahrung, die eine solche Trennung nicht kannte; in ihr hätte es keinen Sinn gemacht, von Gebrauchswert zu sprechen, da der Konsum der Güter genausosehr Teilhabe an der Welt wie Befriedigung eines Bedürfnisses bedeutete. Das soll nicht heißen, daß der Konsum von Gütern hier keinen Zweck erfüllt hätte – obwohl auch das der Fall sein konnte –, sondern lediglich, daß der Zweck ihres Konsums nicht vom Ritus der Teilhabe an der Welt zu trennen war oder genauer in diese Teilhabe an der Welt eingeschlossen (und durch sie begründet) war und nicht wie der »Gebrauchswert« einer Handelsware betrachtet wurde.

Eine ähnliche Entwicklung ist bei der Sprache zu beobachten. Ursprünglich begnügt sich die Sprache damit, die gelebte Erfahrung direkter Teilhabe an der Welt durch den Mythos auszudrücken; nach und nach verselbständigt sie sich und vermittelt diese Teilhabe an der Welt. Wie das Paar Tauschwert/Gebrauchswert an die Stelle des unmittelbaren Erfassens der konsumierten Güter tritt, so verdrängt das Paar Bezeichnendes/Bezeichnetes mehr und mehr den Anteil direkter Teilhabe am Erfassen der Welt. Diesen Vorgang hat man sich etwa folgendermaßen vorzustellen.

Abgesehen von ihrer Funktion als zwischenmenschlichem Kommunikationsmittel fällt der Sprache die Aufgabe der Darstellung zu; sie ist das Medium, das unser Bewußtsein von der Welt, unser Weltbild, zum großen Teil erzeugt. Zu Beginn ist diese Darstellung der Welt durch die Sprache – ganz abgesehen davon, daß sie noch nicht sehr ausgefeilt ist – noch keine richtige Darstellung, da das Darstellende und das Dargestellte noch nicht wirklich unterschieden werden – ihr Verhältnis wird nicht als konventionelle Symbolisierung einer »Sache« (oder eines Begriffs, einer Abstraktion) durch ein Wort (oder eine linguistische Form) aufgefaßt. Das Verhältnis zwischen Wort und Ding ist noch intimer; die beiden sind miteinander verquickt, entspringen aus ein und derselben Wurzel. Ihre Beziehung ist magischer Natur, das Wort hat dieselbe Kraft wie die Sache, man könnte es fast deren Seele nennen. Bis heute haben sich einige ursprüngliche Gesellschaften dieses Sprachverständnis bewahrt. Es ist zweifellos der Ursprung des Glaubens an die Kraft der Beschwörungen und des Glaubens, daß die Kenntnis des Namens einer Person oder einer Sache gleichbedeutend ist mit der Macht über sie. Das Wort ist nicht bloß eine durch Konvention mit einer Sache verknüpfte Lautfolge; der Unterschied, den die Linguisten zwischen dem Bezeichnenden und dem Bezeichneten machen, existiert für diese frühe Sprache noch nicht, für sie ist das Wort Teilhabe an der Natur und eine ihrer Kräfte, für sie ist es mit der Sache oder der Idee auf magische Weise verknüpft.

Im Laufe der Entwicklung verfeinert sich die Sprache, wird komplexer, gleichzeitig aber auch präziser, was der sprachlichen Darstellung ebenso zugute kommt wie der Sprache als Kommunikationsmittel. Vor allem aber verliert sie mehr und mehr den Aspekt der »magischen Teilhabe« an der Welt, der sich nur bei manchen Völkern neben der Umgangssprache des Alltags in Form einer magischen und religiösen, oft nur Eingeweihten verständlichen Sprache behaupten kann. An seiner Stelle wird in der Regel nach und nach ein System Bezeichnendes/Bezeichnetes mit einer rein konventionellen Beziehung zwischen Wort und Sache und ohne jeden magischen Einschlag gesetzt.

Wie die Einsetzung des Paares Tauschwert-Gebrauchswert Hand in Hand mit einer immer »objektiveren« Weltsicht geht – wie die Welt also immer deutlicher vom Menschen geschieden wird, der sich nun als Subjekt und die Welt als Objekt setzt, da seine Teilhabe an dieser Welt immer indirekter wird, vermittelt über den Gebrauchswert der Dinge, deren natürliche oder soziale Nutzung –, so geht die Einsetzung des Paares Bezeichnendes/Bezeichnetes, das unauflöslich miteinander verbunden ist und das Gegenstück zum Erfassen der Welt durch eine magisch-mythische Teilhabe bildet, Hand in Hand mit einem immer »objektiveren« Erfassen der Welt über die Sprache und die Logik. An die Stelle der gelebten Erfahrung unmittelbarer Teilhabe tritt eine wachsende Distanzierung; die Welt wird zunehmend über die Vermittlung des Bezeichneten (als Kehrseite des Bezeichnenden) erfaßt, so wie sie auch mehr und mehr unter dem Blickwinkel des Gebrauchswerts (als Kehrseite des Tauschwerts) erfahren wird. Doch hier ist Vorsicht geboten: das Bezeichnete darf nicht als eigene Gegebenheit betrachtet werden; der Begriff des Bezeichneten kann nur in dem System Bezeichnendes-Bezeichnetes der Sprache benutzt werden. Das heißt nicht, daß Bezeichnung oder Bedeutung nicht auch schon vor diesem System existierte, aber sie wurde im Rahmen der unmittelbaren Teilhabe an der Welt (als ganz persönliche Erfahrung und nicht als sprachliche Darstellung) erlebt. Die Entwicklung der Sprache nun scheidet Mensch und Welt durch die Einführung dieses Systems Bezeichnendes/Bezeichnetes, insofern Bedeutung nicht mehr durch Teilhabe an der Welt unmittelbar erlebt und erfahren, sondern durch Worte vermittelt wird, die die magische Kraft der frühen Sprache verloren haben.

In letzter Konsequenz würde dieser Entwicklungsprozeß – falls dies überhaupt möglich wäre – zu einer vollständig indirekten, ausschließlich durch die Sprache vermittelten Welterfahrung führen, zu einer Welt, in der es nur noch Bezeichnetes und Bezeichnendes gäbe, in der jede Bedeutung entsprechend der Grammatik des Bezeichnenden in das Bezeichnete strukturiert wäre; an die Stelle der Welt unmittelbarer, magisch-mystischer Teilhabe würde eine Welt treten, in der jede gelebte Erfahrung sagbar, durch die Sprache ausdrückbar und durch und durch verständlich wäre. Offensichtlich ist dieses Extrem unmöglich, genauso wie seine Entsprechung, eine Welt der vollständigen, absolut bruchlosen Teilhabe, in der der Mensch »wie Wasser im Wasser« aufgeht und in der es keine Trennung in Subjekt und Objekt gibt – kurz das goldene Urzeitalter als Gegenpol zum goldenen Zeitalter, in dem der Mensch vollständig von der Welt getrennt ist und sie, ohne an ihr teilzuhaben, ausschließlich mittelbar vollständig beherrscht. Ein solches Endstadium ist unmöglich, wird aber von unserer westlichen Welt heute als Idealform angestrebt. Den Weg dahin hat Parmenides mit seinem Weg der Wahrheit eröffnet, indem er vollkommene Verständlichkeit, mehr noch als vollkommene Rationalität postulierte: ein vollkommen diskursives Weltverständnis, das die Welt nicht mehr durch unmittelbare Teilhabe zu erfassen und durch einen mehr oder weniger entsprechenden Mythos auszudrücken sucht. Für Parmenides gründete sich diese Diskursivität auf eine sprachliche Logik; Aristoteles verwendete eine weiterentwickelte Logik und Platon (wie auch Galilei) die Geometrie.*

Die alphabetische Schrift, das Geld und der Wille, die Welt durch die Sprache zu erfassen, sind nah miteinander verwandt. Alle drei sind das Ergebnis vor langer Zeit eingeleiteter Entwicklungsprozesse: der Tendenz der Schrift zur Lautschrift, der Entwicklung des Handels und der immer weniger unmittelbaren

* Dieser Abschnitt über Geld und Sprache wurde von Baudrillard 1972 inspiriert; vgl. auch Jurdant 1984.

Teilhabe des Menschen an der Welt, begleitet von der Trennung des profanen und des religiösen Lebens, das nun auf einige wenige »spezialisierte« Riten und Überzeugungen zusammenschrumpft, anstatt wie ehedem das ganze Leben als einen einzigen Ritus der Teilhabe an der Welt in all ihren Aspekten auszugestalten. Schauplatz aller drei Entwicklungen ist die ägäische Welt und der Zeitraum nur ein kurzer Augenblick verglichen mit den fast drei Jahrtausenden mesopotamischer und ägyptischer Kultur. In der Folge erleben Philosophie und Wissenschaft in diesem Raum einen unerhörten Aufschwung – ein zeitlich-räumliches Zusammentreffen, das wohl schwerlich nur Zufall sein kann.

Dazu kommt im selben Raum und zur gleichen Zeit noch ein viertes Ereignis: das Auftreten der Demokratie, das heißt vor allem die Einführung konstitutioneller, auch für die Macht verbindlicher Gesetze – bis dahin hatte die Macht durch Gesetze oder überhaupt vollständig willkürlich geherrscht, ohne selbst irgendwelchen Beschränkungen unterworfen zu sein. Dieses Ereignis muß zweifelsohne in Verbindung zu den drei anderen gebracht werden, wobei die Verknüpfungen nur schwer zu klären sind: waren die einen Ursachen der anderen? Oder sind alle vier Ereignisse Manifestationen ein und derselben Strömung (die es in diesem Fall zu erklären gälte)? Oder sind die Beziehungen subtiler?

Die Entwicklung der Schrift zur reinen Lautschrift, also zum Alphabet, folgt einem eigenen Antrieb hin zu mehr Präzision, Anpassungsfähigkeit und leichterer Handhabung. Dazu kommen zweifelsohne (zumindest im Fall des Konsonantenalphabets der Phöniker) Anstöße aus dem Handel wie die Notwendigkeit, mit ein und derselben Schrift verschiedene Sprachen zu schreiben. Die Entwicklung des Handels zum Geld folgt gleichfalls einer inneren Notwendigkeit, insofern als Geld die Handelstransaktionen erleichtert, die in dieser Zeit erst richtig in Schwung kommen. Nicht ganz so einfach ist das Auftreten der Demokratie zu erklären; hier müssen wir Besonderheiten der griechischen Geschichte Rechnung tragen: den kleinen, relativ isolierten Gemeinwesen; militärischen Faktoren wie neuen Waffen, Heeresorganisation und Beteiligung der Mitglieder des Heeres an der Macht; wirtschaftlichen Faktoren wie Raumnot und den daraus resultierenden Schwierigkeiten der Stadtstaaten, sich flächenmäßig und bevölkerungsmäßig auszudehnen; und schließlich den Schwierigkeiten für eine Monarchie, sich in einem so beengten Rahmen längere Zeit zu behaupten. Diese Ereignisse haben also historische Ursachen, die sich, auch wenn es nicht immer einfach ist, sie herauszuschälen, doch eindeutig feststellen lassen. Weniger unmittelbar dagegen sind die Ursachen für das Erfassen der Welt durch die Sprache; die Formulierung, die Parmenides in seinem Weg des Seins dafür gefunden hat, schließt einen Denkprozeß ab, der durch die Thesen der Milesier, der Pythagoreer und von Xenophan eingeleitet wurde, ohne daß man diese Etappen deswegen als Ursachen des Denkens des Parmenides betrachten dürfte: sie dienten ihm lediglich als Stützpunkte, manchmal auch als Ansatzpunkte seiner Kritik.

Nach den Ursachen dieses Denkens zu forschen heißt in keiner Weise, das

Genie des Denkers in Frage stellen, um so weniger, als die »Ursachen« eines Denkens als determinierend betrachtet werden können. Am ehesten könnte man den Zusammenhang zwischen der sprachlichen Erfassung der Welt und den anderen angesprochenen Ereignissen als eine Art Kristallisation dieser Ereignisse durch die sprachliche Erfassung verstehen, insofern diese die anderen einschließt und gleichzeitig über sie hinausgeht, sie also der allgemeinste Ausdruck dieser Bewegung ist. Alphabet, Geld und Demokratie entspringen demselben Prinzip, das seinen allgemeinsten Ausdruck in der sprachlichen Erfassung der Welt findet – das Prinzip der Verständlichkeit, das dem der Rationalität vorausgeht.

Parmenides lebte in einer Welt, die Alphabet, Geld und Demokratie kannte, aber noch nicht lange genug, um sie nicht mehr wahrzunehmen. Mit der im Weg der Wahrheit erhobenen Forderung nach Verständlichkeit der Natur dehnt er im Grunde nur ein in der alphabetischen Schrift, dem Geld und der Demokratie bereits wirksames Prinzip auf die Natur aus. Aber die Wege des Denkens sind oft verborgen, und vermutlich war sich auch Parmenides ihrer nicht bewußt.

Haupttriebkraft dieser Evolution des Denkens hin zur Forderung nach Verständlichkeit (des Erfassens der Welt durch die Sprache) sind zweifelsohne die Demokratie und die verfassunggebenden Gesetze. Alphabet und Geld sind letztlich nur Werkzeuge; in erster Linie wird das Weltbild des Menschen vom politischen Rahmen geprägt, auf ganz unmittelbare Weise, insofern die Demokratie gewissermaßen den Blick auf die Naturgesetze freigibt, während Monarchie und Despotismus auf eine der Willkür der Götter ausgelieferte Natur verweisen, aber auch auf subtilere Weise.

Von ausschlaggebender Bedeutung ist in diesem Zusammenhang der Begriff der verfassunggebenden Gesetze. Diese Gesetze regeln die Beziehungen der Bürger zur politischen Macht, durch sie werden diese Beziehungen »rational« erfaßt; dagegen bestehen die Beziehungen zwischen Untertanen und Monarchen in einem unverblümten Herrschaftsverhältnis, das mehr gelebt und durch den Mythos erklärt als reflektiert wird (beispielsweise ist der ägyptische Pharao ein Gott oder der Sohn eines Gottes). Darüber hinaus regelt die Demokratie auch die Beziehungen der Bürger untereinander durch Gesetze, die sich auf die Verfassung oder die Rechtsprechung, das Arbeits- oder das Handelsrecht etc. beziehen. Vor diesen Gesetzen sind die Bürger gleich – auch wenn das im antiken Griechenland nur auf einen Teil der Polisbewohner zutrifft; je nach Ort und Zeit waren verschiedene mehr oder weniger bedeutende Schichten davon ausgeschlossen. Auch die Monarchie regelt die Beziehungen zwischen Untertanen und Monarchen durch Gesetze, aber weniger gut, zumal es keine Gleichheit vor diesen Gesetzen gibt; die Beziehungen der Untertanen untereinander dagegen werden zu einem guten Teil durch die Zugehörigkeit zu bestimmten Kasten vielfach beruflichen Ursprungs bestimmt, die in den Bereich der Mystik und des Tabus gehören. Sowohl in bezug auf die Beziehungen zur politischen Macht als auch auf die Beziehungen der Mitglieder der Gesellschaft untereinander entfernt sich die

Demokratie von einer unmittelbar und unreflektiert gelebten Teilhabe an der Gesellschaft und ersetzt sie durch eine überdachte und durch Gesetze vermittelte Beteiligung, vornehmlich durch konstitutionelle Gesetze, die die Ausübung politischer Macht regeln.

Nun mag eine solche Behauptung insofern erstaunen, als Demokratie normalerweise im Gegenteil als Beteiligung aller Bürger am politischen Leben (sei es unmittelbar, sei es über gewählte Vertreter) verstanden wird. Deshalb sei hier klargestellt, daß es nicht um die Beteiligung an der politischen Macht geht, sondern um die Art und Weise, wie das Individuum seine Zugehörigkeit zur sozialen Gruppe versteht. In der antiken Monarchie lebt der Mensch seine Stellung in der sozialen Gruppe unmittelbar, in der Demokratie dagegen reflektiert er sie über die Gesetze. Im einen Fall ist seine Stellung in der sozialen Gruppe in den Prozeß der unmittelbaren Teilhabe an der Welt eingebettet; es ist eine gelebte Erfahrung unter mystisch-magischen Vorzeichen, die Gesellschaft ist nicht von der übrigen Welt getrennt, sondern noch Teil ihrer Ordnung. Im anderen Fall wird die Stellung in der sozialen Gruppe objektiv und von der Vernunft her betrachtet und durch Gesetze, aber auch durch wirtschaftliche Faktoren geregelt, die vielfach ebenfalls von Gesetzen erfaßt sind, da das Bürgerrecht nicht selten vom Wohlstand des einzelnen abhängt; die Gesellschaft ist von der übrigen Welt getrennt, also auch von der Natur, an der der Mensch nun nicht mehr unmittelbar, sondern nur noch mittelbar teilhat. Wie die Demokratie in der Natur eher das Wirken von Naturgesetzen als das willkürliche Schalten von Göttern sehen wird, so trennt sie auch zwischen Gesellschaft und Natur und vermengt die Gesetze der beiden Bereiche nicht, wohingegen der Monarch, der über die Gesellschaft herrscht, auch an der allgewaltigen, die Natur beherrschenden Göttlichkeit teilhat. Fassen wir nun das Gesagte zusammen, so können wir Demokratie in unserem Zusammenhang definieren als Beschränkung der unmittelbaren Teilhabe an der Welt durch Einführung eines Gesetzessystems, das die Natur von der Gesellschaft trennt. In einer Demokratie wird Gesellschaft also über Vermittlung des »Sozialen« (als Gegenstück zum »Natürlichen«), über Vermittlung der Gesetze und wirtschaftlicher Faktoren erfaßt und nicht mehr als eine magisch-mythisch »erklärte« Erfahrung erlebt (Kasten, Tabus, die Göttlichkeit des Monarchen etc.).

Die Gesellschaft erfährt sich als von der Natur getrennt oder genauer, die Welt findet sich in zwei Bereiche geschieden, den der Natur und den der Gesellschaft, von denen einer nur noch von menschengegebenen Gesetzen abhängt; allerdings warnt die griechische Tragödie vor den Folgen einer solchen Trennung. Natürlich muß diese neue Stellung des Menschen in der Welt auch auf sein Weltbild zurückwirken. Der Mythos, der sowohl die Gesellschaft als auch die Natur und die Stellung des Menschen darin erklärt, wird in Frage gestellt und mehr oder weniger naturalisiert (durch die Schule von Milet) oder durch eine neue Mystik ersetzt (durch die Zahlenmystik der Pythagoreer, die zweifellos schon unter einer esoterischen Form in den Mysterien vorgegeben war, oder durch den Monotheismus bei Xenophan).

Dieser politisch-religiöse Doppelaspekt zeigt sich im übrigen ganz deutlich darin, daß die meisten Denker dieser Epoche auch politisch aktiv waren und/oder in Schwierigkeiten mit den etablierten Religionen der Polis gerieten. Thales, Parmenides, Zenon, Pythagoras, Archytas, Hippias, Kritias und andere haben sich direkt politisch betätigt, manche als Gesetzgeber – so soll Parmenides beispielsweise Elea Gesetze gegeben haben. Heraklit, Pythagoras, Xenophan, Anaxagoras, Protagoras und andere haben sich in Fragen der Religion eingemischt und wurden zum Teil wegen Gottlosigkeit verbannt (beispielsweise Anaxagoras und Protagoras). Im Gegensatz zu uns unterschieden die Vorsokratiker nicht zwischen philosophischer oder wissenschaftlicher Tätigkeit und politischer oder religiöser Reflexion über die Stellung des Menschen in der Welt, der Gesellschaft und der Natur. Letztlich müssen selbst die ersten, noch stammelnden Äußerungen rationalen Denkens, das sich auch schon als solches versteht, wohl vor allem im Rahmen dieser Überlegungen gesehen werden. In der Tat haben diese politisch-religiösen Bewegungen die Geburt des wissenschaftlichen Geistes, auch wenn sich ihre Vertreter keineswegs immer einig waren – man denke nur an Pythagoras, den Parteigänger der Aristokratie, und Empedokles, den Verfechter der Demokratie –, mehr gefördert als die empirische Perfektionierung von Techniken.

Das Verdienst des Parmenides war es, diese ganze Bewegung – auch wenn er sich nur des einen oder anderen Aspekts bewußt war und sie sicher nicht als eine einzige große Bewegung erkannte – in einer einzigen Forderung zu kristallisieren: der Forderung nach Verständlichkeit der Welt, worunter er in erster Linie das Erfassen der Welt durch die Sprache verstand. Er teilte die Dinge in solche, über die man reden kann, und solche, über die man nicht reden kann, das Seiende und das Nicht-Seiende.

Natürlich kann man das wissenschaftliche Denken nicht auf die sprachliche Erfassung der Welt reduzieren; aber die sprachliche Erfassung bildet die notwendige Voraussetzung für dieses Denken und besteht in der Verständlichkeit und teilweise in der Rationalität – *logos* steht im Griechischen sowohl für das Wort, die Sprache, die Berechnung und die Proportion als auch für die Vernunft und die Fähigkeit, Schlüsse zu ziehen. Da in den von uns behandelten Jahrhunderten von experimentellen Methoden noch kaum die Rede sein kann, darf man in dieser Forderung nach Verständlichkeit, wie sie Parmenides erhebt, die teilweise aber auch der pythagoreischen Mathematik innewohnt, die erste Manifestation des wissenschaftlichen Geistes sehen, auch wenn sie gelegentlich in »Sprachtrunkenheit« ausartete.

Die Entwicklung von der Sprache als einfacher »Übersetzung gelebter Erfahrung« (gesetzt, so etwas wäre im Reinzustand überhaupt möglich) hin zu Sprache als formal strukturierter Vermittlerin des Weltverständnisses hatte, so weit man das beurteilen kann, schon vor langer Zeit eingesetzt; vollendet aber wurde sie von den Griechen des 6. und 5. Jahrhunderts, die ein solches Erfassen zu einem Ideal der Wahrheit erhoben. Mitgewirkt an dieser schon im Charakter der Sprache angelegten Entwicklung haben zweifellos verschiedene Faktoren teils rein linguistischer, teils psychologischer oder soziokultureller Art. Erkannt aber und durch Gleichsetzung mit der Wahrheit vollendet wurde diese Entwicklung erst durch die der Demokratie eigene Denkweise.

In der Tat gehören die Prinzipien der Diskussion und Dialektik, als deren Vater Zenon betrachtet wird, zum Wesen der Demokratie. Auch hier gilt wieder, daß man natürlich nicht nur in Griechenland und nicht nur im 6. und 5. vorchristlichen Jahrhundert diskutiert und zu überzeugen versucht hat. Aber nur hier und erst in dieser Zeit wurden Verständlichkeit und Überzeugen durch Reden in den Rang absoluter Wahrheitskriterien erhoben und an die Stelle der Autorität von Monarch und Priester gesetzt. Oder einfacher ausgedrückt: Wenn anfangs die Organisation der Polis und ihre Gesetze Gegenstand der Diskussion waren, so mußten sich bald sogar die Götter* diese Prüfung gefallen lassen. Diese Ausweitung der ursprünglich auf die Gesellschaftsordnung beschränkten Kriterien auf die ganze Welt war letztlich also eine Folgeerscheinung der im Zuge der demokratischen Prinzipien in Frage gestellten Stellung des Menschen in der Gesellschaft und der Trennung von Gesellschaft und Natur.

Nun darf man sich aber nicht vorstellen, daß diese Geburt des wissenschaftlichen Geistes, die Forderung nach Verständlichkeit und Rationalität und das Erfassen der Welt durch die Sprache einfach eine Folge der Erfindung der Demokratie gewesen seien. Diese Demokratie hätte sich wie das römische Recht genausogut damit begnügen können, nur Gesetze ohne philosophisches oder wissenschaftliches Gegenstück hervorzubringen. Doch hier kommen nun die Errungenschaften des »Weges der Objekte«, die Leistungen Mesopotamiens und Ägyptens, hinzu, zu denen die griechische Welt in dieser Zeit immer vielfältigere Beziehungen anknüpft. So gelangen die von den beiden Kulturen in mehr als zweitausendjähriger Beobachtung angehäuften »positiven Kenntnisse« auf den Gebieten der Mathematik, der Astronomie und der Medizin nach Griechenland und werden von den Griechen begierig aufgegriffen und in ihrem Geist verarbeitet. Doch das ist mehr als die Kreuzung zweier Wege, denn ohne diesen Werkstoff hätte sich der den Griechen eigene wissenschaftliche Geist zweifelsohne niemals enwickelt.

Zwar haben wir den gegenstandsbezogenen Weg geringer veranschlagt als den des wissenschaftlichen Geistes; nichtsdestoweniger stellen die Errungenschaften des erstgenannten die Grundlage dar, auf der dieser Geist wächst, wenn er schon nicht darin wurzelt. Auf diesen Beiträgen bauen die milesische und die pythago-

* Der unreflektierte Glaube genügt nicht mehr; die Götter bedürfen nun einer durch die Theologie begründeten theoretischen Rechtfertigung.

reische Schule auf, die wiederum ihrerseits den Stoff für Parmenides' Kritik liefern. Wenn man von einem »griechischen Wunder« sprechen will, so heißt das mitnichten, daß Wissenschaft und Philosophie in Griechenland mit einemmal aus dem Nichts aufgetaucht wären; es heißt vielmehr, daß die Griechen die mesopotamischen und ägyptischen Erkenntnisse in einem neuen, der Demokratie eigenen Geist aufgreifen.

Alles in allem kommen wir also zu dem Schluß, daß die »Geburt der Wissenschaft« – oder vielmehr ihre Embryogenese, denn die Geburt der Wissenschaft ist ein fortwährender, nie abgeschlossener Prozeß – das Resultat aus der Kreuzung der vielfältigen, wenn auch nichtwissenschaftlichen mesopotamischen und ägyptischen Erkenntnisse mit den aus der griechischen Demokratie geborenen Prinzipien ist. Ohne diese Prinzipien, allein durch weitere Verbesserungen auf rein empirischer Basis, hätten sich die mesopotamischen und ägyptischen Erkenntnisse niemals zur Wissenschaft entwickelt; umgekehrt aber hätten auch die aus der griechischen Demokratie entsprungenen Prinzipien sich mangels Stoffs auf den legislativen Bereich beschränken können.

Die Wissenschaft zur Tochter der Technik zu machen – wie es gelegentlich geschieht, um zu rechtfertigen, daß sie in ihren Dienst gestellt wird –, sie also lediglich unter einem empirischen Gesichtspunkt zu betrachten, heißt den Begriff unzulässig einengen. Schließlich ist der wissenschaftliche Geist ursprünglich nicht von der Philosophie zu trennen, jener Philosophie der Verständlichkeit, auf die sich das Denken des Abendlandes zu einem guten Teil gründet. Dies zu erkennen bedeutet eine Absage an die Wissenschaftsgläubigkeit und eine Anerkennung der Grenzen, wie ehedem Parmenides die Grenzen anerkannte und, nachdem er den Weg der Wahrheit durchmessen und für reichlich kurz befunden hatte, den der Meinung folgen ließ.

Bibliographie

Amouretti, M. C. / Ruze, F., *Le monde grec antique*, Paris 1978

André-Leicknam, B. / Ziegler, C., *Naissance de l'écriture*, Katalog einer gleichnamigen Austellung im Grand-Palais, Paris 1982

Aristoteles, *Naturgeschichte der Tiere*, Langenscheidtsche Bibliothek sämtlicher griechischer und römischer Klassiker, Bd. 26, Berlin 1959

Aristoteles, *Metaphysik*, Langenscheidschte Bibliothek sämtlicher griechischer und römischer Klassiker, Bd. 25, Berlin 1953

Baccou, R., *Histoire de la science grecque, de Thalès à Socrate*, Paris 1951

Baccou, R., *Hippocrate, médecin d'hier et d'aujourd'hui*, Paris 1970

Baudrillard, J., *Pour une critique de l'économie politique du signe*, Paris 1972

Becker, F., *Histoire de l'astronomie*, Paris 1954

Becker, O. / Hofmann, J., *Histoire des mathématiques*, Paris 1956 (dt. Orig.: *Geschichte der Mathematik*, Bonn 1951)

Bollack, J., *Empédocle*, 4 Bde., Paris 1965

Bourgey, L., *Observation et expérience chez les médecins de la collection hippocratique*, Paris 1953

Breasted, J. H., *The Edwin Smith Surgical Papyrus*, Chicago 1930

Briard, J. / Tetry, A. / Viel, R., *La préhistoire*, Paris 1977

Bruins, E. M. / Rutten, M., *Textes mathématiques de Suse*, Paris 1961 (= Mémoires de la mission archéologique en Iran, Bd. 34)

Brun, J., *Les présocratiques*, Paris 1982

Burnet, J., *L'aurore de la philosophie grecque*. Aus dem Engl. von A. Reymond, Paris 1919

Capelle, W. (Bearb.), *Die Vorsokratiker. Die Fragmente und Quellenberichte*, 4. Aufl., Stuttgart 1953

Caveing, M., *Constitution du type mathématique de l'idéalité dans la pensée grecque*, Lille 1982

Caveing, M., *Zénon d'Élée, Prolégomènes aux doctrines du continu. Étude historique et critique des Fragments et Témoignages*, Paris 1982

Chabot, L., *Histoire de nos écritures*, Paris 1983

Chace, A. B. / Manning, H. P. / Bull, L. / Archibald, R. C., *The Rhind Mathematical Papyrus*, Oberlin, Ohio 1929

Chadwick, J., *Le déchiffrement du linéaire B*, Paris 1972
Chaignet, A., *Pythagore et la philosophie pythagoricienne*, 2 Bde., Paris 1873
Cohen, M., *La grande invention de l'écriture et son évolution*, 3 Bde., Paris 1958
Cohen, M. / Meillet, A. (Hg.), *Les langues du monde*, Paris 1952
Cohen, R., *La Grèce et l'hellénisation du monde antique*, Paris 1934
Colerus, E., *Von Pythagoras bis Hilbert*, Berlin 1942
Colette, J.-P., *Histoire des Mathématiques*, 2 Bde., Ottawa 1973–1979
Contenau, G., *La médecine en Assyrie et en Babylonie*, Paris 1938
Contenau, G., *Les civilisations anciennes du Proche-Orient*, Paris 1960
Couderc, P., *Le calendrier*, Paris 1961
Coudrec, P., *Histoire de l'astronomie*, Paris 1974

Daumas, M. (Hg.), *Histoire de la science*, Paris 1957
Daumas, M. (Hg.), *Histoire générale des techniques*, Bd. 1: *Les origines de la civilisation technique*, G. Contenau: *La Mésopotamie*; J. Deshayes: *Les techniques des Grecs*; G. Doyon: *L'Égypte*, Paris 1962
Deines, N. von / Grapow, H. / Westendorf, W., *Grundriß der Medizin der alten Ägypter*, Berlin 1954–1964
Delaporte, J., *Les peuples de l'Orient méditerranéen*, Bd 1: *Le Proche-Orient asiatique*, Paris 1948
Delorme, J., *Les grandes dates de l'Antiquité*, Paris 1962
Delorme, J., *Chronologie des Civilisations*, Paris 1969
Desanti, J.-T., Une crise de développement exemplaire: la découverte des nombres irrationnels, in: *Logique et Connaissance Scientifique*, hg. von J. Piaget, Paris 1973
Diels, H. (Hg.), *Die Fragmente der Vorsokratiker*. Griechisch-deutsch, 3 Bde., 9. Aufl., Berlin 1959
Diogenes Laertios, *Leben und Meinungen berühmter Philosophen*, übers. und erläutert von O. Apelt, 2 Bde., Leipzig 1921
Drioton, E. / Vandier, J., *Les peuples de l'Orient méditerranéen*, Bd. 2: *L'Égypte*, Paris 1962
Dumont, J.-P. (Hg.), *Les Sophistes, fragments et témoignages*, Paris 1969
Dumont, J.-P. (Hg. und Übers.), *Les Présocratiques*, Paris 1988

Ebbel, B., *The papyrus Ebers*, Kopenhagen 1937
Eisenlohr, A., *Ein mathematisches Handbuch der Alten Ägypter (Papyrus Rhind des British Museum)*, Berlin 1877
Eisler, R., L'origine babylonienne de l'alchimie, in: *Revue de Synthèse historique*, Bd. XLI, Paris 1926
Erman, A. / Ranke, H., *La civilisation égyptienne*, Paris 1963
Evans, A. J., *Scripta Minoa*, Bd. 1, Oxford 1909

Farrington, B., *La science dans l'Antiquité*, Paris 1967
Février, J., *Histoire de l'écriture*, Paris 1959
Finley, M. I., *Les premiers temps de la Grèce. L'âge du bronce et la période archaïque*, Paris 1973
Fournier, R., *La médicine égyptienne des origines à l'école d'Alexandrie*, Diss. Bordeaux 1933

Gardiner, A., *Égyptian Grammar*, London 1966
Gelb, I. J., *Pour une théorie de l'écriture*, Paris 1973
Gille, B., *Les mécaniciens grecs. La naissance de la technologie*, Paris 1980
Glanville, S. R. F., The Mathematical Leather Roll in the British Museum, in: *Journal of Egyptian Archaeology*, Bd. XIII, S. 232–239, London 1927

Glotz, G., *La civilisation égéenne*, Paris 1952
Glotz, G., *La cité grecque*, Paris 1968
Goody, J., *La raison graphique. La domestication de la pensée sauvage*, Paris 1979
Graves, R., *Les mythes grecs*, Paris 1967
Griffith, F. L., *Hieratic papyrii from Kahun and Gurob*, London 1898
Grmek, M., *Les maladies à l'aube de la civilisation occidentale*, Paris 1983
Guéraud, O. / Jouguet, P. (Hg.), *Un livre d'écolier du IIIe siècle av. J.-C.*, Kairo 1938 (= Publications de la Société Royale Égyptienne de Papyrologie, Textes et Documents II)
Guitel, G., *Histoire comparée des numérations écrites*, Paris 1975

Hatzfeld, J., *Histoire de la Grèce ancienne*, Paris 1975
Havelock, E. A., *Aux origines de la civilisation écrite en Occident*, Paris 1981
Heath, T., *A History of Greek Mathematics*, 2 Bde., New York 1981
Hesiod, *Sämtliche Werke*, hg. von E. G. Schmidt, übers. von Thassilo von Scheffer, Bremen 1984
Higounet, C., *L'écriture*, Paris 1959

Ifrah, G., *Histoire universelle des chiffres*, Paris 1981 (dt.: *Universalgeschichte der Zahlen*. Aus dem Franz. von Alexander von Platen, Frankfurt/New York 1986)

Jarde, A., *La Grèce antique et la vie grecque*, Paris 1937
Jéquier, G., *Histoire de la civilisation égyptienne*, Paris 1930
Jurdant, B., *Écriture, Monnaie et Connaissance*, Diss. Strasbourg 1984

Kapferer, R. (Hg.), *Die hippokratische Schriftensammlung in neuer dt. Übersetzung*, 26 Teile, Stuttgart/Leipzig 1934–1938
Kramer, S. N., *L'histoire commence à Sumer*, Paris 1957

Labat, R., *Traité akkadien des diagnostics et pronostics médicaux*, Leiden 1951
Labat, R., *La médecine babylonienne* (Les conférences du Palais de la Découverte, Serie D, Nr. 22), Paris 1958
Labat, R., *Un calendrier babylonien des travaux, des signes et des mois*, Paris 1965
Lafforgue, G., *La haute Antiquité. L'Asie occidentale*, Paris 1979
Leca, A.-P., *La médecine égyptienne au temps des pharaons*, Paris 1971
Lefèbvre, G., *Grammaire de l'Égyptien classique*, Kairo 1955
Lefèbvre, G., *Essai sur la médecine égyptienne*, Paris 1956
Littré, É. (Hg.), Hippocrate, Œuvres complètes, 10 Bde., Paris 1839–1861

Maspéro, G., *Histoire ancienne des peuples de l'Orient classique*, Paris 1917
Michel, P. H., *De Pythagore à Euclide*, Paris 1950
Morenz, S., *La religion égyptienne*, Paris 1962
Mugler, C., Artikel »Calcul«, in: *Dictionnaire Archéologique des Techniques*, Paris 1963

Neugebauer, O., *Astronomical Cuneiform Texts. Babylonian Ephemerides of the Seleucid Period for the motion of the sun, the moon and the planets*, 3 Bde., London 1955
Neugebauer, O. / Parker, R. A., *Egyptian Astronomical Texts*, Bd. 1: *The Early Decans*; Bd. 2: *The Ramesside Star Clocks*, Providence, Rhode Island 1960–1964

Neugebauer, O. / Sachs, A., *Mathematical Cuneiform Texts*, New Haven, Conn. 1945 (= American Oriental Series, Bd. 29)

Parker, R. A., *The calendars of Ancient Egypt*, Chicago 1950
Parker, R. A., *Demotic Mathematical Papyri*, London 1972
Pétrovic, A., Types d'explication dans les sciences biomédicales et en médecine, in: *L'explication dans les Sciences de la Vie*, hg. von H. Barreau, Paris 1983

Ramnoux, C., *Héraclite, ou l'homme entre les mots et les choses*, Paris 1968
Rey, A., *La science dans l'Antiquité*, Bd. 1: *La science orientale avant les Grecs*; Bd. 2: *La jeunesse de la science grecque*; Bd. 3: *La maturité de la pensée scientifique en Grèce*; Bd. 4: *L'apogée de la science technique grecque (Les sciences de la nature et de l'homme, les mathématiques d'Hippocrate à Platon)*; Bd. 5: *L'apogée de la science technique grecque (L'essor des mathématique)*, Paris 1930, 1933, 1939, 1946, 1948
Reymond, A., *Histoire des sciences exactes et naturelles dans l'Antiquité gréco-romaine*, Paris 1955
Rivaud, A., *Le problème du devenir et la notion de matière dans la philosophie grecque*, Paris 1905
Robin, L., *La pensée grecque et les origines de l'esprit scientifique*, Paris 1973
Rutten, M., *La science des Chaldéens*, Paris 1970

Sandars, N. K., *Les peuples de la mer*, Paris 1981
Sauvage, M., *Parménide, ou la sagesse impossible*, Paris 1973
Schack-Schackenburg, H. von, Der Berliner Papyrus, in: *Zeitschrift für Ägyptische Sprache und Altertumskunde*, Bd. 38, S. 135–140, Leipzig 1900
Sigerist, H. E., *A History of Medicine*, Bd. 1 und 2, Oxford 1967

Tannery, P. (Hg.), *Pour l'histoire de la science hellène*, Paris 1887
Taton, R. (Hg.), *Histoire générale des sciences*, Bd. 1: *La science antique et médiévale*, Égypte: G. Lefebvre, J. Vercoutter, J. F. Porge; Mésopotamie: R. Labat, R. Caratini, E. M. Bruins; Grèce: P. H. Michel, C. Mugler, J. Itard, P. Louis, L. Bourgey, Paris 1966
Taton, R., *Histoire du calcul*, Paris 1946
Thivel, A., *Cnide et Cos? Essai sur les doctrines médicales dans la collection hippocratique*, Paris 1981
Touraeff, B., *The Volume of the Truncated Pyramid in Egyptian Mathematics* (Ancient Egypt, Teil III, S. 100–102), London 1917
Tulard, J., *Histoire de la Crète*, Paris 1969

Vernant, J.-P., *Mythe et pensée chez les Grecs*, Paris 1965
Vernant, J.-P., *Les origines de la pensée grecque*, Paris 1981 (dt.: *Die Entstehung des griechischen Denkens*. Aus dem Franz. von Edmund Jacoby, Frankfurt a.M. 1982)
Voilquin, J., *Les penseurs grecs avant Socrate*, Paris 1964

Weigall, A., *Histoire de l'Égypte ancienne*, Paris 1968

Zafiropulo, J., *Anaxagore de Clazomènes*, Paris 1948

Verzeichnis der Kästen

TEIL I

Mesopotamien

Ägypten

TEIL II

Die ägäische Welt

Die pythagoreische Schule

Xenophan und die Eleaten

Die Pluralisten und die Atomisten

Die hippokratische Schriftensammlung

Register

(Kursive Zahlen verweisen auf Kästen.)